수가대 성 토마스 신학총서 01-3

A Companion to the Summa
성 토마스 아퀴나스의
신학대전
해설서 III

「신학대전」 제2부 제2편, 제1문제~제189문제

월터 패렐 지음
윤주현 · 조규홍 옮김

수원가톨릭대학교 출판부

성 토마스 신학총서

기획위원 곽진상, 유희석, 황치헌, 박찬호, 한민택, 김대우, 곽승룡, 윤주현, 안소근, 조규홍

수가대 성 토마스 신학총서는 가톨릭교회 역사상 가장 위대한 학자로서 가톨릭 신학을 대표하는 성 토마스의 신학을 한국 교회에 체계적으로 소개함으로써 한국 신학의 기초를 놓고자 하는 총서입니다. 이를 위해 본 총서는 성 토마스의 신학, 영성, 성경 주해서 시리즈를 비롯해 성 토마스 신학을 심도 있게 연구, 소개한 현대 신학자들의 주요 연구서들을 소개하고자 합니다.

수원가톨릭대학교 출판부

manifestū.
magnificū
et Bosne
fuisset ecclia

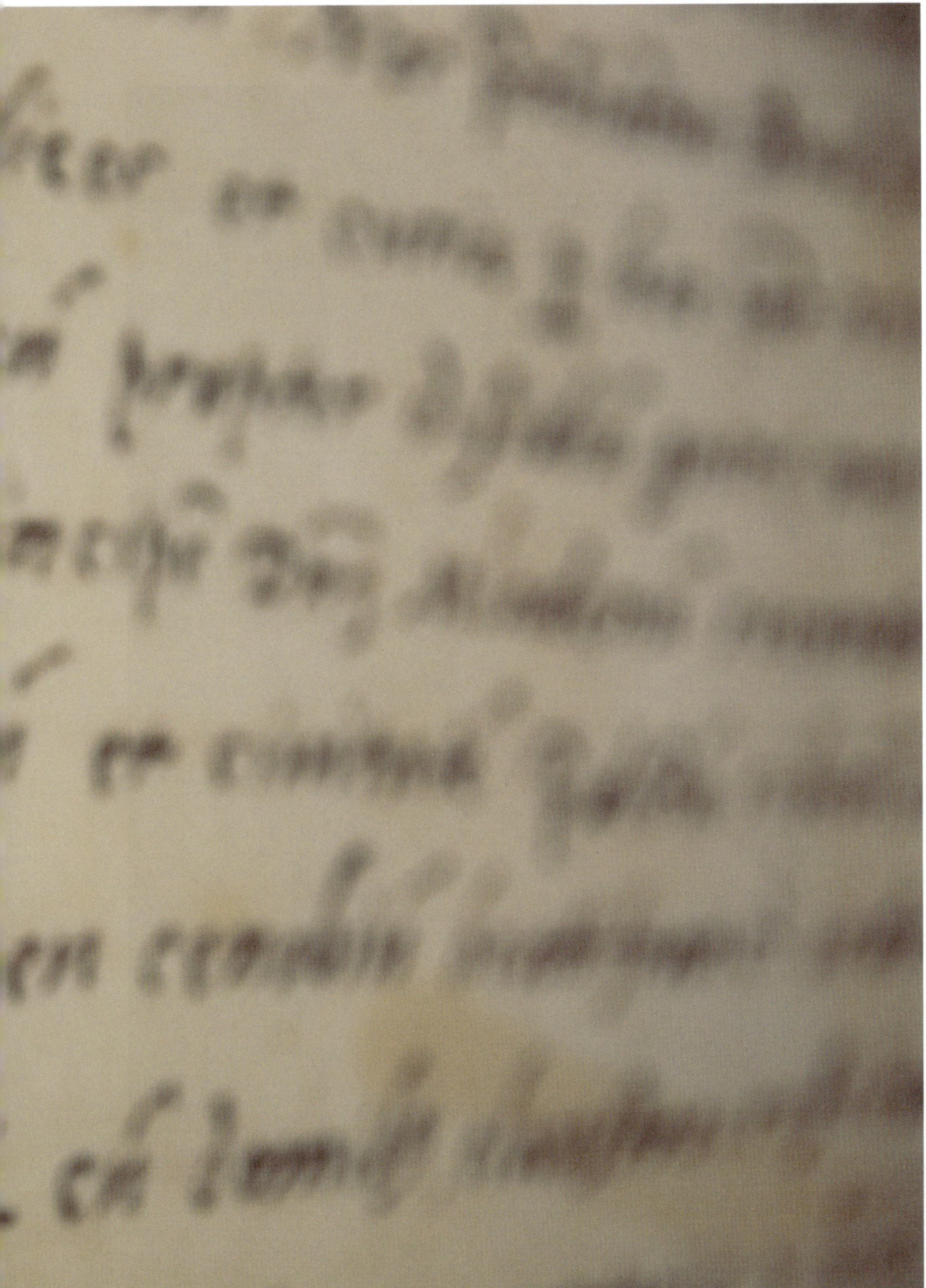

✛ 성 토마스 아퀴나스, 아뇰로 가디(Agnolo Gaddi, 1369-1396)의 '천사들과 성인들에 둘러싸인 성모자' 부분. 1375, 이탈리아 파르마 국립미술관 소장.

「수가대 성 토마스 신학총서」를 발간하며

　주지하다시피, 성 토마스 아퀴나스는 이천 년 교회 역사상 최고의 신학자로 평가 받는 분이다. 특히 그분의 신학은 전체적인 면에서 그 어느 신학자보다도 균형 감각을 갖추고 있으며 그 내용에 있어서도 정통 신앙 고백을 견지하고 있어, 역대 교황 성하께서는 신학생들과 사제들에게 성 토마스의 철학과 신학을 깊이 있게 연구하고 가르치도록 권고해 왔다. 한 마디로, 성 토마스는 가톨릭교회의 신학을 대표하는 최고의 석학이다.

　신학의 역사를 보면, 교부시대에 큰 획을 그은 각 학파의 걸출한 인물들을 비롯해 수많은 교부들을 통해 신앙 고백의 내용들이 체계적인 성찰 과정을 거치게 되며, 이를 바탕으로 중세로 넘어와 신학은 한 단계 업그레이드 된 체계화, 종합화에 이르게 된다. 여기에는 중세 신학의 정점에 있는 성 토마스의 공헌이 컸다. 이후 수많은 신학 논쟁의 중심에는 거의 언제나 성 토마스의 사상이 자리하고 있으며, 그 해결책 역시 성 토마스를 통해 주어지고 있음을 보게 된다. 성 토마스의 방대한 신학 작품들은 시대마다 계속해서 신학 발전의 원동력이 되어 왔으며 이는 특히 그의 대표작이자 역사상 최고의 신학 작품 가운데 하나로 평가 받는 「신학대전」에 대한 다양한 주해를 통해 뒷받침 되었다.

　성 토마스의 신학은 16세기로 들어와 살라망카 학파를 중심으로 새로운 전기를 맞이하며 트리엔트 공의회의 신학을 뒷받침해 주었으며 이후 17세기 제2스콜라 신학 시대를 주도한 중심축이 되었다. 그 후 19세기로 들어와 성 토마스의 신학은 계몽주의를 비롯해 무신론 등 신앙에 도전하는 많은 사조에 직면해서 네오토미즘을 통한 신학적 쇄신의 원천이 되었으며, 현대로 들어와 2차 바티칸 공의회에 영향을 미친 솔슈아 출신 신학자들의 사상적 원천이 되어

주었다. 이처럼 성 토마스의 신학은 13세기 이후 현대에 이르기까지 가톨릭 신학의 중심에서 수많은 신학자들과 영성가들에게 천상의 빛을 전해주었으며 교회 교도권의 가르침을 탄탄히 뒷받침하는 탁월한 사상적 바탕이 되어왔다.

이처럼 성 토마스의 사상은 중세 이후로 현대에 이르기까지 가톨릭교회의 교도권과 신학의 중심 기둥이 되어왔지만, 정작 한국 교회에는 거의 소개되지 못한 게 현실이다. 물론 여러 토미스트들의 노력으로 그분의 생애를 비롯해 철학에 대한 개괄적 입문서 또는 형이상학, 인식론 분야가 일부 꾸준히 소개되어 온 것은 사실이다. 그러나 정작 그분의 사상에 있어서 핵심이라고 할 수 있는 신학을 비롯해 성경 주석 시리즈 그리고 철학 분야 이외의 다양한 작품들에 대한 소개는 전무한 상태이다. 철학은 신학적 메시지를 전하기 위해 필요한 해석학적 도구이다. 한국 교회에는 이 해석학적 도구만 소개되었을 뿐, 성 토마스가 제시한 방대한 신학적 파노라마는 거의 소개되지 못했다. 더욱 안타까운 것은 그분의 역작인 「신학대전」이 아직까지 한국어로 온전히 번역되지 못한 데 있다. 아직까지도 한국 신학계에는 가톨릭 신학을 떠받치는 가장 큰 기둥인 성 토마스의 사상을 갖고 있지 못하다. 그러나, 감사하게도 정의채 몬시뇰께서 지난 1980년대부터 「신학대전」 번역을 주도해 오셨고, 2017년부터 한국 성 토마스 연구소의 이재룡 신부님, 윤주현 신부님, 안소근 수녀님께서 그 작업을 이어받아 2031년 조선 대목구 설정 200주년까지 완역을 목표로 혼신의 노력을 다하고 계시다.

한 마디로, 한국 신학계에서 성 토마스 신학 분야는 아직 미개척 분야로 불모지나 다름없다. 하여 한국 신학계의 백년대계를 위해 수원가톨릭대학교 교수진은 지난 2016년 「성 토마스 신학총서」 시리즈를 창간하기로 결정하고, 이를 위한 준비를 차분히 진행해 왔다. 본 시리즈는 성 토마스의 사상 가운데 철학을 제외한 분야들, 즉 신학, 인간학, 그리스도론, 삼위일체론, 덕론, 영성, 성경 주석 시리즈 분야의 주요 원전 및 연구서들을 소개할 예정이다. 철학 분야를 제외한 것은, 지금까지 한국에 소개된 거의 대부분의 성 토마스 관련 작품이 철학 분야에만 집중되어 있어서 상대적으로 충분하다고 판단했기 때문이다. 한국 교회 안팎에서 활동하는 대다수의 토미스트들은 철학자들로서 철학적 관점에서 토미즘을 잘 소개해 왔다. 지금 한국 교회가 필요로 하는 것, 그러나 여전히 커다란 공백으로 남아있는 것은 철학 이외에 신학의 제 분야에 대한 성 토마스의 사상이다.

여기 이 총서 시리즈의 세 번째 작품으로 「신학대전 해설서」 제3권을 소개한다. 이 작품을 포함한 「신학대전 해설서」 1~4권은 1900년대 성 토마스 신학의 대중화를 이끈 미국의 도미니코 회원, 월터 패렐(Fr. Walter Farrell, O.P.) 신부의 역작으로, 이 시리즈는 「신학대전」 대중화에 크게 기여한 작품으로 평가받는다. 이 책은 그가 1938년부터 5년간 출판한 4권의 작품(A Companion to the Summa) 가운데 3권에 해당된다. 제목이 말해주듯이, 이 작품은 토마스의 대표작인 「신학대전」이 간직한 핵심적인 논증과 통찰을 일반인들이 이해하기 쉽게 현대어로 풀어쓴 책으로서 가장 성공적이었다는 평가를 받았다. 일반대중이 알아듣기 쉬운 표현을 즐겨 쓴 점만 보더라도, 그의 관심사가 어디에 있는지 쉽게 짐작할 수 있다. 「신학대전」을 조금이라도 읽거나 그 내용이 지닌 심오함과 난해함을 조금이라도 아는 사람이라면, 그가 얼마나 다채롭고 풍부한 현실감각을 발휘하여 토마스 신학의 정수(精髓)를 쉽게 해설하려고 애썼는지 바로 알 수 있다.

이 총서 시리즈가 한국 교회에 탄생하기까지 산파 역할을 해주신 총서 기획 위원회 김대우 신부님, 안소근 수녀님, 유희석 신부님, 윤주현 신부님, 조규홍 교수님, 황치헌 신부님께 진심으로 감사드린다. 또한 이 책이 잘 출판될 수 있도록 수고해주신 출판부장 정진만 신부님과 성심껏 편집해주고 교정을 봐주신 조은경 자매님께 감사드린다." 부디 이 시리즈를 통해 장차 한국 교회에 성 토마스라는 거대한 기둥이 세워짐으로써 한국 신학 발전을 위한 중요한 초석이 마련되길 진심으로 기원한다. 「성 토마스 신학총서」를 삼위일체 하느님과 성모님 그리고 성 토마스께 맡겨드리며...

2021년 2월 7일 연중 제5주일에
수원가톨릭대학교
총장 곽진상 신부

들어가는 말

현대의 많은 책들과 마찬가지로 이 책은 일련의 강좌들로부터 비롯되었다. 그러나 이 책의 기원이 된 강좌들은 특이하게 야심찬 성격을 띠고 있었다. 그것은 가톨릭 사상 협회의 후원으로 뉴욕에서 열린 것으로서, 「신학대전」 전체를 매년 한 부분씩 문항별로 다루려고 한 것이었다.

작업이 진행되어 가면서, 그러한 야심을 위해서는 강의실의 벽을 넘어 훨씬 더 넓은 공간이 있어야 한다는 것이 명백해졌다. 실상 그러한 시도는 두 가지의 요구에 부응해야 하는 것으로 보였다. 그 첫째는, 자신이 살아가야 하는 세상 안에서 자신의 신앙을 합리적으로 옹호해야 할 보통의 가톨릭 신자들의 요구였다. 둘째는, 성 토마스 아퀴나스에 대해 충분히 들어 보았고 흥미를 갖게 되었으나, 가르쳐주는 사람의 안내 없이 직접 성 토마스를 읽을 수는 없다고 느끼는 이들의 요구였다. 그들 중 대부분의 사람들에게는, 교실에서 강좌를 들을 여가는 바랄 수 없었다.

이 책의 두 가지 목적은 바로 이것, 즉 보통의 가톨릭 신자들에게 자신의 신앙을 합리적으로 옹호할 수 있도록 해 주고, 전문적인 철학 내지 신학 지식을 갖고 있지 않은 평신도들에게 성 토마스를 읽을 수 있게 해 주는 것이다. 그러므로 이 책은 학자들만을 위한 책도 아니고 교과서도 아니다. 한 마디로 표현해야 한다면 이것은 성 토마스의 위대한 저술들을 읽기 위한 쉬운 안내서라고 부르는 것이 가장 적절할 것이다.

파리 여행 안내서는 파리의 거리에 갔을 때에 가장 잘 평가할 수 있듯이, 이 「신학대전」 안내서는 이 책의 각 장들을 성 토마스의 「신학대전」 제2부 제1편의 해당 문항과 비교해볼 때에 그 가치를 가장 잘 알아볼 수 있다. 아래에서는 각 장의 첫머리에 그 장에서 다루는 문항들을 제시하였다. 특별히 중요한 부분들은 「신학대전」 자체 안에 더 상세하고 아름답게 설명되어 있음을 보게 될 것이다. 성 토마스에게서 직접 더 많은 증거와 설명, 예들을 찾을 수 있을 것이고, 이 안내서는 다만 「신학대전」 자체의 아름다움의 그림자일 따름이다.

이 책은 성 토마스에 대한 또는 「신학대전」에 대한 또 하나의 책이 아니라 다만 「신학대전」을 대중적인 언어로 줄여놓은 것이지만, 때로 특히 어려운 문항들에 있어서는 단순한 요약을 넘어선다. 「신학대전」이 너무 간략하여 토마스의 사상과 깊이 친숙하지 않은 이들에게 분명하지 않게 보이는 경우에, 성 토마스의 다른 저술의 병행 구절들을 자유롭게 사용하기도 했기 때문이다.

이 책을 쓰고자 한 동기가 된 계획을 제대로 실현하는 것이 불가능함은 명백하다. 그러나 성 토마스 자신이 '초보자들'을 각별히 사랑하여, 그러한 사람들을 위해 그의 가장 위대한 작품을 저술한 것이었다. 그러니 그는 분명 그가 사랑했던 초보자들을 위한 모든 노력들에 대하여 인내할 것이다. 그 역시 '진리'(veritas)를 모토로 하는 수도회의 회원이었고 진리에 대한 불타는 사랑을 지녔으므로, 사람들을 그 자신이 진리에 대해 지녔던 그 큰 사랑에 직접 접하게 하고 또한 알베르투스가 그에게 했던 것과 마찬가지로 제일진리를 관조하는 데에서만 목적지에 이르게 될 낭만적인 추구를 시작하게 하기 위한 이 책의 부족한 부분들을 너그럽게 이해할 것이다. 수도회의 형제들에게, 그리고 토미즘 연구소(Thomistic Institute)의 구성원들에게, 이 작업이 가능하도록 인내하고 협력해준 데에 대하여 감사를 표하고 싶다.

월터 패렐

도미니코회 연구소 (미국 워싱턴 D. C.)

역자 후기

본서는 월터 패렐 신부가 「신학대전」의 대중화를 위해 1938년 출판한 작품 (*A Companion to the Summa* [vol. 4])의 제3권에 해당한다. 어느새, 「신학대전 해설서」 시리즈를 한국 교회에 소개하는 작업도 중반을 넘어서고 있다. 고무적인 일이 아닐 수 없다. 주지하다시피, 「신학대전」은 성 토마스의 작품 가운데 그의 사상을 종합하는 최고의 작품이자 이천 년 그리스도교 역사 전체를 통틀어 가장 중요한 신학 작품으로 손꼽힌다. 19-20세기의 역대 교황 성하께서는 성 토마스의 사상을 가톨릭 신학을 대표하는 사상으로 언급하시며 그의 사상을 공부하도록 적극적으로 권하셨다. 성 토마스는 교도권에 의해 필터링 된 교부들의 심오한 사상을 비롯해 스콜라 시대의 다양한 철학적, 신학적 주제들을 아리스토텔레스의 균형 잡힌 철학적 전망을 바탕으로 집대성함으로써 교회 역사상 전무후무한 최고의 신학적 비전을 제시했다. 그 후 서방 가톨릭교회를 통해 오늘날까지 발전된 신학의 큰 흐름은 성 토마스의 사상에 대한 주석과 시대에 맞게 재창조되어 소개된 것이다. 현대 가톨릭교회의 쇄신에 영향을 준 신학자들 가운데 상당수가 성 토마스의 사상을 출발점으로 삼았음은 익히 알려진 사실이다.

그러나 이렇듯 아무리 강조해도 지나치지 않을 성 토마스의 사상이 아직 한국 가톨릭교회에는 온전히 소개되지 못한 것은 안타까운 일이 아닐 수 없다. 역사적으로 스콜라 시대는 신학과 철학이 나뉘어 독자적인 길을 모색하며 발전하기 시작한 시기로 평가받는다. 그리고 성 토마스는 이를 주도한 대표적인 학자였다. 성 토마스의 체계에서 철학과 신학은 각각 독자적인 영역으로 드러나고 있다. 철학은 인간의 이성적 능력과 학문적 방법론을 바탕으로 추론하는 가운데 제반 존재자들의 근본적 원리를 탐구한다. 반면, 신학은 하느님에 의해 계시

되고 그리스도(Christus)를 통해 알려졌으며 교도권의 엄격한 식별을 통해 선별되어 교회 공동체를 통해 고백되어 온 계시 진리들을 그 출발점으로 삼는다. 물론, 성 토마스는 신학적 진리들을 인간 이성의 능력을 바탕으로 해명하는 가운데 소위 "이해를 추구하는 신앙"을 지향하지만, 철학은 계시 진리들을 출발점으로 삼지 않으며 철저히 이성을 통해 드러나는 자연적인 빛을 통해 진리를 추구할 뿐이다. 거두절미하고, 우리는 성 토마스에게서 철학 체계와 신학 체계가 서로 독자적인 영역으로 분명히 드러나고 있으며, 철학을 통해 신학적 진리들이 깊이 있게 해명되고 있음을 보게 된다. 그러나 선대의 교부들과 달리, 그가 제시한 이 철학적 진리는 철학적 체계 내에서는 순수 철학적인 언사들과 더불어 제시되고 있으며 계시 진리들을 직접 언급하지 않는다. 따라서 성 토마스의 전체 사상 가운데 '철학' 분야가 먼저 소개된 한국 가톨릭교회에는 그의 신학이 여전히 미지의 영역으로 남아 있다. 나는 「수가대 성 토마스 신학총서」 시리즈가 한국 신학계에 남아 있는 이 공백을 조금이나마 메워줄 수 있으리라 희망한다. 그리고 이 시리즈의 첫 번째 작품으로 본서가 포함된 성 토마스의 「신학대전 해설서 I~IV」를 신학도 여러분에게 소개한다. 물론 그의 「신학대전」에는 철학과 신학이 한데 녹아 있다. 그러나 적어도 이 해설서 시리즈를 통해 독자들은 그의 철학만이 아니라 이를 바탕으로 그 사상적 깊이나 넓이 그리고 균형 감각에 있어서 타의 추종을 불허하는 천사적 박사의 신학 세계에 대한 전체적인 소묘를 접할 수 있으리라 믿는다. 더욱이, 우리는 월터 패렐 신부님의 이 작품 덕분에 중세의 지극히 추상적이고 사변적인 언어로 쓰인 「신학대전」의 내용을 우리들의 실생활과 연계해서 성찰하고 내면화할 좋은 기회를 얻게 되었다. 본서는 성 토마스와 관련된 다른 어느 연구서에 비할 바 없이 「신학대전」이라는 엄청난 보물창고에 빼곡히 쌓여 있는 성 토마스의 가르침에 쉽게 다가서게 해준다. 「신학대전」을 어렵게 느끼는 독자들이라면 이 시리즈를 안내 삼아 그 심원한 세계로 들어가길 적극적으로 추천한다.

이 기회를 빌려 이 해설서 시리즈뿐만 아니라 「수가대 성 토마스 신학총서」 시리즈를 통해 성 토마스의 신학, 영성, 성경 주해서 시리즈 등 주옥같은 성 토마스 관련 원전 번역서 시리즈와 연구서들이 한국 교회에 소개될 수 있도록 좋은 못자리를 만들어 주신 수원신학교의 전·현 총장 신부님을 비롯해 모든 교수 신부님들께 역자, 저자들을 대표해 진심으로 감사드린다. 이 시리즈의 출발점에는 성 토마스를 한국 교회에 대중화하기 위한 바오로출판사의 한기철 신부님과 대전신학교 총장을 역임하신 곽승룡 신부님 간의 만남이 있었다. 역사상 최고의 신학자이지만, 너무 어려운 철학자로만 소개되어 사제들, 신학생 사이에서마저 외면받아온 성 토마스의 숨겨진 진면목(眞面目)을 소개해야 한다는 대의(大意)에 의기투합한 대전신학교의 곽승룡 신부님, 조규홍 교수님, 안소근 수녀님 그리고 본인은 2015년부터 팀을 이뤄 근 1년 만에 상당한 결실을 얻을 수 있었다. 하지만 열악한 한국 가톨릭 출판계, 바오로출판사의 어려운 상황 등으로 인해, 당시 약 6권의 출판 원고가 준비되었음에도, 이 프로젝트는 무기한 중단되어 좌초될 위기를 겪어야 했다. 그 와중에 수원신학교 교수 신부님들의 초대로 본인은 지난 2016년부터 수원신학교에서 다양한 영성신학 과목들을 가르칠 수 있었다. 이런 인연이 학문적인 인연으로 발전하면서 수원신학교 신부님들의 적극적인 협력과 배려로, 이 프로젝트는 수원신학교 신부님들을 중심으로 「수가대 성 토마스 신학총서」 시리즈로 새롭게 탄생하는 행운을 얻게 되었다. 감사하고 또 감사한 일이다. 하느님께 그리고 이 시리즈가 탄생할 수 있도록 참여한 대전신학교의 동료 교수님들, 전·현 수원신학교 총장 신부님과 모든 교수 신부님들께 다시 한번 진심으로 감사드린다. 이 시리즈를 통해 이제 「신학대전 해설서 III」이 세상의 빛을 보았지만, 앞으로 그간 숨겨진 성 토마스의 진면목을 보여줄 엄청난 대작들에 대해서도 충분히 기대해도 좋다고 말하고 싶다. 한국 신학계는 「수가대 성 토마스 신학총서」를 통해 가톨릭신학을 완성한 성 토마스의 신학, 영성, 성경 주해서 관련 작품들을 접함으로써 장차 자신이 나아가야 할 확실한 길을 발견할 수 있으리라 믿는다.

마지막으로, 본서를 포함해 뒤이어 출간함으로써 완성될 「신학대전 해설서 I~IV」가 35년 전 정의채 몬시뇰을 통해 시작되어, 4년 전부터 한국 성 토마스 연구소 소장이신 이재룡 신부님과 안소근 수녀님, 본인이 팀을 이뤄 간행하고 있는 한글 번역본 「신학대전」 시리즈에 한층 더 쉽게 다가서게 해줄 수 있다면 기쁘겠다. 한글로 번역될 「신학대전」의 총 부수는 75권으로, 이재룡 신부님은 정의채 몬시뇰께서 주도해오신 제1기 번역팀에 이어 새로 구성된 제2기 번역팀을 이끌며 2019년부터 시작해서 조선대목구 설정 200주년이 되는 2031년까지 12년 동안 남은 60권을 비롯해 「성 토마스 개념 사전」과 「중세 라틴어 사전」 등 성 토마스 관련 주요 프로젝트를 주도하는 가운데 한국 토미즘 분야에 큰 초석을 마련하고 계시다. 이미 제2기 번역팀은 지난 2019년부터 2020년까지 두 해 동안 11권(신학대전 8[천사의 활동], 17[인간적 행위], 18[도덕성의 원리], 19[정념], 20[쾌락], 21[두려움과 분노], 22[습성], 23[덕], 24[성령의 선물], 25[죄], 28[법])의 작품을 새롭게 번역, 감수해서 출간함으로써 지난 십 수년간 정체되어 온 「신학대전」 번역에 큰 물꼬를 튼 바 있다. 본서를 비롯해 장차 「수가대 성 토마스 신학총서」 시리즈를 통해 출간될 많은 작품들이 「신학대전」 제2기 번역팀의 프로젝트와 맞물려 한국 가톨릭교회에 토미즘을 활짝 꽃피우는 계기가 되기를 진심으로 바라마지 않는다. 본서를 비롯해 「수가대 성 토마스 신학총서」 시리즈를 통해 출간될 모든 작품은 「신학대전」 제2기 번역팀을 통해 지속적으로 조율되어 새롭게 개정되고 있는 성 토마스 관련 용어 표준을 따르고 있음을 밝혀둔다.

본서의 번역 작업을 마무리하는 과정에서 「성 토마스 개념 사전」 번역과 최종 편집 마무리 작업이 겹쳐서 출판 일정을 맞추기 위해 이번 겨울 방학 내내 고시생처럼 보내야 했다. 두 작업이 잘 마무리될 수 있도록 여러모로 배려해 주신 인천 가르멜 수도원의 모든 수사님들께 진심으로 감사드린다. 본서를 삼위일체이신 하느님과 성모님께 봉헌하며, 무엇보다 역자가 신학을 가르치고 있는 수원신학교와 대전신학교의 모든 교수 신부님들과 신학생들을 비롯해 전국의 모든 신학도들에게 이 책을 드린다. 토마스 성인께 한국 가톨릭 신학계, 철학계에 토미즘이라는 거대한 학문적 초석을 마련하기 위해 불철주야로 혼신의 노력을 다하고 계신 여러 학자들께 필요한 은총을 전구해 주시길 청한다.

2021년 1월 28일 성 토마스 아퀴나스 축일에
인천 가르멜수도원에서 윤주현 신부, O.C.D.

차례

「수가대 성 토마스 신학총서」를 발간하며
들어가는 말
역자 후기

제1장 정신을 위한 자유 (제2부 제2편, 제1문제~제9문제)

1. 한계와 불완전 ·· 50
2. 대상의 관점에서 본 믿음의 무한한 자유 ·· 51
   (1) 믿음의 대상 – 최고 진리 ·· 52
   (2) 믿음의 권위 – 보장 ·· 54
   (3) 믿음의 어두움 – 약속 ··· 55
   (4) 인간의 수준에 맞는 믿음 – 여러 신경(信經) ··· 56
3. 믿음으로 해방된 정신의 행위들 ·· 58
   (1) 내적 행위 – 자연적 믿음과 비교한 초자연적 믿음 ·································· 58
      1) 정신의 다른 모든 행위와 구별되는 것 – 지식, 의심, 의혹, 의견 ············ 59
      2) 믿음의 공로 ··· 60
      3) 믿음의 필요성 ··· 61
         ① 암묵적인 믿음의 필요성 ·· 62
         ② 명시적인 믿음의 필요성 ·· 63
   (2) 외적인 행위 – 신앙 고백 ·· 64
4. 믿음의 습성 ··· 66
   (1) 믿음의 정의 ··· 66
   (2) 믿음의 지적 특징 ·· 66
   (3) 살아있는 믿음과 죽은 믿음 ·· 67
   (4) 여러 가지 덕 가운데 믿음의 위치 ··· 68
   (5) 믿음의 확실함 ·· 69
5. 믿음의 자유를 지닌 사람들 ··· 70
   (1) 불신앙으로 인한 노예들 – 단죄된 이들, 악마들, 이단자들 ························ 70
   (2) 믿음으로 인해 자유로운 존재들 – 천사들, 인간들, 연옥 영혼들 ················ 71
6. 살아있는 믿음과 죽은 믿음의 유일한 원인 ·· 71

성 토마스 아퀴나스의
신학대전 해설서 Ⅲ

7. 믿음의 효과들 : 두려움과 순수함 ·· 72
8. 믿음을 완성시키는 성령의 선물들 ··· 74
 (1) 통찰(intellectus) ·· 75
  1) 통찰이 신앙과 갖는 관계 그리고 다른 선물들과의 차이 ············· 75
  2) 통찰의 실용성 ·· 76
  3) 통찰을 지닌 자들 ·· 76
  4) 통찰의 참행복과 열매 ··· 77
 (2) 지식(scientia) - 그 본성과 참행복 ··· 78

[결론]
1. 지성의 현대적인 예속 ··· 79
 (1) 믿음에 대한 현대적인 개념들 ··· 80
 (2) 지성의 현대적 한계들 ·· 80
  1) 감지될 수 있는 것으로 제한 ··· 80
  2) 입증될 수 있는 것으로 제한 ··· 81
  3) 허구적인 것으로 제한 ··· 81
2. 믿음과 지성 : 대체가 아닌 완성 ··· 81
3. 정신을 위한 자유 ··· 82
 (1) 믿음의 용기 ··· 82
 (2) 믿음의 충만함 ··· 83
 (3) 믿음의 실용성 ··· 83
 (4) 믿음의 미래 ··· 84

제2장 의지를 위한 자유 (제2부 제2편, 제10문제~제22문제)

1. 예속의 상징 ·· 88
 (1) 외적 자유와 내적 자유 ·· 88
 (2) 희망과 내적 자유 ·· 88
2. 낙관적 비관주의 ·· 89
 (1) 사실 ·· 89
 (2) 설명 ·· 90

    1) 자연적 희망과 초자연적 희망 ······················· 90
    2) 희망의 기초 – 믿음 ································· 90
3. 희망의 토대에 대한 철거자 : 불신앙 ······················ 91
  (1) 일반적으로 ··· 91
    1) 부정적, 긍정적, 모순적 불신앙 ······················ 91
    2) 불신앙의 부패가 지닌 악의 범위 ··················· 92
  (2) 구체적으로 ··· 93
    1) 이교도, 유다인, 이단자의 불신앙에 대한 상대적인 악의 ······· 93
    2) 불신앙자들의 치료 ·································· 95
      ① 그들의 인격 안에서 ····························· 95
        a. 논쟁 ··· 96
        b. 강요 ··· 98
      ② 그들의 예식에서 ································ 100
      ③ 그들의 어린아이들에서 ·························· 101
4. 희망의 기초에 대한 먼 공격들 ·························· 104
  (1) 독성(blasphemia) ······································· 104
  (2) 성령을 거스르는 죄 ···································· 106
  (3) 영적 무분별과 영적 나태 ······························ 107
5. 희망의 덕 ··· 108
  (1) 희망의 본질, 그 대상과 주체 ·························· 108
  (2) 덕들 가운데 희망의 위치 ······························ 110
6. 희망의 완성 ··· 112
  (1) 두려움의 선물 ··· 112
    1) 두려움의 다양함 ···································· 112
    2) 성령의 선물 ··· 113
  (2) 이에 상응하는 참행복 – 행복하여라, 마음이 가난한 사람들 ······· 114
7. 희망의 소멸자 ··· 115
  (1) 자만 ··· 115
  (2) 절망 ··· 115

[결론]
1. 노예가 된 의지 ·· 118
   (1) 노예의 갈망 ··· 118
   (2) 노예의 사랑 ··· 119
   (3) 노예의 절망 ··· 119
2. 대비 : 십자가와 권력의 옥좌 ··· 120
3. 희망과 생명 ·· 120
   (1) 희망과 믿음 ··· 120
   (2) 희망과 행동 ··· 120
   (3) 희망과 사랑 ··· 120
   (4) 희망과 용기 ··· 121

제3장 신적 생명을 나누다 (제2부 제2편, 제23문제~제26문제)

1. 우정의 본성 ·· 124
   (1) 상호 호의적 사랑 ·· 125
   (2) 공통된 토대 위에서 ·· 125
2. 인간적 우정 ·· 126
   (1) 인간적 우정의 견고함 ·· 126
   (2) 인간적 우정의 나약함 ·· 127
3. 신적 우정 ··· 128
   (1) 신적 우정의 호의적 사랑 - 애정적이고 효과적임 ········· 129
   (2) 신적 우정의 공통된 바탕 - 하느님의 생명 ············· 130
      1) 신적 우정의 힘 - 습성 ··· 130
      2) 신적 우정의 탁월함 - 덕 ····································· 131
         ① 신적 우정의 단일함 ··· 132
         ② 신적 우정이 다른 덕들과 갖는 관계 ·············· 133
            a. 최고의 덕 ·· 133
            b. 각각의 덕에 있어 완전함을 위한 조건들 ······ 135
            c. 모든 덕의 형태 ·· 135
4. 참사랑과 인간 영혼 ··· 136

(1) 참사랑의 주체와 기원 …………………………………………… 136
   (2) 참사랑의 증가 ………………………………………………… 137
   (3) 참사랑의 끝없는 완성 ………………………………………… 140
   (4) 참사랑의 감소와 상실 ………………………………………… 142
 5. 하느님의 사랑처럼 지극히 넓은 인간 영혼에 있어서 사랑 …………… 144
   (1) 우리를 둘러싼 선 – 이웃들, 비이성적 피조물 ……………… 144
   (2) 우리 자신 ……………………………………………………… 146
   (3) 우리를 둘러싼 악 – 죄인들, 원수들 ………………………… 147
   (4) 우리 위에 있는 선과 악 – 천사들, 성인들, 악마들 ………… 149
 6. 우정의 우선 순위 …………………………………………………… 150
   (1) 하느님의 자리 ………………………………………………… 150
   (2) 우리의 자리 …………………………………………………… 151
   (3) 이웃의 자리 …………………………………………………… 152
     1) 불평등 ……………………………………………………… 152
     2) 두 가지 기초 – 선성과 일치의 유대 …………………… 152

[결론]
1. 우정의 규범 : 관대함 ……………………………………………… 153
2. 우정과 인간 본성 ………………………………………………… 154
3. 우정의 한계들 ……………………………………………………… 154
4. 하느님의 우정 ……………………………………………………… 155
   (1) 신적인 삶을 살다 ……………………………………………… 155
   (2) 하느님의 사랑으로 사랑함 …………………………………… 155
   (3) 하느님의 품처럼 지극히 넓은 품 …………………………… 155
5. 참사랑과 현 세계 ………………………………………………… 156
   (1) 증오의 가르침들 ……………………………………………… 156
   (2) 이기주의의 가르침들 ………………………………………… 156
   (3) 인간적인 협소한 사랑 ………………………………………… 157
   (4) 사랑의 죽음 …………………………………………………… 157

성 토마스 아퀴나스의
신학대전 해설서 Ⅲ

제4장 신적 생명에 대한 나눔 (제2부 제2편, 제27문제~제36문제)

1. 따스함과 마음 ·· 160
   (1) 충만한 마음, 집에 있는 마음 ··· 160
   (2) 순례자와 그의 본향 (여정과 본향) ··· 161
2. 사랑의 확장 ·· 162
   (1) 정복이 아닌 순종 ·· 162
   (2) 하느님께 항복함 ·· 163
      1) 사랑의 직접적인 접촉 ·· 163
      2) 하느님을 향한 사랑의 척도 ·· 164
   (3) 벗과 원수에게 항복 ·· 165
3. 증오의 위축 효과 ·· 166
   (1) 하느님에 대한 증오 ·· 166
   (2) 이웃에 대한 증오 ·· 167
   (3) 악의 정점 ·· 168
4. 인간의 마음 속에 있는 사랑 ·· 169
   (1) 기쁨 ·· 169
      1) 감사하지 않는 소유 ·· 169
      2) 참사랑의 슬픔 ·· 171
      3) 기쁨의 적들 ·· 172
         ① 영적 나태 ·· 172
         ② 질투 ·· 174
            a. 질투의 바탕 ··· 174
            b. 질투에 대한 점검 ··· 175
   (2) 평화 ·· 176
      1) 그리스도의 평화와 세상의 평화 ·· 176
      2) 평화와 행동 ·· 177
      3) 인간의 공통 목적 ·· 179
   (3) 자비 ·· 179
      1) 자비의 본성 ·· 179
      2) 자비로움에 대한 점검 ·· 180

3) 자비의 탁월함 ………………………………………… 180
5. 세상 안에서의 사랑 : 일하고 있는 자비 ……………………… 183
　(1) 궁핍한 사람들 가운데 - 자선 ……………………………… 183
　　　1) 자비의 일들 …………………………………………… 184
　　　2) 자선의 효과 …………………………………………… 184
　　　3) 자비의 주변부 ………………………………………… 184
　(2) 잘못에 빠진 사람들 속에서 - 형제적 교정 ……………… 185

[결론]
1. 신적 지혜와 나자렛 ……………………………………………… 187
　(1) 하느님이 계시는 한, 그 가정은 지속된다 ………………… 187
　(2) 가정이 지속되는 한, 하느님은 잊혀질 수 없다 …………… 187
　(3) 하느님과 가정과 함께, 낯선 이들의 세상이 안전하다 …… 187
2. 현대의 위기 ……………………………………………………… 188
　(1) 인간의 마음은 가득 차 있을까, 아니면 비어 있을까 -
　　　사랑일까, 미움일까? …………………………………… 188
　(2) 현대적인 공격의 핵심 - 하느님과 가정 ………………… 188
　(3) 현대적인 사상의 몇 가지 결과들 ………………………… 188
　　　1) 오그라든 마음 - 증오 ………………………………… 188
　　　2) 뒤덮인 슬픔 - 질투와 나태 ………………………… 188
　　　3) 움켜쥔 이기심 ………………………………………… 188
　　　4) 잔인함이라는 깨부수는 망치 ………………………… 188
　　　5) 교정보다는 유혹 ……………………………………… 188
3. 인간 마음의 역설 ………………………………………………… 189

제5장 다툼의 공허함 (제2부 제2편, 제37문제~제46문제)

1. 인간의 마음에 대한 황폐 ……………………………………… 192
　(1) 단순한 공허함이 아니다 …………………………………… 192
　(2) 이성의 영역에 대한 침범이다 …………………………… 192
2. 무질서와 황폐 …………………………………………………… 193

(1) 하느님과 그분의 이미지 – 질서의 옹호자들 ················· 193
  (2) 지옥의 특징을 지닌 무질서 ······························· 194
  (3) 무질서와 평화 ·· 194
3. 마음의 공허함과 공허함의 기원 ································· 195
4. 언어에 의한 황폐 ··· 196
5. 일에 의한 현세적 황폐 ··· 197
  (1) 보편 교회에 대항함 – 이교(離敎) ····················· 197
  (2) 국가들에 대항함 – 전쟁 ···································· 198
    1) 정당한 전쟁과 부당한 전쟁 ····························· 198
    2) 성직자들과 전쟁 ··· 202
    3) 정보 집단의 도덕적 한계 ································ 203
  (3) 국가에 대항함 – 폭동 ·· 204
    1) 공동선에 대한 수호 ·· 204
    2) 정당한 반란 ·· 205
  (4) 개인에 대항함 ·· 205
    1) 결투 ·· 206
    2) 싸움 ·· 206
6. 영원한 황폐 : 걸림돌 ··· 207
  (1) 걸림돌의 종류 ·· 208
  (2) 걸림돌의 악의 ·· 209
  (3) 의로운 사람과 걸림돌 ·· 210
7. 질서의 제1원리들 ·· 210
  (1) 그리스도의 이중 계명 ·· 210
    1) 다른 모든 계명들의 목적 ································ 211
    2) 계명의 말씀들 ·· 211
  (2) 지혜 ··· 212
    1) 지혜의 본성과 범위 ·· 212
    2) 지혜의 참행복 – "행복하여라. 평화를 이루는 사람들" ········· 213
    3) 지혜의 적 ·· 214

[결론]
1. 질서와 현대 세계 …………………………………………………………… 215
   (1) 질서 있는 공허 ………………………………………………………… 216
   (2) 공허의 이상화 ………………………………………………………… 216
2. 황폐한 세상 ………………………………………………………………… 217
   (1) 황폐한 마음 …………………………………………………………… 217
   (2) 현세의 황폐 …………………………………………………………… 217
   (3) 영원한 황폐 …………………………………………………………… 217
3. 말씀의 지혜 ………………………………………………………………… 217

제6장 행동의 충만함 (제2부 제2편, 제47문제~제56문제)

1. 행동의 충만함과 성숙 ……………………………………………………… 220
   (1) 인간의 활동 …………………………………………………………… 220
   (2) 인간 활동의 단계 ……………………………………………………… 221
2. 행동에 있어서 성숙의 표시들 ……………………………………………… 222
   (1) 성숙의 현행 표현들 …………………………………………………… 222
   (2) 행동에 있어서 인간의 성숙에 대한 평가 …………………………… 223
3. 성숙한 행동의 원인 : 현명 ………………………………………………… 223
   (1) 현명 안에 있는 이성과 욕구 ………………………………………… 224
   (2) 좋은 습성으로서 현명의 작용 ………………………………………… 225
      1) 덕의 작용 …………………………………………………………… 225
      2) 현명이 다른 덕들과 지닌 관계 …………………………………… 225
   (3) 현명의 행위들 ………………………………………………………… 228
      1) 주요 행위와 부수적 행위 – 명령, 조언, 판단 …………………… 228
      2) 완전한 현명의 조건 – 현명의 필수적인 부분들 ………………… 231
   (4) 개인의 현명 …………………………………………………………… 233
      1) 죄인의 경우 ………………………………………………………… 233
      2) 의인의 경우 ………………………………………………………… 234
4. 현명의 기원과 쇠퇴 ………………………………………………………… 234
5. 성숙의 종류들 ……………………………………………………………… 235

(1) 국가에 있어서 ·· 235
　　(2) 군사 조직에 있어서 ··· 235
　　(3) 가정에 있어서 ·· 235
6. 완전한 성숙 : 식견의 선물 ·· 237
7. 미성숙의 유형 ··· 239
　　(1) 경솔함 (성급함, 무분별, 변덕) ··· 239
　　(2) 나태 ··· 240
　　(3) 육적 현명 (간사함, 교활함, 사기) ··································· 240
　　(4) 걱정 ··· 240

[결론]
1. 행위의 충만을 위한 조건 : 성숙 ·· 241
2. 세계의 제2유아기 ·· 242
　　(1) 행동의 성숙을 이루려는 현대적 시도 ···························· 242
　　　　1) 대중교육 ··· 242
　　　　2) 심리학 이론 ·· 242
　　　　3) 민주주의 ··· 242
　　　　4) 전체주의적 정치 관행 ······································ 242
　　(2) 성숙에 대한 현대의 철학적, 정치적 공격들 ················ 243
3. 성장하지 않을 절망적인 젊은이 ·· 243
4. 언제나 성숙한 영원한 젊은이 ·· 244

제7장 사회생활의 충만함 (제2부 제2편, 제57문제~제62문제)

1. 사회생활과 인류와의 연계 ·· 247
　　(1) 인류만의 완전함과 필요성 ·· 247
　　(2) 근본적인 사회 문제 – 권리의 문제 ······························· 248
　　(3) 유일한 사회적 답변 – 긍정과 부정 ································· 248
2. 인간의 권리 ··· 249
　　(1) '권리'의 세 가지 의미 – 이 의미들 사이의 상호 관계 ········· 249

    (2) 모든 권리의 기원 …………………………………………… 250
    (3) 자연적 권리들의 구분 ……………………………………… 252
  3. 사회적 덕 : 정의 ………………………………………………… 254
    (1) 권리를 다루는 유일한 덕 ………………………………… 254
    (2) 습성으로서의 정의 ………………………………………… 255
    (3) 덕으로서의 정의 …………………………………………… 255
      1) 정의의 본성과 주체 …………………………………… 255
      2) 일반적 정의 또는 법적 정의 ………………………… 258
      3) 특수한 정의 ……………………………………………… 259
        ① 특수한 정의의 내용 ………………………………… 259
        ② 특수한 정의가 추구하는 중용 …………………… 261
        ③ 특수한 정의의 행위와 그 탁월함 ………………… 262
  4. 반(反)사회적 악습 : 불의 ……………………………………… 263
  5. 정의의 행위 : 심판 ……………………………………………… 265
    (1) 심판의 본성 ………………………………………………… 265
    (2) 심판의 조건들 ……………………………………………… 265
  6. 특수한 정의의 종류 …………………………………………… 268
    (1) 분배적 정의 ………………………………………………… 268
    (2) 교환적 정의 ………………………………………………… 268
  7. 교환적 정의의 행위 : 배상 …………………………………… 270

[결론]

1. 사회생활의 목적 ………………………………………………… 270
2. 충만한 사회생활을 위한 유일한 규범 ……………………… 271
3. 사회생활에 있어 모든 충만함의 바탕들 : 진리 …………… 272
  (1) 인간의 진리 ………………………………………………… 272
  (2) 사회의 진리 ………………………………………………… 272
  (3) 충만함의 진리 ……………………………………………… 272
  (4) 정의의 진리 ………………………………………………… 272

제8장 무질서 상태의 본질 (Ⅰ)
(제2부 제2편, 제63문제~제71문제)

1. 사회 폭력 …………………………………………………………… 276
   - (1) 방어적 폭력 – 평화를 위한 몸짓 …………………………… 276
   - (2) 공격적 폭력 – 광기의 잔혹함 ……………………………… 277
2. 사회적 광기 ………………………………………………………… 278
   - (1) 사회적 광기의 기원 …………………………………………… 278
   - (2) 사회의 근본적 특징에 대한 부정 …………………………… 278
3. 사회적 광기의 개인적인 희생자들 ……………………………… 279
   - (1) 살인에 의한 희생자 …………………………………………… 279
     - 1) 일반적 살인 …………………………………………………… 279
     - 2) 범죄자에 대한 공적 사형과 사적 처형 …………………… 281
     - 3) 자살 …………………………………………………………… 282
     - 4) 무죄한 이에 대한 살해 ……………………………………… 284
     - 5) 공격자에 대한 살해 ………………………………………… 285
   - (2) 신체훼손에 의한 희생자 ……………………………………… 286
   - (3) 구타에 의한 희생자 …………………………………………… 288
   - (4) 감금에 의한 희생자 …………………………………………… 289
4. 재산에 대한 광기 가득한 사회적 공격 ………………………… 290
   - (1) 사유재산의 합법성과 필요성 ………………………………… 291
   - (2) 재산에 대한 은밀한 공격 – 절도 …………………………… 294
   - (3) 재산에 대한 공개적 공격 – 약탈 …………………………… 295
5. 정의의 도구들에 대한 광기 가득한 사회적 공격 ……………… 295
   - (1) 정실주의 ………………………………………………………… 295
   - (2) 법정에서 불의 ………………………………………………… 297
     - 1) 판사의 불의 …………………………………………………… 297
     - 2) 불의한 고발 ………………………………………………… 299
     - 3) 피고인의 불의 ……………………………………………… 299
     - 4) 증인의 불의 ………………………………………………… 300

  5) 변호사의 불의 ·· 303

[결론]
1. 사회적 건전함과 인간의 생명 ·· 305
2. 사회적 건전함과 인간의 존엄성 ·· 305
3. 사회적 건전함과 사유재산 ·· 306
4. 사회적 건전함과 인간의 자유 ·· 306
5. 사회적 건전함과 사회생활의 도구들 ·· 307

제9장 무질서 상태의 본질 (Ⅱ)
(제2부 제2편, 제72문제~제80문제)

1. 옹졸함에 대한 보편적인 경멸 ·· 310
 (1) 사실 ·· 310
 (2) 옹졸함의 바탕 – 인간 본성 ·· 310
 (3) 옹졸함과 사회 ·· 311
2. 옹졸함과 무질서 ·· 313
3. 말에서 드러나는 옹졸한 불의 ·· 314
 (1) 옹졸함의 한계 ·· 314
 (2) 모욕 ·· 314
 (3) 명예훼손 ·· 316
  1) 성 토마스의 정의와 현대의 정의 ·· 316
  2) 명예훼손(名譽毁損, detractio)의 성격 ·· 317
  3) 명예훼손의 상대적인 악의 ·· 318
 (4) 불평불만 ·· 318
 (5) 조롱 ·· 319
 (6) 저주 ·· 321
4. 행위에 있어서 옹졸한 불의 ·· 322
 (1) 상거래에서 ·· 322
  1) 부당한 가격 ·· 323

2) 하자가 있는 상품 …………………………………………… 324
    3) 다음과 같은 사업 …………………………………………… 326
  (2) 고리 ……………………………………………………………… 327
5. 대조 : 정의의 넓은 포용 ……………………………………………… 329
  (1) 정의의 잠재적인 부분들의 본성 ……………………………… 329
  (2) 그 수와 이름 – 종교, 경건, 존경, 진실, 감사, 보상, 우정, 아량 ………… 330

[결론]
1. 옹졸한 불의에 대한 두 가지 실수 ……………………………………… 330
  (1) 중요하지 않다고 생각하는 것 …………………………………… 330
  (2) 가장 중요하다고 생각하는 것 …………………………………… 331
2. 다른 사람들과 생활하기 위한 조건 : 영혼의 힘과 관대함 ……………… 332
  (1) 우정의 삶 ………………………………………………………… 332
    1) 하느님과의 우정 …………………………………………… 332
    2) 사람들과의 우정 …………………………………………… 332
  (2) 가정생활 ………………………………………………………… 332
  (3) 사회생활 ………………………………………………………… 332
* 무질서의 완전한 본질 ……………………………………………………… 333

제10장 종교와 경신 : 절대자에 대한 순종
(제2부 제2편, 제81문제~제87문제)

1. 순종과 질서 ……………………………………………………………… 337
2. 순종의 완성 ……………………………………………………………… 338
  (1) 비자발적인 순종 및 노예 ………………………………………… 338
  (2) 자발적인 순종 …………………………………………………… 339
    1) 자신보다 낮은 수준의 존재에 대한 복종은 '퇴락'을 의미함 ………… 339
    2) 자신보다 높은 수준의 존재에 대한 순종은 '발전'을 의미함 ………… 340
3. 종교적인 순종 …………………………………………………………… 341
  (1) 종교적인 순종에 대한 반항심의 기반 ………………………… 341

(2) 종교적인 순종의 올바름 …………………………………… 342
4. 종교적인 순종의 덕 ………………………………………………… 344
　　(1) 순종의 기원 …………………………………………………… 345
　　(2) 순종의 본성과 목적 ………………………………………… 346
　　(3) 종교의 내면과 외형 ………………………………………… 348
　　(4) 종교와 "신성함" …………………………………………… 351
5. 순종의 행위로서 "헌신" …………………………………………… 353
　　(1) 헌신의 의미 …………………………………………………… 353
　　(2) 헌신의 이유 …………………………………………………… 355
　　(3) 헌신의 효과 …………………………………………………… 356
6. 순종의 목소리인 "기도" …………………………………………… 357
　　(1) 기도의 실용성 ………………………………………………… 359
　　(2) 하느님께 바치는 기도와 성인통공 ………………………… 360
　　(3) 완전한 기도 …………………………………………………… 363
　　(4) 기도의 주제 …………………………………………………… 365
　　(5) 기도의 형태(양식) …………………………………………… 366
　　(6) 기도의 효과 …………………………………………………… 367
7. 순종의 표현 …………………………………………………………… 370
　　(1) 숭배 ……………………………………………………………… 370
　　(2) 희생 ……………………………………………………………… 372
8. 순종의 구체적인 모습 ……………………………………………… 374
　　(1) 봉헌과 맏물 …………………………………………………… 374
　　(2) 십일조 …………………………………………………………… 375

[결론] 하느님의 백성으로서 교회 ………………………………… 376
1. 이 세상에서 하느님 백성이 갖춰야 할 조건으로서 "순종" …… 376
　　(1) 필연성에 대한 순종 ………………………………………… 377
　　(2) 정의(正義)에 대한 순종 …………………………………… 377
2. 이 세상에서 완성된 삶 …………………………………………… 378
3. 종교의 인격적인 효과들 …………………………………………… 379

성 토마스 아퀴나스의
신학대전 해설서 Ⅲ

제11장 종교와 결부되는 것 : 비종교적 및 반종교적 태도
(제2부 제2편, 제88문제~제100문제)

1. 불모지와 같은 인간의 마음과 옥토와 같은 인간의 마음을 비교하는 일 ········ 382
2. 종교가 채워주는 최소한의 의미 : 정의(正義)의 실현 ················ 383
3. 존재 실현의 완성과 완전한 내맡김 ···················· 384
   (1) 종교적 서원 – 인간의 자유재량과의 관계 ············· 384
      1) 종교적 서원의 본질 ······················ 385
      2) 종교적 서원의 유용성 ····················· 386
      3) 종교적 서원의 내용 ······················ 387
   (2) 맹세(盟誓)로서 종교적 서원 – 언어적 표현의 한계와 합법성 ······ 389
      1) 세 가지 필요조건 ······················· 391
      2) 뒤따르는 의무 ························· 391
   (3) 종교적 서원의 효과(힘) – (하느님의 이름에 의한) 엄명 ········ 392
   (4) 충만한 마음에 의한 언어 – 찬양과 송가 ·············· 394
4. 인생을 불모지처럼 만드는 비종교적 혹은 반종교적 태도 ············ 395
   (1) 미신행위 – 참 하느님을 흠숭하는 중에 저지르는 반종교적 태도 ···· 396
   (2) 우상숭배 – 가짜 신(들)을 숭배하는 반종교적 태도 : 타락 ······· 397
   (3) 점(占) ···························· 398
5. 미신적인 의식(儀式)들 ··························· 401
6. 종교적 불신과 추정적 사유 : 하느님을 시험하는 일 ··············· 403
7. 무신론의 공허함 ····························· 405
   (1) 소홀함의 결과 – 위증 ······················ 406
   (2) 신성모독 ··························· 407
   (3) 성직매매 ··························· 408
8. 오늘날 종교에 대한 부정적 평가 ······················ 409
9. 오늘날 종교에 대한 긍정적인 평가 : 거짓논리를 밝힘 ·············· 410
   (1) 제일원인에 대한 거부 ······················ 410
   (2) 현대화된 우상숭배 ······················· 411
   (3) 완전함에 대한 빗나간 열망
       (출생, 성년, 결혼, 질병 및 죽음이라는 특별한 순간의 경험) ········· 412

10. 완전함의 가치 ·· 413

제12장 사회적인 덕 (Ⅰ) : 사회적 책임
(제2부 제2편, 제101문제~제110문제)

1. 하나의 원리와 연결된 사회적 책임 ································· 417
2. 인간의 의무로서 사회적 책임 ··· 418
   (1) 사회의 일원으로 살아가는 인간 ································ 418
   (2) 하나의 원리에 의존하는 인간 ··································· 421
3. 완전성 실현의 조건으로서 원리들의 준수 ······················· 422
4. 제일원인에 순종하는 종교 ··· 423
5. 이차적인 원리들의 준수 ··· 424
   (1) 부모와 조국에 대한 '경건(pietas)' ···························· 424
   (2) 상위질서에 대한 '규칙준수' ····································· 428
   (3) 윗사람에 대한 '존경' ·· 431
   (4) 사적인 후원자들에 대한 '감사' ······························· 433
6. 이차적인 원리들의 준수와 관련된 덕 ····························· 434
   (1) 감사 ·· 434
   (2) 순종 ·· 439
      1) 자연적 기원 ··· 439
      2) 탁월함 ··· 440
      3) 범위 - 하느님께 대한 순종과 인간에 대한 복종 ······ 441
7. 사회적 책임의 소극적 측면 : 처벌 ································· 442
   (1) 사회적 응징 ··· 442
   (2) 개인적 응징 ··· 445
8. 한시도 유보되지 않는 사회적 책임 : 진리 ····················· 446

[결론] 원리를 무시하는 현대사회의 오류 ····························· 451
1. '처음'의 중요성 ··· 451
   (1) 과정철학이 주장하는 진리의 사슬 ·························· 451

(2) 현대사회의 두 가지 오류	452
1) 끝없는 과정의 연속	452
2) 부담스런 과거	453
2. 원리를 무시한 결과 : 물리적 혹은 도덕적 소멸	453
3. 완전한 주체	455

제13장 사회적인 덕 (Ⅱ) : 피로사회의 근원
(제2부 제2편, 제111문제~제122문제)

1. 단일체와 사회생활	458
2. 사회생활에서의 일탈 : 추방	460
(1) 물리적 추방	460
(2) 도덕적 추방	461
3. 진실의 결함에 의한 사회적 일탈	463
(1) 눈속임과 위선	463
(2) 허례허식	465
1) 허풍	465
2) 하찮게 여김	466
4. 붙임성의 결함에 의한 사회적 일탈	469
(1) 붙임성(다정함)의 본성	470
(2) 붙임성이 지나친 행동 – 빌붙음(아첨)	471
(3) 붙임성이 결여된 행동 – 적개심(사회적 만행)	472
(4) 사회성의 결핍인 빌붙음과 적개심의 공통 기원 – 경멸	473
5. 관대함의 결함에 의한 사회적 일탈	474
(1) 관대함의 본성	475
(2) 사회적 무절제 – 사치(낭비벽)	475
(3) 사회적 인색함 – 탐욕	476
6. 사회생활을 위한 인간의 본성 : 경건	478
(1) 경건의 본성	479
(2) 경건과 종교적 신앙심, 효심 및 두려움과의 차이	480

  (3) 인류애의 발로로서 경건 ·················· 480
7. 사회 일치를 위한 최소한의 요구 : 「십계명」 ·················· 481
  (1) 「십계명」의 일반적 성격 ·················· 482
  (2) 형평성과 「십계명」 ·················· 484

[결론] 피로사회와 교회 ·················· 485
1. 덕과 사회 ·················· 485
  (1) 사회적 덕의 일반적 필요성 ·················· 485
  (2) 특별한 필요성 ·················· 486
2. 무신론을 표방하는 사회와 교회 ·················· 487
  (1) "적과 벗" 개념 ·················· 487
  (2) 사회문제의 해결사 ·················· 488
  (3) 생활원리들의 수호자 ·················· 489
  (4) 문화의 옹호자 ·················· 489

제14장 용기의 덕 (Ⅰ) : 용기 (제2부 제2편, 제123문제~제127문제)

1. 용기 : 가장 오래된 덕 ·················· 493
  (1) 고대의 '용기' ·················· 493
  (2) 용기의 이중적 의미에 관한 고대의 증언 ·················· 493
2. 비겁함 : 인생의 커다란 걸림돌 ·················· 494
3. 참된 용기와 거짓 용기 ·················· 496
4. 용기의 목표 ·················· 498
  (1) 두려움과 무모함 ·················· 498
  (2) 죽음의 위험 앞에서 ·················· 499
  (3) 또 다른 위험들 앞에서 ·················· 500
5. 용기 있는 행동들 ·················· 502
  (1) 어려움을 참아내는 자세와 조치를 취하는 자세 ·················· 502
  (2) 용기 있는 행동의 기쁨과 슬픔 ·················· 504
  (3) 용기를 식별하는 하나의 좋은 기회 – '위급한 순간' ·················· 507
6. 용기의 토대 : 마음의 평정 ·················· 508

7. 용기의 덕의 위상 ·· 510
8. 순교자들의 용기 ··· 511
　(1) 순교의 본질 ··· 511
　(2) 순교를 위한 덕들 ··· 512
　(3) 순교의 용기의 완전성 ··· 513
　(4) 순교의 사유(事由)들 ·· 514
9. 용기를 꺾는 것 ·· 517
　(1) 비겁함 ·· 517
　(2) 두려움이 없음과 그 원인들 ·· 518
　(3) 무모함 ·· 519

[결론] 용기와 순교자 ··· 519
1. 용기를 발휘하기 위해 닦아야 할 것 :
　사람으로 그리고 신앙인으로 살기 위해 ······························· 519
2. 두려움을 모르는 비극 ·· 520
3. 비겁함의 형태 ··· 521
　(1) 실제적인 비겁함 ·· 521
　(2) 정신적인 비겁함과 새로운 형태의 비겁함 ························ 521
4. 현대인들과 순교자들 ·· 522

제15장 용기의 덕 (Ⅱ) : 영혼의 위대함
　　　(제2부 제2편, 제128문제~제140문제)

1. 영웅에 관한 일반적인 태도 ··· 526
　(1) 대중은 찬사에 익숙하다 ·· 526
　(2) 대중에겐 본받고자 하는 진지한 열망이 없다 ····················· 527
　(3) 대중에겐 열망이 부족하기에 그에 따른 실망도 없다 ··········· 528
2. 영웅에 대한 열망도 실망도 없는 태도의 결함 ························· 529
　(1) 근본적인 이유 ··· 529
　(2) 그런 태도의 결함에 관한 가톨릭교회의 견해 ····················· 529
　　1) 거룩함 앞에서의 솔직한 자백 ·· 529

2) 인생의 영웅적인 측면 ·· 530
　　3) 용기의 영웅적인 측면 ·· 531
3. 영혼의 위대함과 영웅적인 태도 ·· 533
　(1) 영혼의 위대함 혹은 관대함 ·· 533
　　1) 위대함의 본성 ·· 533
　　2) 위대함의 수단들 ·· 537
　　3) 그에 반대되는 것들 ·· 537
　　　① 지나친 마음가짐 – 철면피(=체면을 차리지 않음), 공명심, 허영심 ··· 537
　　　　a. 철면피 ··· 537
　　　　b. 공명심 ··· 539
　　　　c. 허영심 ··· 540
　　　② 소홀한 마음가짐 – 의기소침 ······································ 542
　(2) 행위의 위대함 ·· 544
　　1) 위대함의 본성과 외연 ·· 544
　　2) 그에 반대되는 것들 ·· 546
　　　① 치졸함(parvificentia) ··· 546
　　　② 낭비(consumptio) ··· 547
4. 수고와 위험 앞에서의 영웅적인 태도 ······································ 548
　(1) 인내 ··· 548
　(2) 함구함 ··· 551
　　1) 그 본성과 한계들 ·· 551
　　2) 그에 반대되는 것들 ·· 552
　　　① 유약함(우유부단함) ··· 552
　　　② 완고함(고집불통) ··· 553
5. 영웅적인 삶 : 하느님의 선물로서 용기 ···································· 553

[결론] 영혼의 위대함과 영웅적인 태도 ·· 555
1. 영웅적인 태도와 영웅 숭배 ·· 555
　(1) 현대사회에서 아이돌이 되고자 하는 것과 아이돌을 추종하는 것 ·········· 555
　(2) 영웅적인 태도의 포기 – 영웅숭배 ······································ 556

2. 영웅적인 태도와 신앙인의 삶 ··· 557

제16장 절제의 덕 (Ⅰ) : 인간의 주체성
(제2부 제2편, 제141문제~제145문제)

1. 인간 우월성의 전제조건 ··· 560
   (1) 우월하다는 것 ··· 560
   (2) 우월할 수 있는 점들 ··· 561
2. 인간의 노예적 근성에 대한 현대의 입장 ························ 562
   (1) 청교도 정신(puritanism) ·· 562
   (2) 주체적 인간을 옹호하는 세상의 가르침들 ··············· 563
3. 인간 주체성에 대한 가톨릭교회의 입장 ························· 564
   (1) 역사가 입증하는 것들 ··· 564
   (2) 사실이 입증하는 것들 ··· 566
   (3) 이성의 균형 ··· 568
4. 인간의 주체성을 보여주는 덕 : 절제(節制) ···················· 570
   (1) 절제라는 덕의 위상 ··· 572
   (2) 절제해야 할 대상 ··· 574
5. 인간의 주체성을 주장할 수 있는 조건들 ······················· 579
   (1) 절제(節制)의 아름다움 – 절제미 ······························ 579
   (2) 절제미에 대한 열망으로서 "정직함"과 부조화에 대한 혐오로서 "부끄러워함" ··· 580
6. 인간의 주체성에 부당한 이중적 결함 ···························· 582
   (1) 절제의 지나침 때문에 – 감각적인 것에 대한 향유의 포기 ············· 582
      1) 감각적인 것에 대해 거부하는 두 가지 입장 ············ 582
      2) 본성을 거스르는 행동으로서 "불감증" ····················· 583
   (2) 절제의 부족함 때문에 – 감각적인 것에 사로잡힘 ······ 584
      1) 유치한 죄로서 무절제 ··· 584
      2) 무절제는 비겁함보다 더 무거운 죄 ························· 585
      3) 무절제의 부조화 수준 ··· 586
7. 인간의 주체성의 형태 ··· 588

8. 인간의 주체성을 지켜주는 또 다른 덕들 :
   자제(continentia), 너그러움(clementia), 정숙(modestia) ·············· 588

[결론] 인간의 주체성을 함의하는 '절제' ····················· 590
1. 인간의 주체성을 거부하는 행위의 함축적 의미 ··············· 590
   (1) 인간본성의 진실에 대한 외면 ······················ 590
   (2) 인간의 성숙에 대한 포기 ························ 590
   (3) 인간의 존엄성 및 아름다움에 대한 부정 ··············· 591
2. 인간의 주체성 발휘에 까다로운 여건 : 싸움터 ················ 591
3. 인간의 주체성에 대한 옹호 ·························· 593

제17장 절제의 덕 (Ⅱ) : 순수함을 향한 자유
(제2부 제2편, 제146문제~제154문제)

1. 정결(순수함)에 대한 현대의 관심 ······················ 596
   (1) 정결(淨潔, castitas)에 관한 오늘날 대중의 관심 ··········· 596
   (2) 정결의 필요성에 대한 새로운 의식의 고취 ·············· 598
   (3) 정결의 함축적인 의미 ·························· 599
2. 자유의 근거들 ································· 600
   (1) 아주 가깝고도 먼 원천들 ························ 600
   (2) 이성(理性)과 자유 ··························· 600
   (3) 내적인 자유와 외적인 자유 ······················ 601
3. 자유를 수호하려는 행위 ··························· 604
   (1) 지나친 식탐과 맞서 – 절식(節食) ··················· 604
      1) 금욕적인 삶의 본질 ·························· 604
      2) 금욕적인 삶 – 단식(斷食) : 그 목적, 자연스러움 그리고 그 기간 ······ 605
         ① 단식의 목적 ····························· 605
         ② 단식의 자연스러움 ·························· 608
         ③ 단식의 기간 ····························· 609
      3) 절식과 반대되는 생활 – 폭식(暴食) ·················· 610
         ① 폭식(해로운 식사)의 형태 ····················· 610

② 폭식이란 죄의 본래적인 성격 ·· 611
③ 폭식과 같은 방탕한 행동이 초래하는 꼴불견 ······················ 612
(2) 지나친 음주와 맞서 – 절주(sobrietas) ·· 612
   1) 절주의 본질 ··· 612
   2) 절주에 반대되는 생활 – 폭주 ·· 613
(3) 지나친 성생활과 맞서 – 정결한 생활 ··· 614
   1) 얌전한 체하는 행위(내숭) ··· 614
   2) 가톨릭교회의 성생활에 대한 입장 ···································· 615
   3) 혼인의 축성 ··· 616
   4) 동정의 탁월함 ··· 620
   5) 성생활의 기쁨 혹은 쾌락의 변(핑계) ································· 622

[결론] 절제의 덕으로서 '정결' ·· 625
1. 노예와 같은 삶의 현실 ·· 625
  (1) '지쳐버린' 삶 ··· 625
  (2) 순수함(정결)을 잃은 인간성 ·· 626
2. 배신당한 세대 ··· 627
  (1) 현대인들의 비극 ·· 627
  (2) 현대사회와 가톨릭교회 ··· 628
3. 노예와 자유인 ··· 629

제18장 절제의 덕 (Ⅲ) : 풍요로운 삶의 진실
(제2부 제2편, 제155문제~제165문제 [+제170문제])

1. 정복과 평화 ··· 632
  (1) 불완전한 정복 ·· 632
  (2) 완전한 정복과 정복자로서 절제 ·· 633
2. 절제가 추구하는 정복 ·· 635
  (1) 불완전하게 비쳐지는 정복 ··· 635
  (2) 완전한 정복 ·· 635

3. 두 번째 방어선 : 자제(continentia) …………………………………… 637
   (1) 자제(自制)의 본성과 그 결과 ………………………………………… 637
   (2) 자제를 하지 못함 ………………………………………………………… 639
      1) 자제를 어렵게 만드는 원인 ………………………………………… 639
      2) 자제를 하지 못하는 이유 …………………………………………… 639
4. 절제의 과제 ………………………………………………………………… 642
   (1) 분노(ira)의 억제 및 그에 따른 행위들………………………………… 642
      1) 절제와 연계된 온유(溫柔)와 너그러움 ……………………………… 643
      2) 절제와 온유 그리고 너그러움이 맞서는 행위들 ………………… 645
         ① 분노(ira) ……………………………………………………………… 645
            a. 정당한 분노(ira)와 부당한 분노 ……………………………… 645
            b. 분노의 종류 ……………………………………………………… 646
            c. 분노의 "열매들" – 분개, 일렁이는 마음, 신성모독, 오만불손, 다툼 … 648
         ② 잔인함(crudeltas) …………………………………………………… 649
   (2) 쾌락 및 기쁨을 자제하는 태도 – 정숙(貞淑) ………………………… 649
      1) 정숙의 본성 …………………………………………………………… 649
      2) 정숙의 종류 …………………………………………………………… 650
5. 겸손(謙遜)의 과제 ………………………………………………………… 650
   (1) 겸손이란 덕의 본성 …………………………………………………… 650
   (2) 겸손의 대상과 효과 …………………………………………………… 652
   (3) 겸손이란 덕의 위치 …………………………………………………… 653
   (4) 그에 반대되는 행위 – 교만(驕慢) …………………………………… 656
      1) 교만의 본성과 실체 …………………………………………………… 656
      2) 교만의 다채로운 모습들 ……………………………………………… 657
      3) 교만의 무거움과 다른 죄들과의 관계 ……………………………… 658
      4) 교만의 첫 번째 죄로서 '원죄' ……………………………………… 658
         ① 원죄(peccatem originale)의 본성 ………………………………… 658
         ② 원죄의 보속 ………………………………………………………… 659

[결론] 풍요로운 삶을 위하여 …………………………………………………… 660

1. 거짓된 삶과 반쪽 – 진실 ·· 660
2. 비인간적인 세계는 허구의 세계다 ······································ 662
3. 현대사회에서 소극적으로 비치는 덕들과 그리스도인 ············ 662

제19장 신비주의와 기적 : 정숙과 기적
(제2부 제2편, 제166문제~제178문제)

1. 정숙(貞淑)의 기적 ·· 666
   (1) 정숙과 세련됨 ··· 666
      1) 정숙의 순진무구함 ·· 667
      2) 정숙의 지혜 ·· 667
   (2) 정숙에 의한 '인격적인 상냥함'(personal graciousness) ······ 668
2. 정숙의 재료 ··· 669
3. 정신의 정숙 : 면학성 ··· 670
   (1) 면학성(지식욕)의 본성 ··· 670
   (2) 면학성과 반대되는 것들 – 게으름과 결실을 이루지 못하는 호기심 ······ 671
      1) 지식과 죄 ··· 672
      2) 지식과 죄의 기회 ··· 673
4. 몸의 정결 ·· 674
   (1) 겉으로 드러나는 행동과 관련하여 ································· 674
      1) 솔직한 행동과 관련하여 ··· 675
      2) 오락 및 놀이와 관련하여 – Eutrapelia(아리스토텔레스) ······ 676
         ① 놀이의 목적 ·· 677
         ② 놀이 중에 유념해야 할 죄 ······································· 679
            a. 놀이(농담 및 오락)의 지나침에 의해 ······················ 680
            b. 놀이(유머 감각)의 모자람에 의해 ··························· 681
   (2) 의복(옷)과 관련하여 ··· 682
      1) 정숙한 의복 ··· 682
      2) 의복으로 저지르는 죄 ·· 683
         ① 관습에서 벗어난 차림새 ··· 683

② 욕망(예, 허영심)의 표현으로서 지나친 혹은 모자란 차림새 ············ 684
　　　3) 여인의 치장(治粧) ·· 685
　5. 사도직의 은사 : 무한한 능력을 발휘하는 직무 ·· 687
　　(1) 무지(無知)를 통해 실현되는 사도직의 은사 – 예언 ······························ 688
　　(2) 지성과 감성을 고양시키는 사도직의 은사 – 황홀경에 사로잡힘 ········ 689
　　(3) 언변과 직결된 사도직의 은사 – 여러 가지 말을 하고 능숙하게 말함 ····· 691
　　(4) 놀라운 일을 해내는 사도직의 은사 – 기적을 일으킴 ·························· 692

[결론] 정숙과 그 덕을 통한 인간의 성취 ··· 693
1. 현대사회의 '정숙하지 못함' : 동물사회로의 전락 ·· 693
2. 정숙하지 못함의 결과 ··· 694
3. 정숙과 인간의 성취 ··· 695

제20장 활동과 관상 : 충만한 삶
(제2부 제2편, 제179문제~제189문제)

1. 활동과 실용성 ··· 698
2. 인간의 삶 ··· 700
　(1) 인생을 위한 두 가지 행위 – 활동(actio)과 관상(contemplatio) ············ 700
　(2) 분류 기준 ·· 700
3. 관상가의 삶 ··· 702
　(1) 관상의 조건들 ·· 702
　(2) 관상의 대상(범위) ·· 703
　(3) 관상의 기쁨과 소요시간 ·· 707
4. 활동가의 삶 ··· 710
　(1) 성공적인 활동의 조건들 ·· 710
　(2) 성공적인 활동의 한계 ·· 713
　(3) 관상과 활동의 비교 ·· 714
5. 삶(인생)의 상태 ·· 715
　(1) 상태의 구분 ·· 715

  1) 세상에서의 삶 ………………………………………… 715
  2) 교회 안에서의 삶 …………………………………… 716
 (2) 영적인 삶 …………………………………………………… 717
6. 완전한 상태 …………………………………………………………… 718
 (1) 일반적인 의미 ……………………………………………… 718
 (2) 특별한 의미 ………………………………………………… 721
  1) 주교직 ………………………………………………… 721
  2) 수도생활 – "축성된 삶"으로서 완전한 상태 ……… 722
   ① "축성된 삶" …………………………………… 722
   ② 수도생활의 본질 ……………………………… 723
   ③ 세 가지 서원 …………………………………… 724
   ④ 수도자의 노동과 생계 ………………………… 725
7. 수도자의 활동 영역 ………………………………………………… 728
 (1) 다양성의 토대 ……………………………………………… 728
 (2) 활동에 관한 규칙들 ……………………………………… 728
 (3) 관상에 관한 규칙들 ……………………………………… 730
 (4) 축성된 삶의 형식 – 관상과 활동의 일치 …………… 730
8. 수도회 입회 ………………………………………………………… 732

[결론] '충만한 삶'을 위하여 …………………………………………… 735
1. 공동의 목표 : '충만한 삶' 혹은 '행복' ………………………… 735
 (1) 활동의 끝(완성) …………………………………………… 735
 (2) 최대한의 성취 ……………………………………………… 736
2. 관상과 현대인의 삶 ………………………………………………… 736
3. 활동과 현대인의 삶 ………………………………………………… 737
4. 한 시대의 행복한 삶을 예시하는 수도생활 …………………… 738
 (1) 수도생활의 본보기 ………………………………………… 738
 (2) 시대의 평가 ………………………………………………… 739

용어 색인 ……………………………………………………………… 740

A Companion to the Summa

성 토마스 아퀴나스의
신학대전 해설서 Ⅲ

제1장 정신을 위한 자유
(제2부 제2편, 제1문제~제9문제)

1. 한계와 불완전
2. 대상의 관점에서 본 믿음의 무한한 자유
   (1) 믿음의 대상 – 최고 진리
   (2) 믿음의 권위 – 보장
   (3) 믿음의 어두움 – 약속
   (4) 인간의 수준에 맞는 믿음 – 여러 신경(信經)
3. 믿음으로 해방된 정신의 행위들
   (1) 내적 행위 – 자연적 믿음과 비교한 초자연적 믿음
      1) 정신의 다른 모든 행위와 구별되는 것 – 지식, 의심, 의혹, 의견
      2) 믿음의 공로
      3) 믿음의 필요성
         ① 암묵적인 믿음의 필요성 ② 명시적인 믿음의 필요성
   (2) 외적인 행위 – 신앙 고백
4. 믿음의 습성
   (1) 믿음의 정의   (2) 믿음의 지적 특징
   (3) 살아있는 믿음과 죽은 믿음 (4) 여러 가지 덕 가운데 믿음의 위치
   (5) 믿음의 확실함
5. 믿음의 자유를 지닌 사람들
   (1) 불신앙으로 인한 노예들 – 단죄된 이들, 악마들, 이단자들
   (2) 믿음으로 인해 자유로운 존재들 – 천사들, 인간들, 연옥 영혼들
6. 살아있는 믿음과 죽은 믿음의 유일한 원인
7. 믿음의 효과들 : 두려움과 순수함
8. 믿음을 완성시키는 성령의 선물들
   (1) 통찰(intellectus)
      1) 통찰이 신앙과 갖는 관계 그리고 다른 선물들과의 차이
      2) 통찰의 실용성   3) 통찰을 지닌 자들
      4) 통찰의 참행복과 열매
   (2) 지식(scientia) – 그 본성과 참행복

[결론]
1. 지성의 현대적인 예속
   (1) 믿음에 대한 현대적인 개념들
   (2) 지성의 현대적 한계들
      1) 감지될 수 있는 것으로 제한 2) 입증될 수 있는 것으로 제한
      3) 허구적인 것으로 제한
2. 믿음과 지성 : 대체가 아닌 완성
3. 정신을 위한 자유
   (1) 믿음의 용기   (2) 믿음의 충만함
   (3) 믿음의 실용성   (4) 믿음의 미래

제1장 정신을 위한 자유 (제2부 제2편, 제1문제~제9문제)

날갯짓을 하며 유리창에 부딪히는 새가 연출하는 광경은 연민을 일으킨다. 새는 자유로이 날기 위해 만들어졌지만 안타깝게도 함정에 빠지고 말았다… 비록 그 새가 불쌍하긴 하지만, 이런 새의 모습은 감각들로 구성된 감옥이라는 벽에 대항해 자신의 삶을 헛되이 내던지는 인간(人間, homo)의 모습과는 비교도 되지 않는다. 더 나아가 우주라는 감옥의 벽을 허물기 위해 자기 에너지를 소비하는 인간 본성의 태생적인 비극(悲劇)과는 비교될 수도 없다. 사슬에 묶여있는 과민하고 난폭한 개와 달리, 인간은 시간과 공간의 한계를 넘어서는 가운데, 자신의 정신을 감옥의 벽 바깥으로 투사할 가능성 대신, 유폐된 자신의 상태를 받아들일 수 있을 뿐만 아니라 심지어 그 상태를 즐길 수도 있다. 그렇다. 그 어떤 물질도 인간을 가둬둘 수 없음이 입증되는 가운데 인간은 높이 들어 올려지게 된다.

1. 한계와 불완전

하지만 인간의 정신은 또한 한계를 갖고 있다. 인간은 과거로 거슬러 올라가거나 미래를 향해 자신을 내던지는 가운데 현 세계를 넘어 자신을 투사할 수 있다. 심지어 그는 하느님을 향해 자신을 내던질 수도 있다. 다만, 그는 존재 자체로서의 하느님이 아니라 자연(自然)의 창조자로서의 하느님을 향해 자신을 내던질 수 있다. 그가 아무리 노력해도, 그리고 그의 지성이 아무리 영민하다 해도,

그는 본성의 장벽을 넘어설 수 없다. 왜냐하면, 인간의 본성은 초자연적인 힘을 갖고 있지 않기 때문이다.

또한, 자신의 운명에 내맡겨진 인간은 포로(捕虜)이다. 그가 아무리 자유를 열망하고, 자신이 볼 수 있는 것들보다 훨씬 더 완전하고 심오한 비전을 열망한다 해도, 그는 그저 자기 본성의 포로일 뿐이다. 인간의 자유를 한계 짓는 장벽을 허물 수 있는 유일한 힘이 있다. 그 장벽은 다름 아닌 그의 본성을 한계 짓는 장벽이기도 하다. 이를 허물 힘은 초자연적(超自然的)이어야 한다. 왜냐하면, 인간의 본성보다 우월한 작용자만 그의 눈에 과도하게 빛나는 것들을 어슴푸레하게 보여주는 가운데, 그에게 무한과 영원에 대한 광범위한 자유를 제공해줄 수 있기 때문이다. 한 마디로, 오직 하느님만이 신덕(信德)으로 알려진 선물을 통해 인간에게 이런 능력을 선사해 주실 수 있다.

2. 대상의 관점에서 본 믿음의 무한한 자유

인간을 해방하는 실재로 믿음(fides)을 바라보는 것은 중요하다. 만일 그렇지 않다면, 우리는 아무것도 이해할 수 없을 것이기 때문이다. 믿음을 인간의 지성을 제한하고 파손하는 것 또는 그 지성을 대체하는 것 정도로 여기는 것은 믿음의 본질을 전혀 이해하지 못하는 처사이다. 인간은 '여정자'(viator)이다. 그는 여정을 시작하기 위해 자기가 가야 할 목적지를 알아야 한다. 그에게 이 목적지를 알게 해주는 것이 믿음의 과제이다. 더 나아가 믿음은 인생의 경주에서 시작을 알리는 권총의 사격 소리와 같다. 인간은 믿음에 힘입어 삶의 목적을 추구하며 자유롭게 달려갈 수 있다. 그런데 이 목적은 다름 아닌 하느님의 본질 자체이므로, 믿음은 인간으로 하여금 자신의 본성과 물질세계의 한계를 넘어설 수 있는 능력을 선사해 준다.

(1) 믿음의 대상 - 최고 진리

어떤 사람들은 믿음이 그 인식 대상을 알 수 없기 때문에, 그것을 과도한 낙관주의, 즉 일종의 맹목적인 신뢰와 혼동한다. 반면, 또 다른 사람들은 도대체 믿음이 뭔지 모르기 때문에 그것을 단순한 감정으로 축소하기도 한다. 마지막으로, 어떤 사람들은 믿음을 이성적 인식과 혼동하기도 한다. 왜냐하면, 그들은 인간 존재를 무시하기 때문이다… 그러나 결코 믿음은 이성적 인식과 같지 않다. 믿음은 이 모든 것 이상이다. 사실, 우리는 믿음을 볼 수 없지만, 거기에 아주 근접해 있을 만큼 아주 위대한 존재이다. 우리는 눈꼬리만으로 믿음을 관상할 수 없기 때문이다. 우리는 정면에서 우리의 시각 능력으로 최대한 정신을 집중해서 믿음을 바라보아야 한다. 우리는 믿음이 열망하는 목표와 거기에 이를 수 있는 여러 수단에 집중하는 가운데, 믿음의 위대함을 평가할 수 있다. 이런 전망 아래 살펴보면, 믿음은 놀라우리만치 우리 앞에 높이 솟아오른다. 왜냐하면, 믿음은 최고의 진리를 겨냥하며, 따라서 인간 지성의 최고 완전함을 겨냥하기 때문이다.

자신을 인식함에 있어 제1진리로 인식되는 유일한 존재, 즉 하느님에 의해 그 진리가 먼저 계시되지 않는다면, 우리는 어떻게 이 제1진리를 인식할 수 있을까? 엄밀히 말해, 믿음은 '대신덕'(對神德, virtus theologalis)으로 불린다. 즉, 그것은 '신적인 덕'이다. 왜냐하면, 믿음은 하느님의 본질 자체를 겨냥하며 하느님의 작용을 통해 그것이 지향하는 최고의 대상에 이르기 때문이다. 하느님은 아무 조건 없이 우리의 수준까지 내려오는 가운데 우리에게 당신 자신에 대한 진리를 계시해 주신다. 그렇다. 믿음은 인간에게 봉사하기 위해 있지만, 그것은 신성(神性)으로 가득 차 있다.

신성(神性)으로 흠뻑 젖어있는 믿음은 계속해서 인간 정신에 하느님의 신비를 제시한다. 여기서 관건이 되는 것은 하느님에게 고유한 신비들뿐만 아니라 이러한 신비들에 대한 계시로서, 사실 계시는 그 자체로 이미 신비스럽다. 왜냐하면, 그것은 선명하지 않은 어두운 그림자 속에서 신성의 윤곽을 비춰주는 강력한 빛에 비교될 수 있기 때문이다. 이 빛이 다른 빛을 필요로 하지 않는다고 (또한 다른 빛을 가질 수 없다고) 말하는 것은 아무 소용이 없다. 왜냐하면, 계시는 그 자체로 수단일 뿐만 아니라 믿음의 대상이기 때문이다. 근본적으로 하느님의 메시지는 인간적인 수단들을 통해 인식될 수 없다. 왜냐하면, 그것은 인간의 본성을 무한히 넘어서기 때문이다. '기적'은 계시를 추인(追認)하거나 그에 대한 신빙성(信憑性)을 전하는 데 필요하다. 오직 믿음만이 계시의 내용을 확실히 알게 한다.

그러므로 믿음은 인간을 우주의 한계 너머로 쏘아 무한의 세계에 자리매김하는 거대한 대포(大砲)와 같다. 믿음을 단지 감미롭고 부드러우며 인간을 진정시키는 그 어떤 것으로 이해해서는 안 된다. 오히려 그보다 믿음은 세계의 장벽을 허물어뜨리는 힘의 원천이자 폭발로, 인간으로 하여금 그 자신의 조건이 지닌 한계를 넘어서게 해주는 천상적인 능력들을 통해 실현된 본성의 변모(變貌)로 이해해야 한다. 인간의 정신은 믿음과 더불어 하느님의 무한함 속에 잠길 수 있다.

믿음에 대해 근대 사상이 보여준 태도는 상당히 부당하다. 그리고 어떤 면에서는 지극히 우습기도 하다. 그것은 마치 자신의 목을 둘러싸고 있는 와이셔츠의 옷깃을 비난하는 사람과 다를 바 없다. 근대 사상은 믿음이 필연적으로 어두울 수밖에 없다는 사실은 간과한 채 믿음의 어두움을 거슬러 반란을 일으켰다. 믿음은 우리 스스로는 이해할 수 없는 진리들에 대한 인식을 우리에게 제공한다. 하느님은 믿음을 통해 우리에게 당신의 눈을 빌려주신다. 우리는 이 눈에 힘입어 어두움 속에서도 오직 그분만이 아시는 형언할 수 없는 진리들을 볼 수 있다. 믿음의 내용과 관련해서, 우리가 절대적인 명료함을 요구하며 이와 동시에 믿음이 제공하는 유익을 누리길 기대하는 것은 마치 여름을 더 편하게 즐기기 위해 태양이 우리를 눈부시게 비추지 않기를 바라는 것과 진배없다.

'베이비토크'(아기 같은 말투)를 이용해 자신의 매력을 높이려는 젊은 아가씨는,

마치 어린아이가 기병처럼 선서하듯이, 불쾌하리만치 조화롭지 않은 장면을 우리에게 보여준다. 그러므로 성인기와 유아기는 섞일 수 없다. 하지만 이는 우리에게 믿음과 관련된 일들을 바라보도록 요구하면서 주장하는 것과 같다. 하느님의 내적인 생명과 관련해서, 그분은 스승이시며 우리는 그분의 발치에 모인 어린아이들에 불과하다. 우리는 그분이 말씀하시는 것을 볼 수 없다. 왜냐하면, 보는 것은 성인(成人)의 일이며 우리 아버지 하느님의 일이기 때문이다. 우리가 초자연적으로 성장해서 천국에 있는 우리의 집을 소유하는 그 날이 오기까지, 우리가 해야 할 몫은 어린아이들이 하는 몫으로, 그 몫은 보는 데 있는 것이 아니라 믿는 데 있다.

(2) 믿음의 권위 - 보장

먼저 믿고 나서야 비로소 볼 수 있는 진리가 있다. 즉, 이성의 범위 안에 있지만, 삶의 상황으로 인해 과학적으로 조사하는 것을 허용하지 않는 진리가 있다. 이러한 진리들은 하느님의 은혜로운 권위와 더불어 보장된다. 그러나 일차적인 믿음의 진리, 초자연적인 진리는 우리가 조작할 수 있는 마음의 영역을 넘어선다.

사실, 우리는 성인이나 신학자들이 제시한 근거를 삼위일체나 강생과 같은 진리를 입증하기 위한 증거로 잘못 판단할 때 우스운 사람이 되고 만다. 그것은 결코 증거가 아니다. 그러한 근거는 우리를 설득하기 위한 자료일 뿐, 아마도 그것은 이러한 진리들이 결코 불가능한 일이 아니라는 사실을 보여주는 증거에 불과하다. 또한, 그것은 우리의 완고한 의지를 누그러뜨리고 보잘것없는 지성을 숙이도록 부추기지만, 그 이상은 아니다. 초자연적인 진리를 받아들이기 위한 근거, 바로 그 유일한 근거는 하느님 그분 자신의 권위뿐이다. 최고의 진리이신 하느님으로부터 진리를 받아들이는 것은 언제나 견고하고 안전하다.

우리는 믿음의 어두움 속에서 짜증을 낼 뿐만 아니라 믿음이 자리한 바로 그 권위를 너무 자주 원망한다. 이러한 신경질적인 모습 이면에는 진리가 우리 정신의 판단에 부합하지 않는 것은 아닐까 하는 오류에 대한 두려움(timor)이 자리하고 있다. 이는 자신이 집을 직접 청소하지 않는 한, 그 집은 당연히 정리되지 않은 채로 남아 있으리라는 사실을 확신하는 어느 여성이 느끼는 불편함과 크게 다르지 않다. 어떤 면에서 보면, 믿음을 바탕으로 진리를 수용하는 것은 인간으로서의 우리들의 본성을 모독하는 것으로 보일 수 있다. 그러나 믿음의 요점은 그것이 우리 스스로는 결코 도달할 수 없는 진리를 우리에게 전해준다는 데 있다. 만일 우리가 어떤 사람의 권위에 바탕을 둔 이러한 진리를 받아들이지 않는다면, 우리는 결코 이 진리를 가질 수 없다. 그러므로 우리는 삶을 살아가기 위해 이를 받아들여야 한다.

(3) 믿음의 어두움 - 약속

믿음의 어두움은 여기 그리고 지금 이 어두움 속에서 오직 하느님만이 볼 권리가 있는, 형언할 수 없는 것들을 듣게 되리라는 것을 우리에게 약속해 준다. 이는 그 이상으로, 지금의 이 어두움이 영원한 태양 앞에서 움츠러들고 날아가 버리면, 우리가 직접 이 놀라운 진리들을 눈으로 보게 되리라는 약속이기도 하다. 진실로 이러한 어두움은 미래 삶의 시작이며 삶이 끝나고 우리가 목적지에 도달했을 때 분명히 얻게 될 하느님에 대한 지복직관(至福直觀)의 시작이다. 우리가 따라야 할 권위는 모욕이 아니라 우리를 위한 보증이다. 즉, 그것은 우리가 이 어두움 속에서 우리 자신을 하느님께 내어 맡김으로써 우리가 어떠한 해도 받지 않으리라는 데 대한 보증이다. 우리는 결코 믿음으로 인해 잘못 인도되거나 속지 않을 것이다. 오히려 우리는 이를 통해 하느님이 간직한 풍요와 아름다움, 선함을 보게 될 것이다.

어느 한 소녀가 옆집에 사는 소년에게서 자신이 염원하던 매력적인 왕자를 발견하는 것은 드문 일이다. 전혀 모르는 사람이거나, 당연하게 여겨질 정도로 잘 알려진 사람일 경우, 그를 전혀 보지 않았다는 것을 의미한다. 현대 세계에서도 믿음은 이와 같다. 믿음은 그것이 자유롭게 주어진 사람들에 의해 당연하게 받아들여질 수도 있고, 낯선 사람들에 의해 무시될 수도 있다. 그러나 맹목적인 자세는 믿음의 매력을 놓치게 한다. 믿음에는 하느님이 당신 신성(神性)의 내밀한 비밀을 당신의 벗들과 공유하는 가운데 연인들 사이에 속삭이는 세세한 부분과 사랑 가득한 매력이 분명히 있다. 더욱 감동적인 것은 아마도 믿음 자체가 지닌 사려 깊은 매력일 것이다. 무한한 존재이신 하느님은 어린아이 같은 우리 마음의 수준까지 몸을 굽혀, 가장 단순한 신자까지도 창조된 정신이 추구할 수 있는 최고의 수준을 넘어서는 진리를 쉽고 안전하게 이해할 수 있도록 당신 신성이 간직한 형언할 수 없는 진리를 신조의 짧고 단순하며 직설적인 언어를 통해 신경(信經)에 집어넣는다.

(4) 인간의 수준에 맞는 믿음 – 여러 신경(信經)

사실, 신경의 형성 과정에는 신적인 독창성이 있다. 인간의 종말이나 목표에 대한 신경의 한계, 즉 하느님을 비롯해 그분과 관련된 제반 사안들 그리고 인간이 그 목적에 도달하는 길, 즉 그리스도의 인성(人性)을 비롯해 그 인성과 관련된 것들보다 더 신적으로 단순한 것이 있을까? 엄밀히 말해 바로 이것이 신앙의 조항들을 구성한다. 하느님 편에서 볼 때, 믿음은 신성 그 자체의 단일함을 전제로 한다. 반면, 우리 편에서는 믿음에 있어 특별한 어려움이 제기될 수 있으므로, 믿어야 할 것과 관련해서 어떤 식으로든 우리를 혼란스럽게 하지 않도록 개별적인 믿음의 조항들이 구별된다.

이러한 맥락에서 사람들은 종종 신자들이 자신을 잘 돌볼 수 있게 된 후에도 교회가 너무 오래 그들의 삶에 있어 세세한 부분까지 규제하는 고압적인 어머니라고 여기는 실수를 저지른다. 종교적인 권위가 이러한 신앙 조항의 제안 형식을 결정하는 것은 사실이지만, 믿어야 할 진리를 드러내는 것은 종교적인 권위가 아니다. 교회는 우리에게 이런 조항들이 사실이라는 것을 말하려는 것이 아니라, 그것이 진리로서 계시되었다고 말한다. 그 진리는 하느님, 오직 하느님께 달려 있다.

믿음의 이야기는 하느님의 속삭임으로 시작되어 여러 시대를 거쳐 논의되는 가운데 더 풍부해지고 그 말에 활기가 더해져, 마침내 하느님 스스로 놀랄 정도로 엄청난 이야기가 되는 게 아니다. 그것은 인간의 사고, 실험, 상상력을 통해 풍부해진 진리에 대한 원초적인 발견이 아니다. 신앙 문제에 있어서 교회는 본질적으로 증가하지 않았다. 우리는 이를 다음과 같이 말할 수 있다. 즉, 신앙의 조항들은 초자연적인 지식의 첫 번째 원리들이다. 모든 초자연적인 진리는 제1원리들로부터 비롯되어야 하며, 사실 그 제1원리들에 포함되어 있다. 이 제1원리들 중에서 절대적인 제1원리는 인간을 자신의 목적으로 인도하는 하느님의 섭리와 초자연적 작용의 창조자로서의 하느님의 존재와 관련된 진리들이다. 아마도 성 그레고리우스가 그리스도와 매우 가까운 사람들이 그 제1원리들에 대해 그렇게 많은 설명과 명시적인 진술이 필요하지 않다고 말했을 때, 그것을 바로 그가 이를 지녔기 때문일 것이다. 그들은(그리스도와 매우 가까운 사람들은) 천사들이 자연적인 사고(思考)의 제1원리에서 다른 모든 진리를 보는 것처럼, 그 안에서 다른 모든 진리를 보았다.

그러나 이는 우리 나머지 사람들과는 전혀 다르다. 믿음의 이야기는 아담에서 그리스도에 이르기까지 서서히 전해지고 있었다. 복음 사가 요한이 죽은 후, 믿음은 완전히 전해지는 이야기였다. 그때부터 믿음은 오랫동안 사랑받아온 이야기를 다시금 반복하고 음미하며 어루만지는 가운데 그 향기가 우리 영혼의 가장 외진 구석까지 스며들게 하는 주제였다. 이 모든 것은 실질적인 증가를 수반하지는 않았지만, 그럼에도 우발적인 증가라고 불리는 것을 요구하였다. 그것은 바로 이 제1진리들에 포함된 진리를 드러내는 것, 또는 한 마디로 우리에게 주어진 진리들을 통찰하는 것이다.

예컨대, 원죄 없는 잉태 개념과 같은 암묵적인 진리에 대한 분명한 주장들, 본성과 인격의 구별을 통해 삼위일체(Trinitas) 같은 진리에 대한 학문적 해명, 이전에 단지 일시적이거나 실천을 통해 표현됐던 진리에 대한 주장, 또는 이단자에게서 받은 세례(洗禮, baptismus)의 타당성처럼 의심을 불러일으키는 진리들이 있었다.

실제로 그런 분명한 정의를 내리는 현상이 증가하지 않았다면 상당히 이상했을 것이다. 만일 그러한 증가가 없었다면, 교회는 명확한 정의를 내림으로써 자신의 자녀들을 보호해야 했을 때 그렇게 하지 않아, 이단으로 인한 혼란의 위협을 무시한 가장 불친절한 어머니가 되고 말았을 것이다. 진리에 대한 교회의 사랑은 철학적, 과학적 사상의 진보와 함께 진리를 밝혀 비춰주고 이를 더 깊이 해명하기 위해 제공되는 다양한 기회를 무시하지 않았다. 물론 인류를 향한 성령의 사랑과 사려 깊은 모습, 신학자들의 오랜 조사, 신자들이 보여준 진실하고도 철저한 헌신은 이러한 모든 초자연적인 진리의 제1원리에 담겨있는 숨겨진 진리, 심오한 참행복을 발견하는 데 실패하지 말아야 한다.

3. 믿음으로 해방된 정신의 행위들

(1) 내적 행위 – 자연적 믿음과 비교한 초자연적 믿음

믿음의 대상인 최고 진리는 믿음의 행위를 통해 도달된다. 처음에 이 믿음은 내적이며, 이를 바탕으로 믿음에 대한 고백이라는 외적인 형태가 드러난다. 인간적인 믿음의 질서에서 믿음의 내적 행위는 잘 속아 넘어가는 피해자가 신뢰할 만한 사람이 건네는 달래는 이야기를 믿을 때 이루어진다. 사실, 믿음의 외적 행위는 황금 벽돌을 열렬히 구입하는 것에 비견된다. 목적이 없다면 인간적인 믿음과 초자연적인 믿음은 비교할 수 없다. 인간적인 믿음은 초자연적인 믿음에 대해 상당히 불신앙하고 있으며, 이는 자연스러운 일이다. 그것은 인간의 지성을 완벽하게 해주는 덕이 아니다. 인간적인 믿음은 훨씬 더 자주 그의 주머니를 비게 하거나 그의 마음을 배신하는 수단이 되곤 한다. 왜냐하면, 그것은 인간적인 권위가 가장 성실할 때마저도 너무나 많은 오류와 실수의 가능성을 내포하고 있기 때문이다. 예컨대, 우리는 역사에서 수 세기 동안 지속해 온 인간의 신앙에 바탕을 둔 심각한 실수들을 밝혀냈다. 초자연적인 믿음에서는 그런 일이 있을 수 없다. 그것은 무류적인 진리의 원천이다. 그것은 인간의 마음과 진실함이 아닌 하느님의 진실함과 정신에 있다.

1) 정신의 다른 모든 행위와 구별되는 것 – 지식, 의심, 의혹, 의견

초자연적인 믿음의 행위를 묘사하기 위해 우리는 이를 "동의와 함께 곰곰이 생각하는 행위"로 규정할 수 있다. 물론 우리의 지성이 진리 앞에서 안절부절못하고 곰곰이 생각해야 하는 동시에 그 진리에 대해 확고하게 동의해야 한다는 것은 어찌 보면 모순이다. 실제로 이 정의는 믿음의 행위가 지닌 본성을 충만하게 보여준다. 자신이 기르는 개가 평소와 달리 불안할 때, 도둑이 들은 건 아닌지 의심할 수 있듯이, 우리는 그러한 진리를 의심하지 않는다. 우리는 아침에 신문을 보며 단순히 여러 기사에서 의견을 모으듯이, 단순히 그에 대한 의견을 갖는 게 아니다. 우리는 마치 과학 실험을 통해 얻는 결과처럼 그것을 그렇게 분명하게 볼 수 있지 못하다. 우리는 그것을 믿는다. 그리고 이를 통해 마음에서 유래하는 다른 모든 행위와 구별되는 독특한 행위를 만들어 낸다.

2) 믿음의 공로

믿음은 마치 깜짝 장난감 상자[1](jack-in-the-box)와 같다. 거기서 용수철은 인간의 지성에 비견될 수 있다. 이 용수철을 담아 누르는 뚜껑은 의지이다. 지성은 믿음의 어두움을 거슬러 긴장하고 있다. 이 상태에서 의지가 약해지면 도덕적 퇴보로 인해 지성을 억제하는 힘이 점점 줄어들게 되고, 마침내 의지가 약해지면서 스프링에 비유되는 지성이 튕겨 나오게 된다. 그리고 이로써 믿음은 사라지고 만다. 신앙을 상실한 인간은 하느님을 저항하는 반항아가 된다. 반면, 믿음의 행위는 하느님에 대한 인간의 순종, 즉 사랑 가운데 있는 그의 의지와 믿음 가운데 있는 그의 지성을 완전하게 하는 순종(順從, oboedientia)을 가능하게 하기 때문이다. 사실, 믿음에 대한 동의와 함께 이루어지는 이런 역설적인 숙고는 믿음이라는 위대한 공로가 간직한 비밀로, 이는 기본적으로 믿음의 행위가 우리의 자유재량에서 유래해야 한다는 것을 의미한다. 이 행위는 결코 명백한 증거에 직면해 있는 우리의 지성에 의해 강요되어서는 안 된다.

만일 그렇다면 그것은 지적인 진보가 아니라 신앙에 대한 위협을 나타내는 도덕적 타락에 불과할 것이다. 가가톨릭교회(~ 敎會, ecclesia catholica)를 떠받치는 최고 성직자들은 소싯적에 어린아이처럼 교회의 교리에 대해 말을 더듬거린 이래로, 많은 것을 배웠을 것이다. 이제 교회의 중추가 된 그들은 예전에 믿음으로 받아들였던 예비적인 진리 가운데 많은 부분을 만족스러우리만큼 잘 입증할 수 있다. 그러나 분명히 현재 그들이 가진 능력이 믿음에 아무런 해도 끼치지 않은 것과 같이, 그들의 지적인 진보가 모든 본성적인 능력 너머에 있는 신앙의 진리들을 온전히 파악할 수 있도록 가르쳐 주진 못한다. 그 믿음의 범위는 줄어들 수 있을지 몰라도, 그 믿음의 강도는 절대로 줄어들지 않을 것이다. 지금, 교회를 떠받치는 그분들의 믿음은 이성적인 삶의 시작에서처럼, 하느님의 권위를 깊이

---

1) [역주] 뚜껑을 열면 용수철에 달린 인형 등이 튀어나오게 되어 있다.

존중하고 온전히 받아들인다. 이런 그분들의 모범은 우리에게 또 다른 믿음의 이유를 제공해 준다.

3) 믿음의 필요성

하지만 이 모든 것은 친절함 그 이상으로 인간에게 필수적이다. 우리의 행복을 구성하는 초자연적인 종말을 우리가 알 수 있는 것은 바로 그런 겸허한 믿음에 의해서만 가능하다. 그리고 이를 알아야 비로소 행복을 향한 어떤 조치도 취할 수 있다. 믿음은 하느님을 향해 우리를 직접 방향 지운다. 그리고 이러한 방향 지음을 통해 우리는 이 세상의 여타 모든 존재와 일치하고 동시에 다른 모든 피조물(被造物, creatura)과 뚜렷이 구별된다. 이 세상의 모든 생명체는 자신보다 높은 곳에 있는 목표를 향해 질서 지어져 있다. 그것은 자신보다 우월한 존재에 의해 움직이며, 비록 그 목적에 이르게 되면 그 자체가 소멸한다 해도, 그 자신을 넘어서는 목표를 향하도록 정해졌다. 인간만이 누군가에 의해 그리고 누군가에게로 갈 수 있는 인접한 우월한 존재를 세상 안에 갖지 않는다. 식물은 동물이 먹고 살 수 있도록 존재할 수 있고, 동물은 인간을 위해서 존재할 수 있다. 동물은 사람에 의해 이동되고 인간 수준으로 들어 올려져, 인간을 떠받친다. 동물은 심지어 인간의 훈련과 더불어 바로 그 인간의 지성에도 참여할 수 있다. 그러나 인간은 외로운 생명체, 우주의 외로운 주권자다. 인간은 정상에 있지만, 그곳은 너무도 자주 비어있고 황량한 곳이다. 인간은 최종 목적을 향해 올바로 방향을 설정하기 위해 그리고 그곳을 향해 나아감으로써 마침내 온전히 도달하기 위해 반드시 하느님을 바라보아야 한다. 그리고 이렇듯 무한히 높은 수준에 이름으로써 소멸하지 않고 완성에 이를 것이다.

현대를 살아가는 우리 세대에게 있어 믿음이 내포한 가장 힘겨운 특징 가운데 하나는 그것이 지닌 절대적인 측면에 있다. 믿음은 타협을 허용하지 않는다. 당신은 믿음의 내용 모두를 갖거나, 아무것도 가질 수 없다. 믿음이 제공하는 제품

가운데 이렇게 쇼핑을 하면 얼마나 좋을까? 천국(天國, paradisus)은 받아들이되 지옥은 배척하고, 구세주를 껴안되 그분에게서 심판관으로서의 모습은 무시하며, 사랑은 그리워하지만, 정의를 무시할 수 있다면 더할 나위 없이 좋을 것 같다. 이는 어떤 여성이 이른 오후에 아스파라거스를 사기 위해 외출했다가, 당근[2]을 보며 오싹해지고, 저녁 식사로 스튜 요리[3]를 권하는 정육점 주인에게서 모욕감을 느낄 수도 있는 것과 같다. 차라리 믿음을 구하지 않았다면 훨씬 더 좋을 법도 하다. 우리가 선택한 것에 아무리 만족한다 해도, 그 포장을 열고 나면, 우리는 거기에서 믿음과는 별 상관이 없는 많은 것을 발견하게 된다. 왜냐하면, 우리가 믿음을 통해 진리를 받아들인 이유는, 몹시 지친 욕구들에 제공된 그 진리들의 맛깔스러움 때문이 아니라, 계시하시는 분의 무한한 권위 때문이다. 어떤 하나의 진리를 거부하는 것은 이 모든 진리를 선사하시는 분의 권위를 거부하는 것이다. 그것은 하느님께서 자신을 바보로 만들었다고 비난하거나 적어도 우리를 바보로 만들었다고 비난하는 것과 같다.

① 암묵적인 믿음의 필요성

우리는 믿음의 문제와 관련해서 그 내용 가운데 일부만 고르고 선택할 수 없다. 우리는 믿음을 통해 그 내용 전부를 받아들이거나 아무것도 갖지 못한다. 물론 많은 것을 암묵적으로 받아들일 수 있지만, 적어도 그 가운데 일부, 적어도 하느님의 존재, 우리가 도달하게 될 초자연적인 종말 그리고 이를 실현하시는 하느님의 섭리를 명시적으로 믿어야 한다. 하느님은 삼위일체이시라는 진리와 성자 그리스도의 강생 또한 명시적으로 믿어야 한다. 적어도 이러한 진리들은 인류의 구원을 위해 절대적으로 필요한 진리들이라는 것이 성 토마스의 견해

---

2) [역주] '붉은 머리카락의 사람'이라는 속어적 의미를 담고 있다.
3) [역주] '주정뱅이'라는 속어적 의미를 담고 있다.

이다. 그의 추론은 분명하고 설득력이 있다. 인간은 가장 중요한 진리, 즉 자신을 궁극적인 목적에 이르게 해주는 진리들을 믿어야 한다. 이 세상에 강생하신 하느님은 인류를 위한 구원의 길이다. 그러므로 우리는 그리스도의 강생을 반드시 믿어야 한다. 그분의 강생을 믿는 것은 동정 성모께서 성령의 능력을 통해 하느님의 아들을 잉태하셨음을 믿는 것이기도 하다. 즉, 강생의 진리에 대한 명제는 필연적으로 삼위일체 진리에 대한 진술을 수반한다. 그러나 다음 장에서 분명히 드러나듯이, 이러한 성 토마스의 견해가 비신자들을 전면적으로 단죄하는 것을 뜻하지는 않는다. 물론, 우리는 이런 핵심적인 진리들 이외에도 분명 다른 진리들도 믿어야 한다. 그러나 이는 그러한 진리들이 우리의 최종 목적과 반드시 연관되어 있기 때문이라기보다, 하느님께서 진정 이러한 진리들을 밝히 드러내셨다고 하는 그분의 신성한 본성에 대한 확신 때문이다. 예컨대, 「신경」(信經, symbolum)에 포함된 믿음의 조항들과 구원에 필요한 성사들을 우리는 믿음으로 받아들여야 한다.

② 명시적인 믿음의 필요성

글을 배우지 못한 빨래하는 여인이 여느 주교처럼 명시적인 믿음을 가질 수는 없다. 혹시 그 여인이 믿음에 대한 확실한 지식을 바탕으로 성찬례에서 예수 그리스도의 몸과 하느님을 받아 모신다는 것을 알고 있다 하더라고, 그 여인은 성변화(聖變化)에 대해 들어본 적이 없을 것이다. 그러나 주교가 성변화에 대해 들어본 적이 없다면, 하느님께서 그를 도우실 것이다. 우주에 대한 하느님의 질서정연한 계획에서 볼 때, 열등한 생명체들은 자신보다 상위에 있는 존재자들을 통해 자신의 존재 목적을 향해 움직여진다. 또한, 인간의 세계에서도 하느님의 질서는 다르지 않다. 높은 지위, 희귀한 선물은 단순히 자산이나 특권이 아니라 훨씬 더 많은 책임을 담고 있으며, 어떤 의미에서는 자신보다 낮은 지위에 있거나 열등한 선물을 받는 사람들에 대해 빚을 지고 있다. 교회에서는, 자신들이 선사

받은 직무를 바탕으로 공동체(共同體, communitas)에 대한 권위를 가진 사람들은, 자신들에게 맡겨진 사람들을 더욱 안전하게 인도할 수 있도록, 자신들에게 속한 사람들보다 훨씬 더 명시적인 믿음을 가질 의무가 있다. 물론 모든 가톨릭 신자들은, 믿음이라는 바로 그 개념으로 인해, 적어도 암묵적으로 하느님께서 계시하신 모든 진리를 절대적으로 믿어야 한다. 만일 그렇지 않다면, 모든 믿음의 진리가 놓여 있는 기초를 거부하는 것을 의미한다.

(2) 외적인 행위 – 신앙 고백

우리는 투덜대지 않고 숙고할 수 있으며, '알렐루야'를 외치지 않고도 수긍할 수 있다. 생생한 믿음은 전적으로 우리 안에 있는 어떤 것이기 때문이다. 신앙 행위의 외적인 표현을 '신앙 고백'이라고 말한다. 우리는 모두 소극적인 의미에서 항상 신앙을 고백할 의무가 있다. 우리가 하느님과 하느님에 관한 진리를 부정하는 것이 합당한 때란 결코 없다. 따라서, 믿음을 부정하는 게 정당한 때는 결코 없다. 그러나 적극적인 의미에서 믿음을 고백하는 것은 전혀 다르다.

길에서 비틀거리며 걸어가면서 엄숙하게 '성모송'을 읊는 술주정뱅이는 자신에게 어떤 유익한 일을 하는 것이 아니며, 그렇다고 교회에도 아무런 유익이 되지 못한다. 분명 그는 자신의 신앙을 고백할 것을 요구하는 가르침을 이행하지 못한다. 그렇다고, 가톨릭 신자가 오렌지맨[4] 회의에서 벌떡 일어나 자신이 가톨릭 신자라고 외칠 의무는 없다. 신앙을 고백하기 위해 소란을 피울 필요는 없다. 적어도 상식적인 차원에서는 그렇다. 하지만, 신앙을 고백하려면 다소의 용기는 필요하다. 그러므로, 신앙을 고백함에 있어 비겁한 태도는 용서받기 어려운 태도이다. 우리가 믿음을 고백해야 할 의무를 규정하는 절대적인 규범으로

---

4) [역주] 북아일랜드의 신교도들.

'하느님의 영광'과 '이웃의 유익'을 들 수 있다. 우리의 침묵이 하느님의 명예를 크게 훼손하거나 하느님께 많은 영광을 돌려드리지 못할 때, 우리는 그분에 대한 믿음을 고백할 의무가 있다. 우리의 이웃과 관련해서, 우리가 침묵을 지킴으로써 누군가 신앙을 멀리하거나, 적어도 어떤 사람이 그 신앙으로 다가서는 것을 심각하게 방해할 때, 우리는 신앙을 고백해야 할 때를 놓치고 만다. 그뿐만 아니라, 우리가 신앙을 고백하지 못함으로써 이웃이 막대한 영적 유익을 잃어버릴 때, 다른 방법이나 지금, 이곳 이외의 다른 시간과 장소에서 우리의 신앙 고백으로 인해 일어날 수 있는 유익이 효과적으로 주어질 수 없다면, 우리는 이웃뿐만 아니라 하느님을 실망하게 해드리는 것이다. 그러나 신앙을 고백해야 할 의무가 마치 박해자에게 가서 우리에게 강제로 총을 쏘도록 요구해야 한다는 것을 의미하지는 않는다. 실제로 신앙을 박해하는 사람들로부터 혼신을 다해 달아나는 가톨릭 신자는, 비록 신앙을 수호하기 위해 총살장으로 향하는 그의 동료들에 비해 다른 방식이기는 하지만, 그렇게 함으로써 자기 나름대로 신앙을 고백하는 것이다. 엄밀히 말해, 그는 자신의 신앙을 고백하지 못할 위험을 무릅쓰지 않으려고 피한다. 만일 그가 박해를 받는 신앙을 부인한다면, 분명히 그 상황에서 도망갈 필요가 없을 것이기 때문이다.

지금까지 우리는 마치 무거운 포탄의 궤적을 그것이 만든 구멍에서부터 추적하듯이 믿음을 다루면서, 포탄이 발사된 대포로 다시 돌아오게 할 수 있는 각도를 정하고자 노력했다. 우리는 믿음이 도달하는 최종 목표인 신앙의 목적을 살펴보는 것으로부터 이 작업을 시작했다. 그리고 그 과정에서 사람들이 최종 목표에 도달하는 믿음의 행위라는 긴 포물선을 보았다. 이제 우리는 이 믿음의 행위가 발사된 대포인 그 근원에 도달하게 된다. 그것은 믿음의 습성이다

4. 믿음의 습성

(1) 믿음의 정의

성 토마스는 믿음을 다음과 같이 정의한다: "우리 안에서 영원한 생명을 시작하게 하며, 우리의 지성이 보이지 않는 진리들에 동의하게 하는 정신의 습성." 이러한 정의는 형이상학자이자 시인으로서의 성 토마스의 비전에 잘 어울린다. 비록 그 시작이 어둡고 불명확하다 해도, 믿음은 영원한 생명의 본질을 이루는 최고 진리를 바라보는 여정의 출발점이다. 성 토마스는 이 정의를 통해 믿음의 초자연적 성격, 믿음이 내포한 천상의 아름다움, 믿음의 습성에서 이루어지는 지성과 의지의 작용을 압축적으로 제시했다. 여기서 마지막 두 문제를 좀 더 자세히 살펴보기로 하자.

(2) 믿음의 지적 특징

성 토마스는 '정신의 습성'(habitus mentis)으로서의 믿음을 언급하면서 믿음이 지닌 지성적 특징을 강조했다. 이는 성 토마스가 거의 예언적으로 강조했던 사안으로, 성 토마스 시대 이후 믿음과 관련해서 일어난 가장 심각한 두 가지 오류는 바로 이와 관련되어 있다. [좋은 작용적 습성인] 지성적 덕(知性的 德, virtus intellectualis)으로서의 믿음은 진리를 자신의 고유한 목적으로 추구하는 지성을 완전하게 한다. 실제로 믿음은 지성이 최고 진리를 알 수 있도록 준비시켜 준다. 이러한 그의 입장은 믿음을 느낌이나 감정의 문제로 치부한 포이어바흐(L. Feuerbach, 1804~1872) 이래 감상주의자들, 비합리주의자들과 완전히 반대된다. 그러나 믿음이 지성에 부여한 완전함이 아무리 크다 해도, 그것은 지성적 덕이므로 언제나 불완전할 수밖에 없다. 믿음이 내포한 초자연적 특징은 지성적 덕들이 간직한 공통적인 결함, 즉 완전함의 한계에 대한 결함을 지성으로부터 면제해 주지 못한다. 어떤 화학자가 아무리 화학 분야에서 탁월하다 해도, 그것이 그를 선하게 만들지 못하며, 단지 훌륭한 화학자가 되게 해줄 뿐이다. 이런 지성적 덕들은 본질적으로 인간의 선함을 완성하는 것이 아니라 인간 지성의 탁월함을 추구하기 때문이다. 루터를 비롯해 종교개혁자들이 믿음에 관해 지녔던 과장된 낙관주의의 근원에는 이러한 근본적인 철학적 진리에 대한 무지가 있었다.

(3) 살아있는 믿음과 죽은 믿음

믿음은 그 자체로 자신이 추구하는 고유한 지성적 목표를 향해 나아가는 데 있어 언제나 부족한 상태에서 멈춘다는 것은 여전히 사실이다. 즉, 믿음은 인간에게 숭고한 진리들에 대한 지식을 전해주지만, 그 이상은 아니다. 이러한 믿음의 불완전을 없애기 위해서는, 믿음의 바깥에서부터, 즉 믿음의 고유한 대상을 넘어서 인간 존재 전체가 자신의 궁극적 목표에 이르도록 믿음을 질서 지어주는 또 다른 덕(virtus)이 있어야 한다. 성화 은총(gratia sanctificans)과 함께 오는 참사랑(caritas)이 믿음을 의지가 지향하는 궁극적인 목표, 즉 인간 존재의 궁극적 목적이자 참사랑이 지향하는 목적인 하느님을 향해 질서 지어줄 때, 믿음은 죽은 믿음에서 살아있는 믿음으로, 형성되지 않은 믿음에서 제대로 형성된 믿음으로 변화하게 된다. 최종 목적을 향해 인간 존재를 보다 근본적으로 질서 짓는 것은 믿음 그 자체에서 오는 것이 아니라는 의미에서, 이는 믿음에 우유적(accidentalis)이다. 그러나 그렇다고 해서 그것이 믿음에 중요하지 않은 것은 아니다. 그러나 믿음의 완전함이 내포한 우유적 특징을 잊지 말아야 한다. 그것은 선하신 하느님께서 죄인에게 지옥(infernus)의 상태를 미리 완전하게 맛보게 하지는 않는다는 것을 의미한다. 불신앙을 제외한 중죄(peccatum mortalis)들은 은총, 참사랑을 비롯해 대부분의 주입덕(virtus infusa)을 파괴한다. 그럼에도 불구하고, 초자연적인 생명의 주춧돌이자 희망의 기초, 즉 최고 진리에 대한 확고한 믿음과 하느님의 위격적 생명에 관해 자세한 것을 우리에게 말해주는 최고 진리의 무류적 권위는 여전히 남아 있다.

(4) 여러 가지 덕 가운데 믿음의 위치

믿음은 근본적인 덕이므로 첫 번째 덕이기도 하다. 물론 6일간 진행되는 자전거 경주의 우승자가 첫 번째라는 의미에서 그렇다는 것은 아니다. 모든 주입덕(virtus infusa)은 인간에게 동시에 주어지지만, 논리적인 질서에서 본다면, 인간 존재의 궁극적 목적을 다루는 대신덕(virtus theologalis)들은 인간으로 하여금 이 목적에 이르게 하는 수단을 다루는 도덕적 덕(virtus moralis)들에 선행한다. 또한, 인간은 희망을 통해 이 목적을 얻기 위해 노력하고 참사랑과 더불어 끌어안기 전에 먼저 믿음으로 그 목적에 대해 알아야 한다. 물론 믿음에 근본적으로 장애가 되는 것들을 없애기 위해 용기(fortitudo)나 겸손(humilitas) 같은 우유적 덕(virtus accidentalis)들이 믿음에 선행할 수도 있다. 가족의 생계를 책임졌기 때문에 전적으로 믿음에 투신하기를 주저하는 성공회 신부의 경우나, 자신의 지적 탁월함을 맹신하며 제1지성이신 하느님을 믿는 데 있어 자신에 대한 지적 충족감을 포기하길 주저하는 대학교수의 경우를 보게 되든, 이들을 비롯해 하느님을 믿기 어려워하는 이들이 빠지게 되는 근본적인 함정은 두려움과 자만심에 있다.

믿음에 있어서 의지의 부분은 보이지 않는 진리들을 인정하게 하며 이는 지성의 부분보다 훨씬 중요하다. 보통 부모(父母, parens) 가운데 아무리 한 편이 건강하더라도 다른 편이 병약하게 되면 허약한 아이를 낳게 된다. 그리고 축구 경기에서 한 팀이 아무리 훌륭해도 다른 팀이 제대로 경기에 임하지 못하면 시원찮은 경기를 만들 수밖에 없다. 결과를 만들어내는 소인(素因)들의 완벽함보다 더 완벽한 결과가 도출되기를 원하는 것은 너무 많은 기대를 하는 것이다. 사실, 믿음은 지성과 의지 모두에 기인하지만, 믿음의 활력은 거의 지성에 의존하지 않고 대부분 의지에 의존되어 있다. 한 마디로, 믿음의 진리들은 인간 지성의 예리함, 생명력 또는 활력에 의존하지 않는다. 이 진리들은 모든 창조된 지성 위에 있다. 그러므로 의지가 덜 강하기 때문에, 믿음의 힘과 활력은 불가피하게 감소된다.

(5) 믿음의 확실함

믿음이라는 집은 지성의 모든 지속적인 활동을 위해 고요하고 평화로운 가정이다. 우유적인 실재들만 다루는 기예(arte)와 현명(賢明, prudentia)의 집에 늘 따라붙는 다툼은 분명 믿음의 집에는 없다. 실제로, 믿음의 원인이라는 관점에서 볼 때, 믿음의 확실함은 사변적 덕들, 지식, 지혜, 이해의 확실함마저 능가한다. 사실, 믿음의 확실함은 하느님의 지성이 인간의 지성에 비할 바 없이 완전한 만큼이나 확실하다. 사실, 우리는 믿음을 바탕으로 믿는 진리보다 지성에 의해 이해된 첫 번째 원리들을 고집하는 것이 더 안전하다고 주관적으로 느낄 수 있다. 이는 단순한 덧셈이 떠돌아다니는 유령보다 훨씬 더 큰 형이상학적 확신에 바탕을 두고 있음이 확실하지만, 자신이 유령을 보았다는 사실이 2+2=4라는 사실보다 훨씬 더 확실하다고 느끼는 것과 같다. 그러나 믿음은 감정의 문제나 지적인 안심의 문제가 아니다. 고집스러운 집착의 문제는 더더욱 아니다. 그것은 오직 하나의 근원, 즉 첫째이자 최고 진리에서만 나올 수 있는 완전하고 절대적인 무류성의 문제이다. 천사적으로 작용하는 성령(聖靈, Spiritus Sanctus)의 지성적 선물들조차 믿음을 자신의 장상으로 자신의 여주인으로 순명해야 한다. 성령의 지성적 은사들은 이 여주인을 아름답게 하고 장식하기 위해 일한다.

5. 믿음의 자유를 지닌 사람들

(1) 불신앙으로 인한 노예들 – 단죄된 이들, 악마들, 이단자들

오늘날의 비신자 사업가들은, 마치 비 오는 날에 지나치게 염려하는 코치가 보내온 비옷을 받은 축구 스타 선수가 그 옷을 던져버리듯이, 무례하게 믿음을 내던져버린다. 어쨌든 그는 믿음 없이도 아주 잘 지내고 있다. 그는 여자들, 아이들, 약자들이나 믿음을 가지라 하며 분명히 믿음 없이도 잘 지낼 수 있다. 사실 믿음이 필요하지 않은 유일한 사람은 죽은 사람뿐이며, 믿음의 여지가 없는 곳은 오직 천국이나 지옥뿐이다. 천국에 있는 천사들이나 성인들은 하느님을 마주 보고 있어서, 굳이 믿음이 필요하지 않다. 희망이 없는 악마(惡魔, diabolum)들이 희망의 토대를 마련하기 위해 굳이 무엇인가를 할 필요도 없다. 처벌 이외에는 그 어떤 하느님의 은총도 찾아볼 수 없는 지옥에서 단죄된 영혼들은 초자연적 은사에 대해 아무런 권리도 행사할 수 없다. 물론 악마들은 믿음의 문제에 관한 자신의 견해에 대해 의심할 수도 있고, 단죄된 자들은 자신의 삶에서 행한 믿음의 행위에 대해 가슴 아픈 기억을 간직할 수도 있다. 믿음은 신적인 삶에 대한 자세하고도 내밀한 세부사항에 대한 확실한 지식을 전해준다. 그러나 지옥에는 이와 관련된 것이 아무것도 없다.

'믿음을 잃어버린' 사람들은 누구인가? 그들의 눈은 예전과 같은 색채를 띠고 있으며 걸음걸이 역시 예전과 같은 공격성을 가지고 있다. 또한, 그들은 예전과 같은 매력을 발산하며 미소 짓고 있다. 그도 그럴 것이, 우리는 믿음의 여부와 관련된 외적인 변화를 기대하지 않았다. 만일 그들이 교황의 무류성과 같은 단 한 가지 진리만 잃었다면, 그 외의 모든 신앙의 진리는 여전히 굳게 붙들고 있지 않은가? 그러나 실제로는 그렇지 않다. 믿음이 남아 있는 한, 믿음과 관련된 것은 어떤 것도 거부돼서는 안 된다. 믿음에 속하는 어떤 것을 잃게 되면, 모든 것을 잃고 만다. 신앙의 진리는 모두 연결되어 있기 때문이다.

이단자(異端者, haereticus)는 교회가 전하는 빛과 때로는 시민적인 권위를 무시하고 일어선 강한 사람으로서, 영웅적인 색채와 함께 자주 묘사되었다. 사실, 이단자는 약한 존재에 불과하다. 믿음은 강한 사람을 위한 것이며, 끝까지 믿음의 길을 가려고 하는 사람들을 위한 것이다. 여기에는 이쪽도 저쪽도 아닌 사람들을 위한 여지나 타협은 없다. 믿음에 있어서 우리는 모든 것을 갖거나 아무것도 가질 수 없다. 믿음은 대담함을 요구한다. 믿음은 소각된 모든 다리를 뒤로한 채 천국의 성벽을 향해 돌격하도록 요구한다. 믿음은 세상의 약골들을 항상 떨게 하는 용기를 요구한다.

(2) 믿음으로 인해 자유로운 존재들 – 천사들, 인간들, 연옥 영혼들

6. 살아있는 믿음과 죽은 믿음의 유일한 원인

이단자는 허약한 존재이다. 그러나 그는 믿음을 잃어버린 비극적인 상실로 인해 고통받는 약자이다. 어떻게 하면 그가 믿음을 되찾을 수 있을까? 믿음은 사거나 팔 수 있는 게 아니다. 믿음은 도둑맞을 수 있는 물건도 아니고, 어떤 이에게 사기를 당해 빼앗길 수 있는 것도 아니다. 그리스도는 기적을 행하고 비범하게 지혜로운 설교를 하셨으며 예언을 하고 그 예언을 성취하셨다. 그리고 자신의 생명(生命, vita)마저 포기했으며 부활을 통해 많은 사람을 놀라게 하셨다. 그분은 당신을 믿는 몇 명만 제외하고 모두를 두려움에 떨게 만드셨다. 하지만 어떤 외적인 원인도 우리에게 믿음을 가져다 주지는 못한다. 우리 안에 있는 어떤 것도 모든 본성을 초월한 어떤 것을 우리에게 줄 수는 없다. 믿음은 항상 하느님의 선물이자 그분께서 들려주시는 이야기로, 그것은 오직 그분만 알고 계신다. 하지만, 믿음은 세상 안으로 들어오는 모든 사람에게 선사되는 선물이다. 이 사실은 매우 중요하다. 단지 사람이 믿음을 받아들이지 못하도록 자기 자신에게 장애물을 놓았기 때문에 믿음은 그에게 감춰져 있을 뿐이다. 만일 자존심이나 육체에 대한 욕망 때문에 지극히 소중한 믿음이라는 이 선물을 내버린다면, 이 선물을 우리에게 되돌려줄 수 있는 분은 오직 자비하신 하느님뿐이다.

건강을 그리 진지하게 생각하지 않는 어린아이는 디저트로 이루어진 식사를 꿈꾼다. 삶을 진지하게 생각하지 않는 남녀는 감미롭고 부드러운 음악만으로 이루어진 삶을 꿈꾸며 박수 소리와 부드러운 공감적 이해만 있는 삶에 안주한다. 하지만 결코 식사는 준비될 수 없으며 인생 역시 절대로 그렇지 않다. 같은 맥락에서 현대를 살아가는 남녀는 하느님을 두려워할 필요가 없는 존재로 여긴다. 또한, 그들은 하느님이 자신들을 망치도록 허용하며 그분의 걸작을 파괴했음에도 불구하고 자신들이 행한 일에 대해 칭찬을 아끼지 않는 순진하고 멍청한 신이라고 상상한다. 그러나 하느님은 결코 그런 분이 아니시므로, 결국 그들은 자신들이 하느님에 대해 진지하게 생각하지 않았음을 알게 된다.

7. 믿음의 효과들 : 두려움과 순수함

믿음의 가장 첫 번째 효과 중 하나는 두려움이다. 그 이외에는 달리 효과를 생각하기 어렵다. 왜냐하면, 믿음이 우리를 당혹스럽게 하는 것 가운데 하나는 그것이 단지 천국뿐만 아니라 지옥에 대해서도 말해주기 때문이다. 믿음은 진리에 대해 말할 뿐만 아니라 인간의 잘못된 종말에 대해 경고한다. 믿음은 우리가 하느님을 모실 가치가 있을 뿐만 아니라, 그분을 잃는 것은 우리에게 있어 최고의 비극이라고 주장한다. 하느님을 있는 그대로 안다는 것은 우리가 그분을 인간의 심판자, 악행에 대해 벌을 주시는 분이기도 하다는 점을 알아야 한다는 것을 의미한다. 우리는 그분의 처벌을 두려워해야 한다. 이는 신학자들이 말하는 '노예의 두려움'이다. 자신의 마음이 악을 품도록 자유롭게 두면서도 손이나 발이 죄짓지 않도록 억제하는 것은 위선자와 같은 두려움이 아님을 이해해야 한다. 그것은 오히려 아직은 완전히 형성되지 못한 믿음이나 죽은 믿음에서 유래하는 경직되고 정직하며 철저하게 이해 가능한 두려움이라고 할 수 있다.

참사랑이 믿음에 생명의 숨결을 불어넣을 때, 믿음에서 유래하는 두려움은 부모와 분리될 가능성에 직면한 사랑 가득한 어린아이의 두려움이라고 할 수 있다. 우리는 이 생생한 믿음과 더불어 하느님을 알 수 있을 뿐만 아니라 바로 그분이야말로 우리의 삶에서 가장 소중한 분임을 알 수 있다. '어린아이의 두려움'과 마찬가지로, 이 경건한 두려움은 사랑이 커가는 가운데 증가하며 이와 동시에 벌에 대한 두려움은 감소한다. 왜냐하면, 하느님에 대한 사랑이 커가면서 처벌에 대한 두려움의 원인이 되는 하느님과 하느님이 안배하신 선들로부터 멀어지려는 유혹이 점차 줄어들기 때문이다. 한마디로, 이 과정에 있는 사람은 자기 자신에 대해 덜 생각하는 데 반해 하느님에 대해서는 더 많이 생각한다. 믿음에 의해 주입된 이 두려움으로부터 우리는 하느님께 무관심한 사람들보다 그분과 더불어 솔직하게 싸우는 사람들에게 구원에 대한 희망(希望, spes)이 더 많이 드러난다는 흥미로운 결과를 얻게 된다. 하느님에게 맞서는 이 싸움은 두려움에서 비롯된다. 따라서 이 두려움은 절망으로 끝날 수도 있지만 희망으로 이어져야 한다.

어떤 사람이 진흙에서 더 멀어질수록 그의 옷에 묻은 진흙을 떼어낼 필요가 줄어든다는 사실이나, 금을 그 혼합물에서부터 분리할수록 더 순수해진다는 사실을 인식한다면, 우리는 순수함이 믿음의 두 번째 효과임을 당연히 알게 된다. 이 순수함은 물론, 주로 지성의 순수함, 오류가 전혀 없다는 것을 의미한다. 그러나 그것은 동시에 애정의 순수함이자 도덕적인 순수성의 기초이자 목표를 말한다. 도덕적 순수함은 목표에 이르게 하는 수단, 목표를 향해 나아가는 발걸음과 연관된다. 그러나 목표가 가시적으로 보이지 않는 상황에서 도덕적 순수함만을 요구하는 것은 많은 것을 요구하는 듯한 인상을 준다. 한쪽으로 지성을 밀어내고 목표를 부인하는 세상, 하지만 틀림 없는 지식을 줄 수 있는 최고 진리에 다가설 가능성에 미소 짓는 세상에서 드러나는 도덕적 불순함이 그리 놀랍지 않다. 하지만, 강의실에서 철학을 가르치는 철학자는 그런 불순함이 대학 캠퍼스에 불쑥 등장함으로써 어려움을 겪을 수 있다.

우리는 믿음의 선물과 함께 자유롭지만, 이 자연 세계의 외벽에서 적잖이 낯선 상태로 서 있다. 우리는 우리 존재가 지녔던 한계에 당혹스러웠던 것만큼이나 믿음 안에서 우리가 누리는 자유에 대해 매우 의아해하고 있다. 하느님이 지으신, 그래서 그분께는 자연스러운 이 세상에서, 정작 우리는 어색하고 낯선 상태에서 편안하지 못한 이민자로 살아가고 있다. 우리는 신이 아니기 때문이다. 우리에게는 이 세상의 시민으로 살기 위해 필요한 유연함, 친숙함, 온화함을 우리에게 선사해 줄 믿음 이상의 그 무엇인가가 필요하다. 성령의 선물(聖靈~ 膳物, donum)들이 바로 이를 우리에게 선사해 준다.

8. 믿음을 완성시키는 성령의 선물들

자연적 질서에서 우리와 맞지 않는 것이 있음을 보게 될 때, 우리는 그 사실을 수긍하기보다 더 많은 다른 일을 하게 된다. 결국, 우리는 진실을 어느 정도 깨닫게 되며, 이는 우리가 갖춘 지식을 구성하는 일부가 되어 우리의 판단으로 들어간다. 우리는 우리와 맞지 않는 그 실재를 다시 취할 수도 있다. 그것은 그 실재에 대한 열정이 우리를 좀 더 나은 판단으로 이끌기 때문이다. 그는 자연스러운 일이다. 그러나 믿음의 진리들은 우리 존재의 수준보다 훨씬 높은 곳에 있다. 만일 우리가 믿음으로 그 진리들을 받아들인다면, 우리는 이것들을 지성으로 이해하지 않은 채 우리의 판단 체계에 받아들이는 것이다. 더 정확히 말하면, 우리는 마치 외국어를 다루듯이 그 진리들을 다루고 받아들이는 것이다. 그러나 우리는 이러한 진리들을 깊이 꿰뚫어 보고 이해하고 경험하며 이를 우리의 모든 판단에 적절하게 적용할 줄 알아야 한다. 그럴 때 비로소 그것들은 우리가 세계를 바라보고 관계를 맺는 관점에 영향을 미칠 수 있다. 이것이 바로 성령의 선물들이 우리의 신앙을 보완하고 완성하기 위해 하는 역할이다.

(1) 통찰(intellectus)

1) 통찰이 신앙과 갖는 관계 그리고 다른 선물들과의 차이

성령의 선물들 가운데 첫 번째인 통찰의 선물은 엄밀하게 신앙과 관련된 통찰이라는 특별한 작용을 지닌다. 통찰의 선물은 신앙의 진리를 탐구하는 것에 동의하는 것 이상으로 이 진리에 대한 보다 깊이 있는 혜안을 우리에게 열어준다. 그러나 이는, 마치 천사의 정신이 인간의 정신과 다르듯이, 그렇게 우리의 본성적인 작용 방식과는 다르게 실현된다. 무엇보다도 통찰의 선물은 믿음의 진리들이 우리에게 본성처럼 자연스럽게 다가오게 한다. 그럼으로써, 우리는 천사의 정신과 같은 속도로 그 진리들을 깊이 이해할 수 있게 된다. 즉, 힘들게 수고하며 천천히 단계적으로 근원에서부터 결론까지 더듬거리며 이해하는 것이 아니라, 직관적이고 즉각적으로 그리고 본성적으로 그 진리들이 간직한 핵심을 깨닫게 된다.

이러한 선물의 완성은 다름 아닌 하느님의 본질을 분명하게 보는 것이다. 이 사실을 알아들을 때 비로소 우리는 이 선물의 작용에 대한 개념을 얻게 된다. 그러므로 이 현세의 삶에서 통달의 선물이 충만하게 완성되는 것은 불가능하다. 여정자로 많은 제약 속에 살아가는 인간이 이 세상에서 하느님의 본질을 꿰뚫어 본다는 것은 우리의 본성을 무한히 초월하는 사건이기 때문이다. 실제로 현세의

삶에서 이 선물의 역할이 드러내는 구체적인 효과를 묘사하기는 상당히 어렵다. 아마도 이 선물은 믿음의 어두움을 더욱 깊게 해준다고 말하는 것이 그에 대한 최고의 표현이 아닐까 싶다. 즉, 통달의 선물은 신앙과 관련되지 않은 것들을 보게 함으로써 신앙과 관련된 진리가 무엇인지를 더 깊이 이해하게 해준다. 결과적으로, 통달의 선물은 신앙의 진리가 우리 지성의 모든 능력을 초월한다는 사실, 더 나아가 그것이 얼마나 본성적인 영역을 초월하는지 보게 해준다. 그러므로 통달의 은사는 믿음이 우리에게 선사한 진리들이 얼마나 숭고한지, 그 진면목(眞面目)을 음미하게 해준다.

2) 통찰의 실용성

그러므로, 우리는 통찰의 선물이 지극히 높은 수준의 거룩함을 위해 유보된 어떤 색다른 것이 아니라는 사실을 기억해야 한다. 참으로 인생을 성공적으로 살아가기 위해 우리 모두에게는 통찰의 선물이 절대적으로 필요하다. 통찰의 선물을 갖는 것은 결코 영적인 사치가 아니다. 왜냐하면, 그것은 믿음의 진리들과 관련된 탁월한 실용적 측면, 즉 믿음의 진리들을 우리들의 삶에 구체적으로 적용하기 위해 기본적인 행동 규범을 실용적으로 풀어서 제시하는 차원이 있기 때문이다. 우리의 구체적인 행위들은 모두 하느님 진리의 그느르심 아래 있어야 하며, 우리 존재의 최종 목적인 하느님으로 침투되어야 한다. 만일 그렇지 않다면, 우리의 행위들은 우리 존재가 궁극적으로 지향하는 최종 목적, 즉 하느님에게서 멀어지거나 적어도 그 절대적인 기준과 갈등할 수밖에 없다. 물론, 통찰의 은사에는 다양한 완전함의 단계가 있다. 그러나 삶의 목적에 도달하고자 하는 모든 사람은 적어도 가장 낮은 등급의 통찰의 은사라도 지녀야 한다.

3) 통찰을 지닌 자들

방금 언급한 첫 번째 등급이자 가장 낮은 등급이 우리의 책임을 이행하기에 충분한 등급이라는 점을 잘 이해한다면, 우리는 이것만으로도 모든 반대와 모든 어려움에 저항하기에 충분한 통찰의 수준임을 즉시 알 수 있다. 이보다 한 단계 더 높은 수준의 통찰을 통해 우리는 하느님의 완전함을 더 깊이 관상할 수 있고, 이와 동시에 인간의 불행함도 더 깊이 깨달을 수 있다. 이것은 그리스도께서 우리에게 선사하신 권고들을 준수하는 데 필요한 은사의 등급이다. 마지막으로 우리가 현세의 삶에서 누릴 수 있는 최상의 수준인 영웅적인 등급은 신비 생활과 관련되며 주입된 관상(contemplatio infusa)의 원리라고 할 수 있다. 이는 역사적으로 많은 성인들이 묘사한, 인간 영혼이 자신의 신적 정배인 하느님과 더불어 맺게 되는 '영적 결혼'이 가리키는 것이기도 하다. 이것은 하느님의 현존에 대한 내밀하고도 깊은 앎을 말한다.

4) 통찰의 참행복과 열매

본 장의 앞부분에서 우리는 도덕적 순수함이 믿음이 내포한 지적 순수함의 결과인 동시에, 넓은 의미에서 볼 때 궁극적으로는 인간의 본질적 행복인 지복직관(visio beatifica)의 시작이라고 언급한 바 있다. 이러한 진리의 빛 아래, 성 토마스는 예수께서 "행복하여라, 마음이 깨끗한 사람들, 그들은 하느님을 볼 것이다"라고 선언하면서 제시하신 참행복(~幸福, beatitudo)이 바로 통찰이라는 지성적 선물에 해당한다고 지적했다. 마음의 순수함은 하느님에 대한 지복직관을 보상으로 받게 해주는 공로적인 요소이다. 실제로, 보다 큰 지성적 순수함을 향한 성장 과정은 전통적으로 영성 생활의 진보, 즉 정화의 길, 조명의 길, 일치의 길을 설명하는 데 사용되었다. 인간이 하느님께서 선사하시는 은총의 빛을 받아 그분과 더불어 깊은 일치를 이루는 것은 기본적으로 인간의 지성을 통해서이다. 통찰의 선물을 통해 맺게 되는 최고의 결과는 하느님 안에서 누리는 최고의 확신, 즉 우리가 하느님을 분명히 알 수 있다는 데 있다. 성령께서 선사하시는 지식, 통찰, 지혜라는 지성적 선물들에 있어서 공통된 것은 믿음의 완성과 이 믿음을 통해 우리가 하느님을 분명하게 알 수 있다는 것이다.

(2) 지식(scientia) - 그 본성과 참행복

우리는 믿음과 더불어 우주라는 감옥에서 풀려나게 된다. 통찰의 선물은 우리가 하느님의 세계로 깊이 들어가게 해준다. 반면, 지식의 선물은 믿음이 우리에게 전해준 새로운 세상의 빛으로 우리가 탈출한 이 세상을 볼 수 있게 해준다. 우리는 아시시의 성 프란치스코의 삶에서 완성도 높은 지식의 선물을 발견하게 된다. 그의 삶에서 분명히 드러나는 지식의 선물은 단순한 동의나 깨달음이 아니라 하느님께서 선사하신 진리들의 빛으로 피조물들을 바라보고 판단하는 것이다. 지식의 선물은 믿음을 통해 얻은 지식을 개인적인 지식으로 만들어준다. 십자가 위에서 돌아가시던 예수님 곁에 있던 선한 강도가 돌아가시던 그분이 진정한 임금이심을 알아보았듯이, 우리 또한 지식의 선물을 통해 돌아가신 바로 그분이야말로 하느님이심을 알게 된다. 그러나 엄밀히 말해 지식의 은사에 해당하는 참행복은 없다. 왜냐하면, 지식의 은사는 창조된 이 세상과 연관되며, 이 세상에는 인간의 영혼이 참된 안식을 누릴 수 있는 공간이 없기 때문이다. 이 세상은 우리가 참행복을 향해 거쳐 가는 단계이며 수단이지 우리가 염원하는 궁극적인 행복이 있는 곳은 아니다. 그러나 실용적인 측면에서 볼 때, 비록 투박하고 또 정확히 들어맞는 것은 아니지만, "행복하여라, 슬퍼하는 사람들, 그들은 위로를 받을 것이다."라는 참행복은 어느 정도 지식의 은사에 해당된다고 말할 수 있다.

적지 않은 사람들이 세상에서 슬피 우는 사람들을 이 행복 선언으로 단순히 위로하며 모든 것을 정당화하는 잘못을 범하곤 한다. 그러나 이들은 이 세상을 '눈물의 골짜기'로 표현한 교회의 전통적인 해석 속에서 다시 한번 자기 연민 속에서 눈물을 흘리고 만다. 그러나 아무리 자기 연민이 위로가 된다 해도, 진정한 행복과 자기 연민은 전혀 관계가 없다. 눈물의 골짜기는 어찌 보면 실수의 골짜기라고 말할 수 있다. 우리가 아무리 학대받고 오해받으며 사고를 당해도, 엄밀히 말해 눈물을 흘릴 이유를 찾기에는 부족하다. 사실 우리가 하느님을 거슬러 저지른 배은망덕에 비하면 그에 따른 벌이나 불행을 겪지 않고 살아가기 때문이다. 우리가 눈물을 흘리는 진짜 이유는 우리가 범한 실수, 즉 피조물에 대한 과도한 집착으로 인해 우리가 우리 자신에게 끼친 상처 때문이다. 이와 달리, 피조물을 향한 올바르고 질서 정연한 사랑과 피조물들에 대한 사용은 우리에게 유익이 되며, 이러한 지식이야말로 우리에게 진정한 위로의 원천이 된다.

지금까지 살펴본 것을 바탕으로 다음과 같이 말할 수 있다. 즉, 우리는 지식의 선물과 더불어 잘못된 신앙, 더 나아가 이단에 빠지는 것을 피할 수 있으며 이와 함께 피조물의 세계로 추락하는 부조리도 피할 수 있다. 다른 성령의 선물들과 마찬가지로, 이 선물은 우리를 하느님께 안전하게 인도해준다. 우리는 신비 생활의 정점에서 이 선물이 충만하게 작용하는 것을 보게 될 것이다. 다시 말해, 이 선물은 하느님을 향한 우리들의 영적 여정에서 피조물들을 향해 건네야 할 질서 있는 애정과 피조물들에 대한 사용이 우리들에게 주는 유익에 대해 알려준다. 따라서 이 선물은 우리들에게 피조물들을 향한 질서 있는 애정과 사용에 대해 각성시켜 준다.

[결론]

1. 지성의 현대적인 예속

현대 세계가 스스로를 지성의 노예로 규정했다고 하거나 초자연적인 믿음에 대해 전혀 알지 못한다고 말하는 것은 결국 내용을 우리에게 전해주는 것이다. 우리는 두 가지 관점에서 이러한 결론에 접근할 수 있다. 즉, 현대인들이 일반적으로 간직한 믿음의 개념을 살펴보고, 현대 세계가 지성에 부여한 실제적 한계들에 대해 검토하는 것이다.

(1) 믿음에 대한 현대적인 개념들

첫 번째 관점에서 보면, 종교 개혁 시대부터 믿음은 사실상 감정의 영역에 속해 있었다고 말할 수 있다. 현대로 들어와 믿음을 극단적으로 옹호한 신(新)초자연주의자들은 지성을 오류의 원천으로 배척하며 이러한 경향을 절정으로 끌어올렸다. 윤리적 직관주의자들과 미학적 자연주의자들은 믿음을 이성과 전혀 관련이 없는 비이성적인 것으로 치부했다. 또한, (자신의 목소리를 내는 미국 내 철학자들의 대부분을 차지하던) 자연주의 전통에 뿌리를 둔 철학자들은 이 모든 것에 대해 냉소하며 믿음을 인간답지 않은 것으로, 특히 증거를 조사하고 이를 바탕으로 논리적인 결론에 도달하는데 익숙한 과학적인 것과는 전혀 상관없는 것으로 제쳐놓았다.

오늘을 살아가는 적지 않은 사람들은 믿음이 단지 가설이고 가정이며 단순한 소망이나 믿으려는 의지에 불과하고, 어쩌면 전적으로 개인적인 감정에 불과하다고 치부한다. 만일 그렇다면, 분명 우리가 몸담고 살아가는 이 현대는 지성, 적어도 지성이 지닌 한계와 피조물의 세상이 지닌 한계에 대해 지성을 비난해야 할 것이다. 하지만 그것은 믿음의 실체를 잘못 이해한, 지성의 진면목을 제대로 보지 못한 현대인들의 잘못일 뿐이다.

(2) 지성의 현대적 한계들

1) 감지될 수 있는 것으로 제한

2) 입증될 수 있는 것으로 제한
3) 허구적인 것으로 제한

철학자들이 지성에 부여한 실제적인 제한의 관점을 바탕으로 현대의 상태를 조망해보면, 인간은 자신을 감옥 안에 가두고 있을뿐더러, 운신하도록 마련된 교도소의 안마당조차 이용하기를 거부하고, 더 나아가 독방과 독방 사이에 있는 비좁은 복도에서마저 움직이기를 거부하는 것처럼 보인다. 그는 자신이 속해 있는 감옥 너머에는 아무것도 없다고 치부하면서 자신의 손발마저 묶어서 엄격하게 관리해야 한다고 주장한다. 하느님이라는 절대 진리, 초자연적인 목적을 대상으로 지닌, 무한한 잠재력을 간직한 지성을 대하는 현대인들의 모습을 적나라하게 보여주는 광경이 아닐 수 없다. 믿기 어려운 말처럼 들릴 수도 있지만, 실제로 적지 않은 현대 철학자들은 인간의 정신을 감지될 수 있는 세계 내 존재자들과의 관계만으로 제한하거나 가시적으로 입증될 수 있는 것으로 제한하기도 하고, 실용적인 목적을 이루는 데 있어 오류만을 찾는 기관으로 치부하거나 심지어 순전히 허구적인 것이라고 치부하기도 한다. 만일 인류의 미래가 이 수준을 넘어서 부조리의 극치로 치닫는다면, 그때에는 정말이지 감당할 수 없을 것이다. 세계사에서 이런 오류만큼이나 터무니없는 일은 없었기 때문이다.

2. 믿음과 지성 : 대체가 아닌 완성

지금까지 살펴본 것들은 지적인 노예 상태를 보여준다. 그것은 초자연적인 믿음의 본질에 대한 최악의 무지를 담고 있기 때문이다. 그러나 믿음은 결코 지성의 적수가 아니며 그렇다고 지적인 작용을 대신하지도 않는다. 믿음은 지성의 완성이다. 믿음은 지성이 자신의 본성적 힘으로 도달할 수 있는 단계를 넘어 더 멀리까지 이르게 한다. 믿음은 결코 지적 활동을 쓸모없게 하거나 미심쩍게 하지도 않으며 그렇다고 악의적으로 만들지도 않는다. 믿음과 본성적인 지성은 서로 다른 수준에서 작용한다. 우리의 정신은 단지 우주의 한계까지 도달할 수 있다. 그리고 그것은 많은 사람에게 충분히 멀리 있는 것으로 보일 것이다. 믿음은 그렇게 우리가 하느님의 본질까지 나아 갈 수 있게 해준다. 마치 전화기가 우리 음성을 멀리 뻗어 나가게 하거나 망원경이 우리 눈의 시야를 넓혀 멀리 있는 것을 보게 해주듯이, 믿음의 목적은 지성이 자신을 넘어 하느님에 대한 진리를 바라보게 해준다. 아무도 전화나 망원경을 인간의 능력에 대한 모욕으로 여기지도 않으며 그것을 인간의 음성이나 눈을 대체하는 것으로 여기지도 않는다. 믿음은 지성의 적이 아니라 오히려 지성의 해방자이다.

3. 정신을 위한 자유

(1) 믿음의 용기

믿음은 우리에게 진리 안에서 참된 자유를 선사한다. 따라서 믿음은 용기를 요구한다. 하느님을 언젠가 우리가 받게 될 최종적인 상급(賞給)만이 아니라 영원히 잃어버릴 수도 있는 상급으로 바라보기 위해서는 용기가 필요하다. 우리가 행한 모든 각 행위에서 그 행위와 함께 영원한 생명이나 천국 또는 지옥을 암묵적으로 선택하고 있다는 사실을 대면하기 위해서는 용기가 필요하다. 또한, 온유하신 그리스도 앞에 무릎을 꿇고 우리가 얼마나 그분을 배신했는지 솔직하게 말씀드리는 것 역시 용기가 필요하다. 계속해서 잃어버린 자신을 되찾겠다는 철저한 결심으로 또다시 몇 번이고 죄 중에 쓰러진 자신을 일으켜 세우는 것 역시 용기가 필요하다. 넘어질 때마다 일어나고자 계속해서 노력하기 위해서는 용기가 필요하다. 진정 사람이 되려면 용기가 필요하다. 그러나 그리스도인, 그리스도의 진정한 벗이 되기 위해서는 그보다 훨씬 더 큰 용기가 필요하다. 그리스도를 십자가에서 죽는 마지막 순간까지 인도했고 그 처절한 순간을 넘어 부활의 아침까지 나아가게 한 그 용기, 그분을 믿는 우리들에게는 바로 그런 그분의 용기가 필요하다.

(2) 믿음의 충만함

믿음이 없는 사람들에게 한계 없는 충만함에 비견되는 믿음의 충만함은 우리의 본성적인 삶을 좁고 어두우며 맹목적인 삶으로 제한하는 듯이 보인다. 그러나 믿음은 우리에게 영원을 향해 문을 열어주며 우리의 영혼(靈魂 anima)이 간직한 위대한 가능성을 한계까지 뻗어 나갈 수 있게 해준다. 믿음은 하느님에 관한 자세한 사항들을 우리에게 전해주며 또 다른 대신덕인 희망과 참사랑이 충만하게 성장할 수 있는 견고한 바탕과 그 성장을 가늠하는 기준점을 제공해준다.

(3) 믿음의 실용성

인간의 삶에서 희망과 참사랑이 작용하는 부분을 고려한다면, 믿음은 가장 실용적인 정신을 지닌 현대를 만족시키기에 충분할 정도로 많은 실용적 측면을 갖고 있다. 오직 죽은 사람만 믿음에서 면제될 수 있다. 믿음은 죄인에게 삶에서 희망하기 위한 이유와 그 희망을 성취하는 수단을 제공한다. 믿음은 성인(聖人)에게 사랑을 해야 하는 이유와 그 사랑을 완성할 수 있는 수단을 제공한다. 또한, 평신도들에게 있어서 신앙의 삶을 살아가는 데 필요한 지식을 알려주는 지름길이다. 그리고 수도자들에게 있어서 믿음은 자신의 삶을 떠받쳐주는 기초가 된다. 성공한 이들에게 있어서 믿음은 절제력을 가르치고 자신이 받아들인 잘못된 가치를 쉽게 교정하게 해준다. 보통의 신자들에게 믿음은 우둔함을 없애주며 힘들고 고된 일을 하느님과의 매력적인 로맨스로 만들어준다. 믿음은 우리가 인간적으로 실패했을 때에도 그 안에서 진정한 행복을 맛보게 해주며 진정한 성공과 덧없는 성공의 차이를 알게 해준다. 또한, 믿음은 노동자들에게 진정한 봉헌과 용기 그리고 정의를 떠받치는 견고한 기초를 제공해준다. 그리고 고용주들에게는 권력의 한계가 어디까지이며 정의의 근원은 어디에 있는 알려주고 세속적으로 위대해 보이는 것들이 실은 그리 대단하지 않다는 진실을 가르친다. 그러므로 우리는 믿음에 기초해서 남성과 여성 그리고 어린이, 병자와 건강한 사람, 젊은이와 노인, 사도와 학자, 가족 집단과 정치 집단 등 인류 공동체를 아우르는 모든 사람들과 함께 궁극적 진리이신 하느님을 향해 나아갈 수 있다. 믿음이 지닌 보편적인 실용성은 인간의 삶에 있어서 유일하고도 궁극적 목표인 하느님, 그분이 간직한 보편적인 실용성과 밀접하게 연결되어 있다. 그리고 그것은 무엇보다 하느님의 말씀이 지닌 무류적인 권위와 연결되어 있다.

(4) 믿음의 미래

믿음과 관련해서 기억해야 할 가장 고무적인 사실은 믿음이 단지 시작에 불과하다는 것이다. 믿음은 영원한 삶의 시작이다. 하느님께서는 당신의 내밀한 비밀을 계시하신 자들만 충만하게 음미할 수 있는 기쁨 그리고 더 나아가 당신 자신을 바로 이 믿음을 통해 우리에게 건네신다. 그러나 믿음에는 어두운 면이 존재한다. 거기에는 인간의 지적인 불안이 수반된다. 이러한 불안은 인간이 어두움 속에서 하느님이 아닌 자신의 의지에 과도하게 의존하려는 경향에서 유래한다. 그러므로 인간은 믿음 속에서 더욱 더 하느님을 신뢰해야 한다. 모든 시작과 마찬가지로, 믿음은 아직 충만하게 실현되지 않은 약속이다. 그러나 그 약속은 삶의 여정에서 부딪히게 되는 어두움과 관련되지 않는다. 무엇보다도 그것은 언젠가 이 현세에서 오랜 믿음의 여정을 걷고 난 후 마주하게 될 하느님의 빛에 대한 약속, 즉 그 빛과 더불어 하느님을 있는 그대로 뵙게 될 것이며 우리는 그분과 더불어 충만한 행복을 누릴 것이라는 우리 존재의 궁극적인 운명에 대한 약속이다.

성 토마스 아퀴나스의
신학대전 해설서 Ⅲ

제2장 의지를 위한 자유
(제2부 제2편, 제10문제~제22문제)

1. 예속의 상징
   (1) 외적 자유와 내적 자유
   (2) 희망과 내적 자유
2. 낙관적 비관주의
   (1) 사실
   (2) 설명
      1) 자연적 희망과 초자연적 희망　　　2) 희망의 기초 – 믿음
3. 희망의 토대에 대한 철거자 : 불신앙
   (1) 일반적으로
      1) 부정적, 긍정적, 모순적 불신앙
      2) 불신앙의 부패가 지닌 악의 범위
   (2) 구체적으로
      1) 이교도, 유다인, 이단자의 불신앙에 대한 상대적인 악의
      2) 불신앙자들의 치료
         ① 그들의 인격 안에서　　a. 논쟁　　b. 강요
         ② 그들의 예식에서　　③ 그들의 어린아이들에서
4. 희망의 기초에 대한 먼 공격들
   (1) 독성(blasphemia)
   (2) 성령을 거스르는 죄
   (3) 영적 무분별과 영적 나태
5. 희망의 덕
   (1) 희망의 본질, 그 대상과 주체
   (2) 덕들 가운데 희망의 위치
6. 희망의 완성
   (1) 두려움의 선물
      1) 두려움의 다양함　　　2) 성령의 선물
   (2) 이에 상응하는 참행복 – 행복하여라, 마음이 가난한 사람들
7. 희망의 소멸자
   (1) 자만
   (2) 절망

[결론]
1. 노예가 된 의지
   (1) 노예의 갈망　　(2) 노예의 사랑　　(3) 노예의 절망
2. 대비 : 십자가와 권력의 옥좌
3. 희망과 생명
   (1) 희망과 믿음　　　　(2) 희망과 행동
   (3) 희망과 사랑　　　　(4) 희망과 용기

제2장 의지를 위한 자유 (제2부 제2편, 제10문제~제22문제)

1. 예속의 상징

(1) 외적 자유와 내적 자유

교도소의 어두운 장벽을 지나갈 때, 또는 유령에 관한 이야기를 들으며 쇠사슬을 끄는 소리가 들리는 듯한 느낌이 들 때, 척추를 타고 흐르는 전율은 우리가 직감으로 노예에 대한 상징들을 감지했음을 보여준다. 왜냐하면, 장벽과 쇠사슬은 교도소에서 사용하는 도구들이기 때문이다. 본질적으로 자유의 개념은 어떤 목적지로 인도하는 길을 가는 데 있어 우리가 원하는 곳을 거쳐 갈 수 있는가 하는 능력을 의미한다. 비록 실제적인 우리들의 삶에서 우리의 정신과 마음을 꼼짝 못 하게 만드는 장벽이나 쇠사슬이 없음을 잘 알고 있지만, 선택하는 데 있어 우리의 능력을 제한하는 다양한 요소들은 종종 우리를 두려움에 떨게 한다.

(2) 희망과 내적 자유

인간의 정신이 지성에 각인된 방향을 따르는 가운데 하나의 목표를 알고 마음이 희망과 사랑의 날개에 올라탈 수 있는 한에서, 인간은 본질적으로 자유로운 존재이다. 인간은 계속해서 인간으로 남아 있으며 어떤 경우에도 살아갈 이유가 있다. 목표를 향한 경주에서 인간의 마음과 정신을 멈추게 할 수 있는 독재 권력이나 외압 같은 것은 있을 수 없다. 그 어떤 인간의 권력도 그렇게 할 수 없다. 물론 외적으로 우리를 가둬둘 수 있을지 몰라도 결코 우리 내면의 자유까지 박탈할 수는 없다. 그러나 궁극적인 목적을 향한 열망이 인간의 얼굴에서 사라질 때, 희망이 사그라들 때, 인간 역시 영적으로는 죽게 되며 이와 동시에 노예로 전락하고 만다. 아무리 인간이 육체적으로 자유롭게 운신할 수 있다 해도, 제 마음대로 온갖 장소를 모두 다닐 수 있다 해도, 그런 일은 일어날 수 있다. 그런 사람은 노예이다. 왜냐하면, 그의 정신과 마음은 어디로 가야 할지 모르기 때문이다.

2. 낙관적 비관주의

(1) 사실

그런 노예는 어찌 보면 자신의 상황에 대해 낙관적일 수 있다. 그는 있지도 않은 뼈다귀를 찾기 위해 땅을 파헤치는 개나 가질 법한 열성으로, 그 개가 가진 낙관적 태도를 떠받치는 똑같은 바탕을 갖고 살아갈 수 있다. 물론 그가 목적이 있다는 것을 허용할 수 있지만, 그 목적에 도달할 수 있는 자신의 능력을 부인함으로써 맛있는 음식을 무능하게 쳐다보며 자신을 배고파 죽을 정도의 상황에 둘 뿐이다. 그뿐만 아니라 자신에게 제공된 목적에 도달할 수 있는 수단이 없다며 통탄해하고 결코 볼 수 없을 은막의 스타와 사랑에 빠진 열정적 관객처럼 많이 슬퍼할 수도 있다.

이는 그저 재미있는 비유들이 아니다. 그것은 근대 철학자들이 제시하는 가능성들을 보여준다. 그 비유들은 인간, 우주와 관련해서 근사하고 사랑스러우며 낙천적인 것처럼 보일 수 있다. 그러나 그것이 제공하는 선택지는 철저한 비관주의를 드러낸다. 그것은 만일 우리에게 희망이 없다면 우리는 결코 자유로운 존재가 될 수 없다는 사실을 보여준다. 노예는 낙천주의자가 되기 위한 아무런 기반이 없다. 반면, 우리에게는 수고할 만한 가치가 있는 어떤 것, 즉 개인적인 목적을 얻으리라는 희망, 이 목적에 이르기 위한 수단들을 가질 수 있으리라는 희망이 있기 때문이다.

(2) 설명

1) 자연적 희망과 초자연적 희망

그에 대한 좋은 증거로 우리가 희망을 위해 지불하는 값을 들 수 있다. 이는 가치 있는 행동, 영웅적인 행동, 대범한 행동처럼 들릴 수 있다. 그것은 젊은 아름다움이나 대단한 일 또는 공적처럼 드러난다. 그러나 이런 자연적인 희망이 지닌 비극은 신용이 없는 금융 왕국에 속한 사람들이나 자신의 명성이 사람들이 자신에 대해 하는 말에 근거를 두고 있는 사람들이 자리하고 있는 바탕처럼 상당히 깨지기 쉬운 기초들 위로 올라간다는 데 있다. 그리고 그런 희망은 인간적인 믿음에 의존되어 있다. 다시 말해, 그 희망은 아무리 견고하다 해도 단순한 의견에 머물 뿐이다. 왜냐하면, 희망은 언제나 믿음 위에 자리해야 하기 때문이다. 그리고 만일 그것이 인간적인 희망이라면, 그것은 인간적인 믿음에 자리해야 한다.

2) 희망의 기초 - 믿음

성 토마스는 희망을 영혼에 확고히 자리 잡은 닻에 비유했다. 하지만, 이처럼 단단히 매여 있을 수 있는 이 현세의 삶에는 무엇이 있을까? 과연 초등학생이 범한 실수처럼 아주 분명한 실수를 저지른 모든 시대의 현자들을 보면서도 여전히 인간의 정신을 신뢰할 수 있을까? 인간적인 사랑이 우리에게 절대적인 확신을 제공해준다고 누가 감히 말할 수 있을까? 바람처럼 변덕스럽게 바뀌는 사람들의 감정과 애정에 확신을 둘 수 있을까? 아니면 정치 단체에 확신을 둘 수 있을까? 그도 아니면 군사력에 둘 수 있을까? 자연은 끝이 아니라 시작일 뿐이라는 것을 알면서도, 그 자연을 신뢰할 수 있을까? 우리는 심연(深淵)에 희망의 닻을 내릴 수 없다. 역설적이게도, 우리는 저 높은 곳에, 하느님께 희망의 닻을 내려야 한다. 인간의 정신을 강제로 묶어둘 목책도 그의 마음을 가둬 둘 독방도 존재하지 않는다. 마음과 정신이 지닌 희망은 이 희망이 토대하고 있는 기초들이 깨질 때 사라질 수 있다. 다시 말해, 인간에게서 하느님이 존재하신다는 데 대한 믿음을 강제로 앗아갈 때 그의 희망을 없애버릴 수 있다. 하느님은 당신이 하신 약속에 충실하시며 인간을 당신의 신성(神性)으로 인도하실 정도로 전능하시다.

3. 희망의 토대에 대한 철거자 : 불신앙

(1) 일반적으로

1) 부정적, 긍정적, 모순적 불신앙

불신앙(不信仰, infidelitas)은 불시에 인간에게 일어날 수 있는 아주 큰 비극이다. 왜냐하면, 그것은 인간에게서 희망의 바탕을 앗아가기 때문이다. 희망은 그의 모든 활동에 있어서 출발점이 되어준다. 이러한 불신앙은 결코 믿음에 대해 말하는 것을 들어보지 못한 이교도들의 불신앙일 수도 있고, 그에 대해 듣기는 했지만, 신랄하게는 아니되, 믿는 것을 집요하게 거부하는 사람의 불신앙일 수도 있다. 그러나 또한 믿음을 인간의 원수로 여기며 이 믿음을 거슬러서 싸우는 전투적인 불신앙도 있다. 믿음이 희망의 기초라는 점을 염두에 둔다면, 그렇게 믿음에 대항해서 싸우는 사람들이 있다는 것을 믿기는 어렵다. 만일 그런 사람들이 있다면, 객관적으로 볼 때 그들은 살인, 간통, 도둑질을 비롯해 윤리적인 덕들을 거스르는 행동보다 훨씬 큰 죄를 범하는 것이다. 왜냐하면, 불신앙은 직접 하느님을 거슬러서 범하는 죄이기 때문이다. 이러한 죄는 자연적인 차원에서뿐만 아니라 초자연적인 차원에서도 그들을 하느님으로부터 완전히 멀어지게 한다. 하지만, 여기서 우리는 객관적으로 말하고 있다는 점에 주목해야 한다. 왜냐하면, 그 누구도 다른 사람의 주관적인 유죄(有罪) 상태에 대해 판단할 수 없기 때문이다. 그 누가 교회의 신조(信條)들을 격렬하게 공격하는 '비신자'가 자기 자식을 학대하는 어머니보다 더 중대한 죄를 범했다고 확실히 말할 수 있을까? 오직 하느님만이 이를 아실 뿐이다.

2) 불신앙의 부패가 지닌 악의와 범위

원망하지 않은 채 정중하게 믿음을 거부하는 '심사숙고하는 사람들' 역시 같은 죄를 범한다. 그들도 다음과 같이 언급한 윌리엄 제임스(William James)가 제시한 하느님을 멸시하는 아주 비극적인 태도를 부추긴다. "신(神) 존재 증명의 진위(眞僞)는 아무래도 상관없다. 왜냐하면, 이 신은 인간에게 아무런 소용도 되지 않기 때문이다." 그러나 만일 순전히 부정적인 이교도의 불신앙이 문제가 된다면 (만일 그런 불신앙이 존재한다면), 그것은 정식 죄라고 말할 수 없다. 왜냐하면, 죄는 우리 편에서 잘못 없이 순전히 우연하게 일어나지 않기 때문이다. 만일 인간이 믿음에 반대되는 근본적인 장애들 가운데 하나(교만이나 두려움 같은 것)를 두지 않는다면, 만일 필요하다면, 하느님의 뜻은 그에게 믿음의 기쁜 소식을 선포해주는 설교자를 보내는 가운데 직접적으로든 아니면 기적을 통해서든 믿어야 할 것을 계시해 주신다.

지식인들로 구성된 몇몇 그룹에서 회자되는 전설과 같은 이야기가 있다. 그에 따르면, 그리스도교는 인간이 완전히 부패했다는 사실을 견지한다고 한다. 즉, 그의 모든 행동은 죄로 물들었으며, 심지어 그 정도가 치명적이라고 한다. 여기서 만일 그리스도교를 루터를 비롯해 다른 여러 종교 개혁가들의 사상과 동일시한다면, 이 전설은 틀림없다. 그러나 그것이 불신앙이라는 대죄에서 유래하는 필연적인 귀결이라면, 이 전설은 털끝만큼도 맞지 않으며 완전히 틀린 것이다. 가톨릭 신앙은 인간이 완전히 부패했다는 사실을 분명히 부인한다. 가톨릭교회는 그리스도인에게서뿐만 아니라 비그리스도인에게서도 이를 완전히 부인한다. 그렇다고 이것이 비신자가 집을 짓고 음식을 만들며 희사도 하고 고통받는 이들을 위로하는 것 중에 어느 것도 죄가 아니라는 것을 언급하지 않은 채, 그렇게 할 수 있다는 것을 부인하는 것은 아니다. 비록 초자연적인 면에서 보면 인간적인 면에서만 선한 행실이 죽은 행실이라 해도, 그것은 실제적인 가치를 갖는다. 그런 선한 행실에 불신앙과 그 귀결로 참사랑도 없다면, 이는 그리스도의 왕국에서 유효한 화폐가 될 수 없다. 따라서 그것은 영원한 생명을 위한 가치를 갖지 못한다.

그리스도교적인 모든 것에 대한 혐오에서 생겨난 이 전설은 오늘을 살아가는 남녀 모든 사람들, 특히 '지성인들' 사이에서 느끼는 그리스도교를 향한 무관심과 심지어 적대감에 그 원인이 있다. 그들은 사람들이 자신의 신앙이야 어떻든 완전히 타락하거나 부패한 존재는 아니라는 점을 잘 알고 있다. 사실, 그들은 오직 교회 안에서만 이런 확신을 위한 근거를 발견할 수 있다. 종교와 정치의 이름으로 또는 그밖에 여하한 다른 이름으로 인류를 향한 공격이 일어날 때, 교회는 일반적인 규범을 통해 언제나 인류를 수호하는 사람들 편에 있었으며 앞으로도 그들 편에 있을 것이다. 교회는 결코 소심하게 또는 형식적으로만 인류를 수호하지 않을 것이다. 교회는 루터, 칼뱅, 얀센, 바이오를 단죄할 때 그랬듯이, 언제나 단호하게 그러한 공격을 단죄하며 그에 맞서 싸울 것이다.

(2) 구체적으로

1) 이교도, 유다인, 이단자의 불신앙에 대한 상대적인 악의

모든 형태의 불신앙은 우리 정신이 믿음을 취할 수 있는 가능성을 배제하며,

따라서 희망의 바탕을 파괴하고 만다. 그것은 마치 이러한 불신앙이 믿음에 대해 한 번도 들어본 적이 없는 이교도의 불신앙, 오직 전조(前兆)와 예언 사이에서만 수용된 유다인의 불신앙, 믿음을 거부하는 이단자의 불신앙 또는 언젠가 받아들였던 진리들을 저버린 배교자(背敎者)의 불신앙과 같다. 이교도의 부정적인 불신앙의 경우는 분명하다. 성 토마스는 이를 단순하게 위선적인 것으로 여겼다. 다른 여러 경우에서는 내용적인 불신앙과 형식적인 불신앙 사이를 구별해야 한다. 내용적인 불신앙의 경우, 불신앙자는 신앙의 형식적인 근거들(신앙의 진리들을 계시하는 하느님의 권위 등)을 분명히 찬성한다. 하지만 그는 그것들이 하느님에 의해 계시 되었다는 사실을 믿지 않기 때문에 믿음을 거부한다. 형식적인 불신앙의 경우, 불신앙자는 자기 정신의 힘을 하느님의 정신에 대립시키며 초자연적인 진리들 가운데 일부 또는 전체를 거부한다. 달리 말하면 이렇다. 즉, 내용적인 불신앙자는 어떤 진리들이 실제로 계시 되었다는 점에 대해 의심한다. 반면, 형식적인 불신앙자는 이 진리들 자체를 의심한다.

이런 맥락에서 교회의 증언은 믿음의 형식적인 동기가 아니라 믿음의 조건임을 상기할 만하다. 교회의 선언들이 지닌 무류성은 그 자체로 계시된 진리 자체이자 믿음의 대상이다. 하지만, 계시된 진리는 아무 탓 없이 우연히 사라지는 게 아니다. 내용적인 불신앙은 부패한 가르침에서 오는 결과나 가르침의 결여에서 오는 결과로 이해될 수 있다. 그 결과 이단자들 2세대나 3세대 또는 단순한 영혼들이나 형식적으로 부패한 스승들의 가르침들을 받아들인 1세대 이단자들 사이에서 내용적인 차원의 불신앙이 뿌리를 내리게 된다. 이는 다른 환경에서 이해되기 어려운 부분이다.

어떤 의미에서 이런 형식적인 불신앙들은 모두 동일하다. 왜냐하면, 그것은 모두 믿음의 형식적인 이유를 거부함으로써 믿음을 파괴하기 때문이다. 그러나 다른 관점에서 보면(계속해서 받아들이는 진리의 관점에서 보면) 그러한 불신앙의 형태들이 모두 같은 것은 아니다. 유다인은 분명 이교도보다 믿음을 더 잘 받아들이며 이단자는 유다인보다 더 이를 잘 받아들인다. 그렇지만, 악의(惡意, malitia)의 순서로 본다면 그 반대이다. 이단자는 하느님과 더불어 몇몇 신앙의 진리에 대해 논쟁하면서 그분께 고함을 지르고 그분을 모욕하지만, 유다인은 그 부적합함만을 드러낸다. 반면, 이교도는 해당 주제에 개입하지 않은 채 침묵을 지킨다.

2) 불신앙자들의 치료
① 그들의 인격 안에서

오늘날 가톨릭 신자들과 비신자들(그 형태가 어떻든) 사이에 다리를 놓을 수 있다는 사실은 그리 낯설어 보이지 않는다. 물론, 공화주의자들과 민주주의자들은 4년에 한 번씩 서로를 조롱하며, 로터리클럽 회원들과 엘크(Elks) 회원들은 언제나 심하게 싸운다. 종종 종교적인 형태의 분쟁에 직면해서 우리가 느끼는 불쾌감은 그것 때문에 싸울만한 가치가 없다고 현실적으로 많은 사람이 생각하는 데서 유래한다. 하지만 그런 현실은 불신앙이 내포한 지독한 파괴적인 힘에 대한 무지에 바탕을 두고 있다. 가톨릭 신자에게 있어서 이런 무지는 용서받기 어렵다. 왜냐하면, 믿음이 지닌 매우 소중한 가치에 대한 평가는 그에게 불신앙이 내포한 비극에 대해 알게 해 줄 뿐만 아니라 믿음의 적대자들이 그의 열정과 비교하는 가운데 펼쳐 보이는 열정에 대한 명백한 사실 때문에 그러하다. 그런 사실에 대한 깊은 숙고는 우리에게 불신앙이 지닌 무시무시한 파괴적인 힘에 대한 열쇠를 제공해준다. 가톨릭 신자들의 열정은 이웃에 대한 사랑과 하느님에 대한 사랑에서 솟아난다. 그것은 평온한 열정이다. 왜냐하면, 거짓된 신들과 그들이 제시하는 잘못된 목표들은 그의 삶과 영혼을 위협하지 못하기 때문이다. 그러나 이 평온함은 종종 미온적인 태도가 되기도 한다. 이와 반대로, 비신자의 열정은 절망, 비통함을 통해 그 기운을 받는다. 이로 인해 그의 열정은 공격적이다. 비신자에게 있어서 하느님, 하느님에 대한 초자연적인 믿음, 삶의 궁극 목적은 그의 철학의 뿌리를 비롯해 그의 삶이 자리한 기초를 위협하는 파괴적인 비난이다.

그러므로 자신을 보호하려면 이런 것들을 파괴하든지 아니면 적어도 혼신을 다해 이를 시도해야 한다.

그러므로 우리는 불신앙에 맞서 뭔가 시도해야 한다. 그렇다면 무엇을 해야 하는가? 불신앙에 직면한 가톨릭 신앙의 행동 방식은 무엇일까? 가톨릭 신자들이 비신자들에 대해 해야 할 첫 번째 일은 변론하고 논증하는 것이다. 단순한 신자들의 믿음을 보호하고 잘못을 반박하며 믿음을 향한 공격으로부터 스스로를 방어해야 한다. 성 도미니코와 그의 모든 영적 자녀들은, 물론 그들 가운데 소수만이 자신의 거룩한 창립자를 열심히 모방할 수 있겠지만, 비신자가 믿음을 끌어안거나 믿음으로 돌아갈 수 있도록 다양한 신앙의 진리를 논증할 수 있어야 한다. 언젠가 성 도미니코는 어떤 이단자와 논쟁하면서 밤을 지새운 적이 있었다. 권태와 회심은 서로 반대되는 두 개의 극이다. 그러나 성인이나 천재는 아주 긴 논쟁을 지루함으로부터 보호할 수 있다.

a. 논쟁

믿음을 위한 논증을 밤을 지새우며 논쟁한 결과와 혼동하는 것은 적절하지 못하다. 논쟁을 좋아하는 사람이 된다고 해서 이런 논증에 권위를 부여해주는 것은 아니다. 스포츠, 정치, 경제와 관련된 주제들에 대해 토론하는 사람은 흔히 스포츠, 정치, 경제에 영향을 주지 못하는 사람이다. 하지만 종교에 관해 토론하는 사람에 대해서는 그렇게 말할 수 없다. 심지어 신학에 대해 엷은 개념을 갖고 있을 뿐, 신앙에 대한 여러 진리와 연관되어 유행하는 일부 '자투리' 같은 것들을 아는 사람은 믿음에 대해 어떤 의심도 품지 않는 단순한 사람들로 구성된 청중 앞에서 자신의 지식을 펼쳐 보일 이유가 없다. 우리가 믿는 가톨릭 신앙은 우리로 하여금 스승이 되거나 마치 링 위의 권투 선수처럼 적수에 맞서 싸울 권리를 주지 않는다. 게임은 그렇게 이루어지지 않는다. 우리는 신중하게 침묵을 유지하거나 논쟁을 하기에 아직 충분히 준비되지 못했다는 것을 분명히 하는 가운데 우리의 신앙을 좀 더 키워나가야 한다.

비록 오늘날 그 누구도 토론할 수 있는 권리에 대해 이의를 제기하지 않지만, 상식은 이러한 권리의 한계를 가리키고 있다. 정확히 말해 오류가 아닌 진리에 대항해서 거대한 편협함의 물결이 범람하고 있는 오늘날, 가톨릭 신자들이 관대해야 한다고 말하는 점은 상당히 흥미로운 일이다. 현실적으로 이 세상은 절대로 편협하며 오직 우리들로부터만 너그러움을 기다리고 있을 뿐이다. 하지만, 진리에 대한 편협함에 대해서가 아닌, 오류에 대한 편협함에 관해서는 몇 가지 언급할 것이 있다.

'너그러움'이란 말은 그 자체로 우리가 악을 대면하고 있음을 가리킨다. 선에 대해서는 관대할 필요가 없다. 열정을 갖고 끌어안으며 이를 촉진하고 수호하면 된다. 우리는 어린아이가 복도에서 일으키는 소음에 관대하며 '지하철'에서 경험하는 꽉 조이는 상태에 관대하고 통치자의 기행(奇行)과 정치인의 부당한 거래 등에 대해 관대하다. 이 가운데 그 어느 것도 우리를 감동시키지 못할 뿐이다. 만일 우리가 그런 것을 견디며 거기에 맞서 싸운다면, 이는 그것을 피하거나 제외하는 것이 우리에게 유익보다 더 큰 악을 조장하기 때문이다. 만일 그렇지 않다면, 우리는 그런 것들을 기꺼이 받아들이거나 그 앞에서 비겁하게 굽신거리고 말 것이다. 이런 태도들은 명예롭지 못한 모습이다. 이런 면에서 교회는 자긍심을 갖게 된다. 왜냐하면, 그런 것들 앞에서 결코 아부하거나 비굴하지 않기 때문이다.

그러므로 교회가 비신자들에게 드러내는 너그러움을 승인과 혼동해서는 안 된다. 더 나아가, 이러한 너그러움을 좀 더 설명하자면, 우리는 그 원인에서부터 너그러움을 바라보아야 한다. 교회는 비신자들로 하여금 믿도록 강요할 수 없다. 왜냐하면, 교회는 유다인이나 이교도에 대해 어떠한 채치권도 갖고 있지 않을뿐더러 믿음의 행위는 의지의 전적인 자유 행위에 바탕을 둔 완전한 불가침권을 향유하기 때문이다. 하늘과 땅 그리고 지옥에서까지도 인간의 자유로운 의지를 강요할 수 있는 그 어떠한 권세도 없다. 교회는 반항적인 자신의 병아리들을 다른 사육장에 두는 일이 가능한지와는 상관없이 그들을 품기 위해 노력한다.

하지만 교회는 어머니이며, 따라서 신자들을 매도하고 박해하며 그들의 신앙을 서서히 파괴하고 교회를 모독하지 말도록 이단자들에게 강력하게 권고한다. 만일 필요하다면, 교회는 강력한 어조로 신자들이 평온하게 살아가게 해달라고 외친다. 더욱이, 교회는 그리스도께서 친히 부과하신 숙명적인 의무를 갖고 있다. 그것은 모든 민족에게 복음을 설교하는 의무이다. 따라서 교회는 이 의무에 상응하는 권리도 갖는다. 다른 사람들은 이러한 교회의 권리를 존중해야 할 의무가 있다.

b. 강요

그 누구도 다른 사람으로 하여금 신앙을 받아들이도록, 믿음의 행위를 하도록 강요할 수 없다. 세례받은 이가 신앙을 받아들일 때 약속했던 것을 완수하도록 강요하는 것은 이와는 다른 문제이다. 교회는 그렇게 할 수 있으며, 오랜 역사 내내 그렇게 해왔다. 이를 위해 교회는 영적인 벌뿐만 아니라 육체적인 벌도 부과한다. 물론 이 경우 상대적으로 덜 중한 벌을 부과하게 된다. 흔히 이단자들에게 적용되었던 이런 일종의 강제성이 현대인들에게 걸림돌이 되고 있다. 우리는 이 점에 대해 뭐라 말할 수 있을까?

교회는 그렇게 하는 데 있어 귀찮게 괴롭히는 이웃집의 아이들을 나무라기 위해 그 집으로 들어가는 불량배처럼 행동하지 않는다. 이 '아이들' 역시 교회의 자녀들이다. 이들은 세례를 통해 교회의 일부분을 형성한다. 그리고 교회는 이 성사를 통해 여타 다른 구성원들에 대해 갖는 똑같은 권위를 그들에 대해서도 갖는다. 더 나아가, 이 이단자들은 일종의 영적 자살을 범했으며, 자기 자신에게 엄청난 해악을 자행할 뿐만 아니라 이를 다른 신자들에게도 행하는 것이다. 왜냐하면, 그들은 다른 신자들의 믿음과 희망의 기초를 완전히 파괴하고 있기 때문이다. 그 누구도 합법적으로 설립된 정부를 무너뜨리기 위해 음모를 꾸미는 사람을 거슬러, 그리고 의도적으로 전염병을 퍼트리는 가운데 공동체 구성원들의 신체적 건강을 서서히 파괴하는 사람을 거슬러, 그리고 전쟁 중에 조국을 배반한 사람을 거슬러서 물리적인 강제력을 포함해 강제적인 구속력을 사용해야 할 필요성에 대해 진지하게 묻지 않는다. 그 상황에서 강제적인 구속력을 행사하는 것은 당연하기 때문이다. 인간의 육체적, 사회적인 삶은 구체적이고 만질 수 있는 선(善)이다. 아마도 여기에 우리가 이해하지 못하는 부분이 있는 것 같다. 우리는 한 명의 이단자가 초래한 해악이 얼마나 큰지 제대로 파악하지 못한다. 왜냐하면, 사람들이 살아가는 영성 생활의 소중함을 정당하게 평가하지 못하기 때문이다.

  육체적인 건강과 관련해서 일어나는 일을 살펴보기로 하자. 어떤 사람이 치료제가 없는 전염병을 퍼트리는 가운데 도시의 이곳저곳을 쏘 다닌다고 생각해 보자. 그에게 부과해야 하는 강제적인 수단들에 대해 어떻게 한계를 둘 수 있을까? 그를 감금하거나 공동체로부터 추방하든지 아니면 여행을 금지하든지 하는 것이 어떻게 이상하겠는가? 이제 우리는 그 책임에 대해 진지하게 생각하는 가운데 이단자의 경우를 숙고해봐야 할 것이다. 교회는 자신의 신자들을 보호하고 이단자를 공동체로부터 추방할 권리를 갖고 있다. 즉, 교회는 그를 파문하고 그가 성사 생활에 참여하지 못하게 할 권리를 갖고 있다. 제반 사안들을 객관적으로 보건대, 공동체 구성원들의 영성 생활을 건강하게 보존하기 위해 이단자를 처벌하는 것은 합당한 것으로 보인다. 하지만, 교회는 결코 그렇게 하지 않았다. 오히려 그 반대로, 자신의 신자들을 이단자들의 공격으로부터 보호해야 할 때, 언제나 인내롭고 심지어 더디기까지 했다. 교회는 이단자들에 대해 과장되거나 겁에 질린, 나약하고 잔인함 힘으로 몸부림치지 않았다.

  이단자에 대한 사형(死刑, poena mortis)이 보편적이지는 않지만 국가에 의해 드물지 않게 가해지던 중세시대에도, 교회의 교정은 느리고 조용하게 진행되었다. 이단자는 경고를 받았다. 그 후 그는 두 번째 경고를 받았다. 그가 여전히 자신의 잘못된 생각을 고집한다면, 교회는 그의 회심을 크게 바라지 않고, 그를 파문함으로써 다른 이들의 구원을 고려했다. 마침내 그의 회심에 대한 모든 희망이 포기되었을 때, 교회는 사형을 집행하도록 그를 속권(俗權)에 넘겼고(중벌을 부과하기 위해 죄인을 종교 재판소에서 세속 재판소로 넘기는 것을 말함), 교회는 맨 마지막까지 그의 곁에서 교회의 고집 센 아들에게 영원한 생명을 보장해 줄 하느님의 용서를 빌었다. 다시 말해, 자녀들에 대한 교회의 사랑은 결코 나약하고 소심하며 감상적인 것이 아니었으며, 너무 이기적이어서 혹독했던 적도 없었다. 교회의 가치관은 흔들리지 않고 절대적이었다. 교회는 "인간이 그의 영혼을 대가로 무엇을 줄 것인가?"라는 질문에 대해 대답할 수 없음을 알고 있었다. 그 답이 분명 육체적인 생명은 아니었다.

② 그들의 예식에서

오늘날 우리는 이 강렬한 사랑에 대한 해석을 냉소적인 미소로 받아들인다. 그 주장은 이러한 행동 방식이 종종 선한 믿음 가운데 있는 이단자들의 양심을 어지럽힌다는 것이다. 하지만 여러 주 동안 계속해서 신문은 경찰이 자살 시도를 저지하고 고층빌딩의 난간에서 사람들을 구하며 그들의 손에 든 독약을 빼앗고 그들의 위장을 세척하며 그들이 자살 도구를 숨겨두지 않도록 죄수들을 수색한다고 소식을 전한다. 사건 속의 인물들은 자신들이 해야 할 일이 자살이라고 말하는 것 같다. 물론 그럴 수 있다. 하지만 그들의 양심은 잘못되었다. 그들은 틀렸다. 이단자 역시 마찬가지이다. 건전한 양심을 가진 사람들이 자살을 시도하는 사람들을 바로 잡고 자살을 예방할 의무가 있는 것처럼 교회도 마찬가지이다. 자살을 시도한 어느 여인을 강에서 끌어내어 그가 생각하고 있는 것과 달리, 그가 계속 살아가도록 독려하는 영웅은 그가 죄를 짓도록 강요하는 것이 아니다. 죄는 물질적인 행위가 아니라 의지에 있고, 의지는 강요될 수 있는 게 아니다. 이와 마찬가지로, 신앙의 예식을 따르도록 강요받는 이단자는 죄를 범하도록 강요받는 게 아니다. 오히려 그는 삶의 목적에서 그를 멀어지게 하는 죄의 길을 더 이상 가지 않도록 보호받는 것이다. 언젠가 그가 영적인 건강을 회복하게 될 때, 그는 최고의 목표에 이를 수 있는 위치에 있게 된다.

③ 그들의 어린아이들에서

신앙과 관련된 또 다른 현대적인 논쟁은 적어도 신앙에 대해 이해할 수 있는 어떤 말도 듣지 못한 채 세례를 받는 어린아이들이 유아세례로 인해 자유를 침해받는 것은 아닌가 하는 데서 비롯된다. 그러나 자유는 목적을 위해 수단을 선택하는 역할을 한다. 유아세례를 받은 어린아이가 자신의 신앙에 따라 살아야 한다고 주장하는 교회는, 이 세례와 함께 교회의 관할권 아래 있는 한 사람이 인생의 궁극적인 목적에 이르는 수단을 단단히 붙잡도록 주장하는 것이다. 이러한 교회의 개입은 어린아이의 자유에 대한 간섭이 아니라 오히려 신앙 안에서 그의 자유를 보장해 주는 것이다.

세례받은 어린아이는 왜 스스로 약속하지 않은 것을 살아야 하는가? 마땅히 그래야 한다. 그 시기에, 즉 가능한 가장 이른 시기에, 신앙에 입문하는 단계를 밟는 것이 필요하기 때문이다. 인간이 자기 존재의 궁극적 목적인 하느님께 나아가는 것은 당연한 일이다. 그러나 인간을 초자연적인 수준으로 들어 올리는 것은 결코 쉬운 일이 아니며 오랜 세월이 필요하다. 그러므로 이 일은 미룰 수 있는 것이 아니다. 어린아이는 스스로 행동할 수 없다. 그래서 만일 어린아이가 진리를 알고 행동할 능력이 있다면, 그렇게 세례를 받는 것이 어린아이가 하게 될 것이라는 가정 아래(이는 가장 타당한 가정이다), 그의 생명을 책임진 부모가 어린아이를 위해 세례를 받도록 조치한 것이다. 물론 이 모든 과정에는 이 세례가 되돌릴 수 없는 행위라는 핵심적 사안이 있다. 이 세례 행위는 어린아이의 영혼에 지울 수 없는 인호를 새겨준다. 어린아이들이 스스로 자신의 신앙을 선택할 수 있는 나이까지 짐승처럼 자라도록 놔둬야 한다는 불합리함은 트리엔트 공의회에 의해 공식적으로 비난받았다. 인간이 자기 영혼을 위해 할 수 있는 다른 방안은 아직 없다. 어린아이가 욕조나 칫솔을 보고 귀찮아하며 씻기 싫어서 소리를 질러도, 부모들은 이에 개의치 않고 아이들에게 개인위생 습관을 갖도록 훈련시킨다. 통상 소년이 자신의 귀 뒷부분을 자발적으로 부지런히 씻는 것은 선악을 구별하는 시기가 아니라 첫 번째 여자 친구를 알게 되면서부터이다. 분명, 욕조와 칫솔은 어린아이에게 아무런 손해도 주지 않았다. 아마도 언젠가 현대인들은 개인적인 위생보다 훨씬 더 중요한 것들, 예컨대, 인간의 삶을 성공 가능하게 해주는 초자연적 습성과 같은 것들이 있다는 것을 확신하게 될 것이다.

사람들 안에 있는 불신앙이 간직한 악의를 분명히 깨닫게 되면, 교회가 종종 가톨릭 신자들이 이교도들과 사업적인 관계나 사회적인 관계를 맺지 말도록 금지한 이유를 어렵지 않게 이해할 수 있다. 물론, 그 일을 역(逆)으로 할 수는 없다. 독자들도 잘 알다시피, 교회는 세례받지 않은 이들에 대한 관할권이 없다. 또한, 이와 같은 교회의 금지는 단순히 임의적인 조치도 아니었으며, 오늘날 우리 사회에서 희미하게나마 볼 수 있는 것처럼, 유령의 그림자로부터의 도피도 아니다. 결혼(結婚, matrimonium)과 관련해서 이혼과 재혼이, 그리고 사업이나 정치, 의료 분야에서 만연한 부패가 그런 사회적인 분위기 속에서 살아가는 순진한 가톨릭 신자에게 아무런 영향도 미치지 않았다면, 그건 참으로 이상할 일이다. 교회가 이단자들과 이교도들에 대해 지녔던 태도를 고려할 때, 우리는 너그러움이 용납되지 않는다는 것을 명심해야 한다. 다른 종교들의 예식과 관련해서, 교회가 그런 예식들에 대해 관대하다면, 그것은 그 예식들 안에 어떤 유익한 것이 있거나 그것을 허용하지 않을 경우 더 큰 악을 초래하기 때문이다. 심지어 하느님조차 악의 존재를 허용하셨다. 어떤 정치 체제, 심지어 교회조차 신적인 체제보다 더 완벽한 통치가 이루어지길 희망할 수는 없다

좀 더 구체적인 내용을 살펴보면, 유대교의 예식은 그 자체로 허용될 수 있다. 분명 그 예식에서 오는 어떤 좋은 점이 있다. 사실, 그 예식이 선지자와 예언자

들의 증언을 전해주기 때문에, 유대교의 예식은 믿음에 대한 충실한 증거라고 할 수 있다. 이와 달리, 이교도들과 비신자들의 예식은 그 자체로 예식의 가치를 보증할 만한 것을 아무것도 간직하지 않는다. 그 예식들은 신앙에 위험이 되며, 적어도 내용적인 면에서 볼 때 죄악이다. 그러나 이 예식들을 관대하게 다루는 데는 강력한 이유가 있다. 예컨대, 믿음에 충실한 이들에게나 이교도 자신들에게 영적인 피해를 주지 않기 위해서, 폭동(暴動, seditio)과 유혈사태를 피하기 위해서이다. 다른 어떤 방법도 이 이교도들의 영원한 구원에 심각한 장애가 될 것이기 때문이다. 이교도들은, 관대하게 취급되면서, 점차 믿음으로 눈을 돌릴지도 모른다. 이 관대함이 얼마나 필수적인가는 인류 사회 전체에 비신자들이 대단히 많다는 사실, 그리고 하느님의 눈에는 이들 모두 하느님이시며 인간이신 분, 즉 그리스도께서 흘리신 마지막 한 방울의 피가 지닌 가치에 버금간다는 사실을 통해 잘 알 수 있다. 교회의 관대함에 대한 논의에서 자주 간과된 이 진리는 아무리 강조한다 해도 지나치지 않는다. 가톨릭교회가 지닌 이러한 관대함의 비결은 기회주의적인 태도가 아닌 하느님께서 보장하신 인간 영혼의 가치를 소중히 평가하는 태도에 있다. 교회는 그리스도를 알지 못하는 사람들에 대해 지닌 신적인 사랑 때문에 마지막까지 관대하고 인내하며 지치지 않을 것이다.

믿음이 인간 정신을 예속하지 않고 오히려 그에게 신적인 자유를 선사하는 가운데 해방하듯이, 신앙의 파수꾼인 교회도 인간 자유의 적이 아니라 그 자유의 가장 충실한 옹호자로서 이 세상에서 영속한다는 점을 지적함으로써, 이 모든 것은 간단히 언급될 수 있지 싶다. 자유는 다른 사람들에 대한 용기와 존경을 요구하기 때문에, 신앙의 수호자인 교회는 믿음이 그렇듯이 언제나 공격의 대상이 될 것이고, 세상에는 언제나 비겁한 자와 폭군이 있을 것이다. 어린아이들과 비신자들과 관련해서 인간의 권리에 대한 옹호가 이보다 더 뚜렷하게 드러나는 곳은 없다.

성 토마스는 더할 나위 없이 부모가 지닌 절대적 권리에 대해 옹호했다. 그에게 있어서, 부모를 거슬러서 이루어지는 어린아이들의 세례는 신앙을 중대하게 손상할 뿐만 아니라 (왜냐하면, 아이들이 신앙에 바탕을 두고 교육받기 어렵기 때문이다.) 자연적인 정의에도 반대된다. 이에 대한 성 토마스의 입장은 아주 분명하다. 비신자들의 자녀들에 대한 불가침성은 그의 부모들이 지닌 자연적 권리에 바탕을 두고 있다는 것이다. 아이들이 이성을 제대로 사용할 수 있을 때까지 부모들은 아이들에 대해 유일하게 책임을 진 당사자들이다. 부모들은 신법(神法, lex nova)앞에서 이러한 책임을 상실하지 않는다. 왜냐하면, 신법은 결코 자연법(自然法)을 파괴하지 않고 완전하게 하기 때문이다. 자연법과 마찬가지로 은총의 법은 최고의 입법자이신 하느님의 정신에서 유래하며 인간을 최고의 진리로 인도하기 위해 서로 조화롭게 구현되어야 한다.

4. 희망의 기초에 대한 먼 공격들

(1) 독성(blasphemia)

화가 난 남자가 하느님을 모독한다고 해서 반드시 죄를 짓는 것은 아니다. 보통 그는 천박하고 빈곤한 어휘의 희생자일 뿐이다. 지하철의 손잡이를 흔들며 열차가 내는 대단한 소음보다 더 크게 하느님의 이름을 외치는 발랄한 젊은 여성은 욕설을 내뱉는 것이 아니라 그분의 이름을 강조해서 전하기 위해 고군분투하지만, 역시 같은 한계에 시달리고 있다. 이 두 사람은 하느님이 상징에 불과하다고 차분하게 이해시키려는 대학교수와 전혀 다른 부류에 속한다. 그 대학교수는 하느님을 거슬러 죄를 범한 것이다. 물론, 그것은 메마르고 냉정하며 마음이 없지만, 분명한 죄이다. 진정한 신성 모독자는 하느님이 선하지도 않고 전지전능하지도 않으며 섭리적이지도 않다고 선언하는 무신론자이다. 그가 보기에 하느님은 당신 자녀들을 그들의 운명에 맡기며 그들을 포기하는 그런 하느님이다. 이런 죄는 분명한 불신앙을 간직하고 있다. 왜냐하면, 하느님을 직접 공격하기 때문이다. 그들은 하느님에게 해당되지 않는 것을 그분에게 돌리며 (예컨대, 세상에 존재하는 악을 하느님의 탓으로 돌린다.) 하느님에게 유보된 일련의 특권을 부정한다. 그는 이런 자신의 분명한 어리석음과 더불어 모든 도덕적 덕(道德的 德, virtus moralis) 덕들을 거스르는 모든 죄를 넘어서는 결정적인 죄, 심지어 희망의 덕을 거스르는 절망과 오만함까지 범하고 만다. 결국, 이러한 그의 태도는 하느님에 대한 증오(憎惡, odium)라고 하는 최고의 죄를 향한 길을 열게 만든다. 독성(瀆聖, blasphemia)이 하느님에 대한 증오에서 유래한다면 이는 모든 죄 가운데 가장 큰 죄이다.

아무리 짧다 해도, 아무리 낮은 음성으로 속삭였다 해도, 독성은 언제나 중죄(重罪)이다. 왜냐하면, 그것은 우리를 하느님으로부터 갈라놓기 때문이다. 인간적인 질서에서 모욕적인 말이나 순간의 부정행위가 반드시 아내와 남편을 하나로 묶는 사랑을 결정적으로 파괴하는 것은 아니다. 둘 사이의 사랑은 본성에 뿌리를 두고 있는 본성적인 것이다. 반면, 우리를 하느님과 묶어주는 사랑은 자연적 사랑(amor naturale)이 아니라 초자연적 사랑(超自然的 ~, amor supernaturale)이다. 그 사랑의 뿌리는 본성에 있지 않다. 우리 편에서 보면 우리를 하느님과 묶어주는 사랑은 접목된 것으로 언제나 부서지기 쉽다. 우리는 하느님과의 일치를 보존하기 위해 두려움과 조심함을 갖고 걸어가야 한다. 그것은 하느님이 우리를 당신과 결합시켜 주는 결속을 부수려하기 때문이 아니다. 그것을 부수는 당사자는 바로 우리들이다.

남의 말을 엿듣길 좋아하는 자는 천국 문의 열쇠 구멍에서 하느님과 그분의 친구들이 욕설을 퍼붓지 않을까 하며 헛되이 그들의 말을 엿듣는다. 하지만 천국에서 독성은 설 자리가 없고, 이 땅 위에 사는 하느님의 친구들 사이에도 설 자리가 없다. 물론 독성을 하는 사람들이 있다. 악마들은 입술이 아니라 생각과 애정을 갖고 독성을 한다. 지옥에 있는 저주받은 영혼들이 일단 그들의 몸과 다시 결합하면 지옥에서 걷잡을 수 없는 소동이 일어날 것이고, 지옥의 생활에서 끊임없이 이어지게 될 활동 가운데 하나는 독성이 될 것이다. 이 진리에는 무서운 의미가 담겨있다. 그것은 지옥의 죄와 사악함에는 한계가 없음을 보여주기 때문이다. 사실 대단한 사악함이 지옥 벌의 일부분을 구성한다. 또한, 이 진리는 죄에는 진정한 기쁨이 없다는 것을 보여준다. 만일 악마들이 그런 기쁨을 알았다면, 그들은 죄를 짓지 않았을 것이다.

(2) 성령을 거스르는 죄

대부분의 사람들에게 있어서 공개적인 모욕보다 업신여기고 경멸하는 태도에서 더 큰 악의(惡意)를 경험한다. 적어도 우리는 공개적인 모욕에 맞서 싸울 수 있다. 그러나 미묘한 경멸은 성령께 대한 죄악으로 알려진 독성과 관련된다. 냉혹하고 거만한 그들의 태도는 속물근성의 극치처럼 드러난다. 그런 태도는 자신들이 하느님보다 더 잘났다고 생각하는 사람들의 특징적인 모습이다. 그러한 죄는 언제나 하느님의 선하심에 대한 멸시를 전제하고 있다. 왜냐하면, 그것은 무지(ignorantia)나 나약함(懦弱~, debilitas) 또는 정념(passio)에서 오는 것이 아니라 숙고된 악의(malitia deliberata)에서, 죄스러운 선택에 직면해서 우리에게 제공되는 보호를 거부하는 데서 오기 때문이다.

성령을 거스르는 이런 죄들로 인해 우리는 죄의 어둠을 몰아내는 하느님의 비추임에 맞서 우리 정신의 문을 굳게 닫아버린다. 우리는 먼지, 습기, 진흙과 거미줄, 숨겨진 죄의 추악함을 선호한다. 만일 그것을 밝은 빛 가운데 보게 되면, 우리는 역겨움이 매우 심한 그 추악함을 견디지 못할 것이다. 그래서 우리는 하느님의 심판(審判, iudicium)을 잊어버린 채, 오만함이나 절망이 그분의 심판과 자비를 대체하도록 허용하는 가운데, 우리 정신의 문을 갑자기 닫아버린다. 우리는 하느님의 진리에 대한 인식이 그 시작에 있어서 계시된 진리들을 향한 우리의 공격을 멈추지 않도록 하느님의 선물들에 대한 숙고로부터 뒤돌아서고 만다. 우리는 다른 사람들이 받은 은총들을 향한 증오의 고삐를 죄지 않는 가운데, 신적 은총의 도움을 고려하기를 거부한다. 또한, 우리는 죄의 무질서와 반칙이 우리를 참회와 통회로 이끌지 못하도록 정직하게 바라보기를 거부한다. 결국, 우리는 우리 자신이 간직한 완고한 태도가 줄어들지 않도록, 죄가 지닌 외견상 이득과 비열함에 눈을 감는다.

분명히 그런 죄인은 정말 나쁜 길에 있다. 그의 죄는 변명의 여지가 없다. 그것은 악의의 죄이다. 이러한 죄들은 우리를 구세주 그리스도 앞에 무릎을 꿇게 하는 것들을 직접 배제한다. 오직 하느님의 전능하심만이 비로소 죽음의 바로 그 순간에 이 죄들을 용서하실 수 있다. 그러나 죄인 자신의 처지에서 볼 때, 이러한 그의 태도는 이미 그 자신을 영원한 단죄로 직접 인도한다.

이러한 죄의 다양성은 놀랍기 그지없다. 오만함, 절망, 계시된 진리들에 대한 공격, 다른 사람들이 받은 은총에 대한 시기, 뉘우치지 않음, 완고함 등이 그러하다... 그러나 다행히도 이런 것들은 출발점이 아니라 종착지, 즉 악의 절정이다. 인간의 본성은 보통 한 번의 점프로 정상에 오르지 못하며 심연으로 내려가지도 못한다. 통상 완전히 나빠지기 위해서도 노력이 필요하다. 일반적으로 죄인은 무지나 정념에 어떤 이유를 두고 있는 죄들, 즉 자신의 자존심을 덮어줄 몇 개의 누더기를 남기는 죄들로부터 시작한다. 죄에 대한 광적인 열정으로 인해 자신에 대한 존중심을 버리고, 하느님의 선하심에 대해 경멸하는 구렁텅이로 뛰어드는 것은 나중에서야 가능한 일이다.

(3) 영적 무분별과 영적 나태

통찰의 선물과 함께 완성된 믿음의 덕은 어둠 속에서 착륙장, 즉 희망의 날개를 달고 미지의 땅을 발견해가는 마음이라는 비행기 조종사의 맑은 눈과 같다. 조종사의 눈이 먼다는 것은 희망의 종말을 고하는 것이자 마음이라는 비행기의 추락을 의미한다. 실제로, 졸음, 힘겨움, 나태는 이 비행에서 거의 치명적이다. 그것은 영적 소경 됨과 영적 나태가 통찰의 선물에 행하는 정확한 공격이다. 이 둘 모두는 성령의 은사를 공격함으로써 성령을 거스르는 죄악이며, 그 공격은 뜻밖이고 간접적이다. 이러한 공격들은 영적 보화들을 자발적으로 고려하지 않는 데 있다. 이 경우, 비록 구체적인 행동에 대한 이러저러한 도움을 고려하길 거부하지 않는다고 해도, 그는 훨씬 더 포괄적인 방식으로 공격하고 있으며, 인간의 정신을 비춰주는 근본적인 원리들을 공격하는 것이다.

이렇게 행동하는 사람은 영적인 것들에 있어 소경이 된다. 왜냐하면, 세상이 그를 현혹하기 때문이다. 이러한 그의 소경 됨은 색욕(luxuria), 나태(acedia), 탐식(gula)과 함께 시작된다. 이를 잘못 오해해서는 안 된다. 이는 단순히 배부르게 식사를 한 후, 피가 위장으로 몰려와 우리의 사고력을 떨어뜨리는 문제가 아니다. 그것은 우리의 관심과 마음을 이런 것들에 습성적으로(habitualiter) 두는 데 있다. 결국, 세상이 우리의 눈으로 들어오게 되고, 이로 인해 우리는 다른 것들을 볼 수 있는 능력을 잃어버리게 된다. 시간의 흐름은 우리의 소경 됨을 더 나쁘게 만들어서 심지어 우리는 시각장애인이 아니며 우리가 볼 수 없는 것은 더는 없다고 스스로 확신하기까지 한다. 이 순간에 이르게 되면, 희망은 사라지고 만다.

5. 희망의 덕

(1) 희망의 본질, 그 대상과 주체

희망을 잃어버린 사람은 더 이상 영원한 생명에 이르리라는 믿음을 갖지 못하며, 하느님이 당신의 전능, 자비, 충실함과 더불어 영원한 생명에 이르기 위한 합당한 수단들을 마련하시리라는 것도 믿지 못한다. 그는 인간이 하느님을 자신이 도달 가능한 선(善)으로 관상하게 해주며 무한하게 자비하시고 충실하신 전능하신 존재의 광경 앞에서 놀라 일어서게 해주는 희망(spes)이라는 대신덕(virtus theologalis)을 더 이상 갖지 못한다. 전능하신 하느님은 뒤뚱거리는 인간의 다리와 나약한 손을 인간 자신을 위해 천상에서 영원한 거처를 건설할 수 있는 도구가 되게 해준다.

더구나, 인간을 위해 다른 누군가가 할 수 있는 일은 거의 없다. 아무도 나를 위해 걷거나 잠을 자거나 음식을 소화할 수 없듯이, 누구도 나를 위해 희망의 길을 대신 걸을 수는 없다. 한 마디로, 희망의 행위는 대체 불가하다. 희망은 인격적인 행위이다. 그것은 그 누구에게도 양도할 수 없는 하느님을 갈망하는 행위이다.

두 사람이 어떤 식으로든 하나가 되지 않는다면, 그 둘이 하느님의 사랑이라는 결속 안에 일치하지 않는다면, 그 누구도 다른 누군가를 위해 대신 희망해 줄 수는 없다. 다른 사람들과 참사랑으로 일치하는 그리스도인은 자신을 위해 희망하듯이, 그렇게 자신과 일치해 있는 다른 사람들의 궁극적인 행복을 바랄 수 있다. 그가 참사랑으로 일치해 있는 이들은 또 다른 자기 자신이기 때문이다.

사실, 많은 사람들이 자신의 어머니, 아내, 자녀들의 기도를 통해 천국에 들어간다. 그를 위한 누군가의 위대한 사랑과 도움 덕분에 많은 각 사람이 절망의 함정을 벗어날 수 있는 것이다. 그러나 그렇다고 해서 우리가 다른 사람들에게만 희망을 걸 수 있다는 의미는 아니다. 그 사람들은 하느님의 도구들일 뿐이다. 어떤 남자나 여자도, 어떤 기도나 희생도 우리가 하느님을 소유하도록 인도할 수 없다. 오직 전능하신 하느님만이 우리를 위해 그렇게 해주실 수 있다. 하느님의 권위가 믿음의 견고한 기초이듯이, 하느님의 전능하심이야말로 희망의 견고한 기초가 된다. 인간은 바로 이 기초 위에서 비로소 자신의 희망의 탑을 높이 안전하게 세울 수 있다.

(2) 덕들 가운데 희망의 위치

희망에는 무언가 젊고 신선한 것이 있다. 희망에는 우리가 홀가분하고 즐거운 마음으로 걷게 해주는 무언가가 있다. 희망이 간직한 영원한 젊음과 성인들의 얼굴에 담겨 있는 맑은 눈길을 어떤 식으로든 이해하려면, 희망을 다른 대신덕들과 비교하는 것으로 충분하지 싶다. 참사랑은 하느님에 의해 온전히 소유되기 위해 그분을 목적으로 간주한다. 참사랑의 전망은 고요한 지혜의 전망이다. 한편, 믿음은 하느님을 근원으로, 진리가 솟아나는 샘으로 바라본다. 믿음이 간직한 초조함은 말로 표현할 수 없는 진리를 응시하는 겸손과 더불어 진정된다. 그러나 희망은 하느님 안에서 행위의 근원을 본다. 희망의 눈은 넓고 전도유망한 세계, 이룩해야 할 위대한 일들을 발견한다.

희망은 믿음을 전제로 한다. 희망은 믿음의 뒤꿈치를 밟으며 따라간다. 마음이 지성의 발걸음을 뒤따라가듯, 희망은 의지에서 솟아난다. 그러나 인간의 의지, 욕구는 어두움 속에서 맹목적으로 솟아날 수도 없고 그렇게 하고 싶어 하지도 않는다. 그것은 지성이 인도하는 곳으로 간다. 그것은 내디딜 수 있는 걸음만 내디딘다. 왜냐하면, 믿음, 인식은 길을 열어젖히는 가운데 나아가기 때문이다. 희망은 믿음에서 유래하며 자연적인 사랑을 참사랑으로 인도한다. 참사랑이 커갈 때, 희망도 성장한다. 흔히 우리는 친구들에게 더 많은 신뢰를 두고 그들에게 많은 희망을 건다. 하지만, 참사랑은 하느님이야말로 우리의 진정한 벗이라고 말한다. 참사랑의 품에서 나오는 희망과 홀로 걷는 희망 사이의 차이는 살아 있는 존재와 시체 사이의 차이와 같다. 왜냐하면, 참사랑(caritas)이 믿음을 비롯해 모든 덕의 혼(魂)이듯이, 희망의 혼 역시 참사랑이기 때문이다. 오직 참사랑만이 생명을 선사해준다.

"갈망(渴望, desiderium)은 생각의 아버지"[5]라고 말할 때, 우리는 이를 통해 우리 자신을 정당화하고 있다. 만일 가정적인 생각이 감정에서 나오며, 그 반대는 그렇지 않다면, 그것은 절대로 생각이라고 할 수 있다. 오히려 그것은 감정적인 선입견에 불과하다. 이를 달리 말하면 다음과 같다. 즉, 희망은 지성이 아니라 의지에 뿌리를 내린다는 점을 기억하는 것이 적절하다. 그 결과, 희망은 인식이나 확신의 바탕이 아니며, 더욱이 많은 개신교도들과 근대주의자들이 추측하듯이, 종교(religio)의 바탕도 아니다.

사실, 희망은 확신을 제공해준다. 결국, 하느님 안에 견고하게 기초를 두는 모든 것은 희망을 제공해준다. 그러나, 하느님의 전능하심과 자비에 대한 확신, 우리는 영원한 행복을 누리는 존재가 될 수 있으리라는 확신은 희망이 아니라 믿음에서 유래한다. 그러나 우리 삶의 절대적인 성공을 보장하는 것은 확신이 아니라는 점을 분명히 이해해야 한다. 그렇다고 우리가 구원의 문제를 제기해서는 안 된다는 것을 의미하지는 않으며, 우리만큼 거룩하지 않은 사람들을 마지못해 바라보는 가운데, 우리 머리 위에 영광의 왕관을 씌워줄 순간을 고대하면서 평온하게 잠을 잘 수 있다는 의미도 아니다. 이런 자만(自慢, praesumptio)은 하느님마저도 견디지 못하신다. 사실 하느님은 자비로우시며, 우리는 그 자비하심에 힘입어 영원한 참행복에 이를 수 있지만, 이미 현세에서 그 참행복에 이른 것은 아니다. 얼핏 보면, 개신교 종교개혁자들은 희망의 확신을 개인적인 보증으로까지 확장하는 무상적(無償的)이고 친절한 일을 하던 것으로 보일 수도 있다. 사실, 그들의 시도는 인공 감미료처럼 너무 달아서 넌덜머리가 날 정도이다. 그들은 우리가 하느님께 바치는 종교적 경의를 근거 없는 감정적인 뒷맛으로 전락시키고 말았다.

---

5) [역주] 우리는 희망하는 것은 실제로 믿게 된다는 영어 속담

6. 희망의 완성

(1) 두려움의 선물

1) 두려움의 다양함

보통 사람들은 드라마의 손쉬운 희생자이다. 짧은 문장이나 사진을 비롯해 지나가는 감정의 묘사는, 비록 사실이 아니라 해도, 침을 삼킬 때 목이 뻐근함을 느끼게 하며 눈에서 눈물이 흐르게 하거나 마음을 뒤집어 놓기도 한다. 지옥문 위에 쓰인 "모든 희망을 버려라, 여기에 들어오는 그대여."라는 불멸의 시인, 단테의 극적인 대사를 읽을 때, 우리는 공포의 전율을 느낀다. 그런데 아마 천국의 문 위에도 똑같은 글이 쓰여 있을지 모른다. 지옥에 희망이 없다는 것만큼이나 천국에도 희망이 없다는 것은, 물론 다른 이유이기는 해도, 사실이기 때문이다. 한때 지상에서 희망했던 것을 천국에서는 소유하기 있기 때문에 희망이 필요하지 않다. 그러나 한때 지상에서 희망했던 것을 지옥에서는 더 이상 소유할 수 없기 때문에 희망의 가능성이 없다.

모든 희망을 잃어버린다는 생각에 직면해서 인간을 흔들어대는 공포의 전율은 어찌 보면 당연하다. 아무리 큰 희망이라도, 높고 힘든 것을 성취하기 위해 전속력으로 달려갈 때, 그것을 이뤄가는 과정에서 어느 정도의 두려움을 배제할 수는 없다. 오늘날 일부 사람들이 생각하듯이, 공포와 두려움이 비겁함을 내포한다고 생각한다면, 이는 잘못 아는 것이다. 그것은 전혀 그렇지 않다. 가치는 두려움과 완벽하게 양립할 수 있다. 비록 믿음을 끌어안는 것보다 더 용감한 행위는 없다고 해도, 우리는 믿음이 일종의 두려움을 만들어낸다는 점을 보았다. 실제로, 하느님이나 악마도 두려워하지 않는 겁을 모르는 '용감한' 사람은 어리석은 사람이다. 왜냐하면, 우리가 두려워해야 할 실재는 무수히 많기 때문이다. 분명, 우리는 하느님에 대한 두려움을 간직해야 한다. 물론, 질병이나 죽음을 두려워하듯, 그렇게 하느님을 두려워해서는 안 된다. 우리는 하느님을 우리의 행실을 평가하고 그에 따라 마땅히 징계하게 될 의로운 심판관으로 두려워해야 한다. 오직 미친 사람들만 심판관을 두려워하지 않는다.

2) 성령의 선물

하지만, 성령께서 선사하시는 최고의 선물이라는 또 다른 두려움이 있다. 이 두려움은 현세의 악을 피하기 위해 비겁하게 죄를 포용하는 것이 아니다. 그렇다고 믿음에서 생겨난 이 초자연적인 건강한 두려움이 처벌에 대한 공포 때문에 죄로부터 우리를 멀어지게 하는 것도 아니다. 그보다 이 두려움은 자기를 사랑하는 사람들과 분리되는 걸 보는 데 대한 두려움을 갖는 어린아이가 지닌 무서움에 더 가깝다. 이러한 두려움은 하느님께서 불어넣어 주시는 숨과 더불어 우리가 신속하게 그분을 향해 나아가도록 독려한다. 그리고 이는 우리로 하여금 그분의 계획에 온전히 순종하게 하며, 그분을 향한 우리의 여정을 방해하는 모든 장애물로부터 멀어지게 한다. 또한 우리가 성령의 움직임에 즉시 응답하게 해준다. 어떤 의미에서, 이 두려움은 우리가 내면에서부터 성숙하고 자라게 한다. 비록 이 두려움이 어떤 면에서 '유아적'이라 해도, 그것은 우리가 토라지고 주먹질하는 어린아이의 태도를 포기하게 한다. 왜냐하면, 이 두려움은 더 이상 우리가 변덕스러운 어린아이로 살게 내버려 두지 않기 때문이다. 이 두려움은 우리로 하여금 하느님의 지혜 앞에서 깊이 고개 숙임으로써 성숙한 사람으로 살아가게 해준다. 그분은 이 선물과 함께 우리가 지혜롭게 행동하게 해 주신다.

실제로, 비록 두려움이 지혜의 첫 번째 원리는 아니라 해도, 그것은 지혜의 시작이다. 이러한 특전은 목표를 향한 첫걸음인 믿음에 해당된다. 두려움은 지혜의 첫 번째 개념으로, 그것으로부터 지혜가 작용하기 시작한다는 의미에서 지혜의 시작이다. 믿음에 의해 촉발된 두려움은 우리 안에서 죄에 대한 집착을 없앰으로써 간접적으로 지혜의 원리를 만들어낸다. 그런 집착은 지혜롭게 행동하지 못하게 방해한다. 그러나 진정한 지혜는 하느님에 대한 두려움이라는 선물과 함께 직접 시작한다. 성령께서는 이 선물을 통해 우리 영혼 안에 우리로 하여금 하느님을 온전히 공경하고 그분께 순명하는 가운데 그분을 향해 올바로 나아가기 위해 필요한 성질들을 부어주신다.

하느님에 대한 이 두려움에는 두 가지 요소, 즉 신적인 우정을 잃어버릴까 하는 두려움과 하느님을 공경하고 그분께 순명하는 두드러진 태도가 있다. 우리는 이 현세의 삶에서 바로 이 두 가지 의미로 하느님을 두려워해야 한다. 하느님께 더 가까이 나아갈수록, 우리는 더 깊이 그분을 공경하고 그분께 순명해야 한다. 그 결과, 단 한 순간이라도 하느님으로부터 멀어진다는 생각은 허용할 수 없게 된다. 천국의 고유한 특징인 하느님과의 완전한 합일에 이르게 될 때, 그분으로부터 멀어지지 않을까 하는 두려움은 사라진다. 하지만 그분에 대한 공경과 순명은 지속될 뿐만 아니라 정점에 이르게 된다. 달리 말하자면, 천상에서 하느님에 대한 우리의 두려움은 완전해질 것이다. 왜냐하면, 우리는 그곳에서 가능한 한 최고의 성숙함에 도달하게 될 것이기 때문이다. 이를 달리 말하면, 절대적인 독립은 오직 하느님에게만 해당한다고 할 수 있다. 우리가 하느님의 입장에 서고자 할 때, 우리는 마치 어른처럼 보이기 위해 아버지의 신발을 신은 어린아이의 모습과 같은 애처로운 모습을 보여주게 될 뿐이다. 우리의 완성은 독립적인 존재가 되는 데 있는 것이 아니라 하느님께 충실한 데 있으며 피조물로서의 우리가 마땅히 드려야 할 존경을 그분께 드리는 데 있다.

(2) 이에 상응하는 참행복 – 행복하여라, 마음이 가난한 사람들

하느님에 대한 두려움의 선물에 있어서 정점이자 이 선물의 가장 완벽한 행위는 영의 가난함에서 솟아나는 행위에 있다. 그렇다고 이것이 그러한 완전함이 신비가들에게만 유보되어 있음을 의미하지는 않는다. 그것은 구원을 위해 필요한 것이며, 따라서 모든 사람들이 닿을 수 있는 범위에 있다. 왜냐하면, 부자들이나 가난한 사람들 모두에게 있어서 하느님에 대한 두려움이라는 선물을 열어 젖히는 열쇠는 '영의 가난'이기 때문이다. 성 아우구스티누스는 이를 "교만(驕慢, superbia)으로 인해 자만하게 된 우리의 영을 비우는 것"으로 묘사했다. 이것은 바람이 빠지는 공의 모습을 연상케 한다. 그것은 하느님에 대한 두려움이 우리의 영광이 아닌 그분의 영광을 찾게 해주기 때문이다. 부(富)와 명예로 깨지기 쉬운 우리 영혼의 구성을 과장되게 부풀리지 말아야 한다. 또한 교만으로 우리 자신을 부풀리지 말아야 한다. 그리고 물질적인 것들로 만들어진 장벽 뒤로 도피하지 말아야 한다. 우리의 유일한 희망은 우리가 하느님의 충실한 수하임을 아는 데 있다. 그리고 그분을 공경하는 가운데 그분 밖에서 우리 자신을 찾지 말아야 한다. 우리는 하느님이야말로 우리 존재가 지닌 위대함의 유일한 원천이심을 알아야 한다. 오직 이것만이 부자를 자신의 부에 대한 촉수로부터 그리고 가난한 이를 자신의 비통함으로부터 해방해준다.

7. 희망의 소멸자

(1) 자만
(2) 절망

본 장의 초입에 우리는 하느님에 대한 불충실한 태도가 희망의 기초를 파괴하며 간접적으로 희망도 파괴한다는 것을 살펴본 바 있다. 다른 죄들은 직접 희망을 겨냥하고 있으며 그 방어막을 무너뜨린다. 그 중에 가장 위협적인 것으로 자만(presumptio)과 절망(desperatio)을 꼽을 수 있다. 이 둘은 모두 과오에서 유래한 것이다.

절망은 우리가 영원한 행복에 이르는 것은 불가능하다고 판단하게 한다. 절망은 우리로 하여금 하느님이 우리의 죄를 용서해 주시리라는 것을 신뢰하지 못하게 하며, 따라서 영원한 영광을 포기하게 한다.

한편, 자만(presemptio)은 우리로 하여금 우리 자신의 개성을 매력 넘치는 실재로 여기게 한다. 자만한 사람은 자신이 너무 중요해서 하느님마저 자신을 용서하지 않을 수 없다고 단정한다. 심지어 그는 자신이 저지른 죄가 어떤 것이든 하느님께서 자신을 천국에 들일 것이라고 생각한다. 따라서 그는 자신의 행실을 고치지 않고 진정한 통회가 수반된 죄에 대한 용서를 하느님께 청하지도 않는다.

절망은 천국을 열망하며 나아가는 것을 방해하며, 자만은 지옥을 피하는 걸 포기하게 한다. 절망이나 자만 모두 결국에는 죄인을 같은 장소에 두고 만다. 그러나, 비록 자만하고 절망하는 죄인들이 하느님을 거스른다 해도, 그들의 죄는 하느님에 대한 불충실의 죄보다 덜 중하다. 왜냐하면, 불충실의 죄를 지은 사람은 최고의 진리이신 하느님을 반대하는 것인데 반해, 자만과 절망은 단지 우리의 영원한 행복, 즉 우리가 참여하는 한에서 하느님을 반대하기 때문이다(최고선이신 하느님에 반대하는 하느님에 대한 증오는 이와 다르다). 하지만, 자만과 절망은, 하느님을 그 대상으로 지닌 죄들인 한에서, 도덕적 덕들에 반대되는 가운데 이루어진 아주 위중한 죄들이다.

이 두 죄들을 비교하는 가운데, 우리는 절망의 죄가 자만의 죄보다 훨씬 위중하다는 것을 보게 된다. 왜냐하면, 절망의 죄는 본성상 하느님에게 고유한 완전함인 하느님의 자비(misericordia dei)를 부인하기 때문이다. 반면, 자만은 우리의 행위와 관련해서 그분에게 속하는 것들, 특히 우리를 처벌하거나 보상을 주실 수 있는 그분의 능력을 부인한다.

그러나, 우리는 여기서 실수를 범하지 말아야 한다. 왜냐하면, 비록 이 두 죄가 모든 죄 가운데 가장 위중한 것은 아니라 해도, 적어도 세 번째와 네 번째 정도의 죄는 되기 때문이다. 이 죄들은 여전히 아주 위중한 죄로 분류된다.

더 나아가, 절망은 아주 위험한 죄이다. 어떤 의미에서 그것은 악의 정점이라고 할 수 있다. 반면, 자만은 악의 시작이다. 절망한 인간은 자신을 죄로부터 멀어지게 하는 모든 것을 박탈당했다. 그는 자신의 광기(狂氣, insania) 속에서 본능의 고삐를 완전히 풀어버린 난폭한 동물이 되고 만다. 한편, 자만한 사람 역시 이와 비슷한 상황에 처하게 된다. 하느님이 자신의 죄에 대해 못 본 체하신다는 잘못된 안전에 대한 오만한 태도는 가장 낮은 욕구들의 고삐를 완전히 풀어버리게 만든다. 그러므로 두 가지 죄 모두 악의 절정에 있으며, 동시에 수많은 공포의 출발점이 된다. 그 공포의 크기는 오직 지옥에 가서야 평가될 수 있을 정도이다.

절망한 사람은 그 무엇도 이 상황을 치유할 수 없다고 확신한다. 자만하는 사람은 자신이 아무것도 필요하지 않다고 여긴다. 도대체 누가 이들을 도와줄 수 있단 말인가? 오직 하느님만이 당신의 전능하심과 함께 그들을 도와주실 수 있다. 오직 은총의 샘이신 그분만이 좌절한 사람과 자만에 빠진 사람을 그들이 처한 상황에서 끌어내실 수 있다.

그러나 만일 이런 죄들이 인간을 사로잡고 움직이지 못하게 한다면, 말하자면, 이런 죄에 빠지지 않은 사람들은 그 죄의 결과에 대해 성찰할 수 있으며 거기에 담겨 있는 중대한 위험으로부터 자신을 보호할 수 있다.

절망은 나태(懶怠, acedia)의 형태를 띤다. 그것은, 영적인 보화들을 얻기 위해 노력할 것을 요구하는 한에서, 영적인 보화들로부터 멀어지게 하는 영적 무기력에서 생겨난다. 이 상태에 빠지게 되면 영적인 활동이 싫증 나고 하느님과 영혼에 관한 사정들은 더 이상 우리에게 아무 것도 말해주지 않는다. 성 토마스는 절망을 "의기소침한 영혼의 슬픔"으로 정의하는 가운데 이를 완벽히 묘사했다. 우울은 장애물들이 더 어려워 보이게 하고 심지어 극복할 수 없는 것처럼 보이게 한다. 특히 육의 죄들로부터 생겨나는 이런 종류의 우울은 육체적인 것과 영적인 것의 가치를 뒤바꿔 놓는다. 영적인 보화들은 점점 작아지며, 요구되는 노력의 빛 아래에서 보면 아주 하찮게 보일 정도이다. 반면, 육적인 보화들은 엄청나게 커 보인다. 반면, 자만은 합리적인 것을 넘어설 정도로 영에 대해 칭찬하는 것이다. 그것은 심지어 하느님의 통상적인 권능마저 넘어서는 것들을 희망한다. 한마디로, 자만(presumptio)은 교만(superbia)의 열매이다. 자만한 사람이 보기에 덕을 실천하고 고행하는 것 그리고 여러 성사에 자주 참례하는 것은 하찮은 일에 몰두하는 것에 불과하다. 그것은 우수꽝스러운 것에 불과하며 무익하고 아무런 의미 없는 것에 불과하다. 그가 보기에 이런 것들은 자신을 아주 중요한 존재로 여기는 사람에게는 걸맞지 않다. 그는 하느님이 이런 것들을 필요로 하지 않으신다고 착각한다. 자만한 사람은 '두려움이 없는 요한'을 인격화한 존재, 즉 분별 없는 사람의 화신(化身)이다.

[결론]

1. 노예가 된 의지

(1) 노예의 갈망

불충실, 절망, 자만, 이것들은 이 세상에서 그 무엇도 하지 못하는 일을 할 수 있는 능력을 지닌 세 개의 사슬이자 서글프기 그지없는 장벽들이다. 즉, 이것들은 인간의 심장을 옥죄고 희망을 파괴하기 때문이다. 현대인이 자유에 대해 아무리 많이 말을 해도, 민주국가가 그에게 준 지위가 무엇이든, 그리고 그가 아무리 자유롭게 거리를 활보하거나 하늘을 날고 바다를 질주해도, 그는 자기 마음의 감옥에서 벗어날 수 없다. 그는 노예이다. 그의 갈망과 사랑은 자유가 없는 노예의 갈망과 사랑이다. 아무리 그가 정치적, 경제적 자유를 누린다 해도, 모든 것의 끝을 바라볼 때면, 그가 느끼는 절망은 억압된 마음과 함께 도덕적 노예가 지닌 바로 그 절망이다.

(2) 노예의 사랑

오늘날의 사람은 희망이 사라진 존재이다. 그가 지닌 열망들은 몇 시간, 몇 달, 몇 년으로 제한되어 있으며, 그것도 보고 만질 수 있는 것들에 제한되어 있다. 그의 실존은 물질적인 안녕(安寧) 속에 닻을 내린 순전히 인간적인 믿음으로 점철된 감각적 삶이라는 좁은 틀에 한정되어 있다. 그의 사랑은 갈망처럼 제한되어 있다. 왜냐하면, 그는 동물처럼 사랑하거나 기껏해야 단순한 이성적 동물처럼 사랑하기 때문이다. 그는 처음부터 일련의 실패를 하도록 단죄되어 있다. 그는 자신이 사랑하는 것들을 잃어버리는 정도에 따라 완성되어 간다. 그는 질병과 죽음으로 점철된 이 세상의 한계들에 직면해서 공포에 떨며 멈춰 서 있다. 그의 사랑은 감히 미래를 바라보지 못하는 노예의 사랑에 불과하다. 왜냐하면, 그는 이런 한계 앞에서 겁에 질려 있기 때문이다.

(3) 노예의 절망

갈 곳이 없는 인간의 마음에는 절망 이외에 열려 있는 것이 없다. 그 무엇도 인간의 마음을 만족시킬 수 없다. 물질적인 우주 안에 있는 그 무엇도 그의 열망을 잠재울 수 없기 때문이다. 비록 그가 하느님의 심중(心中)에서 숭고한 곳에 자리하도록 운명지어졌다 해도, 심지어 사람들의 마음 속에서 그렇다 해도, 그에게는 갈 곳이 없다. 그는 희망 없이 단죄된 존재이다. 이제 그는 사납고 심술궂으며 폭력적인 증오에 사로잡힌 야만적인 존재로 추락하고 말았다. 이 모든 것은 내적 절망이 겉으로 드러난 징후일 뿐이다.

2. 대비 : 십자가와 권력의 옥좌

우리가 자유를 향해 많은 사랑을 지녔음에도 불구하고, 십자가에서 못 박히신 분의 자유를 바라보지 못하는 것은 놀랄만한 일이다. 십자가에서 돌아가신 그분은 오랜 희망을 성취하셨다. 그분은 희망에 참 빛을 전해주셨다. 그분이 십자가에서 못 박히신 것은, 인간의 마음이 타락했으며 오늘도 여전히 타락할 수 있기 때문이다. 또한, 그분이 그렇게 돌아가신 것은 이후 오게 될 모든 사람의 마음에 희망의 길을 열어주기 위함이다. 권력의 옥좌에 있는 인간, 부당하게 권력을 차지하고 있는 그가 그 권좌에 있는 것은 희망이 없기 때문이다. 이미 그는 자신의 목표에 이르렀기 때문이다. 이제 그의 추종자들에게는 자신들이 추종했던 그 사람이 걸어온 짧은 길을 따라가고자 열망하는 것 이외에 다른 길이 남아있을까? 오직 그들에게는 정치적, 사회적, 우주적 과정 속에 잠기는 가능성만 제공될 수 있을 뿐이다. 하지만 그들은 자신의 힘으로 인간의 마음 속에 있는 깊은 열망에 출구를 제공하기 위해 세상의 장벽에 돌파구를 뚫을 수 없다.

3. 희망과 생명

(1) 희망과 믿음
(2) 희망과 행동
(3) 희망과 사랑

초자연적인 믿음은 인간의 마음을 자유롭게 한다. 그것은 세상의 벽을 깨뜨려 틈을 낸다. 그리고 그 틈을 통해 희망이 들어와 인간의 마음을 자유롭게 해준다. 마음과 정신이 해방된 인간에게는 무한한 광경이 펼쳐진다. 해야 할 수많은 일, 주고받을 수 있는 무한한 사랑, 이런 일을 할 수 있고 이런 사랑을 증명할 무한한 용기를 갖게 된다. 세상을 넘어서는 이 목표가 우리 앞에 너무도 분명하고 확실하며 우리 자신의 행위로 이를 성취할 수 있기에, 그리고 하느님의 전능하심과 자비로 이를 분명히 알고 있기에, 우리는 이 목표를 향해 걸음을 내디딜 수 있고 무언가를 이룩할 수 있다. 우리 삶의 모든 순간과 모든 행위는 바로 이 최고의 목표를 향해 방향 지어질 수 있다.

(4) 희망과 용기

삶은 따분하고 단조로운 일이 아니며 종살이에서 맺어지는 쓰디쓴 열매도 아니다. 삶은 자유로운 인간이 수고할 만한 목적에 이르기 위해 노력하는 신속한 경주이다. 인간의 마음이 희망으로 인해 해방될 때, 그의 사랑은 죽음으로 인해 좌절하지 않고 질병으로 인해 상처받지도 않게 된다. 그는 이 세상의 한계로 인해 갇히지 않게 된 자신을 마주하게 된다. 이제 다른 사람들의 마음은 단지 한 시간, 하루, 한 달만이 아니라 영원히 그에게 열리게 된다. 그리고 마침내 하느님의 마음도 그에게 열리게 된다.

이렇듯 해방된 인간이 사랑의 이름으로 희생되어야 한다고 말해서는 안 된다. 그리고 그는 때때로 지독한 어려움들을 대면해야 한다. 간혹 걸려 넘어질 수도 있고 다시 일어나야 할 때도 있지만, 그는 결코 패배하지 않을 것이다. 왜냐하면, 믿음과 희망은 그의 마음 속에 언제나 살아있기 때문이다. 이 사람은 천국의 신적인 것들을 희망할 수 있기에 지옥의 공포들도 마주할 수 있다.

A Companion to the Summa

성 토마스 아퀴나스의
신학대전 해설서 Ⅲ

제3장 신적 생명을 나누다
(제2부 제2편, 제23문제~제26문제)

1. 우정의 본성
   (1) 상호 호의적 사랑
   (2) 공통된 토대 위에서
2. 인간적 우정
   (1) 인간적 우정의 견고함
   (2) 인간적 우정의 나약함
3. 신적 우정
   (1) 신적 우정의 호의적 사랑 – 애정적이고 효과적임
   (2) 신적 우정의 공통된 바탕 – 하느님의 생명
      1) 신적 우정의 힘 – 습성
      2) 신적 우정의 탁월함 – 덕
         ① 신적 우정의 단일함
         ② 신적 우정이 다른 덕들과 갖는 관계
            a. 최고의 덕   b. 각각의 덕에 있어 완전함을 위한 조건들
            c. 모든 덕의 형태
4. 참사랑과 인간 영혼
   (1) 참사랑의 주체와 기원
   (2) 참사랑의 증가
   (3) 참사랑의 끝없는 완성
   (4) 참사랑의 감소와 상실
5. 하느님의 사랑처럼 지극히 넓은 인간 영혼에 있어서 사랑
   (1) 우리를 둘러싼 선 – 이웃들, 비이성적 피조물
   (2) 우리 자신
   (3) 우리를 둘러싼 악 – 죄인들, 원수들
   (4) 우리 위에 있는 선과 악 – 천사들, 성인들, 악마들
6. 우정의 우선 순위
   (1) 하느님의 자리
   (2) 우리의 자리
   (3) 이웃의 자리
      1) 불평등   2) 두 가지 기초 – 선성과 일치의 유대

[결론]
1. 우정의 규범 : 관대함   2. 우정과 인간 본성   3. 우정의 한계들
4. 하느님의 우정
   (1) 신적인 삶을 살다
   (2) 하느님의 사랑으로 사랑함
   (3) 하느님의 품처럼 지극히 넓은 품
5. 참사랑과 현 세계
   (1) 증오의 가르침들   (2) 이기주의의 가르침들
   (3) 인간적인 협소한 사랑   (4) 사랑의 죽음

제3장 신적 생명을 나누다 (제2부 제2편, 제23문제~제26문제)

"우정은 이 얼마나 드문 것인가!" 아주 흔해 빠진 이 문장은, 만일 그것이 분명하다면, 인류를 거슬러 제기한 지독한 비난이다. 그럼에도 불구하고, 실제로 우정은 처음 보는 것처럼 그렇게 드물지 않다. 여기서 일어나는 것은 이런 탄식이 우리 자신을 동정하기 위한 좋은 구실을 제공해준다는 데 있다. 그것은 특히 우리가 고독하다고 느끼거나 홀로 있을 때 그렇다. 우정(友情, amiticia)은 사람들 사이에 그렇게 드물지 않다. 그것은 관대함이 사람들 사이에서 그리 드물지 않게 찾아볼 수 있다는 단순한 이유 때문이다. 이기적이지 않은 관대한 사랑은 진정한 우정을 위한 근본적인 바탕이 된다. 물론 진정한 우정을 맺기란 결코 쉽지 않다.

1. 우정의 본성

동료로부터 도둑질하는 것을 배워 다른 사람의 주머니 '털기를' 좋아하는 소매치기가 그것을 가르쳐준 자신의 동료와 진정한 우정을 맺을 수 없다는 것은 보나 마나 뻔하다. 그는 단지 소매치기 전문가가 되기 위해 노력할 뿐이다. 교활한 교태를 부리며 자신의 이득만을 생각하는 여성 또한 그의 '친구들'에게 진정한 벗이 될 수는 없다. 그는 단지 자신의 미래를 보장받고 싶을 뿐이다. 이 두 경우 모두에서 진정한 우정은 찾아볼 수 없다. 왜냐하면, 그들의 관계가 사심 없는 사랑에 토대를 두고 있지 않기 때문이다.

(1) 상호 호의적 사랑
(2) 공통된 토대 위에서

호의적이고 사심 없는 사랑은 다른 사람의 유익을 바라는 지속적인 애정에 바탕을 두고 있다. 이 사랑은 우리로 하여금 다른 사람과 동일시함으로써 그의 뜻이 우리 자신의 뜻이 되게 한다. 그래서 그에게 일어나는 좋은 일들이 마치 우리의 일처럼, 그의 행복이 우리의 행복인 것처럼 여기게 해준다.

그럼에도 불구하고, 사심 없는 사랑이 반드시 우정에 대한 보장은 아니다. 매력적인 여대생이 자신의 고대사 교수에 의해 시험에 '통과될 수'는 있다. 그렇지만 그렇다고 해서 이 학생이 그 과목에 전념했다고 할 수는 없다. 우정에는 서로 함께 걸을 수 있는 공통된 땅, 접근할 수 있고 통행이 가능한 토대가 필요하다. 월말에 우리 이웃에게 우리처럼 좋지 않은 일이 생기면, 그리고 그가 만일 우리와 같은 축구팀을 응원하는 사람이라면 우리는 그와 함께 조화를 이루게 된다. 우리는 그와 함께 우리의 생각과 감정, 고통과 기쁨, 수고와 승리를 나눈다. 우리는 이런 공통의 바탕 위에 많은 사람과 더불어 우정을 나눌 수 있다. 여기서 다음과 같은 어려움에 직면하게 된다. 이 우정은 과연 관대한 우정인가? 이런 친구들 가운데서 우리 자신을 보고 있는 것일까? 우리는 이런 공통된 토대 위에서 서로 호의적이며 사심 없는 사랑에 도달할 수 있으며 그럼으로써 참된 우정을 보장받을 수 있을까?

2. 인간적 우정

(1) 인간적 우정의 견고함

사실, 우정은 가치 있는 것처럼 보인다. 그것은 적어도 우리가 혼자만의 좁은 삶이 아닌 두 개의 삶을 살아간다는 것을 의미한다. 문이 열리면 우리는 오직 하느님의 영역으로만 여겨진 곳으로 들어가게 된다. 왜냐하면, 우리는 우정을 통해 친구의 영혼 속을 관통해 들어가기 때문이다. 그럼으로써 우리는 모든 사람이 태어나면서부터 찾는 그 어떤 것으로 인간적이고 불완전하며 고독한 우리의 마음을 보완하게 된다. 그러므로 만일 우정이 이것을 전제한다면, 혼자만의 좁은 삶을 벗어 던질 수 있다. 화장은 추한 얼굴을 없애지 않으며 다만 잠시 감춰줄 뿐이다. 운동복을 입는다고 보통 사람이 갑자기 운동선수가 되는 것도 아니다. 왜냐하면, 옷이나 화장이 실제로 그 사람을 완전하게 해주는 본질적인 개선책은 아니기 때문이다. 이는 우정에 있어서 근본적인 것은 그것이 사람에게 일으키는 효과에 있음을 의미한다. 우정은 인간이 이미 갖고 있던 것을 강화해주며, 역설적이게도 사람은 자기 자신을 망각하는 가운데 이것을 이룰 수 있다. 우정은 한 사람으로 하여금 예전에는 영웅적인 것으로 여겼던 희생의 가능성에 자신을 열어젖히게 해준다. 우리는 언제나 우정을 모든 인간적인 사랑으로 분명히 이해한다. 남성들 간의 우정, 여성들 간의 우정, 남성과 여성 간의 우정 등이 그렇다. 결국, 모든 사랑은 이기적이 아니다.

우정은 일종의 만족감을 만들어준다. 그러나 우리는 이 만족감을 가녀린 빛, 감미로운 음악, 편안하고 소곤대는 듯한 모퉁이 같은 용어로 묘사할 수 없다. 그보다 우정에서 오는 만족감은 넓은 지평, 심오한 지혜, 굉장한 힘과 같다고 해야 할 것이다. 예컨대, 그것은 우리에게 원치 않았던 희생의 어리석음을 보여준다. 그것은 신비의 베일을 걷어 치워주며 요구하는 것을 끝내는 가운데 사랑이 가져다주는 기쁨을 만끽하게 해준다.

진정한 우정은 드물다고 말할 때, 아마도 우리는 우리 스스로가 아주 강하지 못하다고 정당화하려는 듯이 보인다. 우리가 우리 자신에 대해 생각하기 시작할 때, 우리는 희생을 무용지물로 만들고 비겁함을 조장하게 된다. 우리는 우정의 토대를 파 내려가기 시작했다. 더 나아가, 우리는 인간의 마음 깊은 곳에 있는 어떤 것을 뽑아내고 있다. 왜냐하면, 사람들은 언제나 희생이 관대한 마음을 드러내는 충만한 표현이라고(종종 입으로만) 말하기 때문이다.

(2) 인간적 우정의 나약함

인간적 우정(amicitia humana)은 힘, 편안함, 숭고함을 모두 지녔음에도 불구하고, 오래된 레이스가 간직한 부서지기 쉬운 섬세함을 가지고 있다. 인간적 우정의 진리는 결코 뚜렷하게 보이지 않은 채 항상 믿음으로 받아들여야 하므로, 그리고 그 우정에서 두 사람이 자신을 상대방에게 내어 맡기는 임무는 결코 완전하게 달성될 수 없기에, 인간적 우정은 깨지기 쉽다. 인간적 우정은 결코 투명하게 드러나는 게 아니다. 왜냐하면, 우리는 우리 자신의 가장 깊은 부분을 드러내 놓을 수 없기 때문이다. 우정의 진실 속으로 깊이 스며 들어가기 위해 우리가 할 수 있는 최선의 일은 그 진실을 드러내는 상징들을 신뢰하는 것이다. 아마 이를 드러내는 가장 심오한 방식은 자녀들의 출산을 통해 표현되는 사랑에 있지 싶다. 하지만, 이 경우도 우리 자신을 상대방에게 충만히 내어준다고 할 수는 없다. 그 이유는 분명하다. 우리 자신을 온전히 상대방에게 내어줄 수 없다. 왜냐하면, 우리는 온전히 그에게 속하지 않기 때문이다.

3. 신적 우정

　우정을 잃어버리는 것은 마치 장미 한 송이가 시들 듯이 단순하고 눈에 띄지 않게 일어날 수 있다. 우정은 덕스러운 습성을 간직한 영속성을 갖고 있지 못하다. 엄밀히 말해, 그것은 우정이 덕의 산물이기 때문이다. 우정은 다른 사람들이 소중히 여길 수 있는 어떤 좋은 것이 우리 안에 있다는 것을 전제로 한다. 그러기에 우정은 자신에게 친구가 없다고 하며 뻣뻣하고 호감이 가지 않는 사람들을 향한 전적으로 무상적인 대답이 아니다. 만일 그가 자신의 불평이 허용될 수 있는 범위를 알게 된다면, 그는 메마른 자기 영혼 깊은 곳에 자신의 천박함을 숨길 것이기 때문이다.

　이는 인간적인 사랑과는 전혀 다른 하느님의 사랑이 지닌 생명력과 보편성을 우리에게 설명해준다. 우리는 상대방을 사랑하기 위해 그에게서 어떤 좋은 것을 발견해야 한다. 그러나 하느님은 그럴 필요가 없다. 왜냐하면, 하느님은 그에게 있는 바로 그 좋은 것을 창조하셨기 때문이다. 우리는 상대방에게서 좋은 것을 발견하게 되면, 그것을 발견했다는 깃발을 꽂고 테데움(Te Deum)을 노래한다. 인간적인 사랑은 이렇듯 상대방이 간직한 좋은 것에 지극히 의존되어 있다. 우리에게 있어 우정은 선과 악에 대한 많은 가능성을 간직하고 있다. 왜냐하면, 우리는 우리 영혼의 문을 약탈자들에게 열어젖히는 실수를 범할 수도 있기 때문이다.

　정직한 인간의 마음에 있어 인간적인 사랑에 대한 숭고한 경험은 기쁨 가득한 굴욕이다. 사무실 직원이 신문배달원에게 거스름돈을 가지라고 말할 때 으스대는 몸짓과 그가 사랑하는 사람이 사소하게 원하는 것에 응하기 위해 지나치게 허둥대는 태도 사이에는 아무런 모순이 없다. 그는 주인이며 동시에 종으로 자신을 느낀다. 모든 사람에게 그렇듯이, 그에게도 사랑은 일종의 굴욕적인 것이다. 왜냐하면, 그는 상대방과의 우정 속에서 자신의 불완전함에 대해 잘 알게 되기 때문이다. 우리는 우리의 친구들이 우리 자신에 대해 가질 수 있는 견해를 두려워하기 때문에 부끄러워 한다. 하지만 이는 우리가 무척 기뻐하는 것을 방해할 수 없다. 우리가 보기에, 상대방이 우리를 자신 위에 둘 수 있을 정도로 우리를 그리 높게 평가한다는 것은 불가능하다. 이런 기쁨과 굴욕은 사랑 없이는 결코 도달할 수 없는 정상에 이르도록 우리를 부추긴다.

사실, 사심 없는 인간적 사랑은 일종의 기적이다. 그것은 하느님의 업적처럼 놀랍기 그지없는 일이다. 하지만, 이보다 훨씬 더 놀라운 우정도 있다. 참사랑(caritas)이라고 불리는 하느님과 더불어 맺는 우정이 바로 그것이다.

(1) 신적 우정의 호의적 사랑 – 애정적이고 효과적임

만일 하느님께서 먼저 우리에게 우정을 건네지 않으셨다면, 만일 그분이 먼저 우리 가운데 오셔서 우리와 친밀하게 살지 않으셨다면, 우리는 감히 하느님에 관해 우정이라는 단어를 사용할 수 없었을 것이다. 이제 우리는 이 말이 지닌 가장 엄밀한 의미에서 하느님의 벗들이다. 우리와 하느님 사이에는 사심 없는 상호적인 사랑이 존재한다. 그렇지만 재난 현장에서 고객을 모집하는 변호사가 의뢰인을 찾아 자동차 충돌사고를 자세히 조사하듯이, 그렇게 하느님은 인간 본성의 잔해 곁에서 사랑할 만한 어떤 좋은 것을 찾아 시간을 소모하지 않으신다는 것을 알아야 한다. 하느님의 사랑은 인간적인 사랑이 상대방에게서 어떤 좋은 것을 발견해야 작동하듯이, 그렇게 좋은 것을 발견한 후에야 작동하는 게 아니다. 하느님의 사랑은 사랑하는 선을 창조하신다. 다시 말해, 하느님의 우정은 창조적이며 효과적이다. 하느님이 우리를 사랑하시는 것은 이 사랑이 우리에게 유익을 주기 때문이다. 그럼에도 불구하고, 우리 편에서 하느님을 향한 사랑은 애정적이지 않다. 우리는 모든 바람직한 것만을 갖고 그분을 대하려 든다. 우리가 그분을 사랑하는 것은 우리를 둘러싼 세상과 사람들에게서 이미지로 본 모든 완전함을 마치 거울에 반사되어 드러나듯이 그분에게서 보기 때문이다.

(2) 신적 우정의 공통된 바탕 - 하느님의 생명

하느님과 인간 사이의 상호 우정에서 이런 사심 없는 사랑을 보는 것은 어렵지 않다. 이보다 훨씬 더 알기 어려운 것은 우리가 하느님과 함께 걸을 수 있는 공통된 바탕이다. 그것은 성형수술의 문제가 아니다. 왜냐하면, 이 세상에서 그 어떤 외과의사도 우리를 하느님과 비슷하게 만들어 줄 수는 없기 때문이다. 우리를 하느님의 수준에 두기 위해 우리 자신을 늘릴 수는 없는 노릇이며 그분을 우리 곁에 두기 위해 강제로 낮출 수도 없다. (만일 그분을 자기 손에 두고 있다 해도, 과연 누가 그렇게 할 수 있을까?) 하지만, 그분은 우리를 당신 수준에 두게 해주실 수 있다. 바로 여기에 정확히 말해 하느님의 우정이라는 놀랍기 그지없는 실재가 자리한다. 이 우정이 머물 수 있는 공통된 땅은 신적 진리 자체이다. 인간 존재는 하느님의 생명 자체를 살아갈 수 있는 수준으로 높이 들어 올려졌다. 이 신적 관대함의 기적을 실현하게 하는 수단은 하느님의 은총(恩寵, gratia)이다.

1) 신적 우정의 힘 - 습성

신적 우정(amicitia divina)은 반으로 나눈 은밀하고 의혹 가득한 사안이 아니다. 그것은 내밀한 환경에 의존하지 않는다. 하느님은 당신의 생명을 우리와 나누시며 우리 영혼은 그분의 눈길에 온전히 발가벗겨지고 열려 있다. 이 우정은 말로 표현될 수 없으므로, 거기에는 애무와 시선 그리고 미소나 눈물에 의존된 애정적인 심오함 같은 게 없다. 우리의 영혼은 하느님을 향해 활짝 열려 있고 그분은 당신 자신을 온전히 우리에게 내어주신다. 더 나아가, 그분의 사랑은 창조적이므로, 우리 영혼에 어떤 긍정적인 것을 놓아 주신다. 이는 다름 아닌 참사랑의 습성이다.

달리 말해, 하느님이 우리에 대해 갖는 사랑은 복화술사(腹話術士)[6]의 단순한 헛된 울림을 내포하지 않는다. 우리의 의지는 이런 그분의 사랑에 대해 단순히 악기가 터치에 따라 울리듯이 (물론, 그것을 연주하는 연주자는 하느님 자신임에도) 그렇게 응답하지 않는다. 우리에게 촉발시키는 행동은 우리의 행동이다. 그리고 본 시리즈의 제1권에서 살펴보았듯이, 우리의 지성과 의지는 습성의 인도에 따라 배양될 때, 습성이 행동의 실행을 쉽게 할 때 행동을 일으킬 수 있다. 따라서, 참사랑의 습성은 하느님의 사랑에 대한 우리 행위의 직접적인 원리이자 결정적인 요소이다.

하느님의 창조적인 사랑의 표현이 일으키는 효과가 습성이라는 사실은 깊은 의미를 갖는다. 이는 하느님에게 본성적인 것이 우리를 위해 제2의 본성이 되었음을 의미한다. 이는 강력하고 기쁘며 우리를 해방하는 진리이다. 왜냐하면, 습성은 점점 더 완전하고 민첩하며 기쁨 가득하고 효과적인 행동을 낳기 때문이다. 용기 있는 사람은 자신의 용기를 즐기며, 절도 있는 사람은 자신의 절제를 즐긴다. 이는 메마르고 무미건조하며 강제적이며 심지어 쓰디 쓴 참사랑에 대해 말하는 것은 기만에 불과하다는 것을 의미한다. 성 토마스는 이 점을 다음과 같이 완벽하게 표현한 바 있다: "참사랑만큼이나 우리가 행동하도록 자극하는 어떠한 덕이나 습성은 없다. 그 어떤 것도 이토록 큰 기쁨을 주지는 못한다." 우리는 본장에서 참사랑이 최고의 습성이라는 점을 설명하는 가운데 이 점을 살펴보게 될 것이다. 참사랑은 다른 것들에 의해 움직여지지 않고 오히려 다른 것들을 움직인다. 다시 말해, 참사랑은 충만한 자유를 누린다.

2) 신적 우정의 탁월함 - 덕

아마도, 우리 안에 있는 이 참사랑의 습성에 집중해서 신적 우정을 다루는 것

---

[6] [역주] 입을 움직이지 않고 말하는 기술자.

이 더 나을 듯싶다. 결국, 그것은 이 우정에서 우리가 차지하는 부분이고, 모든 우정에서와 마찬가지로 우리의 통제하에 있는 측면이다. 참사랑은 선한 습성으로서 덕이다. 사실 그것은 여타 모든 덕 위에 두드러지게 드러나는 최고의 덕이다. 참사랑이 지닌 대단한 힘은 다른 덕들에 부과된 한계들을 용납하지 않는다. 참사랑을 다른 덕들과 같은 수준에 있는 덕으로 치부하는 것은 마치 실수로 마침표를 찍는 걸 깜빡했다고 해서 단테나 셰익스피어를 단죄하는 것이나 다름이 없다. 예컨대, 절제는 이성을 통제하고 조절하는 한에서 덕이다. 그것은 인간적인 행동들을 통제한다. 정의의 덕과 용기의 덕에 대해서도 그렇게 말할 수 있다. 그런데, 참사랑은 이런 규칙에 멈추지 않고 그보다 멀리 나아간다. 참사랑은 인간 이성의 최고 규범에 이른다. 하지만, 참사랑을 도덕적 덕과 혼동해선 안 된다. 그것은 단순히 이성의 선(善)을 추구하지 않기 때문이다. 그렇다고 참사랑은 믿음과 같지도 않다. 믿음의 대상은 목표인 한에서의 하느님이다. 인간은 그분의 전능하심의 도움으로 이 목표에 도달할 수 있다. 참사랑은 이것과 구별되는 덕으로, 그 대상은 그 자체로 사랑받을 만한 존재인 한에서 하느님이시다.

① 신적 우정의 단일함

참사랑은 얼굴에 사랑 가득한 미소를 띠고 지극한 섬세함과 함께 자신을 열어젖힌다. 참사랑은 세상을 사랑 받을만한 가치가 있는 실재로 관조한다. 그것은 마치 그 사랑의 단순함이 세상에 일치의 원리를 부여하는 것과 같다. 이는 신성의 광채에서 주어지는 어떤 것이다. 물론, 참사랑을 통해 우리 이성과 더불어 접촉하는 모든 것은 신적 아름다움의 광채와 함께 빛난다. 우리는 참사랑에 힘입어 다른 사람들과 이 세상을 사랑하기 때문이다.

인간적인 사랑은 참사랑과는 전혀 다른 특징들을 갖는다. 우리는 현자가 우리에게 전해줄 수 있는 지혜 때문에 그 현자를 사랑하며, 강연자가 나눈 대화의 상쾌함 때문에 강연자를 사랑하고, 우리가 나눠받을 수 있는 이러저러한 유익 때문에 여성이나 아이들을 사랑한다. 그러나 참사랑의 사랑에는 이런 구별이 없다. 왜냐하면, 이 사랑은 부분적이지 않고 총체적이기 때문이다. 참사랑은 어떤 이기주의적인 목적이 아닌 '신적인 선'(神的~ 善, bonum divinum)이라는 유일한 목적을 갖는다. 그것은 이익, 기질, 색깔, 종족, 국적에 따라 달라지지 않는다. 왜냐하면, 그것은 언제나 하느님의 생명에 대한 불변하는 참여이기 때문이다. 이는 우리가 본장의 마지막에서 발전시키고자 할 중요한 진리이기도 하다. 다만 여기서는 이웃에 대한 사랑이 하느님께 도달하는 것을 다루기 위해 오르는 일종의 불안정한 계단은 아니라는 점을 지적하고자 한다. 오히려 그 반대이다. 우리는 하느님에 대한 사랑을 통해 이웃에게 도달하고 그를 사랑한다. 이웃은 어떤 식으로든 우리의 진정한 벗인 하느님께 속하거나, 우리처럼 놀랍기 그지없는 선, 즉 하느님의 은총에 참여하기 때문에 이웃을 사랑한다. 이 하느님의 은총은 우리를 하느님의 벗이 되게 해준다. 이는 일종의 이타주의와는 전혀 상관없는 것이다. 하느님에서 이웃으로 나아가는 이 여정을 걸어야 한다.

② 신적 우정이 다른 덕들과 갖는 관계

a. 최고의 덕

본 주해서 시리즈의 제2권에서 우리는 덕이 따분하고 판에 박힌 것이 아니라 모든 진보를 가능하게 하는 조건이자 비범한 행동의 기초이며 영웅적 행위의 토대라는 점을 살펴 보았다. 만일 이것이 모든 덕, 좋은 습성들에 있어서 사실이며, 참사랑에 있어서는 더욱 더 그러하다면, 참사랑이 우리의 습성이 될 때, 우리는 대단한 일들을 일상적으로 완수하게 될 것이다. 왜냐하면, 참사랑은 우리가 이 현세의 삶에서 실현할 수 있는 최고로 숭고한 행위들을 가능케 하는 최고의 원리이자 모든 덕의 정상이기 때문이다. 여타 다른 지성적 습성들과 도덕적 습성(道德的 習性, habitus morales)들을 얻는 것을 참사랑에 비교해 보면, 마치 위대한 예술가의 그림에 비교된 아직 어린아이의 그림과 같다고 하겠다. 지성적 습성(知

性的 習性, habitus intellectivus)들과 도덕적 습성들은 주인을 직접 섬기는 데 있어 자신의 능력이 부족하다는 것을 잘 알고 있는 비천하고 서툰 종들에 비견될 수 있다. 하지만, 참사랑은 하느님의 현존 가운데 안전하다는 점을 잘 알고 있다. 참사랑의 대상과 비교해 볼 때 믿음의 대상은 마치 친구 자신에 비교되는 이 친구의 사진이라고 할 수 있다. 그리고 참사랑의 대상과 비교해 볼 때 희망의 대상은 마치 어떤 왕의 삶에 직접 참여하는 것에 비해 왕으로부터 메달만 받는 것이라 할 수 있다. 요약해 보면, 참사랑은 하느님을 직접 겨누며 그분을 있는 그대로 사랑하는 것이라 하겠다.

참사랑은 오직 하느님만을 찾는다고 하는 진리를 표현하는 방식에는 무의식적인 유머가 담겨 있다. 그것은 마치 성 토마스가 성체에 대한 원고를 다 쓰고 이를 십자고상에 봉헌하자, 주님께서 당신에 대해 그토록 잘 쓴 원고에 대한 보상으로 무엇을 원하는지 물어보았을 때 그분에게 드린 성 토마스의 대답에 담겨 있는 통찰과 비슷하다. 당시 성 토마스는 이렇게 대답했다고 한다: "주님, 오직 당신만을 원합니다." 바로 그렇다. 그는 다른 어떤 보상도, 그분에 대한 어떤 이미지도 원치 않았다. 그를 만족시킨 것은 바로 하느님 자신이었다. 참사랑이 바라는 것은 바로 이것이다. 오직 하느님! 그분만이 참사랑이 원하는 전부이다.

어떤 구두쇠가 목숨을 걸고 자기 재산을 빼내고자 불타고 있는 자기 집으로 뛰어들 때, 이웃들은 그런 그의 모습을 보며 그가 미쳤다고 할 것이다. 그들은 그를 용감한 사람이라고 생각하지 않을 것이다. 왜냐하면, 실제로 그는 용기(fortitudo)에 참여하는 게 아니기 때문이다. 이는 포도주가 아주 비싸기 때문에 마시는 걸 절제하는 것이 절제(temepantia)에 참여하는 게 아닌 것과 같다. 이 두 경우 모두 덕스러운 행동은 아니다. 왜냐하면, 그 행동의 목적이 잘못되었기 때문이다. 그 행동들은 인간을 그의 최종 목적으로 인도하지 않는다. 하지만, 가끔은 참사랑이 없이도 덕스러운 존재가 될 수 있다고 생각하는 오류를 범하기도 한다.

b. 각각의 덕에 있어 완전함을 위한 조건들
c. 모든 덕의 형태

그러나 이는 불가능하다. 왜냐하면, 덕의 영역에서 참사랑은 마치 생명을 유지하기 위해 숨을 쉬는 것처럼 필수적이기 때문이다. 참사랑이 없다면, 여타 모든 덕들은 기력이 쇠하고 시들어 말라버린다. 그것은 마치 하느님을 알지 못하는 사람들과 같다. 그들은 자신의 생명을 갖고 있지만 불완전하고 미천한 삶을 살아갈 뿐이다. 참사랑은 인간이 이중적인 삶을 살아가도록 여타 덕들에 힘을 불어넣어 준다고 할 수 있다. 그것은 은총이 우리를 자연적 삶과 동시에 초자연적 삶을 살아가게 해주는 것과 같다.

영혼은 인간에게 자연적인 생명만 주지만, 인간은 이 생명만으로는 본성의 경계에서 멈춰야 한다. 영혼을 완성하는 은총은 인간이 신적인 삶을 살아가게 해준다. 즉, 은총은 영혼이 자신의 본성적인 영역에만 머물지 않고 그 이상에 있게 해주며 그가 자신의 최종 목표인 하느님에 대한 지복직관까지 나아가도록 촉진한다. 덕들은 인간을 자신의 고유한 목적에 이르도록, 즉 인간적인 삶을 충만하게 살아가도록 인도한다. 그러나 참사랑은 그가 그 이상을 훨씬 넘어 최종 목적에 이르도록 촉진한다. 현명(prudentia)이 다른 모든 덕의 실행에 있어 필수 불가결한 것처럼, 참사랑은 이 덕들을 완성시키는 데 있어 필수적이다. 현명이 없다면 덕도 있을 수 없다. 참사랑이 없다면 완전한 덕은 있을 수 없다. 단지 하느님에게 이르게 해주지 못하는 어정쩡한 덕만 있을 수 있을 뿐이다. 하느님은 목적들 가운데 으뜸 가는 목적이자 참사랑에 속하는 독점적인 목적이다.

4. 참사랑과 인간 영혼

(1) 참사랑의 주체와 기원

여기서는 오늘날 종종 이루어지는 참사랑과 단순한 감상주의 간의 혼동을 배제하는 게 좋을 듯싶다. 애절한 사랑 이야기를 전하는 한 편의 영화가 우리에게 일으킬 수 있는 눈물과 한숨은 참사랑이 아니다. 인간 존재에 걸맞은 사랑은 어떤 이성적인 것을 간직하고 있어야 한다. 왜냐하면, 그것은 이성적 욕구(appetitus racionalis)인 의지(voluntas)에서 유래하기 때문이다. 그렇다고 이것이 참사랑은 '이성적'이어야 한다는 것을 의미하지는 않는다. 성인들의 삶을 살펴보면서 우리는 그분들의 신적인 광기에 놀라마지 않는다. 이러한 광기는 그분들로 하여금 불가능한 것을 시도하게 해주고 이를 종종 실현하게 해준다. 참사랑이 이성적이라는 것은 마치 수학 천재가 산술의 달인이라는 것과 비슷한 의미이다. 이성이 참사랑의 규범은 아니다. 하지만, 이성은 모든 인간적인 덕들에 있어 규범이다. 참사랑은 하느님의 지혜(sapientia divina) 이외에 다른 어떤 규범도 갖지 않는다.

참사랑은 하느님을 목표로 하여 모든 본성을 넘어서기 때문에, 당연히 자신의 이성도 넘어선다. 그것은 본성적인 원리들로는 설명되지 않고 순전히 인간적인 행위들의 반복만으로도 설명이 불가하다. 분명, 하느님은 존재하는 최고로 사랑받아야 할 분이다. 또한, 비록 가장 덜 알려지고 사랑받았지만, 그분은 인간이 최고로 알아야 할 분이시다.

천사들은 우리가 좋아하는 것들을 보며 크게 웃을 것같다. 왜냐하면, 우리는 동방박사들이 우리를 추위로부터 보호하기 위해 좋은 외투를 선물로 주는 대신에 장난감을 '떨어트려 줄 것'을 더 좋아하는 어린아이들과 같기 때문이다. 집에 불이 났을 때, 우리는 마치 어린아이처럼 신발을 잃어버리는 것은 중요하게 여기지 않은 채 그저 '장난감'만을 구하려 든다.

참사랑은 우리가 사랑하는 능력에 준해서 주어지는 선물이 아니다. 위대한 성인은 항상 아주 많이 사랑하는 사람이지만, 그렇다고 많이 사랑하는 사람이 반드시 위대한 성인은 아니다. 천국의 부차적인 기쁨 가운데 하나는 사랑의 게임에서 랭킹 스타들을 발표하는 것이 아닐까 한다. 돈 후안(유명한 난봉꾼)과 토마스 아퀴나스가 사랑의 수준을 비교하기 위해 등장했을 때 천상의 순위들을 알아보기 위해 일어난 소란을 상상해 보자! 참사랑은 모든 대신덕들과 마찬가지로 사랑에 대한 우리의 본성적 능력 위에 있다. 참사랑을 실천하기 위한 우리의 준비 역시 초자연적인 준비이다. 아름다운 곱슬머리, 빛나는 미소, 정열적인 눈빛은 우리가 하느님으로부터 받게 되는 참사랑의 양과 전혀 관련이 없다. 이는 분명하다.

(2) 참사랑의 증가

그러나, 이 점은 잘 이해되어야 한다. 참사랑은 본성에서 온 것이 아니며 사랑을 위한 자연적 능력에 비례해서 선사 받는 것도 아니라고 해서 우리가 참사랑과 관련해서 아무것도 할 수 없다는 것은 아니다. 어떤 남자가 어느 날 아침에 눈을 떠서 아내가 깜짝 놀랄 정도로 갑자기 성인이 될 것을 반쯤 기대하는 가운데, 가만히 앉아 어떤 일이 일어나기를 기다릴 수는 없는 노릇이다. 분명 참사랑은 증가할 수 있다. 그러므로 우리는 이를 위해 협력할 게 많다. 이것은 우리가 하느님이 선사하시는 은총에 협력하는 가운데 그분께 더 가까이 다가갈 수 있음을 의미한다. 하느님에 다가가는 것은 신체적으로 돌진하는 게 아니라 마음의 진보를 통해 이루어진다. 우리의 삶은 분명 '여정'이다. 그것은 우리를 최종 목적, 즉 하느님께 인도해주어야 할 여정이다. 이 세상에 있는 한, 우리는 언제나 이 목표를 향해 조금씩 나아갈 수 있다. 우리는 사랑에 의해, 참사랑에 의해 하느님께 가까이 나아간다.

이 참사랑의 영역에서도 인간적인 사랑에서와 마찬가지로 우리는 행동할 수 있다. 사랑하는 여인이 자신의 전화를 받지 않으면 분주한 청년은 이내 화가 날 것이다. 애인이 더 이상 자신에게 관심을 갖지 않는다고 끊임없이 불만을 제기하는 여인이 있다면, 그 남자는 얼마 안 있어 자기 여인을 잃어버리고 말 것이다. 삶에 대한 경험은 우리에게 우정과 사랑은 압박하고 강요하는 것을 원치 않는다는 것을 알려준다. 우리의 사랑은 우리의 친구들을 더 좋게 해주는 게 아니라 사실 우리 자신을 더 좋게 해준다. 우리가 우정과 더불어 해야 할 첫 번째 일은 벗을 위해 수고하는 것, 우정이 기대고 있는 공통된 토대 가운데 우리에게 해당되는 부분의 기초를 굳건히 하는 것이다. 그러나 우리는 상대방에게 사려 깊음과 배려 그리고 다독거림만을 강요함으로써 어떤 것도 얻을 수 없다. 이 모든 것은 우리의 통제를 벗어난, 상대방의 자발적인 호의에서 오는 것이기 때문이다.

이 신적 우정에서 공통된 바탕은 신적 생명이다. 우리는 오직 한 가지 방법, 즉 이 공통된 바탕을 심화시킴으로써, 다시 말해 우리 영혼 안에서 신적 생명을 증가시킴으로써, 이 우정을 키워나갈 수 있다. 인간적인 사랑에서와 마찬가지로, 하느님에 대한 사랑도 난잡한 교제를 통해서는 절대 키워나갈 수 없다. 참사랑으로 사랑하는 것들에 있어서 새로운 것들을 추구하려 드는 것은 아무런 의미가 없다. 왜냐하면, 아무리 하찮은 것일지라도, 우리가 사랑하는 것을 참사랑으로 사랑하는 것만으로 충분하기 때문이다. 참사랑을 파괴하는 데에는 이 사랑에서 단 한 가지를 제외하는 것만으로도 충분하다. 우리의 몸무게를 늘이는 것은 우리를 더 퉁퉁한 연인으로 만들어줄 수 있을지는 몰라도 더 많이 사랑하는 연인으로 만들어주지는 못한다. 우리는 더 새롭고 완전한 부류의 참사랑을 쫓아나갈 수 없다. 왜냐하면, 오직 한 부류의 참사랑만 있기 때문이다. 그것은 하느님을 존재 그 자체로 사랑하는 것이다. 우리는 참사랑을 우리 영혼 안에 더욱 깊이 뿌리내리는 가운데 성장시킬 수 있다. 이 외에 다른 방법은 없다.

어떤 사람이 해를 거듭하면서 위대해졌다고 말하는 것이 그가 대단하게 근육을 단련했거나 자율신경의 힘을 엄청나게 늘렸다는 것을 의미하는 것은 아니다.

그는 더 많은 사색, 더 깊은 사랑, 더 질서 있는 행동 등 인격을 성장시키는 다양한 일을 많이 했기 때문에 그렇게 말하는 것이다. 어떤 것의 증가는 그것의 본질에 따라 평가되어야 한다. 그래서 일종의 습성인 참사랑은 여타 모든 습성과 마찬가지로 증가하고 더 나아진다. 습성이 하나의 기관이나 능력에 자리하는 것은 그 습성의 본성에 상응한다. 따라서 습성이 증가하고 나아지기 위해서는 그 습성이 더욱 깊이 해당되는 기관이나 능력에 뿌리내려야 한다. 이는 습성이 성장하는 것은 넓이의 문제가 아니라 강도의 문제임을 의미한다.

영성 생활에서 진보하지 않는 것은 퇴보하는 것이라고 말한다. 하지만, 진보를 위한 진정한 준비 성향이야말로 일종의 진보라는 점을 염두에 두면서 이 말을 이해하는 것이 더 적절하지 싶다. 좋은 습성을 실천하는 것은 그것을 더 낫게 사용하기 위해 준비하는 것이다. 물론, 실제로 이 습성은 우리가 습성 그 자체보다 더 강렬한 행위를 실현할 때 비로소 증가한다. 예컨대, 만일 우리가 지닌 참사랑의 습성이 말하자면 '5' 만큼의 힘을 지니고 있는데, 일 년 동안 '4' 만큼의 힘을 가진 행위만 산출했다면, 우리는 그 해에 실제로 참사랑을 증가시킨 것이 아니다. 그러나 그 한 해 동안 우리는 참사랑의 보다 나은 행위들을 위한 준비 성향을 쌓아왔다. 참사랑이 실제로 증가하는 것은 오직 더욱 강렬한 행위에 의해서만 일어난다. 그러나 좋은 준비 성향들은 이 덕과 관련된 모든 고유한 행위들과 함께 보존된다.

이 모든 것은 어떤 습성에도 해당되는 진리이다. 그러나 이러한 참사랑의 초자연적인 습성의 경우, 우리는 이를 증가시키기 위한 공로(功勞, meritum)를 세울 수도 있다. 이를 다음과 같이 표현해보기로 하자. 우리는 모든 참사랑의 행위로 영원한 생명을 보답으로 받는다. 그러나 영원한 생명은 적절한 시간, 즉 죽음의 순간에 주어진다. 또한, 우리는 모든 참사랑의 행위를 함으로써 참사랑이라는 습성이 증가하는 것을 그 보답으로 얻을 수 있다. 하지만 이러한 증가는 적절한 순간에 이루어진다. 즉, 우리가 더욱 강렬한 참사랑의 행위를 할 때 그렇게 된다.

(3) 참사랑의 끝없는 완성

아버지가 어린 딸에게 아빠를 얼마나 사랑하는지 물을 때, 그는 어린 딸이 자신에게 할 수 있는 대답은 기대하지 않은 채 그저 많은 질문과 함께 딸에게 사랑 가득한 "복수를 하고 있는 것이다." 그는 이 물음에 대한 대답은 결코 쉽지 않으며 언젠가 그 아이가 자랐을 때 더 쉬우리라는 것도 잘 알고 있다. 그때가 되면, 이미 자란 그 딸은 사랑의 척도는 사랑하는 이를 위해 희생할 수 있는 능력에 있음을 알게 될 것이다. 하지만, 인간의 마음이 지닌 사랑의 능력이 어떤 한계를 갖고 있는지에 대해서는 결코 알지 못할 것이다. 그러나, 인간의 마음은 한계를 갖고 있다. 그것은 육신의 마음이며 그 사랑의 대상은 자신의 모든 한계와 부족함을 간직하고 있는 인간 존재이기 때문이다.

만일, 인간적인 우정에 한계를 두는 게 쉽지 않다면, 신적 우정에 한계를 두는 것은 불가능하다. 그 우정을 한계 지을 수 있는 유일한 것은 인간의 마음이 두는 한계일 뿐이다. 하느님은 언제나 무한히 그리고 탁월하게 우리가 열망해야 할 분이다. 그분이 허락하시는 지속적인 은총의 강물은 우리 편에서 언제나 더욱 더 강렬한 참사랑의 행위를 하는 것이 가능하게 해준다. 이처럼, 지극히 제한된 우리의 마음은 사랑하는 가운데 사랑할 수 있는 능력을 더욱 증진시킴으로써 무한한 사랑의 수량을 담아낼 수 있다.

사랑에 대한 우리의 과제가 결코 끝나지 않으리라는 사실은 (왜냐하면, 사랑하는 우리의 능력은 언제나 더 커질 수 있기 때문이다) 우리를 의기소침하게 하지 않는다. 오히려 그와 반대로, 우리를 자극한다. 적어도 우리가 하느님과의 충만한 사랑의 일치를 이루기 전까지 결코 우리가 성장 과정에 있는 신적인 사랑만으로는 만족하지 못하리라는 의미에서 그렇다. 이는 결코 우리가 실패를 향해 단죄되어 있다거나 이 사랑의 완전함에 도달하지 못하리라는 것을 전제하지 않는다. 어떤 의미에서, 이 신적 우정, 이 참사랑은 언제나 완전하다. 왜냐하면,

우리는 언제나 하느님이 최고선(最高善, Summum Bonum)이라는 그 사실로 인해 만유 위에 그분을 사랑하기 때문이다. 하지만, 다른 의미에서 보면, 그것은 언제나 불완전하다. 왜냐하면, 우리는 결코 하느님이 사랑받기에 합당할 정도로(이는 무한한 사랑의 행위를 요청한다) 그분을 사랑하지 못하기 때문이다. 그런데, 다른 의미에서 보면, 참사랑은 점점 더 완전해질 수 있다.

우리는 오직 천국에서만 비로소 하느님을 끊임없이 찬미할 수 있음은 분명한 사실이다. 이 현세에서 우리가 할 수 있는 최선은 우리를 하느님에 대한 사랑에서 멀어지게 할 수 있는 것이 우리를 치근덕거리지 않도록 거부하는 일이다. 우리의 소명은, 수도자들이 하듯이, 이 사랑에 장애가 되는 모든 것을 실제로 배제하는 데 있다. 여기에는 심지어 비록 나쁜 것이 아니라 해도 우리가 하느님을 자유롭게 사랑하는 데 장애가 되는 것들도 포함된다. 그러나, 또한 우리의 소명은 우리의 마음을 하느님께 두는 데 장애가 되는 것들을 습성적으로 배제하는 데 있다. 이를 위해 우리는, 십계명을 지키는 모든 성실한 그리스도교 신자들이 하듯이, 이 신적 사랑으로부터 우리를 떼어놓는 것을 생각하거나 바라는 것을 거부해야 한다. 하지만, 다른 관점에서 보면(즉, 각각의 참사랑의 행위의 관점에서 보면), 하느님을 향한 우리의 사랑이 점진적으로 완성되는 것은 분명한 사실이다.

거의 모든 그리스도인들은 영성 생활에 있어서 연속적인 여러 단계를 다음과 같이 구분하는 데 익숙해 있다: 정화의 단계, 조명의 단계, 일치의 단계. 성 토마스는 초보자들의 단계, 진보자들의 단계, 완전자들의 단계에 대해 언급하는 가운데 이 여정을 보다 솔직하게 표현하고 있다. 아마도 이 모든 것은 다음과 같은 예를 통해 분명히 해명될 수 있지 싶다. 미국 서부를 식민지화 하는 과정에서, 초기의 정복자들(개척자들)은 수많은 위험 속에서 무기를 통해 자신의 생명을 보호하는 가운데 광활한 영토를 발견했다. 이어서 이주민들과 철도 건설업자들이 이 지역에 정착했는데, 그들도 매순간 자신의 생명을 보호하기 위해 손에 총을 들고 있었다. 마침내 농부들이 와서 농장을 설립하고 평화(平和, pax)롭게 살았지만, 여전히 자신을 보호할 필요가 있었다. 영성 생활에서도 이와 비슷한 일이 일어난다. 영성 생활의 첫 번째 단계에서 염려해야 할 주된 일은 '적수들'에 의해 오염된 새로운 '지역'을 발견하는 가운데 나아가는 것이다. 이 단계에 있는 이들은 그 적수들로부터(즉, 새로운 죄를 범할 수 있는 위험으로부터) 자신을 보호해야 한다. 따라서, 수많은 시험을 거쳐야 하며 언제나 경계하는 가운데 이 단계를 거쳐야 한다. 두 번째 단계에서 우리는 참사랑 가운데 진보하게 된다. 그리고 이를 통해 하느님의 '땅'에 굳게 정착해야 한다. 그러나 이 단계에서도 여전히 많은 위험이 우리를 둘러싸고 있다. 따라서, "경계를 늦추지 말아야 한다." 마지막으로, 세 번째 단계에서 우리는 하느님의 '땅'을 소유하는 기쁨을 경험하게 된다. 하지만, 여전히 경계 태세를 늦추지 말아야 한다. 왜냐하면, '적수'(즉, 죄)는 여전히 매복해서 우리를 노리고 있기 때문이다. 이를 달리 말하면 다음과 같다. 정화의 단계는 마치 유아기와 같다. 여기서 우리는 여러 가지 질병과 전염병에 취약한 상태에 있다. 조명의 단계는 마치 청소년기와 같다. 이 기간 동안 우리는 우리 자신을 방어할 수 있는 능력을 비롯해 다양한 능력을 계발하게 된다. 마지막으로, 일치의 단계는 충만한 나이에 이른 성인의 단계와 같다.

(4) 참사랑의 감소와 상실

그러나 성인(成人)조차 사고를 당하거나 장질부사에 감염되는 위험에서 면제되지는 못한다. 아무리 참사랑이 완전하다 해도, 우리는 이를 잃어버릴 수 있다. 실제로, 단 한 번 사죄(死罪, peccatum mortalis)를 범함으로써 이를 순식간에 잃어버릴 수도 있다. 왜냐하면, 사죄와 참사랑은 서로를 배제하기 때문이다. 사죄는 하느님에 대한 완전한 반역인 데 반해, 참사랑은 자신을 하느님께 온전히 드리는 것이기 때문이다. 죄는 인간을 모든 것 위에 둔다. 반면, 참사랑은 하느님을 모든 것 위에 둔다. 참사랑은 빛인 데 반해, 죄는 어두움이다. 하느님을 얼굴을 마주하며 보기 전까지 우리에게 죄를 지을 가능성은 언제나 남아 있다.

이것은 가능하지만 그렇다고 흔히 있는 일은 아니다. 실제로, 세 번째 단계에서 죄에 떨어지는 일은 아주 드물다. 왜냐하면, 단 한 번의 실수로 정상에서 가장 밑바닥으로 추락하기는 쉽지 않기 때문이다. 그러므로 우리는 죄 중에서조차 경계를 늦추지 말아야 한다. 흔히 참사랑은 그 이전에 이루어진 참사랑의 감소와 더불어 잃어버리게 된다. 빵 한 덩어리를 잘라내듯이 그렇게 참사랑을 잘라내지는 못한다. 참사랑을 타격함으로써 약하게 할 수는 있다. 하지만 그것을 쓰러트릴 수는 없다. 모든 사랑과 마찬가지로, 참사랑 역시 영원히 지속되도록 운명지어졌다. 그러므로 그것을 마치 일시적이고 잠정적이며 빨리 지나가는 것으로 여기는 것은 사랑의 부족을 드러내는 시험이라 할 수 있다. 참사랑 자체는 결코 실패할 수 없다. 왜냐하면, 하느님은 사랑 받기에 부당한 존재로 격하될 수 없기 때문이다. 그분 은총의 흐름 역시 감소할 수 없다. 참사랑의 습성은 인간적인 행위에 의해 만들어지고 파괴될 수 있는 인간적인 습성이 아니다. 왜냐하면, 그것은 하느님으로부터 직접 유래하기 때문이다. 참사랑에 대해 직접 작용할 수 있는 인간의 행동은 없다. 참사랑은 하느님에 의해 보장된 확실한 사랑이다. 하지만, 그것은 간접적으로 제한되어 있음을 보게 된다. 참사랑의 성장은 두 가지 방식으로 중단될 수 있다. 하나는 참사랑의 모든 행위가 중단됨으로써, 그리고 다른 하나는 경죄(輕罪, peccatum venialis)로 인해 중단될 될 수 있다.

사실, 경죄는 참사랑의 습성에 반대되지 않는다. 그러나 사랑의 행위를 하면서 동시에 경죄를 범할 수 없다는 의미에서 볼 때, 경죄는 참사랑의 행위에 상반되기 때문이다. 경죄는 우리를 미리 참사랑에 대립시키는 가운데, 다시 말해 사죄(peccatum mortalis)를 위해 미리 준비시키는 가운데, 참사랑의 증가를 거스른다. 경죄는 마치 일종의 영적인 일부다처(poligamia)와 같다. 그것은 우리의 힘을 사방에 흩어버림으로써 우리의 의지를 약화시키고 우리의 유일한 목적인 하느님을 향한 사랑의 강도를 감소시킨다. 그럼으로써 참사랑이 증가하는 것을 가로막는다. 이와 동시에, 경죄는 사죄에 유리하게 상황을 조성하면서 무질서한 방식으로 우리의 본성적인 욕구들을 증가시킨다.

5. 하느님의 사랑처럼 지극히 넓은 인간 영혼에 있어서 사랑

(1) 우리를 둘러싼 선 – 이웃들, 비이성적 피조물

브루스 마샬(Bruce Marshall, 1899-1987, 스코틀랜드의 소설가)의 소설 「말라시 신부의 기적」을 보면, 소설의 시작에서 기적을 행하는 말라시 신부는 열차의 3등칸에 앉아 하느님의 사랑에 대해 묵상하고 있었다. 그때 갑자기 아주 험상궂은 두 사람이 들어와 그 신부의 맞은편에 앉았다. 당시 말라시 신부는 억지로 눈을 감고 하느님을 사랑하는 것이 이웃 사랑을 내포하는지 자문했으며, 적어도 그것은 눈을 뜨고 사랑하는 것을 전제하지는 않는다고 생각했다. 소설에 등장하는 이 에피소드는 어떤 진실을 간직하고 있다. 왜냐하면, 초자연적인 덕인 한에서 이웃에 대한 사랑이 그 이웃이 지닌 개인적인 매력 때문에 이루어지는 것은 아님을 의미하기 때문이다. 분명한 것은 참사랑이 우리로 하여금 이웃 안에 있는 좋은 것을 발견하게 해주는 일종의 X레이 광선을 이웃에게 비춘다는 것이다. 따라서 이웃을 맹목적으로 사랑할 필요는 없다.

성인(聖人, sanctus)조차 어떤 사람이 말처럼 긴 얼굴을 하고 있다 해도 그의 얼굴을 외면하지 않을 것이며, 공공의 적을 일종의 작은 천사로 보지도 않을 것이다. 요점(要點)은, 말처럼 긴 얼굴을 가진 사람이 미인 선발 대회에서 결코 당선되지 못하고 공공의 적이 결코 대통령이 되지는 못한다 해도, 두 사람 모두 우리의 참사랑을 받을 만한 자격을 갖고 있다는 것이다. 우리는 우리의 이웃이 하느님께 속하기 때문에 그들을 사랑한다. 어느 남자가 남편으로서 아내를 사랑하기 때문에, 아내의 친척들도 사랑하듯이, 우리는 우리의 이웃이 어떤 사람이든, 그들에 대한 사랑을 발견할 수 있고 발견해야 한다. 우리의 이웃은 우리의 최고 벗(amicus)이신 하느님께 속한다. 그뿐만 아니라, 우리 이웃이 이 세상에서 살아가는 한, 그들 역시 하느님과 우리의 우정이 자리하고 있는 신적 생명이라는 공통된 바탕을 소유하고 있거나 소유할 수 있다. 정말이지, 우리는 하느님 안에서 그들과 함께 일치하고 있다. 그렇다고 참사랑이 죄스럽지 않은 모든 인간적 사랑을 끌어안지 않는다는 것은 아니다. 참사랑은 그러한 사랑을 모두 끌어안을 뿐만 아니라 그 사랑을 모두 '축성하며' 보다 높은 차원으로 들어 올려준다. 그리스도는 우리의 원수마저 사랑하라고 명령하시면서 불가능한 것을 요구하지 않으셨다. 그분이 우리에게 부탁하는 것은 우리의 사랑이 당신의 형제들인 그 원수들에게까지도 이르러야 한다는 것이다. 만일 그들이 그분의 형제들이라면, 그들 역시 하느님의 자녀이며 결국 우리의 형제들이기 때문이다.

그러므로, 참사랑은 위선도 아니고 그렇다고 감상주의에 바탕을 둔 어설픈 사랑도 아니다. 그것은 우리가 이웃의 낙담과 불행, 질병, 고독을 보며 마치 이런 것들이 삶의 가장 큰 비극인 것처럼 한탄하고 울먹이도록 부추기지 않는다. 그들을 향한 호의 가득한 사랑에 바탕을 두고 우리가 그들을 위해 바라야 하는 선(善)은 바로 참사랑이다. 즉, 그들이 영원한 생명에 이르기를 염원해야 하는 것이다. 그리고 그들을 향한 우리의 참사랑이 실효를 거둘 수 있도록 그들이 이미 이 세상에서부터 하느님을 소유하게 준비해야 한다.

성 토마스는 쉽게 흥분하지 않는 온화한 사람이었다. 특히 그는 다른 사람들의 의견들을 배려할 줄 알았다. 그래서 만일 "비이성적인 피조물이 참사랑으로 사랑받을 수 있으며 인간의 친구가 될 수 있습니까?"라는 질문에, 그가 단정적으로 "그것은 뚱딴지와 같습니다!"라고 대답한다는 것은 오늘날의 사고방식으로 볼 때 우리를 놀라게 할 수 있다. 의심할 바 없이, 밤 9시 중세의 파리가 오늘날 같은 시간의 뉴욕 파크 가(Park Avenue)의 모습과 같을 수는 없다. 그 시간 파크

가에는 유니폼을 입은 가정부들이 자기 집에서 깨끗이 씻긴 강아지들을 데리고 나와 산책을 하지만, 중세의 파리는 그렇지 않을 것이다. 비록 방울이 달린 가죽 끈으로 장식하고 인도되고 있지만, 작은 동물들의 호의 가득한 사랑을 기대한다는 것은 우스꽝스러운 일이다. 그런 사랑은 우리의 애정에 대해 진정한 사랑으로 응답할 수 없다. 비이성적인 존재들은 하느님의 피조물로서 사랑받을 수 있을 뿐이다.

(2) 우리 자신

하지만, 비이성적인 존재들이 참사랑으로 사랑받을 수 있다고 생각할 수 있다는 사실은 참사랑의 막대한 범위를 이해하게 해준다. 물론 우리는 우리 자신을 사랑할 수 있고 또 사랑해야 한다. 나이와 불행 그리고 질병이 우리에게 일으킨 피해가 얼마나 많든, 이는 우리에게 쉬운 일이다. 더 나아가, 우리는 하느님에 대한 사랑을 제외하고 우리 자신을 참사랑으로 사랑해야 한다. 우정으로서의 참사랑은 일치를 요청하며 사람이 자기 자신과 일치하기는 어렵다고 반론을 제기하는 것은 다음과 같은 깊은 진리를 고려하지 못하는 것이다. 즉, 이러한 일치는 그 바탕에 있어서 단일성을 요청하며 우리 자신이 바로 하느님과 우리 사이의 우정이라는 일치에 있어서 바탕이 된다는 것이다. 우리가 우리 자신을 사랑하는 데 있어 지니는 사랑은 다른 사람들에 대해 지녀야 하는 사랑의 형태이다.

이러한 진리는 성 토마스의 적대자들에 의해 상당히 오해받았다. 그들은 이 경우 하느님보다 더 자기 자신을 사랑해야 한다고 말하면서 이 진리를 해석했다. 왜냐하면, 그들은 우리야말로 하느님과 맺는 우정에 있어 바탕을 이룬다고 보았기 때문이다. 물론, 우리는 바탕을 이룬다. 하지만, 그것이 첫 번째이자 으뜸이 되는 바탕은 아니다. 첫 번째 바탕은 바로 하느님이시다. 하느님과 우리라고 하는 이 두 바탕 위에 교량이 만들어지며, 이 교량을 통해 우리를 다른 사람들과 가르는 여울을 보존하게 해준다. 만일 우리가 하느님보다 우리 자신을 더 많이 사랑한다면, 우리는 우리 자신에게 있어 사랑의 바탕 자체를 부수고 말 것이다. 하느님은 모든 것 위에 계신다. 그리고 그다음에 우리가 있다. 우리가 하느님께 속하는 한에서, 우리 자신을 향한 사랑으로 인해 우리는 다른 사람들(이웃들)에게 똑같은 초자연적 사랑, 즉 참사랑을 전해줄 수 있게 된다.

(3) 우리를 둘러싼 악 – 죄인들, 원수들

육체를 미워하는 사람들은 가톨릭 신자들이 아니라 마니교도들이다. 성인(聖人)들이 자신에게 편태를 하는 것은 아버지가 사랑하지만 타락한 아들에게 회초리를 드는 것과 같은 의미이다. 우리는 참사랑으로 우리의 몸을 사랑해야 한다. 우리의 죄에 상응하는 부분이 아니라 하느님에 의해 만들어진 것으로서, 몸의 모든 것이 우리 것이듯 또한 하느님께 속한 것으로서 그리고 훗날 천상 영광에 참여하게 될 주체로서 몸을 사랑해야 한다. 따라서 우리는 죄인(罪人)들도 사랑해야 한다. 그것은 그들이 죄인이기 때문이 아니라 하느님의 피조물로서 그분의 신적 우정에 참여할 수 있기 때문이다. 비록 그들이 우리를 미워한다 해도, 우리는 그들을 사랑해야 한다.

여기에는 비극적 요소가 담겨있는데, 역설로 가장 잘 표현되는 비극이다. 즉, 죄인은 자기 자신에 대한 사랑을 위해 하느님을 버리고, 결국 이와 함께 자신을 미워하기에 이른다. 반면, 의인은 하느님에 대한 사랑 때문에 자신을 '미워하며', 결국 완전한 사랑으로 자신을 사랑하기에 이른다. 스윈번(A. Ch. Swinburne, 1837-1909, 영국의 시인)은 안개 속에서 길을 잃었던 체험이 있었기 때문에 "악습의 탈혼과 황홀에 대하여"를 솔직하게 쓸 수 있었다. 적수들이 이런 것들을 제공한 것이 아니라 죄인들이야말로 그들 자신의 가장 나쁜 적수들인 셈이다.

사람들이 자신에 대해 갖는 구체적인 사랑과 미움에 대한 증거로 우정에 대한 테스트를 활용할 수 있다. 흔히 사람은 진정으로 자신의 친구를 원할 때 그를 흡수하려 들지 않는다. 오히려 그의 전체적인 인격을 보존하는 가운데 그가 개인적으로 매력을 보존하게 할 것이다. 그리고 그 친구의 유익을 바랄 것이다. 더 나아가, 이를 실제적으로 원할 것이다. 즉, 그를 위한 구체적인 유익을 마련하면서 이를 원하게 될 것이다. 사람은 친구가 있을 때 기뻐하며 그와 함께 있는 것을 편안해한다. 왜냐하면, 친구들은 서로 같은 목표를 갖고 있기 때문이다. 이 테스트는 의인이 자신에 대해 갖는 사랑에 적용했을 때도 역시 똑같이 작동한다. 그는 자신의 탁월함을 파괴하려 들지 않고 이 부분을 총체적으로 보존하려 노력한다. 그는 자기 영혼의 유익을 바란다. 특히 자기 영혼을 위해 영적인 유익을 바라며 덕을 실천하는 가운데 실제로 그 유익을 바란다. 그는 자기 영혼의 집으로 들어가는 걸 기뻐한다. 왜냐하면, 거기서 평화를 발견하기 때문이다.

그렇다고 이것이 의인은 자신에 대해 유유자적하며 임종의 시간을 보낸다는 말은 아니다. 그는 죄를 거슬러 싸우지만, 자기 친구의 유익을 위해 하는 것과 똑같은 방식으로, 똑같이 신비스러운 친교와 평화 그리고 고요함이 함축된 태도로 그렇게 한다. 하지만, 죄인은 자기 것으로 삼아야 할 내적 생활의 총체성을 보존하려 들지 않는다. 왜냐하면, 죄가 그의 내적 생활을 파괴하기 때문이다. 그는 독점적으로 인간의 이성적인 부분에 속하는 영적인 보화들을 원하지 않는다. 오히려 그와 반대로 그 보화들을 없애버린다. 그는 자신과 더불어 있는 것에서 어떠한 기쁨도 발견하지 못한다. 그의 삶은 지속적으로 자신으로부터 도피하는 시도로 점철되어 있다. 그는 강제로 자신 안으로 들어가야 할 때 무서워한다. 왜냐하면, 거기에서 불안과 싸움만 발견하게 되리라는 걸 알기 때문이다. 오늘날 사랑의 이름으로 하는 모든 부조리는 사랑이 아닌 미움에 의해 고취된 것에 불과하다.

만일 오늘의 세계가 이 점에 대해 성찰한다면, 그리스도께서 우리의 원수들을 사랑하라고 명하셨을 때 그리고 그들에 대해 사랑을 느끼라고 하셨을, 아마도 그것은 히틀러(A. Hitler, 1889-1945, 독일 나치 지도자)나 체임벌린(A. N. Chamberlain, 1869-

1940, 영국의 수상)을 염두에 둔 것은 아님을 알게 되리라 생각한다. 우리는 원수를 사랑해야 한다. 그렇다. 하지만 원수인 한에서의 원수는 아니다. 그는 원수이지만 무엇보다 죄인이다. 그는 올바르지 않게 행동했다. 만일 그가 그렇게 행동하지 않았으며 우리가 계속해서 그를 원수로 여긴다면, 우리가 어리석은 사람일 것이다. 사실, 그들은 우리에게 유익을 주는 벗들이다. 단지, 그 유익이 지닌 순간적인 쓴맛이 그를 소중하게 평가하지 못하게 했을 뿐이다.

만일 우리에게 원수를 사랑하도록 명한다면, 그것은 우선 사람으로서의 그를 사랑해야 하며, 두 번째로 하느님의 우정에 잠재적으로 참여하는 자로서의 그를 사랑해야 한다. 그에게 친구(親口)하라는 말이 아니다. 단지 그들에게 참사랑의 유익과 영원한 구원을 바라는 것만으로 족하다. 우리가 그에게 보여줘야 할 우정의 표지는 그들을 위해 견지해야 할 참사랑에 적합한 것이면 된다. 그를 '사랑하는 사람'이라고 부를 필요는 없다. 그러나 '스컹크'라고 깎아내려서 부르지는 말아야 한다. 그리고 만일 그가 궁핍하다는 것을 알게 된다면, 우리는 통상 친구들에게 하듯이 그렇게 우정의 표지를 보여줄 의무가 있다. 즉, 만일 그가 굶고 있다면 그에게 먹을 것을 나눠 주어야 하며, 병으로 고생하고 있다면 의술의 도움을 받을 수 있도록 배려해 줘야 한다. 또한, 그를 방문하는 것이 우리에 대한 그의 미움을 경감시켜 줄 수 있다면, 그를 방문하는 것으로 족할 것이다.

(4) 우리 위에 있는 선과 악 – 천사들, 성인들, 악마들

사람을 사랑하는 것은 좀 더 어려울 수 있다(또는 좀 더 쉬울 수도 있다). 그러나 우리는 천사들도 사랑해야 한다. 그것은 단지 그들이 하느님의 피조물이라는 이유 때문만은 아니며 그들 또한 하느님의 벗이기 때문이다. 악마들과 관련해서 본다면, 친구의 말을 원하는 것처럼, 그런 방식으로 그들을 사랑할 수 있다. 또한, 우리의 진정한 벗인 하느님에 의해 창조된 피조물인 한에서 그들을 사랑할 수 있다. 하지만, 비록 우리가 가끔은 악마들과 함께 서로 교태를 부리긴 하지만, 그들이 우리의 벗이 될 수는 없다. 우리 인간의 관점에서 볼 때, 그들이 절대적인 악은 아니다. 우리에게 있어서 그들은 우리에게 덕을 실천할 무수한 기회(만일 우리가 그들의 유혹에 저항할 수 있다면)를 제공하는 일종의 '트레이너'와 같다.

이제 우리는 참사랑으로 하느님(인간과 하느님 사이의 신적 우정의 원인이 되시는 분)을 사랑해야 한다고 언급하는 가운데, 참사랑에 대한 모든 가르침을 요약할 수 있다. 그다음으로, 우리는 이 신적 우정에 직접 참여하는 사람들을 사랑해야 한다. 첫째, 우리 자신을 사랑해야 한다. 다음으로, 우리와 함께 적어도 부분적으로라도 이 우정에 연결된 이웃을 사랑해야 한다. 마지막으로, 우리의 몸을 사랑해야 한다. 우리의 몸은 천상에서 이루어질 하느님과의 일치를 통해 누리게 될 최고의 행복에 참여하게 될 것이다. 이 모든 사랑이 우리의 참되고 유일한 신적 벗(amicus)인 하느님을 사랑하는 데 있어 지녀야 할 사랑의 일부를 구성하는 한에서, 우리는 그들을 사랑해야 한다.

6. 우정의 우선 순위

(1) 하느님의 자리

일반적인 원리들과 관련해서 볼 때 이 모든 것은 명백하다. 그러나 특정한 내용과 관련해서 살펴본다면, 사안은 달라진다. 예컨대, 아내와 장모가 물에 빠져 죽어갈 때 누구를 구해야 하는가 하는 문제, 또는 아내와 아이들이 배가 고파 죽어갈 때 누구를 먼저 도와야 하는가 하는 문제를 들 수 있다. 이 문제는 구조자가 물에 빠진다고 해서 해결되지 않으며, 온 가족이 굶어 죽도록 내버려 두는 것으로 해결되지도 않는다.

우리는 사안을 구별하는 가운데 많은 어려움을 해결할 수 있다. 어쩌면 선택하는 것은 쉬울 수도 있지만, 두 부류의 사랑이 있다는 점을 상기한다면, 문제는 좀 더 쉽게 풀릴 수 있지 않을까 한다. 첫째는 사랑받을 만한 가치가 있는 객관적 선성(善性)에 상응하는 '평가적 사랑'이다. 그것은 사랑 그 자체이자 계명(誡命, praeceptum)의 대상이다. 따라서 우리 의지에 속하지 않는다. 왜냐하면, 그것은 존재론적인 질서에 있기 때문이다. 우리는 가치를 인정하는 선상에서 평가를 강요받는다. 왜냐하면, 거기에 객관적인 선성이 담겨있기 때문이다. 그것은 사랑 안에 있는 진리이다. 다른 형태의 사랑도 있다. 그것은 커다란 주관적인 하중과 더불어 있는 '강렬한 사랑'이다. 이는 비록 그럴 가치가 없다 해도 자신의 아들을 사랑하는 어머니의 사랑이다. 왜냐하면, 이 사랑은 사랑받을 만한 객관적 가치에 달린 게 아니라 우리와의 근접성에 달려있기 때문이다. 이 사랑은 계명 아래 있지 않다. 왜냐하면, 계명을 넘어서기 때문이다.

다음의 예는 이를 잘 설명해준다. 어떤 기회에, 필자는 한 젊은 수녀로부터(수녀가 설명한 대로 말하자면) 자신이 하느님을 위해 모든 것을 떠났기 때문에 9개월 동안 본가에 편지를 쓰지 않았다는 말을 들은 적이 있다. 이것은 만유 위에, 심지어 부모님보다도 위에 계시는 하느님에 대해 자신의 사랑을 구체적으로 표현한 것이었다. 사실, 하느님은 수도서원과 더불어 여타 모든 것 위에 가치가 인정되는 사랑을 받으신다. 그러나, 하느님보다 부모님을 더 강렬하게 사랑하는 것은 지극히 정상적인 일이다.

(2) 우리의 자리

심지어 사람들이 자신의 친한 친구들을 또는 조부모가 손주들을 하느님보다 강렬하게 사랑할 수도 있다. 그러나 만일 어떤 사람이나 사물 또는 하느님 사이에서 양립할 수 없는 선택을 해야 한다면, 그 선택은 반드시 하느님을 위한 것이어야 한다. 하느님은 우리가 다른 모든 것을 사랑하는 근거가 된다. 하느님은 그 자체로 가장 바람직하고 가장 사랑스러운 존재이시다. 객관적 질서 또는 평가적 질서에서, 우리는 먼저 하느님을 사랑하고, 그다음에 우리 자신을 사랑하며, 그다음으로 이웃을 사랑해야 한다. 구체적으로 말해, 적어도 이것이 의미하는 바는, 우리는 결코 우리 자신을 하느님 위에 둘 수 없다는 것이다. 또한, 우리는, 아무리 작은 죄라 해도(즉, 그것은 우리에게 아무런 해도 끼치지 말아야 한다), 결코 어떠한 죄도 범해서는 안 된다는 것이다. 심지어 이웃의 유익을 위해서라든지 그를 영원한 단죄로부터 구하기 위해서라고 해도, 이런 구실을 핑계로 절대 죄를 범해서는 안 된다.

(3) 이웃의 자리

1) 불평등

물론, 이웃에 대한 우리의 사랑은 다양하다. 또한, 그 사랑은 약간의 변화를 겪기도 한다. 일반적으로, 사람들은 두 가지 선호도를 갖는다. 하나는 하느님을 향한 우리 이웃의 가까움이며, 다른 하나는 우리 이웃이 우리 자신에 대해 갖는 가까움이 그것이다. 그가 하느님에 대해 갖는 근접성은 객관적인 호의를 규정하며 그를 향한 우리의 평가적 사랑의 바탕이 된다. 반면, 그가 우리에 대해 갖는 가까움은 애매한 방식으로 사랑에 있어서 인간적인 취향의 신비스러운 다양성을 설명해주며 우리의 강렬한 사랑의 바탕을 제공해준다.

2) 두 가지 기초 – 선성과 일치의 유대

하느님에 대한 인간의 가까움은 그가 신적 완전성들에 대해 참여하는 것에 의해 규정된다. 성 토마스는 일단의 사람들과 다른 무리의 사람들을 하나로 묶어주는 유대 사이에 혈연의 유대를 첫째 자리에 두었다. 하지만 일반적인 용어로 말하면, 이는 상당히 애매모호하다. 성 토마스는 이를 좀 더 명확히 하기 위해 자녀들보다 부모님을 더 많이 사랑해야 하며, 어머니보다 아버지를 더 많이 사랑해야 하고, 아내나 남편보다 부모님을 더 많이 사랑해야 한다고 말한다. 이는 강렬한 사랑이 아니라, 분명 평가적 사랑 또는 객관적 사랑을 가리키는 것이다. 우리 존재의 원천이자 시작으로서의 사랑에는 하느님의 사랑이 좀 더 닮았다. 부모님은 우리 생명의 원천인 데 반해, 자녀들은 그렇지 않다. 따라서 부모님에 대한 사랑은 좀 더 객관적이다. 그러나 이것이 결코 우리 자녀들을 더욱 강렬하게 사랑하는 것을 막지는 않는다. 왜냐하면, 자녀들은 우리의 일부이기 때문이다. 능동적 원리인 아버지는 어머니보다 더 출산의 원리가 된다. 그래서 다만 이 관점에서 볼 때 아버지가 더 사랑받을 만하다는 것이다. 다른 측면에서 보면, 어머니가 더 사랑받을 만하다. 이와 같은 관념을 염두에 두는 가운데(즉, 부모님은 우리 존재의 시작이자 원천이라는 관념), 부모님은 객관적으로 더 많이 사랑받으며 신부는 더 강렬하게 사랑받는다고 말할 수 있다.

 이러한 것들이 학술적인 연구 보고들은 아니다. 하지만, 이는 차별을 두어야 하는 중대한 순간에 합리적으로 차별하고 선택할 수 있는 확실한 기초를 제공해 준다. 비록 흔치 않은 일이긴 하지만, 만일 앞서 언급한 것처럼 극한의 상황에서 아버지, 어머니, 아내, 자녀, 친구 중에 누군가를 선택해야 할 경우, 우리는 그런 위험으로부터 누군가를 구하기 위해 선택해야 하기 때문이다.

[결론]

1. 우정의 규범 : 관대함

 이제 우리는 이 장(章)을 우정의 관점에서 간략히 요약하기로 하자. 우정은 공통된 영역에 자리하는 상호 호의적인 사랑으로 다음과 같은 행동 규범을 갖는다. 즉, 이타심과 관대함이 그것이다. 우리의 우정은 우리의 뜻이 친구의 뜻과 동일시되는 정도에 의해 측정될 수 있다. 우리는 서로 동일시되는 한에서, 서로가 서로에게 자신을 내어주는 가운데 행복한 한에서 친구들이다.

2. 우정과 인간 본성

인간이 혼자 있는 것은 좋지 않다. 다른 사람들이 아니라면, 우리는 불완전한 존재임을 우리는 잘 알고 있다. 그래서 우리는 '다른 사람'을 찾았고 이러한 탐색은 신적인 벗인 하느님과 더불어 나누는 우정을 찾는 가운데 그 극한까지 이르렀다. 우리는 다른 사람들과 더불어 우리의 삶을 나눠야 한다. 왜냐하면, 우리의 마음은 크기 때문이다. 동료를 찾기로 하자. 왜냐하면, 우리의 마음은 약하고 작기 때문이다. 친구를 배신하는 것은 일종의 자살 행위이자 비겁하고 절망스러운 행위이다. 현실적으로 친구 없이 진정한 삶을 살아가기는 불가능하다. 왜냐하면, 그 누구도 자신만으로는 충분하지 않기 때문이다.

3. 우정의 한계들

그러나 우정을 바라는 인간의 갈망, 사랑이 주는 완성을 바라는 인간의 갈망은 그것이 순수하게 인간적인 영역으로 국한될 때 실망할 수밖에 없다. 결국, 인간의 관대함에는 한계가 있다. 그가 줄 수 있는 것, 그가 나눌 수 있는 그 자신의 것에는 분명 한계가 있다. 그가 자신의 친구를 위해서 바라는 선을 행할 수 있는 능력에는 훨씬 더 큰 한계가 있다. 그리고 다른 사람들에게 관대함을 심어줄 수 있는 능력에는 훨씬 더 큰 한계가 있다. 우리가 이 모든 한계를 간과한다 해도 더욱 괴로운 또 다른 한계가 있다. 시간의 한계가 그것이다. 인간적인 사랑은 그 자체만으로는 필연적으로 죽음과 더불어 끝나기 때문이다.

4. 하느님의 우정

(1) 신적인 삶을 살다
(2) 하느님의 사랑으로 사랑함

우정의 시금석(試金石)이 친구들을 위해 할 수 있는 희생(犧牲, sacrificium)의 능력이라면, 하느님의 벗들은 놀라우리만치 이 기준에 잘 부합한다. 만일 희생이 우정의 사랑을 가능하기 위한 황금률(黃金律)이라면, 성인들은 자신을 아주 기쁘게 내어주고 다른 사람들을 위해 무조건적으로 봉사한 살아있는 모범이라는 사실은 우리를 그리 놀라게 하지 않는다. 성인들이 하느님의 뜻에 온전히 순명한 것, 그가 품었던 젊은 희망, 그의 견고한 기쁨, 그리고 환경에서 다가오는 어떠한 역경(가난, 질병, 박해, 죽음의 위협)에도 불구하고 그가 견지한 지속적인 낙관적 태도에는 어떠한 신비도 없다.

(3) 하느님의 품처럼 지극히 넓은 품

이러한 인간 마음의 열망이 그것을 채워줄 수 있는 유일한 우정에 의해 채워지게 하는 것은 하느님의 전능에 있어 지극히 고유한 것이다. 왜냐하면, 오직 신적인 우정에서만 인간의 모든 한계가 사라지기 때문이다. 하느님의 무한하신 관대하심에는 의심의 여지가 없으며, 그분이 우리에게 뜻하신 선을 실제로 이루실 수 있는 능력도 분명하다. 하느님의 사랑은 창조적 사랑이다. 하느님은 어렵지 않게 자신의 가장 내밀한 존재를 우리와 나누신다. 하느님의 벗들은 그분의 생명과 같은 생명을 살아간다. 심지어 이 신적 생명이 둘 사이의 우정에 있어 바탕이 될 정도이다. 인간은 바로 이 공통된 영역에서 그분과 팔짱을 끼고 함께 걸어간다. 하느님의 사랑으로 사랑하기로 하자. 그리고 그분이 아시듯이 그렇게 하느님을 알아보기로 하자. 하느님의 벗들은 그분과 함께 모든 것, 친구들뿐만 아니라 원수들 그리고 죄인들과 심지어 비이성적 피조물까지 모두 끌어안는 포옹을 할 수 있어야 한다.

5. 참사랑과 현 세계

(1) 증오의 가르침들
(2) 이기주의의 가르침들

오늘의 세상은 하느님의 벗들을 차별한다. 세상은 그들을 거부한다. 비록 그들은 이 세상 안에 있지만, 세상은 그들을 배제하려 든다. 세상은 그들이 선포하는 것을 반대한다. 세상은 그들이 권고하는 것을 귀 기울여 들으려 하지 않는다. 하느님의 벗들은 사람들과 민족들 그리고 종족들과 국가들 간에 이제는 완전히 증오를 끝내라고 하며 세상을 부르지만, 세상은 그런 그들의 끊임없는 외침을 무시한다. 오히려 세상은 참사랑을 배제하고 심지어 서로 미워함으로써 가난한 자들이 행복하게 될 수 있으며, 소외된 자들이 인간적인 삶을 누릴 수 있고, 세상의 악이 사라질 수 있다고 믿고자 한다. 세상이 말하는 이 '구원'에 대한 가르침(이는 종종 증오에 대한 가르침들이다. 계층과 종족 그리고 종교에 대한 증오)의 이면에는 철저한 이기주의(利己主義)가 있을 뿐이다. 이 선상에서 이제 사람과 사회 계층 그리고 종족이나 국가가 최고의 가치로 세워지며, 이는 모든 개인적인 희생이 수반된 죽음, 사랑에 대한 죽음을 전제로 한다. 왜냐하면, 이것은 우리가 더 이상 우리 자신이나 우리 이익의 지평 너머를 볼 수 없다는 것을 의미하기 때문이다. 이로써 우리는 다른 모든 사람에 대해 마음을 닫게 걸게 된다. 더 나아가, 우리는 더 이상 나 자신의 이익 이외에 다른 것을 생각할 수 없으며, 이제 우리의 마음과 정신을 없애도록 강요받는다. 결국, 우리는 죽은 생명체들이 불과하다.

(3) 인간적인 협소한 사랑

증오와 죽음에 대한 이런 가르침을 두려워하며 거부한 사람들조차 실은 막연하기 그지없는 휴머니즘만을 옹호할 뿐이다. 그들은 인간의 마음을 충족시키기 위해 별로 할 수 있는 것이 없다. 왜냐하면, 그들은 그 마음을 인간적인 사랑이라는 협소한 한계 속에 가둬두기 때문이다. 그리고 그들은 모든 것에도 불구하고 결국 죽음과 함께 자신의 모든 좋은 열망이 끝나고 마리라는 것을 알고 있다.

(4) 사랑의 죽음

지금까지 언급한 것 가운데 그 어떤 것도 결코 인간의 마음을 만족시켜줄 수는 없다. 인간의 마음은 보다 위대한 것을 위해 만들어졌다. 따라서 그의 마음은 사랑이 어떻게 죽음과 더불어 끝나는지 지켜보면서 무감각한 채로 남아 있을 수 없다. 더 나쁜 것은, 증오, 이기심, 잔인함이 어떻게 인간의 마음을 서서히 질식시켜 가는지 바라보면서 그저 무감각하게 있는 것이다. 따라서, 오늘날 인간 마음의 품위가 떨어지거나 체념하도록 시도하는 대대적인 홍보에도 불구하고, 사람들은 다른 어느 시대에 비할 바 없이 하느님과의 우정에서만 발견할 수 있는 충만함, 행복을 여전히 찾고 있다.

성 토마스 아퀴나스의
신학대전 해설서 Ⅲ

제4장 신적 생명에 대한 나눔
(제2부 제2편, 제27문제~제36문제)

1. 따스함과 마음
    (1) 충만한 마음, 집에 있는 마음
    (2) 순례자와 그의 본향 (여정과 본향)
2. 사랑의 확장
    (1) 정복이 아닌 순종
    (2) 하느님께 항복함
        1) 사랑의 직접적인 접촉   2) 하느님을 향한 사랑의 척도
    (3) 벗과 원수에게 항복
3. 증오의 위축 효과
    (1) 하느님에 대한 증오
    (2) 이웃에 대한 증오
    (3) 악의 정점
4. 인간의 마음 속에 있는 사랑
    (1) 기쁨
        1) 감사하지 않는 소유   2) 참사랑의 슬픔
        3) 기쁨의 적들
            ① 영적 나태
            ② 질투
                a. 질투의 바탕   b. 질투에 대한 점검
    (2) 평화
        1) 그리스도의 평화와 세상의 평화
        2) 평화와 행동   3) 인간의 공통 목적
    (3) 자비
        1) 자비의 본성   2) 자비로움에 대한 점검
        3) 자비의 탁월함
5. 세상 안에서의 사랑 : 일하고 있는 자비
    (1) 궁핍한 사람들 가운데 - 자선
        1) 자비의 일들   2) 자선의 효과
        3) 자비의 주변부
    (2) 잘못에 빠진 사람들 속에서 - 형제적 교정

[결론]
1. 신적 지혜와 나자렛
    (1) 하느님이 계시는 한, 그 가정은 지속된다
    (2) 가정이 지속되는 한, 하느님은 잊혀질 수 없다
    (3) 하느님과 가정과 함께, 낯선 이들의 세상이 안전하다
2. 현대의 위기
    (1) 인간의 마음은 가득 차 있을까, 아니면 비어 있을까 - 사랑일까, 미움일까?
    (2) 현대적인 공격의 핵심 - 하느님과 가정
    (3) 현대적인 사상의 몇 가지 결과들
        1) 오그라든 마음 - 증오   2) 뒤덮인 슬픔 - 질투와 나태
        3) 움켜쥔 이기심   4) 잔인함이라는 깨부수는 망치
        5) 교정보다는 유혹
3. 인간 마음의 역설

제4장 신적 생명에 대한 나눔 (제2부 제2편, 제27문제~제36문제)

어렸을 적에 적어도 한번 아주 짧은 기간 동안 모든 어린아이가 집을 벗어나 길을 잃어버리는 것도, 어찌 보면 좋은 경험이 될 수도 있다. 적어도 그 어린아이는 경찰서에서 자신을 달래주고 기분을 풀어주며 위로도 해주고 쓰다듬어주는 낯선 경험을 하게 될 것이다. 확실히 그 어린아이는 다른 방법으로는 결코 알 수 없을 정도로 얼마나 집이 자기 마음에 깊이 자리하고 있는지 깨닫게 될 것이다. 모든 사람은 자기 마음 속에 그런 어린아이를 가지고 있다. 대다수의 사람들은 집을 잃어버린다는 게 무엇을 의미하는지 아련하게나마 알고 있기 때문이다. 집이 인간의 마음에 새겨놓은 신비스러운 흔적은 아주 깊다. 그래서 만일 그 흔적을 지워버리게 되면, 마치 인간의 본성에 속하는 어떤 고유한 것을 잃어버린 듯한 느낌이 들 것이다. 이로 인해 그는 비통에 잠기고 말 것이다.

1. 따스함과 마음

(1) 충만한 마음, 집에 있는 마음

그러나 집(Domus)의 매력은 우리가 만질 수 없는 것이다. 돌이켜보면, 집이 반드시 편안함, 부, 특권적 상황이나 훌륭한 가구와 별 상관이 없다는 사실을 깨닫는 데에는 어떤 특별한 통찰력이 필요하지 않다. 집은 단순히 외적으로 화려한 주택과는 완전히 구별되는 어떤 것이다. 그것은 희망이 실현된 공간이다. 우리는 그것이 이상(理想)이라고 말할 수 있을 것이다. 그것은 동시에 기억이며 목표이고 약속이다. 그것은 충만하게 된 인간의 마음에 대한 경이로운 비전을 우리 눈앞에 보여준다. 우리는 완전히 만족한 상태에서 집을 상기한다. 우리 자신도 자연스럽게 세상에 집을 세우기 위해 노력하며, 비록 그때가 영원 속에서 일지라도, 우리는 그 희망이 언젠가 완전하게 실현되기를 바란다.

(2) 순례자와 그의 본향 (여정과 본향)

모든 가톨릭 신자들의 기억 속에는 집에 대한 두 장의 그림이 있다. 물질적인 안락함이 없는, 나자렛에 있는 성가정의 집과 각자가 어린 시절에 살았던 집이다. 둘 모두 집에 대한 우리의 그림과 완전하게 들어맞는다. 두 집을 모두 분석하면서, 우리는 모두가 마음 속에 간직한 집에 대한 열망의 뿌리를 더 잘 이해할 수 있다. 우리의 작은 슬픔이 가족의 슬픔이 되던 것을 평화, 행복 또는 이해심 있는 자비의 공간이라고 말하거나, 집이 친절함이 솟아나는 근원이 되게 해 주는 열려 있는 환대의 공간이라고 하자. 그래서 어릴 적 친구들이 피곤하거나 배가 고프고 또는 다쳤을 때 집으로 데리고 오는 것은 우리에게 아주 당연하게 여겨졌다. 의심할 여지 없이, 어떤 면에서는, 모든 사람이 막연하게나마 집이 간직한 이 모든 특징이 사심 없는 사랑의 끊임없는 활동이 빚어낸 창작물임을 알고 있다. 오늘날 잊혀질 위기에 처한 것은 사랑의 행위의 정확한 본질이다.

다른 사람들을 판단함에 있어, 우리는 이 점에 대해 실수하지 않는다. 매번 자신의 어머니를 이용하면서도 자신이 애지중지 귀염을 받을 것이라 확신하며 집으로 달려가는 다루기 어렵고 분별없는 소년이 그가 받는 사랑에 비해 좀 더 낫다고는 생각하지는 않는다. 또한, 폭력배 아들을 둔 훌륭한 부모가 아무리 그 아들을 믿어주고 그가 청하는 모든 것을 준다 해도, 그것 때문에 그 아들이 더 이상 폭력배이길 멈추는 것은 아니다. 모성애라는 이름으로 자기 자식의 전 생애에 관여하겠다고 우기는 어머니는 전혀 어머니답지 않다고 우리는 확신한다.

2. 사랑의 확장

(1) 정복이 아닌 순종

이렇게 판단함으로써, 우리는 사랑의 행위는 사랑받는 것보다 사랑하는 문제 그 이상임을 알게 된다. 사랑이 우리를 무수한 사랑의 표현을 흡수해버리는 흡수지로 만들지는 않는다. 왜냐하면, 사랑은 받는 것보다 주는 데 있기 때문이다. 그것은 자리에 편하게 앉아 사람들이 우리에게 키스하도록 열망하고 희망하는 데 있지 않다. 오히려 그보다 사랑은 적극적이고 수고스러운 태도를 내포한다. 왜냐하면, 사랑은 작용적 습성(作用的 習性, habitus operativus), 덕(virtus)이기 때문이다. 사랑은 행동하고 실천하기 위해 존재한다. 하지만, 사랑은 정복하는 것이 아니라 자신을 내어주는 것이자 이기주의라는 파괴적인 예속으로부터 우리를 해방시켜 주는 일종의 항복(降伏)이다.

만일 우리가 집에서 여러 가지 집안일을 고되게 하는 어느 여성을 당혹스럽게 바라보면서, 그 여성이 이 일을 통해 삶에서 얻는 것이 무엇인지 자문한다면, 우리는 그를 구제할 길 없이 그저 피상적으로 생각하는 것이다. 왜냐하면, 우리는 그 여인이 가장 중요한 사랑의 행위들과 더불어 이루고 있는 일의 중요성을 망각하고 있기 때문이다. 그것은 다름 아닌 다른 사람들에게 봉사할 수 있는 기회, 그들에게 자신을 내어줄 수 있는 기회, 희생을 통해 자신의 사랑을 보여줄 수 있는 기회이기 때문이다.

사랑으로부터 도피하는 것은 마치 우리 자신을 이기주의에 내맡기는 것과 다름이 없다. 우리가 청중 앞에서 우쭐거리고 은근히 다른 사람들이 우리의 우월함을 인정하게 하면서 찬사를 보내도록 요구할 때, 이는 우리가 추구하는 사랑이 아니다. 그것은 단지 우리가 우리 자신에 대한 지닌 우매함과 무분별한 과대평가를 추인하는 것에 불과하다. 지속적인 관심을 요구하는 가짜 사랑은, 정신이 꼬인 사람에게는 사랑받는다는 사실이 자신을 헛되게 들어 높이는 원천이 된다는 점을 상기하는 가운데 규정될 수 있다. 왜냐하면, 그런 사람은 잔꾀와 함께 사랑하는 사람을 달콤한 말로 구워삶아 자신이 원하는 것을 얻어낼 수 있다고 생각하며 기뻐하기 때문이다.

(2) 하느님께 항복함

1) 사랑의 직접적인 접촉

때때로 미풍이 우리 영혼의 창문을 덮고 있던 커튼을 날려 젖힐 때, 지나가는 사람이 한 번의 시선으로 그 영혼의 깊이를 알아차릴 때가 있다. 우정은 때때로 그렇게 시작된다. 아마도 그 순간에는 미소, 친절한 말, 이해하는 시선에 지나지 않을 것이다. 이와 비슷한 방법으로, 하느님께서 우리에게 선사하시는 신적 은총들이나 큰 희망은 하느님의 얼굴을 가리던 커튼을 잠시 우리에게 열어준다. 이는 우리로 하여금 하느님의 심오함과 풍요로움을 잠시 엿보게 한다. 하지만, 사람의 호의, 그리고 심지어 하느님의 호의가 우정은 아니다. 우정은 상호적(相互的)이다. 우리가 하느님께 항복하기 전까지, 우리가 우리 자신을 하느님께 내어드리기 전까지, 신적인 벗(amicus divinus)인 하느님과 더불어 하나가 되기 전까지 하느님과 우리 사이에는 온전한 우정이 성립되지 않는다. 신적 우정의 시작과 함께, 경이로움이 우리 삶에 쏟아져 들어오고, 그 가운데 첫 번째 경이로움은 하느님과 직접 접촉하는 것이다. 사랑은 우리의 팔을 길게 뻗어 하느님께 닿게 해준다.

사랑하는 이와 하게 되는 이런 직접적인 접촉은 신적인 우정에만 국한되지 않는다. 그것은 모든 진실된 사랑에서 이루어진다. 왜냐하면, 진실한 사랑은 앎이 끝나는 곳에서 시작되기 때문이다. 상대방에 대한 앎은 길을 열어주기 위해 앞서가 바위에서 기댈 곳들을 나누는 안내자와 같다. 그럼으로써 사랑은 이 기댈 곳들에 의지해서 높이 들어 올려질 수 있다. 하지만, 앎은 자신의 고유한 내용을 간직하고 있다. 그것은 대상들을 우리 자신에게 가져와, 우리 영혼의 문 앞에서 그들을 싸고 있던 물질적인 외피를 벗긴다. 그러면 사랑은 사랑받는 대상이 입고 있는 게 더러운 작업복이든 왕실 예복이든 상관없이 있는 그 자체로 그에게 빠져들게 한다. 그래서 참사랑, 하느님을 향한 사랑은 이 세상의 사물들을 통해 알려진 하느님에 대한 앎이나 우리에게 가장 예리한 인간 정신에 대한 분석도 우리에게 제공할 수 없는 앎에 바탕을 두지 않는다. 무엇보다도 하느님을 향한 사랑은 존재하는 하느님 그 자체에 대한 앎에 바탕을 두고 있다.

2) 하느님을 향한 사랑의 척도

인간적인 차원에서 보면, 때론 우리는 지나치게 열정적으로 사랑에 빠져들었다는 것을 (고통스럽게 그리고 너무 늦게) 알게 된다. 만일 우리 사랑의 기준이 사랑받는 이의 선성(善性)에 비례한다면, 분명 우리는 무한히 사랑할 수 없다. 피조물들의 선성은 언제나 한계가 있기 때문이다. 하지만, 이는 신적인 사랑을 하는 데 있어서는 결코 우리들에게 일어날 수 없는 일이다. 우리는 너무 멀리 갈 수 없기에, '지나쳐 갈 수 있는' 위험은 일어나지 않는다. 하느님과 우리 사이의 우정에서 과도하게 할 수는 없다. 우리의 진정한 벗인 하느님은 모든 것의 규범이자 척도이며 모든 것을 사랑스럽고 바람직하게 만나게 해주는 원인이기 때문이다. 실제로, 하느님을 더 많이 사랑할수록 모든 것을 더 잘 사랑할 수 있다. 하느님을 향한 사랑에 대한 우리의 외적 표명은 현명에 의해 제한된 것을 볼 수 있다. 그러나 우리 영혼의 깊은 곳에 간직한 그분을 향한 우리의 사랑에는 한계가 없다. 왜냐하면, 그 사랑은 전혀 한계가 없음을 보기 때문이다.

(3) 벗과 원수에게 항복

이웃을 멸시하거나 미워하면서 하느님을 사랑한다고 말하는 사람은 거짓말쟁이라고 성 요한이 말했을 때, 이는 그리 과도하게 표현한 게 아니다. 왜냐하면, 친구이든 원수든, 모든 이웃에게 자신을 내어놓지 않는다면, 하느님께 자신을 내어놓을 수 없기 때문이다. 이교도들에게 있어 원수를 향한 사랑은 언제나 이상한 것처럼 보인다. 심지어 나약해 보이기까지 한다. 그들은 인간에 대한 가장 큰 정복은 원수들을 이기는 것이 아니라 자신이 정복되는 데 있다는 사실을 깨닫지 못하기 때문이다. 원수들을 사랑하는 것은 나약한 게 아니라 용기의 표지이며, 단순히 인간적인 관점에서 볼 때 아주 힘든 것이다. 하지만, 신적 우정에 근거해서 보면 그것은 이웃 사랑에서 유래하는 필연적 귀결이다. 하느님이 우리의 벗(amicus)이라면, 우리는 이 우정의 이름으로 하느님께 속한 모든 것, 즉 존재하는 모든 것을 사랑해야 한다.

원수에 대한 사랑이라는 개념은 친구들에 대한 사랑을 상당히 의심하게 만든다. 왜냐하면, 이 완덕의 정상에 도달한 사람은 친구들을 사랑하는 것처럼 아주 쉬운 것을 무시하는 게 당연한 것처럼 보이기 때문이다. 하지만, 실제로는 원수보다 친구를 사랑하는 게 더 많은 공로를 갖는다. 왜냐하면, 원수는 원수인 한에서 죄인인 데 반해, 진정한 친구는 진정한 친구인 한에서 죄인이 아니기 때문이다. 따라서, 진정한 친구는 그의 덕에 있어서나 사랑에 있어서 하느님께 더 가까이 다가가 있다. 달리 말해, 진정한 친구들은 우리의 애정을 위한 두 가지 견고한 바탕(덕, 사랑)을 갖는다. 반면, 원수들은 한 가지 바탕만 갖는다. 그리고 그것도 상당히 허약하다. 그것은 다름 아닌, 하느님의 친구가 될 수 있는 그의 잠재적인 능력이다.

그럼에도 불구하고, 원수에 대한 사랑은 탁월하게 그리스도인에게 속한다. 그 특별한 탁월함은 그것이 하느님을 향한 우리의 사랑이 드러나는 만질 수 있는 표지라는 사실에서 비롯된다. 여기서 우리가 하느님 때문에 인간을 사랑한다는 것은 의심의 여지가 없다. 왜냐하면, 원수들에 대한 사랑은 우리가 하느님 때문에 사람들을 사랑할 때에만 비로소 가능한 것이기 때문이다. 그밖에 어떤 것이 우리의 애정을 촉발할 수 있단 말인가? 원수가 가진 불의함? 그의 악습들? 그의 잔인함?... 원수들을 향한 사랑은 의심할 수 없다. 왜냐하면, 하느님을 향한 우리 사랑의 활력을 보여주기 때문이다. 그것은 우리가 이 사랑의 이름으로 가장 어려운 것을 실천하기 위한 준비가 되었다는 것을 보여주는 증거이다. 하지만, 이 어려움이 사랑을 더 탁월하게 해주지는 못한다. 어떤 것의 가치를 규정하는 것은 어려움이 아니라 그것이 간직한 선성(善性)이기 때문이다.

이 신적 우정은 심지어 가장 작은 단계에서도 강하고 관대하다. 그것은 우리의 마음의 무거운 문이 하느님의 마음의 크기에 비례해서 활짝 열리게 한다. 이렇게 문이 열리는 것은 우리에게 본성적인 게 아니다. 왜냐하면, 문은 언제든 닫히는 쪽으로 기울기 때문이다. 아마도 그 문은 무관심으로 인해 살며시, 알아차릴 수 없게 닫힐 수도 있다. 아니면 증오로 인해 강하게 닫혀 잠길 수도 있다. 어느 경우든 우리는 우리 마음의 한계 속에 갇혀 있는 것이다.

3. 증오의 위축 효과

(1) 하느님에 대한 증오

인간이 자신의 마음에 스스로를 가두는 것은 비극적이고 동시에 졸렬한 행위이다. 그것은 인간이 바깥 세계에 대해 토라진 채 자기 집에 틀어박힌 것보다 훨씬 더 비극적이고 졸렬하다. 누군가가 존재하는 가장 친절하고 바람직한 분에 대해 마음의 문을 닫는다는 것은 거의 불가능해 보인다. 실제로, 우리가 하느님을 마주해서 볼 수 있다면 이는 불가능할 것이다. 그때에는 하느님을 미워할 수도 없을 것이다. 그러나 현세에서 우리는 오직 믿음을 통해서만 어렴풋하게, 또는 세상에 있는 그분의 피조물들을 통해 희미하게만 그분을 뵐 수 있다. 더 나아가, 우리의 내면으로 시선을 돌리면, 거기서 우리의 삶을 구성하는 진부한 것과 서글픈 것, 분명한 개념을 갖기 위해 들여야 할 많은 수고, 우리의 죄로 인해 엄습해올 수 있는 벌을 보게 된다. 그래서 마치 어떤 부인이 자기 남편에게 있는 어떤 악한 것 때문에 미워하는 게 아니라, 그가 자기 옷을 집안 여기저기에 던져놓는 무질서한 습관 때문에 미워하는 것처럼, 우리도 그렇게 하느님을 미워할 수 있다. 하느님께서 몇 방울의 슬픔의 눈물로 우리의 삶에 맛을 내셨다는 이유로, 우리를 못나게 또는 덜 똑똑하게 만드셨다는 이유로, 그분이 우리의 죄를 심판하고 그에 대한 벌을 주실 수 있다는 이유로, 그분을 미워할 수 있다. 우리는 이런 여러 경우에 하느님 자신 때문이 아니라 그분이 우리 삶에 일으킨 다양한 결과 때문에 하느님을 미워한다. 그러나 그분은 하느님이시기에, 심지어 그분이 일으키신 이런 결과들마저 그분이 우리에 대해 갖고 계신 깊은 사랑을 보여주는 견고한 증거라는 사실을 분명히 알아야 한다.

(2) 이웃에 대한 증오

만일 우리가 하느님을 사랑하지 않는다면(더 나아가, 하느님을 미워한다면), 우리가 이웃을 사랑하는 것은 불가능하다. 모든 사람을 확실히 사랑에 포함시킬 수 있는 바탕이 사라져서, 하느님이 계시지 않는 세상의 구석구석에 심한 증오의 냄새가 퍼지게 되리라는 것은 당연하기 때문이다. 이것은 그리 놀라운 일이 아니다. 하느님을 미워하는 사람은 자신의 삶을 하느님이 없는 세상으로 만들어 증오라는 문을 향해 활짝 열어젖힌다.

여기서 말하는 것은 어떤 사람의 어리석음이나 도벽 또는 그가 우리 친구들에게 한 모욕이나 망상 때문에 아무도 사랑하지 못한다는 것이 아님을 분명히 하고자 한다. 성 아우구스티누스는 사랑의 요구를 다음과 같이 탁월하게 표현한 바 있다: "만일 그대가 제대로 미워한다면 사랑하는 것이다. 그러나 만일 그대가 나쁘게 사랑한다면 미워하는 것이다." 만일 이웃에게서 하느님과 관련되지 않은 것, 하느님에 반대되는 것을 미워한다면, 실은 그를 사랑하고 있는 것이다. 왜냐하면, 그를 최고선(summum bonum)이신 하느님으로부터 멀어지게 하는 악이 사라지길 바라는 것이기 때문이다. 반면, 이웃이 우리로 하여금 죄를 범하도록 선동했기 때문에, 또는 그의 죄 때문에 그를 사랑한다면, 실은 그를 사랑하지 않고 미워하는 것이다. 더 나아가, 우리는 그를 거슬러 중죄(重罪)를 범하고 있는 것이다. 그러나 증오는 도움이 되지 않는다. 우리는 이웃의 코를 부러뜨리거나 그의 사업을 망침으로써 이웃에게 좀 더 많은 피해를 줄 수 있다. 그러나 우리가 증오를 통해 해치는 사람은 다른 사람이 아니라 우리 자신이다.

(3) 악의 정점

하느님을 증오하는 것은 악의 절정이다. 다른 모든 사죄(死罪)는 약간의 인간적인 것들을 간직하고 있다. 예컨대, 도둑은 특히 부정적인 이득을 취하기 위해 하느님을 외면한다. 이는 어떤 소년이 저녁 식사 시간 이후에 나가서 친구들과 야구를 하려는 생각으로, 자기 자신에게 일종의 벌을 주는 것과 같다. 하지만 증오는 악마적이다. 모든 사죄와 마찬가지로 증오는 증오하는 당사자를 하느님으로부터 멀어지게 하지만, 다른 어떤 이유가 아니라 증오 자체가 하느님의 선하심을 직접 경멸하기 때문이다.

증오가 하느님에게나 이웃에게 모두 굴욕적인 것은 그것이 언제나 자기연민에서 생겨나기 때문이다. 자기연민의 직접적인 근원은 질투에 있다. 우리를 슬픔으로 짓누르는 것은 이웃이 지닌 선(善)이거나 최고선이신 하느님이 지닌 선에 있다. 두 경우 모두 끓어오르는 증오는 작고 비참한 영혼이 드러내는 무기력한 항의의 몸짓에 불과하다. 그것은 우리가 숨겨놓았던 선들을 잃어버리지나 않을까 하는 두려움이 우리를 엄습하기 때문이다. 이 과정에서 다른 사람들에게서 겉으로 드러나 보이는 선이 우리가 가진 선을 줄이는 것처럼 느끼기 때문에 그를 향해 질투를 하게 된다. 증오하는 당사자는 자신의 탁월함을 믿지 않는다. 그래서 아주 작은 경쟁도 견디지 못한다. 사실, 그는 자기 자신을 속이는 데 열중하고 있는 사람에 불과하다. 그의 질투와 미움은 스스로에게 자신의 파괴를 부르짖으며 다른 사람들도 알 정도로 두려움에 떨게 한다.

4. 인간의 마음 속에 있는 사랑

(1) 기쁨

1) 감사하지 않는 소유

우울해 보이는 성인(聖人)들의 성화를 유포하는 것은 악마적 선전의 주요 수단 중 하나였다. 확실히 이것은 성인들이 불쾌하고 언짢은 사람들이라는 현대적인 개념에 적지 않게 기여했다. 그러나 이는 사실과 무관하다. 성인들은 언제나 위대한 연인들이다. 사랑은 기쁨(gaudium)의 햇살로 우리 마음을 가득 비춘다. 특히, 신적인 벗인 하느님을 위한 사랑일 때 더욱 그렇다. 이를 잠시 객관적으로 살펴보기로 하자. 이 이타적인 사랑은 우리의 뜻을 친구의 뜻과 동일시하게 해 준다. 친구의 행복은 우리 자신의 행복이다. 이는 심지어 인간적인 친구들 사이에서도 그러하다. 하느님과 맺는 신적 우정의 첫 순간부터 우리의 진정한 벗께서 우리의 앎과 사랑의 대상이시다. 마찬가지로, 그분은 당신의 피조물들에게 주님이시며 창조주이시며 우리가 당신의 생명을 살아갈 수 있게 해 주시는 은총과 당신의 친밀한 현존을 통해 항상 우리와 함께 계신다. 이렇게 해서 우리의 신적인 벗께서도 갖게 되길 바라는 막대한 선을 소유하는 데서 생겨나는 의기양양한 기쁨이 일어난다. 이 경우, 그분은 막대한 선을 소유하지 않으신다. 왜냐하면, 그분 자신이 최고선(summum bonum)이시기 때문이다. 아무것도 그분의 행복을 위협할 수 없고, 아무것도 그분과 더불어 나누는 우정의 기쁨을 흐리게 할 수는 없다.

　이것이 바로 그리스도교 생활을 구성하는 심오한 실재이다. 왜냐하면, 참사랑이 있는 곳에 기쁨이 지배하기 때문이다. 그리고 기쁨이 지배하는 곳에는, 비록 실패와 다양한 어려움(또는 성공과 부)으로 가득 차 있음에도, 삶은 강렬하게 그리고 기쁨 가득하게 이루어질 수 있다. 참사랑은 은총 지위에 있는 모든 그리스도인, 따라서 모든 하느님의 벗들에게 주어진 공통 유산임을 기억하기로 하자. 성인들만 기쁜 게 아니다. 최하 수준의 참사랑만이라도 소유한 사람은 모두 기쁘다. 우리는 이 신적 우정의 기쁨이 강력하게 우리를 엄습할 때까지 그저 넋 놓고 기다리지 말아야 한다. 우리는 성성(聖性)의 정상에 도달할 때까지 이 기쁨을 누리는 걸 미뤄서는 안 된다. 기쁨은 단순히 감정의 문제가 아니고 신비의 정상에 관한 문제도 아니다. 그것은 하느님께서 당신의 은총을 통해 선사하시는 선물이다. 그렇다고 기쁨은 어떤 자동적인 것도 아니다. 우리는 은총 지위에 있더라도 슬픔을 느낄 수 있다. 왜냐하면, 불현듯 어떤 불행이 우리를 덮침으로써 우리 안에 있는 기쁨을 잊어버리게 만들기 때문이다. 삶의 역경과 우리의 영적 나태로 인해 참사랑의 기쁨과 즐거움이 희미해지는 것을 볼 수도 있다. 그러나, 만일 적절한 시간 안에 우리가 반응하지 않는다면, 만일 우리가 우리 안에 여전히 참사랑의 기쁨이 있다는 것을 망각하는 가운데, 삶의 역경에서 오는 고통이나 슬픔에 굴복한다면, 우리는 우리 자신을 기만하는 것이다. 하느님이 우리에 대해 간직하신 선의에 대한 인식을 잃어버리게 되면, 그리스도인들의 삶에 분명한 향기를 전해주는 근본적인 기쁨을 박탈당하고 말 것이다. 모든 선을 향유하려면, 바로 그 선에 대해 의식해야 한다. 만일 원한다면, 우리는 우리 자신을 죽은 자로 여길 수는 있다. 하지만, 그렇게 되면 우리의 관에 내던지는 백합 송이들의 향기를 누리지 못한다고 불평해서는 안 된다.

2) 참사랑의 슬픔

이 모든 것은 그리스도인의 삶이 맥스 형제들에 관한 영화처럼 아주 쾌활하게 즐겁다는 것을 의미하지는 않는다. 이 기쁨은 삶의 모든 층을 통해 깊이 끓어 오르고 있지만, 여전히 삶의 표면에서는 슬픔의 타르트 층을 위한 충분한 공간을 남겨두고 있다. 예를 들어, 우리는 다른 사람의 죄에 대해, 또는 우리 자신과 다른 이들 안에 있는 하느님의 현존에 거슬러 작용하는 어떤 것에 대해서도 실제로 진정한 슬픔을 가질 수 있다. 이는 죄인들을 향해 성인들이 열정과 연민을 갖는 이유 가운데 하나이다. 또 다른 하나는 하느님께서 선사하시는 빛나는 선물(은총)이 있다. 그들은 자신의 죄를 포기하고 이를 받아들인다. 우리는 과거에 범한 죄에 대해 깊이 슬퍼할 수 있지만, 이제 그것은 하느님과의 일치를 방해하는 장애물로 나타나기 때문이다. 우리는 기차를 잘못 타거나 폐렴에 걸리거나 새로 구입한 차의 차체가 긁혀서 매우 유감스러울 수 있다. 하지만 이 모든 것 중 어느 것도 우리 영혼의 깊은 곳에 있는 기쁨의 샘을 막아서는 안 된다.

우리 마음의 밑바닥에서부터 우러나오는 이 기쁨은 충만하고 깊다. 그리고 현세의 삶에서 언제나 더 충만해질 수 있다. 그것은 우리가 언제나 하느님께 더 가까이 다가갈 수 있기 때문이다. 천국에서는 기쁨이 매우 충만해서, 그 기쁨이 우리의 마음 안에 있기보다 오히려 마치 밝은 옷처럼 우리를 감싸고 있다. 이처럼 믿을 수 있는 진실에도 불구하고, 우리가 하느님을 한없이 기뻐하시는 분으로는 제대로 묘사하지 않는다는 것은 이상하다. 오히려, 우리는 종종 청교도의 음울하고 투덜거리는 폭군과 같은 존재로 하느님을 받아들이곤 했다. 기쁨의 천상적인 샘은 우리 존재에 넘쳐흐른다. 왜냐하면, 그것은 하느님의 무한한 선하심에 비례하기 때문이다. 오직 하느님만이 깊고 시원한 기쁨(gaudium)의 잔을 비우실 수 있다.

세상은 연인들의 다툼에 언제나 너그럽게 웃어왔다. 왜냐하면, 그들이 다투는 것은 대개는 곧 다 사라질 하찮은 일들이라는 것을 알기 때문이다. 그러나 불행히도 그러한 다툼이 항상 해결되는 것은 아니다. 건물을 부수기 위해 폭탄을 설치할 필요는 없다. 코 고는 소리는 하찮은 것이지만, 불면증을 앓고 있는 사람들에게 배우자의 반복되는 코 고는 소리는 사랑을 완전히 식어버리게 할 수도 있다. 이것을 좀 더 일반화해서 보면, 종종 인간의 사랑은 사소한 것들의 희생양이라고 할 수 있다. 만일 이 사랑이 짜증과 결점, 슬픔에 집중한다면, 사랑의 기쁨이 점차 희미해질 뿐만 아니라, 사랑의 파멸을 위한 길을 준비하게 될 것이다.

이와 같은 일은 하느님과의 우정에서도 마찬가지로 일어난다. 우리가 인생의 슬픔, 비참함, 불행에 집중할 때, 우리는 우리 자신에게서 사랑의 기쁨이 사라지게 하는 것 이상의 일을 하는 것이다. 즉, 우리는 신적 우정으로부터의 도피를, 하느님 일에 대한 혐오를 준비하며, 육신이 성령을 완전히 압도할 때를 준비하는 것이다. 즉, 하느님과 만나기 위해 나아가게 하는 우정의 적극적인 기쁨을 느끼는 대신, 우리에게 증오의 문을 열어주는 슬픔과 분노의 그늘이 드리우는 걸 느끼게 될 것이다.

3) 기쁨의 적들

① 영적 나태

인간의 마음에는 기쁨이 필요하다. 만일 그 기쁨이 하느님과의 우정에서 나오지 않는다면, 우리는 우리의 마음을 더 끌어당기는 친구들에게 정성을 쏟게 될 것이다. 그리고 이런 우정은 통상 영적인 세계에 있지 않다. 신적 우정을 살아가는 사람들에게 있는 선에 대한 의식이 사라진다는 것은 신적인 선 자체에 대한 앎을 잃어버리는 것을 의미한다. 신적 우정의 상실로 인해 진정한 기쁨이 사라짐으로써 인간은 신적인 보화들을 멸시하게 되며 우리에게 영향을 미치던 악들을 삶의 첫 자리에 두기 시작한다. 달리 말해, 우리는 점점 더 육신의 매력으로 기우는 데 반해 영적인 기쁨으로는 덜 기울게 된다.

이러한 길은 특히 우리를 '영적 나태 상태'로 인도한다. 이 죄종(罪宗)은 단순한 육체적 나태가 아니다. 그것은 단순히 몹시 추운 아침에 미사에 참례하기 위해 일어나기 싫어서 저항하는 것이 아니며, 사순절에 단식을 꺼리는 것도 아니고, 죄를 고백하는 데 수반되는 당혹감도 아니다. 그렇다고 영적 나태가 그리스도교 생활의 전반적인 어려움을 이야기할 때 피상적인 면을 두고 막연하게 탄식하는 것도 아니다. 영적 나태는 이보다 훨씬 더 근본적인 것이다.

영적 나태는 일종의 치명적인 지루함으로, 영적인 일에 게으르며 육욕의 늪에 빠지도록 우리를 부추기는 '무기력한 마음의 상태'라고 할 수 있다. 성 토마스는 영적 나태를 "우리의 영혼이 움직이는 걸 방해하는 가운데 영혼을 짓누르는 슬픔"으로 묘사했다. 실제로, 영적 나태는 정상적인 상태를 벗어난 슬픔이며 악으로 짓눌려 있는 상태를 말하는데, 그것은 하느님의 선하심을 악하고 쓰디쓴 것으로 만들기 때문이다. 따라서 영적 나태는 이 상태에 있는 사람을 자기 삶의 최종 목적인 하느님께 이를 수 있도록 인도하는 것으로부터 멀어지게 한다. 심지어 우리가 범한 죄처럼, 영적 나태를 일으키는 것이 진정한 악일 경우, 죄로부터 생겨난 슬픔이 우리를 마비시킨다면, 그 결과는 참담하기 그지없다. 그것은 마치 신적인 선에 대한 숙고로 인해 촉발된 슬픔이나 권태에서 유래하는 결과에 비견된다.

나태의 죄는 그 자체로 보면 경죄(輕罪)나 사죄(死罪)가 될 수 있다. 죄의 종류가 갈라지는 것은 영적인 보화들에 대한 우리의 '역겨움'의 강렬함이 어느 정도인지에 달려 있다. 결과로 볼 때, 이 죄는 상당히 극적이다. 그것은 으뜸가는 중요성을 지닌 죄로서 다른 많은 죄들의 원인이 되기 때문이다.

영적 나태는 '도피'이자 동시에 '추구'라고 할 수 있다. 즉, 하느님으로부터 도피하고 세속적인 것들을 추구하게 한다. 성 토마스는 영적 나태가 하느님으로부터 도피인 한에서 "신적 규율 앞에서 절망, 소심, 지성의 어리석음 그리고 마지막으로 영적인 것들을 대한 분노와 증오"가 수반된다고 말한다. 반면, 관능적인 쾌락들에 대한 추구인 한에서 영적 나태는 '유랑하는 지성'이라는 일반적인 이름 아래 정신의 조급함(정신이 늘 실수를 하는 것), 호기심, 수다, 정신의 반영인 육체적 초조, 마지막으로 불안정을 모아들인다. 이 경우, 성 토마스는 격렬한 활동을 영적 나태의 징후로 숙고하도록 섬세하게 지적하기도 한다.

그러므로, 영적 나태는 류마티즘에 걸린 노인이 햇볕을 쬐기 위해 긴 의자에 앉아 있는 것 같은 그런 나태가 아님은 분명하다. 영적 나태는 그보다 절망에 찬 도피이자 도주라고 할 수 있다. 나태에는 불가피한 것으로부터 도피하는 자의 무분별함이 있으며 이와 동시에 관능적인 쾌락으로 두려움을 잊으려 하는 나약한 사람의 시도가 깃들어 있다. 한마디로 나태는 세상의 기쁨에 뛰어들기 위해 하느님의 기쁨을 포기하는 것이다.

② 질투
a. 질투의 바탕

참사랑의 기쁨에 반대되는 또 다른 죄종(罪宗)이 있다. 그것은 질투이다. 이것 또한 사람을 공황상태에 빠뜨려 가치 없는 것들을 끌어안게 한다. 질투 역시 슬픔으로부터 도피하는 것이다. 즉, 하느님의 선이 아닌 이웃의 선을 대상으로 삼는 왜곡된 슬픔으로부터의 도피를 말한다. 예컨대, 자신의 적대자가 경찰서장이 되었다는 것을 알 때 우리가 느끼는 슬픔이나, 우리의 덕이 부족하다는 아는 데서 오는 슬픔, 또는 이웃은 복권에 당첨됐지만 우리는 그렇지 않다는 것을 아는 데서 오는 슬픔은 모두 이성에 어떤 근거를 두고 있다. 그러나 여기서 지금 우리가 언급하고 있는 질투는 직관적이고 비합리하기 때문에 그렇지 않다. 그것은 다른 사람이 자신보다 더 훌륭하기 때문에 자신은 불행하다고 느끼는 사람이 지닌 악습이다. 그가 이런 감정을 느끼는 것은 다른 사람의 선이 자신을 모욕하듯이 그렇게 자신을 전율하게 하기 때문이다.

b. 질투에 대한 점검

질투(invidia)는 패배자의 죄이므로, 정직하게 대면하기가 어렵다. 질투는 '오늘날의 청년들'의 행동 방식에 대해 눈살을 찌푸리며 자신들을 걸려 넘어지게 한 사기들로 인해 성공하지 못했다고 서글퍼 하는 사람들의 모습에 완벽히 들어맞는다. 달리 말해, 그것은 나이나 불운 또는 재능의 부족으로 인해 실패한 고령자(高齡者)들 사이에 흔한 죄이다. 그들의 실패를 크게 하는 성공한 경쟁자들은 그의 서글픔을 격화시킨다.

옹졸한 마음을 가진 사람은 모든 것이 크게 보이기 때문에 질투하기 쉽다. 이웃이 아무리 뛰어나도, 소인의 눈에는 자신이 그들을 엄청나게 능가한다. 명예를 갈망하는 야심가는 다른 이의 뛰어남을 자신들이 정상적으로 기대할 수 있는 칭찬에 대한 직접적인 공격으로 간주한다. 왜냐하면, 다른 사람들의 탁월함이 자신의 탁월함을 가려버린다고 생각하기 때문이다.

성 토마스는 질투의 죄가 지닌 흥미로운 측면, 특히 민주주의 주제와 관련해서 드러나는 질투의 흥미로운 측면을 다음과 같이 간결하게 제시했다: "바보를 제외하고 그 누구도 자신을 무한히 능가하는 어떤 사람이나 어떤 것을 질투하지는 않는다." 오직 우리 바로 위에, 우리 손이 닿을 수 있는 범위 내에 있는 사람들이 우리의 질투를 자극한다는 말이다. 그렇다면 모든 인간을 같은 수준에 두는 사회조직에서는 질투를 자극하는 많은 요소가 필연적으로 있을 수밖에 없다. 반면, 사회로부터 오는 대부분의 야망을 확실히 배제한 안정된 사회조직에서는 그렇지 않다. 물론, 어떤 조직이 바람직한지의 문제는 차치하고라도, 이런 현상은 우리들에게 질투에 대한 심리학적인 설명을 제공한다. 질투가 낳은 추잡한 결과들은 인간 삶의 바탕을 갉아먹는 가장 혐오스러운 죄에 속한다. 그것은 인간의 삶을 파괴하는 악을 점점 더욱 부추긴다. 즉, 음흉한 속삭임의 교활한 시작에서부터 질투의 대상을 파괴하고, 이어서 그 사람의 불행을 보고 기뻐한다. 그리고 그의 행운에 대해 슬퍼하며 마침내 증오하는 악의 절정에 이르게 한다.

질투하는 사람은 삶을 견딜 수 없다고 생각한다. 질투는 슬픔이다. 우리는 슬픔과 더불어 살도록 만들어지지 않았다. 우리는 기쁨과 더불어 살도록 만들어졌다. 그리스도께서는 "우리의 기쁨이 충만하게 하기 위해" 이 세상에 오셨다고 말씀하심으로써 당신이 삶을 통해 지향한 목적을 분명히 드러내셨다. 그분은 당신을 따르는 이들이 제 십자가를 지고 따라야 한다고 가르치셨지만, 이는 충만한 기쁨을 살라는 그분의 가르침과 모순되지 않는다. 신자들은 그리스도께서 자신들에게 원하셨듯이, 갈바리아 동산의 고통 아래 그분이 누리던 참 기쁨이 자신의 십자가에도 있다는 것을 끊임없이 발견한다. 하느님과 인간의 결합은 세상을 역설(逆說)로 가득 채운다. 주님께서는 그러한 역설들을 설명하기보다 주로 강조하셨다. 신자들은 그 역설들을 살아감으로써 그 의미를 밝히려 노력해야 한다. 당황하던 사도들에게 "내 평화를 너희에게 준다"(요한 14,27)라고 하시며 적대적인 사람들로 가득한 로마 세계로 그들을 파견하실 때, 분명 주님의 눈에는 같은 기쁨이 담겨 있었으리라.

(2) 평화

1) 그리스도의 평화와 세상의 평화

확실히 그리스도께서 사도들에게 주신 평화는 약자들이 어떤 대가를 치르더라도 추구하는 그런 거짓 평화가 아니다. 그분들은 이 평화로 인해 박해와 조롱을 받았으며 결국 죽어야 했다. 사도들이 피상적인 기쁨에 의해 좌지우지되지 않았듯이, 세상이 주는 피상적인 평화가 그들을 함부로 흔들지는 못했다. 또한, 주님께서 사도들에게 선사하신 참된 평화는 그들을 단순한 평화주의자로 만들지 않았다. 사도들은 싸움, 심지어 죽음까지도 감수하는 싸움의 대가를 치를 만한 영적인 가치들이 많다는 것을 잘 알고 있었다. 그러나 어떠한 싸움도 그들에게 주어진 평화를 파괴할 수는 없었다. 그리스도의 평화는 인간의 영혼만큼이나 깊다. 그리스도의 평화는 세상의 평화와는 놀랄 정도로 다르다. 오직 하느님만이 인간의 영혼 깊이 도달하여 거기에 평화를 선사해 주신다. 인간 자신의 의지 이외에는 다른 어떤 것도 이 평화를 빼앗을 수 없다.

2) 평화와 행동

그리스도의 평화(平和, pax)를 간직한 평화로운 사람들의 삶은 정체된 연못의 잔잔함이나 한가함을 보이지 않는다. 오히려 그들의 삶은 고요하고 측량할 수 없는 심연을 간직한 요란한 폭풍이 몰아치는 대양(大洋)일 가능성이 더 많다. 그들의 삶은 평화의 본성 그 자체로 인해 오히려 격렬한 활동으로 나아간다. 평화는 공동의 목표를 향한 열망들이 완전히 일치된 노력의 결과를 의미하기 때문이다. 평화는 최대로 능률을 내는 에너지와 같다. 그 에너지를 바탕으로 공동 목표를 향한 열망이 합치되는 가운데, 궁극적으로는 다른 사람들과의 화합과 하느님과의 화합이라는 거대하고 진정한 평화가 뒤따른다. 우리는 이웃을 경쟁자가 아니라, 마치 우리 자신을 사랑하듯이 이웃을 사랑하고 무엇보다도 하느님 때문에 우리 자신과 이웃을 모두 사랑해야 한다. 우리는 다른 사람들이 우리가 추구하는 것과 같은 신적 목적에 도달하려는 시도에 대해 화내지 말아야 한다. 그들이 추구하는 공동의 신적 목적은 우리에게 손해될 것이 없을뿐더러 오히려 같은 목적을 추구하는 우리에게 큰 힘이 된다. 그러나 우리는 이웃들이나 우리 가운데 누구라도 이 공동의 신적 목표를 성취하려는 걸 방해하는 사람들을 향해 과감히 맞서 싸울 수 있어야 한다. 그러나 이러한 저항은 원수들을 향한 것이 아니라, 그들이 간직한 증오를 향한 것이어야 한다.

달리 말해, 그리스도는 우리에게 참사랑을 베푸시며 우리가 이와 더불어 견고하게 일치하게 하셨다. 그분이 주시는 평화는 우리로 하여금 우리 이웃과 동일시하게 하며, 더 나아가 하느님과 동일시하게 해준다. 세상에는 이처럼 평화를 떠받치는 견고한 바탕이 없다. 세상이 주는 것은 항상 피상적일 뿐이다. 그것은 인간에게 자신이 원하는 것들을 재빨리 낚아채고, 이를 다시 빼앗으려는 다른 사람들의 공격으로부터 자신을 필사적으로 보호하라고 부추길 뿐이다. 솔직하게 말해, 세상이 주는 평화는 망각에 가까운 평화이다. 그것은 우리가 갖지 않은 것을 망각하게 하고, 결코 인간의 마음을 채워줄 수 없는 것으로 만족하라고 한다.

혹여 정신 장애자가 주먹질로 이빨이 부러지는 것을 즐길 수 있을지는 몰라도, 그것은 정상적인 사람이 쉽게 좋아할 수 있는 기쁨은 아니다. 그러나 체스터튼(G.K. Chersterton, 1874-1936, 영국의 작가)은 어느 기회에 아일랜드인들에 대해 언급하면서, 그들의 모든 전쟁은 즐겁다고 쓴 적이 있다. 따라서 '아일랜드 전투'(축구팀의 이름)라는 말은 그리 적절하지 않다고 지적했는데, 왜냐하면 이는 전투를 해야 할 가치가 있는 무언가가 있다는 의미로 해석될 수 있기 때문이라는 것이다. 그것은 싸움에서 얻을 수 있는 것과 비교해서 잃어버리는 게 많기 때문이다. 그런데, 싸운다는 것에 대한 맛으로 인해 싸운다는 생각을 즐기는 사람은 정신에 문제가 있는 사람이다. 사실, 그 누구도 싸움 그 자체를 좋아하지는 않는다. 심지어 불량배들도 실은 평화를 위해 싸운다. 모든 전투의 목적은, 그 순간에 부족한 것을 획득하거나 욕구(欲求, appetitus)를 만족시키기 위해 또는 완성을 위해 필요하다고 여겨지는 어떤 것을 얻으려는 데 있다. 동료들을 좌지우지하는 열등감 콤플렉스의 희생자, 본성적으로 다투기를 좋아하는 사람, 한 치 앞도 내다보지 못하는 국민은 모두 자신의 결점을 암묵적으로 드러내고 있다. 그들은 싸움이라는 바로 그 사실과 더불어 완전한 행복을 얻기 위해 자신들에게 아직 필요한 것이 있다는 심각한 결함을 인정하는 것이다.

3) 인간의 공통 목적

반대로, 겁에 질린 나약함과는 거리가 먼 평화의 사람은 완전함을 소유한 사람이다. 그는 행복을 위해 필요한 것을 가지고 있다. 그는 평화롭다. 왜냐하면, 아무도 그에게서 그 행복을 빼앗을 수 없기 때문이다. 이런 의미에서 그리스도께서 평화의 왕이시라는 것은 충만한 의미에서 그렇다는 말이다. 이것은 십자가에 못 박히신 그리스도에 대해서도 마찬가지이며, 나자렛의 보금자리에 계시던 그리스도와 부활하신 그리스도에 대해서도 마찬가지이다. 또한 그분을 따르는 자들과 관련해서, 그들이 대중들로부터 박수갈채와 존경을 받거나 맹수들에게 내던져진다 해도, 이는 그들에게도 마찬가지이다. 왜냐하면, 그들은 두 경우 모두에서 여전히 그리스도의 평화를 간직하고 있기 때문이다. 이 평화는 천상에 가서야 비로소 완전하게 될 것이다. 그리스도의 가르침에 동화되고 받는 것보다 주는 것이 더 낫다는 사실을 아는 사람, 참된 벗이신 그리스도의 뜻과 온전히 일치하는 사람은 깊은 기쁨과 평화를 갖게 된다. 그는 하느님 그리고 사람들과 조화 가운데 살아간다.

(3) 자비

1) 자비의 본성

세상을 향하는 거룩한 이방인이신 그리스도의 미소는 막연하고 판에 박힌 제스처가 아니다. 그것은 단순히 적대감이 없다는 것을 가리키지 않는다. 그것은 그가 사람들의 기쁨을 나누는 것, 그들과 더불어 즐거워하는 것, 그들과 함께 평화 중에 있는 것이 쉽다는 것을 잘 보여준다. 또한 그들과 함께 고통받고 그들의 아픔을 나누는 것, 그 아픔을 진정시키기 위해 뭔가를 하는 것 역시 마찬가지이다. 이 모든 것은 그분이 사람들과 더불어 깊이 마음이 통했기 때문이다. 공감과 일치는 자비의 덕과 함께 명확히 드러난다. 다른 사람들의 불행을 자신의 것으로 여길 때에만, 이런 그들의 불행을 경감하기 위해 무엇인가를 실제로 할 수 있을 때만 비로소 측은지심(惻隱之心)을 가질 수 있다. 참사랑을 지닌 사람이 되고 자비로운 사람이 되기 위해서는 이웃과 함께 공통 기반에 있어야 한다.

2) 자비로움에 대한 점검

피를 나눈 형제들 간에는 어렵지 않게 동정심을 찾아볼 수 있다. 이는 외국에 있는 동포들 간에도 그렇다. 노인들과 지혜로운 사람들 역시 마찬가지이다. 왜냐하면, 그들은 자신의 나약함에 대해 잘 알고 있으며 다른 사람들을 덮친 불행이 자신들에게도 쉽게 찾아올 수 있다는 것도 잘 알고 있기 때문이다. 연약한 사람들과 병자들도 자신들이 겪고 있는 어려움 때문에 서로 쉽게 공감한다.

우리는 이러한 진실을 역으로, 즉 부정적인 관점에서도 언급할 수 있다. 성내고 다투기 좋아하는 사람은 무자비하기 쉽다. 자신들은 불행으로부터 면제됐다고 확신하는 사람들, 즉 힘, 건강, 행복에 대해 확신하는 사람들, 거만한 사람들도 그렇다. 실제로 그간 자신에게 생긴 것보다 더 나쁜 일이 일어날 수 없다고 확신하는 사람과 다른 사람들을 업신여기는 사람들에게는 자비가 부족하다. 이들은 자신들만 생각하기 때문이다. 이들은 다른 사람들과 자신을 이어주는 연결 고리를 없앴기 때문이다.

하느님은 우리에게 자비로우시다. 그분이 동포이거나 같은 성씨이기 때문이 아니라 우리의 진정한 벗(amicus)이시기 때문이다. 그분은 우리와 깊이 일치해 계시다. 그래서 우리의 불행과 우리의 악은 그분의 것이기도 하다. 우리는 혈연을 통해서가 아니라 사랑의 결속을 통해 그분과 더불어 하나이다.

3) 자비의 탁월함

자비(misericordia)는 참사랑에서 유래하는 즉각적인 결과이다. 그러나 자비가 기쁨, 평화와 같은 방식으로 참사랑에서 흘러나온다고 이해해서는 안 된다. 기쁨과 평화가 행위인 데 반해, 자비는 그 자체로 덕(virtus)이다. 자비에는 해야 할 자기만의 일이 있다. 그리고 그것은 이성의 법칙에 따라 자비의 정념을 조절하는 것이다. 이 점을 잘 이해하면, 자비를 단순한 감상주의로부터 완벽히 구별할 수 있다. 판사(判事, iudex)가 온화한 얼굴을 하고 있는 살인자를 단죄했다고 해서 화를 낼 수는 있다. 경찰에게 총을 쏜 '가난한 소년'에 대한 동정심 때문에 연민을 가질 수도 있다. 그러나 이런 것들은 자비의 덕과 전혀 관련이 없다. 순수 정념(passio)으로서의 자비는 동물들에게서도 찾아볼 수 있다. 반면, 덕으로서의 자비는 지성과 의지로부터 유래한다.

자비는 다른 사람과 함께 고통받는 능력에 기반을 두고 있기 때문에 수심에 잠긴 얼굴을 하고 있다고 생각할 수 있다. 하지만, 실제로 자비의 덕은 기쁨과 만족을 일으킨다. 심지어 자비의 모조품들조차 흐뭇한 것들이다. 밤에 사람을 죽이고 낮에는 가난한 사람들을 위해 무료 급식 시설을 운영하는 살인자는 사실상 낮에 자비로운 은인의 역할을 즐기는 것이다. 어떤 의미에서 그는 하느님 역할을 대신하는 셈이다. 우리는 다른 사람들보다 우월한 한에서 그들을 도와줄 수 있고 그들의 부족함을 고쳐줄 수 있다. 자비는 하느님에게 고유한 덕이다. 왜냐하면, 이 덕은 그분의 전능하심을 분명히 드러내기 때문이다. 반면, 그것은 사람들에게 있어서 첫 번째 범주에 속하는 덕이 아니다. 왜냐하면, 우리는 하느님처럼 전능하지 않기 때문이다.

인간은 다른 사람들의 결핍을 채워줌으로써 하느님께 도달하는 게 아니라 그분께 순종하는 가운데 그분께 도달한다. 오직 모든 이들 위에 있는 존재 자체이신 하느님만이 자신의 완전함을 이런 식으로 드러낸다. 하지만, 이웃과 연관된 도덕적 덕들 중에 자비는 가장 높은 자리를 차지한다. 그것은 자비의 행위가 상급자의 행위이기 때문이다. 그다음으로 자비가 없을 때 정의(justitia)가 온다. 왜냐하면, 정의만이 각자에게 마땅한 몫을 주기 때문이다. 용기(fortitudo), 절제(temperantia)와 관련해서 보면, 이 덕들은 자비를 도와주는 덕들이다. 그 과제는 다른 사람들의 부족함을 보완하는 것이 아니라 자신의 정념(passio)들을 질서 짓는 데 있다. 하느님은 희생보다 자비를 더 좋아하시는 게 사실이다. 하지만 희생이 불필요해서 그런 것도 아니며 자비가 첫 번째 위치를 점유하기 때문도 아니다. 그것은 자비가 정의를 충족시킴으로써 자신의 우위를 드러낸다는 의미에서 그렇다. 그러나 자비 그 자체는 다른 도덕적 덕들(virtutes morales)보다 더 크지 않다.

성 그레고리오가 "사랑은 게으르지 않다."고 말할 때, 이는 평화로운 가정생활(家庭生活, vita familiaris)은 바로 그 공동체 안에서 반영되어 드러나는 것 이외에 다른 구제책이 없음을 의미한다. 즉, 충만한 마음은 이웃의 삶과 마음에도 영향을 미쳐야 한다는 것이다. 따라서, 신적 우정의 사랑이 인간의 마음을 채워주게 되면, 텅 빈 정신으로 환희의 정원을 산책하면서 자기만족의 태양에 자신을 한없이 그을릴 수 있다. 만일 그렇게 된다면, 그의 추정적 사랑은 순전히 위선적일 것이다.

이기적인 천박함은 공허한 마음을 드러내는 증거이다. 반면, 자선심이 풍부한 관대함은 충만하고 넘쳐나는 마음의 표현이다. 인간의 삶을 지속적인 수입, 수출 활동으로 활발한 부두나 역, 모든 사람이 자주 방문해야 하는 떠들썩한 거래소가 되도록 계획하신 것은 하느님의 비범함에 있다. 모든 사람은 이 거래소에서 서로 재화와 봉사를 교환하기 위해 자주 방문해야 한다. 아무리 인간이 위대하다 해도, 어떤 식으로든 다른 사람보다 낮지 않은 인간은 없다. 반면, 다른 이를 돕지 못할 정도로 매우 낮은 사람도 없다. 그래서 세상의 그 누구도 다른 사람보다 우월하지 않다. 영적인 고립주의자는 비극적인 실수를 저지른다. 하느님은 우리를 다른 사람들에게 의존하도록 만드셨기 때문이다. 즉, 하느님은 어떤 면에서 우리를 다른 모든 사람보다 열등하게 만드시고, 동시에 다른 면에서는 다른 사람들보다 우월하게 만드셨다.

5. 세상 안에서의 사랑 : 일하고 있는 자비

이 진리가 지닌 아름다움은 건축 사무실에서 볼 수 있는 실행 불가능한 계획이 지닌 이론상의 아름다움이 아니라는 점을 이해해야 한다. 만일 우리가 사무실에서 나와 사람들이 자신의 삶을 건설하고 있는 소음 가득한 현장으로 들어간다면, 우리는 일하고 있는 자비를 보게 된다. 즉, 하느님의 계획이 서서히 만져질 수 있고, 파괴될 수 없는 구체적인 천상 저택의 아름다움으로 바뀌고 있는 것을 보게 된다. 만일 우리가 교리에서 배운 자비의 행위를 구체적으로 숙고하고 이를 실천할 수 있는 수많은 방법에 대해 성찰한다면, 우리는 우리가 경험할 수 있는 수많은 부족과 필요에 대해 생생하고도 충분히 완전한 그림을 얻게 될 것이다.

(1) 궁핍한 사람들 가운데 - 자선

예컨대, 물질적인 면에서 볼 때 음식, 음료, 의복, 주택 등이 부족할 수 있다. 물론 질병과 같은 내적인 원인에서 오거나 감금 같은 외적인 원인에서 오는 더 특별한 어려움이 있을 수도 있다. 심지어, 죽은 후에 우리의 육신이 묻히지 못하거나 시신을 화장한 재를 아무렇게나 바람에 날려 보낸다면, 수치의 대상이 될 수도 있다. 영적인 면에서 보면, 어떤 사람은 하느님의 도움이 절실하게 필요한 거지일 수 있다. 우리는 그를 위해 기도하면서 이를 얻어줄 수 있을 것이다. 우리는 이해력이 느린 어린아이에게 필요한 가르침과 조언을 줄 수도 있다. 또한, 우리는 잘못된 영적 섭취로 인해 고통받는 사람에게 그의 영적 욕구를 자극하고 보다 좋은 영적 음식을 섭취하도록 도와주면서 그를 치료해줄 수 있다… 어떤 사람이 자신이 범한 죄로 인해 삶의 방향을 잃어버렸을 때, 우리는 조언해주거나, 만일 그가 우리를 모욕했다면 그를 용서하는 가운데, 그를 좋은 길로 인도해

줄 수 있다. 그 누구도 이런 부족함이나 결점에서 자유로운 사람은 없다. 또한, 그 누구도 다른 사람들의 도움 없이 이것들을 피할 수도 없다.

1) 자비의 일들

객관적으로 그리고 단호히 말해, 영적인 자비 행위는 육체적인 자비 행위보다 훨씬 더 우월하다. 그러나 시카고의 잔인함 겨울바람을 맞으며 떨고 있는 가엾은 사람에게 삼위일체에 관한 논문은, 헤아려 생각해본다면, 따스한 커피가 담긴 보온병보다 상당히 적은 가치를 갖는 희사가 될 수밖에 없다. 물론, 이러저러한 음료는 물질적인 것이다. 하지만 그것은 참사랑을 드러내는 싹으로서, 우리가 도와준 그 사람의 기도를 통해 얻게 된 은총과 영광의 증진을 통해 영원 속에서 울려 퍼질 수 있는 영적인 효과를 갖게 된다.

2) 자선의 효과

물론, 자비의 행위(영적이건 물질적이건)는 참회의 덕에서 비롯되거나, 단지 불행한 사람들과 나누는 깊고 인간적인 유대감에서 비롯될 수 있다. 하지만 참사랑은 자선 없이 존재할 수 없다. 때때로 그런 행위들은 반드시 있어야 한다. 왜냐하면, 그런 행위들을 간과하는 것은 하느님의 계명을 위반하는 것이자 참사랑을 잃어버리는 것이기 때문이다. 분명, 우리가 충분한 정도 이상으로 재화를 갖게 될 때, 이웃 사랑에 대해 말하면서 배고파 죽어가는 사람을 방치하는 우리 자신을 만족스러워하진 못할 것이다.

3) 자비의 주변부

극한적인 상황에 있지 않을 경우, 희사하는 것은 단지 권고 사항이며 찬사받을 만한 일이고 참사랑의 완성을 위해 필요한 일이다. 물론, 겨우 굶어 죽지 않을 정도의 음식만 가진 사람이 다른 사람에게 먹을 것을 주는 것은 의무적이지 않다. 또한, 백만장자가 다양한 양복을 가진 게 놀랄 일은 아니다. 왜냐하면, 다른 사람들의 통상적인 필요를 보충하기 위해 자기 삶의 수준에서 처리함으로써 필요한 것을 배제하는 게 의무적이진 않기 때문이다. 그러나 상당히 필요한 경우는 다르다. 왜냐하면, 사유재산(私有財産, peculium)에 대한 불가침성이 이런 경우(그것이 개인적이건 공동체적이건 긴급한 필요를 요할 경우) 위에 있지는 않기 때문이다.

사실, 희사가 허용되지 않는 경우도 있다. 도둑에게 희사를 요구하는 건 어리석은 일이다. 왜냐하면, 그에게는 희사를 줄 의무가 있는 게 아니라 자신이 훔친 것을 회복시켜야 할 의무가 있기 때문이다. 어떤 종이 자비의 이름으로 자기 주인의 재활에 상당히 관대할 수 있다. 하지만, 이런 관대함은 헛된 것이다. 우리의 희사는 다른 사람의 것이 아닌 우리가 가진 것을 바탕으로 이루어져야 한다. 또한, 우리는 다른 사람들도 희사에 동참할 수 있도록 독려해야 함을 기억하기로 하자. 그들의 희사를 우리가 한 것처럼 여기며 감사해야 한다. 희사의 목적은 가난한 사람을 부자로 만드는 데 있는 게 아니라 그의 필요를 위해 보조하는 데 있다. 집이 있는 한 사람에게 희사하는 것보다 많은 가난한 사람들에게 희사하는 게 더 낫다. 왜냐하면, 그 한 사람에게만 주는 호사 때문에 그에게 도움을 주기보다 타락시킬 수도 있기 때문이다.

(2) 잘못에 빠진 사람들 속에서 – 형제적 교정

또 다른 자비 가득한 제스처로 잘못하고 있는 사람을 교정하는 일을 들 수 있다. 비록 우리가 몸담고 사는 거만하고 쌀쌀맞은 21세기가 무시한다 해도, 이것은 가치로운 일이다. 가치의 단계에서 이뤄진 물질주의적인 역전(逆轉)으로 인해, 오늘을 살아가는 우리는 육체적인 불행에 깊은 인상을 받고 도와주기를 열망하지만, 영적인 불행에 대해서는 싸늘하기 그지없다. 물론 우리에게는 구실이 있다. 우리는 성인(聖人)이 아니라고(물론, 이는 분명하다), 우리의 의심만으로도 충분하다고, 여타 다른 사안들은 우리와 전혀 상관없는 일이라며 외면한다... 하지만, 그것은 분명 우리와 연관된 일이다. 참사랑은 모든 사람이 연대하게 해준다. 다른 사람의 불행은 우리의 불행이며, 그들의 잘못은 우리의 잘못이기도 하다. 더 나아가, 다른 사람들을 교정하기 위해 굳이 성인이 될 필요는 없다. 그렇게 하는 데 필요한 것은 상식과 올바로 판단하는 능력이다. 왜냐하면, 죄는 판단의 오류이기 때문이다. 형제적 교정의 목적은 이웃을 괴롭히거나 창피를 주거나 아니면 그를 감동시키는 데 있지 않다. 그 목적은 이웃을 돕는 데 있다. 만일 우리가 했던 말이 그에게 도움이 되지 않는다면, 그를 형제적으로 교정하는 중이라고 하면서 우리 자신을 방어해선 안 된다. 장상은 교정받을 사람에게 실제적인 어려움이 예상될 때에도, 자신의 직무 때문에, 그를 교정하고 그에 대해 요구해야 할 의무가 있다. 그러나 이는 그러한 직책에 있지 않은 사람들에게는 해당되지 않는다.

종종 우리가 교정하기를 삼가는 이유들이 지닌 고상함은 다음과 같은 질문들에 대해 우리가 긍정적으로 또는 부정적으로 대답하는 데 따라 추론될 수 있다: "우리가 침묵하게 하는 것은 이웃에 대한 사랑인가? 아니면 나 자신에 대한 사랑인가?", "교정하기를 삼가는 것은 우리의 말이 유익보다는 피해를 일으키는 걸 두려워하기 때문은 아닌가?" 또는 "우리가 교정하는 사람의 불쾌한 반응에 대한 두려움 때문은 아닌가?"

만일 우리가 침묵을 지키게 하는 것이 두려움 때문이라면, 겁쟁이들만 우리의 침묵에 박수를 보낼 것이다. 물론, 엄밀히 말해 소매치기를 교정하기 위해 은행강도가 더 좋은 위치에 있다는 것은 아니다. 하지만, 분명한 것은 그의 교정은 커다란 무게를 가질 수 있다는 것이다. 왜냐하면, 죄인은 죄가 자신의 삶에 가져다준 불행이 자신에게 주는 확신과 함께 말하기 때문이다.

[결론]

1. 신적 지혜와 나자렛

(1) 하느님이 계시는 한, 그 가정은 지속된다
(2) 가정이 지속되는 한, 하느님은 잊혀질 수 없다
(3) 하느님과 가정과 함께, 낯선 이들의 세상이 안전하다

하느님께서 당신의 무한한 지혜로 나자렛에 성가정을 세우시고 당신 아드님이 강생하셔서 이 가정의 중심을 차지하는 가운데 오랜 세월 동안 살기를 바라셨음은 감탄할 만한 일이다. 나자렛 성가정의 모습은 하느님께서 계시는 한, 그리고 거룩한 내적 생활이 계속되는 한, 인간은 자신의 고향인 영원히 거룩한 삶의 모습을 빼앗기지 않으리라는 하느님의 약속을 그의 눈앞에 가져다주었다. 하느님은 분명 사람의 마음을 채울 수 있는 유일한 것, 즉 이타적인 사랑으로 그 마음을 가득 채워주실 것이기 때문이다. 다른 한편, 이러한 하느님의 지혜는, 우리의 가정생활이 계속되는 한, 우리가 사랑, 평화, 기쁨, 자비에 대한 갈망을 계속 갖는 한, 우리는 계속해서 생의 마지막에 우리를 기다리는 것에 대해 갈망하리라는 것에 대한 약속이기도 하다. 그것은 하느님께서 우리에게 유보하신 기쁨을 누리길 희망하는 한, 우리는 결코 하느님을 잊지 않으리라는 보장이다. 또한, 그것은 하느님 그리고 가정과 더불어 우리는 삶에 확고하게 뿌리내릴 것이며 세상은 위험하지 않으리라는 보장이기도 하다. 왜냐하면, 사랑은 나태하지 않기 때문이다. 사랑하는 이는 나태하게 집에 안주하지 않는다. 그는 다른 사람들의 삶을 넘치게 채워주고 적셔준다.

2. 현대의 위기

(1) 인간의 마음은 가득 차 있을까, 아니면 비어 있을까 – 사랑일까, 미움일까?
(2) 현대적인 공격의 핵심 – 하느님과 가정

베들레헴에서 이루어진 이러한 신적 지혜의 행위는 나자렛에서 계속 이어졌으며, 이는 오늘날의 여러 문제가 지닌 핵심 앞에 우리를 데려다 놓는다. 인간은 무엇을 원하는가? 자신의 마음을 채우길 원하는가? 아니면 공허한 채 그대로 놔두길 원하는가? 거기에 사랑을 담고자 하는가? 아니면 미움을 담고자 하는가?... 오늘날의 이단들은 하느님뿐만 아니라 가정을 공격한다. 심지어 하느님은 평화롭게 놔둔 채 가정을 격렬하고 진중하며 예리한 공격의 대상으로 삼는다. 그러나, 만일 사랑과 기쁨, 평화와 자비 그리고 인애(仁愛)가 우리의 삶에 없다면, 만일 우리들의 가정에 아무런 천상의 보화도 간직하고 있지 못하다면, 우리의 마음은 공허한 채 끝나고 말 것이다.

(3) 현대적인 사상의 몇 가지 결과들

1) 오그라든 마음 – 증오
2) 뒤덮인 슬픔 – 질투와 나태
3) 움켜쥔 이기심
4) 잔인함이라는 깨부수는 망치
5) 교정보다는 유혹

이는 현실적으로 넓고 차고 넘치는 마음을 갖는 대신, 증오와 이기주의라는 굴곡진 샛길에서 방황하며 씁쓸하고 겁에 질린 마음을 갖게 된다는 것을 의미한다. 그렇게 되면, 우리는 삶의 기쁨을 누리는 대신, 질투와 나태 그리고 비통함만을 갖게 될 것이다. 또한, 선을 행하기 위해 손을 펴는 대신, 이기주의적인 태도로 주먹을 불끈 쥐게 될 것이다. 또한, 자비로운 사람이 되기보다 잔인한 사람이 될 것이다. 그리고 잘못하는 사람들을 교정하기보다 우리의 이기적인 목적을 위해 섬기도록 강요할 것이다. 우리는 이 모든 것을 다음과 같은 하나의 문장에 집약할 수 있다. 즉, 우리는 일치를 이루는 대신에 분열하게 될 것이다. 다른 사람들, 하느님과 함께 연대하는 대신에 이기주의자가 될 것이다. 그러나, 불행하게도, 어떤 사람도 자기 자신만으로 충분하지 못하며, 만일 그렇게 생각하는 사람이 있다면, 그는 그 누구로부터 아무 도움도 받지 못하며 심지어 자기 자신으로부터 도움도 받지 못한 채 고립되고 말 것이다.

3. 인간 마음의 역설

이는 이론적인 결론도 그렇다고 예언도 아니다. 오히려 그것은 가시적인 사실로서, 사랑의 가르침을 대체한 증오의 가르침에서 유래한 필연적인 귀결이다. 오늘의 세상은 이를 채택함에 있어서 잘못을 저지르고 말았다. 오랜 세월에 걸친 경험은, 인간의 마음은 물질적인 것들로 과도하게 채우기 위해 그런 것들을 붙잡아서 채워질 수 없으며, 그 마음을 충족시켜 줄 수 있는 유일한 방법은 희생을 통해 비우는 것에 있다는 사실을 세상에 가르쳐야 한다고 말한다. 왜냐하면, 희생은 사랑의 유일한 언어이며 오직 사랑만이 인간의 마음을 채울 수 있기 때문이다.

우리에게 충만한 기쁨을 가져다주기 위해 인간이 되신 하느님께서 십자가에서 돌아가셨으며 당신을 따르도록 우리를 격려하신 것은 우연이 아니다. 우리에게 평화(주님이야말로 평화의 임금이시다)를 전해주러 오신 분께서는 우리가 영적인 투쟁에 나서도록 촉구하신다. 인간의 마음을 충만히 채우기 위해 오신 분께서는 이 충만함을 이루기 위한 조건으로 그 마음을 우리 자신으로부터 비우도록 청하신다.

제5장 다툼의 공허함 (제2부 제2편, 제37문제~제46문제)

1. 인간의 마음에 대한 황폐
   (1) 단순한 공허함이 아니다
   (2) 이성의 영역에 대한 침범이다
2. 무질서와 황폐
   (1) 하느님과 그분의 이미지 – 질서의 옹호자들
   (2) 지옥의 특징을 지닌 무질서
   (3) 무질서와 평화
3. 마음의 공허함과 공허함의 기원
4. 언어에 의한 황폐
5. 일에 의한 현세적 황폐
   (1) 보편 교회에 대항함 – 이교(離敎)
   (2) 국가들에 대항함 – 전쟁
      1) 정당한 전쟁과 부당한 전쟁   2) 성직자들과 전쟁
      3) 정보집단의 도덕적 한계
   (3) 국가에 대항함 – 폭동
      1) 공동선에 대한 수호   2) 정당한 반란
   (4) 개인에 대항함
      1) 결투   2) 싸움
6. 영원한 황폐 : 걸림돌
   (1) 걸림돌의 종류
   (2) 걸림돌의 악의
   (3) 의로운 사람과 걸림돌
7. 질서의 제1원리들
   (1) 그리스도의 이중 계명
      1) 다른 모든 계명들의 목적   2) 계명의 말씀들
   (2) 지혜
      1) 지혜의 본성과 범위
      2) 지혜의 참행복 – "행복하여라. 평화를 이루는 사람들"
      3) 지혜의 적

[결론]
1. 질서와 현대 세계
   (1) 질서 있는 공허
   (2) 공허의 이상화
2. 황폐한 세상
   (1) 황폐한 마음
   (2) 현세의 황폐
   (3) 영원한 황폐
3. 말씀의 지혜

제5장 다툼의 공허함 (제2부 제2편, 제37문제~제46문제)

1. 인간의 마음에 대한 황폐

(1) 단순한 공허함이 아니다
(2) 이성의 영역에 대한 침범이다

　구름 한 점 없는 봄 하늘은 마음을 기쁘게 하는 풍경이 될 수 있다. 늦은 밤, 발걸음 소리 하나 없는 도시의 거리는 자장가만큼이나 평화로울 수 있다. 그러나 같은 거리임에도, 정오에 완전히 텅 빈 거리는 전쟁이나 전염병의 불길한 위협이 있음을 알려준다. 공허함과 황폐함 사이에는 엄청난 차이가 있다. 황폐함에는 뭔가가 부족하다. 반면, 박탈에는 부정 이상의 뭔가가 있다. 사람이 살지 않는 빈집은 황폐하다는 예리한 인상을 남긴다. 마찬가지로, 버려진 광산도 그렇다. 왜냐하면, 집은 아무도 살지 못하도록 만들어진 게 아니며, 광산 역시 버려진 채 방치되도록 개발된 게 아니기 때문이다. 이렇듯 황폐해진 두 광경에서 부족한 것은 '질서'(ordo)이다. 거기에는 어떤 이성적인 것이 파괴되었으며, 이를 위해 인간적인 것도 파괴되어 드러난다. 왜냐하면, 질서는 이성의 산물이기 때문이다.
　인간은 자신을 둘러싼 세상에 질서를 부여하는 가운데 세상에 자신의 인격성을 새긴다. 이 질서가 파괴될 때, 그 세상으로부터 인간적인 것, 인간이 건드린 것도 사라지고 만다. 하지만, 황폐가 언제나 인간 바깥에 있는 것만은 아니다.

때때로 그것은 인간 안에 있기도 한다. 그래서, 수많은 것을 담게 되어 있는 인간의 마음은 자신이 소유해야 할 것을 그리워하지 않은 채 비워질 수 없다. 다시 말해, 황폐해졌다고 느끼지 않는 한 비워질 수 없다. 왜냐하면, 인간의 마음은 빈 채로 남아있기 위해 만들어진 게 아니기 때문이다.

2. 무질서와 황폐

(1) 하느님과 그분의 이미지 – 질서의 옹호자들

우리 자신의 내면을 바라보거나 우리 주위를 돌아봄으로써 쉽게 검증될 수 있는 이 인간적 사실은 가공할만한 진실에 초점이 맞춰진 현미경과 같다. 인간은 무한한 모델을 본떠서 설계되었다. 하느님의 무한히 충만한 생명 속에서는 황폐할 여지가 없다. 그것은 무질서의 여지가 없다는 것을 의미한다. 당신의 본성 자체로 인해 하느님의 모든 행위는 완전한 질서를 갖는다. 진정, 이러한 질서의 완전함은 우리의 지성에 때로 너무 위대하고 멀리 떨어져 있는 듯이 보인다. 그 질서에 의문을 제기하는 것은 하느님의 본질에 의문을 제기하는 것과 같다. '하느님의 모상'(imago Dei)인 인간은 불완전한 방식으로 이 질서를 수호하는 존재가 된다. 태풍, 자동차 사고, 그가 범한 침략과 죄, 이 모든 것은 그의 삶에 균열을 일으킨다. 이런 것들이 그의 삶이 필요로 하는 질서를 파괴하기 때문이다. 이는 지독하기 그지없는 사실이다. 그러므로, 질서야말로 우리가 향하는 영원한 거처를 지배하는 첫 번째 법칙이 되어야 함은 분명하다. 반면, 무질서야말로 지옥의 혼란에 있어서 가장 소름 끼치는 것 중에 하나일 것이다.

(2) 지옥의 특징을 지닌 무질서

그렇다고 이것이 형편없이 어수선한 책상이나 싱크대에 쌓여 있는 씻지 않은 접시 더미가 악마가 방문한 증거라는 의미는 아니다. 모든 서류가 서랍 속에 깔끔하게 정돈된 음침한 사무실은 많은 사람에게 지옥의 모양새와 잘 들어맞는다. 하느님은 가장 중요한 것들을 돌볼 수 있으며, 이와 동시에 가장 가치 없고 작은 것들도 돌보신다. 하지만, 인간은 이런 하찮은 것들을 돌볼 겨를이 없다. 구체적인 모든 사안을 잘 아는 비서를 두는 것은 아주 좋지만, 만일 그렇지 못하다면, 광기 가득한 무질서와 신중함이 배어있는 행복 사이, 천국과 지옥 사이에 존재하는 차이를 아는 것이야말로 본질적인 질서의 원리이다.

(3) 무질서와 평화

성 아우구스티누스는 "질서의 평온함"으로 평화를 정의하는 가운데 이 모든 것을 암시한 바 있다. 여기서 바로 앞 장의 말을 상기하는 것이 적절하지 않을까 한다. 즉, 평화는 인간의 동기를 유발하는 기관들에 있어서 질서를 통해 일어난 일종의 직선적인 활동의 흐름이다. 이는 인간이 자신의 동료들과 전쟁 중에 있지 않으며 자기 자신과도 그렇지 않다는 것을 의미한다. 그것은 동시에 두 방향으로 달리는 것이 아니라는 말이다. 자연적 질서에서 보면, 평화의 균열은 전쟁 중에, 인격이 이중적으로 되는 가운데, 활력에 위기가 올 때, 죄인에게서 일어난 분열된 마음에 가시적으로 드러난다. 죄인은 자신의 비참함에도 불구하고 하느님과 화해하지 못한다. 초자연적인 질서에서 보면, 죄의 끔찍함으로 인한 후회는 인간의 마음에 대한 하느님의 근심을 증거하며 이와 동시에 하느님을 거스르는 것에 대한 파괴적인 욕구와 사죄(死罪)에 대해서도 증거한다. 이것이야말로 왜 인간이 죄에 대항해서 용감히 싸우거나 천국을 잊어야 하는지 그 이유에 대한 최종적인 해명이다.

3. 마음의 공허함과 공허함의 기원

마음의 충만함이 참사랑의 우정에 의해 제공된 의지의 결합에서 유래하는 것처럼, 마음의 공허함은 분열의 결과, 즉, 욕구들이 충돌한 결과이다. 우리는 참사랑에 의해 하느님 그리고 사람들과 하나가 된다. 반면, 불화로 인해 하느님의 뜻, 다른 사람들의 뜻으로부터 멀어진다. 이것은 고립의 과정이다. 우리는 불화로 말미암아 우리 영혼의 출입구에 빗장을 건다. 그 빗장은 하느님과 사람들이 우리의 영혼에 들어오는 것을 금할 뿐만 아니라, 우리가 우리 자신에게서 나가는 것을 막는다. 인간의 마음은 이 독방에서 쇠약해져 간다. 그의 마음은 홀로 머물기 위해 만들어진 것이 아니기 때문이다.

서로 원한을 품은 정치적인 원수들이 서로 평화롭게 살 수 있다는 게 상상할 수 없는 일은 아니다. 심지어 전쟁에서 대치하는 장군들이 원수가 아닐 수도 있다. 사실, 인간은 삶의 본질적인 것들 이외의 모든 것에 대해 일치하지 않으면서도 여전히 하느님, 다른 사람들과 일치할 수 있다. 평화주의자들이 '예스맨' 연합을 형성하는 것은 아니지만, 서로를 반대하는 것도 아니다. 평화는 의견의 조화라기보다는 의지의 일치에 훨씬 더 가깝다. 물론 의견의 차이가 우리의 잘못이나 아니면 우리의 고집에서 오는 잘못된 생각에 원인이 있다면, 정말 불화가 일어날 수밖에 없다. 우리는 질투나 교만으로 인해 하느님과 이웃에게서 멀어지는 데 기회를 주는 것이다.

몇몇 사람들과는 평화롭게 지내면서 하느님과 다툼 중에 있는 것은 덕이 아니다. 그것은 마치 살인자들을 위한 연합을 형성하는 것과 같다. 참사랑을 제외하고 사람들을 하나로 뭉치게 하는 보편적인 유대감은 절대 없다. 반대로, 인간과 다툼 중에 있으면서 하느님과 평화롭게 지내는 것은 충분히 덕이 될 소지가 있다. 그것은 우리가 다른 이들을 반대해서 그렇게 행동하는 게 아니라, 그들이 자신들에 대해 지닌 증오심을 공격한다는 것을 의미한다. 만일 평화가 죄와 타협한다면, 이 평화는 타락한 게 분명하다.

4. 언어에 의한 황폐

인간이 마음의 공허함을 비밀로 유지하면서 만족하는 것은 드문 일이다. 그 내면의 불화가 언어로 나오게 되면, 우리는 논쟁의 죄를 짓게 된다. 분명히, 논쟁을 금지하는 법이 있는 것은 아니며, 논쟁하는 사람이 부분적으로 틀렸거나 논쟁에서 양보하지 않는다 해도, 모든 논쟁이 죄는 아니다. 예컨대, 하느님이나 이웃에 대한 공격을 저지하려는 많은 토론은 덕스러울 수 있다. 논쟁과 진리에 대한 방어 사이의 차이는 질투나 교만 때문에 지기 싫어하는 사람과 진리를 지키기 위해 양보하기를 원치 않는 사람 간에 존재하는 차이와 같다.

하지만, 합리적이고 정당한 논쟁들조차 한계를 갖고 있다. 비록 택시기사가 무례하다 해도, 수녀가 요금 문제로 인해 택시기사에게 욕설을 퍼붓는 것은 합당하지 않다. 토론은 그 동기를 유발한 주제와 거기에 개입된 사람들에게 적합하게 이루어져야 한다. 예컨대, 주교는 군대의 하사관이 쓰는 것과 같은 부류의 말을 사용하면 안 된다. 달리 말해, 토론이 덕의 행위가 되려면, 고유한 맥락, 상황 안에 있어야 한다. 또한, 토론은 아무리 그 대상이 가치 있어도, 적당한 범위를 지키지 못할 때, 성 바오로가 주장하듯이, "선을 행하는 것이 아닐뿐더러, 듣고 있는 사람들에게 심각한 피해를 준다."

5. 일에 의한 현세적 황폐

인간의 마음을 소외시키는 내면의 불화는 마치 신체 장기에서 장기로 가는 길을 좀먹는 질병처럼 점차 전신을 붕괴시킨다. 이러한 불화는 인간의 마음에만 있지 않다. 그것은 사람들 간의 일치를 파괴하고 그들을 하나로 묶는 다양한 제도를 공격하면서 사회 전체를 위험에 빠트린다. 우리는 불화 중인 의지를 비행기 엔진에 비유할 수 있다. 그것은 마치 비행기의 엔진이 헐거워져서 기체로부터 떨어져 나가 조종실을 부수고 그 안으로 들어가는 것과 같다. 엔진이 비행기의 나머지 부분과 하나로 있던 때에는 신속하고 빠른 운동으로 비행기와 승객들을 목적지로 데려가는 강력한 목적을 수행한다. 그러나 비행기에서 분리된 상태에서 엔진은 오히려 비행기와 승객들을 파괴하는 도구가 되고 만다. 하느님의 질서에서 떨어져 나간 인간의 의지 역시 사람들의 일치를 짓밟는 파괴자가 된다. 그 무엇도 이 파괴적인 의지를 멈추지 못한다. 이제 오직 그 의지만이 최고이며 최고로 거룩할 뿐이다.

(1) 보편 교회에 대항함 - 이교(離敎)

이러한 공격이 교회의 일치에 초점을 맞출 때 '이교'(離敎, schisma), 즉 교회 분열이 생겨난다. 교회 분열은 교회에 대항해서 싸우는 걸 좋아하는 죄를 말한다. 그러므로, 이교의 적수는 평화(平和, pax)이다. 이교는 이단이나 불신앙처럼 신앙을 공격하지 않고, 오히려 참사랑의 열매인 일치에 집중해서 공격한다. 이교는 그 희생자들을 교회의 구성원들과 교회의 수장으로부터 떼어낸다. 이교는 불변하는 근본 진리들을 거스르기보다, 교회 일치와 같은 변화 가능하고 현세적인 것을 공격한다. 그러나 이교는 대다수의 신자들의 영적 유익에 손해를 끼치기 위해 뻗어 나가기 때문에, 이웃을 거슬러 범하는 죄 중에서 두드러진 위치를 차지한다.

(2) 국가들에 대항함 – 전쟁

만일 현대 세계가 전쟁과 이교 가운데 하나를 선택해야 한다면, 이교가 좀 덜한 악이라고 단호히 선택하지 않을까 싶다. 이교의 대상은 덜 광범위하고 그것이 주는 피해가 덜 심각한 데 반해, 불의한 전쟁에서 일어나는 불화의 죄는 이교의 죄보다 훨씬 더 우리에게 깊은 인상을 준다. 영적인 피해가 거리를 피로 뒤덮을 정도로 잔인하지는 않다. 우리는 전쟁의 재앙에 깊은 인상을 받을 정도로 충분한 이유를 갖고 있다. 그러나 이것이 영적인 가치들과 물질적인 가치들의 질서를 뒤집기에 충분한 근거가 되지는 못한다.

1) 정당한 전쟁과 부당한 전쟁

그러나 전쟁을 구성하는 무력 충돌 자체가 죄는 아니라는 점에 주목해야 한다. 전쟁이 부당할 때 그 전쟁이 죄가 되는 것이다. 이와 관련해서 오늘날에는 두 가지 이상의 극단적인 견해가 있다. 첫 번째는 전쟁을 미화하고 군사 활동에 대한 법적 제한을 인정하지 않는 것이다. 다른 하나는 전쟁을 완전히 비난하고 국가 간에 무력을 동원한 모든 적대 행위에 어떠한 정당성도 인정하길 거부하는 것이다.

사실, 서로 충돌하는 이 두 가지 견해는 잔혹하기 그지없는 한 어머니의 쌍둥이 자식과 같다. 이 견해들은 무신론적 물질주의에 공통된 근원을 두고 있다. 전쟁을 미화하는 이들의 기본 원칙은 "더 많은 힘을 가진 자가 언제나 옳다"는 것이다. 그러므로, 이 선상에서 법은 더 강한 자의 명령에 불과하게 된다. 이러한 기본 원칙은 짐승의 힘을 신격화하거나 폭력배의 잘못된 철학을 격찬하는 것과 다를 바 없다. 그 원칙은 인간 사회를 떠받치는 질서를 유지하는 모든 원리를 경멸하게 하고, 권력 이동이라는 혼란 상태에 처하게 함으로써 피할 수 없는 지속적인 황폐라는 결과를 낳는다. 따라서 그것은 사람을 동물보다 훨씬 더 못하게

격하시킨다. 이에 반해, 또 다른 극단적인 견해(모든 전쟁을 전적으로 비난하는 견해)는 부패와 분열이라는 나약함을 간직하고 있다. 그 이면에는 재산, 건강, 사치, 돈, 생명 등 전쟁으로 파괴될 수 있는 실재들이 가치의 단계에 최고라는 잘못된 확신이 자리하고 있다.

　두 가지 견해는 모두 그 근본에서부터 악한 것이다. 두 견해 중 극단적인 절대 평화주의자는 인간적인 것들을 더 많이 파괴한다. 왜냐하면, 통상 '코피 전략'[7]을 당하는 국가 편에서는 거센 반발이 있기 때문이다. 사실, 국가 간의 행위는 개인 간의 행위와 마찬가지로 도덕법에 속한다. 말하자면 국가의 행위도 개인의 행위와 마찬가지로 인간적 행위라는 것이다. 왜냐하면, 국가 역시 변하지 않는 하나의 목표를 향하거나 이를 멀리하기 때문이다. 그러므로 국가는 옳든 그르든 목표를 향하거나 멀어진다. 그러나 이런 행동에서 즉각적인 처벌을 면하게 하는 국가의 힘이 악을 선으로 만들 수는 없다. 반면, 물질세계가 줄 수 있는 모든 것을 포기할 만큼, 심지어 생명까지도 버리면서 싸울 가치가 있는 일들이 있다. 이 세상의 물질적인 재화들과 맞바꿔서 얻을 만한 최고의 가치를 수호하기 위해서는 맞서 싸울 수 있어야 한다.

　이런 현대적인 입장들이 새로운 것은 아니다. 예전에 여러 시대에도 전쟁을 격렬하게 비난했던 사람들이 있었다. 마니교도들은 전쟁은 언제나 죄악이라고 확신했다. 루터는 오스만투르크인들에 맞서 싸우는 것이 악한 그리스도인들의 처벌을 막기 때문에 하느님의 뜻을 거스르는 것이라고 주장했다. 에라스무스는 비록 구약성경에서 전쟁이 정당화되었다는 점을 인정했지만, 신약성경에서는 그렇지 않다고 주장했다. 왜냐하면, 전쟁은 사랑의 법을 거스르기 때문이다. 사실, 어떤 상황에서 전쟁이 정당화되는가는 단순한 철학적 견해가 아니다. 가톨릭 신자에게는 그것에 동의하거나 반대할 권위가 없다. 왜냐하면, 그것은 교회

---

7) 상대에게 가시적이고 치명적인 피해를 입혀 항거불능 상태로 만든다는 군사 용어.

의 장엄한 가르침이기 때문이다. 사실, 교회는 오랜 역사 동안 여러 공의회와 교황들을 통해 '정의로운 전쟁'(bellum iustum)에 대한 윤곽을 제시해왔다.

아마도 우리는 정의로운 전쟁의 바탕을 '방어'라는 한 단어로 압축할 수 있을 것이다. 정의로운 전쟁의 원인은 도전당한 권리의 침해를 회복하거나 이미 이루어진 손해에 대한 배상을 얻기 위해서이다. 첫 번째 경우, 이른바 방어전을 하게 된다. 두 번째 경우, 이른바 공격전을 하게 된다. 두 경우 모두 권리를 방어하기 위한 조치이다. 따라서 두 경우 모두 정의로운 전쟁을 수행할 수 있다.

물론 이러한 방어는 필사적인 최후의 방어이다. 이 점을 명심한다면 어떤 개인에게도 전쟁을 선포할 권리가 없음이 분명하다. 개인들, 시민들은 언제나 상소할 수 있는 상급 법원을 갖는다. 그들은 자신이 직접 그 문제를 해결할 필요가 없으며, 지역 사회의 판사에게 손해배상을 청구할 수 있다. 그러나 국가의 권리가 침해되었을 경우, 더 높은 정치적 상급 법원이 없으며 실제적인 초국가적 권력이 없으므로 무력에 대한 호소는 국가의 권리를 회복할 수 있는 유일한 방법일 수밖에 없다.

달리 말해, 양심적이고 세심한 시민은 자신의 여가 중 일부를 정의를 세우기 위해 국가를 돕는 데 바치기로 할 수 있다. 예컨대, 그가 국가에 도움이 될 역할을 찾다가, 자기가 부담해서 개별적인 사형장을 만들어 범죄자들의 교수형을 집행하기로 결심했다고 하자. 이 사실을 알게 되자, 공공의 견해는 그의 결정에 반대하는데, 이는 당연하다. 왜냐하면, 현행 시민들에게는 국가 체계 내에서 복수할 권한이 없기 때문이다. 공동체의 이름으로 형벌을 부과하는 주체는 다름 아닌 국가이다. 이는 국가의 한계를 벗어나서도 마찬가지이다. 개인들, 시민들에게는 국가 외부의 적들에 대항해서 복수할 권한이 없다. 그들에게는 공동체의 이름으로 이를 실행할 권한이 없다. 또한, 전쟁의 경우 있어야 할 소집 권한도 없다. 이것은 권한을 가진 사람, 공동체의 책임을 진 사람에게 해당된다.

그러나 여기서도, 전쟁을 선포해야 할 의무가 있는 국가의 통치자일 경우, 시민들은 더 이상 검(劍)을 잡을 권한이 없다. 이 검(劍)에 대한 권한은 국정 운영자들을 통해 군인에게 주어진다. 그것은 공동선(共同善, bonum commune)의 보호자로서 그들이 맡은 직책에 해당된다. 그러나, 비록 전쟁을 선포하는 이유가 정당하다 해도, 전쟁을 선포하는 권한을 가진 통치자가 탐욕, 잔학함 등과 같은 사악한 의도를 가지고 정의를 손상시킬 경우, 전쟁은 부당한 것으로 변질된다. 이는 그리 놀랄만한 일이 아니다. 왜냐하면, 정의로운 행위, 심지어 사랑의 행위마저도 악한 지향으로 인해 타락하게 되는 것을 보기 때문이다.

전쟁의 도덕성에 대한 간략하고 고전적인 진술은 전쟁의 정당화를 위한 세 가지 조건을 요구한다. 전쟁은 권한이 있는 통치자가 선포해야 하며, 정당한 이유가 있어야 하고, 올바른 목적을 위해 수행되어야 한다. 정당한 전쟁은 이 세 가지 요소를 동시에 지녀야 한다. 전쟁은 단지 권한이 있는 통치자가 선포하기 때문에 수행되는 것만은 아니다. 전쟁은 단지 정당한 이유가 있기 때문에만 수행되는 것도 아니다. 또한, 그 한 사람이 지향하는 목적이 순수하다고 해서 전쟁이 정당하게 여겨지는 것도 아니다. 앞서 제시한 요소들이 동시에 존재할 때, 전쟁은 도덕적으로 정당하다. 심지어, 공동선을 수호하기 위해 필수적인 한에서 전쟁은 덕의 행위로 간주될 수 있다.

다양한 논란의 소지는 있지만, 아마도 십자군 전쟁이나 스페인의 재정복 전쟁이 이 경우에 해당되지 않을까 한다. 그러나 어떤 특정한 전쟁의 정의나 부당함을 판단하는 것이 항상 쉬운 것은 아니다. 원칙이 명확하지 않아서가 아니라, 때로는 그에 대한 증거를 확인하기가 상당히 어렵기 때문이다. 행위의 도덕성에 대한 판단과 마찬가지로, 사안을 철저히 조사하려면 모든 자료를 갖는 것이 중요하다. 하지만, 오늘날, 전쟁을 정당화하는 선전 활동이라는 보호 장벽을 부수고 어느 정도의 객관성을 확보하는 것은 거의 불가능에 가깝다.

2) 성직자들과 전쟁

우리는 참으로 정의로운 전쟁에서 역설적으로 일정한 부류의 사람들에게는 그 전쟁에 참전하는 것이 금지되었다는 사실을 대면하게 된다. 그들은 다름 아닌 성직자들이다. 하지만, 이는 그러한 금지를 무시하는 국가의 지도자들을 이해하는 것만큼 그리 어렵지 않다. 결국, 성직자들은 하느님과 인간 사이의 중개자(仲介者, mediator)로서의 사명을 갖는다. 하느님에 대한 관상과 찬미 그리고 사람들을 위한 중재기도는 그의 직무에 있어서 근본적인 부분을 이루고 있다. 정부가 성직자들을 전쟁에 참여하도록 강요하는 것은 그러한 사제들의 과제가 상대적으로 중요하지 않다고 여기거나, 적어도 전쟁의 굉음이 그들의 과제 수행에 전혀 방해되지 않는다고 보기 때문이다. 두 경우 모두 공동체의 유익을 마련하기 위한 그들의 능력을 의심하기 때문에 그럴 것이다.

성직자들이 전쟁에 참여하는 것을 반대하는 이유는 이보다 훨씬 더 깊다. 교회 내의 모든 소품(小品)들은 제단 위에서 그리스도의 희생을 봉헌하는 것이 근본 과제인, 사제품(司祭品)을 향해 질서 지어졌다. 그러므로, 이러한 희생을 봉헌하는 직무자인 사제가 다른 사람의 피를 흘리게 하는 것은 적절하지 않다. 오히려, 그는 그리스도를 위해 자신의 피를 흘리기 위해 준비해야 한다. 더 나아가, 사제는 평화의 조성자가 되어야 한다. 그의 삶은 육신들의 파괴가 아닌 영혼들의 구원을 위해 봉헌되어야 한다. 이처럼, 그의 사명은 여타 모든 사람들의 사명 위에 있다. 공동선의 수호처럼 지극히 합당한 이유조차 평화의 임금께서 이 세상에서 오셔서 시작한 일을 지속하는 사제의 과제를 한쪽으로 밀쳐두게 하지는 못한다.

그렇다고 해서 전쟁이 발발했을 때 모든 성직자를 유리 상자에 넣고 대성당의 창문과 더불어 방공호에 숨겨야 한다는 것을 의미하지는 않는다. 성직자들이 전쟁에 참여하지 못하게 금지하는 것은 그들을 고난, 궁핍, 위험으로부터 보호하기 위한 것이 아니다. 왜냐하면, 이런 것들은 그리스도의 계명에 따라 그들에게 있어 매일의 양식이기 때문이다. 실제로 그들은 다른 어느 누구보다 늠름하게 이 모든 것을 받아들여야 한다. 문제는 사제(司祭, sacerdos)로서 그의 직무적 과제가 중단돼서는 안 된다는 데 있다. 더 나아가, 그들은 영혼들의 구원을 위해 일해야지 인간의 생명을 위해 일해서는 안 된다. 그러므로, 성직자들은 자신을 필요로 하는 곳(참호, 폭격 당한 도시, 바다와 땅)에 있어야 한다. 왜냐하면, 바로 그곳에 사람들이 있으며, 그들은 영적인 도움과 양식을 필요로 하기 때문이다. 성직자들은 이런 방식으로 전쟁에 참여할 수 있을 뿐만 아니라(비록, 전쟁에서 무기를 들고 싸우지 않더라도) 의무적으로 그렇게 참여해야 한다.

3) 정보 집단의 도덕적 한계

수 세기 전부터 계속해서 전쟁에 관해 이야기하면서 계속해서 간과되어 온 끔찍한 사업에 대한 마지막 요점이 있다. 그것은 비밀 경호국이나 정보부대 또는 스파이에 대한 도덕적 규제 문제이다. 정의로운 전쟁은 도덕적 행위로서 도덕적 행위자에 의해 수행되고, 따라서 윤리법의 가르침에 의해 엄격히 제한된다는 것을 기억하면, 악행은 그 자체로 결코 전쟁의 이름으로 허용돼선 안 된다는 것이 명백하다. 도덕적으로 잘못된 행동을 정당화할 수 있는 명분은 없다. 왜냐하면, 목표는 결코 수단을 정당화할 수 없기 때문이다. 적의 비밀을 얻어내기 위해 매춘을 하거나 조국의 국가 기밀을 감추기 위해 엄청난 거짓말을 꾸며내는 선전 전문가는 다른 목적으로 같은 행위를 한 범죄자들에게 주어지는 지독한 이름을 받아 마땅하다. 도덕률(道德律)은 자신이 아는 모든 것을 말하는 순진한 젊은 여성의 정직함과 같지 않다. 적이 잘못된 추론을 끌어내도록 조작하거나, 포로로 잡혔을 때 공격과 방어에 대한 계획을 말하지 않는 것, 또는 그 계획의 일부분을 우리가 알리고자 하는 만큼만 말하는 것은 지극히 정당하다. 하지만, 뻔뻔하게 거짓말을 하거나 속이는 것은 비록 전쟁 중이라 해도 여전히 죄에 해당된다.

현대 외교를 그토록 자주 얼룩지게 만든 기만과 부패 뒤에는 국가의 절대 수장권(首長權)을 암시하는 마키아벨리(Machiabelli, 1469-1527, 이태리의 정치철학자)의 어리석은 정치철학이 자리 잡고 있다. 오늘날 그가 주장한 수장권은 더 이상 묵인되지 않는다. 국가의 유익은 으뜸이며 유일하고 변하지 않는 도덕적 원칙으로 단호히 진술되었다. 예컨대, 소련은 윤리적 규범이 무산계급의 봉사와 계급 전쟁에 전적으로 종속되어 있다고 공식적으로 선언한 바 있다. 간단히 언급하면, 무엇이든 국가나 당을 위한 봉사에 포함되어야 한다는 것이다.

분별 있는 사람들은 이러한 수장권이 국가가 하느님의 자리를 차지했음을 알기 때문에 그러한 국가 개념에 대해 기겁하며 뒤로 물러나고 말 것이다. 하느님에 대해 특별히 관심이 없는 사람들은 어리석게도 그런 바꿔치기에 대해 참을 수 있다고 생각할지도 모른다. 그러나 잠시 생각해보면, 인간성 자체에 대한 함축적 의미를 깨닫게 된다. 국가 우월주의는 인간의 삶에서 모든 희망을 박탈한다. 이로 인해 인간은 절망하게 된다. 이제 이 선상에서 인간은 개인의 권리나 개인적인 목표를 박탈당한 채 국가의 꼭두각시로 전락하고 만다. 결국, 마지막에 그에게는 그간 부여됐던 단순한 숫자만 남게 되며, 익명으로 국가에 봉사하는 가운데 했던 일들에 대해서는 아무 보상도 받지 못한다.

(3) 국가에 대항함 - 폭동

1) 공동선에 대한 수호

그렇다고 지금까지 언급한 것이 국가는 일련의 객관적인 권리들을 갖지 못한다는 것을 의미하지는 않는다. 국가의 권리들은 존중되어야 한다. 정의로운 정부에 대한 반란은 범죄(犯罪, crimen)이자 특히 치명적인 죄로서, 반란을 준비하는 바로 그 시작부터 범하게 된다. 그것은 지역 사회의 공익을 정면으로 거스르는 죄이다. 폭동(暴動, seditio)의 죄가 지도력을 요구하는 엘리트들의 죄는 아니다. 그것은 반란 주모자와 추종자들이 적법한 권력 기관에 대항해서 함께 나누는 공동의 것이다. 많은 경우 그들은 자신의 동포들을 향한 사랑 때문에 폭동을 시작하게 됐다고 말하지만, 사실 폭동에 가담한 자들은 자기 동포들을 배신하는 것이며 그들에게 막대한 피해를 입히는 것이다.

2) 정당한 반란

교회는 국가의 권위를 확고하게 옹호한다. 그러나 동시에 교회는 정부가 세라핌 천사들로 구성됐다고 믿지는 않는다. 정부의 지도자와 장관들은 잘못할 수 있다. 그들은 공동선에 반하는 일들을 저지를 수 있다. 심지어 그들은 폭군이 될 수도 있다. 만일 이런 일이 벌어지게 되면, 다시 말해 정부가 공동선에 반해서 체계적으로 작동한다면, 이런 정부에 대항해 반란을 일으킨 사람들은 엄밀한 의미에서 반란자들이 아니라 공동선의 수호자가 되는 것이다. 비록 그들이 전쟁을 시작할 권한을 갖고 있지는 못하지만, 그럼에도 그들은 전쟁을 시작할 수 있다. 왜냐하면, 본래 이 권한을 가졌던 자들이 이 권한을 상실했기 때문이다. 반란이 현재의 횡포보다 공동선에 더 큰 해를 끼치지 않는 한, 반란은 정당화될 뿐만 아니라 의무적이기도 하다. 만일 정부가 독재정권으로 추락하게 되면, 더 이상 능력과 교육 또는 책임으로 봐서 공동선을 배반한 정권 지도자들을 대체할 수 있는 사람들 이외에 권한을 갖는 지도자가 없게 된다. 국가를 다스리던 사람들의 수장으로부터 왕관을 빼앗긴 것이 아니라 그들은 이미 수장을 잃어버리고 말았다. 반면, 자신의 자질로 인해 그들을 대신하도록 불린 자들은 더 이상 민간인이 아니라 공공의 책임을 지게 된다. 그들은 공동선보다 사적 이득을 취했던 이들로 인해 생긴 구멍을 메워야 하기 때문이다.

(4) 개인에 대항함

이렇게 해서 개인들은 전쟁을 시작할 수 없다고 하는 보편적으로 허용된 원칙이 완성된다. 하지만, 비록 그렇게 해서는 안 되지만, 일종의 개인적이고 사적이며 작은 전쟁은 시작할 수 있다. 그것은 개인적인 분쟁이자 더 나아가 결투이기도 하다.

1) 결투

사실상 결투(決鬪, duelium)는 정교하게 고안된 살인 계획이다. 그것은 본질적으로 혼란스러운 행동에 품위와 질서를 부여하려는 시도이다. 거기에는 시간, 장소, 무기에 관한 엄숙하고 '신사적인' 합의가 있다. 이 일은 살인의 그림자, 즉 한편 또는 양편 모두에게 끈질긴 죽음의 위험이 늘 따라다닌다. 트리엔트 공의회는 결투와 결투자들을 거슬러서 단호히 반대하며 단죄했다. 이 단죄에는 결투에 참가하는 결투자들 뿐만 아니라, 자기 지역 내에서 그것이 일어나도록 허용하는 사람들, 구경꾼들, 공식적인 살인과 관련된 모든 사람이 포함된다. 결투를 허용하는 통치자는 파문당할 뿐만 아니라 관할권도 빼앗기고 모든 재산을 박탈당하게 된다. 그리고 결투에서 죽은 사람과 관련해서, 그는 교회 내에 매장되거나 무덤을 가질 수 없다. 결투의 조언자와 결투자의 대부 그리고 관람객들 역시 파문되며 영원한 불명예를 떠안게 된다. 그리고 어떤 특권이나 관습, 심지어 오랜 옛날부터 전해오는 관습이라도 이와 반대되는 것은 용납되지 않는다.

트리엔트 공의회는 인간의 생명은 신성하다는 점을 분명히 하고자 했다. 암퇘지의 귀를 비단 지갑으로 바꾸는 것은, 살인이라는 추악하고 기형적인 행위를 품위와 명예와 덕이라는 섬세한 장신구로 바꾸는 일에 비하면 어린애의 장난에 불과하다. 그 무엇도 인간에게서 생명을 앗아가는 행위를 정당화할 수 없기 때문이다.

2) 싸움

에드윈 마크햄(E. Markham, 1852-1940, 미국의 시인)의 「괭이를 든 남자」(Man With a Hoe)에는 인간의 삶을 어리석은 그늘 속에 집어넣은 비이성적인 광기를 내포한 결투와 언쟁에 대해 묘사하고 있다. 결투와 언쟁은 모두 분노의 산물이며, 사람에게서 이보다 더 이성을 박탈하는 정념은 없다. 싸우기를 좋아하는 사람은 자신의 태도에 대한 구실을 발견하기 위해 정념 뒤에 몸을 숨긴다. 하지만, 다른 사람을 공격하는 행위는 어떤 경우 다른 사람의 권리를 부당하게 침해하는 것으로, 이성에 반하는 것이자 완전히 어리석은 짓이다.

결투는 이보다 훨씬 더 냉정하고 계획적인 분노에서 비롯된다. 그래서 결투에 대해서는 어떤 변명의 여지도 없다. 우리가 다른 사람을 냉정하고 고의적이며 부당한 방식으로 공격하기 위해 한 걸음 더 나아간다면, 우리는 증오의 산물인 잔혹한 행위를 하게 된다. 그 목적은 단순히 만족감을 얻기 위해서가 아니라 무엇보다도 적극적으로 상처를 입히기 위해서이다. 뒤쪽에서 칼을 꽂거나 어두운 골목에서 기관총을 발사하는 것은 맹목적이고 맹렬한 분노의 표출 이상으로 냉정하고 악마적인 증오의 표현이다. 둘 중에 한 사람이 원치 않으면 싸우지 않는다는 격언은 자명한 진리를 담고 있다. 왜냐하면, 분명 혼자만으로는 싸울 수 없기 때문이다. 그러나, 이것을 바탕으로 두 사람이 싸울 때 두 사람 모두 잘못했다고 추론하는 것은 잘못된 것이다. 부당한 공격으로부터 자신을 보호하기 위해 싸우는 것은 악한 일이 아닐뿐더러 필수적일 수 있기 때문이다. 피로 얼룩진 웅덩이 한가운데 있는 살해된 사람 등 이 모든 것은 우리의 마음을 움츠러들게 하는 광경이다. 불행하게도 이런 인간적인 비극은 너무도 흔하다. 우리가 살아가는 시대는 이렇듯 황폐하게 파괴된 것들이 지닌 가치에 대해 특별히 강조해왔다.

6. 영원한 황폐 : 걸림돌

하지만, 영원의 눈으로 바라볼 줄 아는 우리 신자들에게 이런 황폐함은 인간에게 갑자기 일어날 수 있는 최악의 사건이 아니다. 최악의 사건은 그리스도의 업적을 파괴하고 인간의 최고 아름다움을 더럽히며 그를 영원한 죽음으로 이끄는 데 있다. 비천한 사람들, 작은 자들에게 걸림돌(scandalum)이 되는 사람에게, 연자매를 목에 달아 바다 깊은 곳에 던져버리는 편이 더 낫다고 경고하신 그리스도는 이 점을 깊이 염두에 두고 계셨다. 그렇게 되면, 적어도 그들은 구원될 수 있다는 말이다. 다시 말해, 적어도 그들은 음흉한 죄의 샛길로부터 멀어질 수 있다는 것이다. 더 나아가, 우리는 '이 작은 이들'에 대해 말할 때, 그리스도께서 단지 어린아이들만을 가리키셨을 것이라고 잘못 생각한다. 하느님이 보시기에 모든 사람들은 어린아이들과 같다. 왜냐하면, 우리 모두는 그분의 자녀들이기 때문이다. 그래서 그분의 말씀을 다음과 같이 이해하는 것이 더 낫다. 즉, 하느님의 자녀 가운데 하나라도 걸려 넘어지게 해서, 그를 죄의 샛길로 빠지게 한다면, 바로 그런 사람에게 그리스도께서 하신 엄한 말씀이 적용된다는 것이다.

(1) 걸림돌의 종류

우리 세대는 충격적이게도 작은 이들의 파멸에 친숙해져 있다. 고등학생들에게 마리화나를 소개하는 비열한 마약상은 학생들의 인생이 망가지는 것은 아랑곳하지 않은 채 돈에만 관심을 갖는다. 또한, 쾌락만을 위해 이성을 유혹하는 사람은 자신, 즉 자신의 욕구 만족에만 주로 관심을 갖는다. 그럼에도 불구하고, 두 경우 모두 하느님 자녀들의 영적인 파멸을 상당히 초래하고 말았다. 사실, 그들은 가장 약한 어린아이들이나 가장 작은 어린아이들을 공격하는 불량배보다 훨씬 더 많은 피해를 학생들에게 입혔다.

마약상이나 학생들을 꼬드기는 사람들 모두 참사랑에 반대되는 심각한 대죄를 범했다. 하지만, 이것이 다른 사람의 영적 파멸을 주된 목적으로 하는 악마적인 걸림돌은 아니다. 걸림돌(scandalum)은 영혼의 파괴를 선동하는 악마적인 죄를 말한다. 걸림돌은 사람들의 의식에서 모든 윤리적인 감각을 파괴하려는 것, 그들의 종교심을 없애려는 것, 그들의 정신에서 하느님에 대한 앎을 빼내고 그들의 마음에서 그분을 향한 사랑을 빼내는 것, 악마적인 일을 완수하려 드는 것을 의미한다. 그러므로, 걸림돌은 이웃에 대한 증오의 최고 표현이다.

(2) 걸림돌의 악의

앞서 언급한 것을 통해 신학적인 의미에서 볼 때 '걸림돌'(scandalum)이란 용어는, 단순히 듣기에 '걸림돌이 될 만한' 험담이나 이야기가 아님은 분명하다. 엄밀히 말해 '걸림돌'은 영적인 파멸을 내포하며 이는 심지어 그것을 촉발하는 행동이 그 자체로 죄스러운 것은 아닐 때에도 범할 수 있는 잘못이다. 예컨대, 절주(節酒)에 대해 강의하고 있던 덕스러운 사람이 물 한잔을 마시기 위해 잠시 강의를 중단했는데, 기지가 넘치는 어떤 사람이 몰래 물병을 술병으로 바꾼 상태였다. 그 강사는 이를 모른 상태에서 물 대신 술을 마실 수밖에 없었다. 몰래 물을 술로 바꾼 사람의 행동이 어떤 죄스러운 행위를 범한 것은 아니지만 이는 커다란 걸림돌을 유발할 수 있다. 더 나아가, 심지어 덕스러운 행동 자체도 걸림돌을 일으킬 수 있다. 예컨대, 라틴 전례를 드리는 가톨릭 국가에서 그리스 전례에 속하는 어느 결혼한 가톨릭 사제가 전례를 집전하고, 전례 후에 자기 아내에게 키스를 한다면, 어떤 걸림돌을 일으킬지 쉽게 상상할 수 있을 것이다.

예수께서도 말씀하셨듯이, 걸림돌은 피할 수 없는 것이다. 이는 다양한 의미로 해석될 수 있다. 왜냐하면, 마음이 꼬인 사람들은 덕스러운 행위를 포함해서 모든 인간적 행위를 나쁘게 해석하거나 거기에 담겨 있는 좋은 점들을 잃어버릴 수 있기 때문이다. 그러므로, 이 경우 일어나는 걸림돌은 바리사이적이라고 할 수 있다. 이런 형태의 걸림돌은 피할 수 없다. 여기서 할 수 있는 유일한 일은 그것에 합당한 무시로 일관하는 것이다. 하지만, 우리가 피해야 하는 (죄에서 나오는 걸림돌과 다른) 걸림돌도 있다. 그것은 악의 겉모습에서 솟아나는 걸림돌이다. 이는 무죄한 이들에게 고유한 걸림돌이기도 하다. 우리는 혼신을 다해 이런 걸림돌을 피해야 한다. 왜냐하면, 이웃의 영혼은 우리가 할 수 있는 다른 모든 일보다 훨씬 더 중요하기 때문이다. 그 결과, 이웃에 대한 사랑으로 인해 한 가지 선행을 궐한 것은 그 자체로 보면 본래 하려고 했던 선행보다 훨씬 더 나은 것이다.

(3) 의로운 사람과 걸림돌

사실, 의로운 사람은 어떤 인간적인 배려라는 구실로 하느님과의 우정을 그르치지 않기 때문에, 통상 걸림돌에 넘어지지 않는다. 물론, 정의로운 사람은 경미한 소죄에서 오는 걸림돌이나 부주의하게 행한 선행조차, 다른 사람들을 걸려 넘어지게 하지 않는다. 의로운 사람은 하느님을 위해 일들을 부주의하게 하지 않는다. 그는 하느님을 사랑하기 때문에 하느님께 속한 모든 것에 주의하며, 자신의 이웃인 하느님의 벗들 그리고 모든 피조물의 유익을 위해 노력한다.

7. 질서의 제1원리들

인간의 삶에 본질적인 질서가 지배하는 가운데 충만함과 평화가 찾아온다. 반면, 무질서가 지배할 때 인간의 삶은 공허하고 황폐하며 혼란스럽게 된다.

(1) 그리스도의 이중 계명

따라서 우리의 삶에서 이러한 질서가 구현되는 것은 무엇보다도 필요하다. 그리스도는 우리에게 필요한 것을 간과하실 분이 아니다. 특히, 그분은 우리에게 근본이 되는 진리를 가르치실 시간이 조금밖에 없었다. 그래서 모든 계명 중에서 으뜸이 되는 계명이 무엇인지 요청받으셨을 때, 그분은 하나가 아닌 두 개의 계명에 대해 말씀하셨다. 첫째는 "네 마음을 다하고 네 정신을 다하고 네 목숨을 다하고 네 힘을 다하여 주 너의 하느님을 사랑해야 한다"이며, 둘째는 "너희는 네 이웃을 네 자신처럼 사랑해야 한다"는 것이다.

1) 다른 모든 계명들의 목적

그리스도는 이 말씀과 함께 우리에게 질서의 객관적 원칙, 즉 인간을 자신의 목표와 더불어 적절한 관계에 놓아주는 원칙을 선사하셨다. 인생의 목적은 참사랑이 지향하는 목적인 하느님과의 합일에 있으며, 만일 우리가 이 목적에 올바로 질서 지어지게 되면, 그밖에 모든 것은 각자 자신에게 적합한 위치를 얻게 된다. 그러므로, 그분이 가르치신 단 하나의 계명, 바로 그것이 제일 중요하며 그것으로 충분하다. 이는 다른 모든 것을 포함한다. 예수님은 여기에 어떤 오해도 없도록 다음과 같이 덧붙이셨다: "너희들은 네 이웃을 너 자신처럼 사랑해야 한다."

2) 계명의 말씀들

첫째 계명은 하느님을 향한 사랑의 척도를 언급한다. 우리는 사랑받을 만한 가치가 있는 유일한 방식으로 하느님을 사랑해야 한다. 즉, '한없이' 사랑해야 한다. 그분은 자신을 온전히 봉헌하는 가운데 이 진리를 수호하셨다. 그러나 그분의 봉헌은 패배가 아니라 승리였다. 우리는 우리의 전 존재를 하느님께 드려야 하며, 우리의 모든 힘을 다해 그분을 향해야 하고, 우리의 지성을 그분께 따르도록 해야 한다. 또한, 우리의 모든 욕구와 외적 행위가 그분을 따르도록 노력해야 한다. 한 마디로, 우리에게 있어 모든 활동의 원리를 하느님을 향해 방향 지어야 한다. 그럼으로써 오직 하느님만이 헤아리실 수 있는 일치와 효력으로 조화롭게 행동해야 한다.

우리를 하느님께 내어드림으로써 우리는 이웃에 대한 거룩하고 의로우며 참된 사랑을 지니게 된다. 이 사랑은 거룩하다. 왜냐하면, 우리는 하느님으로 인해 이웃을 사랑하기 때문이다. 또한, 이 사랑은 의롭다. 왜냐하면, 이웃의 악이나 우리의 악한 원의에 동의하지 않는 가운데 오직 그의 유익만을 바라기 때문이다. 마지막으로 이 사랑은 참되다. 왜냐하면, 그에게 요구하지 않고 단지 내어주기 때문이다. 그리스도께서 가르치신 이 두 계명은 결코 실현 불가능한 이상 또는 장상들에게나 적당한 가르침이 아니다. 이것은 십계명을 준수함에 있어 내포된 최소한의 요구일 뿐이다.

(2) 지혜

1) 지혜의 본성과 범위

이것들은 질서의 객관적인 원리들이다. 우리 안에서 질서의 원리는 참사랑으로, 이는 성령에서 유래하는 지혜(sapientia)의 선물을 통해 완성된다. 어떤 과학자가 많은 것에 박학할 수 있는 데 반해, 이와 동시에 철저히 무지한 자로 남을 수 있다. 만일, 그의 지식이 그 자신에게 인생의 최종 목적에 대해 가르쳐주지 않는다면, 그에게 참된 지혜를 제공해준 것은 아니기 때문이다. 반면, 철학자는 철학자가 되기 위해 현자가 되어야 한다. 그는 목표, 즉 최종 목적이 무엇인지 (비록, 그것이 인간의 자연적인 목적이라 해도, 따라서 비록 성에 차지 않는 목적이라 해도) 알아야 한다. 왜냐하면, 철학은 궁극적인 원인들을 연구하는 학문이기 때문이다. 달리 말해, 우리는 우리 눈앞에 목적을 염두에 둘 때 우리가 가는 곳이 어디인지 알 수 있다. 우리는 오직 최종 목적을 관상함으로써 첫 번째 실재가 무엇인지 깨닫게 된다. 삶의 의미에 대한 앎을 제공해주는 이런 침착한 판단력을 소유한 사람은 지혜로운 자이다.

초자연적인 질서에 최종적인 목표들은 신적인 목표들이다. 신적인 실재들을 관상하고 이 실재들을 통해 신적 질서와 인간적 질서의 의미를 깊게 탐구하는 것은 '지혜'(sapientia)의 선물이 수행하는 과제이다. 지혜의 선물은 우리가 하느님의 집에 있는 현관으로 들어갈 수 있도록 우리의 정신에 능력을 부여해주는 세 가지 지성적 선물(donum intellectum) 가운데 일부를 구성한다. 살펴본 바와 같이, '통찰'(洞察, intellectus)의 선물은 우리가 신적인 진리들을 깊이 깨닫게 해준다. 반면, '지식'(scientia)의 선물은 하느님의 빛으로 피조물들의 세계를 보기 위한 능력을 우리에게 부여해준다. 그리고 '지혜'의 선물은 이 새로운 세상을 관상할 수 있게 해주며 하느님의 평온한 눈으로 두 세상(새로운 세상과 옛 세상)을 관상하게 해준다.

2) 지혜의 참행복 – "행복하여라. 평화를 이루는 사람들"

어리석음에서 오는 필연적인 결과는 무질서, 혼돈이다. 더 구체적으로 말해, 그것은 영적인 일들에 대한 혐오감, 하느님에 대한 증오, 그리고 궁극적으로는 절망을 불러일으킨다. 지혜의 선물에 있어서 정점은 이 선물에 해당되는 참행복 선언에서 명시되어 있다: "행복하여라, 평화를 이루는 사람들! 그들은 하느님의 자녀라 불릴 것이다"(마태 5,9). 참사랑(caritas)은 우리에게 평화를 주지만, 우리가 평화를 이룰 수 있는 것은 지혜를 통해서이다. 아우구스티누스는 평화를 '질서의 평온함'으로 정의했다. 오직 지혜만이 삶이 포함하는 모든 의미, 한 부분이 다른 부분과 갖는 관계, 그리고 부분들이 전체와 갖는 관계를 인간의 눈에 분명하게 보여주는 하느님의 넓은 전망을 갖는다. 그럼으로써 우리는 이를 통해 더욱 더 그리스도를 닮아갈 수 있다. 그리고 하느님의 자녀들의 고유한 특징으로 평화를 이루는 사람들이라는 이름과 더불어 우리는 보상받게 된다. 왜냐하면, 강생하신 지혜로서 사람이 되신 하느님의 아드님이야말로 처음으로 평화를 이루는 분이 되셨기 때문이다. 그분은 선의를 지닌 사람들에게 평화를 선사하기 위해 이 세상에 오셨다.

3) 지혜의 적

지혜의 선물은 참사랑(caritas)에 뿌리를 두고 있다. 그럼으로써 지혜는 참사랑이 제시하는 목적을 우리에게 본성적이게 해준다. 우리는 마치 정결한 사람이 정결을 판단하거나 정직한 사람이 정직함을 판단하듯이, 다시 말해 어떤 수고나 투박함 없이, 예리하고 즉각적으로 바라보는 가운데 이를 판단하게 된다. 지혜의 선물이 실행되는 형태는 이성적으로 설명될 수 없다. 왜냐하면, 이 선물은 그것을 받아들일 준비가 되어 있는 정신에 주입된 성령의 숨으로부터 유래하기 때문이다. 그렇다고 이것이 지혜는 일종의 이국적인 꽃이라는 것을 의미하지는 않는다. 그것은 하느님의 은총으로 인해 특별한 어떤 것들이 일상적이 된 것들 가운데 하나라고 할 수 있다. 누구든 하느님의 은총 지위에 있는 사람은 이를 소유할 수 있다. 달리 말해, 이 선물은 신적 벗이신 하느님과의 우정으로 인해 최고의 목적(하느님 자신을 말함)과 일치하는 그분의 모든 벗을 위한 것이다. 반면, 사죄(死罪)는 이런 신적 우정을 파괴함으로써 지혜의 바탕에 있는 최고 목적과의 이러한 동일본성의 바탕을 끝내버리고 만다. 이는 사죄야말로 인간의 목적과 관련해서 볼 때 어리석기 그지없는 짓이자 지독한 실수라고 할 수 있다.

지혜는 십계명과 관련해서 금지된 어리석은 죄들을 범하지 않도록 최소한의 사려분별을 갖게 하는 단계에만 국한하지 않는다. 왜냐하면, 참사랑의 증가는 지혜의 증가도 촉발하기 때문이다. 그럼으로써 우리로 하여금 이런 신적인 것들을 다른 사람들에게 증거하고, 더 나아가 그들을 이런 신적 진리들로 인도할 수 있는 힘을 불어넣어 준다. 지혜가 증가하는 데 비례해서 생명의 잔은 특별한 맛을 얻게 된다. 즉, 일이 힘들지 않으며 쓴맛이 달콤해진다. 왜냐하면, 우리는 이 선물을 통해 더욱 더 하느님께 가까이 나아가고 그분과 더불어 더 깊이 일치하기 때문이다.

사실, 우리는 무엇인가를 실행하기 위해 최소한의 지혜도 갖고 있어야 한다. 왜냐하면, 적어도 어떤 종류의 목적을 갖고 있어야, 이 목적을 바탕으로 다른 것들을 바라볼 수 있기 때문이다. 이 지혜는 현세적인 목적의 영감을 받아 순전히 현세적인 것일 수도 있다. 그래서 인간에게 그저 굴속에 있는 두더지 같은 전망만을 제공해줄 수도 있다. 또는, 육신의 건강을 목적으로 삼게 하고 세상에 대한 순전히 동물적인 전망만을 제공해줄 수도 있다. 또는, 자신의 탁월함을 목적으로 삼게 할 수도 있다. 이는 인간에게 악마적인 지혜를 제공함으로써, 자신의 지평을 넓히는 대신, 이를 자신에 대한 허영과 교만 속에 가둬둔다. 이는 천사들 중에 으뜸 천사였던 루치펠을 눈멀게 한 것이다.

이 모든 거짓 지혜는 어리석기 그지없다. 이는 삶의 의미에 인간의 무한한 가능성에 닫힌 완고함이다. 이런 어리석음은 현세적인 것들에 의미를 부여하는 태도에서 유래한다. 이런 거짓 지혜는 흔히 육의 죄에 그 원인을 두고 있다. 왜냐하면, 색욕(luxuria)은 남자를 빨아들이는 질투 가득한 연인으로, 그에게서 모든 시간과 정신 그리고 마음을 앗아간다.

[결론]

1. 질서와 현대 세계

강생하신 지혜께서 질서의 원리와 평화의 원리를 선사하신 이 세상은 사실상 질서라고 할 수 없는 질서가 지배하는 세상이었다. 그래서 로마 군대에 의해 강제로 부과된 규율은 믿기 힘든 전설이 되었다. 로마에 의해 집행된 정의, 소통망, 언어의 단일함, 로마제국의 모든 조직적인 기구는 자립하려는 인간의 노력에 있어 정점을 찍었다. 그러나 체스터튼은 이에 대해 다음과 같이 언급한 바 있다: "이러한 노력은 실패로 끝났고 사람들은 그것이 실패임을 알게 되었다."

모든 세상은 평화로웠지만, 사실 세상에서 어떤 사람도 평화를 갖지 못했다. 사람들의 마음은 황폐해지고 말았으며 세상은 텅 비어 있다. 철학은 이러한 공허함을 채우고자 노력했으며, 군사력, 관능적 탐닉, 냉혹한 금욕주의도 그랬다. 하지만 이 모든 것은 공허함에 질서를 부여하는 데에만 성공했다. 부족했던 것은 존재하는 모든 것의 존재 이유였다. 이것이 없다면 그 무엇도 합리적이지 못하다. 한 마디로, 이 세상에는 하느님이 부족했다. 그래서 그분이 오셔야 할 순간이 도래한 것이다.

(1) 질서 있는 공허

오늘날 우리가 살아가는 이 세상은 지극히 세부적인 것까지 질서 지어진 세상이다. 이 세상은 자기충족이라는 또 다른 정점에 도달해 있다. 그러나 그것이 만들어낸 결과는 그 이전에 도달한 정점이 만들어낸 결과와 다르지 않다. 우리는 거대한 공허를 질서 짓고 있을 뿐이다. 우리는 비본질적인 것에 완벽한 질서를 부여하고 있을 뿐이다. 음식, 옷, 쾌락, 수면, 교육, 개인 옷, 감정, 육체적인 삶, 심리적인 삶, 집, 도시, 자녀, 군대, 무기 등 이 모든 것은 계량되고 측정될 수 있으며 동시에 계량되어야 하고 측정되어야 한다. 그 무엇도 질서를 향한 우리의 열정에서 벗어날 수 없다.

(2) 공허의 이상화

우리는 로마적인 질서에서 한 단계 더 나아갔다. 우리는 질서 지어진 공허함을 가질 뿐만 아니라 그것을 이상화시켜왔다. 우리는 모든 초월적인 목표를 배제한 채 본질적인 무질서, 본질적인 황폐함을 신격화 해왔다. 우리를 인도하는 것은 하느님의 사랑이 아니라 그분을 향한 무관심이나 경멸이었다. 이웃에 대한 사랑이 아닌 증오가 우리의 슬로건이 되고 말았다. 우리는 지혜가 아니라 그저 단순한 앎만을 갖고 있을 뿐이다.

2. 황폐한 세상

(1) 황폐한 마음
(2) 현세의 황폐
(3) 영원한 황폐

그러므로 이제 우리는 황폐함과 공허가 간직한 날카로운 냉기를 느끼기 시작한다. 우리의 마음은 시들었고 고립되었으며 자신 안에 갇히고 말았다. 우리는 더 이상 칼을 잡고 싸우지 않으며 반목, 분열, 전쟁, 싸움, 결투의 쓴맛을 보지 않기 위해 입을 꼭 다물고 있다. 또한, 걸림돌이 일으키는 파멸에 강한 인상을 받아, 이를 우리 교육의 틀에 있어서 일부로 만들었다.

3. 말씀의 지혜

이제 하느님께서 사람들 가운데로 오실 시간이다. 비록 우리는 이 세상의 거주지에 그분을 위한 자리를 아주 조금밖에 안 남겨놓았지만, 사람들은 하느님께 문을 열어 드릴 때가 되었다. 오직 하느님만이 우리에게 충만함과 평화를 가져다주실 수 있기 때문이다. 이제 사람들은 마음속에 있는 하느님의 지혜의 말씀이 일으킨 메아리에 귀를 기울이고, "네 마음을 다하고 네 목숨을 다하고 네 힘을 다하고 네 정신을 다하여 주 너의 하느님을 사랑하고 네 이웃을 너 자신처럼 사랑해야 한다"(루카 10,27) "내 평화를 너희에게 준다"(요한 14,27)는 하느님의 두 가지 말씀이 서로 분리될 수 없는 것임을 알아야 할 때다. 우리가 가장 먼저 찾아야 할 것은 하느님의 나라이다.

제6장 행동의 충만함 (제2부 제2편, 제47문제~제56문제)

1. 행동의 충만함과 성숙
   (1) 인간의 활동
   (2) 인간 활동의 단계
2. 행동에 있어서 성숙의 표시들
   (1) 성숙의 현행 표현들
   (2) 행동에 있어서 인간의 성숙에 대한 평가
3. 성숙한 행동의 원인 : 현명
   (1) 현명 안에 있는 이성과 욕구
   (2) 좋은 습성으로서 현명의 작용
      1) 덕의 작용
      2) 현명이 다른 덕들과 지닌 관계
   (3) 현명의 행위들
      1) 주요 행위와 부수적 행위 – 명령, 조언, 판단
      2) 완전한 현명의 조건 – 현명의 필수적인 부분들
   (4) 개인의 현명
      1) 죄인의 경우
      2) 의인의 경우
4. 현명의 기원과 쇠퇴
5. 성숙의 종류들
   (1) 국가에 있어서
   (2) 군사 조직에 있어서
   (3) 가정에 있어서
6. 완전한 성숙 : 식견의 선물
7. 미성숙의 유형
   (1) 경솔함(성급함, 무분별, 변덕)
   (2) 나태
   (3) 육적 현명(간사함, 교활함, 사기)
   (4) 걱정

[결론]
1. 행위의 충만을 위한 조건 : 성숙
2. 세계의 제2유아기
   (1) 행동의 성숙을 이루려는 현대적 시도
      1) 대중교육　　　　　2) 심리학 이론
      3) 민주주의　　　　　4) 전체주의적 정치 관행
   (2) 성숙에 대한 현대의 철학적, 정치적 공격들
3. 성장하지 않을 절망적인 젊은이
4. 언제나 성숙한 영원한 젊은이

제6장 행동의 충만함 (제2부 제2편, 제47문제~제56문제)

1. 행동의 충만함과 성숙

인간의 활동은 거의 정확한 자신의 이미지를 반사하는 거울이다. 그것이 우리에게 제공하는 수많은 이미지 중에는 두 가지 극단적인 이미지들이 있다. 하나는 '몽상가'의 이미지로, 이는 언제나 양육자, 유모, 보호자를 동반한다. 왜냐하면, 몽상가는 자신을 돌봐줄 사람을 필요로 하기 때문이다. 다른 하나는 '적극적인 사람', '자발적인 사람'의 이미지로, 그는 그 누구도 가만히 두지 않고 귀찮게 하는 사람이다.

(1) 인간의 활동

이러한 두 이미지 사이의 어딘가에는 좀 더 우리의 마음에 드는 세 번째 이미지가 있다. 왜냐하면, 그 이미지는 자유에 대해 언급하고 있기 때문이다. 그것은 흔히 정신의 자유와 마음의 자유에서 맺어지는 결실이다. 그러나 이렇듯 호감이 가는 이상적인 이미지에서 행동의 자유가 전부는 아니며 그렇다고 가장 중요한 것도 아니다. 도덕적인 억제력이 완전히 결핍되고 자신이 하고 싶은 대로 행동하는 방탕한 사람은 보통 사람들에게 특별히 어필하지 못한다. 보통 사람들은 자신에게 무장하고 거리를 활보하는 게 허락되지 않았다고 해서 속박되었다고 느끼지 않기 때문이다. 브로드웨이 거리에서 나체로 산책하는 게 법으로 금지됐다고 해도, 분별 있는 사람 중에 아무도 그런 법이 모두가 열망하는 행동의 자유를 제한한다고 생각하지는 않을 것이다.

(2) 인간 활동의 단계

물론, 행동의 충만한 자유는 우리가 일생을 통해 서서히 다가가고 있는 목표이다. 어떤 어른도 아기처럼 온종일 옹알거리며 이부자리에 누워 있을 수 없다고 해서 유감스러워하지 않는다. 우리는 서너살 먹은 아이가 끊임없이 돌아다니는 것을 보며 감탄하지만, 그렇다고 해서 과감하게 체면을 던져버리고 그런 유치한 목적을 위해 많은 에너지를 쏟으려 하지 않는다. 물론, 우리는 젊은 날에 가졌던 커다란 꿈들에 대한 향수를 느낄 수 있다. 하지만, 그것이 실현 불가능했다는 것을 생각하며 씁쓸한 미소를 짓곤 한다.

그렇지 않다. 그것은 우리가 원하는 게 아니다. 우리는 젊은 시절을 상기하며 탄식할 수 있지만, 너무 진지하게 그러지는 말아야 한다. 왜냐하면, 그렇다고 해서 학교로 돌아갈 것도 아니고 어머니의 품속으로 돌아갈 것도 아니기 때문이다. 이미 넘어선 이 단계들은 우리가 보다 충만하게 행동하기 위해 주어진 단계들이었다. 때때로 우리가 우리에게 주어진 가능성들을 모두 활용하지 못했다고 하는(즉, 그런 가능성들이 충분히 실현되지 못했다는 데 대한) 죄책감과 불만은 오히려 있어야 할 행동의 충만함에 대한 이상을 우리에게 제공해준다.

2. 행동에 있어서 성숙의 표시들

(1) 성숙의 현행 표현들

이 행동의 충만함이 어디에 있는지 이를 한 단어로 표현하면 '성숙함'이라고 할 수 있다. 다시 말해, 하느님의 완전함 가운데 어떤 것을 지녀야 하는 행위를 말한다. 인간에게 요구되는 활동은 바람에 의해 흩날리는 나무의 활동처럼 무의식적인 것이나 짐승의 맹목적인 결과 또는 어린아이의 변화무쌍한 초조함이 돼서는 안 된다. 그것은 책임 있고 효과적이며 목적을 향한 것이어야 한다. 한 마디로, 인간이라고 하는 하느님의 모상(imago dei)에 걸맞은 활동이어야 한다. 즉, 지성과 의지에 뿌리를 두고 있어야 하며, 따라서 자유롭고 숙고되었으며 인간의 품위를 떨어트리지 않는 일련의 목적을 향해 방향 지어진 활동이어야 한다는 것이다.

이러한 인간적 활동의 고유한 맛은 독립, 주권, 자주성 그리고 '인성'과 같은 말과 더불어 표현된다. 그리고 자유, 책임, 자기 존중, 정치적 · 경제적 · 군사적 영역에서의 힘과 질서, 특히 희생 같은 일련의 실재와 가치에서 그 실천적인 표현을 발견하게 된다. 인간적 활동의 충만함은 행위에 있어서 진정한 지혜이자 행위에 있어서 진리이다. 또한, 그것은 고백이자 자랑이다. 즉, 삶에 질서가 필요하다는 데 대한 고백이며, 우리의 행위들에 질서를 부여하기 위한 능력에 대한 자랑이다.

만약 우리의 행동이 질서를 제공하는 이런 성숙함의 특징을 가지려면, 우리는 하느님을 특징 짓는 시선의 광대함 중에 어떤 것이라도 지녀야 한다. 영원한 언덕들은 아니라 해도, 적어도 과거의 흔적, 현재의 번잡함, 미래의 희미한 윤곽에 대한 전망을 가져야 한다. 왜냐하면, 행동에 있어서 질서의 최종적인 표지는 미래를 예견하는 데 있기 때문이다.

(2) 행동에 있어서 인간의 성숙에 대한 평가

우리가 질서 있게 행동하기 위해서는 미래에 대한 전망이 필요하다는 것은 의미심장한 진실이다. 이는 비이성적인 피조물의 맹목적인 결과와 오직 현재만을 바라보는 감각적 인식의 제한된 영역을 극복해야 한다는 것을 의미한다. 우리는 시간과 공간의 한계를 넘어서야 하는 것이다.

사실, 이러한 전망은 인간을 우주의 다른 피조물들 위에 하느님에게서 아주 가까운 곳에 배치하게 한다. 인간은 어떤 식으로든 삶의 번잡함 밖에 자리해서 자신의 삶을 포함해 바로 이 삶의 관객이 될 수 있다. 이는 그 자신과 다른 이들을 위해 섭리적이다. 어떤 면에서 보면, 그는 자기 생각과 행위의 주인이며, 따라서 자기 운명의 심판이다. 이 모든 것은 인간의 예견 능력에 담겨 있다. 좀 더 구체적으로 말해, 이는 인간이 행위에 있어서 충만하게 성숙하기 위해서는 가능한 한 최고로 완벽한 지성을 가져야 함을 의미한다. 왜냐하면, 우리는 오직 지성을 통해 현재의 한계를 넘어설 수 있기 때문이다. 이러한 지성의 완전함은 '현명'(prudentia)의 덕을 통해 획득될 수 있다.

3. 성숙한 행동의 원인 : 현명

모든 지적 완전함의 형태가 다 유효한 것은 아니다. 많은 여배우들은 화장을 하면서 데뷔하는 작품에서 소란스레 성공하는 상상을 한다. 많은 학생들이 시험을 보고 나서 일요일 아침에 잠자리에서 일어나기 전에 아주 좋은 점수를 받는 상상을 한다. 하지만, 무대에서의 성공과 뛰어난 점수를 받는 것은 여배우의 깜찍한 머리나 학생의 졸린 뇌에서 나온 게 아니다. 그것은 순전히 생각일 뿐이다. 여기서 문제가 되는 것은 생각만 하는 게 아니라 행동하는 것이다. 즉, 자신이 원하는 것을 실제로 하는 것이다.

방금 언급한 것에 비춰 볼 때, 인간의 활동은 목적에 이르기 위한 필수적인 수단들을 찾기 위해 노력해야 한다. 단순히 아는 것만으로는 부족하다. 우리는 이 앎의 결실을 얻을 수 있어야 한다. 따라서, 우리는 참된 앎을 어떻게 적용해야 하는지 그리고 우리가 적용해야 하는 진리는 무엇인지를 알아야 한다. 달리 말해, 우리는 단지 보편적인 것뿐만 아니라 개별적인 것, 우연적인 것도 알아야 한다.

이 진실을 간과할 때, 우리는 '사변 지성'(思辨 知性)과 '실천 지성'(實踐 知性) 간의 치명적인 분리를 촉발하게 된다. 실천 지성이 동반하지 않는 사변 지성은 '몽상가'의 조용한 꿈들이 행위를 대체하게 된다. 반면, 사변 지성이 없는 실천 지성은 행위를 만들어 내지만 '적극적인 사람'의 무질서하고 흥분된 활동만을 만들어 낸다. 분명, 두 손에 머리를 고이고 생각하기 위해 앉는 것만으로는 아무 소용이 없다. 하지만, 단순히 우리에게 일어나는 첫 번째 일을 하면서 여기저기 돌아다니는 것만으로는 충분하지 않다.

(1) 현명 안에 있는 이성과 욕구

보편적인 진리들은 지극히 실천적이다. 왜냐하면, 그것은 행동의 혼(魂)과 같기 때문이다. 그런데, 행동하지는 않은 채 그저 그런 진리들과 지내기만 한다면, 그것은 마치 유령으로 하여금 오븐을 작동시키라고 하는 것과 다를 바 없다. 인간의 외적 활동은 행동이 수반된 육체와 연관된다. 영혼 없이 육체를 극진히 대접하는 것은 마치 많은 시체를 결혼 피로연에 초대하는 것처럼 부조리하다. 인간의 활동은 행동하는 진리, 구체적인 진리이다. 사변적인 것과 실천적인 것, 지성과 의지가 조합되어야 한다. 왜냐하면, 이러한 활동은 진리에 대한 효과적인 적용, 효과적인 모든 것, 움직이는 모든 것을 내포하며 의지에 그 기원을 갖기 때문이다.

(2) 좋은 습성으로서 현명의 작용

1) 덕의 작용

지금으로서는, 현명이라는 선한 습성을 통해 지성의 완전함이 순전히 지성적인 발전에 내재된 불균형을 겪을 수 있는 위험이 사라진다는 점을 아는 것만으로 충분하지 싶다. 지성적 발전은 인간을 탁월한 수학자, 철학자 또는 건축가가 되게 해 줄 수는 있지만 덕스러운 사람이 되게 하지는 못한다. 오직 현명만이 인간을 총체적으로 완전하게 해준다. 달리 말해, 다른 지성적 덕들이 완성되려면 도덕적 덕들이 필요한 데 반해, 현명은 그 자체로 지성적 덕과 도덕적 덕이다.

2) 현명이 다른 덕들과 지닌 관계

전문적으로 말해, 현명은 형식적으로 또는 본질적으로 지성적 덕이다. 왜냐하면, 그것은 우리의 지성을 완전하게 한다. 그러나 질료적인 관점이나 실천적인 관점에서 볼 때, 그것은 도덕적 덕(virtu moralis)이다. 왜냐하면, 현명에 속하는 질료(인간적 행위들)는 도덕적 내용이기 때문이다. 현명의 고유한 과제는 인간적 행위들을 그 목적으로 인도하는 데 있다. 그런데, 이 목적은 올바른 목적이어야 하므로, 이러한 현명의 과제는 암묵적인 도덕적 완성을 지향한다.

이러한 현명의 이 독특한 특징은 다른 덕들과의 비교를 통해 더 분명하게 드러난다. 현명은 고상하고 필수적이며 보편적인 진리들과 연관된 지성적 덕들(지혜, 통찰 등)과 경합하지 않는다. 그것은 사무실에 딸린 방에서 우연적인 인간적 행위에 대해 그리고 때로는 비천한 행위에 대해 타이피스트와 잡담을 하는 것에 비교할 수 있다. 기예, 숙달(또 다른 실천적 덕)은 해야 할 것(집, 배, 예술품 등)에 대해 전념하는 데 반해, 현명은 사랑하고 아파하며 희망하고 수고한다. 지성이 감각적 욕구(appetitus sensitivus)와 구별되듯이, 현명은 도덕적 덕들과 구별된다. 또한, 하느님이 인간적 행위들의 불완전함과 구별되듯이, 현명은 대신덕(virtus theologalis)

들과 구별된다. 왜냐하면, 대신덕들의 고유한 대상이 하느님 자신인 데 반해, 현명의 고유한 대상은 인간적 활동이기 때문이다.

그러나, 현명이 다른 덕들과 분명히 구별되긴 하지만, 역설적이게도 그 모든 덕에, 특히 도덕적 덕들에 깊이 스며든다. 이는 인간의 영혼에 일어나는 것과 비슷하다. 비록 영혼은 육체를 비롯해 육체를 구성하는 각각의 지체와 구별되지만, 그 모든 지체들에 생기를 불어넣어준다. 이는 참사랑과도 비슷하다. 비록 초자연적인 질서에서 참사랑이 여타 모든 덕 위에 있지만, 그것은 마치 그 모든 덕의 생생한 원리와 같다.

사상가가 본성적으로 알려진 사고(思考)의 제1원리들에 자기 사고의 바탕을 두고 있듯이, 현명은 도덕적인 영역에서 본성에 바탕을 두고 있다. 바탕이자 출발점은 본성에 있다. 사고의 제1원리들을 배제하고 다른 원리들을 발명하는 철학자는 지성적으로는 자살하는 것이다. 그의 입장은 마치 어머니에게 의지하지 않고 살아가고자 결심한 사람처럼 이치에 맞지 않는다. 두 경우 모두 운 좋게도 우스꽝스럽긴 하지만, 절대적으로 임의적인 독립 선언이다. 왜냐하면, 본성을 거스를 수는 없기 때문이다. 우리가 원하든 원하지 않든, 사고의 제1원리들은 사고와 존재 그리고 행동의 세계에서 존재하는 모든 것의 바탕이자 출발점이기 때문이다.

도덕적 질서 또는 실천적 질서에서 출발점은 도덕적 덕들의 목적이다. 본 시리즈의 바로 앞 권에서 우리는 인간적인 활동에서 어떻게 목적이 언제나 첫째가 되는지 살펴본 바 있다. 정신에서는 하나의 목적과 더불어 작용하기 시작한다. 만일 그렇지 않다면, 행동에는 의미가 결핍되기 때문이다. 따라서, 인간적인 활동의 영역은 도덕의 영역이다. 그런데, 현명은 이러한 도덕적 출발점을 창출하지 못한다. 통찰이라는 지성적 덕이 결론들을 얻기 위해 사변적 사고의 제1원리들을 적용하듯이, 현명의 덕은 행동에 이르기 위해 실천적 질서의 제1원리들(또는 목적들)을 적용한다.

도덕적 덕들의 목적들은 이성의 적절한 중용(medium)에 있다. 이는 평범함의 표지도 아니며 비겁함을 위한 변명도 아니다. 오히려 그것은 인간적인 것이 만들어졌다는 것을 드러내는 표식이다. 이성은 모든 인간적 행위를 재는 데 필요한 규범이다. 적절한 중용은 이 규범이 과도하거나 부족하지 않게 적용될 때 이루어진다. 본성은 욕구의 본성적 경향들(이는 도덕적 덕들의 씨앗들과 같다)을 통해 이 적절한 중용을 향해 이성을 밀어붙인다. 각각의 사람들이 구체적으로 어떻게 그리고 무슨 수단으로 활동에서 이 중용에 도달할 수 있는지 하는 점은 현명의 덕에 속하는 것이다. 다시 말해, 수단들을 목적으로 질서 짓는 가운데, 활동에서 이러한 중용, 이러한 균형을 발견하는 것은 현명에 속한다.

아마도, 일정한 욕구의 자극이나 동일한 이 욕구의 습성의 자극이 이를 좀 더 분명하게 표현할 수 있을 것 같다. 현명의 덕이 없는 사람이 맹목적이듯이, 이 덕이 배제된 욕구의 자극은 재앙을 가져온다. 그에 반해, 목적에 대한 인식이 아무리 깊다 해도, 욕구가 제공하는 자극이 없다면, 비행기가 없는 조종사처럼 현명은 아무 쓸모가 없다. 다른 한편, 동물들에게 일어나는 것과 달리, 인간에게 있어서 본성적 욕구들은 그것이 아무리 건전하고 균형이 잡혀 있다 해도 그것만으로는 부족하다. 인간 존재의 선택에 대해 지성과 자유가 제시한 수많은 중용으로 인해, 이성(현명)의 개입은 결정적이다.

현명은 한 사람의 내면의 저택을 관장하는 이상적인 가정주부와 같다. 현명은 다양한 일들이 실행되어야 할 방식대로 일이 되게 해주는 덕이다. 그것은 우리에게 행동의 충만함을 주는 덕이기도 하다. 현명은 모든 여타 덕스러운 습성과 더불어 행동의 공통 원리를 갖고 있지만, 그 특수한 사명은 실천적 지성의 자극들을 행동이라는 거대한 바다로 인도하기 위한 수로를 만드는 데 있다.

(3) 현명의 행위들

1) 주요 행위와 부수적 행위 - 명령, 조언, 판단

만일 현명이 지닌 이 실천적 특징을 염두에 둔다면, 현명의 주요 활동을 발견하는 것은 지극히 단순하다. 현명의 행위들은 행동에서 이루어지는 실천적 이성의 행위들이며, 그 주요 활동은 구체적인 결과를 획득하도록 방향 지어주는 데 있다. 예컨대, 우리가 하고자 하는 것이 극장에 가는 것이라고 가정해 보자. 해야 할 첫 번째 일은 관람물들을 홍보하는 안내판으로 가서 어떤 연극 작품들이 공연되고 있는지 알아보는 것이다. 이어서 그 중에 어떤 것이 더 좋은지 문의하고 각각의 연극 작품에 대해 판단하며, 마지막으로 보고 싶은 작품을 결정해야 한다. 이는 곧 자신이 선택한 연극 작품을 보기 위해 입장권을 구입한다는 것을 의미한다. 만일 판단하고 결정하지만 실행하지는 않는다면, 정보를 얻긴 했지만, 어떠한 공연도 즐기지 않는 것이다. 오직 결정을 실행에 옮기도록 명령하는 마지막 행위를 통해 우리는 연극 관람을 즐기려는 바람을 만족시키며 우리 영혼에 쉼을 제공할 수 있다.

어떤 화가가 네모난 달을 그리기로 결정했다고 가정해보자. 물론, 이 작품으로 인해 그에게 메달이 수여될 수도 있지만, 이것은 분명 사람들의 웃음을 자아낼 것이다. 문제가 되는 화가는 그렇게 작업하는 과정에서 '예술적인 죄'를 범했다. 하지만 전문 미술학교인「벨라 아르테」의 어느 불쌍한 학생은, 비록 있는 그대로의 달을 그리려고 노력하지만, 네모난 달을 그리고 만다. 우리는 이 화가의 달을 보며 웃을 것이다. 왜냐하면, 그보다 더 잘 할 수 있다는 사실을 잘 알고 있기 때문이다. 하지만 그 불쌍한 학생의 무능함으로 인해 힘들어하게 될 것이다. 그런데, 어떤 사람이 독이 든 잔을 마실 때, 그 잔에 독이 있으며 그것이 자신을 죽일 수 있다는 걸 알면서도 고의로 그 독을 마시는 것은 현명의 덕을 거슬러 죄를 짓는 것이다. 반면, 거기에 독이 있는지 모른 채 마신다면, 죄를 범하는 것이 아니다. 달리 말해, 현명의 완전함은 예술가의 완전함과 달리 판단의 탁월함에 있는 게 아니라 결정이 진행되게 하는 명령의 탁월함에 있다. 단순히 규범을 아는 것만으로는 부족하다. 해야 할 일을 실제로 하는 것이 중요하다.

아마도, 본 시리즈의 제2권에서 다룬 바 있는 명령 행위에 대한 분석을 여기서 요약하는 것이 적절하지 않을까 한다. 첫 번째로 관찰되는 것은 이를 위해서는 세 가지 요소가 필요하다는 것이다. 즉, 명령의 요소, 선언의 요소 또는 엄포의 요소, 운동의 요소가 그것이다. 앞의 두 가지 요소는 지성에 속하는 데 비해, 마지막 요소는 의지에 속한다.

성 토마스는 명령 행위를 현명의 주요 행위로 여기는 가운데 섭리, 법, 통치가 모두 현명의 행위라고 강조했다. 왜냐하면, 이는 모두 명령 행위이기 때문이다. 즉, 의지보다는 이성의 행위들이다. 성 토마스가 그렇게 숙고하는 것은 섭리, 법, 통치의 정확한 본성을 추론하기 위해서였다. 명령 행위에 대한 심도 있는 분석은 섭리, 법, 통치의 목적과 한계, 그 확장과 의무를 발견하게 해준다. 이는 최고로 중요하다. 왜냐하면, 본 시리즈의 제2권에서 살펴보았듯이, 법과 통치를 단순한 변덕의 영역에서 끌어내고, 그것들을 통치하는 자의 힘과 열망에 의존하지 않는다는 사실을 분명히 보여주었을 뿐만 아니라 그것들에 해당하는 자리에 배치했기 때문이다. 그 자리는 다름 아닌 올바른 이성의 보호하는 날개 아래인 것이다.

이처럼 현명의 세 가지 요소들은 솔직함과 건강한 의심이라는 특징으로 관통되어 있다. 가장 현명한 사람이 가장 주의 깊은 사람은 아니다. 즉, 자신의 문제에 대한 해결책과 관련해서 절대적인 확실함을 지닌 보장을 획득하기 위한 희망으로, 3개월간 문제가 내포한 모든 측면을 연구하며 보내는 그런 사람이 가장 현명한 사람은 아니다. 사실, 가장 현명한 사람은 모든 가능성을 숙고한 다음, 비록 선택에 있어 절대적인 확실함은 없지만, 하나를 선택해서 행동에 옮기는 사람이다. 왜냐하면, 인간적인 사안들에 있어서는 형이상학적 확실함이나 수학적 확신이 있을 수 없기 때문이다. 은행원이나 상인이 2+2=4 와 같은 종류의 확실함과 더불어 신뢰할 만한 가치가 있다고 보장할 수는 없다. 절대적인 확실함에 대한 이런 부족은 우리의 기관들이 활발하게 작용하도록 촉진하며, 우리가 실수하지 않도록 경계하게 하는 가운데, 어떤 사안에 대한 모든 찬반(贊反)을 볼 수 있는 능력을 갖게 해준다. 실제로, 현명은 '활발함', '신속함'이란 특징을 지녀야 한다. 현명은 우유부단하고 두려워하는 사람들의 덕이 아니다. 그보다 현명은 근면하게 행동하는 이의 덕이자 자신의 성찰과 좋은 판단의 결과들을 빠르게 적용하는 사람의 덕이다.

종종 우리가 지닌 초조함은 불가능한 것을 추구하고 인간적인 사안들에 있어서 절대적인 확실함을 갖길 원하는 데서 유래하곤 한다. 아리스토텔레스는 초조함으로 인해 괴로운 사람들이 참으로 현명하고 웅지(雄志, magnanimitas)가 있는 사람의 평온한 신뢰를 나태와 나태으로 여긴다고 말한 바 있다. 하지만, 그렇지 않다는 것은 분명하다. 오직 걱정하지 말아야 할 것들에 대해 걱정하고 불신앙하지 말아야 할 사람들에 대해 신뢰하지 않는 사람들에게만 그렇게 보일 뿐이다. 웅지가 있는 사람은 다른 사람들을 두려워하지 않으며 신경질적으로 조언하고 경고하며 동요하고 실행하는 망상에 빠지지 않는다.

시이저가 로마제국 내의 모든 사람들에게 명부에 등록하도록 칙령을 내렸을 때, 요셉과 마리아는 현명의 덕을 실천해야 했다. 그들은 결정을 해야 했다. 즉, 그들은 명부에 등록하기 위해 나자렛에서 베들레헴까지 나흘 동안의 긴 여행을 해야 했다. 그래서 그들은 계획을 세우기 시작했다. 그것은 하느님의 아드님의 탄생에서 정점에 이른 일련의 계획을 세우는 것을 의미했다.

우선, 그들은 유월절을 위해 매년 예루살렘을 방문했던 기억들을 살펴보았다. 그렇게 하는 것이 여행 경로와 어려움에 대한 지식을 새롭게 하며, 안전하게 여행하기 위해 필요한 수단과 관련된 지식도 점검하게 해주었다. 그들은 당시의 정치 상황, 여행 행렬의 출발, 마리아의 몸 상태 등에 대한 지식도 찾아냈을 것이다. 또한, 여행에 대한 많은 경험이 있는 마을 사람들은 부탁을 받지 않아도, 알아서 많은 조언을 해주었을 것이다. 마리아와 요셉은 무엇보다도, 이 여행에 대한 경험이 거의 없었다. 그들은 참된 지혜를 지닌 상태에서 어른들의 충고를 들으며 잘난 체하지 않았으며 그렇다고 자신들을 비하하지도 않고 겸손하고 유순한 태도를 간직했다. 그들은 아무 것도 예측할 수 없는 이 비상사태를 스스로 처리해야 했다. 물론 마리아는 출산 시간이 다가왔음을 알고 있었기 때문에 아기의 옷을 챙겼다.

그들은 이 모든 것을 현명하게 생각하고 실행에 옮겼다. 이는 혹독한 겨울 날씨와 마리아의 몸 상태 그리고 부족한 상태에서 여행을 해야 했음에도 불구하고, 그들이 건강하고 안전하게 베들레헴에 도착했다는 사실을 통해 입증된다. 하지만, 성 요셉은 마리아와 아기를 위해 묵을 수 있는 여관이 없었을 때 신속히 결정해야 했다. 이러한 그의 결정은 마리아가 아기를 포대기에 싸서 구유에 눕히고 친밀한 시간을 보낼 수 있게 했다.

2) 완전한 현명의 조건 – 현명의 필수적인 부분들

그렇다면, 현명의 덕을 완벽히 실행하기 위해 필요한 조건들은 무엇일까? 첫째, 현재의 상황에 적용하기 위해 과거의 경험들을 상기해야 한다. 둘째, 다른 사람들의 조언을 유순하게 받아들이는 가운데 필요한 지식들을 얻는다. 그리고 만일 그게 불가능하다면, 상식에 바탕을 두고 단호하게 실행해야 한다. (이는 그 이전에 선례가 없을 정도로 상황이 아주 독특할 때 필요하다.) 셋째이자 마지막으로, 행동 계획을 세우기 위해 이 모든 요소를 곰곰이 잘 생각하는 가운데 조화시켜야 한다. 이 단계에서 현명이 필요한 것을 적용하는 것이 적절하다. 예측, 용의주도, 걱정이 그렇다. 왜냐하면, 그렇게 함으로써 수단들을 좀 더 목적으로 잘 질서 지울 수 있고 모든 상황을 고려할 수 있으며 좀 더 쉽게 장애물들을 피할 수 있기 때문이다.

성 토마스는 다음과 같이 언급하는 가운데 동일한 내용을 다르게 표현했다. 그에 따르면, 인간에게 있어 가장 고상한 부분은 이성이며 가장 낮은 부분은 육체적인 행동, 움직임이다. 그러므로 우리는 현명에 대한 실행에서 가파른 언덕을 내려가게 된다. 우리는 낮은 곳에 아주 빠른 속도로 내려갈 수도 있고, 그와 반대로, 아주 주의하는 가운데 질서 있고 차분하게 내려갈 수도 있다. 만일 우리가 그렇게 할 수만 있다면, 우리는 다음과 같은 단계들을 발견하게 될 것이다. 과거에 대한 상기, 현재에 대한 이해, 미래에 대한 예견. 그 다음으로, 이러한 요소들에 대한 평가. 마지막으로, 다른 사람들로부터 배우는 유순함을 지녀야 한다. 어떤 사람도 자신이 모든 것을 알 정도로 충분히 영민하지 못하며 자신이 경험한 것을 바탕으로 모든 상황을 다 통제하지도 못한다. 그럴 때에야 비로소 우리는 발을 땅에 확고하게 디딜 수 있다. 즉, 모든 상황과 가능한 장애물에 주의하는 가운데 제반 사안들을 그 목적에 맞게 질서 지을 수 있다.

「신학대전」이 제시하는, 현명을 완성하기 위한 조건들에 대한 문제는 오랜 연구의 대상이었다. 거기에는 현명이 지닌 가치를 제시하는 많은 구절이 있다. 그 중에는 현대 심리학에 부합하는 기억의 훈련에 대한 일종의 짧은 강의가 있다. 또 다른 구절은 지혜에 대한 멸시와 다른 종류의 경험(교만 그리고 우리의 능력에 대한 과대평가의 결과) 그리고 한편으로 위험할 때 우리를 무방비 상태로 남겨두는 의존성(나이 80세가 돼서도 여전히 어머니를 그리워하는 것 같은 의존성) 간에 합당한 중용을 유지하는 방법에 대한 주의 깊은 준수를 담고 있다. 성 토마스는 절대적인 확실함이 지성의 완전함에서 온다고 주장한 데 반해, 추론해야 할 필요성은 인간의 지성처럼 불완전한 지성에서 온다고 주장했다. 이는 베르그송(A. Bergson, 1859-1941, 프랑스의 철학자)을 비롯해 이 세상에 많은 고민거리를 피하게 해주었다. 분명한 것은, 성 토마스처럼 아주 용기 있고 단호한 사람이 현명의 한계를 분명히 설정하고 이를 잘 확정해야 한다는 점이다. 그러나 이 모든 것을 위해서는 오랜 연구가 필요하다.

(4) 개인의 현명

　모든 사람은 성숙하게 행동하기 위해 현명의 덕을 연습해야 한다. 심지어 우리의 행동이 미성숙할 때도 우리에게는 현명의 그늘이 필요하다. 물론, 이것은 마치 수염이 더부룩한 어린아이처럼 우스울 정도로 어울리지 않지만 말이다. 밀수업자가 좋은 결과를 얻으려면 현명하게 행동해야 한다. 하지만, 그는 잘못된 목적에 현명을 사용한다. 그것은 마치 슈팅을 시도한 축구 선수가 골대가 아닌 다른 곳을 향해 공을 찬 것과 같다. 사실, 이런 잘못된 현명은 현명이 아니다. 왜냐하면, 그런 현명은 긍정적인 결과를 도출하지 못하기 때문이다.

　사업을 하는 사람의 경우, 그는 주도적으로 일을 함으로써 사업을 성공시키기 위해 일종의 현명을 사용한다. 물론, 그가 지향하는 목적이 최고로 중요한 것은 아니지만, 여하튼 그는 목적을 설정하고 이를 구현하기 위해 자기 나름대로 현명의 덕을 활용한다. 그러나, 만일 그가 자신의 아내를 희생시키는 가운데 자신의 모든 시간을 사업에만 몰두한다면, 아내가 자신을 떠나려 할 때 화를 낼 권리가 없다. 왜냐하면, 그는 이미 오래전 자신의 아내를 내버려 뒀기 때문이다.

1) 죄인의 경우

　방금 살펴본, 밀수업자와 신앙이 없는 사업가의 잘못된 현명은 종교적인 신념을 갖지 않은 사람들의 현명이다. 두 경우 모두, 이들은 유일하고 가장 중요한 일에 등을 돌리고 말았다. 그것은 다름 아닌 영혼의 구원이다(주님은 복음에서 끊임없이 재물을 쌓아두는 사람에게 이렇게 말씀하셨다: "어리석은 자야, 오늘 밤에 네 목숨을 되찾아 갈 것이다. 그러면 네가 마련해 둔 것은 누구 차지가 되겠느냐?"[루카 12,20]). 몽상가의 불완전한 현명은 선한 사람과 악한 사람 모두에게 있을 수 있다. 반면, 삶에서 필요한 것을 완수할 수 있게 해주는 완전한 현명은 은총 지위에 있는 사람에게만 있을 수 있다. 현명은 인간 전체를 완전하게 해주는 덕이다. 물론, 여기서 우리가 언급하는 현명은 하느님께서 영혼 안에 주입하는 초자연적인 덕을 말한다. 이는 성화 은총에 부수적으로 주어지는 것으로, 세례받은 모든 사람을 비롯해 아직 이성을 사용하지 못해서 이를 실행할 수 없는 사람에게도 주어진다.

2) 의인의 경우

우리는 앞선 설명을 통해 자연적 현명(또는 습득한 현명)과 초자연적 현명(또는 주입된 현명) 사이에 근본적인 차이가 있음을 알게 된다. 자연적 현명은 반복된 행동과 함께 세월이 지남에 따라 형성되는 인간적인 구조이다. 통상 이는 젊은이들이 아닌 노인들에게 형성되는 것이기도 하다. 왜냐하면, 젊은이들은 정념에 자신을 내어 맡기는 경향이 좀 더 많기 때문이다. 게다가, 그들에게는 오랜 삶의 여정 동안 일어난 많은 사건이 제공하는 경험도 부족하다.

4. 현명의 기원과 쇠퇴

그러므로, 어떤 사람도 본성적으로 자신이 경솔하다고 말할 수 없음은 분명하다. 왜냐하면, 마치 타향에서 기차역을 찾으려 돌아다니듯이, 현명은 발견하지 못한 채 이를 찾아 인생을 다 허비해 버리는 사람은 없기 때문이다. 우리의 본성 자체가 상식을 통해서 뿐만 아니라 현명이 바탕을 두고 있는 제1원리들에 대한 인식을 통해 우리를 현명으로 밀어붙인다. 신경질적이고 다혈질적인 기질의 사람이 현명하게 되는 것은 더 힘든 일이다. 하지만 길게 봐서, 분노와 신경질이 지나간 후 그는 현명을 발견하게 된다. 이를 다음과 같이 다르게 표현할 수 있다. 기질은 현명에 영향을 미치지만, 현명을 파괴하지는 않는다. 판단하는 능력을 잃어버리지 않은 사람은 모두 높은 수준의 현명의 단계에 도달할 수 있다.

만일 우리 안에서 현명을 완전하게 할 수 있다면, 또한 우리는 현명을 파괴할 수도 있다. 어떤 경우에는 경솔한 행동을 반복함으로써 미묘하게 현명을 파괴할 수 있고, 또 다른 경우에는 냉혹하게 부모님을 살해함으로써 현명을 폭력적으로 파괴할 수도 있다. 현명에 내재적으로 있는 이성과 의지라는 두 가지 요소를 기억하기로 하자. 이성의 요소는 (이성이 정념을 조절하는 것을 방해함으로써) 간접적으로 배제될 수 있으며, (망각이나 무지를 통해) 직접 배제될 수도 있다. 비록 우리의 악의로 그 힘을 서서히 파괴하거나 타락시키는 것은 아니지만, 두 경우 모두 의지를 소경으로 만들게 된다.

5. 성숙의 종류들

(1) 국가에 있어서
(2) 군사 조직에 있어서
(3) 가정에 있어서

현명을 마치 손톱이나 머리카락처럼 자신과 관련된 개인적인 것으로 묘사하는 것은 잘못하는 것이다. 현명은 인간의 목적을 향한 수단들을 질서 짓는데, 이 목적은 개인적인 목적뿐만 아니라 자기 가정의 목적 그리고 자기 공동체의 목적까지 아우른다. 각각의 목적을 위해서는 일정한 현명이 주어진다. (개인적이거나 수도자적인 현명, 경제적이거나 가정적인 현명, 정치적이거나 통치적 현명) 그러나 넓은 의미에서 이런 현명들은 서로 분리될 수 없다. 결국, 개인적 선은 공동선을 포괄한다. 또한, 개인적 선은 공동선을 지향해야 한다. 개인으로서의 인간은 수하 사람으로서 일정한 공동체의 일부를 형성한다. 이 공동체 내에서는 공동선이 개인적 선보다 우세해야 한다. 인격으로서의 인간은 불사하는 영혼을 소유하며, 이 영혼의 선은 공동선보다 위에 있다.

어느 남편이 걸림돌을 빌미로 자기 아내를 구타하고 모욕했는데, 이들의 이웃 사람들은 이로 인해 경찰을 불렀다. 이는 단순히 그들을 잠들지 못하게 하는 소동일 뿐만 아니라 그 이상의 의미를 갖는다. 그것은 그 남자의 폭력(暴力, violentia)이 가정을 파괴하려 했기 때문이다. 가정을 파괴한다는 것은 개인뿐만 아니라 사회에 대한 공격이기도 하다. 왜냐하면, 개인은 가정의 일부를 형성하며, 가정은 사회를 구성하기 때문이다. 따라서, 인간은 자신을 잘 제어함으로써 사회와 국가의 유익을 위해 기여하는 것이다. 다른 한편, 이는 통치하는 자들에게 있어 필수 불가결한 것으로서, 다른 사람들에 대한 지배와 방향 제시를 실행하기 위한 훈련을 하는 것이기도 하다.

공동선을 증진하기 위해 수고하는 사람은 단순히 자신이 모르는 가난한 사람을 위해 희사하는 것도 아니며 사심 없는 관대한 정신을 실천하는 것도 아니다. 사실, 인간은 사회에서 살아가도록 운명지어져 있다. 따라서 이기주의는 인간의 삶을 떠받치는 뿌리 자체를 파괴한다. 그것은 자신의 자연적, 초자연적 바탕에 대한 폭행이다. 왜냐하면, 인간의 삶을 통치하는 것(지성과 의지, 현명과 참사랑)은 그가 충만하게 성장하기 위해 주어진 것이기 때문이다.

어떤 경우든, 지도 받고 통치되어야 할 것이 있는 곳에는 구체적인 현명의 형태가 있다. 현명은 한 인간의 내적 생활을 지배하거나 가정을 지배할 수도 있고, 한 국가의 국내 평화를 보장해주기도 하고 외부의 적대 세력으로부터 국가를 보호해 줄 수도 있다. 이 중에 마지막 형태인 군사적 현명은 극단적 평화주의에 반대되는 것으로, 비인간적이거나 잔인하지 않다. 오히려 그것은 자연의 계획에 대한 인간 이성의 적응을 의미한다. 비록 동물들은 사람처럼 미소 지을 수 없지만, 이빨을 갖고 있다. 그들에게 있어 이빨은 음식을 씹거나 물기 위해 필요하다. 또한, 본성은 동물들과 마찬가지로 우리들에게도 주어진 것으로, 우리로 하여금 음식을 먹도록 촉진할 뿐만아니라 여러 어려움을 극복하도록 촉진한다. 그것은 엄밀히 말해, 우리의 완전함을 이루는 선(善)을 파괴하거나 부패하도록 위협하는 것을 대상으로 한 욕구이다.

6. 완전한 성숙 : 식견의 선물

인간은 성숙함에 이르기 위해 많은 시간을 필요로 한다. 사실, 그는 하느님께 도달하기 전까지 성숙함에 이르지는 못한다. 그의 정신과 마음, 행위와 사고는 최고 통치자의 인도 아래 천사들의 기민함으로 효과적으로 초자연적 목적을 향해 걷지 않는 한 충만하게 인간적이지 못하다. 우리가 하느님을 향해 올바로 걷게 해주는 성향들을 성령의 선물이라 부른다. 현명(prudeuita)의 덕은 인간이 실행하게 해주는 덕으로서, 이 덕을 위해서는 그러한 성향들이 지극히 유용하다. 왜냐하면, 하느님의 부드럽고 달콤한 자극이 그분께 도달하기 위한 유일한 수단인 자신의 '인간적 행위'와 더불어 그의 굼뜬 노력에 생기를 불어넣는 게 필수적이기 때문이다.

인간을 충만한 성숙으로 인도함으로써 현명의 덕을 완성하는 성령의 선물은 '식견'(consilium)의 선물이다. 선물의 이름 때문에 혼동해서는 안 된다. 왜냐하면, 여기서 말하는 식견은 수많은 보고와 토론이 수반된, 관리를 위한 조언이나 정치적 조언이 아니기 때문이다. 식견의 선물은 이런 것과 전혀 상관이 없다. 성령의 다른 모든 선물과 마찬가지로, 식견의 선물은 다음과 같은 단 하나의 단어, 즉 '천사적'이라는 말과 함께 묘사될 수 있는 형태로 작용한다. 이 선물은 찬반(贊反)의 무게를 재는 가운데 점진적으로 작용하지 않고, 초자연적 인식을 눈 깜짝할 사이에 구체적인 상황에 적용하는 가운데 순간적인 형태로 작용한다. 그것은 마치 수많은 용처를 갖는 호주머니 칼처럼 지극히 실용적이며 동시에 칼의 몸통을 구성하는 강철처럼 견고하고 아름답다.

식견의 선물에 의해 영감을 받은 일련의 행위에 있어 정점에는 인간이 최종목적(最終目的, ultimus finis)에 이르는 데 있어 유용한 것과 관련된 것들이 있다. 왜냐하면, 현명과 마찬가지로 식견의 선물은 본질적으로 실천적이기 때문이다. 식견의 선물에 해당되는 참행복이 "행복하여라. 자비로운 사람들! 그들은 자비를 입을 것이다"라는 것은 아주 의미심장하다. 이를 달리 말하면 다음과 같다. 현명의 목표인 행복한 삶을 누리기 위해 가장 유용한 행위들은 자비의 행위들이다. 다른 사람들의 고통과 아픔을 나눌 때, 우리는 비로소 살아가기 시작한다.

얼핏 보면, 식견의 선물이 실천 지성에 자리하며 구체적인 것들을 하는 것과 연관되기 때문에 천상에는 이 선물을 위한 자리가 없을 것처럼 보인다. 하지만, 이 선물은 천상에서도 여전히 존속한다. 이는 다음과 같은 두 가지 의미에서 그렇다. 한편으로, 우리는 이승의 삶에서 구체적으로 행하며 배운 것들을 잊어버리지 않으며, 다른 한편으로, 우리는 천상에서도 어떤 일들을 '해야 하기' 때문이다. 실제로, 이 현세의 삶에서 사람들은 지복직관을 누리고 있는 천사들과 성인들에게 끊임없이 구체적인 것을 조언해 달라고 청한다. 예컨대, 하느님 앞에서 우리의 건강을 관리하는 것, 친구의 회심, 일자리를 얻는 것, 우리 죄에 대한 용서 등이 그렇다. 물론 천상에서 식견의 선물은 최종 목적과 연관되지 않는다. 왜냐하면, 현세에서 인간의 여정을 특징 짓는 건전한 불확실과 의심은 천상의 진복자들에게 없기 때문이다. 그보다 오히려 그들에게는 해야 할 것과 그것을 하는 방법에 대한 인식을 향해 순간적 이행이 있다.

성 토마스는 「신학대전」 제2부 전체를 통해 농부의 소박한 상식만큼이나 참신하면서도 친숙한 원리를 바탕으로 움직였다. 그는 누가 길을 잘 아는지 단순하게 입증했으며, 인간이 언제 길을 잃어버리는지 정확히 알았다. 이는 그 누구도 감히 토론하지 못할 정도로 아주 분명하다. 하지만, 우리는 때때로 그것을 모르는 것이 그리 중요하지 않은 것처럼 여기기도 하고, 우리가 여정을 걸으며 접하게 되는 수많은 길이 아무 데로도 인도하지 못한다고 여기기도 한다. 아름다움과 순수함을 철저히 아는 사람은 자신을 순수하고 깨끗하게 보존하기 위해 불순하고 굴곡진 길에 관해 설명을 들을 필요가 없다. 달리 말해, 일정한 덕에 대한 깊은 앎은 이 덕에 반대되는 죄들을 알게 해준다는 것이다. 왜냐하면, 덕은 천상으로 인도하는 올바른 길이기 때문이다.

7. 미성숙의 유형

(1) 경솔함 (성급함, 무분별, 변덕)

우리는 현명의 영역에서 현명에 대한 수업으로 많은 죄를 발견하게 된다. 그러나 이 모든 죄는 다음과 같은 죄들로 환원될 수 있다: 경솔함, 나태, 육적인 현명, 간사함, 비합리적인 두려움. 첫 번째 죄인 경솔함(imprudentia)은 분명히 드러나는 바와 같이 현명함에 반대된다. 인간은 이로 인해 이성의 지배를 포기한다. 또한, 이로 인해 이성의 빛에서 아무런 중간 단계 없이 돌연 현기증 나는 활동으로 이행한다. 또한, 이로 인해 현명의 완전함이 전적으로 부족하다. 경솔함이 지배하는 곳에는 식견 앞에서 조급함이, 좋은 판단 앞에서 즉흥적 태도가, 굳셈 앞에서 변덕스러움이, 적절하게 해야 할 것에 대한 즉각적인 실행 앞에서 나태한 태도가 우세하게 지배한다. 경솔함은 그 무모함과 조급함으로 인해 중용과 신중함이 부족하다. 즉흥적 태도로 인해 유순함, 기억, 분별도 부족하다. 그리고 변덕스러움으로 인해 합당한 이치에 대한 고유한 예지도 부족하다.

이 모든 것은 경솔함이 불완전과 관련해서 지극히 복합적임을 보여준다. 그것은 마치 현명이 완성과 관련해서 복합적인 것과 같다. 그것은 당연하다. 왜냐하면, 결국 수많은 돈을 도둑맞는 사람은 걸인이 아닌 백만장자이기 때문이다. 앞서 경솔함과 관련해서 제시한 죄들은 대부분 색욕(luxuria)과 부에 대한 집착에서 생겨난다. 실제로, 감각적 쾌락의 올가미로 영혼을 붙잡는 것은 경솔함의 죄들을 위한 여지를 줄 수 있다.

(2) 나태

나태한 사람은 무의식적인 장미 구름에 둘러싸여 인생을 보낸다. 그가 범한 죄는 현명의 행위들에 있어 고유한 특징인, 활발함과 건전한 심사숙고, 주의하는 태도 등에 반대된다. 하지만, 일부 사람들은 현명함의 가족에 있어서 사생아들과 정신없이 사랑에 빠져 있다. 그들은 현세적이고 동물적이거나 악마적인 현명함을 선택한다. 이러한 현명에 따르면, 그들을 인도하는 목표는 세상이자 자신의 감각적 쾌락이며 자신만을 들어 높이는 것이다.

(3) 육적 현명 (간사함, 교활함, 사기)

죄가 목적이 아닌 수단에 떨어질 경우, 우리는 교활함(astutia)의 죄를 범하게 된다. 이는 간교하고 거짓된 행위를 통해 구체화 된다. 그리고 이런 행위들은 모든 사람이 최소한의 도덕적 감각을 갖지 못하도록 즉시 거부하게 한다. 사람을 무시하는 행위, 넌지시 충고하는 행위, 거짓말과 조작 등은 아직도 사람의 호의를 누리지 못하는 것들이다. 많은 사람들은 선한 지향과 좋은 말들로 이런 태도들을 포장한다. 심지어 도덕적인 질서에서 보면, 향수는 비누와 물을 대체하는 좋은 대용품이 될 수 없다.

(4) 걱정

아마도 현명에 반대되는 가장 이해 가능한 죄 가운데 하나는 과도한 두려움이 아닐까 한다. 현명은 목적들, 환경들, 인간적 행위들과 연관되므로, 언제나 불확실한 요소를 고려해야 한다. 언제나 합리적으로 의심하고 어느 정도 불신 앙하게 하며 '조심하게 하는' 동기들이 존재한다. 왜냐하면, 미래는 예측할 수 없고 인간적인 것들은 우연하기 때문이다. 그런데, 우리가 부당한 두려움에 사로잡히게 되면, 우리는 불합리해질 뿐만 아니라 함정에 빠지고 만다. 그리스도는, 하늘의 아버지께서 우리를 돌보시며 우리는 걱정할 필요가 없다고 강조하시며, 함정에 빠지지 않도록 우리를 보호하길 원하셨다. 하늘의 아버지께서 동물과 식물을 돌보신다면, 그 이상으로 우리를 돌보실 것이기 때문이다. 이어서 그분은 이 점을 좀 더 깊이 다루는 가운데, 사람들이 물질적인 것에 너무 걱정하고 영적인 것을 잊어버리거나 비웃는 것은 그들의 무지 때문으로 보았다. 따라서, 하느님을 알고 사랑하는 우리에게 있어서 영적인 것들은 물질적인 것들에 앞서야 한다.

[결론]

1. 행위의 충만을 위한 조건 : 성숙

충만한 행동을 위한 조건은 성숙함, 특히 현명의 덕에서 유래하는 성숙함이라고 언급하는 가운데 본 장을 요약하고자 한다. 우리는 물리적인 질서에서 트럭을 운전하거나 은행을 운영하는 어린아이를 보게 되면 놀랄 것이다. 그 누구도 어린아이가 어른처럼 일하는 것을 보거나 성숙한 사람의 지성과 인내를 갖기를 기대하지는 않는다. 왜냐하면, 인간은 지적인 면에서 일할 때, 홀로 완전하게 행동할 수 없기 때문이다. 그가 지적인 면에서 혼자서도 제대로 일을 할 수 있는 것은 현명의 덕이 함께 할 때이다. 인간은 언제나 충만하게 행동하려고 노력해 왔다. 그는 왜소증 환자가 되는 걸 싫어한다고 말할 정도로 그렇게 행동하고자 했다. 그는 높은 키에 이르고자 열망한다. 이 세상에 존재하는 모든 것과 마찬가지로, 그는 가능한 한 최고의 완성에 이르려 한다. 더 나아가, 오늘을 살아가는 인간은 거의 필사적으로 완성을 추구한다.

2. 세계의 제2유아기

(1) 행동의 성숙을 이루려는 현대적 시도

1) 대중교육
2) 심리학 이론
3) 민주주의
4) 전체주의적 정치 관행

사람들은 현실적으로 교육과 대중문화를 통해 자신의 활동에 새로운 지평(새로운 목표들)을 열고자 노력했다. 그들은 자신이 보다 많은 활동의 기회를 갖게 되리라는 희망으로 민주적인 정치 이론들을 장려했다. 이와 함께 인간의 기관들을 모든 억압으로부터 해방하려는 심리 이론들도 생겨나기 시작했다. 마침내, 우리는 인간을 보다 쉽게 조작하기 위해 계산된 전체주의 정치의 발전을 목격하기도 했다. 전체주의를 추종하는 정치가들은 사람들이 모든 형태의 환경에 강제로 적응하도록 했다.

하지만, 이 모든 시도는 지향하는 목표에 있어서 잘못되어 있다. 왜냐하면, 이는 가장 중요한 것을 올바로 관상해야 하는 일을 망각했기 때문이다. 그것은 다름 아닌 인간 인격이 지닌 품위이다. 진실로 유일한 인간적 충만함은 도덕적 충만함에 있지만, 그 누구도 이를 목표로 지향하지 않는다. 교육과 민주주의는 인간에게 그 무엇도 첨가하지 못하는 외적인 실재들에 불과하다. 심리 이론들과 전체주의 정치는 한편으로 내재적인 측면을 갖고 있지만, 인간을 더 좋게 해주지도 못하고 풍요롭게 해주지도 못한다. 오히려 그와 반대로 그에게서 그의 품위를 구성하는 부분을 빼앗는다.

(2) 성숙에 대한 현대의 철학적, 정치적 공격들

오늘날의 이론들 가운데는 심지어 충만한 행동에 이를 수 있는 가능성마저 부인하는 이론도 있다. 예컨대, 행동주의는 인간이 자신을 지배할 수 있다는 사실을 부인한다. 그리고 실증주의 철학자들과 사회 유기체설을 따르는 신봉자들은 인간이 자신을 지배할 수 있다는 사실뿐만 아니라 지배 가능한 것들이 존재하는 것마저 부인한다. 예컨대, 그들은 정부의 활동 같은 것을 부인한다. 미학의 여러 학파 중에 감정주의 철학자들, 낭만주의자들, 새로운 초자연주의자들은 인간에게 있어 자기 지배의 기관인 이성을 공격한다. 다음으로 자연주의가 있다. 이 이론을 신봉하는 사람들은 모든 형태의 환상적이고 비합리적인 토대를 바탕으로 인격적 목적이 존재한다는 것을 부인한다. 이는 어떤 면에서 박애주의와 전체주의의 선상에 있다. 그러나 이는 개인의 고유한 목적이 존재한다는 사실을 부인함으로써 이성을 파괴한다.

3. 성장하지 않을 절망적인 젊은이

기술과 과학의 도움에도 불구하고 인류는 아직 성숙하지 못했으며 충만한 행동에 도달하지도 못했다. 이론적으로 보면, 기술과 과학은 인간의 기관들을 촉진한다지만, 현실은 썩 그렇지 못하다. 그것은 우리가 인간적으로 충만한 행동은 도덕적 충만함에 있다는 사실을 망각했기 때문은 아닐까? 여하튼, 이는 우리가 모든 희생을 감수하면서 젊음을 유지하려 한다는 인상을 준다. 우리는 물리적인 질서뿐만 아니라 지성적, 도덕적 질서에서도 젊음을 숭배하는 문화를 채택했다. 마치 우리는 유치한 놀이를 즐기며 계속해서 왔다 갔다 하는 아기의 웅얼거림에 사로잡혀 있는 듯이 보인다. 아니면, 생기 없는 태도와 의도된 거만함이 동반된 젊은 날의 꿈에 사로잡혀 있는 것 같다.

4. 언제나 성숙한 영원한 젊은이

거기에는 아주 좋은 것이 담겨 있다. 왜냐하면, 젊음은 언제나 바람직하기 때문이다. 나이는 파멸에 대한 위협과 함께 우리를 감시한다. 이는 종종 현대 세계에 만연하는 젊은이들의 미성숙함을 잘 설명해준다. 미성숙한 청년들은 어리석기 그지없는 어린아이 같은 삶의 태도로 회귀하려 든다. 새로운 시대의 사람들이 물질의 한계 안에 갇혀 있듯이, 그들이 보기에 늙어간다는 것은 무시무시한 일로 비춰질 뿐이다. 왜냐하면, 노쇠함은 한 개인뿐만 아니라(그들이 보기에 추구해야 할 유일한 목표인) 물질적인 보화들에 대한 향유를 타격하는, 절대 용서받을 수 없는 무자비한 원수이기 때문이다. 하지만, 만일 우리가 영원이라는 무한한 지평을 관상하기 위해 우리 본성의 장벽을 넘어 그 이상을 바라볼 수 있다면, 더 이상 성숙함은 우리가 두려워해야 할 것이 아니라 도달하기 위해 노력해야 할 대상이다. 왜냐하면, 성숙함은 결코 아무것도 파괴하지 않기 때문이다. 성숙함은 영원한 젊음에 대한 약속이다. 그것은 부패(腐敗)와 해체(解體)의 시작이 아니라 영원한 생명에 이르기 위한 필수 조건이다.

제7장 사회생활의 충만함
(제2부 제2편, 제57문제~제62문제)

1. 사회생활과 인류와의 연계
   (1) 인류만의 완전함과 필요성
   (2) 근본적인 사회 문제 – 권리의 문제
   (3) 유일한 사회적 답변 – 긍정과 부정
2. 인간의 권리
   (1) '권리'의 세 가지 의미 – 이 의미들 사이의 상호 관계
   (2) 모든 권리의 기원
   (3) 자연적 권리들의 구분
3. 사회적인 덕 : 정의
   (1) 권리를 다루는 유일한 덕
   (2) 습성으로서의 정의
   (3) 덕으로서의 정의
      1) 정의의 본성과 주체
      2) 일반적 정의 또는 법적 정의
      3) 특수한 정의
         ① 특수한 정의의 내용
         ② 특수한 정의가 추구하는 중용
         ③ 특수한 정의의 행위와 그 탁월함
4. 반(反)사회적 악습 : 불의
5. 정의의 행위 : 심판
   (1) 심판의 본성
   (2) 심판의 조건들
6. 특수한 정의의 종류
   (1) 분배적 정의
   (2) 교환적 정의
7. 교환적 정의의 행위 : 배상

[결론]
1. 사회생활의 목적
2. 충만한 사회생활을 위한 유일한 규범
3. 사회생활에 있어 모든 충만함의 바탕들 : 진리
   (1) 인간의 진리
   (2) 사회의 진리
   (3) 충만함의 진리
   (4) 정의의 진리

제7장 사회생활의 충만함 (제2부 제2편, 제57문제~제62문제)

　지난 몇 세기 동안, 소위 동물들의 '사회생활'(社會生活, vita socialis)을 점점 더 강조하고 있다. 오늘날 우리는 어미 원숭이, 능숙한 일꾼 벌, 흰 병정개미 등에 대해 많은 정보를 접한 탓에, 창문 앞에 앉아 정숙한 품위로 뜨개질을 하는 회색 털 원숭이, 노조 회비 입금을 피하려는 벌, 또는 흰개미를 위한 육군 사관학교 등을 그리기 위해 거의 상상할 필요가 없을 정도이다. 비록 우리가 고양이를 위한 이혼 법정에 대해 말할 정도에는 이르지 못했다 해도, 친칠라들 사이에 있는 일부일처제 정도에 대해서는 이야기 할 정도가 되었다. 진정 이 모든 것은 시적 요소와 당혹감이 뒤섞인 광경이 아닐 수 없다. 그것은 동물들이 충실하고 질서정연하게 목표를 추구하는 모습에 대한 시적인 진술이자, 다른 모든 동물과 다르다고 치부하며 우월감에만 젖어 있었던 인간이 갖는 당혹감의 표현이기도 하다. 학계가 그토록 심도 있는 연구를 통해 인간이 동물보다 더 나을 것이 없다는 사실을 입증했을 때, 그간 인간이 견지해 왔던 생태계 내에서의 우월한 계급 의식은 분명 당혹스러울 수밖에 없다. 이제 우리는 다른 동물들을 들어 높이든지, 아니면 인간이라는 동물을 다른 동물들의 수준으로 끌어내려야 할 필요성에 직면한 것 같다.

1. 사회생활과 인류와의 연계

(1) 인류만의 완전함과 필요성

사실, 사회생활은 인간의 삶과 동물적인 삶 사이에 존재하는 분명한 차이를 명확하게 보여준다. 동물들은 사법 기구, 노동조합, 국회, 경찰, 군인 등을 필요로 하지 않는다. 그러나 인간에게는 이 모든 것이 필요하다. 사회 구조가 무너진 곳에서 인간의 삶은 계속될 수 없다. 예컨대, 홍수는 교통 경찰관을 없앨 뿐만 아니라, 강도들의 무리가 활개 칠 수 있는 환경을 조성한다. 내전, 경찰 파업, 만연한 폭력집단의 활동은 모두 법과 질서에 타격을 준다. 따라서, 이는 사람들이 정상적인 삶을 살아가지 못하게 한다. 인간은 이 모든 사회적 혼란이 진압될 때까지 다른 모든 것을 제쳐둘 수밖에 없다.

동물들이 인간처럼 사회 구조를 필요로 하지 않는다는 사실은, 동물들이 인간에 비해 우월하다는 표지가 아니라 오히려 그 정반대이다. 동물들은 사회생활을 할 수 없지만, 인간은 할 수 있다. 우리는 그 차이점을 다음과 같이 한마디로 표현할 수 있다. 즉, 동물들은 분명히 예측 가능한 데 반해, 인간은 예측 불가능하다. 동물들이 자신의 목표를 향해 나아가는 길은 오직 하나뿐이다. 그들은 반드시 본성에 따라 그 길을 걸어간다. 반면, 인간은 자신이 정한 목표에 이르기 위해 다양한 길을 모색한다. 그가 이 목표에 도달하기 위해 모색한 다양한 길은 그의 창의력에 달려있다. 예컨대, 우리는 서로 다른 연령대의 사람들, 심지어 다른 나라에서 같은 또래의 사람들에 의해 구축된 상당히 다른 사회조직을 발견하게 된다. 사실, 같은 사회 내에서도 어떤 사람이 자신이 추구하는 목적에 도달하기 위해 선택할 수 있는 길들은 아주 다양하다.

인간이 다른 사람의 도움에 많이 의지하고 있다는 것은 그가 그만큼 충만하고 다양한 삶을 살 수 있기 때문이다. 인간은 결코 완전히 자급자족할 수 없다. 그는 목표를 향하는 하나의 필연적인 길에 얽매이지 않기 때문에, 사람들은 마치 자신의 궤도를 잃은 별들처럼 서로 충돌할 수 있다. 사람은 자기 본성에 내재한 위대한 잠재력으로 인해, 사람들 사이의 상호관계를 정확히 관리하기 위해 물리적인 질서 이상으로 또 다른 질서를 가져야 한다.

아마도 이러한 인간적 필요는 다음과 같이 표현될 수 있을 것이다. 즉, 인간은 삶의 수레를 운전하는 당사자이지 단순히 그 수레에 탑승해서 수동적으로 인도되는 객체가 아니다. 인간은 세상으로부터 물러설 수도 있고, 세상으로 들어가 그 세상의 일부를 활용할 수도 있다. 그러나 어떤 인간도 이 세상의 절대적인 주인은 아니다. 달리 말해, 사회적 필요에 대한 뿌리와 사회조직의 완성은 인간의 지배적 지위에 자리한다. 이는 그의 필요와 완성을 구성하는 것으로, 비이성적 세계의 제한되고 협소한 자기만족과는 완전히 다르다.

(2) 근본적인 사회 문제 – 권리의 문제
(3) 유일한 사회적 답변 – 긍정과 부정

그러므로, 근본적인 사회적 물음은 언제나 인간의 지배적 지위, 통치 권리를 중심으로 선회한다. 이는 피할 수 없는 질문으로, 타협적인 대답을 용인하지 않는다. 이에 대해 가능한 유일한 대답은 단순히 '예' 또는 '아니'일 뿐이다. 즉, 그의 인간성의 기초에 대한 권리를 긍정하고 옹호하든지, 아니면 그가 자신의 인간성에 바탕을 둔 자신의 권리를 갖는다는 사실을 부정하는 가운데 공격하게 된다는 말이다. 이 권리에 대한 부인은, 무정부주의자들의 경우처럼, 총체적일 수 있다. 예컨대, 공산당원에게 일어난 것처럼, 어느 한 정당의 당원으로 제한될 수도 있으며, 전체주의 체계에서 일어난 것처럼, 단지 국가가 주는 관대한 선물로 인간에게 일정한 권리들을 "부여할 수도 있다." 여하튼, 이 모든 경우는 인간의 본성 자체에서 유래한 그의 고유한 권리를 부정한다. 즉, 이러한 체제들은 인간이 자유를 누리는 인격이라는 사실, 그가 자기 존재의 목적으로 인도하는 길을 선택할 수 있으며 자기 행위와 제반 사물에 대한 지배권을 갖는다는 사실을 부정한다. 한 마디로, 인간이 자기 자신의 주인이라는 사실을 부인한다.

그러므로, 지배나 권리가 의미하는 바를 이해하는 것은 분명 사회생활을 올바로 다루는 데 있어 본질적이다. 다행스럽게도, '권리'라는 단어에 대한 습관적 사용은 이를 보다 쉽게 이해하게 해준다. 누군가가 우리에게 갚아야 할 10달러를 상환했다면, 혹시 이 사실에 놀랄지는 몰라도, 그에게 감사한 마음을 갖지는 않는다. 왜냐하면, 그는 우리의 권리에 해당되는 금액 이상의 돈을 우리에게 준 게 아니기 때문이다. 어떤 사람이 합당한 봉급에 대한 권리를 갖고 있다거나, 아직 자기 아버지가 돌아가시지 않았음에도 아버지의 유산을 물려받을 권리를 갖고 있다고 말한다. 왜냐하면, '권리'라는 말은, 예컨대 교회법과 더불어 일어나듯이, 법적인 의미로 사용되기 때문이다. 즉, 그것은 객관적인 권리와 관련된다. 이는 누군가가 우리의 권리를 문제 삼을 때, 우리는 즉시 우리의 권리를 보호해 줄 권리에 호소함으로써 입증할 수 있다.

2. 인간의 권리

(1) '권리'의 세 가지 의미 - 이 의미들 사이의 상호 관계

이 모든 것은 권리란 말이 다음과 같이 서로 구별되는 세 가지 의미로 사용될 수 있음을 의미한다. 첫째, 객관적인 권리의 의미로 사용될 수 있다. 이는 마치 과일 바구니나 집을 둘러싸고 있는 벽 또는 하늘에 빛나는 태양처럼 만질 수 있는 권리를 말한다. 둘째, 주관적인 권리의 의미로 사용될 수 있다. 여기에는 어떤 것을 하거나 생략할 수 있는 도덕적 권한이 수반된다. 셋째, 법, 즉 실정법(實

定法, ius positivum)의 의미로 사용될 수 있다.

(2) 모든 권리의 기원

권리라는 용어가 지닌 이 세 가지 의미는 꽃이나 새의 종류처럼 아주 분명하게 구별되지 않고 동일한 군에 속하는 나무들처럼 서로 긴밀하게 연결되어 있다. 객관적 권리(客觀的 權利, ius objectivum), 주관적 권리(主觀的 權利, ius subjectivum), 법은 조그마한 먼지 부스러기에서 우주의 창조주께 가는 오솔길에 있다. 왜냐하면, 결과에서 원인으로 오르는 가운데 권리의 근원까지 나아가기 때문이다. 그리고 역으로 법에서 시작해서 주관적 권리를 통해 객관적 권리로 내려간다. 왜냐하면, 객관적 권리는 주관적 권리에 의존되어 있으며, 주관적 권리는 법에 의존되어 있기 때문이다. 다시 말해, 이 세 가지 권리는 서로 연결되어 있다. 그 누구도 어떤 것에 대한 도덕적 권리(道德的 權利, ius morales)를 갖고 있지 않으면, 그것을 소유할 수 없다. 그리고 만일 도덕적 권리를 갖고 있다면, 자연법이나 실정법에 이르기까지 그 권리의 흔적을 뒤쫓아야 한다.

우리가 권리를 갖고 있다는 사실에 대한 친숙함에도 불구하고, 그것이 법의 소산물(所産物)이라는 사실은 혹여 우리를 놀라게 할 수도 있다. 왜냐하면, 우리는 종종 이렇듯 소중한 벗이 법과 아무런 연관이 없다고 생각하는데, 이는 법이 수많은 의무를 부과하기 때문이다. 실제로, 온 세상은 법을 경시하는 가운데 자신의 권리를 끊임없이 선언하고 있다. 많은 사람들에게 있어서 의무에 대해 말하는 것은 중세적이고 시대에 뒤떨어졌으며 위선적이고 귀찮기 그지없는 일이라고 한다. 하지만 이것이 사실들을 바꿀 수는 없다. 권리와 의무는 법이 낳은 쌍둥이 자녀이다.

분명히 그에 상응하는 의무가 없다면 권리는 있을 수 없다. 만일 다른 사람들이 나에게 그 즐거운 산책을 하는 것을 허락할 의무가 없다면, 내가 '매디슨 애비뉴'

를 걸을 수 있는 권리가 있다고 말하는 것은 별 의미가 없다. 내가 내 집에서 누릴 사생활에 대한 권리를 갖고 있다고 말하면서, 동시에 다른 사람들이 내가 그렇게 소중히 여기는 사생활을 존중할 의무가 있음을 부정하는 것은 불합리하다.

한 사람에게 있어서 단순히 도덕적 권리가 있다는 것은 다른 사람들이 그 권리를 존중해야 하는 의무를 전제로 한다. 왜냐하면, 의무와 권리 사이에는 분명한 상관관계가 존재하기 때문이다. 더 나아가, 우리는 종종 고려하지 않았지만, 둘 사이에는 단순한 상관관계 이상으로 아주 깊은 관계를 갖고 있다. 아마도 의무는 이 두 쌍둥이 중에 형이라고 언급함으로써 그 관계를 표현할 수 있지 않을까 한다. 결국, 권리가 존재하는 이유는 인간에게 의무를 완수할 기회를 제공하기 위해서이다. 의무가 아니라면 권리 역시 존재하지 않을 것이다. 왜냐하면, 이 둘은 샴쌍둥이처럼 서로 분리할 수 없기 때문이다. 결국 법은 인간을 성공적인 삶을 위해 필요한 수단들로 인도하는 올바른 이성의 명령이기 때문에, 의무와 권리는 모두 법에서 유래한 같은 피로부터 양분을 공급받는다. 그런데 이런 필수적인 수단들은 배제할 수 없는 것이므로, 이를 사용해야 할 의무가 암묵적으로 부과된다. 그리고 이와 함께 자연스레 그런 수단들을 사용할 권리도 갖게 된다.

객관적 권리에 대해 말할 때, 그것이 인간에게 속한 것이나 인간에게 기인하는 것을 말하고 있다는 점을 알아차린다면, 아마도 이 점은 더 분명하게 드러날 것이다. 이는 어떤 것이 다른 것들에 의해 선택되고 분리되었으며 소유라는 도장과 함께 자신의 소유라 날인(捺印)되었음을 의미한다. 오직 두 개의 도장만이 여기에 찍힐 수 있다. 인간의 본성 또는 인간의 의지가 그렇다. 예컨대, 부모는 자신이 부모라는 단순한 사실로 인해 자녀로부터 존경 받을 권리를 갖는다. 물론, 부모가 천대와 모욕 그리고 업신여김을 받을 수는 있다. 그러나 그렇다고 해서 자녀로부터 존경 받아야 할 그분들의 권리가 사라지는 것은 아니다. 또 다른 날인이 있다. 이것은 앞의 것보다는 덜 깊지만 좀 더 실제적이다. 이는 공적인 또는 사적인 의지의 결심을 통해 일어난다. 즉, 그것은 실정법, 신법, 인정법 그리고 쌍방 간의 계약에 그 기원을 가질 수 있다. 이 두 번째 날인을 자연법의 날인 주위에 있는 애매모호한 부분을 분명히 드러내려는 예리하고 섬세한 단검에 비유할 수 있다.

본 시리즈의 앞 권에서 살펴본 바와 같이, 실정법에 대해 언급함에 있어 이 법은 자연법의 일반적 원리들을 구체화한 것임을 기억해야 한다. 이는 실정법이 자연법에 반대되는 어떠한 권리도 부여할 수 없음을 의미한다. 마찬가지로, 어떠한 인간의 정신도 모든 의무의 뿌리에 있는 필요의 특징을 창출하거나 파괴할 수 없음을 의미한다. 일부 국가에서 실정법이 허락한다고 해서 낙태나 안락사를 허용하는 것은 적지 않게 끔찍한 일이다. 또한 독재자가 법으로 금한다고 해서 공적으로 기도하는 것이 나쁜 것은 아니다.

(3) 자연적 권리들의 구분

그러므로 권리들은 자연의 아주 비옥한 땅에 깊이 뿌리내린 강건한 식물일 수도 있고 아니면 창가에 둔 화분에 있는 한 줌의 흙에 생명을 의존하는 연약하고 섬세한 꽃일 수도 있다. 일반적으로 권리들은 두 개의 그룹으로 나뉜다. 마찬가지로 법들도 두 개의 그룹으로 나뉜다. 즉, ① 자연법에서 유래한 불변하고 침해 불가한 권리들과 ② 실정법에 의해 허용된 실정적 권리들이 그렇다. 이는 상당히 유동적이다. 왜냐하면, 이는 다양한 민족들의 관습과 시대에 의존되어 있기 때문이다. 이 두 그룹 사이에 '국제법'(만민법[ius gentium])에서 유래한 권리들이 있다. 이 권리에 대해서는 본 시리즈의 앞 권에서 상세하게 언급한 바 있다. 따라서 여기서는 이러한 권리들이 자연법과 실정법 사이의 교량이 된다는 점을 기억하는 것으로 국한하고자 한다. 이 국제법은 오직 자연에 의존되어 있는 자연법과 다를 뿐만 아니라 보편적이고 우연적인 일정한 사실들과도 다르다. 또한, 이는 어떠한 제도의 개입 없이 인간의 추론으로부터 직접 생긴 것으로, 이런 면에서 실정법에서 유래하는 권리들과도 구별된다. 이러한 국제법적 권리들은 자연법에서 유래했으며 자연법에 의해 보호 받지만, 이는 엄밀한 의미에서 자연적 권리(自然的 權利, ius naturale)들은 아니다.

자연적 권리들에 대해 토론할 때 자주 오해를 받거나 간과되는 것이 있다. 성 토마스는 가족의 영역에서는 엄밀한 의미에서 권리들이 없다고 반복해서 강조했다. 그렇다고 해서 이것이 아내를 쉽게 모욕할 수 있다거나 남편을 소홀히 취급하고 또는 자녀들을 학대할 수 있다는 말로 이해해서는 안 된다. 만일 가정의 중심에서 지배적으로 드러나야 할 것이 배려와 사랑임을 염두에 둔다면, 정의에 대해 말하는 것 자체는 거의 비열한 행태라고 말할 수 있다. 물론, 가족의 구성원들 간에는 일련의 관계가 있지만, 근본적으로 이러한 관계들은 가족 이외의 다른 사람들과 갖는 관계와는 다르다. 그것은 마치 사람이 자기 자신과 갖는 관계와 같다. 가족의 구성원들은 균열이 없는 견고한 단일체를 형성하기 때문이다. 따라서, 가족 내에서 '해야 하는 것'이나 '의무'에 대해 말하는 것은 적절하지 않다. 가족의 구성원들은 인격체들인 한에서 분명 각자 자신의 권리를 향유하지만, 같은 가족의 구성원들로서 그들은 모두 공통된 권리들도 갖는다. 가족 내에 존재하는 질서에서 고유한 단일성(가톨릭교회가 이해하는 것처럼)에 있는 종속과 몇몇 현대 사상 가운데 철저한 개인주의(많은 국가를 지배하는 가정과 사회의 혼란을 촉발한) 간에 존재하는 거대한 차이는 바로 여기에 뿌리를 두고 있다.

가정 내에서 드러나는 종속이 불의, 독재, 열등을 의미하지는 않는다. 가정의 머리가 자신의 법을 부과하는 입법자도 아니고 정의를 관장하는 판사도 아니기 때문이다. 아버지나 아들이 자신의 가족과 더불어 의롭다고 말하는 것은 마치 한 인간이 자신의 손과 발 그리고 머리와 더불어 의롭다고 말하는 것과 다를 바 없다. 그러므로 그렇게 말할 수는 없는 노릇이다. 가족 구성원 간의 관계는 정의가 아니라 참사랑(caritas)의 덕이라는 공통의 영역 위에 세워질 수 있는 것이다.

3. 사회적 덕 : 정의

가족 구성원 간의 관계는 사회생활보다 훨씬 더 개인적인 삶에 속한다. 사회생활은 좀 더 외적인 실재와 활동에, 다른 사람들과 맺는 관계에 연관되어 있다. 이는 사회생활을 발전시키기 위해 인간은 특별한 완전함이 필요하다는 것을 뜻한다. 본 시리즈의 앞 권에서 우리는 지성적 힘의 강력한 중심이 지성적 습성들을 통해 어떻게 작용하는지 구체적으로 살펴본 바 있다. 반면, 감각적 욕구의 강력한 수단들은 정념들을 조절하는 도덕적 습성들을 통해 작동된다. 그러므로 인간이 다른 사람들의 삶에 영향을 미치기 위한 기관, 즉 의지는 습성, 더 정확히 말해 정의(iustitia)의 습성을 통해 사회생활을 위해 완성된다.

(1) 권리를 다루는 유일한 덕

인간의 정신은 지성적 습성들을 통해 완성된다. 반면, 정념들은 도덕적 습성들을 통해 조절된다. 그리고 이것들은 모두 인간의 내적 법정에 속한다. 따라서 만일 이와 구별되는 다른 습성이 없다면, 인간은 고립되어 자신 안에 파묻히게 되고 말 것이다. 이 습성이 다름 아닌 정의의 습성으로, 이는 인간의 외적 행위들을 조절한다. 따라서 정의는 유일한 사회적 덕(社會的 德, virtus socialis)이다.

만일 우리가 이 정의를 냉혹한 '엄정함'으로 보게 되면, 정의를 눈가리개로 만들 뿐만 아니라 그 본래의 모습을 어둡게 하고 일그러뜨리는 가면으로 덮어버리는 것이다. 왜냐하면, 정의는 사회적 덕일 뿐만 아니라 '사교적' 덕이기 때문이다. 우리는 정의를 왜곡하지 않기 위해 좋은 기질을 갖고 있으며 미소 짓고 있는 모습을 지닌 실재, 다른 사람을 배려하며 불쾌하고 의무적인 방식으로 세상과 어울리지 않고 진정 많은 사람들과의 교제를 즐기는 실재로 봐야 한다. 따라서 엄밀히 말해 정의는 인간이 지속적이고 단호한 의지로 각자에게 자신의 몫을 주는 습성으로 정의된다.

(2) 습성으로서의 정의

방금 살펴본 이 정의(定意)는 우리가 정의(iustitia)를 마치 인간의 즐거움을 강탈하는 '아르피아(arpia)'[8]라는 기괴한 모습으로 상상하지 않고 그대로 보게 하는 세 가지 특성을 담고 있다. 습성으로서의 정의는 본성의 '부드러움', '완전함', '안정성'으로 둘러싸여 있다. 이러한 안정성이야말로 사회생활의 안정성의 바탕이 된다. 또한 지속적이고 단호한 의지로서의 정의에는 종잡을 수 없는 태도에 있어 고유한 특징인 '변덕스러움'이 없다. 그런데 '지속성'에는 이 덕이 지닌 주된 어려움이 자리한다. 한 번 정의로운 것은 어렵지 않다. 정의에 있어 어려움은 모든 면에 있어서 한 번이 아닌 지속적으로 정의를 유지하는 것, 즉 정의를 늘 목표로 유지하는 데 있다. 왜냐하면, 사회성은 우발적인 정의의 행위들을 통해 불의로부터 보호받지 못하기 때문이다. 언급한 바와 같이, 정의는 인간을 고립으로부터, 자기 자신이라고 하는 강제수용소로부터 끌어낸다.

(3) 덕으로서의 정의

1) 정의의 본성과 주체

방금 언급한 것은 상당히 중요하다. 정의는 우리를 다른 사람들, 이웃들과 당연하게 관계를 맺게 해주는 덕이기 때문이다. 정의는 고립된 사막에서는 아무런 의미가 없으며 시장에서는 사형선고를 받게 된다. 어떤 사람이 자신의 머리, 심장, 또는 손에 정의를 행사했다고 말할 때, 이는 은유적인 표현이다. 여기서 우

---

[8] [역주] 얼굴은 여자이고 몸은 맹금류인 우화적인 새.

리는 사람의 머리, 심장, 손을 마치 사고팔고 즐기고 결혼함으로써 우리의 이웃이 되는 실재, 우리와 구별되는 다른 실재로 보고 있는 것이다. 다른 사람을 언급하지 않은 채 정의에 호소하는 것은 마치 아무 의미 없이 그저 말을 지껄이는 것과 같다. 만일 정의가 각자에게 자신의 몫을 주는 것이라면, 이는 '평등'을 의미한다. 왜냐하면, 모든 사람은 본질적으로 평등하기 때문이다. 평등은 두 주체에 대한 비교에서 생겨난다. 그것은 한 주체가 자기 자신과 비교하는 데서 생기는 것이 아니다. 이 경우, 평등(平等, aequitas)이 아니라 동일성에 대해서만 말할 수 있다.

정의는 이웃과 분리될 수 없는 것으로, 자연적 질서에서 다른 사람들과 깊이 연결된 유일한 덕이다. 권리가 근본적인 사회 문제인 것처럼, 정의는 진정한 사회적 응집력을 이루는 근본 요소이자 개인적이고 사회적인 권리들을 보장해주는 유일한 자연적 수단이다. 이러한 실재는 근대 사상가들에 의해 상당히 오해받기도 했다. 그들의 정신은 도덕적 질서에 속하지만 동시에 종종 정의에 대한 계명이기도 한 일부 규범들과 금지 조항들 앞에서 반란을 일으키곤 했다. 엄격하고 임의적인 아버지에 의해 주어진 명령보다 더 인간의 자유와 품위에 위중한 공격은 없다. 왜냐하면, 사회적인 정의는 가정에서부터 시작하기 때문이다. 정의를 거스르는 것은 사회의 근간 자체를 파괴하는 것이자 사람과 사람 사이에 장벽을 높이 세우고 사람들로 하여금 자기 내면의 장벽 속에 갇혀 지내라는 말과 같다.

정의는 다른 사람들이 인격체로서 권리의 주체라는 사실에 대해 실제로 인정하는 것이다. 좋은 습성(즉, 덕)인 한에서 정의는 사람들과 그 행동에 좋은 영향을 미친다. 즉, 그들이 자신의 이성에 따라 올바로 행동하게 한다. 그런데, 정의의 실천은 그 가장 단순한 형태에서 볼 때 아무에게도 해를 끼치지 않는 데 있다. 하지만, 이로 인해 거만해지는 것은 기괴하기 짝이 없다. 물론, 그렇게 하는 것으로 만족하는 사람들도 있다. 오늘날, 부정한 방법으로 돈을 버는 협박 행위가 번져나가는 현상은 다음과 같은 생각에 뿌리를 두고 있다. 즉, 자신의 삶에 대해 자신의 이익에 대해 또는 자신의 권리에 대해 방해 받지 않고 평화롭게 살고자 하는 사람은 이를 위해 돈을 지불해야 한다는 것이다. 정의가 확고하고 절대적인 바탕을 갖고 있다는 사실을 부정하고 다른 사람들의 권리(특히 삶에 대한 그들의 권리)를 의문에 부침으로써 이런 남용을 향한 길이 열리게 된 것이다.

부정직한 변호사(辯護士, advocatus)는 통상 의로운 것과 그렇지 않은 것에 대해 잘 알고 있다. 이러한 앎은 그가 정의를 피해갈 수 있는 능력을 부여해준다. 하지만 이러한 능력이 그를 정직한 사람이 되게 하지는 못한다. 쉽게 입증될 수 있는 이 사실은 정의를 올바로 자리매김하는 것이 얼마나 중요한지를 여실히 보여준다. 분명, 정의는 지성에 자리하지 않는다. 이는 정직한 변호사의 태도를 통해 입증된다. 왜냐하면, 정의는 사변적인 것이 아니라 실천적인 것이기 때문이다. 그러므로, 정의는 이성적 욕구(appetitus rationalis), 즉 모든 인간적 행위의 원천인 의지(voluntas)에 자리해야 한다. 더 나아가, 다른 사람들(이웃들)과 관련해서 볼 때, 정의는 오직 그리고 독점적으로 의지에 자리해야 한다. 감각적 욕구(appetitus sensibilis)는 오직 구체적인 개인적 선과만 연관되기 때문이다. 이는 중요한 사실이다. 왜냐하면, 감각적인 애정과 개인적인 유용성에 따라 또는 보편적인 유기체가 지닌 맹목적인 본능을 인간적 행동의 바탕으로 삼는 것은 정의의 근간 자체를 파괴하는 것이며, 따라서 사회생활 자체를 파괴하는 것이기 때문이다. 반(反)형이상학적 철학과 반(反)지성주의 철학은 논리를 피하는 가운데 반(反)사회적 결론에 이르는 것을 피할 수 있을 뿐이다. 왜냐하면, 그것들은 그 자체로 이기주의 철학이기 때문이다. 이러한 철학들은 인간으로 하여금 이웃과의 만남을 향해 자신으로부터 벗어나게 하지 못한다.

인간은 의롭게 되기 위해 자신으로부터 벗어나 다른 사람들을 볼 수 있어야 한다. 이 과정에서 당황스러울 수도 있다. 왜냐하면, 각각의 사람에게서 쌍둥이를 볼 수 있기 때문이다. 즉, 개인이자 공동체의 구성원으로서의 각 사람을 볼 수 있다. 어떤 사람들은 자신들이 숙고하는 정의에 대한 혼란스러운 모습에 화를 내곤 한다. 그들은 증거를 부정하고 다음과 같이 되기로 결심한다는 것이다. 즉, 사람들은 단순한 개인에 지나지 않거나 단지 공동체의 구성원일 뿐이라는 것이다. 그러나 이것이 실제적인 인간의 모습을 없애진 못한다. 실제적으로 인간은 동시에 두 가지 모습을 다 갖고 있다는 것이다. 개인으로서의 사람들은 정의, 구체적인 정의에 의해 지배된다. 반면, 공동체의 구성원으로서의 사람들은 다른 정의, 즉 일반적인 정의에 의해 지배된다.

2) 일반적 정의 또는 법적 정의

일반적 정의는 모든 덕을 관통하며 모든 덕에서 발견되는 어떤 것으로서, 일반적 진술이나 일반적 공황(恐惶)이라는 의미에서, 사실상 일반적이지 않다는 점에 주의해야 한다. 즉, 그것은 모든 사람과 모든 덕에 공통된 것이 아니다. 이 정의가 지닌 '일반성'은 그 대상의 보편성에서 유래한다. 그 대상은 다름 아닌 공동선(共同善)이다. (분명 일반적인) 이 정의의 작업은 공동체에 자신의 것, 자신에게 당연한 몫을 주는 데 있다. 그러므로, 참사랑이 다른 모든 덕으로 하여금 인간의 초자연적 목적을 향하도록 명하는 것과 같은 방식으로, 일반적 정의(이는 법적 정의라고도 불린다)는 여타 모든 덕의 행위가 그 사회적 목적인 공동선을 향하도록 명한다.

이런 관점에서 보면, 일반적 정의는 단순히 어떤 구역을 순찰하는 것 이상으로 할 일이 많다는 것이 분명하다. 일반적 정의는 시민권이 요구하는 최소한의 지적 요구들을 규정하는 것으로서의 지성적 덕들을 법과 연결시킨다. 더 나아가, 이러한 정의는 대신덕들의 외적인 결과와 행위로 확장될 수 있다. 예컨대, 스위스의 일부 주에서 일어나듯이, 종교적인 소송이 일반적 정의에 의해 조절된 공공의 기능이 되기도 한다.

통상, 보통의 시민이 법적 정의에 대해 성찰하기 위해 한 주간에 하루를 따로 둘 필요는 없을 것이다. 왜냐하면, 국가는 이런 의미에서 아주 분명하기 때문이다. 그래서 선량한 시민은 이러한 국가의 정당한 요구에 동의한다. 그렇지 않을 경우, 그는 감옥에 가게 된다. 그런데, 만일 국가가 정의롭지 못한 것을 요구할 때, 이는 더 이상 법적 정의가 아니라 독재자의 정의에 불과하게 된다. 왜냐하면, 국가가 무엇인가를 하게 하거나 하지 말도록 요구하는 사실 자체가 정의에 대한 보장은 아니기 때문이다.

3) 특수한 정의
① 특수한 정의의 내용

법적 정의 너머에는 매일의 수많은 인간적인 관계 가운데 깊이 침투해 들어가는 정의가 있다. 만일 회의적인 사람이 붐비는 지하철에 정의가 끼어 들 수 있는 가능성을 의심한다면, 그는 자기 자리를 얻기 위해 누군가를 좌석에서 바닥으로 밀쳐내면 된다. 용기와 절제가 인간에게 자신의 고유한 선을 향하게 하고, 법적 정의가 인간을 공동선으로 향하게 하듯이, 특수한 정의는 인간을 자기 이웃의 개별적 선으로 향하게 한다. 사회적 정의인 한에서 특수한 정의가 지닌 내용은 정확히 말해 우리를 다른 사람들과 소통하게 해주는 수단들이다. 즉, 그것은 한 사람의 삶을 다른 사람의 삶과 통합되게 해주는 표지들과 행위들을 말한다. 그러므로, 이는 사람들의 삶이 연대하거나 그렇지 않게 하는 것들과 연관된다.

특수한 정의의 내용을 이렇게 규정하는 것은 상당히 중요하다. 그리고 이를 과대평가하는 것은 결코 지나치지 않다. 사회적 관점에서 보면, 특수한 정의는 심오한 진리를 강조해서 드러낸다. 즉, 그것은 우리가 아무리 국가에 충실해도, 사회생활이 계속되려면, 결코 인간, 개인을 무시할 수 없다는 것이다. 모든 시민이 자신에게 부과된 세금을 정확히 기일 내에 내지만, 서로 다투는 가운데 하루를 보낸다면, 거기에는 진정한 사회생활을 영위하는 데 필요한 일치, 평화, 조화가 부족하다. 개인적인 불의는 공산주의(共産主義, communismus)의 확산을 위한 이상적인 조건을 제공했다. 공산주의는 약탈, 강탈, 폭력행위 등의 바탕이 된다. 만일 이러한 불의가 일반화된다면, 비록 같은 나라에 산다 해도 사람들은 더 이상 함께 살아갈 수 없다. 달리 말해, 특수한 정의는 사회생활을 위해 필수 불가결하다. 아무리 오늘날 그에 반대되는 이론이 제기되고 있다 해도, 특수한 정의는 반드시 있어야 한다. 강력한 경찰력이나 잘 훈련된 군대가 이를 대체할 수 있는 적절한 대안이 될 수는 없다. 이 근본적인 요소가 없는 사회는 그 자체로 붕괴의 요소를 가지고 있다.

개인적인 전망에서 볼 때, 특수한 정의의 부재(不在)는 인간으로 하여금 그의 주위에 교도소 장벽보다 더 높은 장벽을 쌓게 함으로써 그를 동료들로부터 분리시킨다. 소매치기는 밀집되어 있는 군중 한 가운데서 아주 편안함을 느낄 수 있지만, 이는 그가 군중과 연대하기 때문이 아니다. 또한, 교정이 불가능한 거짓말쟁이는 도둑처럼 외로운 삶을 살아간다. 특수한 정의를 실천하지 않는 사람은 점차 파괴되어 갈 수밖에 없다. 왜냐하면, 그의 의지는 부패했기 때문이다. 그런데, 의지는 인간이 행하는 모든 것이 솟아나는 원천이므로, 부패한 의지를 지닌 자는 자신의 부패를 자신의 모든 행위에 담아내며, 이로써 자신이 모든 행위가 추악하고 왜곡되게 만든다.

어느 회사의 고용주가 급여지불총액이 직원들의 주머니로 들어가는 것을 보고 매주 괴로워할 때, 비록 직원들에게 불의를 저지르는 것은 아니지만, 그가 정의로운 사람은 아니다. 왜냐하면, 그는 정의를 실천하면서 이를 즐기지 않기 때문이다. 물론, 정의가 외적인 행위, 업적, 사람들을 우선적으로 자신과 동반하는 감정들과는 상관이 없지만, 그렇다고 해서 특수한 정의가 메마르고 냉정하며 비인간적인 덕은 아니다. 왜냐하면, 어떠한 덕도 그럴 수는 없기 때문이다.

성 토마스는 "정의를 실천하면서 기뻐하지 않는 사람은 사실 정의로운 사람이 아니다"라고 당연하게 주장한 바 있다. 덕에 대한 실천은 기쁨을 가져오며, 적어도 내적인 만족을 가져다 준다.

그럼에도 불구하고, 정의가 오직 외적인 행위들과 연관된다는 점을 강조해서 반복해야 한다. 그러므로 이런 선상에서 볼 때, 이 덕이 인간을 그 내면에서부터 쇄신할 수는 없다. 정의는 미움으로 인해 죄를 범한 범죄자에게 주의를 주거나 처벌할 수 있지만, 그에게서 미움을 제거할 수는 없다. 도난 사건을 예방하거나 도둑에게 벌을 줄 수는 있다. 하지만 도둑이 계속해서 그런 짓을 하는 것을 방지할 수는 없다. 내적인 부패에서 비롯되는 이런 부정한 활동이 계속 이어지게 되면, 정의가 지켜지는 것은 점점 더 불가능해진다. 즉 안정적이고 절대적인 도덕을 포기하는 것은 그 자체로 더욱 더 불의를 조장하는 것이며 더 나아가 사회적인 붕괴를 조장하는 것이다. 이것은 현대 이교도들과 고대 이교도들 사이에서 드러나는 가장 실망스러운 차이 가운데 하나이다. 오늘날의 이교도들은 목표, 인간적인 목표가 존재한다는 것을 부정하며, 따라서 보편적으로 유효한 규범들의 존재도 부정한다. 이는 내적 도덕성의 근간 자체를 파괴한다. 이러한 근간이 없다면 정의는 더 이상 존재할 수 없다.

② 특수한 정의가 추구하는 중용

어느 사람이 단식 중에 포도주 1병을 마시고 아침에 일어나지 못한다면, 그는 술꾼이다. 하지만, 식사를 하며 포도주를 마신다면, 그렇지 않다. 그런데, 만일 생필품조차 부족한 사람들에게 피해를 주면서까지 술을 마신다면, 아무 때나 술을 마시는 술꾼과 다를 바 없다. 정의는 다른 도덕적 덕들과 공통점을 갖는다. 그것은 과도함과 부족함 사이의 중용(中庸)을 추구하는 것이다. 하지만, 정의는 도덕적 덕들과 다른 방식으로 중용을 추구한다. 정의가 추구하는 중용은 언제나 객관적 실재와 일치한다. 왜냐하면, 그것은 언제나 자기 밖에 있는 어떤 것과 연관되기 때문이다.

그 누구도 화창한 날을 구름이 잔뜩 낀 날로 바꿀 수는 없다. 왜냐하면, 우리의 주관적 상태가 제반 사물의 실제 상태를 바꾸지는 못하기 때문이다. 아무리 죄를 범한 사람이 슬퍼한다 해도, 아무리 노동자로부터 그의 임금을 천진난만하게 빼앗았다 해도, 아무리 이웃에 대해 나쁘게 말하는 것이 익살맞다 해도, 이 과정에서 범한 불의는 모든 경우에 있어 분명하다. 왜냐하면, 여기서 유일하게 문제가 되는 것은 이런 일들을 범한 사람들 모두가 이웃을 거슬러서 불의를 저질렀기 때문이다. 여기서 이를 범한 방식이나 태도 자체는 전혀 논의의 대상이 될 수 없다.

③ 특수한 정의의 행위와 그 탁월함

정의의 행위를 아무에게도 해를 끼치지 않는 물고기로 묘사한다면, 이는 전혀 복잡하지 않고 단순한 것처럼 보인다. 심지어 그 행위를 구성하는 다양한 부분들을 분석해보면, 정의는 단지 자기 영역(외적인 사물과 행위)에 배치된 행위이자 정의의 방식, 즉 올바르고 균형 있게 정돈된 행위 이외에 다른 것이 아님을 알게 된다. 하지만, 의로운 사람은, 마치 정의롭게 행동하는 공로가 인정되는 것처럼, 흔히 지극히 존경 받는다. 그에 대한 이런 존경은 의인에게서 우리 자신의 권리에 대한 보호와 관련된 보장을 볼 뿐만 아니라 정의가 아주 뛰어난 도덕적 덕임을 알기 때문이다. 객관적으로 숙고된 정의의 우위는 분명하다. 왜냐하면, 정의는, 용기와 절제가 하듯이, 감각 세계와 연관된 인간의 감각적 욕구를 완성시키는 게 아니기 때문이다. 정의는 인간을 다른 것들을 향해, 심지어 하느님에게로 인도할 수 있는 이성적 욕구에 집중된다. 그 대상의 관점에서 보면, 정의는 인간의 정념들을 지배하는 한정된 개인적 과제를 완성시키지 않는다. 왜냐하면, 그것은 다른 이의 선이나 공동체의 선을 염려함으로써 개인적인 것을 넘어서기 때문이다.

정의로운 사람을 향한 우리의 존경과 배려에 대한 보다 깊은 이유는 정의가 그의 활동에 새긴 인간성의 날인에 있다. 인간의 삶은 그의 행위가 이성의 규범에 의해 지배될 때 성공한다. 용기와 절제는 정념이 이성에 영향을 미치지 않게 하면서 이성의 좋은 판단을 보존한다. 반면, 정의는 인간의 외적 행위와 삶에서 합리성을 고무시킨다. 우리는 정의로운 사람에게 찬사를 표하는 가운데, 그의 모든 행위 그리고 그가 다른 사람들과 맺는 관계에서 그의 인간성이 두드러져 드러나는 사실을 인정한다. 따라서 우리는 이웃에 대해 언제나 험담하거나 비방하는 태도를 보며 불쾌해 한다. 왜냐하면, 그렇게 험담하는 사람은 본질적으로 정의롭지 못하다는 것을 알기 때문이다.

4. 반(反)사회적 악습 : 불의

한마디로, 불의한 사람은 행동할 때 인간, 따라서 사회적 존재가 되기를 멈춘다. 왜냐하면, 불의는 반사회적이기 때문이다. 만일 사회가 그를 '패각추방'(貝殼追放)[9]으로 단죄함으로써 자신의 품에서 추방하는 가운데 그에게 벌을 준다 해도, 그는 불평할 수 없다. 그는 그럴 만한 일을 했다. 왜냐하면, 그의 마음에는 공동선에 대한 절대적인 경멸이 자리하고 있기 때문이다. 그는 오직 자기 자신만을 생각한다. 그리고 비록 단순한 소매치기에 불과하다 해도, 다른 사람들의 권리를 무시하는 영웅으로 자처하거나 그들을 조롱한다.

하지만, 현실을 보면, 그는 전혀 영웅이 아닐뿐더러 오히려 어리석은 자살자에 불과하다. 다른 사람들의 권리를 존중해야 하는 자신의 의무를 위반함으로써, 그는 자신의 권리를 인정받을 수 있는 길을 닫게 된다. 그럼으로써, 다른 사람들과 사회에 반대되는 원수가 될 뿐만 아니라 자기 자신의 원수가 되고 만다. 이제 그는 흑사병이나 침략보다 더 해로운 원수가 되고 만다. 왜냐하면, 그는 사회 구조를 떠받치는 기둥들을 그 내부에서부터 파괴하며 자신을 떠받치는 기둥들도 파괴하기 때문이다.

사회적인 관점에서 볼 때, 불의는 어리석을 뿐만 아니라 위험하기까지 하다.

---

[9] [역주] 고대 도시 국가 아테네에서, 시민 투표를 통하여 장차 참주(僭主)가 되려는 야심가를 가려내어 나라 밖으로 추방하던 제도.

불의가 위중한 내용과 관련될 때, 그것은 불의한 인간 자신에게 불행하다. 왜냐하면, 그것은 사죄(死罪)이기 때문이다. 물론, 화가 나서 **뺨**을 때린 것이나 분노에 찬 사장이 부적절하게 말다툼을 한 것이 사죄는 아니며 사회의 근간을 흔드는 것도 아니다. 정념이나 사건으로 인해 하게 된 불의한 행위는 그 행위와 관련된 사람을 불의에 엄습한다. 그 행위는 단순히 불의의 산물이 아니다. 하지만, 어떤 사람에게서 그에게 속하는 것을 냉정하게 빼앗는 것은, 비록 희생자를 당혹스럽게 하지 않는다 해도, 어느 정도는 불의의 산물이라고 할 수도 있다.

그 누구도 즉시 이 반(反)사회적 악습에 떨어지지는 않는다. 아무도 이를 무의식중에 즉시 얻지는 못한다. 오히려 그와 반대로, 이는 당사자가 바라고 원하는 고의적인 것이다. 그런데, 만일 진심으로 불의하게 되길 원한다면, 선택된 희생자와 더불어 그렇게 되어야 한다. 자동차 도둑이 엄청난 재산을 가진 백만장자에게서 자동차 한 대를 도둑질했다 해도 이는 그에게 티도 나지 않는다. 따라서 이는 상대적으로 볼 때 불의를 저지른 게 아니다.

사회에서 일어날 수 있는 가장 슬픈 일 가운데 하나는 정의로운 것과 불의한 것에 대한 개념을 잃어버리는 데 있다. 자살, 안락사, 낙태, 산아제한, 산업적 자유방임을 옹호하는 좋은 의도는 정의를 촉진하는 계기를 만들어줄 수도 있지만, 이러한 행태가 사회에 미치는 피해는 이것으로 완화될 수 없다. 그러므로 개인적인 차원과 사회적 차원에서 모두 선을 악으로부터, 정의로운 것을 불의한 것으로부터 분명히 구별하는 것은 본질적이다.

도덕과 관계된 다른 모든 것과 마찬가지로 이 영역에서도 덕은 인간에게 천사적 앎이 주는 것과 비슷한 안전함을 선사한다. 정결한 사람이 즉시 불순함의 오점을 알게 되고 용기 있는 사람은 자신이 겁쟁이 앞에 있음을 즉시 직감한다. 마찬가지로 의로운 사람은 본능적으로 모든 불의한 흔적을 발견하게 된다. 도덕적 덕들은 인간으로 하여금 이 덕들이 지향하는 목적과 친숙해지게 한다. 따라서, 덕스러운 사람은 각각의 덕이 지향하는 고유한 목적에 이르는 데 필요한 수단들의 적절함에 대해 판단함에 있어 언제나 가장 적절한 수단을 발견하게 된다. 이는 덕이 인식에 선사하는 지속적인 도움이다. 우선, 소극적인 도움으로, 무엇보다 지성적인 활동에 반대되는 장애물들을 멀리하게 한다. 반면, 적극적인 도움으로, 문제가 되는 덕의 고유한 주제와 함께 친숙해지게 한다.

5. 정의의 행위 : 심판

(1) 심판의 본성
(2) 심판의 조건들

그러나 도덕적 덕이 전부는 아니다. 오히려 그것은 어떤 사안에 있어서 비밀스럽고 애매모호하며 깊은 부분이다. 정의의 주제들과 관련해서, 이 정의의 덕은 인간으로 하여금 공정하게 판단하도록 준비시켜 준다. 물론, 그렇다고 해서 이 덕이 판사의 옷을 입는 것은 아니다. 하지만, 이 덕은 판사의 자리에 앉아 판결을 내린다. 판단은 지성의 행위인 데 반해, 정의를 관리하는 것은 의지의 일이다. 판결은 현명의 덕에 대한 실행을 통해 이루어져야 한다.

그 누구도 날씨에 대해 말하는 것처럼 경솔하게 판단하면서 하루 종일 돌아다닐 권리가 없다. 왜냐하면, 마땅히 이루어져야 할 재판은 정의롭고 현명하게 이루어져야 한다. 좋은 판사는 원한, 질투, 무자비한 악의, 자기방어 같은 것에 전혀 영향을 받지 않는다. 오히려, 그의 판단은 정의를 향한 성향에, 각자에게 자신의 몫을 주려는 열망에 바탕을 두고 있다. 그는 예감이나 충동 또는 단순한 의심에 바탕을 두고 판단하지 않는다. 판사가 판결을 내릴 때, 그 권한은 적법하며 그 이상이다. 왜냐하면, 그는 강제적인 권한을 갖고 있기 때문이다.

그렇다고 이것이 "판단하지 마라"고 하는 조언을 문자 그대로 취해야 한다는 것을 의미하는 것은 아니다. 왜냐하면, 판결을 내리는 것은 적법할 뿐만 아니라 의무적이기 때문이다. 판단에 대한 금지는 왜곡된 판결을 내리는 불의한 사람, 무분별한 사람, 권력을 강탈한 사람을 향하는 것이다. 사실, 우리 모두는 어떤 식으로든 다른 사람 그리고 자기 자신에 대해 판단한다. 만일 우리가 찬사를 받는다면, 이따금 우리는 불의하게 판단한다는 것을 알아야 한다. 예컨대, 우리가 아파서 병원에 입원해 있을 때, 장의사를 운영하는 친구가 방문하게 되면, 그 친구를 은근히 미워하기 쉽다. 왜냐하면, 그 친구를 보는 순간, 우리는 그 친구가 관을 비롯해 장례 용품을 준비하기 위해 내 신체의 치수를 재는 것은 아닌가 하고 오해할 수 있기 때문이다. 이런 종류의 판단은 공정한 사람에게는 합당하지 않다. 바로 이 때문에 우리는 종종 우리가 아주 불의하게 판단한 사람과 함께 화를 내게 되며, 우리가 한 경솔한 판단에 사로잡히게 된다.

이보다 훨씬 더 위험한 형태의 판단은 단순한 의심에 바탕을 둔 것이다. 이런 판단은 애매모호하고 어리석은 생각에서 시작된다. 이 생각은 우리 주위를 맴돌며, 콧노래로 흥얼거리며 멈추지 못하는 멜로디처럼 끊임없이 반복된다. 만일 그 생각을 멈추지 못하면, 이내 그 생각은 우리 정신에 깊이 뿌리를 내리고 만다. 결국, 의심은 질투가 되고 만다. 간혹 이러한 사실은 어떤 것을 먼저 알기 위한 열망으로 인해 조성되곤 한다. 이런 왜곡된 열망은 밀고자, 거짓 예언자에게서 드러나는 고유한 특징 가운데 하나이다. 거기에는 유아적인 허영심이 상당히 자리하고 있다. 따라서 의심에 입각해서 이루어진 판단의 원천들을 숙고하는 것만으로는 그런 잘못된 판단을 피할 수 없다.

이런 유형의 판단을 떠받치는 불온한 근거에는 세 가지가 있다. 이런 판단을 내리는 사람은 그 중에 하나에 바탕을 두고 확신에 차서 판결을 내린다. ① 첫 번째 원천으로 악한 행실들 가운데 하나를 들 수 있다. 왜냐하면, 악한 행실을 하는 사람은 이웃의 악을 생각하는 쪽으로 더 기울기 때문이다. 흔히 폭력배는 성인보다 훨씬 더 의심이 많다. ② 두 번째 원천으로 미움을 들 수 있다. 질투심이 있는 사람, 다른 사람들을 경멸하는 사람, 미워하는 사람은 좀 더 쉽게 다른 사람들을 의심하게 된다. ③ 세 번째 원천으로 나이를 들 수 있다. 우리는 나이가 들어가면서 이런 판단을 내리는 것이 훨씬 더 쉽다는 것을 알게 된다. 사실, 이런 판단은 그 자체로 노년의 징조라고 할 수 있다. 그것은 경험과 더불어 냉소적이 된 사람이 지닌 독특한 표지이며, 사람들에 대한 희망과 기대가 좌절되어 실망으로 이어져 이제는 진실을 대면하기보다는 실망에 대비하고 있는 사람이 지닌 독특한 표지이다.

판단의 근거가 무엇이든 간에, 단순한 의심에 기초한 판단은 언제나 죄스러운 것이다. 왜냐하면 그것은 불의한 것이기 때문이다. 처음에는 경미한 죄에 불과할 수도 있다. 그러나 아무 근거도 없이 제기된 의혹을 바탕으로 다른 사람의 호의를 의심하기 시작하고, 충분히 입증된 증거도 없이 그가 악의가 있다고 판단하게 되면, 사죄(死罪)로 넘어가게 된다. 언제나 그리고 당연히 판단의 내용은 위중해야 한다. 여고생이 어머니의 립스틱을 사용하는가에 대해 의심하는 것은 죄가 아니다. 하지만, 시청에서 시장을 살해한 사람이 질투에 사로잡힌 그의 아내라고 의심하는 것은 죄가 될 수 있다. 일반적으로 중죄는 의심에 사로잡혀 피고인(被告人, accusatus)의 명예와 좋은 평판을 중대하게 손상할 때 이루어진다.

우리는 정의 가운데 다른 사람들에 대한 의심을 호의로 대해야 할 의무가 있다. 이웃 사람이 거의 매일 이른 새벽에 집으로 돌아오는 소리를 듣게 되면, 그가 많은 유흥을 즐겼다고 상상하기보다 많은 일을 했다고 생각하는 것이 더 현명하다. 다시 말해, 문제가 되는 일이 의심스럽다고 해서, 분명한 악의 징후 없이 부정적으로 판단하는 것은 경솔하다. 더구나 우리가 판단하고 있는 사람을 경멸하는 것은 부당하다.

우리는 말이 기수에 대해 갖는 선의에 대해서와 마찬가지로 사람들이 지닌 선의에 대해 의심하게 하는 생각을 거부해야 한다. 예컨대, 가축 중매인은 원칙적으로 자신이 사려고 하는 말들의 상태를 불신앙한다. 그러나 그렇다고 해서 그가 말을 모욕하는 것은 아니다. 그러나 사람들에 대해서는 이같은 방식이 적용되지 않는다. 왜냐하면, 사람들을 판단함에 있어 가장 중요한 것은 우리의 의심이 더 좋거나 아니면 아주 좋지 않은 근거에 토대하고 있다는 게 아니다. 여기서 관건은, 비록 아주 재미있을지는 몰라도, 불평을 하고 나쁘게 생각하는 것이 사람의 품위를 손상시킨다는 데 있다. 어떤 사람이 선함에도 불구하고 그를 악하다고 판단하는 것은, 그를 중대하게 모욕하는 것이며, 좋은 평판을 가질 수 있는 그의 권리를 침해하는 것이고, 그에게서 '명예'라고 하는 가장 소중한 보화를 빼앗는 것이다. 하지만, 어떤 사람이 나쁜 사람임에도 불구하고 그가 선하다고 판단하는 것은 그에게나 우리 자신에게 어떠한 해도 끼치지 못한다.

6. 특수한 정의의 종류

(1) 분배적 정의
(2) 교환적 정의

사회적으로 수많은 입법이 이루어지고 있는 오늘날, 개인의 권리들이 다른 시민들에 의해서 뿐만 아니라 국가에 의해서 존중되거나 침해될 수 있음을 깊이 염두에 둬야 한다. 이러한 사실은 특수한 정의가 '분배적 정의'와 '교환적 정의'로 나뉠 수 있다는 고전적 구분을 보다 명확하고 구체적으로 확증해준다. 우리는 이와 관련해서, 정의는 사회적인 덕이며 사회를 구성하는 것은 시민들이라는 점을 상기하는 가운데, 다음과 같은 세 가지 차원의 정의를 배열할 수 있다: 법적 정의, 분배적 정의, 교환적 정의가 그것이다. 법적 정의(iustitia legalis)는 사회를 구성하는 부분들이 사회 전체와 갖는 관계를 조절한다. 분배적 정의(iustitia distributiva)는 사회 전체가 부분들과 갖는 관계를 조절한다. 그리고 교환적 정의

(iustitia commutatira)는 사회를 구성하는 부분들 사이의 관계를 조절한다.

교환적 정의와 분배적 정의는 모두 특수한 정의를 드러내는 다양한 모습이다. 그러나 이는 선택적인 것이 아니다. 왜냐하면 두 정의 사이의 차이는 지극히 중요하기 때문이다. 그 누구도 가난한 사람이 부자와 똑같은 세금의 부담을 견딜 수 있으리라고는 기대하지 않는다. 하지만, 우리는 예컨대 채권자가 부자라는 이유만으로 그에게서 빌린 만 달러를 오천 달러로 깎을 수 없다는 것도 잘 알고 있다. 만일 이 사실을 냉철한 수학 자료들과 함께 표현하려 한다면, 분배적 정의에 의해 요구되는 동등함은 비례적이거나 기하학적이라고 말할 수 있다. 반면, 교환적 정의에 의해 요구되는 동등함은 절대적이거나 산술적이라고 말할 수 있다. 첫 번째의 경우, 분배적 정의는 각 개인이 사회 전체에 대해 지닌 참여를 의미한다. 귀족적인 사회에서 이러한 참여는 권력이나 완전함의 양(量)에 의해 측량되며, 소수의 독재 정치에서는 재산에 의해 측량되고, 민주주의에서는 자유에 의해 측량될 것이다.

분배적 정의와 교환적 정의는 같은 운동장에서 한 팀에 소속되어 활동한다고 말할 수 있다. 이들의 첫 번째 질료는 모든 정의에 관한 것이다. 즉, 제반 사물과 사람들 그리고 행위들과 관련된다. 하지만, 만일 이들 사이의 자리를 서로 교환하게 되면, 이로 인해 야기되는 결과는 참담해지곤 한다. 왜냐하면, 분배적 정의는 사회적인 부담과 명예를 담당하기 때문이다. 반면, 교환적 정의는 개인들 사이의 상호 교환을 조절한다.

앞의 문장이 간결하다 해서 속는다고 생각하지는 않을 것이다. 왜냐하면, 교환적 정의의 범위를 제한하는 것은 길고도 복잡한 과제이기 때문이다. 필자는 이후에 이어지는 여러 장을 통해 그 광범위한 분야에 대한 체계적인 탐색을 시도하고자 한다. 여기서는 그에 대해 미리 방향을 제시하기 위해 다음과 같은 점에 주목하고자 한다. 즉, 교환적 정의는 부정행위를 통해 은밀하게 이루어진 모든 무의식적인 상호교환과 절도(竊盜, furtum), 살인 같은 폭력을 통해 공개적으로 이루어진 모든 무의식적인 상호교환을 포괄한다. 또한, 물건을 사고 파는 것, 선물, 대여 같은 의도적인 상호교환을 포괄한다. 그러나 아마도 가장 중요한 것은 교환적 정의에 의해 요구되는 엄격한 동등함을 강조하는 것이다. 그러므로 가장 초자연적인 교환적 정의는 '배상'(賠償, restitutio)에 있다.

7. 교환적 정의의 행위 : 배상

누군가가 우리 집의 차고에 자신의 승용차를 집어넣었다고 해서 우리가 그것을 가질 수는 없다. 또한, 비록 의도적이진 않는다 해도, 이웃에게 물리적 상해나 도덕적 손해를 끼치고 평온하게 있을 권리는 우리에게 없다. 달리 말해, 부당하게 남의 것을 취하고 손해를 입히는 것은 그에 대한 배상을 강제적으로 요청한다. 심지어, 죄를 범한 것이 아니라 해도, 분배적 정의는 우리가 손해를 끼친 다른 사람들의 재화에 대한 배상을 요청한다. 즉, 그 재화들이 우리의 소유로 남아있는 한에서 그렇다. 소유에 대한 자격은 특별한 사유가 없는 한 상실되지 않는다. 즉, 소유자가 재화에 대한 소유를 포기하거나 죽지 않는 한, 그 소유는 본래 당사자에게 그대로 있다.

[결론]

1. 사회생활의 목적

본 시리즈의 앞 권에서 살펴보았듯이, 사회생활의 충만함을 위한 규범은 이를 구성하는 각 개인의 삶이 충만한 데 있다. 왜냐하면, 엄밀히 말해 사회는 이를 구성하는 개개인의 필요를 충족시키는 데 있기 때문이다. 사회는 각 개인의 삶이 구체적으로 보다 더 충만하게 되고, 그 개인들이 덕을 실천하기 위해 더 많은 기회를 가짐으로써 결과적으로 완성에 이르게 하기 위해 존재한다. 국가의 최종 목적(사회의 평화와 진보)은 인간이 완성되고 자신의 최종 목적에 이르기 위한 수단이기도 하다. 그러므로, 사회는 인간이 보다 충만하게 자신이 삶을 영위하도록 제공하는 다양한 기회 그리고 그가 완성에 이를 수 있도록 제공되는 도움을 통해 평가되고 측정되어야 한다.

사회생활의 충만함은 분명 두 가지 모습을 갖고 있다. 하나는 소극적인 모습으로, 이는 사회가 자신의 구성원들로부터 아무 것도 빼앗지 않을 것을 요청한다. 이는 자연법과 인간의 자연적 권리들을 존중해야 함을 의미한다. 다른 모습으로 적극적인 모습을 들 수 있다. 이는 사회가 실정법을 통해 자신의 구성원들에게 제공하는 권리들을 통해 표현된다. 즉, 그것은 구성원들이 자신을 계발할 수 있도록 그들에게 제공하는 도움에 대한 보장을 통해 표현된다.

사회적인 맥락에서 개인의 우선권이 부정된다면, 이는 마치 육체 전체에 대해 그 지체들을 부정하는 것과 같다. 만일 지체들이 없다면, 몸은 형태가 없는 육신 덩어리에 불과할 것이다. 그러므로, 사회를 개인 앞에 두는 이론들은 근본적으로 반(反)사회적이다. 나치즘, 공산주의, 국가사회주의 등이 그렇다. 이러한 사상들은 사회의 이름으로 개인들을 공격하며, 이렇게 함으로써 오히려 사회 자체를 거스르며 사회를 파멸로 몰아간다.

2. 충만한 사회생활을 위한 유일한 규범

충만한 사회생활은 인간의 권리가 인간 인격의 바탕 위에 있음을 인정할 때

가능하다. 아무리 인간의 권리에 대한 바탕을 관대하게 다른 곳에 두려 해도 – 예컨대, 그것을 국가가 선사하는 '선물'이자 권력의 양도 또는 단순한 임시방편으로 인정함으로써 – 이는 그의 사회생활을 빈약하게 할 뿐만 아니라 더 나아가 그를 파괴하고 만다. 인간의 품격에 입각해서 인간의 권리들을 옹호하는 것은 사회적인 물음에 대해 제시할 수 있는 유일한 대답이다. 그밖에 다른 모든 대답은 부정적이다. 그것은 사회를 해체할 뿐, 문제를 해결해주지는 못한다.

3. 사회생활에 있어 모든 충만함의 바탕들 : 진리

(1) 인간의 진리
(2) 사회의 진리
(3) 충만함의 진리
(4) 정의의 진리

충만한 사회생활이 자리하는 바탕은 진리이다. 우리는 이 진술과 더불어 지금까지의 모든 고찰을 종합하고자 한다. 이 진술은 정확하다. 왜냐하면, 그것은 인간의 품위와 양도될 수 없는 그의 자연적 권리를 인정하는 것이기 때문이다. 그가 지닌 자연적 권리는 자유롭고 이성적인 그의 본성과 그의 영원한 운명에서 유래한다. 사회의 진리는 그 자체로 인정되어야만 한다. 사회는 자신 안에 목표를 갖고 있지 않다. 사회 자체가 신(神)이 될 수도 없다. 사회는 인간적인 삶의 충만함을 보다 용이하게 하기 위한 목적을 갖는 도구일 뿐이다. 마찬가지로, 충만함 그 자체의 진리에 대해서도 염두에 둬야 한다. 다시 말해, 인간의 충만함은 관능적이지도 않고 지적이지도 않으며 정치적이거나 경제적이지도 않다. 무엇보다도 그 충만함은 말 그대로 '인간적'이다. 즉, 인간인 한에서 인간의 충만함이어야 한다는 것이다.

  이 모든 것은 정의의 진리에 대한 인정 이외에 다른 것이 아니다. 왜냐하면, 사회생활을 충만하게 영위하려면 각 개인에게 그에 해당하는 것을 주어야 한다. 즉, 그가 진리 안에서 일하도록 해야 한다. 또한 사회에도 자신의 몫을 줄 수 있어야 하며 사회의 참된 본성이 무엇인지 알아야 한다. 한 마디로, 사회생활의 충만함은 진실함을 통해 이루어질 수 있다. 왜냐하면, 거짓말, 인간의 참된 본성에 대한 부정은 삶의 내용을 공허하게 만들며 심지어 삶을 파멸로 이끈다. 인간과 사회는 서로 불가분리적이며 서로를 필요로 한다. 하지만, 만일 사회의 기원이 인간이며 그 역은 될 수 없다는 사실을 인정하지 않는다면, 인간과 사회 모두를 파괴하고 말 것이다.

A Companion to the Summa

성 토마스 아퀴나스의
신학대전 해설서 Ⅲ

제8장 무질서 상태의 본질 (I)
(제2부 제2편, 제63문제~제71문제)

1. 사회 폭력
   (1) 방어적 폭력 – 평화를 위한 몸짓
   (2) 공격적 폭력 – 광기의 잔혹함
2. 사회적 광기
   (1) 사회적 광기의 기원
   (2) 사회의 근본적 특징에 대한 부정
3. 사회적 광기의 개인적인 희생자들
   (1) 살인에 의한 희생자
      1) 일반적 살인
      2) 범죄자에 대한 공적 사형과 사적 처형
      3) 자살
      4) 무죄한 이에 대한 살해
      5) 공격자에 대한 살해
   (2) 신체훼손에 의한 희생자
   (3) 구타에 의한 희생자
   (4) 감금에 의한 희생자
4. 재산에 대한 광기 가득한 사회적 공격
   (1) 사유재산의 합법성과 필요성
   (2) 재산에 대한 은밀한 공격 – 절도
   (3) 재산에 대한 공개적 공격 – 약탈
5. 정의의 도구들에 대한 광기 가득한 사회적 공격
   (1) 정실주의
   (2) 법정에서 불의
      1) 판사의 불의
      2) 불의한 고발
      3) 피고인의 불의
      4) 증인의 불의
      5) 변호사의 불의

[결론]
1. 사회적 건전함과 인간의 생명
2. 사회적 건전함과 인간의 존엄성
3. 사회적 건전함과 사유재산
4. 사회적 건전함과 인간의 자유
5. 사회적 건전함과 사회생활의 도구들

제8장 무질서 상태의 본질 (Ⅰ) (제2부 제2편, 제63문제~제71문제)

만일 우리가 그림을 서글픔과 차가운 고독의 빛에 비추어 보게 된다면, 그것 역시 사람처럼 낯선 것으로 남게 된다. (저자의 취향에 따르면) 레오나르도 다빈치의 신비스러움과 복자 안젤리코의 섬세한 아름다움을 통해 보여줄 수 있는 예술적인 풍부함에 비하면, 고독한 웅장함을 간직한 티치아노의 그림은 내성적이고 심지어 시무룩하며 마치 입을 삐죽 내밀고 있는 듯이 보인다. 언제나 같은 벽면에 한 무리의 작품들을 다 모을 수는 없지만, 취향에 따라 정리되고 재배치할 수 있는 정신적 화랑을 마음에 품을 수는 있다. 예컨대, 같은 전시회에서 화 난 그리스도가 성전에서 돈을 바꾸는 사람들을 난폭하게 몰아내는 아주 놀라운 그림과 '(폭력단에게 바치는) 보호료'를 지불하지 않았다는 이유로 작은 상점의 주인에게 무자비하게 화를 내는 조직폭력배의 천한 그림이 나란히 매달려 있는 것은 불가능할 것이다. 그러나 우리의 정신적 화랑에서는 그렇듯 현저하게 대비되어 정돈된 그래픽으로 말해 줄 수 있는 이야기를 들려준다.

1. 사회 폭력

(1) 방어적 폭력 – 평화를 위한 몸짓

여기서 말하는 '어떤 것'은 사람들 사이의 상호 관계에 담긴 신중함과 광기 사이의 구별에 대한 역사이다. 첫 번째 그림은 일련의 권리에 대한 방어, 보호에서 폭력에 대해 말하고 있다. 두 번째 그림은 인간의 권리와 필요를 거슬러 이루어지는 공격적인 폭력에 대해 말하고 있다. 첫 번째의 경우는 인간의 권리를 존중하고 지키며 인간의 욕구를 충족시키려 노력하는 사회의 일을 말한다. 그것은 사회적인 목적을 바탕으로 인간의 지배력과 통제력에 대해 언급한다. 다른 하나는 미친 짐승과 같은 인간의 공격에 대해 말한다. 그것이 표현하는 폭력은 아무런 이유 없이 폭력을 행사하는 자와 그로 인한 희생자 모두를 파괴하는 미치광이의 폭력이다. 실제로, 다른 사람들의 권리에 대한 이런 공격은 공격자 자신의 권리만을 기초로 해서 이루어지는 공격이다. 왜냐하면, 공격자는 자신의 의무를 배제하고 있기 때문이다. 그는 근본적으로 자신을 고립시키도록 요청하고 있다. 왜냐하면, 그는 자신의 본성에 따라 일하는 것을 부인하고 있기 때문이다.

(2) 공격적 폭력 – 광기의 잔혹함

이런 표현들은 과장된 것처럼 보일 수 있다. 심지어 화가 담긴 표현 같기도 하다. 하지만, 실은 그렇지 않다. 오히려 그와 반대로, 그것은 정의가 하는 일을 완벽하게 묘사하고 있다. 이를 이해하려면 정의의 뿌리를 분석하는 것으로 충분하지 않을까 한다. 폭력배의 잔혹함, 불량배의 거만함, 권력자의 냉혹한 무자비함에는 공통된 특징이 있다. 그것은 불의로 인해 희생된 사람들에 대한 멸시이다.

그렇다면 이러한 멸시의 근거는 무엇인가? 분명 그것은 인간성에 근거를 두지 않는다. 심지어 그들 역시 희생자들이 자신들처럼 인간이라는 것을 알고 있다. 그러한 경멸은 언제나, 말의 등 위에서 세상을 내려다보는 사람이 느끼는 우월감처럼 어리석고, 비본질적이며 부차적인 숙고에 바탕을 두고 있다. 폭력배는 손에 총을 들고 있거나 팔에 마약을 맞고 있을 때 용기로 충만해 있다. 그가 지닌 독한 마음은 희생자로 하여금 더욱 두렵게 만든다. 힘이 있는 사람은 다른 사람들을 경멸하며 바라볼 수 있다. 왜냐하면, 그에게는 자기 마음대로 쓸 수 있는 재산이 있으며 특정한 민족에 속해 있고 특정한 정당의 회원이기 때문이다. 또는 국가로부터 다른 사람들을 억압할 기회를 부여받은 대표적 지위에 있기 때문이기도 하다.

2. 사회적 광기

(1) 사회적 광기의 기원

불의를 사회적 광기라고 말하는 것은 결코 과장된 표현이 아니라 어찌 보면 절제된 너그러운 표현이라 할 수 있다. 사실 이 표현은 오히려 부드럽다. 왜냐하면, 미친 사람들의 경우에는 연민을 느끼기 때문이다. 그러나 불의한 사람에게는 절대 그럴 수 없다. 때때로 사회적 광기는 살인적인 형태를 취하기도 한다. 따라서 불의한 사람에 대한 연민은 거둬야 한다. 왜냐하면, 그들은 거룩하기 그지없는 인간의 생명을 경시하며, 어떤 경우에는 살해(殺害, occisio)해도 좋은 것으로 간주하기 때문이다. 그들은 이러한 살해가 적절하며 때에 따라서는 필요하기까지 하다고 생각한다. 예컨대 이는 낙태와 안락사를 지지하는 사람들 사이에서 종종 일어난다. 그러나 이들에 대해서는 좀 더 나중에 언급하기로 하자. 지금은 살인의 고유한 본성에 대해 검토하는 가운데 앞서 언급한 것의 범위를 살펴보는 것으로 국한하고자 한다.

(2) 사회의 근본적 특징에 대한 부정

자신과 세상에 대한 올바른 지배권을 거부하고, 인간으로서 자신을 올바로 존중해야 하는 권리마저 포기한 채, 이를 바탕으로 사회의 평가 기준들을 무시하고 다른 이들을 파괴하는 것은 광기(狂氣) 어린 일이 아닐 수 없다. 우리의 이성은 이런 일에 정당성을 부여할 만한 어떠한 근거도 제시해줄 수 없다. 이와 관련된 것들은 모두 미친 짓이다. 이런 일을 행하는 사람들은 권력을 떠받치는 연약한 바탕 위에 또는 타인을 억압하는 수단 위에 자부심이라는 헛된 집을 짓는다. 인간의 삶을 지탱하는 바탕이 고작 30분 동안의 배 멀미나 소화불량으로 인한 발작으로 파괴될 수는 없는 노릇이다. 그러나 이는 자신에 대한 비난과 이를 바탕으로 한 다른 사람들에 대한 부정을 통해 이루어질 수 있다. 한 마디로, 이는 인간 스스로 자기 자신의 건강한 인간성을 거부하고 이를 통해 자신과 다른 사람에 대한 파멸의 길을 열어젖히는 것이다.

3. 사회적 광기의 개인적인 희생자들

(1) 살인에 의한 희생자

1) 일반적 살인

이 주제를 시작하면서 짚고 넘어갈 것은, 일반적으로 생명이 거룩한 것이 아니라, '인간의 생명'이 거룩하다는 것이다. 이는 유물론자들이 범한 이중적인 오류를 피하기 위한 중요한 요소이다. 이 오류들은 인간과 동물 사이에 어떤 특정한 차이가 있다는 점을 부인하는 데서 유래한다. 따라서 이들의 전망에 따르면, 만일 동물의 생명이 거룩하지 않다면, 인간의 생명도 그렇지 못하다. 또한 그 반대로 다음과 같이 말한다. 만일 인간의 생명이 거룩하다면, 모든 생명 역시 그렇다는 것이다. 이런 극단적인 견해들은, 한편으로 모든 생명체들에 대한 잔혹하기 그지없는 멸시를 담고 있으며, 다른 한편으로 어리석은 감상주의를 담고 있다.

모든 생명체를 거룩하게 여기는 것은 아주 오래된 오류이다. 이는 초기 이단들 가운데 하나의 바탕을 제시하기까지 했다. 교회는 이를 논박하기 위해 그리 많은 노력을 기울일 필요가 없었다. 왜냐하면, 베드로 사도를 비롯해 여러 사도들의 직업은 이미 그 자체로 그런 오류에 대한 반박이기 때문이다. 그분들은 어부들이었으며 어떤 어부도 물고기로부터 생명을 박탈하지 않고서는 물고기를 잡을 수 없다. 만일 물고기들이 생명에 대한 권리를 갖고 있다고 주장해야 한다면, 우리는 물고기들 역시 사람들과 마찬가지로 자신의 생명에 대해 주인이어야 한다는 것을 인정해야 한다. 왜냐하면, 권리는 오직 '주인', '지배'라는 용어를 통해 이해 가능하기 때문이다. 제반 사물을 사용하고 변화시킬 수 있는 자유와 책임 그리고 능력은 바로 그 권리를 갖는 주인에게 속한다. 또한 이 점이야말로 인간으로 하여금 권리와 의무를 갖게 해준다.

그러므로 인간은 권리들을 갖는 것은 의심의 여지가 없다. 그러나 비이성적인 존재자들은 그렇지 않다. 따라서 자연이 이런 존재자들에게 새겨 넣은 목적에 따라 그들을 사용하는 것은 죄가 되지 않는다. 모든 자연에 걸쳐 하위 피조물들은 상위 피조물들을 위해 존재한다. 목초는 소에게 유린당하는 것이 아니라, 오히려 소에게 먹힘으로써 자신의 존재 목적을 달성하게 된다.

그러나 이것은 결코 '살해를 위한 허가', 즉, 야만적 행위에 대한 면허가 아니다. 인간은 동물들의 본성을 침해하는 가운데 이 동물들을 임의로 사용해서는 안 된다. 동물들을 쓸데없이 학대하는 것, 특히 어떤 특별한 이유 없이 죽이는 것은 죄가 될 수 있다. 왜냐하면, 그렇게 행동하는 것은 악질적이기 때문이다. 이러한 행위는 이성에 대한 침해로, 무질서한 욕구들을 조성하는 데 일정 부분 기여할 수 있다. 인간이 동물들에게 잔인해서는 안 된다는 것은 동물들이 어떤 권리를 가졌기 때문이 아니라 그런 잔인한 행위를 위한 합리적인 근거가 없기 때문이다.

살해에 대한 정의나 불의는 생명에 대한 권리가 존재할 때에만 제기될 수 있는 문제이다. 즉, 이런 권리가 인정되는 유일한 영역인 인간 세계에서 제기될 수 있다. 인간 세계에서 이런 문제가 제기될 수 있는 유일한 대상은 죄인(살인자)이다. 왜냐하면, 성 토마스도 언급한 바와 같이, "이러한 죄인은 야만적인 동물보다 훨씬 더 나쁘다. 왜냐하면, 많은 해악을 끼치기 때문이다." 그는 자신의 죄와 함께 마치 성가신 옷을 벗듯이 그렇게 자신의 인간적인 품위를 벗어던진다. 이로써 그는 자기 정념의 노예가 되고 자신을 비이성적 동물의 수준으로 격하시킨다.

2) 범죄자에 대한 공적 사형과 사적 처형

그러나 성 토마스가 이런 바탕에 근거해서 살인자들의 처형을 지지하는 것은 아니다. 그는 사회적 바탕에 근거해서 이를 지지했다. 왜냐하면, 살인자는 사회라는 몸을 구성하는 부패한 구성원이기 때문이다. 그래서 몸 전체가 썩지 않게 하려면 이렇게 썩은 지체를 잘라내야 한다. 그러나 이것이 결코 그를 공동선을 위한 일종의 순교자로 만드는 것은 아니다. 왜냐하면, 그는 사회의 적으로, 그의 생명을 희생하면서까지 그가 사회에 대해 하는 공격을 차단해야 한다.

정의가 자신의 편이라고 지극히 확신하는 사람 중에 그 누구도 죄인들을 살해하는데 전념하는 사람은 분명 없다. 어떤 사회도 이런 형태의 사냥을 위해 결코 손을 들어준 적은 없다. 당국과 무관하게 정의를 집행하는 3K단[10]이나 자경단 위원회는 이를 위한 어떠한 정당성도 갖지 못한다. 비록 어떤 죄인이 유죄라는 것이 분명하다 해도, 어느 개인이나 집단도 함부로 범죄자를 처형할 권리는 갖지 못한다. 처형은 사회적 악폐를 치유하기 위한 사회적 구제책이다. 그것은 사회를 방어하기 위한 행위이다. 따라서 사회 전체를 위해 적법한 권한을 갖고 이를 실행하는 사람의 경우에는 매우 타당하다.

그러나 사회가 지닌 이런 자기 방어(自己 防禦)의 권리가 공적인 권력을 가진 사

---

10) [역주] Ku Klux Klan. 1915년에 창설된 흑인과 유다인을 척결하기 위한 비밀 결사 단체.

람들을 광신적인 개혁가의 반열에 둬서는 안 된다. 그들은 정의는 정의이며 어떤 결과를 초래할지 상관하지 않고 이를 실행에 옮기면 그만이라는 태도를 견지한다. 그러나 실제로는 결과가 정의를 지극히 불의하게 만들 수도 있다. 공적인 권력을 가진 사람들은 단순히 범죄자를 '추적하는' 개가 아니다. 범죄자를 처형하는 것은 공동선을 위한 것이어야 하며, 사회 전체가 건전하게 보호되기 위한 것이어야 한다. 공권력이 추구해야 하는 이상(理想)은, 가라지를 뽑으려다 밀을 뿌리째 뽑지 않기 위해 추수할 때까지 가라지를 그대로 두는, 하느님의 인내하는 지혜가 되어야 한다.

3) 자살

불행히도 인내는 좀처럼 군중들로부터 환호를 자아내지 못한다. 고통을 견뎌낼 수 있는 사람이 지닌 위대한 영혼을 이해하는 것은 쉽지 않다. 그러나 이교도들은 정확히 이와 반대되는 생각을 한다. 즉, 그들은 자신의 생명을 제거하는 것에서 더 많은 가치를 보곤 한다. 이교도들의 세계에서 자살(自殺, suicidium)에 의해 이루어지는 추정된 영웅주의는 일종의 교의가 되었으며, 오직 그리스도교 신자들만 이를 거부한다. 스파이가 붙잡혔을 때 국가 기밀을 누설하지 않기 위해 자신의 생명을 제거하고, 군인이 전쟁에서 패한 후 조국의 '명예'를 지키기 위해 자신의 총으로 자살하는 것도 있을 수 있는 일이다. 또한 결코 치유될 수 없는 알코올 중독자가 자기 가족에게 더 큰 불행을 안기지 않기 위해 자살을 선택하기도 한다. 그러나 이런 행위들을 소위 '영웅적'이라고 보는 사람들에게 혹여 다음과 같은 생각이 들 수도 있지 않을까? 즉, 국가 기밀을 누설하지 않기로 각오하고 고문을 견디는 스파이, 불명예를 감수하는 군인, 술을 끊는 알코올 중독자가 진정한 영웅은 아닐까?

이에 대한 아주 분명한 그리스도교적인 입장은 이교인들의 혼동된 감상주의와 전혀 상관이 없다. 왜냐하면, 그리스도인은 진정한 용기를 나약함, 비겁함과 완벽히 구별할 줄 안다. 자살은 자신이 돌이킬 수 없을 정도로 길을 잃었거나 일어설 수 없을 정도로 절망에 빠졌다고 여기는 사람에게 있어 고유한 것이다. 한마디로, 자살은 삶의 위험을 대면하지 못하는 사람의 것이다. 그러므로 그것은 언제나 비겁한 자의 행동이다. 어떤 의미에서 그것은 일종의 절도이기도 하다. 왜냐하면, 어떤 사람도 자기 생명의 주인이 아니기 때문이다. 그러므로 인간이 자신의 생명을 파괴하는 것은 생명의 주인이신 하느님을 거슬러 범하는 명백한 불의이자 자신이 구성원으로 있는 공동체를 거슬러 범하는 불의이다. 더 나아가, 자살은 자기 자신을 거슬러 범하는 중죄이기도 하다. 왜냐하면, 그것은 우리 자신을 사랑해야 한다는 의무를 위반하기 때문이다.

자살을 옹호하는 사람들은 이타주의의 근거들을 들어서 자살을 정당화한다. 즉, 양심의 가책, 실패, 죄에 대한 두려움, 몸을 겁탈당하는 것, 가족에게 모욕을 주는 것 등이 그러하다. 어떤 사람들은 자기 가족에게 보험금을 타게 하려고 자살을 선택한다고 말한다. 또 다른 사람들은 무거운 책임으로부터 사회를 진정시키기 위해 자살을 선택한다고 말한다. 그러나 분명한 것은 이러한 진술들이 거짓이라는 점이다. 왜냐하면, 살인으로부터 어떤 선이 유래하리라는 구실을 들어 살인을 해서는 안 되기 때문이다.

직접적인 자살은 항상 악으로 비난 받아야 한다. 인간의 생명은 신성한 것이기 때문이다. 그러나 그렇다고 해서 보다 높은 가치를 위해 싸우며 의도적으로 생명을 버리는 것이 허락되었다는 것을 의미하지는 않는다. 그러나 직접적인 목적이 최고로 높지 않다 해도, 만일 그 목적이 충분히 고귀하고 타당하다면, 그것을 위해 생명의 위험을 무릅쓸 수 있다.

어떤 사람이 실패를 막기 위해 자신의 목숨을 바칠 수도 있고, 어떤 여인이 죽음에 저항하거나 범죄의 공격을 피하기 위해 50층 건물의 난간을 따라 걷는 위험을 감수할 수도 있다. 모든 여성이 서커스 훈련을 받은 것이 아니므로, 그 여인은 거의 틀림없이 떨어져 죽을 것이다. 그러나 이 경우 그 여인의 행동은 전적으로 정당하다. 이러한 경우들이 자살과 다른 점은, 여기서 죽음은 다른 행위에서 유래한 부산물이지 행위 그 자체의 목적이 아니라는 점이다. 목적이 정당하고 그 이유가 충분히 중대할 경우, 그에 따른 부산물인 죽음은 정당화될 수 있다

이 모든 문제의 중심 주제는 인간의 생명이 거룩하다는 데 있다. 이것은 잔혹하기 그지없는 유물론이 모든 것을 전염시키는 이 시대에 가장 중요한 진리이다. 인간의 생명은 지극히 거룩하다. 그러므로 그 어떤 공권력도 어떤 구실로도 무죄한 사람에게 사형을 언도할 수 없다.

4) 무죄한 이에 대한 살해

오늘날 이 근본적인 진리("생명은 거룩하다")는 현실적으로 상당히 잊혀졌다. 이는 상당히 의미심장하다. 물론, 지적인 영역이나 이론적인 영역에서는 그렇게 망각되어 있지 않다. 일부 사람들이나 정부들이 보여주는 실천적인 측면에서 그렇다는 말이다. 이는 적군들과 협정을 맺기 위해 인질들을 사로잡고 죽이는 모습, 정치적인 목적을 얻기 위해 주요 인사들을 냉혹하게 죽이는 모습 등에서 입증된다. 그리고 이 모든 살해가 공동선의 미명 아래 자행되고 있다… 또 다른 차원에서 동정심 때문에 다음과 같이 고통 받고 있는 사람들을 해방하기 위해 죽여야 한다는 이들도 있다: 불치병에 걸린 사람들, 정신지체아들, 늙어서 몸을 가누지 못하는 노인들. 그리고 당연히 이러한 노선을 따르는 가운데, 임산부를 살리기 위해 또는 임산부가 고통을 피할 수 있도록 아기를 죽여야 한다는 낙태옹호론자들도 있다. 이 모든 행태는 살인이다. 이를 묘사하기 위해 잘못된 용어들이 사용되곤 한다. 감미로운 죽음, 안락사, 임신 중절 등이 그렇다. 그러나 우회적인 표현이 이런 혐오스러운 범죄들을 고상하고 좋은 것이 되게 해주지는 못한다.

우리가 어떤 이름을 붙이든 간에, 살인은 그 자체로 흉측하고 혐오스럽다. 정확히는 바로 이 때문에 사회는 자신을 방어하기 위해 사형을 실행할 수 있다. 그러나 어떠한 권리도 침해하지 않는 사람은 사회를 공격하지 않는다. 이런 사람

은 시민들의 생명이나 재산을 위협하는 부당한 침략자가 아니다. 그는 결백하다. 무죄한 사람들의 생명은 거룩하다.

5) 공격자에 대한 살해

우리는 본 장의 초반에서, 어떤 개인이든 선성에 대한 자신의 이상에 부합하지 않는 사람을 처형할 수 있는 사회는 이상한 사회일 것으로 보았다. 또한 모든 사람이 온유하신 그리스도의 모범과 권유를 따라 자신을 공격한 사람에게 다른 쪽 뺨마저 돌려대는 곳도 이상한 사회일 것이다. 이는 이상함에도 불구하고 지속될 수 있는 사회, 스스로 보고 싶어 안달이 난 깜짝 놀란 천사들로 우주의 바깥 울타리가 북적거리는, 평화와 조화 그리고 행복을 가진 사회일 것이다. 그러나 그리스도께서 하신 권고는 그것을 실천할 수 있는 강한 사람들, 소수의 사람들로서, 충분히 강한 사람들, 즉 완덕자들을 위한 것이다. 그리스도는 나약한 사람들에게 이를 권고하지 않으셨다. 그러므로 모든 시민이 다 자신의 다른 뺨을 돌려 댈 의무는 없다. 그들은 자신의 권리를 방어할 수 있고 또 방어해야 한다. 심지어 정당한 방어 수단으로 자신을 공격하는 사람을 죽이는 가운데 자신의 권리를 방어해야 한다.

이 밖에도 또 다른 죽음의 경우가 있다. 그것은 적법한 행위에서 유래하는 부산물처럼 드러난다. 이는 다름 아닌 자신의 권리를 방어하는 가운데 파생되는 죽음을 말한다. 만일 지향이 선하다면, 다시 말해 만일 행위가 추구하는 것이 공격자의 죽음이 아니라 자신의 권리를 방어하는 것이라면, 그리고 충분히 중대한 이유가 있다면, 공격자의 죽음은 정당화될 수 있다.

공격자를 죽이기 위해 고려될 수 있는 충분히 중대한 이유들 중에는 자기 생명에 대한 방어, 자신의 청렴 결백함에 대한 방어, 자신의 소유물에 대한 방어 등을 꼽을 수 있다. 그러나 이 과정에서 일어나는 행위는 실제로 침해 받은 일련의 권리들에 대한 진정한 방어가 되어야 한다. 우리에게는 단순히 어느 누군가가 우리를 강탈할 것이라 의심하는 가운데, 도둑을 죽이기 위해 매복할 권리가 없다. 또한 범죄를 저지른 다음 날, 범인을 뒤에서 총으로 쏴 죽일 권리도 없다. 마찬가지로, 어떤 여인을 성폭행했을 것이라 의심이 든다는 구실로 어떤 남자를 독살할 권리도 없다. 달리 말해, 머리에 일격을 가하거나 발을 거는 행위나 또는 간단한 유도 기술만으로도 우리의 권리를 보호하기에 충분하다는 말이다. 굳이 수류탄을 던질 필요는 없다. 이렇게 과한 행위는 적법한 방어가 아니라 지나친 공격이다.

자기 방어는 그 권리를 침해한 자의 유죄나 무죄에 있지 않고 권리 침해 자체에 달려 있다. '불의한 공격'이라는 용어는 사람의 영혼의 상태를 나타내는 것이 아니라 그가 하고 있는 일의 객관적 특징을 묘사한 것이다. 만일 공격자가 정신이상자일 수도 있지만, 비록 그가 무능력하다 해도, 그가 한 일이 불의하다면, 그는 여전히 불의한 공격자이다. 즉, 앞 장에서 지적했듯이, 정의는 절대적으로 객관적이다.

물론 이것이 태아를 자신의 어머니에 맞서는 불의한 공격자로 보는 이상한 논리를 정당화할 수는 없다. 왜냐하면 태아는, 정신이상자와 달리, 어떠한 인간의 권리도 침해하지 않기 때문이다. 분명한 것은, 온 세상이 생명에 대한 권리를 갖고 있다 해도, 태아가 양보해야 하는 보다 상위의 권리들이 있다는 것이다. 물론 생명에 대한 권리는 신성하다. 그러나 다른 모든 숙고를 묵살할 정도로 절대적인 가치를 갖는 것은 아니다. 왜냐하면, 신체적 생명이 인간적 질서나 도덕적 질서에서 결코 최고의 가치는 아니기 때문이다.

(2) 신체훼손에 의한 희생자

지금까지 살펴본 것을 바탕으로, 이제 우리는 생명뿐만 아니라 인간 존재 전체가 거룩하다고 주장하는 것이 적절하다. 인간의 생명처럼 지극히 거룩한 어떤 것에 대항해서 이루어진 공격에 대해, 정당한 방어를 위해 우리에게 허용된 권한은 생명을 거슬러 공격하는 사람들에 맞서 낮은 단계에서 실행할 수 있다. 만일 사회가 기결(旣決) 범죄자와 자백한 범죄자를 함부로 죽일 수 있다면, 그들에게서 눈을 빼거나 손을 자를 수도 있고 아니면 강제로 불임수술을 할 수도 있다는 끔찍한 결론에 이를 수도 있다. 그런데, 이 모든 것들은 공동선을 목적으로 적법한 권한을 가진 사람에 의해 부과된 형벌이어야 한다. 그리고 이러한 형벌은 범죄자들을 향해야 하며, 무엇보다도 '그들만을' 향해야 한다. 가난한 사람들이나 저능아들을 거세하는 행태는 사회적 광기(狂氣)를 분명히 드러낸 현상들이다. 이는 분명 불의한 것들이다. 왜냐하면, 이들은 무죄한 사람들이기 때문이다. 일부 국가에서 국가 지도자들이 무죄한 사람들에 대해 거세를 권하거나 심지어 이를 강제로 부과하는 것은 우리가 집단적인 광기에 상당히 다가서 있다는 사실을 단적으로 보여준다.

 이러한 일들은 인간의 기본권들을 침해하는 것이자 인간 존재의 근본적인 신성함을 침해하는 것이며 인간 스스로 포기할 수 없는 중요한 권리들을 침해하는 것이다. 비록 피해자가 이런 행태에 대해 너그러움이라 해도, 거세나 신체훼손은 위법이다. 이를 시행하는 의사는, 비록 개인이나 사회 또는 국가가 이를 요청했다 해도, 명백히 정의를 위반하는 것이다. 여기서 관건이 되는 것은 결코 포기될 수 없는 권리에 있다. 왜냐하면, 그것은 마치 자신의 인간성을 포기하는 것과 마찬가지이기 때문이다. 수술로 인해 불구가 되는 사람의 생명을 구하기 위해 그의 팔이나 다리 또는 신체의 일부를 절단하는 것은 전혀 다르다. 수술을 진행하기 위해 당사자의 분명한 동의를 요구하는 병원 관행은 이러한 사실을 암묵적으로 인정하는 것이다. 반면, 국가나 시 정부가, 부모의 이의제기에도 불구하고, 일부 어린 아이들에게 수술을 명령하기 위해 개입하는 널리 알려진 사례들의 경우에는 그에 대한 암묵적인 거부가 담겨 있다.

(3) 구타에 의한 희생자

처형과 신체훼손에 관련된 신체 상해는 사회에 해가 되므로, 오직 국가에 의해 형벌의 방식으로만 부과될 수 있다. 그것은 극장 입장권처럼 주지사가 함부로 허락할 수 있는 권한이 아니다. 예컨대, 이는 자녀와 관련해서 부모에게 부여되거나, 피고용인들과 관련하여 사장에게 부여될 수 없는 권한이다. 그러나 처형과 신체훼손의 한계가 회초리로 때리는 것처럼 자잘한 것까지 포함하는 체벌까지 관련되지는 않는다. 이러한 체벌이 신체보전에는 영향을 미치지 않기 때문이다.

최근에 부모들이 자녀들을 학대해서 실제로 신체훼손까지 하는 잔인한 사건들이 많이 있었다. 이는 정말이지 미친 짓이다. 그것은 당연히 격렬하고 즉각적인 분노를 불러일으킨다. 그러나 적절한 범위 내에서, 체벌처럼 국가에 의해서뿐만 아니라 부모와 교사에 의해서도 체벌이 일종의 처벌 방법으로 자신에게 속한 사람들에게 가해질 수 있다. 자녀들은 부모의 책임에 맡겨져 있으며, 학생들은 교사의 책임에 맡겨져 있기 때문이다. 그러나 여기서 이러한 종류의 체벌에 대한 적합성 여부를 논란에 부치려는 것이 아니다. (여러 현대 심리학의 흐름들은 이러한 체벌을 단호히 거부했다) 그보다는 그것이 정의와 어떤 관계를 갖고 있는가 하는 것이다. 사도 바오로도 자녀들이 분노하지 않도록 배려하는 한에서 체벌을 할 수 있다고 허용했다. 성 토마스는 체벌의 가치에 대한 문제를 피하는 가운데, 정의의 문제에만 국한해서 이를 다뤘다. 그는 부모가 자신의 자녀를 체벌할 수 있는 권리의 유일한 근거가 되는 권위에 기대는 가운데 이 문제를 해결했다.

바오로 성인 자신이 부모들에게 자녀들의 정신을 꺾을 처벌에 대해 경고했을 때, 때리고 또 때리는 것이 있었다는 것을 인정한 것이다. 성 토마스는 일방적으로 때리는 것의 가치에 대한 질문을 던진다. 그는 과단성 있는 어머니를 두고 있었다. 그의 어머니는 강한 성격의 소유자였다. 그는 정의의 문제에만 자신을 제한했다. 그가 그 문제를 권위에 근거하여 그리고 그 근거만으로 해결한다는 것을 알아채는 것이 중요하다. 부모가 자녀를 처벌할 권리가 있는 것은 자녀에 대한 권위에 의해서만 가능하다.

대부분의 사람들은(아마도 아이의 부모를 제외하고) 기차에서 파이를 먹으며 더러워진 손을 낯선 아주머니의 치마로 깨끗이 하려는 손버릇 나쁜 아이가 약간의 체벌을 받을 만하다는 데 동의할 것이다. 성 토마스에 따르면, 이 경우 적절한 절차는 아이의 부모에게 다음과 같이 제안하며 상황을 해결하도록 권하는 것이 될 수 있다. "부인, 제가 그 아이를 때릴 수 있도록 허락해 주시겠습니까?" 아니면 "존스 씨, 제가 당신의 예쁜 아이에게 따귀를 몇 대 때려도 괜찮겠습니까?" 그 아이는 낯선 사람의 소관이 아니기 때문에 그 아이를 처벌할 수 없다.

어떠한 경우에도 우리는 체벌하기 위해 (심지어 단지 우리가 평온하게 있기 위해) 어린아이를 어두운 방에 감금해서는 안 된다. 감금은 신체훼손과 마찬가지로 사람의 신체적 재산에 영향을 미치기 때문이다. 사실, 감금이 반드시 신체의 보전에 손해를 끼치거나 고통을 가하는 것은 아니다. 하지만 그것은 인간의 움직임을 제한하며 신체에 해를 끼친다. 하지만, 감금과 다른 형태의 체벌 사이에는 흥미로운 차이가 있는데, 이는 얼마 전 파리의 경찰이 분명히 제기한 것이기도 했다.

(4) 감금에 의한 희생자

당시 파리에서는 공산주의의 선동이 고조되고 있었고 5월 1일 노동절이 바로 앞에 다가오던 상황이었다. 사회적으로 큰 동요를 목전에 두던 당시, 고위 경찰 간부는 대대적인 소요를 막기 위해 다음과 같은 해결책을 제시했다. 즉, 소요가 있기 바로 전인 4월 30일, 익히 알려진 모든 공산주의자들을 감옥에 가둠으로써 5월 1일에 예상되는 집회를 막으려 한 것이다. 계획은 성공적으로 실행되었다. 5월 1일에 파리는 한여름의 아비뇽처럼 졸리듯 평화로웠다. 파리 전역에서 단 한 명의 공산주의자도 찾아볼 수 없었기 때문이다. 이 경우, 감금은 이미 저질러진 범죄에 대한 처벌이 아니라, 공익을 해칠 것을 예견한 상태에서 향후 발생할 수 있는 소동에 대한 예방책으로 사용되었다. 정부를 반대하는 사람의 말이 두렵다고 해서, 국가가 나서서 그의 혀를 잘라 낼 수 없으며, 언젠가 반란을 일으킬지도 모르는 사람을 색출해서 죽일 수도 없다. 그러나 국가는 정의를 위반하지 않으면서도 폭동을 일으킬 것을 우려해 48시간 동안 공산주의자들을 감금했다. 이러한 투옥은 범죄를 처벌하기 위해 국가 권력에 의해 가해진 위해가 아니다. 그것은 시민의 외부 행사를 지휘, 감독할 수 있는 국가의 권리 행사로, 한 마디로 공익을 위해 최소한의 집회 금지를 시행한 것으로 봐야 한다.

4. 재산에 대한 광기 가득한 사회적 공격

인간은 자신의 생명과 신체의 보전을 위해 갖는 자연적 권리들에 더해, 자신의 개인적인 생활과 사회생활을 영위하는 데 필수적인 다른 권리들도 갖는다. 그러나 오늘날 이 가운데 하나는 좀 더 많은 공격을 받고 있다. 이는 다름 아닌 '사유재산권'을 말한다. 국가가 소유권의 소유 당사자라고 주장하는 사람들은 총체적으로, 그러나 주로 이론적으로 사유재산을 공격한다. 이보다 좀 더 실천적인 공격은, 사유재산을 정면에서 공격하지는 않지만, 국가가 점진적으로 세금을 늘림으로써 사유재산에 대한 개인의 권리를 제한하고, 이로 인해 사유재산이 아주 부담스러운 짐이 되게 만드는 사람들이 제기하는 공격에 있다. 이러한 공격은 사회의 근간을 위협한다. 왜냐하면, 소유에 대한 권리는 인간의 자연적 권리이기 때문이다. 그렇다면, 이러한 권리는 어디에 바탕을 두고 있으며 어디서부터 진행되는 것일까?

(1) 사유재산의 합법성과 필요성

신앙은 제반 사물을 소유하는 인간의 권리가 그의 본성 자체에서 나온다고 우리에게 말한다. 그러나 우리는 여기서 이를 철학적 관점에서 분석하고자 한다. 자연적인 권리들의 군(群)은 다음과 같은 커다란 두 개의 가지를 갖는다는 점을 염두에 두면서 이를 시작하기로 하자. 하나는 자연법의 직접적인 선상에서 시작하며, 다른 하나는 이차적인 가지이다. 첫 번째 것은 자연의 실증적인 요구들을 따른다. 반면, 두 번째 것은 이성을 통해 직접 자연에서 유래하는 것으로, 보편적인 사실을 인정하고 이 사실로부터 적절한 결론들을 도출해낸다. 이 모든 것은 복잡한 것처럼 보이지만, 실은 그렇지 않다. 물이 끓는 과정처럼 지극히 단순한 과정은 분석 과정에서 아주 복잡한 것처럼 보일 뿐이다.

우리가 살펴보고 있는 경우, 이런 복잡함이 가리키는 것은 이해하기 쉽다. 자연법은, 사람들에게 나체로 살아가도록 강제로 의무를 부과하지 않는 것처럼, 사람들이 모든 것을 공동으로 소유해야 한다고 적극적으로 명하지 않는다. 그렇다고 모든 재화를 모든 사람들에게 골고루 분배해야 한다고 명하지도 않는다. 또한, 모든 사람이 다 옷을 입은 채 지내야 한다고 명하는 것도 아니다. 그런데, 이성은 자연법의 직접적 원리와 일련의 우연적인 사실들로부터 다음과 같은 점을 추론한다. 즉, 사유재산은 인간을 위해 절대적으로 필요하다. 마찬가지로, 인간은 나체로 다닐 수 없다. 달리 말해, 사유재산에 대한 권리는 이차적인 가지의 고유한 권리로, '만민법'(ius gentium)에 의해 주어진 '만민의 권리'이다.

인간을 엄격하게 개인적인 차원에서 고려한다면, 자연법은 인간이 자신의 생명을 보존해야 한다는 것을 직접적이고 단호하게 요구한다는 사실은 분명하다. 이 명령은 오늘에만 국한되지 않는다. 왜냐하면 그것은 내일도 포괄하기 때문이다. 인간은 늙고 병 들며 사고로 다치기도 한다. 그러므로 만일 인간이 자신의 생명을 보존하려면, 이런 것들에 대비해야만 한다. 인간은 자신의 생명을 보존할 의무가 있기 때문에, 그 보존에 필요한 수단에 대한 권리도 갖는다. 어떻게 해서라도, (한정된 사람이나 공동체를 위해서가 아닌) 모든 사람들에게 자본이나 생산적인 소유물을 포함해서 사유재산은 모두 자기보존의 의무를 이행하기 위해 절대적으로 필요하다.

현재와 미래에 대한 인간의 걱정은 결혼으로 인해 거의 줄어들지 않는다. 두 사람이 혼자 살 때처럼 적은 비용으로 살아갈 수 있는지는 여전히 증명되어야 한다. 그런데, 자녀들이 생기고 가족이 불어나게 되면 의심의 여지없이 어려움도 많아지고 생활비도 늘어난다. 한 가정의 가장으로서 남자는 현재뿐만 아니라 미래에도 아내와 자녀들을 부양해야 한다. 그가 하루에 평균 열 시간 정도 직장에서 일을 할 수 있는 한에서, 가족들의 음식과 의복을 비롯해 생필품을 보장하지 못하고 집을 안전하게 유지할 수 없다면, 분명 그는 가장으로서의 의무(아내를 보살피고 자녀를 교육시키는 등)를 완수할 수 없다. 이런 상황에서, 그는 아리스토텔레스의 작품을 읽고, 오페라 공연을 보러 가거나 명상을 할 시간이 없을 것이다. 물론 정신을 함양하는 것이 우선적이고 절대적인 필요는 아니라 해도, 자연법에 의해 인간은 신체뿐만 아니라 자신의 지성과 의지를 완성시켜야 할 의무가 있다. 그런데, 지식과 덕행 그리고 건강을 증진시키기 위해 어느 정도의 물질적인 재화를 소유하는 것은 필수적이다. 왜냐하면, 사유재산만이 인간에게 어느 정도의 독립을 가능하게 해주기 때문이다. 한 가정의 가장은 자기 자녀들의 완성에 대한 의무가 있다. 그러므로 자연법에 의해 요청된 필연적 귀결로, 인간은 사유재산에 대한 권리를 갖는다. 사회적 관점에서 보면, 이 권리는 아주 분명하다. 자연법은 인간으로 하여금 사회에서 살아가도록 의무 짓는다. 그러나 사유재산이 없다면 사회생활은 불가능하다. 따라서, 사유재산은 만민법(ius gentium)의 규율로 부과된다.

그럼에도 불구하고, 모든 사람이 다 사유재산 없이는 사회생활이 불가능하다는 사실을 인정하는 것은 아니다. 이를 이해하기는 쉽지 않다. 왜냐하면, 국가의 당면 목적은 사람들에게 자신을 실현할 수 있는 가능성을 제공하는 내적, 외적 평화를 유지하는 데 있기 때문이다. 이러한 평화는 시민들에게 그들의 우선적인 필요에 대한 충족을 보장하고, 그들의 사회적 관계를 조직하며, 그들을 외부의 적들로부터 보호하는 가운데 달성된다. 이 모든 것은 자연법의 명령과 같다. 누군가가 사유재산을 억압하고 모든 재화를 공동으로 누림으로써 이를 이룰 수 있다고 생각한다면, 그것은 어리석거나 순진한 사람이다. 그는 인간 본성의 현실적인 모습에 대해 지극히 무지한 사람이다.

되어야 하는 모습이 아닌 있는 그대로 인식된 인간은 노동에 대해 분명한 혐오를 느낀다. 왜냐하면, 노동은 그 자체만으로 인간에게 개인적으로 아무런 혜택도 주지 못하기 때문이다. 그는 수많은 군중 또는 생산을 담당하는 일련의 사슬을 구성하는 노동자 중의 한 사람으로 전락한 자신을 역겨워한다. 그리고 이제 바로 여기서 생산된 재화의 일부를 소유할 자신의 권리를 사실상 주장하기에 이른다. 이러한 현실을 망각하거나 배제한다면 어떻게 건강한 사회생활을 영위할 수 있을까?

이러한 사실들은 인간이 공동체에 속하거나 그 누구에게도 속하지 않는 것들에 비해 자신의 소유물들을 더욱 정성스레 돌본다는 것을 분명히 보여준다. 집에서 기르는 애완 고양이는 길 고양이와 달리 세심한 돌봄을 받는다. 개인 정원은 구부러진 틈이나 흠잡을 곳이 없는 반면, 적어도 미국에서는 공원들이 제멋대로 방치되어 있다. 민간 은행들은 공적인 은행들보다 훨씬 더 자신들의 이익을 위해 맡겨진 돈을 잘 관리한다.

모든 가정이 내키는 대로 주택과 농장을 차지하거나 음식과 옷을 아무데서나 마음대로 가질 수 있다면, 그런 공동체에 질서를 유지하기는 아주 어렵다. 모든 것이 모든 사람에게 속하고, 그 어떤 것도 아무에게도 속하지 않는 곳에서 평화가 이루어지기는 사실상 불가능하다. 예컨대, 두 자매가 같은 축제에 초대 받아 가게 되었는데, 둘 다 같은 파티 복을 입고 가려 한다면, 둘 사이에 불화가 있을 수밖에 없다. 마찬가지로, 만일 모든 시민들이 같은 재화를 두고 가지려 든다면, 사회에는 감당할 수 없는 혼란이 일어나고 말 것이다. 이렇듯 분명한 사실을 대면하고 인간이 사회에서 살아가도록 정해져 있음을 염두에 둔다면, 사유재산에 대한 시민들의 고유한 권리를 인정하는 가운데, 가능한 재화들을 구성원들에게 분배해야 한다.

이를 달리 말하면, 사유재산을 통한 재화의 소유는 자연법에 의해 정당하다. 그리고 사유재산의 필요성은 만민법(ius gentium)에 의해 직접 요구된다. 즉, 자연법의 직접적인 원리는 그러한 사실들의 보편성과 함께 인간 이성으로 하여금 사유재산은 필수적이라는 결론에 이르게 한다. 인간은 사유재산 없이 사람으로서 사회의 구성원으로서 살아갈 수 없다.

(2) 재산에 대한 은밀한 공격 - 절도

사유재산에 대한 공격은 사회에 대한 공격이기도 하다. 일부 철학자, 선동가, 사회학자들의 이론적 공격은, 사실, 누군가의 주머니에서 돈을 훔치는 절도범이 도발하는 지엽적인 공격에 비할 바 없이 훨씬 치명적이다. 이론적 공격은 사회를 겨냥한 전반적인 공격이다. 반면, 지엽적인 공격은 한 시민을 겨냥한 특정한 공격에 불과하며, 오직 그 한 사람을 통해서만 사회의 평화를 공격할 뿐이다. 물론 모든 사람들이 생계를 위해 도둑질을 하게 된다면, 그 역시 사회적으로 큰 물의를 빚을 것이고 결국 사회를 파괴하고 말 것이다.

절도(竊盜, furtum)라는 주제와 관련해서 우리를 당황스럽게 하는 절도범에 대해 언급해 보고자 한다. 이는 살펴볼 만한 가치가 있는 경우로, 절도범이지만 실은 절도범이 아니다. 모든 가톨릭 신학자들은 아주 극단적인 필요의 상황에 있을 경우(즉, 생존의 기로에 있을 경우), 자신의 것이 아닌 다른 사람의 재화를 취하는 것은 적법하다고 말한다. 분명 이러한 권리는 아주 엄격하게 제한된다. 왜냐하면,

취할 수 있는 재화는 생존하기 위해 절대적으로 필요할 경우에만 가하기 때문이다. 더욱이, 다른 사람들의 재화를 취하면서, 그들을 우리가 처한 필요의 상태로 축소하는 잘못을 범하게 된다.

(3) 재산에 대한 공개적 공격 – 약탈

극도로 궁핍한 상황에 처해 있을 경우, 이런 한계 내에서 행동하는 사람은 절도범이 아니다. 왜냐하면, 그는 다른 사람에게 속한 것을 취하는 것이 아니라 본래 자신에게 속하는 어떤 것을 취하는 것이기 때문이다. 이 경우에 생길 수 있는 혼동은 일정한 재화를 소유할 권리는 그것들을 사용할 능력(이 능력은 동시에 그런 권리에 대한 한계이기도 하다)에 뿌리를 두고 있다는 점을 기억함으로써 해소된다. 인간은 자신이 소유한 모든 것에 대해 절대적인 지배권을 갖지 못한다. 왜냐하면, 그의 소유는 자신의 고유한 목적을 달성하는 데 용이하도록 정해져 있기 때문이다. 그러므로 인간은 이러한 목적이 이르기 위한 수단으로서만 하위 피조물들의 사용에 대한 권리를 갖는다. 그런 하위 피조물 가운데 어느 하나가 어떤 사람에게 속하는 것은 실정법의 결정에 달려 있다. 극심하게 궁핍한 상황은 실정법과 자연법 사이의 충돌을 일으킨다. 그러나 이는 실제적인 충돌이라기보다 외양적인 충돌일 뿐이다.

5. 정의의 도구들에 대한 광기 가득한 사회적 공격

(1) 정실주의

사회적 광기가 심지어 정부까지 공격할 때, 시민들은 절망적인 상태에 빠지게 된다. 이는 집을 지키기 위해 경찰견을 사러 나섰다가 목줄을 씌운 늑대를 끌고 돌아오는 사람의 처지와 비슷하다. 정부는 시민의 권리를 보호하고 그의 필요에 봉사하기 위해 존재한다. 하지만 그 대신, 정부가 시민들의 권리를 침해할 때, 그것은 조직적인 불의의 희생자인 시민들을 부상 당한 채로 길가에 남겨두는 것과 다를 바 없다.

한 나라의 대통령이 어떤 사람의 미소를 좋아하기 때문에 법무장관으로 임명하거나 자신을 따르는 정치적인 동지들의 세금을 면제해주는 것은 감동적일 만큼 인간적으로 보일 수도 있다. 그러나 실제로 이는 분배 정의를 위반한 것이기 때문에 분명히 비인간적이다. 그것은 시민들의 권리에 대한 명백한 공격으로, 특히 정실주의(情實主義)라는 이름으로 행해지는 공격이다. 국가는 관리들을 통해 엄격한 정의를 세우기 위해 명예와 부담, 보상, 사회적 부담을 분배할 의무가 있다.

정실주의는 부패를 내포하고 있으며, 이러한 부패는 결코 가만히 있지 못하고 암암리에 널리 퍼져나가며 파괴적인 결과를 초래한다. 가장 나쁜 것 중에 하나는 입법 기관의 부패로, 이로 인해 사회의 일정 그룹만 특혜를 부여하고 다른 그룹들에게는 형벌을 가하는 편향된 법을 조장한다. 어떤 사회도 공동선에 대한 이런 공격들을 오랫동안 견딘 사회는 없었다. 특히, 사회적인 광기가 사법권을 부패시킬 때는 더욱 그렇다. 그렇게 될 경우, 재판과 관련된 공무원들은 수시로 바뀌게 되어 사건의 본질이 흐려지게 되고, 많은 법률들이 장부에 기록된 채 사건은 오랫동안 방치되고 말기 때문이다. 그러므로 사법 과정은 연속적이고 즉각적인 효과를 내야 하며 구체적이어야 한다. 이러한 사법 과정은 마치 정체된 사회를 원활하게 돌리는 소화 기관과 같다. 만일 소화 작용(흡수 및 배설 과정)이 제대로 작동되지 않으면, 사회는 즉시 병이 들고 말 것이다.

(2) 법정에서 불의

1) 판사의 불의

부패한 사법부는 쓰라림, 분노, 절망이라는 끈적거리는 흔적을 남긴다. 이로 인해 결국에는 시민들이 자신의 손으로 직접 정의를 집행하는 참담한 결과를 가져온다. 판사는 법을 실행으로 옮기는 아주 중요한 일을 한다. 그는 일개 시민이 아니라 공인(公人)이다. 그는 시민들에게 강제적인 권한을 행사하고 그의 결정에 따라, 토마스 성인이 말하는 '사법'(司法), 즉 전폭적인 법 힘을 가진 구체적인 판단을 하게 된다. 우리는 법 일반에 대해 무관심할 수 있다. 하지만 구체적으로 이루어진 심판은 우리로 하여금 법을 실제로 느끼게 해준다.

판사가 공인이라는 사실은 그가 사생활을 갖지 않는다는 것을 의미하는 것이 아니라, 그가 재판에서 사적으로 행동해서는 안 된다는 것을 의미한다. 예컨대, 판사가 피고인 존스 양을 개인적으로 고결하고 결백하다고 생각해도, 자신의 머리모양을 망가뜨렸다는 이유로 존스 양이 미용사를 살해했으며 그에 대한 증거도 이미 확보된 상태에서, 그런 판사의 개인적인 생각이 사건에 대한 공정한 판결에 영향을 미쳐서는 안 된다. 피고인에 대한 판사의 결정은 공적인 지식에 근거해야 한다. 즉, 판사는 법, 증인, 재판 문서를 바탕으로 판결해야 한다. 그는 어떤 특정한 인물의 유죄 또는 무죄에 대한 개인적인 지식 때문에, 증거에 대한 보다 엄격한 조사를 요구할 수는 있으나, 그것은 그가 사건을 올바로 심의하고 공정하게 판결을 내리기 위한 증거 수집에 관한 것이어야 한다. 물론, 판사는 피의자를 매우 불쌍히 여길 수 있고, 실제로 그래야 한다. 그러나 피의자가 어떤 시민에게 그리고 사회에 돌이킬 수 없는 피해를 야기했다면, 법을 집행하는 사람은 사회의 이름으로 그에게 죄에 비례하는 적절한 형벌을 부과해야 한다. 법은 판사들로부터 기인하지 않으며, 그들은 충실히 법을 집행해야 한다. 판사들은 단순히 정의의 도구일 뿐이다.

판사의 입장은 지극히 민감한 자리이다. 왜냐하면, 그는 고발자도 아니고 변호인도 아니기 때문이다. 그는 엄격한 정의를 집행하는 공평한 사람이어야 한다. 그러므로 그의 자리는 어떤 사람이라도 지탱하기 어려운 지위이다. 형사 사건에서 판사는 기소된 사람에게 호의를 보여야 한다. 그러나 이는 재판의 공정함 때문이다. 고발된 당사자는 유죄가 입증될 때까지는 해당 범죄행위에 대해 무죄이기 때문에, 그는 자신의 명성, 자유 등에 대해 엄밀한 권리를 가지고 있다. 그가 확실한 범죄로 인해 그 권리를 상실했음이 도덕적 확신과 함께 입증될 때까지, 그에게서 이 권리를 박탈해서는 안 된다. 그러나 민사 사건에서는 이와 조금 다르다. 이 경우, 판사는 큰 개연성에 따라 판결하지만, 이것은 엄격한 정의를 유지하기 위한 태도에 지나지 않는다.

판사는 자신의 무지, 편견, 비겁함, 탐욕이나 야망으로 인해 사회에 엄청난 피해를 입힐 수 있다. 판사의 직무는 상당히 어렵고 위험하다. 불의한 판결의 희생자는 그런 불의한 판결이 양심상 자신을 강제하지 않는다는 유리한 근거를 갖지만, 이런 양심상의 무기는 상당히 연약하다. 왜냐하면, 걸림돌을 일으키거나 사회적인 평화를 깰 것임을 알면서도 그것을 사용할 수는 없기 때문이다. 그러므로 그에게 남은 것은 단지 판사에게 항의하는 가운데 개인적으로 행동하는 것밖에 없다. 그러나 불의한 재판의 희생자가 양심에 따라 공동선을 지향하는 걸 잊지 않는데 반해, 불의한 판사의 잘못을 막을 사람이 없는 한, 그는 계속해서 불의하게 처신할 것이다.

물론 판사가 사법 절차에서 가능한 불의에 대해 유일하게 책임을 진 사람은 아니다. 오늘날 이와 관련해서 아주 분명한 것은, 아무리 판사가 정직하다 해도, 다른 사람들도 소송을 훼손할 수 있다는 점이다. 사실, 사법 절차와 관련된 이들(고소인, 증인, 검사, 변호사 등)은 정의를 구현할 모델이 되어야 할 이 공적인 행사에 불의한 요소들을 개입시킬 수 있다. 판사와 더불어 재판 소송에 개입하는 여러 사람들의 태도를 간략히 살펴보기로 하자.

2) 불의한 고발

한 소년이 사과를 훔치는 것을 볼 때마다 특수 경찰을 부를 필요는 없다. 대부분의 현대 법률은 이런 미성년자 범죄 수사를 위해 준비된 공직자들에 의해 공식적인 고발이 이루어지도록 규정을 마련하고 있다. 그러나 모든 시민은 공동선을 크게 위협하는 중대한 범죄를 고발할 의무를 갖는다. 예컨대, 지폐 위조나 사람들에게 돌이킬 수 없는 피해를 야기하는 행동(살인)이 그렇다. 달리 말해, 살인자가 맘대로 도시를 활보하는 걸 알면서도 대문에 가벼운 빗장만 걸어두는 것은 옳지 못하다. 그러나 다른 사람을 허위로 살인자로 고발하고, 피고인과 공모해서 범죄를 은폐하며, 증거를 인멸하거나, 근거 없는 주장을 받아들이며, 거짓 증언을 함으로써, 심지어 재판 심리의 마지막 순간에 겁을 먹고 기소되어야 할 사건을 철회하는 것은 더욱 불의한 일이다.

3) 피고인의 불의

그 어떤 시민도 자신을 고발할 의무는 없다. 적어도 서방 국가에서는 그 누구도 자신을 범인이라고 자백할 의무는 없다. 그 이유는 다음과 같이 분명하다. 즉, 내적 행위들은 공적인 재판의 대상이 아니기 때문이다. 공적인 재판은 단지 외적인 행위들과 연관된다. 따라서 모든 시민은 자신의 유죄가 입증되기 전까지 무죄한 사람으로 간주되어야 한다. 왜냐하면, 모든 사람은 자신의 명예에 대한 권리를 갖고 있기 때문이다.

성 토마스는 이러한 입장을 옹호했지만, 그가 살던 시대에는 사람들에게 자신의 유죄를 진술하도록 강요하는 일정한 환경들이 있었다.

예컨대, 만일 어떤 사람이 유죄라는 사실을 드러내는 명백한 단서들이 있거나 충분한 증거들이 있다면, 이 경우 그가 자신이 죄인을 인정하길 거부하는 것은 이미 그 자체로 범죄로 간주되었다. 따라서 그런 단서들이 있다는 것 자체가 이미 그가 자신의 명예를 잃어버렸음을 의미한다. 이 주제는 당시로서는 중요했다. 왜냐하면, 그 이면에는 고문을 사용하는 중세의 관습이 있었기 때문이다. 그에 따르면, 고문은 죄를 자백하지 않는 것이 범죄일 경우에만 사용될 수 있었다.

피고는 자신을 방어하기 위해 모든 적법한 수단을 사용할 권리를 갖는다. 법정은 근거 없는 자기방어를 무례한 것으로 여긴다. 실제로, 그것은 보통 아무런 효과를 내지 못한다. 그러나 무고한 고발로 증인의 인격을 파괴하는 현대적인 방식의 험담은 단순한 침해를 훨씬 넘어서는 것이다. 그것은 악랄하고 부당하며 전적으로 위법적인 방어 수단이다. 일단 정당한 판결이 통과되면, 유죄선고를 받은 사람을 위한 어떠한 법적 방어도 진행될 수 없다. 예컨대, 그는 자기 방어를 위해 경비원을 공격했다거나 판사를 총으로 쐈다고 주장할 수 없다. 그러한 저항은 지역 사회에 대한 공격에 해당된다. 그는 자신이 범한 죄에 대한 처벌을 받아야 한다. 그러나 그렇다고 그것이 자신 스스로 형벌을 가해야 한다는 것을 의미하지는 않는다. 그는 교도소에 머물기 위해 또는 감방에 수감되기 위해 돈을 지불할 필요가 없다. 그것은 사회가 해야 하는 일이다. 만일 우연한 기회에 교도소에서 탈출할 기회가 주어진다고 해서 탈출한다면, 이는 정의를 위반하는 것이다.

그러나 부당하게 유죄 선고를 받은 사람은 처지가 다르다. 그의 부당한 형량이 재판에서의 결함이나 증거 불충분에 따른 결과라면, 그는 심지어 폭력을 통해서도 국가의 관리들을 상대로 자신을 방어할 수 있다. 그는 부당한 공격의 희생자이기 때문이다. 따라서 그는 이런 부당한 공격에 복종할 의무가 없다. 단, 공동선을 위해 자신의 사적 이익을 희생할 것이 요구되는 외부적인 이유들이 있을 경우는 예외이다.

4) 증인의 불의

오랜 실제 경험을 통해 그럴듯한 품위와 유창함을 지닌 잘 생긴 증인은 자신의 증언으로 배심원들에게 그리 많은 영향을 미치지 않을지도 모른다. 그럼에도 불구하고 그럴듯한 그의 거짓말은 자기 영혼에 대해 삼중(三重)적으로 혐오스러운 결과를 일으킨다. 그러므로 이런 사람에게 증인석은 거짓말에 대해 알리바이로서 가치를 지니지 못한다. 왜냐하면, 통상 증인의 진술은 진리만을 말하겠다는 맹세 아래 이루어지지만 실제로는 그렇게 지켜지지 못했기 때문이다. 이로써 그는 거짓 증언과 함께 다음과 같은 세 가지 죄를 범하게 된다. 즉, 위증죄, 거짓말을 한 죄, 불의의 죄가 그것이다.

재판에서 증인으로 서는 것은 아주 위중한 일이다. 그것이 위중한 것은, 거의 대부분의 사람들이 그가 증언하는 것에 대해 고마워하지 않기 때문이다. 그러나 우리가 그렇게 의무적으로 증언해야 하는 경우들이 있다. 물론, 대부분의 경우 우리에게는 상당히 불쾌하다. 예컨대, 이웃이나 공동체에 일정한 피해를 면하게 하기 위해 필요한 경우가 그렇다. 만일 우리가 수행하는 직업이나 직무로 인해 우리의 증언이 권위를 가질 경우, 우리의 책임은 교환적 정의에 힘입어 더 클 수밖에 없다. 예컨대, 노련한 형사가 증인처럼 연민을 느끼지 말아야 할 필요는 없다. 또한, 적법한 판사가 우리의 증언을 요청할 때, 증언하는 것은 법적 정의를 세우는 문제와 연관되므로 중요하다.

우리가 굳이 증언할 의무가 있다고 해도, 우리 마음을 낡은 지갑처럼 다 털어내어 비워버릴 필요는 없다. 왜냐하면, 정말로 말할 수 없는 것들도 있기 때문이다. 사제로 하여금 고해성사에서 들은 것을 드러내도록 추궁하는 판사는 시간만 낭비하고 있는 것이다. 왜냐하면, 그 사제는 보통의 시민이 아니라 하느님을 대리하는 목자로서 고해 비밀(告解 祕密, secretum sacramentale)을 들은 것이기 때문이다. 그러므로 그는 자신이 들은 것이 하느님에게 속한 것임을 잘 알고 있으며, 어떠한 경우에도 절대 고해 비밀을 누설해서는 안 된다. 보통의 경우, 변호사, 의사를 비롯해 전문 직종에 종사하는 사람들이 가진 정보는 재판에서 드러낼 수 없다. 그것은 언제나 그들의 직업과 직무에 힘입어 얻게 된 것으로, 그 정보에 대해 이해관계가 있는 사람들이 이를 공적으로 밝히도록 강요한다 해도 절대 그렇게 해서는 안 된다. 하지만, 이런 직업적인 비밀들이 고해의 봉인(sigillum confessionis)처럼 절대로 침해 불가한 것은 아니다. 어떤 경우에는 이를 드러낼 수도 있고 반드시 그래야 하는 경우도 있다. 자신의 환자 가운데 누군가가 의도적으로 낙태(落胎, abortio)를 했다면, 의사는 그에 대해 증언할 의무가 있다.

직업적인 비밀 이외에는 증언해야 할 의무가 없는 경우들도 있다. 만일 재판에서 증언을 하게 되면, 자기 자신이나 가까운 가족 중에 누군가가 중대한 피해를 입게 될 경우가 그렇다. 예컨대, 어떤 아버지나 남편이 자신의 자녀나 아내를 거슬러 증언할 의무는 없다. 또한, 우리에 대한 재치권(裁治權, iurisdictio)이 없는 판사의 요청에 따라 증언할 의무는 없다. 뿐만 아니라, 재판과 전혀 상관없는 것에 대해 묻는 판사나 변호사에게 대답할 의무도 없다. 또한, 사적인 전화 통화를 기록한 형사나 자기 고용주의 편지를 은밀하게 읽은 가정부는 통화 내용이나 편지의 내용에 대해 증언할 의무가 없다. 왜냐하면, 그들은 이웃에게 피해를 주는 가운데 그 정보를 취합했기 때문이다. 이른 새벽에 우유를 배달하는 사람이 완전히 술에 취해서 의도적이지 않은 일로 다른 사람을 죽게 하는 장면을 목격했다면, 그 역시 그에 대해 증언할 의무는 없다. 언제나 제 삼자에게 피해가 가지 않도록 해야 한다. 이 경우, 공동선이나 복수적인 정의가 문제가 되는 게 아니다. 왜냐하면, 완전히 술에 취한 당사자에게 그의 행위에 대한 책임을 전가할 수는 없기 때문이다.

지금까지 살펴본 것을 요약해보기로 하자. 비록 판사가 우리를 소환하지 않는다 해도, 부당한 사형집행, 심각한 형벌, 명예 상실, 위중한 피해로부터 피고인을 구하기 위해 증언해야 할 의무가 있다. 여기서 지켜야 할 것은 우리가 피하고자 하는 피해와 피고인이 입게 될 피해 사이의 합당한 균형이다. 비록 적법한 상급자가 우리로 하여금 증언하도록 요청하지 않는다 해도, 사건의 진실이 밝히 드러날 수 있도록 우리가 할 수 있는 것을 사랑으로 해야 할 의무가 있다. 그러나 우리가 하는 증언이 피고인을 구하는 대신, 그를 단죄하거나 이로 인해 사형을 집행하는 데 영향을 미친다면, 증언할 의무가 없으며, 이는 심지어 상급자가 증언하도록 요구한다 해도 그렇다.

5) 변호사의 불의

성 토마스는 변호사들 역시 다른 사람들처럼 많은 한계를 갖고 있으며 나약하다는 점을 잘 알고 있었다. 그들 역시 나태하게 직무를 수행할 수 있으며 직업적인 비밀을 지키지 못할 수 있고 위험을 피하기 위해 부당한 수단을 사용할 수 있고 수임료를 더 벌기 위해 재판을 연장할 수도 있다. 물론, 변호사가 돈으로 매수될 수도 있고 이러저러한 부당한 일들을 저지를 수도 있다. 그러나 성 토마스는 이런 것들을 과도하게 치중해서 다루진 않았다. 그는 사회적으로 훨씬 더 위중한 결과를 야기하는 것들에 집중했다.

그래서 예컨대 그는 변호사가 불의한 민사 소송을 변론해서는 안 된다고 주장했다. 만일 그가 이를 하게 된다면, 그는 범죄를 조장할 뿐만 아니라 범죄자에게 어떻게 범죄를 저지르는지 보여주게 된다. 물론, 변호사는 그 소송이 정당하다고 생각하면서 순진하게 시작할 수도 있고, 나중에서야 그 소송이 부당하다는 것을 알 수도 있다. 그러나 그렇다고 이 사실이 그로 하여금 계속해서 범죄를 저지르도록 허가하는 것은 아니다. 사실 그는 상대방을 도울 의무도 없고, 직업적으로 그가 알게 된 비밀을 밝힐 의무도 없다. 그러나 그는 이 소송에서 고객으로 하여금 부당한 소송을 철회하도록 설득해야 하며, 만일 설득하지 못했을 경우, 고객에 대한 변론을 포기할 수 있다.

정의로운 민사 소송일 경우, 변호사는 승소하기 위해 불의한 것들을 해서는 안 된다. 그는 거짓을 말해서는 안 되며 그 누구도 돈으로 매수해서도 안 된다. 그러나 자신이 알고 있는 모든 것을 다 말할 필요는 없다. 더 나아가, 만일 자신의 고객에게 피해를 줄 수 있는 것들을 말한다면, 경솔하게 처신하는 것이다. 반면, 형사 소송의 경우, 변호사는 피고인이 확실히 유죄인 경우에도 그를 변호할 수 있다. 왜냐하면, 유죄는 법적으로 입증되어야 하기 때문이다. 반면, 만일 검사가 과실(過失)로 무고한 사람이 유죄 판결을 받게 한다면, 그에게 자신의 과실에 대한 책임이 있으며 해당 당사자에게 배상할 의무가 있다. 또한, 피고인이 무죄임을 알고 난 다음이나 그가 유죄라는 사실에 대해 깊은 의심이 들 때 재판을 지속하는 것은 부당하다. 또한, 그가 나태한 직무 수행으로 사회에 피해를 끼칠 때, 그는 불의에 대한 비난을 피할 수 없다.

이제 우리는 상당히 거북한 장(章)에 이르렀다. 그것은 마치 지옥과 같은 냄새를 풍긴다고 할 수 있다. 왜냐하면, 본 장의 내용은 마치 지옥처럼 죄로 가득하기 때문이다. 얼굴이 없는 모든 죄의 집합체는 더할 나위 없이 우리를 거북하게 한다. 본 장이 우리를 거북하게 하는 또 다른 이유는 죄의 얼굴이 아주 텅 비어 있기 때문이기도 하다. 영혼의 창이라고 할 수 있는 눈은 빛이 사라진 채 어둡고 음침하며 놀란 상태를 하고 있다.

정신병원을 방문하는 사람, 즉 정신이상자가 이와 비슷한 인상을 주지 않을까 한다. 정신이상자는 정신적으로 눈이 먼 사람으로, 자신도 모르는 채 인간 본성을 거스르는 행동을 하게 된다. 어떤 경우에는 죄보다 덜 폭력적인 정신병이 있는 반면, 또 다른 경우에는 편집증적인 폭력을 행사하는 정신병이 있다. 그러나 우리는 두 경우 모두에서 인간성의 바탕이 상실됐음을 보게 된다. 즉, 그들에게는 자제력이 없다. 사회적으로 정신이상자일 경우, 그는 자기 자신에게 해를 끼칠 뿐만 아니라 사회의 근간을 공격하게 된다. 이 사회적 정신이상은 '불의'(iniustitia)라는 이름을 갖고 있다. 그것은 인간의 권리를 공격한다. 왜냐하면, 사회는 인간이 자신에 대한 통제권을 갖고 있으며 다른 사람들의 권리를 존중할 때에만 유지될 수 있기 때문이다.

[결론]

1. 사회적 건전함과 인간의 생명

건강한 사회는 인간의 권리를 파괴해야 할 경쟁 상대가 아니라 보존해야 할 견고한 토대로 여긴다. 건강한 사회에 있어서 인간의 생명은 거룩하다. 오직 자신의 범죄와 더불어 생명에 대한 권리를 잃어버린 범죄자 앞에서만 자기방어로서 그렇게 되기를 포기할 뿐이다.

2. 사회적 건전함과 인간의 존엄성

건강한 사회는 고상한 용어로 포장된 사이비 과학 이론에 속아 넘어가지 않는다. 안락사, 존엄사, 정당한 낙태, 단종법(斷種法)은 일부 사람들에게는 얼마간 분별 있는 조치로 보일 수도 있다. 하지만 그것은 곧 무너지고 말 공중누각(空中樓閣)에 불과하다. 사회를 떠받치는 유일하게 견고한 초석은 생명에 대한 존중, 육체적인 보존에 대한 존중, 침해될 수 없는 인간 인격의 품위에 대한 존중에 있다. 인구를 제한하려는 것과 같은 우생학적인 대책들은 불의한 것을 정당화하려는 단순한 구실에 불과하다.

인간 인격에 대한 두려움을 잃어버린 사회는 병들고 정신이 미약해진 사회다. 피의 숙청, 살인, 신체 훼손이 시대풍조가 되고 심지어 법적 절차의 일부에 포함될 때, 이미 사회는 미쳐버리고 만 것이다. 그런 사회는 자신을 파괴하고 있는 것이다. 그 사회는 더 이상 사회로서 작동하지 못한다.

3. 사회적 건전함과 사유재산

개인의 사유재산에 대한 권리를 침해하거나 경시하는 것은 사회에 있어 심각한 위협이다. 왜냐하면, 사유재산이 없다면 사회생활은 쇠약해질 것이기 때문이다. 다른 자연적 권리들과 마찬가지로, 이 권리 역시 사회의 근간을 이루고 있다. 사실, 그것은 또 다른 근본적 권리에 대한 보장이기도 하다. 개인적인 자유를 위한 권리가 그것이다.

국가가 사람들을 인격체로 보지 않고 사회의 완성을 이루기 위한 단순한 도구로 여긴다면, 개인은 노예로 전락하게 되고 사회는 미쳐버리고 말 것이다. 국가가 존재하는 이유는 사람들이 더욱 자유롭고 더욱 충만하게 자신을 실현하도록 돕는 데 있다. 국가는 결코 인간 육체와 영혼의 주인이자 지배자가 돼서는 안 된다.

4. 사회적 건전함과 인간의 자유

만일 사회가 그렇게 작동하지 못할 때, 그 사회는 공개적으로 그 구성원들에 맞서서 작동하고 있는 것이다. 그런 사회는 자신을 구성하고 있는 구성원들을 착취함으로써 성장을 도모할 뿐이다. 또한, 정부에서 정실주의의 치장품들이 발견될 때, 이와 비슷한 현상이 일어난다. 아마도 이는 훨씬 더 세부적으로 작동하기 때문에 더욱 위험하다. 왜냐하면, 시민들은 정부가 자신들을 믿지 못한다는 것을 알지 못하기 때문이다. 정부의 행태가, 시민들의 권리를 보호하고 그들의 필요를 돌보는 대신, 자신만의 이익을 위해 작동할 때, 시민들에 대한 정부의 배신은 극에 달한다.

5. 사회적 건전함과 사회생활의 도구들

건강한 사회는 인간의 권리를 존중한다. 그런 사회는 시민들을 도구화하지 않는다. 왜냐하면, 궁극적으로 인간이 사회의 척도이자 근간이며 목적이라는 사실을 잘 알기 때문이다. 사회적인 신중함을 보호할 수 있는 유일한 방법은 인간성을 최고로 수호하는 데 있다.

A Companion to the Summa

성 토마스 아퀴나스의
신학대전 해설서 Ⅲ

제9장 무질서 상태의 본질 (Ⅱ)
(제2부 제2편, 제72문제~제80문제)

1. 옹졸함에 대한 보편적인 경멸
   (1) 사실
   (2) 옹졸함의 바탕 – 인간 본성
   (3) 옹졸함과 사회
2. 옹졸함과 무질서
3. 말에서 드러나는 옹졸한 불의
   (1) 옹졸함의 한계
   (2) 모욕
   (3) 명예훼손
      1) 성 토마스의 정의와 현대의 정의
      2) 명예훼손(名譽毁損, detractio)의 성격
      3) 명예훼손의 상대적인 악의
   (4) 불평불만
   (5) 조롱
   (6) 저주
4. 행위에 있어서 옹졸한 불의
   (1) 상거래에서
      1) 부당한 가격
      2) 하자가 있는 상품
      3) 다음과 같은 사업
   (2) 고리
5. 대조 : 정의의 넓은 포용
   (1) 정의의 잠재적인 부분들의 본성
   (2) 그 수와 이름 – 종교, 경건, 존경, 진실, 감사, 보상, 우정, 아량

[결론]
1. 옹졸한 불의에 대한 두 가지 실수
   (1) 중요하지 않다고 생각하는 것
   (2) 가장 중요하다고 생각하는 것
2. 다른 사람들과 생활하기 위한 조건 : 영혼의 힘과 관대함
   (1) 우정의 삶
      1) 하느님과의 우정
      2) 사람들과의 우정
   (2) 가정생활
   (3) 사회생활

* 무질서의 완전한 본질

제9장 무질서 상태의 본질 (Ⅱ) (제2부 제2편, 제72문제~제80문제)

1. 옹졸함에 대한 보편적인 경멸

보통 사람들에게 옹졸함(illiberalitas)은 일종의 메스꺼움을 유발한다. 인간 본성의 옹졸함은 불결함으로 가득 찬 병원이나 장례식에서 들리는 어울리지 않는 웃음처럼 화가 치밀어 오르게 한다. 인간애와 옹졸함, 이 둘은 서로 맞지 않는다. 그래서 이런 것들을 보게 되면 비웃고 경멸하게 되며 심지어 화가 나기까지 한다. 자기 연민에 빠지는 사람은 우리에게 귀찮다는 느낌을 주며, 인색한 사람이 보여주는 비참함은 우리에게 고통을 주기보다 혐오감을 준다. 그래서 우리는 스코틀랜드인들이 소중히 아끼는 '신중함'에 관해 빈정거리던 해리 로더 경(Sir Harry Lauder, 1870-1950, 스코틀랜드의 유명한 가수, 작곡가, 코미디언)에 대한 스코틀랜드인들의 분노를 충분히 이해할 수 있다. 결혼생활에서 갈등이나 문제가 생기면 일부 부부들 사이의 관계가 쉽게 깨지는 것을 보는 것은 정말이지 마음 아프다. 질투나 시기의 희생자는 동정을 받기 어렵다. 그리고 속기사의 책상에 있는 복사지를 세는 관리는 그 속기사가 자신에 대해 좋게 여길 거라는 생각을 가질 수 없다.

(1) 사실
(2) 옹졸함의 바탕 - 인간 본성

인간은 옹졸함을 즐기기에는 너무 큰 존재이다. 무한히 지혜로운 분의 계획에 따라 창조된 인간은, 자신 안에 갇히고 자신의 의식을 파들어 가도록 만들어진 게 아니라, 자신의 정신을 통해 모든 것을 이해하고 마음을 통해 모든 것을 끌어안도록 만들어졌다. 그는 소용돌이치는 물속으로 뛰어들기 위해서가 아니라, 세상과 떨어진 상태에서, 심지어 자기 자신으로부터도 떨어진 상태에서 이 세계를 관조하는 관객으로, 세상으로부터 벗어나기 위해 태어났다. 그는 모든 것을 끌어안고 우주의 주인이 되기 위해, 그리고 영원한 운명을 이뤄내기 위해 만들어졌다. 또한, 그는 모든 것을 자신의 손안에 쥐기보다, 다른 사람들에게 자신을 온전히 내어주기 위해 만들어졌다

다른 한편, 작음은 비이성적인 세계의 일부를 구성한다. 그것은 자신의 본성상 협소하고 제한되어 있다. 어떠한 비이성적 피조물도 관심, 지식, 능력을 갖고 있지 않다. 그 어떤 비이성적 피조물도 다른 존재자들로 하여금 자신을 위해 봉사하게 할 수 없으며, 그들을 위해 봉사하지도 못한다. 그들의 세계는, 그 외적인 규모가 어떻든 그리고 그 힘과 아름다움 심지어 그 잔인함이 어떻든, 그저 작은 세계에 불과하다. 반면, 인간의 본성은 인간에게 하느님의 무한하심과 관련된 어떤 것을 제공하는 가운데, 그를 이 세계의 밖에 배치시킨다. 그는 하느님의 모상(imago Dei)으로 창조되었으므로, 자신 안에 신적인 것을 간직하고 있다. 이는 그가 자기 이웃을 존중할 때, 자신의 웅지(雄志, magnanimitas)와 섬세한 기품 그리고 넓은 시야를 보여줄 때, 잘 드러난다. 이 모든 것은 인간으로 하여금 자신을 존중하고 자신과 타인의 모든 옹졸함을 거슬러 일어나게 만든다.

(3) 옹졸함과 사회

정의로운 사회는 인간의 위대함과 웅지에 바탕을 두고 있다. 이는 당연하다. 왜냐하면, 사회는 인간의 창조물로서, 오직 사람들이 필요로 하고 소유하는 것이기 때문이다. 사회의 개념 자체는 인간이 도움을 필요로 한다는 사실을 내포

한다. 왜냐하면, 사회는 인간이 충만한 삶을 살아가도록 도와주기 위해 존재한다. 이러한 삶은 인간이 다른 사람들과 살아가는 한에서 가능하다. 이와 동시에, 사회는 인간이 이웃을 도와줄 준비가 되어 있으며, 모두가 자신의 삶을 완성하기 위해 다른 사람들과 협력할 준비가 되어 있다는 사실을 내포한다. 이 두 가지 사실은 옹졸함이 사회에 대한 모독이자 때로는 위협이라는 점을 보여준다. 우리가 서로 돕고 이와 동시에 다른 사람들을 도와줄 준비가 되어 있다는 것은, 자신의 부족함을 잘 알고 있는 상태에서 이제 자기 자신으로부터 벗어나 자신의 시선뿐만이 아닌 다른 사람들의 시선으로도 세상을 보려 한다는 것을 의미한다. 비열한 불의는 사람들에게 고의로 모욕을 주는 것이다. 그러한 불의의 정도에 상관없이, 그것은 계속해서 사람들에게 모욕을 주게 된다. 왜냐하면 그것은 패배와 원한, 시기와 질투의 표지이기 때문이다. 일반적으로 폭력은 다른 사람들과 경쟁할 능력이 없는 영혼의 특징이다. 인색하고 비열한 불의의 폭력은 다른 사람들과 경쟁할 능력이 없을 뿐만 아니라 고의로 이웃 사람들에게 모욕을 줄 용기조차 없는 지극히 비겁한 사람이 하는 행동이다.

 이러한 불의는 인간이 자신을 바라보는 관점에 따라, 외적으로 반대되는 두 가지 형태를 취한다. 그 중에 하나는, 인간은 자기 자신으로부터 나올 수 없으며 있는 그대로의 자신을 볼 수도 없다는 구실로 자만심을 선언하는 교만의 형태이다. 다른 하나는, 인간은 그 누구도 다른 사람을 염두에 두지도 않고 돌보지도 않는다고 생각하게 만드는 불평 가득한 자기비하의 형태이다. 이 두 가지 비열함의 형태는 다른 사람들의 권리 앞에서 그리고 더 나아가 그들의 필요 앞에서 이런 것들을 전혀 보지 못하는 소경됨의 상태에 상응한다. 이런 불의의 모습들을 공유하는 사람들은 세상이 자신들을 염두에 두고 있지 않다는 사실을 이해하지 못한다.

2. 옹졸함과 무질서

얼핏 보면, 옹졸함과 무질서 사이에는 커다란 차이가 있는 것처럼 보인다. 하지만, 여기서 잊지 말아야 할 것은, '무질서'(無秩序, anarchia ['무정부상태'로도 번역됨])란 말은 어원적으로 볼 때 '머리가 없음'을 의미한다는 점이다. 이는 정부가 없는 문명 공동체를 지배하는 정글의 법칙이나 '이성을 잃고' 사나운 짐승으로 전락한 사람이라는 서글픈 이미지를 연상하게 한다. 분명 옹졸함과 무질서 사이에는 상당한 차이가 있다. 하지만, 제반 사안들을 좀 더 가까이서 살펴보면, 이러한 차이점은 사라지고 만다.

오늘날 우리는 가정의 일치가 깨지는 것이 필요 불가결하며 심지어 자연스럽다고 하는 시대에 살고 있다. 이러한 가정의 파괴는 탈선, 불충실, 잔인함 등에 그 기원을 두고 있다. 물론 어떤 경우에는 그것이 어쩔 수 없을 수도 있다. 그러나 그 누구도 이런 엄청난 비극이 갑자기 자신을 엄습한다는 사실을 진지하게 생각하고 있지 않다. 한 번의 탈선이나 불충실 또는 한 번의 잔인한 행위는 하찮은 것들에서, 계속되는 옹졸한 행태에서 시작된다. 일에 파묻힌 남편은 자신의 아내와 자녀들이 사람이며 따라서 그들에게는 애정과 관심이 필요하다는 사실을 잊어버리곤 한다. 더 이상 자신의 남편을 '붙잡을' 필요가 없게 된 아내는 준비된 음료수를 들고 하루 종일 얇은 가운 하나와 샌들만 걸친 채 돌아다니게 된다… 이는 사소한 것들이지만, 만일 쌓이게 되면 거대한 것이 되고 만다. 이는 위험을 내포하고 있는 것으로, 만일 이를 거슬러 싸우지 않는다면, 엄청나게 커지고 말 것이다. 왜냐하면, 이는 옹졸함, 자기연민, 이기주의를 드러내고 있기 때문이다. 이와 함께 머지않아 가정의 무질서는 그 가정을 지배하고 말 것이다.

가족이 사회에서 차지하는 근본적인 역할을 고려한다면, 이것만으로도 개인적인 옹졸함과 사회적인 무질서 사이의 거리를 좁히기에 충분하지 않을까 한다. 이러한 혁명은 한 순간에 일어난 일이 아니라 오랜 세월을 통해 만들어진 것이다. 증기가 기관차의 보일러에 쌓이듯이, 사회는 서서히 혁명을 준비한다. 보일러가 폭발하게 되면, 피해는 이루 말할 수 없이 크다.

3. 말에서 드러나는 옹졸한 불의

(1) 옹졸함의 한계

여기서 불의의 한 형태로 묘사하기 위해 사용하고 있는 '옹졸함'이라는 말은 도덕적 평가의 의미로 취해져선 안 된다. 그렇게 평가되는 것이 아무 의미가 없는 것은 아니지만, 그것은 사람들이 이런 불의의 형태를 통해 느끼는 경멸을 표현하고 있다. 옹졸함의 불의는 중죄일 수 있으며 그 위중함은 경멸이 클수록 더하다.

예컨대, 우리가 "혀로 짓는 죄"라고 불리는 일련의 죄들이 있는데, 이는 때때로 참사랑을 거스르는 단순한 죄라고 여기지만, 우리도 모르는 사이에 이 죄는 정의를 거스르는 죄가 되기도 한다. 왜냐하면, 우리는 그 죄를 범함으로써 해당 당사자의 명예에 대한 권리를 부정하기 때문이다. 그리스도께서는 만일 우리가 이웃에 대해 좋게 말하지 못한다면 차라리 침묵을 지키는 편이 낫다고 명하셨다. 우리는 그리스도께서 이 말씀을 통해 우리도 당신의 모범을 따르도록 청하셨음을 잊고 있다.

(2) 모욕

가끔 우리는 이런 종류의 죄를 범하는 가운데 교만할 때가 있다. 우리가 누군가를 도둑놈이라고 말하며 그를 모욕(侮辱, iniuria)하고 업신여길 때, 그를 조롱할 때, 또는 그의 어리석음을 비난하거나 우리가 그에게 베푼 호의에 대해 말할 때,

우리는 이 모든 것이 정당하다고 여긴다. 왜냐하면, 우리가 한 말은 사실이고, 그가 없는 데서가 아니라 그의 면전에 대고 말했기 때문이다. 그러나 이런 일련의 비난과 더불어 우리가 그의 마음에 남긴 상처에 대해, 그가 느끼는 수치심과 당혹감에 대해, 이로 인해 실추되는 그의 평판에 대해, 심지어 하느님의 모상으로서 존중 받아야 할 그의 정당한 권리에 대해 우리의 비난이 정당하다고 할 수 있을까? 이 모든 죄는 이웃이 받아야 할 명예와 존경에 대한 정면 공격이다. 만일 우리의 의도가 그의 명예를 더럽히거나 실추시키는 것이라면, 그 죄는 절도나 강도 못지않게 치명적이다. 반면, 우리가 한 모욕의 내용이 덜 심각하며, 모욕한 것에 대해 후회하고 있을 때에는 소죄이다.

만일 우리가 저지른 모욕이 우리 자신에게 되돌아온다 해도 그릴 놀랄 필요는 없다. 우리의 모욕을 쉽게 이해하는 사람들이 있는 반면, 그렇지 못한 사람들도 있다. 사실, 그 누구도 모욕을 받을 이유는 없다. 그것은 그 누구도 자신의 지갑을 도둑맞을 이유도 없고 자기 자녀를 유괴당할 이유도 없는 것과 같은 이치이다. 왜냐하면, 모든 사람은 불의한 공격을 거부할 권리를 갖기 때문이다. 다른 사람들을 모욕하거나 업신여기는 나쁜 행실을 지닌 사람은 이로 인해 자신이 위험에 처할 수 있음을 자각하는 게 좋다. 만일 모욕에 대한 우리의 저항이 지나치게 제멋대로인 그의 혀를 제어하기 위한 형제적 사랑에 바탕을 둔 것이라면, 이는 정당화될 뿐만 아니라 찬사 받을 만하다. 자신의 권위를 유지해야 하는 직책에 있는 사람, 또는 명예가 실추되면 많은 사람들에게 중대한 정신적 피해를 줄 수 있는 사람은 모욕에 저항하는 것이 허락될 뿐만 아니라 그렇게 할 의무도 있다. 이 두 경우 모두 그 동기는 자신의 권리에 대한 방어가 우선이 아니라 다른 사람의 이익을 보호하는 데 있다. 보통 우리는 우리의 권리를 방어하는 데에는 열정적이지만, 다른 사람의 권리를 방어하는 데에는 무관심하기 일쑤다.

이러한 죄들을 대담함과 용기를 보여주는 증거로 여기는 것은 우리가 거울에 다가갈 때 우리 자신을 보려고 하지 않는 것과 비슷하다. 우리는 가까이서 그런 우리의 죄를 바라보길 두려워한다. 만일 우리가 그것을 보게 된다면, 그것은 정말이지 옹졸하게 보일 것이다. 그것은 우리의 어리석음을 드러낸 모습이며 분노로 혼란해진 정신의 산물이자 이웃에게 정념을 투사한 것이다.

또한, 교만은 우리가 혀로 죄를 짓도록 미리 준비시켜 준다. 왜냐하면, 우리가 우리 자신에 대해 갖고 있는 감탄은 이웃에게 찬사를 보내는 데 방해가 되기 때문이다. 물론, 우리가 사람들에게 끝없이 모욕적인 말을 풀어놓는 것은 미움으로 인해 눈이 멀었기 때문이기도 하다. 모욕적인 말들은 모욕을 받는 사람에게 상처를 주기는 하지만, 비방하는 사람들의 말에 의해 생긴 상처에 비하면 그리 깊지 않다. 모욕은 인간이 마땅히 받아야 할 존경이나 명예에 대한 공격이다. 반면, 비방하는 사람은 명예가 주어지는 바로 그 근거를 공격하기 위해 더 깊이 파고든다. 그는 이웃의 명예나 좋은 평판을 공격한다. 그러므로 비방(誹謗, maledictio)은 교활하고 치명적인 죄이다. 또한, 비방은 언제나 비밀리에 저질러지는 죄이기도 하다. 그것은 비겁하게 뒤에서 칼을 찌르는 것으로, 그 피해자에게 자기 방어를 할 수 있는 기회를 주지 않는다. 비방의 피해자는 자신의 명성이 완전히 사라질 때까지 그 공격을 전혀 알지 못하는 것이 보통이다.

(3) 명예훼손

1) 성 토마스의 정의와 현대의 정의

현대 신학자들은 실제적인 근거를 갖는 비방과 거짓에 기반을 둔 비방을 구별했으며, 전자를 불평불만(不平不滿, murmuratio)으로 후자를 무고(誣告, calumnia)라고 불렀다. 하지만, 성 토마스는 이런 구별을 하지 않았는데, 이는 두 가지 모두 동일한 방식으로 (비방 받는 사람 뒤에서) 작용하며 동일한 목적을 갖기 때문이다. 그것은 어떤 사람의 좋은 평판을 실추시키는 데 있다. 사실, 불평은 드물게, 적어도 마지막 국면에는 진실에 국한된다. 이 점을 아주 잘 보여주는 예들 들어보기로 하자. 어떤 부인이 다소 천박한 성향을 지닌 자신의 딸에 대한 걱정으로 마음이 어지러웠다고 한다. 어느 주일에, 이 부인은 성당에서 미사를 마치고 나오다 기분이 한껏 좋아 있던 이웃 부인에 의해 붙들려 함께 담소를 나누게 됐다. 그 이웃 부인은 마침 지나가던 본당 소녀 가운데 어느 한 소녀의 매력과 인기에 대해 말했다고 한다. 그 이야기를 듣고 자기도 모르게 자신의 딸과 비교한 그 부인은 언짢은 마음에 이렇게 말했다: "글쎄, 인기보다 훨씬 더 중요한 것들이 있지 않을까요?" 그 부인의 의견은 단순하고도 평범한 진리였다. 얼핏 보면, 많은 사람들의 귀에 대고 속삭일 수 있거나 강론대에서 전할 수 있는 좋은 말이기도 했다. 하지만, 그것은 그 후 무고한 희생자가 된 그 소녀를 따돌리게 만든 일련의 비난에 있어 출발점이 됐고, 사람들 사이에 회자되면서, 인기보다 더 중요한 것이 무엇인지에 대해 더 많은 내용들이 추가되는 가운데 부풀려졌다. 그리고 결국 이런 말들은 그 소녀에게 이런 덕목들이 부족하다는 식으로 왜곡되어 회자되면서 그 소녀의 명예를 실추시키는 결과로 이어지게 되었다.

2) 명예훼손(名譽毀損, detractio)의 성격

교활한 비밀의 공범인 거짓은 부패한 냄새가 늪으로 스며들 듯이 무고(calumnia)로 이어진다. 우리는 불미스러운 진실을 남몰래 말하고 비밀을 누설함으로써 다른 사람의 평판을 떨어트릴 수 있다. 여기에 더해, 우리는 어느 소년이 사탕 한 개를 도둑질한 것을 세세한 부분까지 주의 깊게 떠들어 댐으로써 그를 은행 강도범처럼 만들 수도 있다. 또한, 예컨대 우리가 유일하게 본 것이라고는 어느 안개 낀 새벽에 미끄러진 오토바이 운전자였을 뿐임에도, 이를 의도적인 교통사고로 몰아가면서 자신을 이 사건의 목격 증인으로 진술할 수도 있다. 사실, 이런 부류의 일은 어느 정도 창조적인 상상력과 솜씨가 필요할 수도 있다. 이로 인해, 누군가를 무고하게 비방하는 사람은 이런 일에 대해 자만하는 전문가들이기도 하다. 반면, 불평하는 사람들이 이렇게 전문가들은 아니다. 그저 다른 사람의 덕행에 대해 침묵하고 그의 결점만 부각시키며 사람들이 그에게 찬사를 보낼 때 이를 왜곡하고 그가 선행을 했을 때 고의로 이를 언급하지 않는 것만으로 충분하다.

때로는 더 큰 악을 피하기 위해 어떤 사람을 모욕할 수도 있다. 예컨대, 어떤 환자가 전염병을 앓고 있다고 공개적으로 말해야 하는 의사의 경우가 그렇다. 또한, 무의식중에 있는 사람이 자신이 알고 있는 것을 악의 없이 말했다면, 이는 적어도 위중하게 죄를 짓는 것이 아니다. 왜냐하면, 위중하게 죄를 짓기 위해서는 온전한 의식이 있어야 하기 때문이다. 사실, 혀로 짓는 죄들에 대해서는 정상을 참작할 사유들이 없잖아 있다. 왜냐하면, 이런 죄들은 거의 언제나 흥분해서 성급한 나머지 입을 제어하지 못해 쏟아져 나온 말이나 표현에 기초하고 있기 때문이다.

3) 명예훼손의 상대적인 악의

하지만, 혀로 짓는 죄들이 야기한 결과들은 그대로 남는다. 비록 악의가 없었다 해도, 그 죄들이 일으킨 피해와 불의는 지워지지 않는다. 이 경우, 당사자가 받게 되는 피해와 불의는 생명을 파괴하는 살인(殺人, homicidium)이나 가정을 파괴하는 간통(adulterium)의 경우처럼 그렇게 위중하지 않다. 그러나 인간의 외적인 재화들을 거스르는 죄들 가운데 무고(calumnia)는 두드러진 위치를 차지한다. 그것은 절도보다 훨씬 더 위중하다. 왜냐하면, 이를 통해 강제로 빼앗는 것은 다른 어느 물건에 비할 바 없이 훨씬 더 인격적이고 가치 있는 것이기 때문이다. 물론, 두 경우 모두 배상이 필요하다. 무고의 경우, 해당 당사자가 지닌 가장 소중한 재화에 대한 배상이 요구된다. 그것은 명성(名聲)으로서, 사실상 회복하기 아주 어렵다.

(4) 불평불만

남을 험담하기 좋아하는 사람이 제대로 험담을 하려면 다른 사람의 협조가 필요하다. 둘이 한 쌍이 되어 남의 이야기를 퍼뜨리는 사람들은 전혀 쓸데없는 데 많은 시간과 에너지를 소모하고 있는 것이다. 그들이 번갈아가며 침묵하는 것은 느긋하고 평온한 관심 때문이 아니라, 마치 방송을 기다리고 있는 사람처럼 열심히 듣고자 준비하며 긴장하는 태도라고 할 수 있다. 만일 남의 험담을 듣는 사람의 수를 줄일 수 있다면, 험담이 퍼지는 것을 줄일 수 있다. 따라서 다른 사람의 험담이나 불평을 끝낼 수 있는 가장 좋은 방법은 험담하고 불평하는 사람의 이야기를 듣지 않는 데 있다. 물론, 불행하게도 건전하지 못한 호기심에 사로잡혀 그런 험담과 불평을 듣는 사람들도 있다. 그렇게 험담과 불평을 듣는 사람은 그런 말을 하는 사람과 협조하는 것이며 그 죄에 대해 그와 공범이다. 험담하는 사람의 말을 피할 수 있음에도 불구하고 그렇게 하지 않은 사람도 역시 그와 공범이다. 하지만, 소심한 사람, 나태한 사람, 또는 해당 당사자의 평판을 옹호하기를 부끄러워하는 사람은 일반적으로 소죄에 대해서만 유죄이다.

불평보다 훨씬 더 가증스러운 형태 중에 하나로 성 토마스가 '험담'(obtrectatio)으로 부르는 것을 들 수 있다. 이로 인해 일어나는 가장 치명적인 결과 중에 하나로 우정의 파괴가 있다. 천사적 박사가 보기에, 그것은 모욕(insulto), 명예훼손(distractio), 무고(calumnia)보다 훨씬 더 나쁘다. 왜냐하면, 인간에게 있어서 가장 중요한 것은 존경 받는 것보다 사랑 받는 데 있으며, 좋은 평판을 갖는 것보다 좋은 친구들을 갖는 데 있기 때문이다. 사람들로부터 비방을 받아 명예 없이도 살 수는 있지만, 친구들 없이는 살 수 없다. 왜냐하면, 아무도 자신만으로는 충분하지 않기 때문이다.

(5) 조롱

'험담'(險談, obtrectatio)이 혀로 짓는 죄 중에 가장 가증스럽고 천박한 죄 중에 하나라고 한다면, 조롱(嘲弄, derisio)은 가장 하찮은 죄 중에 하나이다. 하지만, 그렇다고 해서 결코 그 죄에 대해 속지 말아야 한다. 비록 유머로 변장하긴 하지만, 조롱은 야비한 죄이다. 그것은 다른 사람들의 권리를 웃기 위한 구실로 삼는다. 그것은 마치 서글프고 부정적인 위트 꾼의 손에 있는 냉소적인 무기와 같다. 모욕, 불평, 무고가 사람에게서 덕, 명예, 명성이라는 외투를 벗긴다면, 조롱은 그의 가장 내밀한 재화들, 즉 평화, 자기존중감 등을 뿌리째 뽑기 위해 깊이 침투한다. 조롱이 추구하는 목적은 상대방에게 공개적으로 수치심을 주고 조롱하는 데 있다. 사형 집행인들의 조롱이 예루살렘 전체에 울려 퍼졌을 당시, 그리스도는 바로 이 죄의 희생자이셨다. 이는 악마가 늘 즐겨 사용하던 것 중에 하나이기도 하다. 이 죄의 현대적인 표현이 다름 아닌 '풍자'(諷刺, satira)이다.

혀로 짓는 다른 죄들은 실제로든 상상으로든 어느 정도의 심각하게 인간의 결점과 약점을 공격한다. 조롱은 사람들의 결점과 약점을 놀림거리로 만들며 여기에 경멸이 담긴 신랄한 어조를 더한다. 만일 조롱이 그리 중요하지 않은 사안과 연관된다면, 그 죄는 가볍다. 그러나 만일 조롱을 통해 이웃에게 범한 경멸의 정도가 심해서 그의 결점과 약점이 공개적으로 큰 조롱의 대상이 된다면, 그 죄는 중하다. 심지어 모욕이 상대방에 대한 큰 경멸을 담고 있다 해도, 방금 언급한 조롱은 이런 모욕보다 훨씬 중대한 죄이다.

조롱은 가볍게 시작해서 중죄의 사다리를 뛰어 오르는 민첩한 죄로, 정상에 못 미치는 것을 만족하지 못한다. 왜냐하면, 그것은 위트와 함께 계속해서 더 큰 조롱을 추구하기 때문이다. 조롱이 풍자로 발전하거나 큰 존경을 받을 만한 권리를 가진 사람을 희생자로 삼을 때, 그 위중함은 증가한다. 그러므로 덕스러운 사람에 대해 조롱하는 것은 죄인을 조롱하는 것보다 훨씬 더 위중한 죄이다. 왜냐하면, 덕은 큰 존경을 요구하기 때문이다. 더 나쁜 것은, 자신의 부모님을 조롱하는 것이다. 왜냐하면, 이는 부모님으로부터 그분들이 받아 마땅한 존경을 박탈할 뿐만 아니라 중대한 걸림돌을 야기하기 때문이다. 오직 타락한 사회에서만 부모님을 조롱하고 비난하는 게 허용된다.

(6) 저주

조롱의 죄는 조롱의 대상이 하느님일 경우 최고로 위중하다. 하느님에게 드려야 마땅한 존경을 공격함으로써, 이 세상에 존재하는 모든 것에 대한 존경도 끝나고 만다. 또한 이로써 인간의 품격도 그 모든 내용을 상실하게 된다. 이와 비슷한 위중함을 저주(誹謗/咀呪, maledictio)의 죄가 갖고 있다. 이는, 불손하고 추접한 언어로 광범위하고 부정확한 의미에서가 아닌, 다른 사람에게 악을 바라며 그에게 악한 일이 불시에 일어나는 것을 보고 기뻐한다는 협소한 의미에서 그렇다. 모든 사람은 다른 사람들로부터 존경받을 만한 권리를 갖고 있다. 따라서 이웃에게 구체적인 악을 바라는 것은 참사랑을 거슬러서 죄를 범하는 것이며, 만일 이런 우리의 바람이 성취된다면, 이는 정의를 거슬러서 죄를 범하는 것이다. 하지만, 여기서 주의할 것은, 상대방에게 원하는 악은 실제적이고 객관적인 악이어야 한다. 만일 판사가 피고인에게 정당한 절차에 따라 20년 형을 언도했다면, 그는 그 피고인을 저주하는 게 아니다. 또한 시민들이 조속히 살인자가 잡혀서 형벌을 받길 원하는 것도 저주의 죄를 범하는 게 아니다. 어느 아일랜드 출신 부인이 감정에 사로잡혀 살인자를 염두에 두고 이렇게 외치는 것도 저주의 죄를 범하는 것이 아니다: "주님께서 그의 영혼을 데려가 주셨으면 좋겠다!" 오히려 이는 살인자가 자신의 죄를 뉘우치는 가운데 임종하고 하느님께서 그를 당신의 품에 받아주시길 바라는 마음을 표현한 것이다.

저주가 하느님을 향할 때, 이를 독성(瀆聖, blasphemia)이라 부른다. 비이성적 세계를 향한 저주는 어리석음이자 시간 낭비이다. 왜냐하면, 필요의 빛이 지배하는 곳에는, 아무리 저주를 퍼붓는다 해도, 아무것도 바뀔 수 없기 때문이다. 악마에게 저주하는 것과 관련해서, 의도하지 않았다 해도, 마치 악마에게 아첨하는 것과 같다. 어떤 경우든 저주는 불쾌한 감정, 분노, 조급함을 비롯해 교육의 결여나 언어 표현의 한계를 드러내는 움직임이 빠져나가는 안전밸브 이외에 다른 것이 아니다.

4. 행위에 있어서 옹졸한 불의

(1) 상거래에서

얼마 전 토요일에 「이브닝 포스트」[11]는 국민들로부터 웃음을 자아내는 표지를 들고 나왔다. 일면에는 작고 온순하고 상냥해 보이는 할머니가 흔들리는 저울 너머로, 노련한 정육점 주인들이 해야 할 것과는 다른 모습을 하고 있는 어느 정육점 주인을 바라보고 있었다. 그 정육점 주인은 뚱뚱하고 친절하며 혈색이 좋았는데, 마치 자신의 고기를 자주 먹어서 고기의 품질이 좋다는 걸 보여주는 것 같았다. 그는 고기 한 조각의 무게를 재고 있었는데, 동시에 우아하면서도 눈에 띄지 않게 그 저울 가장자리에 손을 얹고 있었다. 저울의 눈금에 시선을 고정하고 있던 주인과 고객은 놀란 표정을 지었으며, 상냥한 할머니는 그 광경을 보며 평온한 미소를 짓고 있었다. 그 저울 아래 있는 할머니의 손가락이 정육점 주인의 손 무게를 상쇄하고도 남았기 때문이다.

이런 일은 웬만해선 일어나지 않지만, 여하튼, 그런 일이 일어난다면, 우리는 그 일을 충분히 즐길 수 있을 것이다. 왜냐하면, 우리를 만족시키는 것 중에 하나는 우리에게 뭔가를 팔거나 사려는 사람을 속일 수 있기 때문이다. 아마도 그것은 대부분의 우리 시민들이 장사꾼과 투자가들로 인한 피해자들이기 때문일 것이다.

매매행위에서 뻔뻔한 사기 행각은 분명 불의한 것이며 즉시 단죄 받아 마땅하다. 하지만, 기본적으로 매매행위는 사고 파는 두 편 모두를 위한 일종의 계약이다. 따라서 둘 중에 한 사람이 분명히 손해를 보게 될 경우, 화가 나서 소리를 지

---

11) [역주] 미국 최초로 창간된 일간 신문으로 1783년에 창간되었으며 본래의 정확한 이름은 「펜실베니아 이브닝 포스트」이다.

르는 것이 당연하다. 그러나 그렇게 크게 눈살을 찌푸리지 않고, 심지어 지속적인 관행으로 승인되는 특권을 가진 불의한 관행들도 많다. 예컨대, 어느 축구 경기의 입장권을 한 장에 40달러나 더 요구하는 것은 사소한 불의이다. 그 입장권의 가격이 본래 책정된 금액과 같지 않기 때문이다. 여기서 정의가 요구하는 동등함은 훼손되었다. 이는 구매자가 부당하게 입은 손해를 배상함으로써 회복되어야 한다.

1) 부당한 가격

물론, 그 입장권이 그 시점에서는 구매자에게 그만한 가치가 있다고 주장할 수 있다. 구매자에게는 그 입장권이 필요하고 다른 곳에서는 그것을 구할 수 없기 때문이다. 이런 논리는 상당히 그럴듯해 보이지만, 이는 본래의 책정 금액에 따라 입장권을 살 구매자의 권리를 침해한 것이다. 그에 대한 책임은 분명 자신이 산 것을 되파는 중간 소매상에게 있다. 그에게는 이 상황에서 부당한 이득을 취할 권리가 없기 때문이다. 반면, 폭풍이 이는 중에 방수처리가 된 비옷을 약간 더 비싸게 파려는 사람의 경우는 다르다. 그 비옷을 파는 사람은 단순히 방수 처리된 비옷의 가치뿐만 아니라 악천후 속에서 있을 수 있는 한기와 이로 인해 걸릴 수 있는 감기까지 고려해서 약간 더 높게 가격을 책정했기 때문에, 이 경우는 그 나름의 합리성을 갖고 있다. 그는 구매자의 수요를 악용하는 게 아니다. 구매자는 자신이 받을 피해를 최소화하기 위해 적정선에서 책정된 가격을 받아들여 구매할 수 있다.

자신이 키우던 10달러의 가치를 지닌 앵무새를 20달러에 파는 어느 독신 여성은 그 앵무새와 헤어지는 고통과 그로 인해 겪게 될 삶의 외로움과 관련된 무형의 가치를 구매자에게 청구하며 정당하게 행동하고 있는지도 모른다. 월드 시리즈(최고 선수권 대회)가 개최되기 직전에 자신의 '가맹 자격'을 팔려는 야구계의 거물인 어떤 선수가 더 높은 가격을 요구하면서, 그 판매와 관련된 손실을 구매자에게 청구하는 것은 옳다. 이 모든 경우에, 판매자는 구매자의 필요가 아니라 본질적으로 자신의 것에 대해 청구하고 있다.

2) 하자가 있는 상품

슈퍼마켓에서 특가 세일로 파는 생선을 사들고 집에 와서 포장을 뜯어보며 질이 나쁜 생선이라는 걸 알았을 때, 우리는 그걸 보며 그리 놀랄 필요가 없다. 왜냐하면, 우리는 종종 상당히 비싼 제품을 아주 헐값에 사지만, 사실 어떤 제품의 가치는 그 제품이 지닌 결함으로 인해 내려가고, 이 때문에 가격도 내려가기 때문이다. 다시 말해, 가격이 싸다는 것은 제품에 하자가 있거나 제품의 질이 떨어진다는 것을 의미한다. 그러나 어떤 경우에는 아예 가격에 대해 언급할 가치도 없게 만드는 결정적인 결함들이 있다.

예컨대, 유리를 다이아몬드라고 속여서 파는 사람은 중요한 결함을 가진 물건을 파는 것이다. 또한, 무게를 속여서 파는 식료품 상인은 상품의 무게에 있어 결정적인 결함을 구매자에게 알리지 않고 속인 것이다. 눈이 먼 말(馬)을 정상적인 말이라고 속여서 파는 말 장수는 하자 있는 병든 말을 판매한 것이다. 세 사람(다이아몬드 판매상, 식료품 주인, 말 장수) 모두 존재하지 않는 중요한 가치를 판다는 데에서 일치한다. 그들은 모두 하자 있는 상품을 팔고 받은 돈을 모두 고객에게 돌려주어야 한다. 왜냐하면, 그들은 거래에서 예상된 본래의 가치가 있는 상품, 즉 가격에 합당한 물건을 주지 않은 상태에서 본래의 가치를 지닌 상품에 해당된 돈을 받았기 때문이다.

우연하게 10센트짜리 물건을 파는 상점에서 10센트짜리 동전으로 다이아몬드 진품을 산 구매자나 택시 운전사로부터 너무 많은 거스름돈을 받은 사람의 경우도 마찬가지이다. 이 경우 결함은 상품에 있지 않다. 그것은 계약의 다른 면, 특히 가격의 결함에 있다. 이 경우, 과도하게 받은 돈은 반드시 돌려주어야 한다. 좋지 않은 상품을 판매한 사람이 상품의 품질에 대해 인지하지 못한 상태에서 좋은 상품으로 착각하고 파는 경우도 있다. 예컨대, 부패한 줄 모른 채 신선한 고기로 착각해서 그 고기를 팔았을 경우, 정육점 주인은 죄를 범한 게 아니다. 고의로 불의를 범한 것이 아니기 때문이다. 그러나 일 자체로 볼 때, 그것은 불의하다. 정육점 주인은 자신에게 합당하지 않은 돈을 받았기 때문이다. 따라서 그는 그 돈을 본래 주인에게 돌려줘야 한다.

과학의 진보는 이런 문제를 복잡하게 만들 수 있다. 예컨대, 오늘날의 과학은 버터처럼 보이고 맛과 향을 내는 대체 식품을 생산할 수 있다. 그리고 탄산수에 섞은 과일 맛을 내는 청량음료도 만들 수 있고, 천연향수를 대체하는 인공향수들을 만들 수도 있다. 성 토마스와 그 시대의 사람들은 합성 버터나 과일 맛을 내는 청량음료에 대해 전혀 생각할 수 없었다. 하지만 그들은 합성된 금과 은에 대해 많이 생각했다. 연금술사가 만들려고 하는 금과 은의 문제에 관해 성 토마스가 제시한 대답은 상식적인 것으로, 오늘날의 다양한 인공 합성 제품에도 여전히 유효하다. 즉, 과학기술이 자연 본래의 버터, 설탕, 알코올과 똑같은 제품을 생산한다면, 그 제품은 진품으로 팔릴 수 있다. 그 제품의 기원이 합성적이든 또는 자연적이든 그 특성은 중요하지 않다. 중요한 것은 그것이 천연 버터와 설탕 그리고 알코올의 모든 특성을 그대로 갖고 있는가 하는 것이다. 즉, 관건은 버터, 설탕, 알코올을 대체하는 대용품이 아니라 진품과 같은 특성을 그대로 간직하고 있는가 하는 데 있다.

불량품 재고를 갖고 있는 사업가의 경우를 살펴보자. 그는 그것들을 어떻게 처리할 것인가? 책임 있는 기업은 통상 그런 제품을 하자 있는 것으로 분류해서 낮은 가격에 판매한다. 이는 상업적인 정의에 대한 고려뿐만 아니라, 회사의 명예를 보호하기 위한 조치이기도 하다. 그렇다면, 만일 상품을 보호해야 할 판매자의 서명이 없고 상품의 결함이 찾아보기 어렵게 숨어 있어서 오직 전문가만 이를 발견할 수 있다면, 이 경우 어떻게 처리해야 할까? 분명한 것은, 판매자는 본래 하자가 없는 완제품에 책정된 가격에 준해서 그 제품을 판매해서는 안 된다는 것이다. 그렇다면, 판매자가 제품의 결함에 대해서는 언급하지 않은 채 가격을 낮게 책정해서 팔 수 있을까? 그렇게 해서도 안 된다. 가격 하락이 염가 매출을 통해 구매자에게 끼칠 수 있는 손실을 막을 수는 없기 때문이다. 예컨대, 파려는 상품이 다이아몬드이고 숨겨진 결함이 그 상품의 순도라면, 물론 진품 다이아몬드이기 때문에 구매자는 큰 손해를 보지 않을 것이다. 그러나 만일 승용차의 기어 변속 장치에 큰 결함이 있을 경우, 문제는 다르다. 제품의 주요 부분에 결함이 있기 때문에 구매자는 큰 손해를 보게 된다.

제품의 결함이 명백할 경우, 그리고 그 결함이 구매자에게 쉽게 그리고 빠르게 인식될 경우, 상품의 가치와 가격에 비례해서 가격을 낮추는 것이 적절하다. 그러나 제품에 숨겨진 결함은 반드시 구매자에게 밝혀야 한다. 사실 명백한 결함조차도 분명히 지적되어야 할 경우가 있다. 이는 주의력이 산만한 구매자들을 보호하기 위한 조치이다.

3) 다음과 같은 사업

이제 우리는 오늘날 현대 세계에 도전이 되는 「신학대전」의 한 주제를 다뤄보고자 한다. 이는 분명한 것에 질문을 제기하는 주제이기 때문이다. 이 주제가 요구하는 것은, 어떤 사업이 인간다운 행위, 즉 도덕적인 행위의 그룹에 속하는지의 여부를 확인해 줄 표지를 그 사업 자체가 제시해 줄 수 있어야 한다는 것이다. 그러므로 이런 기준에 따라 사업이 정당하려면 다음과 같은 물음에 대답할 수 있어야 한다. 이윤을 위한 거래는 얼마나 합법적인가? 사업은 얼마나 도덕적인가? 물론 사업은 사업이다. 하지만 과연 이것만으로 충분할까? 그 사업의 존재 여부를 정당화하는 좀 더 중요한 가치는 필요하지 않을까? 여기서 성 토마스가 제기한 물음들은 우리를 귀찮게 하고 당황스럽게 만든다. 왜냐하면, 오늘의 세계가 이런 물음에 대해 줄 수 있는 대답은 그리 시원찮기 때문이다.

문제의 핵심을 이해하려면, 인간의 삶을 위한 상거래와 이윤 추구를 위한 상거래를 구별해야 한다. 첫 번째 유형의 상거래는 자연의 목적들을 위한 봉사이므로 그 자체로 찬사 받을 만하다. 엄밀히 말해, 이런 유형의 상거래는 개인들에게 속하지 않고 가족이나 사회단체를 담당하는 사람들, 예컨대 가정주부에서부터 국가를 통치하는 사람들에게 속한다. 즉, 이런 상거래는 생필품을 조달할 책임을 지닌 사람들에게 적절한 상행위이다. 이윤을 추구하는 상거래(즉, 통상 '사업'으로 이해되는 상행위)는 종종 더러운 사업과 혼동되곤 한다. 따라서 덕스럽고 필수적인 목적을 향해 질서 지어진 사업들, 예컨대 가정을 부양하고 공동선을 위해 봉사하거나 가난한 사람들을 도와주기 위해 하는 사업들을 제외한, 순수 이익만을 추구하는 사업들은 정당화될 수 없다.

(2) 고리

앞서 살펴본 다양한 외부적인 목적들은 상당히 흔하며 사업에서 이윤 추구를 정당화한다. 하지만, 정당화될 수 없는 이윤 추구의 사업도 있다. 그것은 '고리대금'(高利貸金, usuria)이다. 고리대금 문제는 중세 내내 상당한 관심의 대상이었다. 그러나 그리스도교의 일치가 해체된 후, 이 문제는 부차적인 것으로 여겨졌다. 물론, 그것은 고리대금업자들이 사라졌기 때문이 아니라 오히려 그 반대 현상 때문이었다. 오늘날, 이 주제는 다시 관심의 대상으로 떠올랐다. 왜냐하면, 많은 사람들이 현대적인 형태를 띤 고리대금(이율이 상당히 높은 차관 등)에 다양한 전쟁과 경제적인 위기를 비롯해 여러 가지 참화에 대한 책임이 있다고 여기기 때문이다. 즉, 오늘날의 고리대금은 자본주의 체제에 가장 큰 위협이라는 것이다.

여하튼, 고리대금업은 모든 형태에 있어서 상당히 악하게 드러나고 있다. 동일한 것에 대해 돈을 두 번 청구하는 것이 불의하다는 것을 우리는 쉽게 이해할 수 있다. 이것이 바로 고리대금업자가 하는 일이다. 이는 마치 하나의 상품을 두 번 판매하는 것과 같다. 이 속임수는 팔거나 빌려준 물건이 와인이나 샌드위치,

돈과 같은 것들로, 한 번 사용함으로 소비되는 상품일 때 가능하다. 빌려준 돈의 원금에 대한 반환 이외에 그 돈의 사용에 대한 추가 금액을 더 요구하는 행위는 누군가에게 포도주 한 잔을 팔고 나서 그것을 마시는 것에 대해서도 돈을 청구하는 것과 같다.

우리가 고리대금에 대한 이런 간단한 진술에 대해 명심한다면, 고리대금과 정당한 이자를 받는 것을 명확히 구별하기는 어렵지 않을 것이다. 후자의 경우는 고리대금처럼 단순히 돈을 사용하는 것이 아닌 어떤 부대적(附帶的)인 권리에 대해 이자를 부과한다. 사실, 이런 이윤에 대한 이론은 가톨릭 신학자들에게 그리 새로운 것이 아니다. 그들은 고리대금의 불의에 대해 지속적으로 비난해 왔다. 금전 자체와 연관된 부대적(附帶的)인 근거들에 대한 부과금의 정당성은 결코 의문시되지 않았기 때문이다. 정당한 이자에 대한 부대적(附帶的)인 근거들 중에 언급할 수 있는 것은 다음과 같다 : 대출을 함으로써 채권자에게 야기되는 단정적인 손해, 또는 손해를 입을 가능성에 대해 보상을 요구하는 사람을 정당화해주는, 대출된 자본에 대한 특별한 위험, 가까운 장래에 기대되는 이익의 중단, 또는 교환을 용이하게 해 주는 법적 수수료(이는 반드시 적은 금액이어야 한다).

그러므로 고리대금과 정당한 이자를 혼동해서는 안 된다. 또한 고리대금을 정당한 이자로 위장하는 것도 허용해서는 안 된다. 전자(前者), 즉 고리대금은 악하고 금지된 것이며, 후자(後者)는 공평하며 심지어 선하고 분명하게 허용된 것이기 때문이다. 전자(前者)의 해악은 이유가 분명한 반면, 교회에 의해 긍정적으로 선언된 후자(後者)는 모든 신학자들에 의해 허용되었다. 둘 사이의 차이는, 더 큰 수익을 창출하기 위한 대출의 본질적(本質的)인 권리와 부대적(附帶的)인 권리 간의 차이점이다. 따라서 예컨대 생산적 목적을 위한 대출은 이익의 몫에 해당하는 더 큰 수익과 관련된 확실한 청구권을 가지며, 수익을 나누는 것과 같은 이유로 결과적인 손실 또한 공유되어져야 한다. 반면, 비생산적인 목적을 위한 대출은 확실히 더 큰 수익에 대한 권리는 없다. 지불이 늦어져 더 큰 이자를 요구하는 것은, 원래 계약이 지켜지지 않은 데에서 오는 벌금의 성질이거나, 대출 기간이 길어진 결과로 인해 생긴 손실의 증가 때문에 불합리하지 않다. 사업상의 실질적 동반자인 주주들은 사업상 이윤뿐만 아니라 손실도 분담하기 때문에, 주주들이 배당금을 받는 것은 정당하다.

5. 대조 : 정의의 넓은 포용

(1) 정의의 잠재적인 부분들의 본성

우리는 마지막 두 개의 장에서 살펴본 것처럼 반사회적인 불의의 악습들이 지닌 수많은 모습을 바라보는 데 익숙하지 않다. 따라서 전체적으로 살펴보면, 마치 처음 수술을 집도해야 하는 신참 외과 의사나 끔찍한 사고 현장에 처음 방문하는 사제처럼 상당히 불쾌할 수밖에 없다. 이는 직업상 또는 직무상 지속적으로 불의를 직면해야 하는 사람들이 직면한 어려움 중 하나이다. 왜냐하면, 이런 불의가 지닌 반(反)사회적 특징은 상당히 숨 막히는 인위적인 환경을 조성하며 그들을 다음과 같은 이중적인 위험으로 위협하기 때문이다. 즉, 그들은 불의를 저지른 자들에 대한 혐오와 단죄에서 오는 차오르는 짜증에 의해 정복되거나, 아니면 이런 불의한 환경에 익숙해지는 가운데 심지어 그들처럼 지극히 반사회적인 사람들이 되는 위험에 노출되어 있다.

아마도 그럴 것 같다. 왜냐하면, 성 토마스는 덕들과 악습들을 함께 연구했으며 악습들만을 따로 설명하지 않았으므로, 이런 현실에 대해 잘 알았기 때문이다. 그는 악습들을 해당되는 덕과 함께 배치했으며, 이런 진술에 있어 덕을 주요 주제로 부각시켰다. 이 경우, 천사적 박사는 정의와 그에 반대되는 악습에 대한 첫 번째 논술에서 신선한 공기가 들어올 수 있도록 그리고 우리가 정의의 통치가 이루어지는 넓고 아름다운 광경을 관상할 수 있도록 창문을 열어놓았다.

(2) 그 수와 이름 - 종교, 경건, 존경, 진실, 감사, 보상, 우정, 아량

우리는 정의의 덕에 대해 언급하면서 이 덕을 구성하는 가장 두드러진 세 가지 특징을 지적한 바 있다. 이는 다음과 같다. 정의가 이웃과 갖는 관계, 동등함, 당연함이 그것이다. 정의와 관련된 모든 덕들은 분명히 다음과 같은 공통된 특징을 간직하고 있다. 즉, 그 덕들은 모두 사회적이며 서로 연관되어 있다. 다시 말해, 이 덕들은 개인적이기 보다 사회적인 덕들이다. 이 덕들을 분석해 보면, 우리는 조화와 일치, 동등함과 효과의 원천으로 들어가게 될 것이다. 한 마디로, 인간은 사회에서 살아갈 때 기쁨으로 충만하게 될 것이다. 그런데, 정의를 구성하는 각각의 덕에는 정의의 특징들 가운데 어느 하나가 부족하다. 어떤 덕들에게 동등함이 부족하다면, 다른 덕들에게는 당연함이 부족하다. 그러나 이 모든 덕들은 인간을 사회적인 몸에 통합시키는 가운데 그가 보다 충만한 삶을 살아가도록 인도하는 데 기여한다. 우리는 좀 더 뒤에서 이를 하나하나 살펴보게 될 것이다. 지금으로서는 다음과 같은 덕들을 제시하는 것으로 국한하고자 한다: 종교, 경건, 존경, 진실, 감사, 보상, 우정, 아량.

[결론]

1. 옹졸한 불의에 대한 두 가지 실수

(1) 중요하지 않다고 생각하는 것

본 장의 요약으로, 자잘한 불의들의 영역에서 흔히 범하는 두 가지 잘못을 강조하고자 한다. 하나는 이러한 불의들을 과소평가하는 것이며, 다른 하나는 이를 과대평가하는 것이다. 바르고 균형 잡힌 가치들의 단계를 갖고 있는 사람들에게 있어서 이런 종류의 불의가 지닌 옹졸함은 분명하다. 그런데 이런 명료함으로 인해 우리는 이런 자잘한 불의들을 그저 평범한 것으로 여길 수 있다. 인간은 이런 이해와 더불어 자신의 아내를 때리는 것은 무서워 피하면서도, 아내와 관련된 모든 것에 대해서는 상당히 인색할 수 있다.

결혼생활의 안정과 가정의 평화에 관한 한, 이런 인색한 태도가 연례적(年例的)으로 일어나는 구타보다 더 가정에 큰 피해를 줄 수 있다. 이런 일들은 작기 때문에, 정확히 말해 그 일들이 너무 작기 때문에, 그런 일들이 압도적인 힘을 갖게 될 때까지, 즉 사회 구조의 근본을 훼손할 때까지, 그런 악습들은 거의 눈에 띄지 않은 상태에서 지속적으로 축적될 수 있다. 결국, 나중에 가서야, 우리는 이런 악습들로 인해 야기된 파국에 놀라서 원인, 특히 그때 비로소 일어난 막대한 피해에 상응하는 중대한 원인을 찾는다. 그러나 이는 종종 우리로 하여금 실수를 범하게 한다. 왜냐하면, 그런 파국을 초래한 원인이 그간 축적된 일련의 작은 불의들일 수 있다는 사실을 생각하지 못하게 하기 때문이다.

(2) 가장 중요하다고 생각하는 것

오늘날 흔치 않게 일어나는 또 다른 실수는 가치의 단계를 상실했거나 뒤바꾼 사람들에 의해 저질러진다. 그들은 비록 작은 단계에서라 해도, 거짓말, 도둑질, 불평 등을 아주 혐오스러운 악습들로 여기는 데 반해, 이와 동시에 낙태, 이혼, 자살, 안락사 등을 옹호한다. 이런 사람들은 모기를 체로 거르지만, 동시에 낙타를 삼키고 있는 것이다.

2. 다른 사람들과 생활하기 위한 조건 : 영혼의 힘과 관대함

(1) 우정의 삶

1) 하느님과의 우정
2) 사람들과의 우정

이 두 가지 실수는 모두 개인적으로나 사회적으로 치명적이다. 정의로운 것은 다른 사람들과 함께 살아가기 위한 필수적인 조건이다. 사회생활에서 폭력과 옹졸함을 위한 자리는 없다. 왜냐하면, 함께 살아가기 위해서는 용기와 넓은 마음이 요구되기 때문이다. 옹졸한 성인이란 존재하지 않는다. 왜냐하면, 하느님과 더불어 누리는 삶은 일련의 특권을 누리는 것이 아닌 자신을 내어주는 자세에 바탕을 두고 있기 때문이다. 또한, 인간적인 우정도 그렇다. 이기적인 친구들은 진정한 친구들이 아니다.

(2) 가정생활

가정생활(家庭生活, vita familiaris)과 관련해서 보면, 부부 각자의 자기방어에만 바탕을 둔 결혼생활은 오래가지 못한다. 비록, 자기방어라는 말이 자기실현이나 자신을 발견하는 것, 자신의 정체성을 잃어버리지 않는 것처럼 요란스럽게 꾸민 말로 정당화될 수 있다 해도, 서로를 이해하고 받아들이지 못한 채 자기방어에만 급급한 부부는 결국 파국을 맞을 수밖에 없다.

(3) 사회생활

이는 사회에서도 똑같이 일어난다. 왜냐하면, 정의에 정면으로 반대되는 극단적인 이기주의만으로는 사회생활이 지속될 수 없기 때문이다. 정의는 사회 구성원들이 자신으로부터 벗어나기 위해, 다른 사람들, 특히 하느님의 눈으로 세상을 바라보도록 충분히 용감하고 넓은 마음을 갖도록 요구한다. 뿐만 아니라 사회 구성원들은 서로의 유익을 위해 그리고 사회의 유익을 위해 함께 수고해야 한다.

* 무질서의 완전한 본질

우리는 앞 장에서 인간 생명에 대한 공격, 그의 신체에 대한 공격, 그의 품위와 자유에 대한 공격, 그의 개인 소유 재산에 대한 공격이라는 커다란 불의를 통해 어떻게 인간의 근본 권리들이 짓밟히는지 살펴보았다. 반면, 우리는 본 장을 통해 작고 옹졸한 공격들에 대해 살펴보았다. 이것들은 비록 작지만 사람들 사이의 평화와 조화를 깨트리며 사회에 결코 돌이킬 수 없는 피해를 일으킬 수 있다. 이런 옹졸한 불의들은 시시하고 비열한 사회의 특징들이다. 그것들은 평화, 조화, 연대를 파괴하지만, 겉으로 드러나는 모습은 하찮아 보인다. 이로 인해 우리는 그것들을 고치려 노력하지 않고 그에 마땅한 힘으로 단호히 거부하지 않는 실수를 범한다. 이렇게 해서 아주 큰 위험이 우리의 삶 속에 들어오게 된다.

달리 말해, 이런 '작은 불의들'은 커다란 불의들과 마찬가지로 아주 중요한 역할을 수행한다. 왜냐하면, 작은 불의들은 사회를 파괴하고 무질서를 조장하며 사람들로부터 사회적인 동기를 빼앗는 데 기여하기 때문이다. 해적들이나 테러리스트들이 커다란 불의들을 범한다면, 옹졸하게 작은 불의들을 저지르는 자들은 생쥐처럼 사회를 갉아먹는다. 그러나 이 두 부류의 불의는 모두 한 가지 목적을 위해 협력한다. 그것은 말과 행동으로 인간의 근본 권리들을 부정하는 가운데 사회 구조를 파괴하는 것이다. 이렇게 해서 사람들은 서로의 권리를 파괴하는 가운데 스스로를 파멸의 길로 몰아가게 된다. 왜냐하면, 이들은 이러한 권리의 근간을 이루는 의무들을 완수하지 않기 때문이다. 이로써 사람들은 서로 소외를 조장하며 고독하게 되고 만다. 한 마디로, 그들은 사회적인 살인을 범하고 마는 것이다. 이는 불행하게도 중대한 반향을 일으키는 범죄 행위이다. 사회를 파괴하는 사람들은 "머리만 자르지만", 이와 동시에 사회에서 함께 살아가는 위대한 공동체적 과제를 시작한 헤아릴 수 없이 많은 무죄한 사람들의 "머리도 자르게 된다."

제10장 종교와 경신 : 절대자에 대한 순종
(제2부 제2편, 제81문제~제87문제)

1. 순종과 질서
2. 순종의 완성
   (1) 비자발적인 순종 및 노예
   (2) 자발적인 순종
      1) 자신보다 낮은 수준의 존재에 대한 복종은 '퇴락'을 의미함
      2) 자신보다 높은 수준의 존재에 대한 복종은 '발전'을 의미함
3. 종교적인 순종
   (1) 종교적인 순종에 대한 반항심의 기반
   (2) 종교적인 순종의 올바름
4. 종교적인 순종의 덕
   (1) 순종의 기원
   (2) 순종의 본성과 목적
   (3) 종교의 내면과 외형
   (4) 종교와 "신성함"
5. 순종의 행위로서 "헌신"
   (1) 헌신의 의미
   (2) 헌신의 이유
   (3) 헌신의 효과
6. 순종의 목소리인 "기도"
   (1) 기도의 실용성
   (2) 하느님께 바치는 기도와 성인통공
   (3) 완전한 기도
   (4) 기도의 주제
   (5) 기도의 형태(양식)
   (6) 기도의 효과
7. 순종의 표현
   (1) 숭배
   (2) 희생
8. 순종의 구체적인 모습
   (1) 봉헌과 맏물
   (2) 십일조

[결론] 하느님의 백성으로서 교회
1. 이 세상에서 하느님 백성이 갖춰야 할 조건으로서 "순종"
   (1) 필연성에 대한 순종
   (2) 정의(正義)에 대한 순종
2. 이 세상에서 완성된 삶
3. 종교의 인격적인 효과들

제10장 종교와 경신 : 절대자에 대한 순종
(제2부 제2편, 제81문제~제87문제)

(들어가기)

　　이 총서의 앞선 몇몇 단원[章]에서 밝힌 바와 같이 '정당함'을 주장할 경우 그 주장은 분명한 근거에서 출발해야 한다. 예를 들어 사람들이 일상적인 삶을 영위하기 위해선 최소한의 평화(안정된 사회구조)가 필요하다고 주장하듯이 말이다. 그래서 사람들이 주변에서 불안함을 느낄 경우 술집을 찾아 술을 마시거나 나이트클럽에서 광란의 춤사위로 현실을 잊으려고도 한다. 안정을 누린다는 것이 얼마나 어려운 일인지 온몸으로 입증하기라도 하려는 듯 말이다. 그런데 좀 더 치명적인 불안은 개인적인 능력 미달로 인해서가 아니라 국가적인 위기로 인해 빚어진다. 자신이 머무는 사회에서 안정을 찾지 못할 때, 사람들은 그 사회를 떠나버리든가 아니면 그 사회를 더 악화시킬 것이다. 그래서 이 땅에서 최소한으로나마 평화를 원한다면, 그 기본적인 입장은 사회적 '정의'(正義)란 이름 아래서 강구될 수 있다. 일찍이 아우구스티누스는 사회적 정의를 달리 "질서의 안정"이라고 설명한 바 있는데, 이는 오늘날에도 여전히 많은 이들이 공감하듯이 단지 일상적인 삶을 유지하기 위해서라도 반드시 필요한 것이 있다면, 그것은 당연히 사회의 질서라고 주저 없이 말할 수 있겠다.

　　사실상 대자연의 질서는 지성의 열매이자 지성의 첫 번째 법칙이다. 우리가 이 질서를 뒤쫓아 가다보면, 자연스럽게 원인의 원인을 소급하여 추정해 볼 수 있다. 그러는 중에 우리가 제일원리에 대한 어떤 단서를 발견하게 된다면, 이처럼 대자연의 질서가 곧 지성의 활동방식과 밀접하게 관련되어 있다는 사실을 알아차리게 될 것이다. 과연 대자연의 질서는 지성의 틀림없는 한 가지 표징이다. 현실에 대해선 별 관심이 없으나 과거만은 특별한 열정을 갖고 사라진 문명의 잔해를 파헤치는 고고학자라고 하더라도, 그는 한 시대에 실존했던 사람들에 대한 뚜렷한 흔적으로서 그 같은 질서를 분명하게 보여주는 표석(標石)을, 그래서 한 시대의 역사를 이해하는 데에 도움이 될 만한 표석을 찾아내려고 부단히 힘쓸 것이요, 그리하여 그러한 발견이 이루어질 때 매우 흥분하게 될 것이다.

　　다른 한편 우리가 어디서든 지성이 활동하고 있음을 경험하게 된다면, 모든 질서가 지성의 활동에 대한 표지라고 확신할 수 있을 것이다. 하지만 아직 서투른 일꾼의 경우, 그러니까 나중에 장인(匠人)으로서 명성을 얻게 된다고 하더라도 여전히 자신의 결함을 온전히 극복하지 못한 사람은 자신이 만든 것보다 훨씬 더 완전한 것이 존재한다는 점을 항상 염두에 두어야 할 것이다. 다시 말해 누구든 제일원리를 지향하는 지성에 따라 행동하기 마련이므로 어떤 행위가 결함을 안고 있을 경우 그것은 아직 완전한 것이 아니고 그 (질서의) 도상에 머물러 있는 것이라고 말해도 좋을 것이다.

1. 순종과 질서

지성의 첫째 열매이자 첫 번째 법칙으로서 '대자연의 질서'는 생각보다 훨씬 더 높은 경지에 있다. 그래서 그 질서의 끝에 이르기까지는 반드시 감내해야만 할 것이 있는데, 그것은 곧 '복종' 혹은 '순종'이다. 그것은 달리 바꾸어 표현할 수 없다. 예를 들어 그보다 더 강력한 어떤 약속을 빌미로 미루거나 그 어떤 흥정으로 모면하거나 혹은 다른 어떤 것으로 대체할 수 없다. 만일 그 질서 안에 머무를 수밖에 없다면, 순종은 필수적이라는 말이다. 대자연의 질서에는 일련의 물리적인 법칙이 작용하며 그 안에 머무르는 것들은 아무도 그 법칙을 벗어나지 못한다. 그런 법칙이 있다는 것은 또한 대자연의 모든 것들이 일정하게 상보적으로 서로 맞물려 있다는 증거이기도 하다. 지진이나 토네이도, 홍수나 폭설과 같은 자연재해를 겪으면서 대자연의 질서가 일체를 지배한다고 생각할 수도 있다. 그래서 오늘날 천연덕스럽게 시장의 원리 및 상거래와도 같이 혼인(婚姻)조차 거래관계로 이해하려는 젊은이들의 눈에 대자연의 질서는 망연자실하게 비춰질지 모른다. 과연 대자연의 철두철미한 법칙은 우리를 망연자실하게 비칠만한 근거를 갖고 있다. 하지만 대자연의 질서와 사람들이 기획한 경제 질서 및 체제는 구별해야 한다. 전자에 해당하는 한 가정에서 남편과 아내는 서로의 결함을 호시탐탐 캐내려고 잔뜩 긴장하며 살아가는 경쟁관계가 아니며 나아가 각자의 독자적인 행동에 대해 못마땅하게 여기며 줄곧 상대방의 의무를 요구하는 노사관계도 아니다. 만일 부부가 그런 관계처럼 살아간다면, 가정은 흔들리고 평화는 금세 바닥을 드러낼 것이며 결국 혼인(結婚, matrimonium)은 결실을 맺기 전에 파기되고 말 것이다. 이 같은 모습은 국가에도 고스란히 적용된다. 왜냐하면 만일 국민들이 세운 정권 혹은 정부가 국가의 이념 및 기반(헌법)을 거부하고 국민들로부터 불신앙을 사는 정책에 몰두한다면, 그래서 그 정부가 국가의 헌정질서(헌법)에 대해 순종하기를 거부한다면, 그 정권의 존립은 위태로워져서 머지않아 패망하고 말 것이기 때문이다.

오늘날 사람들이 순종을 마치 시대에 뒤떨어진 전통 및 실망스러운 덕쯤으로 치부하는 일은 매우 불행한 일이다. 현대인들은 복종 내지 순종이 어떤 가치를 위해 치러야 할 일종의 대가로 이해하긴 하지만, 앞당겨 구입한 어떤 제품의 할부금을 갚는 심정을 넘어서 기꺼운 마음으로 순종하는 일은 거의 없다. 그것은 현대인들이 순종이란 곧 자신의 존엄성이나 자유 혹은 자존감을 포기하는 행위로 이해하기 때문이다. 그러니까 순종을 "인간의 주체성" 이념에 대한 모욕으로 간주한다는 것이다.

2. 순종의 완성

(1) 비자발적인 순종 및 노예

현대인들이 순종에 대해서 혐오하고 분개하는 이유는 아마도 몇몇 이념 혹은 이상적인 것들에 대한 오해에 있는 것 같다. 예를 들어 과거 한 때에는 오로지 주인을 위해서만 살아야 하는 종이나 노예가 그러했듯이 자신이 머무르는 사회의 계급질서(예, 班常의 法度)에 따라 주인에게 복종해야 한다는 생각이 지배적이었다. 그러나 그러한 의무의 부과 및 복종의 요구는 액면 그대로 사회질서를 위한 수단이 아니라 주인 및 폭군의 수단에 불과했다. 노예는 가축이 풀을 뜯다가 날카로운 풀잎에 혀를 베이는 아픔보다도 더 큰 통증과 괴로움을 느낄 수 있다고 우리는 믿으며, 그런 한에서 그럼에도 그것을 감수하려는 의지에 특별한 의미를 부여한다. 한 인간의 복종은 인간 본성에 근거해서 볼 때 항상 '도덕적인 순종'으로서의 의미를 갖는다. 그래서 그것이 설령 대자연의 질서에 대한 복종이란 점에서 필수적이라고 말해도 언제든 주인에게 자신의 자유(自由)를 위임하는 가운데 선택한 순종이란 의미를 띤다. 반면 오늘날 우리는 우리의 획기적인 기술을 통해 대자연이라는 주인조차 굴복시킬 만한 힘을 키웠다. 그리고 우리는 그 힘을 더 이상 대자연의 질서에 순종하기보단 차라리 폭력적인 반항 내지 불의를 조장하는 데에 사용한다.

(2) 자발적인 순종

1) 자신보다 낮은 수준의 존재에 대한 복종은 '퇴락'을 의미함

방탕을 일삼는 자거나 술로 밤낮을 보내는 주정뱅이도 사실상 나름대로 (방탕한 삶이나 술에) 복종하는 것이라고 말할 수 있다. 조직폭력배들이 활개 치는 도시도 매우 엄격하게 복종하는 모습을 보인다고 말할 수 있다. 상기 두 경우 모두 그로 인해 그 어떤 다툼이나 갈등도 일어나지 않으니, 겉보기엔 평화가 이뤄진 것처럼 보일 수 있다. 하지만 속으로는 진정한 평화를 누리는 것이 아니다. 그 복종의 대상이 한 개인(두목)이 되었듯 어떤 집단(정권)이 되었든, 차라리 두려움 때문에 강요된 복종 앞에서 비굴하게 무너진 사람들의 무기력한 퇴락만을 목격하게 될 것이다. 그것은 질서가 아니라 혼돈이다.

우리는 너무 자주 폭정 앞에서의 무기력한 복종이나 퇴락으로 치닫는 굴복 그리고 긍정적인 의미의 순종을 모두 같은 것으로 취급한다. 그것은 사람을 절망적으로 아니면 고립적으로 내몰 수 있는 치명적인 오류다. 다시 말해 그러한 혼동은 결코 그렇게 처리되어서는 안 되는 큰 실수라는 것이다. 간단히 생각할 때 올바른 의미의 순종은 겉보기에 타자(他者)에게 굴복하는 행동이지만, 결정적인 사실은 수준 높은 존재가 그보다 수준이 더 낮은 존재에게 무릎을 꿇는 것이 아니라는 것이다.

2) 자신보다 높은 수준의 존재에 대한 순종은 '발전'을 의미함

그러므로 올바른 의미의 순종은 어떤 사물이나 사태가 귀속하는 자리 및 위치에 정확히 놓이는 것을 뜻한다. 그로써 온갖 피조물은 하느님의 창조질서에 순응하는 것이다. 만물이 저마다 제 고유한 자리에 놓일 때, 평화가 깃들고 그런 안정 속에서 발전을 기대할 수 있다. 그처럼 창조질서는 만물이 추구하는 것이다. 한 마디로 그와 같은 창조질서 안에서 우리는 온전한 삶을 실현할 수 있다고 하겠다. 하느님께 순종하는 천사(天使, angelus)들은 하느님을 거역하는 사탄들과 비교할 수 없을 만큼 온전한 삶을 누린다. 그와 마찬가지로 의로운 사람은 의롭지 못한 사람과 대조적으로 온전한 삶을 누린다. 국가의 대의명분을 따라 질서를 준수하는 국민은 무정부주의적인 삶을 추구하는 이들과는 달리 평화로운 삶을 누린다. 어떤 경우에서든 앞서 신중하게 고려한 질서를 온전히 준수하면 준수할수록 더욱더 안정된 삶을 보장받을 수 있다. 대자연의 질서에 만물이 순응하며 활동하듯이 한 몸을 구성하는 각 신체조직들의 활동이 다른 신체조직들과 조화를 이루며 순응하고 활동할 때, 소위 독자적으로 자라고 활동하면서 다른 세포들을 위협하며 갈등을 조장하는 암세포 조직과는 달리 한 개체의 원만한 삶에 일조할 것이다. 스콜라 신학체계에 의거하면, 과격한 나머지 [모든 학문의 기초인] 철학을 무시하거나 소홀히 다루는 학문은 급기야 철학은 물론 그 자신마저 파멸로 이끌 것이라고 한다.

우리는 또 다른 식으로 이 같은 사실을 설명할 수 있을 것이다. 예컨대 절대적

인 존재는 오직 하나라는 원칙을 통해서 말이다. 왜냐하면 제일원인은 말 그대로 유일하겠기 때문이다. 그 누구도 그리고 그 어떤 경우에도 이를 부인한다면, 실로 자신을 웃음거리로 만들고 말 것이다. 하느님 외에 모든 것들은 저마다 어떤 자리 혹은 위치를 점하게 될 것이요, 그것이 이 세상에서의 고유한 위상이라고 말할 수 있을 것이다. 그러니까 어떤 것은 상대적으로 더 높은 곳에, 또 어떤 것은 상대적으로 더 낮은 곳에 위치할 것이다. 그렇게 만물은 창조질서에 의거하여 존재한다. 그리고 그러한 존재의 위상은 자신보다 더 높은 수준의 존재에 대해 순종하고, 반대로 자신보다 더 낮은 수준의 존재를 지배하는 활동을 하게끔 이끈다.

그러나 오늘날 창조질서에서 벗어나 새롭게 시도하는 [진화론을 근본적으로 주장하거나 순수 실존주의적인 입장을 강조하는] 질서 안에는 이와 같은 자명한 진리를 거스르는 경향이 있다. 그것은 아마도 인간이 주인으로 살아간다는 의식에서 비롯된 듯싶다. 물론 우리는 저마다 제 삶의 주인으로 살아간다고 말한다. 하지만 주체적인 삶을 영위하는 인간의 특권이 마치 자기 위로 아무도 없고 만물이 모두 자기 아래에 놓여있는 것처럼 절대특권을 뜻하지는 않는다. 그럼에도 그와 같은 특권의식은 한번쯤 누구에게나 귀를 즐겁게 해줄 만한 솔깃한 말이 될 수 있다. 비록 그것이 머지않아 진리에 속하지 못한 채 간혹 사람을 들뜨게 만들어 허영과 자만에 빠지게 하는 독이 되더라도 말이다.

3. 종교적인 순종

(1) 종교적인 순종에 대한 반항심의 기반

인간의 본성을 깨닫는 일이 그리 어렵지 않다고 말하는 것은 진실이 아니다.

만일 어떤 사람이 폭정이나 사회적인 퇴락으로 복종을 강요당하는 혼란스러운 처지에서 자신의 생각을 억압하는 사상에 맞서 싸우는 것은 불합리한 태도가 아니다. 다시 말해서 누구나 분명하게 주인의식을 갖고서 살아갈 권리가 있는 이 세상에서 아무 도움 없이 오직 제 힘으로 살아갈 수 있다고 자신하는 일은 별 생각 없이 살아가는 사람들에게도 힘겨운 일은 아니라는 것이다. 더욱이 다른 사람들에게 자신의 아주 사소한 생각까지 주입하려는 사람이라면, 지속적으로 자신의 우월성을 내세워 그들을 관리 감독하면서 자신에 대한 순종을 요구할 것이라는 추정은 어려운 일이 아니다. 그래서 한편 오늘날 비록 매우 불행한 일이지만, 순종 혹은 순명의 덕으로 불리는 종교적인 전통을 불만스럽게 여기거나 때로는 더 이상 가치가 없는 옛 시대의 유물이라거나 혹은 모호한 권위 앞에서 나약하게 고개를 숙이는 어리석은 행위로 간주하려는 경향이 있는데, 그러한 관점이 꼭 억지스러운 것은 아니다.

(2) 종교적인 순종의 올바름

이 단원(제10장)에서는 하느님께 대한 순종에 대해, 그러니까 종교적인 순종에 대해 생각해볼 것인데, 이는 미리 말하지만, 자존심을 버리거나 희생하는 행위가 아니라 오히려 자기 존재의 소중함을 확립시키는 일이다. 순종의 올바른 태도는 통치자가 행차할 때 단순히 쓰고 있던 모자를 벗거나 무릎을 꿇는 것으로 완성되지 않는다. 그보다는 오직 그분만이 베풀 수 있는 은혜에 대해 깊이 감사하는 마음으로 머리를 숙이는 것이 바람직하다. 만물의 주인이신 하느님께 바쳐야 할 순종의 예(禮)는 더더욱 달리 비할 바가 없을 것이다. 그것은 더 이상 굴종적인 행위도, 취향에 따른 행위도 아니요, 더구나 하느님께 호의를 보이고 보이지 않고 하는 문제도 아니다. 그것은 명백한 사실에 대한 감사의 행위다. 다시 말해 하느님께 바치는 순종의 예는 지극히 당연한 행위로서 마땅히 그분께 속하는 것을 되돌려드리는 것을 뜻한다. 만일 말(언어)이 너무 거칠다면, 종교는 차라리 '정직한 행위'라고 말해도 좋을 것 같다. 하느님께 속한 것을 가로채거나 훔치는 부정직한 행위를 거부하는 것이다. 그런 의미에서 종교에 대해 무시하거나 폭력적으로 반응하는 행위는 곧 불의(不義)를 저지르는 것과도 같이 반사회적인 행동으로서 나쁜 결과를 초래할 수밖에 없다고 말할 수 있다.

여기서 현대인들의 생각과는 색다른 점에 대해 한 가지 말하고 싶다. 한때 인류학자들은 종교와 종교에 속하는 것들 사이의 관계를 고려할 때 인간의 도덕적인 측면에 대해 주목해왔다. 하지만 어느 순간 그러한 도덕적인 측면이 종교와 아무 상관관계가 없다는 생각을 하게 되었다. 그래서 도덕과 종교는 어쩌면 별개의 것으로 고려하는 추세가 되었다. 물론 종종 이와 같은 연구가 또 다시 수정될 수도 있을 것이다. 그러나 인류학자들이 이미 숙지하고 있듯이, 원시인들은 오늘날 현대인들이 시도하는 것과는 다르게 아주 거룩하다고 생각하는 것들에 대해 그것을 낯설게 여기는 자들에게 알리거나 대화하는 것을 오히려 금기시했다. 물론 여전히 종교와 도덕 사이의 관련성에 대해 살피는 연구가 계속되고 있지만, 아직까지 뚜렷한 성과는 없어 보인다.

다만 주목할 만한 사실은 도덕과 종교를 구별하는 일이 가능하다는 것이다. 종교는 권위의 산물이 아니며 도덕을 근본적으로 해명하는 동기도 아니다. 그렇다고 자연발생적으로, 그러니까 우연히 형성된 것도 아니다. 종교는 인간의 본성에서 비롯하며 자연법에 속한 하나의 명령(命令, imperium)이지, [한번쯤 생각해볼만한] 자연법의 토대(土臺, fundamentum) 정도가 아니다. 그래서 도덕성을 존중하면서도 종교를 기피하는 사회는 자연법을 고려한다고 말할 수 있지만 온전하게 자연법을 고려하는 사회라고 말할 수는 없다. 왜냐하면 자연법의 명령 가운데 하나를 놓쳐버렸기 때문이다.

만일 우리가 종교를 어느 절대자에 대한 숭배가 아니라, 단순히 자연발생적인 현상으로만 취급한다면, 인간의 마음을 사로잡는 종교의 본질을 이해하기 매우 어렵다. 왜냐하면 종교는 인간의 마음을 한 때 열병처럼 매료시켰다가 어느 샌가 사라지고 마는 그런 것이 아니기 때문이다. 오히려 종교는 늘 충만하고 평화로운 분위기에서 이 세상이 선사할 수 없는 안정과 자유로움으로 우리를 이끌어준다.

4. 종교적인 순종의 덕

종교는 절대자(神)를 인간의 첫 원리이자 최종 원리로 받아들인다. 그러니까 인간존재는 물론 인간이 소망하고 또 활동하는 그 모든 것들의 원천이자 동시에 궁극목표로 바라보는 것이다. 그래서 종교는 저 첫 번째 원리이자 마지막 원리의 무한한 완전성과 무한한 선함에 대해 흠숭(欽崇, adoratio/latria)과 순종을 바치는 예절을 가르친다. 인간의 마음은 마치 태양 주변을 맴도는 행성들처럼 이 두 가지 원리로 다가오는 절대자를 중심으로 맴돈다. 인간은 창조와 더불어 시작점만이 아니라 종착점을 갖기 마련이다. 시작점과 종착점은 현실적으로 살아가는 사람들에게 멀찍이 떨어져 있다. 종교는 인간의 처지와 관련된 감추어진 혹은 가려진 진실을 자각하도록 이끌어줌으로써 사람들에게 그와 같은 거리감을 줄여주는 역할을 한다.

종교의 가치와 중요성은 사람들이 그동안 그리고 앞으로도 창조주이자 심판자이신 하느님께 바치는 영예와 존경을 모두 합친다고 해도 채워지지 않을 것이다. 종교의 가치와 중요성을 언어로 정확히 표현할 수 있기를 기대하는 것은 가장 강력하고 풍부한 말(용어)을 찾아내야만 하는 지나친 책무를 짊어지게 하는 것이다. 차라리 사람들은 자신들이 가진 언어로 종교의 내용을 규정하거나 설명하지 못한다는 사실을 이상하게 여기지 않는 것이 바람직하다. 아주 착하다고 하는 사람조차도 절대자에게 머리를 조아리고 아름다운 말과 거룩한 행동을 하려고 조심하기 마련이다. 가장 화려한 예절이나 장엄한 의복들은 하느님의 창조사업이 이뤄낸 아름다움에 대해 적절히 칭송하지 못하는 인간의 마음을 서투르게나마 보여주는 수단 이상의 의미를 갖지 않는다. 그와 같은 전례적인 행위 및 수단들은 여전히 언어로 합당하게 표현하지 못하는 것들이 사람들의 마음속에 분명하게 자리하고 있음을 일깨워준다. 어쩌면 그러한 전례의식들 가운데 가장 고상한 표현으로 인간의 탄식하는 마음을 생각해볼 수 있겠다. 인간의 탄식은 그렇듯 하느님의 지고하심을 도저히 제대로 표현해낼 수 없음을 함축한다고 말이다.

(1) 순종의 기원

물론 사람들은 처음부터 자신들이 부족하다는 사실을 잘 알고 있었다. 그래서 그들은 그런 부족함을 채우기 위해 최선으로 무엇을 할 수 있는지 고민했고, 마침내 종교적 형식으로 절대자에게 최고의 존경을 표현하는 방법을 찾아냈다. 그러므로 축성된 행위 혹은 전례행위는 바로 "순종"(subjection)의 대표적 형태다. 흠숭행위, 희생을 드리고 자신을 봉헌하는 행위가 모두 순종에 속한다. 더욱이 사람들은 절대자에게 어울리는 예의를 갖추는 행동이 언제나 한없이 부족하다는 것을 느꼈기 때문에, 절대자 앞에서 자신들의 행동을 삼가는 것은 물론 생각과 뜻을 접는 행동으로 예의를 대신했으며, 나아가 자신들이 정녕 취해야 할 행동들을 순화 내지 정화시키는 새로운 힘을 그러한 종교적인 예절을 통해 얻어냈다. 인간의 삶은 그렇듯 종교와 함께 그 시작부터 마지막까지 철저히 엮어져 있다. 인간이 제 힘으로 채울 수 없는 부족함을 만회하기 위해서도 절대자의 도움은 항상 요청될 수밖에 없었던 셈이다.

한 마디로 종교는 첫 번째 원인이시자 최종 목표인 하느님에게 마땅히 바쳐야 할 흠숭의 예를 되돌리는 행위라는 점에서 정의(正義)와도 직결된다. 물론 여기서 '마땅하게 되돌린다'는 의미는 합당하지 않다. 왜냐하면 하느님은 항상 무한하신 분이며 우리는 늘 유한한 존재이기 때문이다. 하지만 우리는 능력껏 빚진 것을 되돌릴 수 있는 선에서 정의에 다가설 수 있다. 받은 것을 되돌리는 일 혹은 빚을 갚는 일은 즐거운 행위에 속한다. 이 되갚음의 행위는 어떤 사람에게만 한정된 의무가 아니다. 오히려 그것은 모두가 저마다 절대자에게 빚진 만큼 능력껏 변제해야 한다. 그러나 하느님은 마치 어떤 채권자가 기한 내에 제 돈을 갚도록 사정없이 변제를 요구하시는 분이 아니다. 오히려 그분이 바라시는 것은 사랑의 요구다. 우리에게 가장 아름답고 선한 것을 요구하시기에, 우리가 가진 능력 안에서 최선의 선택과 행동을 하도록 독려하신다.

(2) 순종의 본성과 목적

여러분은 종교의 목적이 하느님 자신이 아니라 하느님께 빚 혹은 은혜를 되갚는 것이라고 생각할 수도 있다. 그러나 그것은 신학적인 관점에서가 아니라 도덕적인 관점에서 생각한 결론이다. 종교는 당연히 인간 혼자만의 생각이나 다른 인간과 상대하는 문제가 아니라 절대자와 관계를 중심주제로 삼는다. 물론 종교가 인간사에 관여하는 만큼 빚을 되갚는 것도 고려해야 한다. 달리 말해 종교 역시 정의를 저버리지 않는다. 정의는 어떤 경우에서든 인간의 자유재량을 온전하게 세우는 기반이다. 예컨대 하느님께 속하는 것을 되돌려 주는 것은 정의에 근거한 지극히 당연한 행위다. 그러므로 정의는 소위 덕 가운데 단연 으뜸이라고 일컬을 만하다. 왜냐하면 그 모든 덕들 가운데 정의는 인간으로 하여금 자신의 최종 목표, 곧 하느님께 가장 가까이 다가가도록 이끄는 덕이기 때문이다. 각자의 최선도 이 정의에 입각하여 결정되는 한, 누구든 하느님께 다가갈 수 있는 길은 공평하게 열려 있다.

우리가 하느님께 되돌려 드리기 위해 주머니에 넣어둔 동전은 양면으로 이루어져 있다. 한쪽 면에는 하느님의 지고하심을 높이 기리는 흠숭의 예(禮)가 새겨져 있고, 다른 한쪽 면에는 피조물인 인간이 마땅하게 채워야 할 순종의 예가 새겨져 있다. 우리는 이 둘을 나누어 어느 한쪽만 취하고 다른 한쪽을 폐기하거나 유보할 수는 없다. 그럼에도 만일 우리가 이 동전의 양면을 쪼개려고 한다면, 동전은 더 이상 제 가치를 지닐 수 없을 뿐만 아니라 또 다른 죄악을 저지르는 것이 된다. 왜냐하면 어느 한쪽 면만을 지닌 동전은 위폐이거나 훼손된 것으로서 제 가치를 발휘하지 못할 뿐더러 나아가 하느님께 속한 재산을 손괴(損壞)한 죄를 범한 것이기 때문이다. 동전의 양면처럼 실은 흠숭의 예와 순종의 예는 하나다. 좀 더 구체적으로 말해서 우리는 하느님께 순종하는 자세를 취하지 않고 흠숭을 드릴 수 없다.

이 같은 사실은 우리가 하느님께 우리 자신을 온전하게 곧추세우지 않고서 흠숭을 드릴 수 없음을 뜻한다. 왜냐하면 종교가 가르치는 순종은 우리 자신보다 높은 지위에 계신 하느님을 상대로 한 행동이기 때문이다. 그것은 인간으로 하여금 이 세상에서 제 고유한 품위를 갖도록 도와준다. 인간의 품위는 그러니까 아주 드높은 것은 아니지만 그렇다고 밑바닥도 아니다. 그러므로 하느님께 드리는 순종의 예는 소위 폭군 앞에서 불가항력적으로 굴복해야 하거나 피폐해져 가는 삶에 무기력하게 내맡겨야 하는 복종이 아니다. 종교의 순종은 오히려 완전성(完全性)에 대한 순종이자 질서와 평화의 원천, 안정과 발전을 내포한 순종이다.

우량도서의 특별한 이점은 그것을 읽는 독자들의 어리석음을 냉정하게 꾸짖는다거나 불충분한 사람들로 하여금 제 주인을 잘 섬기도록 외적인 요소들을 채워주는 데에 있는 것이 아니다. 물론 이 두 가지를 모두 채워줄 수도 있다. 하지만 그보다 더 중요한 점은 좋은 책이란 독자로 하여금 더 성숙해지고 더 완전한 삶을 누릴 수 있도록 진지하게 충고하며 인생여정을 함께 하는 데에 있다. 좋은 책은 세상에 묻혀 시간이 가면 잊고 말 화제로 수다를 떨며 괜히 허둥지둥 대는 평범한 일상을 잠시나마 돌이켜 볼 수 있도록 우리에게 기회를 준다. 좋은 책은 높은 곳으로 우리를 안내한다. 우리의 눈과 마음을 보다 더 높은 곳으로 이끌어 주어 완전한 삶을 추구하도록 고무시킨다. 그렇게 우리를 가르치는 모든 책들을 섭렵하였을 때 우리는 보다 더 완전한 삶을 누리기 위해선 지금보다 더 높은 수준의 생각과 행동을 해야 한다는 사실을 깨닫게 해준다. 그것은 보편적인 원칙에서 비롯한 조언이다. 다시 말해서 그와 같이 보다 더 완전한 삶을 추구하겠다면, 계속해서 우리 자신보다 더 낮은 수준의 것들과 어울리기만 해서는 불가능하다는 것이다. 오히려 우리 자신보다 더 높은 수준의 것에 관심과 열정을 가질 수 있어야 한다. 우리는 그래서 세상에 속하는 것들보다는 천상에 속하는 것들, 곧 거룩한 것들에 대해 더욱더 관심을 기울이고 최대한 정신적인 가치를 물질적인 가치보다 뛰어난 것으로 여기며 만족해 할 수 있어야 한다. 실제로 종교는 언제나 한결같이 이에 대한 조언 및 가르침을 아끼지 않는다.

(3) 종교의 내면과 외형

종교의 모든 행위가 절대자에 대한 흠숭은 물론 인간의 완전성에 맞춰져 있다는 것은 엄연한 진실이다. 왜냐하면 종교적인 모든 행위는 인간으로 하여금 그가 순종해야 할 절대자를 바라보도록 마련되었기 때문이다. 마치 "성 비투스의 춤"처럼[12] 광적으로 자기 몸을 흔드는 사람은, 분명히 말하지만 그렇듯 기이한 행동으로 하느님께 반항하는 것이 아니다. 종교의 외적인 행위는 비록 우리에게 두려움을 조장할 만큼 심각하게 느껴질지라도 부차적인 것이다. 하지만 종교의 내면적인 행위는 인간의 마음과 같이 겉으로 드러난 행동보다 훨씬 더 중요하다. 왜냐하면 인간이 자신의 마음과 정성을 다해 하느님께 순종하는 것이 무엇보다 중요하기 때문이다. 인간의 이성과 의지는 몸을 수단으로 취하면서 격식

---

12) [역주] 15세기 스위스의 의사이자 연금술사인 Paracelsus에게서 처음 발견된 간질병의 일종으로 신경계 및 정신계의 이상으로 인해 환자 스스로 통제할 수 없는 몸의 움직임이 마치 춤과 같은 형태로 목격되는데, 일찍부터 종교적으로 광신적인 사람들의 행동거지에서 자주 발견되어, St. Vitus(4세기 시칠리아의 순교성인으로서 특히 무용수와 배우들의 수호성인으로 추앙됨)의 도움을 받아 이 질병이 치유될 수 있다는 믿음이 발전해왔기에, 오늘날까지 "St. Vitus Dance"(성 비투스 댄스)라는 이름으로 이 질병을 불러왔다.

을 갖춘 행동을 하도록 조심스럽게 훈련을 시킴으로써 하느님의 섭리에 따른 보편적인 법칙과 조화에 부응하도록 이끈다. 이때 보편적인 법칙은 피조물들이 그 도움으로 최종 목적에 이를 수 있게 해주는 것이다. 종교의 외적인 형식 및 겉으로 드러나는 것들에만 몰두하는 위선자들은 정성어린 선행이나 올바른 마음가짐에는 관심을 기울이지 않기 때문에 더 이상 종교인이라고 말할 수 없다. 그들의 위선적인 행동은 이미 죽은 것이고 역겨운 것에 지나지 않는다. 왜냐하면 그들은 자신들의 이성과 의지를 가다듬게 해주는 영혼을 상실했기 때문이다.

다시 말해, 종교의 외적인 형식 및 겉으로 드러나는 것들의 순수한 목적은 오직 종교의 내면적인 부분, 곧 인간의 마음과 정성을 대변하며 또한 그것을 진작시키는 데에 있다. 우리는 겟세마니 동산에서 주님께서 기도하시는 중에 몹시 괴로워하는 심정이 당신 몸으로 드러난 것을 알고 있다. 우리의 경우에도 한 장례행렬의 비장한 곡소리가 기쁘고 행복한 생각을 순식간에 사라지게 만드는 것을 경험한다. 인간의 몸과 마음은 서로 쉽게 그리고 긴밀하게 영향을 주고받듯이 아주 밀접하게 관련을 맺고 있다. 하느님께 순종하는 마음이 겉으로 드러나기 마련이다. 만일 겉으로 드러난 종교적인 행동들이 진지하게 이뤄졌다고 한다면, 그러한 행동들은 그렇게 행동한 사람의 마음가짐이 어떠한지 보여준다고 말해도 좋을 것이다. 과연 진정으로 무릎을 꿇었다고 판단하는 일은 쉽지 않다. 하지만 그렇듯 무릎을 꿇은 행동만으로도 상대에게 승복하고 있음을 어렵지 않게 알 수 있다. 우리가 십자성호를 그을 때 우리의 마음에서 주님에 대한 생각을 떨쳐버리는 것은 쉽지 않다. 하지만 그분의 고통스러운 얼굴을 외면하는 것은 매우 쉽다. 우리는 두 손으로 어떤 장난감을 가지고 놀듯이 살아갈 수도 혹은 절체절명의 벼랑 끝에서 생명줄을 붙들듯이 살아갈 수도 있는데, 그 차이는 이미 우리의 마음 안에서 비롯한 것이다.

사실상 겉으로 드러나는 종교적인 행위는 특히 종교가 외적인 형식 및 행동들로 다져져야 한다고 주장하는 일부 사람들에 의해 크게 강조되었고 발전해왔다.

그처럼 주장하는 이들의 생각은 인간의 이성과 의지가 외적인 행동들을 통해 충분히 대변될 수 있어야 한다는 자기 최면 및 강박관념을 따라 "종교적 재생"이란 구호를 낳기까지 했다. 그러한 움직임은 결국 종교를 동물의 반사적인 행동처럼 바라보도록 자극했다. 반면 종교의 내면적인 측면을 월등한 것으로 판단한 이들 가운데 어떤 이들은 그것만이 올바른 종교적인 행위로 간주하려고 했다. 그래서 겉으로 드러난 형식이나 행동들은 신속히 치워버려야 하고 오로지 마음으로만 하느님을 흠숭할 수 있다고 주장했다. 이 같은 과격한 태도는 매우 이른 시기의 교회 안에서도 간혹 나타나기도 했지만, 교회는 공식적으로 그런 관점을 단죄해왔다.

외적인 형식 및 행동을 지나치게 강조하거나 내적인 마음가짐 및 정신만을 너무 주목하는 태도 모두 잘못이다. 이 같은 잘못은 모두 그러한 종교적인 행위를 시도하는 이가 바로 인간이라는 사실을 망각하거나 그런 입장을 만족하지 못함으로써 빚어진 것이다. 어쩌면 이는 마치 붉은 머리카락을 가진 아이가 흑갈색 머리카락을 가진 아이를 시기하거나 그 반대의 경우처럼 단지 일반적으로 어떤 사람이 다른 사람에 대해 질투하게 만드는 불평불만에서 싹튼 것일지도 모른다. 아무튼 인간의 동물적인 측면만을 단순하게 강조하거나 그저 고상한 품격만을 따지는 것은 매우 독선적인 주장에 불과하다. 왜냐하면 이처럼 극단적인 두 주장은 고유한 인간성의 특별한 의미를 충분히 고려하지 않는 것이기 때문이다. 우리는 인간이다. 우리는 고상한 품위를 누리는 천사도 아니며 그렇다고 동물도 아니다. 우리는 점점 사라져가는 사랑의 냉기보다도 꺼져가는 불씨의 냉기를 훨씬 더 실제적으로 느낀다. 가을날 오색 단풍의 울긋불긋함은 하느님께 속하는 진리의 불꽃보다 훨씬 더 강렬하게 우리를 매료시킨다. 하지만 우리는 꺼져가는 불씨의 냉기에 몸을 떨고 서 있거나 오색 단풍의 울긋불긋함에 도취되어 마비된 듯 서 있는 것으로 만족할 수가 없다. 우리는 물질적인 것과 영적인 것이 결합된 존재다. 하느님께로 향한 우리의 발걸음은 비록 물질적인 것 혹은 감각적인 것에서 시작하지만 그곳에 멈춰 있을 수가 없다.

우리가 추운 겨울밤 따뜻한 이불 속으로 뛰어들기 위해 재빠르게 바치는 끝기도나 이른 아침 잔뜩 찌푸린 날씨면 쑤셔오는 무릎관절의 통증을 참고 일어나 바치는 기도가 결과적으로 가족들을 위해 아침식사를 준비하도록 이끈다고 하더라도 그것은 하느님을 위한 것은 아니다. 물론 하느님은 이미 부족함 없이 영광을 누리신다. 우리는 그분의 영광에 티끌만큼도 더 보탤 수도 없거니와 추호도 감히 손상시킬 수가 없다. 그럼에도 우리가 하느님께 드리는 이런저런 흠숭의 인간적인 예의는 의미가 없는 것이 아니다. 곧 하느님께 바치는 종교적인 행위는 바로 우리 자신을 위한 것이다. 그 기회에 우리는 우리의 완전성을 깨달을 수 있기 때문이다.

(4) 종교와 "신성함"

종교적으로 축성된 물건이나 인격체에 대해 세상에 속하는 것들과는 다르게 행동하는 태도에는 그와 같이 위대한 진리가 내포되어 있음을 인정하는 것이다. 성당, 감실, 각종 전례용 도구들 및 제의는 물론 사제와 수도자와 같이 평생을 종교에 귀의한 그 모든 존재들은 하느님을 흠숭하기 위해 특별히 성별(聖別)된 것들이다. 성별이란 소위 속된 것들과 따로 구별해낸 것들이란 뜻이다. 우리는 이들을 거룩한 것들이라고도 부른다. 그래서 우리는 거룩한 장소, 거룩한 도구, 하느님께 바치는 거룩한 삶으로서 동정(virginitas)이나 정결(castitas) 등에 대해 이야기한다. 그렇듯 하느님께 봉헌된 행위나 도구 및 삶을 통해서 인간은 완전성을 이루려고 노력한다.

이 같이 특별하게 마련된 진리가 안타깝게도 그러한 축성된 것들에 대해 개의치 않는 폭력적인 행위로 인해 오늘날 점점 사라져가고 있다. 이러한 경향은 교회 및 종교를 거부하거나 적극적으로 반대하는 가운데 불가피하게 그러한 전례용 도구 및 성물(聖物) 및 성상의 파괴, 나아가 사제나 수도자에 대한 탄압으로 이어지기 일쑤다. 반종교적인 태도를 취하는 이들은 절대자에 대한 불신앙과 함께 인간의 지고한 목표 및 완전성에 대해서도 고려하기를 거부한다. 그들은 동료인간들보다 훨씬 더 쉽게 절대자로부터 용서받을 수 있다고 생각한다. 그들은 세상에서 자주 발생하는 무질서 및 혼돈에 몰두하며 거기에 정신을 잃는다. 사람들의 영혼을 공포로 몰아넣는 비타협적인 증오심에 속수무책으로 살아간다. 그런 점에서 그들은 하느님께조차 신뢰하지 못할 뿐만 아니라 그밖에 어디서도 우리 자신의 인간성을 대신하여 채울 수 있는 것이 없다는 사실을 자각하고 있는 셈이다.

종교인들이 모두 다 거룩하거나 거룩한 삶을 사는 것은 아니다. 하지만 확실히 말하건대, 거룩하게 살려고 노력하는 모든 사람들은 종교인이다. 그러나 거룩하게 살지 못하는 (이름뿐인) 종교인들도 있는데, 그들은 개인적으로 종교적인 가르침을 따라 살지 못하기 때문에 그렇듯 속된 삶을 계속 이어가고 있는 것이다. 절대자에게 자신의 마음을 오롯이 봉헌하며 신앙을 준수하며 살아가는 신앙인은 그 주변을 신선하게 정화(淨化)시키는 거룩한 분위기를 자아낸다. 정화는 물질만능주의에 젖은 세속적인 생활습관을 과감하게 버리고 보다 더 높은 수준의 정신적인 삶을 추구하도록 가다듬는 것을 가리킨다. 마치 알프스의 하얀 눈처럼 지저분한 모든 것을 덮어버리듯 온통 세상을 바꾸어놓는 것이다. 그러나 정화는 마치 케이크 위에 덧바른 하얀 크림이 아니라 그 속에 내재하는 막강한 힘과 안정성을 회복하도록 해주는 멋진 의복과도 같다. 인간은 처음부터 자신을 움직인 원동자(原動者)에게 전적으로 다가갈 필요가 있다. 생명과 존재의 첫 번째 원천이자 궁극적인 원리에 자신을 온통 내맡길 필요가 있다.

거룩함과 종교는 모두 인간의 마음과 행동을 하느님께 귀의하도록 이끌어준다. 이때 거룩함은 훨씬 더 보편적인 어떤 것이고, 종교는 겸손한 종(從)과도 같다. 하느님께서 함께 하시는 곳이기도 한 이 세상에서 열심히 봉사해야 할 의무를 가진 종처럼 말이다. 그래서 종교는 항상 그의 주인에게 최선을 다해 헌신할 수 있어야 한다. 한편 거룩함은 인간의 온갖 단순한 봉사 및 헌신(獻身, devotio)적인 행위를 능가한다. 오로지 관대한 자비 혹은 무조건적인 사랑만이 거룩함을 완성할 수 있기 때문이다.

5. 순종의 행위로서 "헌신"

(1) 헌신의 의미

소위 덕(美德)은 좋은 행동 및 좋은 습성이다. 종교에 덕을 논하는 까닭은 종교 역시 그에 어울리는 좋은 행위 및 습성이 있다고 보기 때문이다. 종교의 기본적인 첫 번째 행동은 '헌신적인 행동'이다. 헌신(獻身)은 그러나 오늘날 종교 자체보다도 더 심하게 오해되거나 혹독하게 비난 받아왔다. 우리는 종종 헌신이란 용어를 종교와 연결시켜 이야기하곤 한다. 비록 그것이 일반적으로는 마치 너무 크게 웃어버린 실소(失笑)나 너무 손쉽게 통곡하는 슬픔처럼 자연스럽게 공감할 만하기보다는 다소 과장된 행위로 인해 거부감마저 들게끔 하는 그런 행동으로 비칠지라도 말이다. 실제로 우리는 종교적인 의미에서보다도 일상적으로 경험하는 행동과 연결시켜 이 '헌신'이란 용어를 사용할 때 훨씬 더 피부에 와 닿는 의미를 새길 수 있는 것 같다. 그러니까 어떤 사람이 자신의 직업이나 일에 혹은 어느 군인이나 정치가가 국가를 위해 자신에게 주어진 직무에 제 한 몸을 불사르듯 성실히 임하거나 심지어 어느 아내가 지극정성으로 병든 남편을 수발한다고 할 때에도 헌신이란 용어를 거리낌 없이 활용하고 있다.

이 같은 사례를 통해서 우리는 헌신이 그 행동의 대상과 깊이 관련을 맺고 있다는 사실을 알 수 있다. 예컨대 앞서 직업 혹은 국가 혹은 병든 남편을 대상으로 성실하게 행동하는 것을 가리킨다. 그러므로 헌신적인 행동은 그 자체 안에 '축성(祝聖)의 기운'과 함께 그 기운을 밖으로 확장시키는 힘을 지닌다. 종교에 있어서도 헌신적인 행동은 그와 똑같은 의미를 갖는다. 곧 헌신의 대상인 절대자에게 성실하게 봉사하는 것을 뜻한다. 그러므로 만일 우리가 우리의 진정성 내지 진심과 상관없이 겉으로 드러나는 행동만을 관찰하겠다면, 그것은 마치 어느 아내의 정성어린 병수발이 그저 어리석고 무의미한 행동으로 비칠 수도 있다. 결과적으로 우리의 수많은 행동들이 불합리하고 비과학적으로 비쳐짐으로써 쓸데없는 행동으로 평가될 수 있다. 우리의 헌신적인 행위는 항상 그 본래의 모습을 감싸는 다른 어떤 것들과 함께 드러난다. 예컨대 병든 남편의 체온을 유지시키거나 음식을 먹이거나 곁에서 끊임없이 위로를 하고 힘을 북돋아주는 행동들처럼 말이다. 때로는 구차하고 무의미하게 보이는 그런 행동들로 헌신적인 행동이 완성된다. 그래서 그렇듯 쓸데없어 보이는 작은 행동들 하나하나를 무시할 수 없다. 달리 말해서 헌신적인 행동은 아주 자주 우리가 예상하는 모습과 전혀 다르게 나타난다. 그와 같이 우리는 어떤 사람이 헌신적으로 기도한다거나 남들에게 헌신적으로 봉사한다고 말할 수 있으며 그밖에도 다양한 행동양식을 통해 헌신적으로 행동하는 것에 대해 말할 수 있다. 아마도 하느님은 여느 인간이든 그가 헌신적으로 행동한 것을 하나도 소홀히 다루지 않으시고 속속들이 지켜보실 것이라고 믿는다.

속된 세상에서든 어느 종교에서든 헌신은 그 사회를 유지시키는 기초적인 행동이며 보편적인 행동이다. 아내의 남편에 대한 병수발과 같은 헌신적인 행동은 그녀의 사랑에서 비롯된 것이요, 그 행동으로 인해 또한 그녀의 사랑은 더 강건해지고 더 확장된다. 이는 종교에 있어서도 마찬가지다. 종교적인 헌신은 절대자에 대한 사랑에서 샘솟는다고 말할 수 있다. 비록 이웃에 대한 사랑의 행위로서 자선(慈善, elemosyna)이 그리 강력하게 효과를 발휘하지 못하는 것처럼 비치더라도, 그러한 헌신적인 행동은 종교의 으뜸가는, 보편적인 행동이라고 장담할 수 있다. 인간 고유의 특징으로서 '지성'을 말하고, 코끼리 고유의 특징으로서 '힘이 세다'고 말하고, 바보의 특징으로서 '아둔함'을 말하는 것처럼, 헌신은 종교 고유의 특징이라고 말해도 좋을 것 같다. 만일 헌신과 같이 꾸준히 그리고 기꺼이 우리로 하여금 절대자를 향해 전적으로 달려 나아가는 그런 헌신적인 행위가 없다면, 종교가 존속하는 것도 쉽지 않았을 것이라고 추정할만하다. 헌신적인 행위는 인간이 인위적으로 어떤 목적을 앞세워 강요할 수 없는, 순수 자발적인 행위다.

(2) 헌신의 이유

그러므로 헌신은 중요하다. 만일 우리가 헌신의 중요성을 설명하기 위해 헌신의 이유를 우리의 입장에서 묵상과 관상과 연결시켜 생각해보고자 한다면, 앞서 규칙적으로 혹은 날마다 묵상을 하도록 권고하는 영성가(靈性家)들의 지혜에 귀를 기울일 필요가 있다. 그와 동시에 우리는 오늘날 평신도들에게서 묵상을 대수롭지 않게 여기는 태도에 내포한 위험성을 충격적으로 감지할 필요 또한 있다. 이 같은 말은 귀에 거슬릴 수 있으나 틀림없는 사실이다. 다시 말해 현대인들은 너무 바빠서 하느님을 생각하기 어렵게 되었다는 것이다. 실제 하느님을 생각하고 그분의 뜻을 따라 사랑을 살피는 일이 바로 묵상과 관상이 추구하는 목표다. 하느님을 생각하면서 헌신의 이유를 찾는 것은 분명히 옳다. 우리가 헌신이 의지의 행위에 속한다고 말하는 것도 그러하거니와 결론적으로 그러한 행위 역시 이성 및 지성이 선행된다고 말하는 것도 그런 점에서 분명하다고 하겠다. 따라서 헌신적인 행위에 이성적 사유보다 감정이 우선시 될 수는 없다.

그러면 어떤 생각(이성적 사유)이 그러한 헌신적인 행위를 야기할까? 우리의 마음으로부터 샘솟는 어떤 신비스러움이 우리로 하여금 기꺼이 그리고 꾸준히 하느님께 흠숭의 예를 다하도록 독려하는 것일까? 토마스 성인은 이에 두 가지 중요한 사실에 대해 지적한다. 말하자면, 헌신의 직접적인 이유가 어디에 있는지 하나는 적극적인 관점에서 그리고 다른 하나는 소극적인 관점에서 밝혀준다. 먼저 적극적인 관점에서 헌신의 직접적인 이유는 선하신 하느님에게서 뿜어져 나오는 아름다운 광채에 있는데, 그 아름다움은 우리에게 더없이 유익한 것이라고 한다. 소극적인 관점에서 헌신의 직접적인 이유는 하느님을 간절하게 찾을 수밖에 없는 우리의 결함 및 불완전함에 있다고 한다. 이러한 두 가지 이유는 앞서 추정되는 헌신의 커다란 장애들을 제거하는 데에도 기여한다. 과연 하느님께서는 그런 행동을 보다 더 수월하게 만들어주시기 위해 당신 아드님을 보내주셨다. 우리의 우유부단하고 변덕스러운 마음에 비해 이 세상의 유혹은 너무 거세다. 그래서 그리스도의 은총 및 모범이라는 무한한 능력의 후원을 손에 쥐어야 보다 더 확실하게 이 세상을 헤쳐 나갈 수 있다. 우리는 하느님께서 앞서 베푸시는 은총을 통하여 그분의 놀라운 권능을 맛보지 않고서는 하느님을 계속 생각하면서 흔들림 없이 뒤따를 수가 없다. 오직 하느님께서 친히 우리에게 두려움을 심어주시고 사랑과 존경심을 마음 가득히 채워주실 때 비로소 하느님께 나아가는 것이 가능하다. 우리의 나약하고 결함이 많은 본성을 제대로 자각하지 않고서는 거친 사막을 가로질러 나아가시는 주님의 발걸음을 뒤쫓을 수가 없기 때문이다.

(3) 헌신의 효과

하느님의 선하심과 인간의 결함을 우리는 당연하게 여긴다. 마치 지극히 당연한 것이라고 말하듯 너무도 태연하게 받아들일 정도로 말이다! 그래서 그러한 결함들을 조속히 없애려는 실천적인 노력도 기울이지 않을 만큼 대수롭지 않게 여기거나 그리 별 관심을 기울일 필요가 없는 것처럼 간주하는 것이 일상이 되어 버렸다. 하지만 그와 같은 태도는 우리에게서 많은 기쁨을 앗아가 버릴 수 있다. 나아가 헌신의 아주 특별한 효과 내지 진가를 제대로 맛보지 못하게 만들어버릴 수 있다. 왜냐하면 헌신의 기쁨은 하느님의 선하심을 더욱더 선명하게 체험하게 해주며, 그로써 우리의 희망을 훨씬 더 높이 설정할 수 있도록 해주기 때문이다. 그리하여 우리가 하느님을 향해 바치는 헌신적인 행위는 하느님의 위대한 섭리에 부응하고 우리가 상상할 수 없을 만큼 완전한 존재로 거듭날 수 있도록 가슴 벅찬 기회를 계속해서 제공해준다. 우리는 아직 하늘에 머무르지 못한 상태다. 그래서 헌신의 기쁨은 이 세상에서 우리가 흘리는 숱한 눈물을 닦아주고 영원한 삶을 누릴 수 있도록 더욱더 우리를 고무시킨다. 과연 하느님의 선하심과 완전하심은 아직 우리에게서 멀고, 차라리 수많은 결함들이 당장 우리에게 속한 것들이다. 그러나 그와 같은 결함들을 자각하며 헌신을 통해 흘리는 우리의 진솔한 눈물과 땀은 장차 우리가 얻어 누리게 될 영원한 상급을 보장해줄 것이다.

6. 순종의 목소리인 "기도"

우리가 정말 아름답다고 느끼는 그림들 중에는 기도하는 모습을 담은 그림을 생각해볼 수 있다. 예를 들어, 당신이 사랑하셨던 라자로의 무덤 앞에서 눈물을 흘리며 기도하시는 주님의 모습이나 겟세마니에서 당신의 고난을 생각하며 피와 땀을 쏟고 오랫동안 홀로 기도하시는 주님의 모습을 담은 그림을 본 적이 없는가? 혹은 성모님이 기도하는 중에 천사 가브리엘이 나타나 '하느님의 어머니'가 되실 것을 알려주는 그림을 본 적은 없는가? 그밖에도 종종 사람들이 기도를 통해 보다 더 인격적인 모습을 갖추게 되는 경우를 생각해볼 수 있을 것이다. 우리가 처음 기도할 때 머뭇거리거나 말을 더듬으며 실수를 저지르는 것처럼, 우리가 새롭게 삶을 시작할 때에 기도는 우리의 앞을 밝혀준다. 사랑하는 이의 눈망울에는 아주 자주 흐트러짐 없이 더없이 진지하고 염려스러운 시선과 더불어 상대방을 향한 애틋한 마음이 반영되곤 한다. 그리고 그러한 지향은 제 능력을 넘어서까지 상대를 염려하는 까닭에 기도를 수반하게 된다. 거의 인생을 다 살아온 노인이 자신의 묵주를 만지작거릴 때 그 모습이 결코 그의 인생을 허무하거나 서글프게 여기도록 만들진 않는다. 우리가 살아가는 중에 자주 체험하게 되듯이 기도는 위험을 경고하는 나팔과도 같다. 오늘날 현대인들은 대부분 기도의 아름다운 모습을 제대로 알아채지 못한다. 아름다운 얼굴 뒤에 견고하게 버티고 있는 한 인격체의 진실한 내면은 종종 앞 못 보는 맹인들에 의해서만 파악될 수 있다. 기도는 감정을 포용하지만 지나치게 투명한 감정은 거부한다. 그럼에도 간혹 기도는 현실세계를 초월하여 읊조리는 시(詩)의 세계처럼 간주될 수도 있다. 시처럼 읊조리는 기도는 매우 나약하게 비치기 마련이다. 그러한 기도는 하느님과 인간 사이에서 아무런 가치가 없는, 소심한 행동처럼 간주될 수 있기 때문이다. 그렇지 않으면, 항상 더 좋은 것을 이루시는 하느님의 경우와는 달리 인간의 경우는 인생이란 게임을 즐기면서 유독 바라는 것이 이뤄지도록 미리 잔머리를 굴리는 의미에서 기도를 이용할 수도 있겠다.

 그러나 기도는 그렇게 이용되어선 안 된다. 확실히 말하건대 기도의 아름다움, 곧 묘미는 그처럼 천박하지도 않으며 외관상 그럴 듯해 보이는 것이 전부가 아니라 오히려 정의 및 진리와 깊숙이 결속되어 있다는 사실에 있다. 그 밖에 다른 어떤 종교적인 행위도, 단적으로 말해 헌신적인 행위조차도 기도에 비해 하느님께 더 철저히 순종적인 태도를 취할 수는 없다. 다시 말해서 기도 외에 그 어떤 행위로도 인간은 그렇듯 진솔하게 자신을 고백하지 못한다. 우리의 일상기도는 우리 자신이 필요한 것들에 대해 열거한 것들이다. 그래서 한편 토마스 성인은 '일상기도'라는 용어를 일차적으로 청원(請願)의 뜻으로만 국한시켜 이해하고, 소위 명상이나 관상은 일상기도에서 배제시킨다. 그렇게 우리에게 절실한 것들을 다양하게 열거하는 일상기도는 그로써 모든 선의 근원이신 하느님을 쉽게 알아보도록 해준다. 일상기도는 우리의 발걸음을 하느님께 가까이 이끌어준다. 그도 그럴 것이 우리 마음이 하느님께 가까이 다가가지 못하고서 어찌 간절히 청할 수 있겠는가? 분명히 말하지만, 우리의 마음을 하느님께 들어 올리는 것을 기도한다고 표현한다. 그래서 우리는 기도 중에 하느님께 최고의 것을 봉헌(奉獻, oblatio)하도록 해야 한다. 그럴 듯해 보이는 피상적인 봉사나 물질적으로 바치는 봉헌이 아니라 마음을 다하는 봉사 및 정성을 다해 바치는 봉헌이 필요하다.

(1) 기도의 실용성

그렇다면 기도의 정신적인 본질에 관하여 강조할 필요가 있겠다. 우리가 진정 간절히 청할 때 어떤 물질적인 것을 요구하지 않는다. 또한 기도는 본래 감정적인 어떤 것이 아니다. 오히려 일종의 청원이다. 기도는 이때 실천지성의 행위에 속한다. 이제 곧 실천할 어떤 것에 마음을 집중하는 행위라는 것이다. 이는 실제 살아가는 사람들에게 꼭 필요한 행위다. 그러니까 꿈만 꾸는 비현실주의자들에겐 기도가 필요 없는 셈이다. 기도는 실천적인 행위로서 그것은 이른 봄 비옥한 땅에 씨앗을 뿌리는 일에 비유된다. 여전히 온 천지가 삭막한 초봄에 새싹을 희망하는 일은 겁쟁이나 의심 많은 농사꾼에겐 불가능하다. 오히려 불가능한 것처럼 비치는 미래임에도 불구하고 작디작은 불씨에 기대어 혹은 심지어 불씨가 사라진 잿더미 속에서도 기꺼이 신뢰하는 통찰과 지성의 결과로서만 실천할 수 있는 행위다. 그것은 마치 하느님께 아첨하여 무언가를 바라는 뜻에서 취하는 행위가 결코 아니다. 듣기 좋은 말로 상대의 기분을 좋게 하여 마음 및 결심을 바꾸게 하려는 권모술수가 아니다. 우리가 짓궂은 여름 날씨에 낙뢰가 떨어지지 않는 어떤 장소를 찾거나 능력이 넘치는 세도가의 입김을 필요로 하거나 혹은 뛰어난 예술가의 일필휘지와 같은 특별한 재주를 기대하기라도 하듯이 기도하는 경우도 있을 수 있다. 그러나 그와 같은 기대는 부차적인 의미에 불과하다. 기도가 이미 정해진 섭리를 바꿀 것이라고 기대하지는 않는다. 오히려 기도에는 섭리가 그대로 실현되길 바라는 마음이 담겨 있다. 왜냐하면 섭리는 이 세상에서 이루어져야 할 것들을 미리 더없이 조화롭게 배정한 것일 뿐만 아니라 그렇듯 이루어지는 것들을 야기한 원인들에 대해서도 철저하게 고려했다고 보기 때문이다. 그러므로 새롭게 손대서 바꿔야 할 것이 남아있다고 보지 않는다. 과연 그 누가 감히 하느님의 지혜를 능가할 수 있단 말인가! 따라서 기도는 하느님이 미리 내다보시고 작정하신 존재질서에 순응하는 행동이라고 말하는 것이 더 큰 설득력을 갖는다. 그래서 기도는 헌신적인 행위에 속한다. 우리의 기도는 개별적인 선택과 행위로 빚어진 결과물이 하느님의 지혜에 의해 미리 계획하신 대로 이루어지길 바라는 마음을 담는 것이다. 우리의 기도는 그렇듯 하느님의 지혜나 당신의 마음을 바꾸려는 것이 결코 아니요, 오히려 그 섭리에 맞춰 우리의 마음을 바꾸려는 데에 뜻이 있다. 마치 우리의 팔을 늘어뜨려서 우리의 손이 섭리에 닿을 수 있도록 바꾸는 것처럼 말이다. 씨앗이 썩어서 미래의 들녘에 새싹을 틔우는 세계를 앞서 희망하면서 그에 맞갖은 태도를 취하는 행위가 바로 기도다. 만일 우리가 이 놀라운 기도의 힘에다 자신의 선의(善意)를 보탠다면, 곧 저 골고타 언덕에서 흘리신 주님의 피를 통해 우리의 생각과 행동이 하느님의 뜻에 부합하도록 간절히 원한다면, 그보다 더 훌륭한 기도가 있을까!

(2) 하느님께 바치는 기도와 성인통공

종교적으로 바치는 기도가 만일 사람이 스스로 정한 어떤 신(神)에게 얼마나 의존하는지를 보여주는 행위 이상의 것이 아니라고 한다면, 그렇게 사람에 의해 정해진 절대자에게는 아무리 기도하며 매달리더라도 성사시킬 수 있는 것은 없다. 그 누구도 자신의 직업이나 가족, 인종이나 국가를 하나의 종교로 간주할 수는 없다. 왜냐하면 혹시라도 그렇듯 대체된 종교 및 절대자는 제일원인도 최종목적도 될 수 없기 때문이다. 만일 어떤 사람의 병든 심장을 도려내고 그 자리에 인공심장을 대체한다고 하면, 예전처럼 활기찬 삶을 계속 이어갈 수 있으리라고 기대할 법도 하다. 하지만 종교 및 절대자는 그렇듯 상대적인 것으로 대체되지 않는다. 그렇듯 심장을 이식한 사람에게 새로운 종교나 새로운 절대자가 요구되는 것이 아니듯이 말이다. 오히려 그가 이식수술 이전과 다름없이 기도하듯이 종교적인 행위로서 기도는 변함없이 동일한 절대자를 향해 바쳐진다. 청원기도는 모두 신에게 바치는 기도다. 왜냐하면 무엇보다도 우리의 기도는 궁극적으로 신의 은총 및 영광과 연결되어 있으니, 이 두 가지는 신적인 보물창고에서만 나오기 때문이다. 여기서 종교개혁가들은 멈췄다. 다시 말해 성인들에게 비는 기도 혹은 정확히 말해 성인통공(聖人通功)에 대한 믿음에 자신이 없어 뒷걸음질 쳤다. 실제 우리는 하느님께 빌듯이 성인들에게 빌 수는 없다. 하지만 우리는 베드로 사도가 [직접적으로가 아니라] 최후만찬의 식탁에서 주님 가까이에서 기대고 앉았던 애제자를 통해 주님께 질문을 던졌던 사실을 유념할 필요가 있다. 우리는 하느님께 궁금한 것이 무척 많을 수 있다. 이때 하느님의 신적인 본질을 직관하는 데에 능숙한 이들, 하느님과 유달리 돈독한 관계를 맺은 성인들을 통해 의뢰하거나 청할 수 있다. 우리는 성인들에게 직접 은혜를 청하는 것이 아니라 그들이 하느님께 대신 빌어주길 청하는 것이다.

그런 이유로 우리는 성인들에게 기도한다. 그것은 그들이 우리를 아끼고 염려하는 만큼 우리와 하느님 사이를 중재해주는 전달자로서 그들의 사랑을 보여주길 기대는 것이다. 그들에게 정성껏 귀를 기울이면서 우리보다 앞서 경험한 것, 우리가 걸어가야 할 방향을 가리켜주길 바란다. 신앙인들이 그동안 셀 수 없을 만큼 많이 그리고 자주 성모님께 드린 기도와 온갖 전례행위들을 **빼버린 채** 가톨릭교회의 역사를 상상할 수 있을까? 성인의 통공은 그렇듯 이 세상이 끝나기 전에 보다 더 많은 이들을 하늘나라로 모의는 일과 같이 성인들이 좋아하는 것들 가운데 하나가 바로 우리의 유치한 요구들을 모아 마침내 제 자리를 찾도록 도와주는 데에 있다는 믿음을 내포한다. 크리스마스 선물은 어린아이들에겐 일

년 내내 하느님이 보시기에 올바른 몸가짐을 가다듬게 하는 훌륭한 동기가 될 수 있다. 이때 어린아이들은 성인들이 한시도 흐트러짐 없이 자신들을 예의주시한다고 믿을 것이다. 그렇듯 하느님을 곁에서 하느님의 손과 발처럼 돕는다고 믿는 성인들을 향해서 어린아이들은 설날에 그리 많은 눈이 오지 않기를 바라거나 당장 내주에 찾아뵐 할머니의 무릎 관절을 위해 화창한 날씨를 빌게 될 것이다. 어른들 역시 어린아이들과 크게 다르지 않다. 남편의 토라진 마음을 달래기 위해 혹은 사랑하는 자녀가 시험에서 떨어지지 않도록 기도하는 일이 다반사다. 물론 어른들은 아이들보다 좀 더 정당하고 건전한 바람을 위해 정당하고 건전하게 기도할 것이라고 생각한다. 사람들의 바람 속에는 물론 세속적인 재화들도 포함되겠지만, 그렇듯 원하는 것들이 하느님에게서 우리를 떼어놓는 계기가 되지 않도록 주의해야 할 것이다. 또한 우리는 우리 자신만을 위해서가 아니라 다른 이들, 곧 이웃을 위해서도 기도할 수 있다. 사실 우리가 사랑해야 하는 이웃에 제한이 없다. 심지어 원수(敵)까지도 사랑할 수 있어야 한다. 기도는 이런 입장에서 최선의 사랑을 실천할 수 있도록 이끌어준다. 다시 말해 기도는 한 발 뒤로 물러서듯이 무기력한 처지에서 취하는 행동이 아니다. 우리는 그럼에도 가끔 우리 자신이 쓸모가 없다거나 도움을 줄만한 힘이 없다고 잘못 생각한다. 그래서 사람들은 너무나 자주 단지 기도밖에 도울 것이 없다고 말하곤 한다. 그러나 정말 나서서 함께 봉사(활동)할 수 없다면, 그렇듯 앞장서서 사랑을 실천하는 이들을 후원하는 기도로도 적극 참여할 수 있다. 사실상 기도는 우리가 할 수 있는 가장 큰 도움의 활동이다. 왜냐하면 기도는 한계가 없는 활동이기 때문이다. 다시 말해 기도는 하느님의 전능하심에 직접 동참하는 활동이라고 말할 수 있다.

　주님과 잠시 함께 살았던 제자들은 주님에게 어리석은 질문이나 요청을 많이 했다. 예를 들어, 하느님 나라에서 주님의 오른쪽에 동석할 자가 누군지 물었으며, 자신들을 거부하고 쫓아냈던 마을에 불로써 징벌을 내려주도록 청하기도 했다. 용서를 과연 몇 번 해야 하는지 묻기도 했고 병든 사람을 보았을 때 그 발병의 원인이 남몰래 당사자나 그의 부모가 저지른 죄악에 있었던 것이 아닌지 궁금해 하기도 했다. 하지만 이 같이 수많은 어리석은 질문들은 마침내 그들이 '모든 것을 다 헤아릴 수 있는 지혜'를 갖도록 졸라대던 한 가지 단순하고 유치하게 보이는 청원으로 말끔히 해소될 수 있다. 예컨대 "주님, … 저희에게 기도하는 것(법)을 가르쳐 주십시오!"(루카 11,1)

(3) 완전한 기도

이 '기도하는 법'에 대한 제자들의 청원과 관대하신 주님의 답변으로 우리는 완전한 기도를 알게 되었다. 그것은 단순하고 매우 친숙한 형식의 기도로 전해져 왔다. 그래서 지금도 어린아이들조차 눈을 감고 암송할 수 있는 기도문이 되었다. 바로 '주님의 기도'(pater noster) 말이다. 우리가 하느님께 기도하면 그분의 의지(뜻)가 바뀌지는 않을 것이다. 오히려 우리의 의지가 그분을 향해 돌아서게 될 것이다. 그분이 일으키신 뜻을 묵상하면서 우리에게서 그분께 대한 확신이 깨어날 것이다. 그런 확신은 특히 우리를 사랑하시는 하느님에 대해 숙고할 때 또렷하게 깨어난다. 그래서 우리는 "하늘에 계신 우리 아버지!" 하고서 가장 분명하고도 더없이 강렬한 사랑이 담긴 마음과 입으로 기도를 바치게 될 것이다. 우리는 그렇듯 감히 청할 수 있는 것들에 대해 아버지께 빌 뿐만 아니라 반드시 이뤄져야 할 것들을 위해 먼저 기도하게 될 것이다. 가장 먼저 이뤄져야 할 것들을 위해서 마음을 쓴다는 것은 곧 주님의 생각에 가까이 다가가는 것을 가리킨다. 그리하여 "아버지의 이름이 거룩하게 하시며 아버지의 나라가 오게 하소서!" 하고 정성을 다해 기도할 수 있다.

그 다음에 비로소 하느님 아버지의 영광을 향해 나아가는 수단들이 차분하게 고려될 것이다. 무엇이 가장 먼저 직접적인 수단들이 될 것인지 알 수 있기를, 그 다음 이를 방해하는 것들이 모두 제거되기를 바라게 될 것이다. 그런 마음으로 우리는 "당신의 뜻이 하늘에서와 같이 땅에서도 이루어지소서!" 하고 기도하는 것이다. "하늘"은 우리가 뒤따라야 할 모범을 항상 미리 보여준다. 그렇게 하느님은 청하기도 전에 우리에게 은총을 먼저 베푸신다. 그래서 우리는 다른 어떤 날이 아니라 바로 "오늘", "저희에게 일용할 양식을 주시길" 청할 수 있다. 하늘이 베푸는 양식은 우리의 몸과 마음, 육신과 영혼을 키울 것이다. 그 때문에 우리가 올바로 살아가고 또 성장하는 데에 필요한 것이 하늘의 양식임을 고백하는 것이다. 그런데 우리의 삶과 성장을 힘들게 만드는 것(음식)들도 있다. 그것은 하늘이 시험 삼아 혹은 고의로 마련해놓은 것이 아니다. 우리 스스로가 놓은 덫이요, 장애물로서 우리가 하느님 앞에서 그리고 서로서로에게 저지르는 잘못이요, 죄를 가리킨다. 죄는 우리를 이 세상에 결박시켜 놓으려고 한다. 일찍이 첫 인간(아담)을 포함하여 조상들이 저지른 죄는 용서받지 못하는 한 계속해서 우리를 괴롭힌다. 그래서 우리는 기도할 수밖에 없다. "저희가 저지른 죄를 용서해주시도록" 청해야 한다. 그렇게 용서를 청하는 마음은 이 세상에서도 밝히 드러나야 한다. 하느님께로부터 "큰 죄를 용서받은 자"가 혹여 자신에게 저지른 형제 및 이웃의 "작은 죄를 용서하는 것"은 지극히 당연한 논리다. 형제 및 이웃에게 용서를 할 수 있을 때 자신이 이미 하느님께로부터 용서받았음을 깨닫게 될 것이다. 그런 다음 다시금 죄를 짓지 않도록 "유혹에 빠지지 말게" 해주십사 기도해야 한다. 우리에게 더 이상 유혹이 다가오지 못하도록 보호해 달라는 것이라기보다는 그러한 죄에 떨어질 위험 앞에서도 굴복하지 않도록 청하는 것이다. 거기엔 여전히 우리의 자유재량(liberum arbitrium)가 보장된다. 결코 보잘것없지 않은 우리의 의지로 "저희를 악에서 구해주시길" 청할 수 있다. 다시 말해 우리의 원죄로 인해 시작된 '병약함', '불운', '피로' 혹은 '고통' 앞에서도 우리의 영혼 깊숙이 심어 놓으신 하느님 아버지의 은총을 되새기도록 도와주시길 청하는 것이다.

(4) 기도의 주제

비록 그리스도가 직접 가르치신 이 '주님의 기도'를 미처 모르는 한 꼬마아이가 침대에 들어가기 전에 간단히 바치는 저녁기도는 온 누리에 존재하는 비지성적인 것들이 통틀어 기를 쓴다고 해도 따라잡을 수 없는 순수함을 지닐 수 있다고 나는 믿는다. 왜냐하면 기도는 온통 지성의 행위에 속하기 때문이다. 지성은 언제든 추구하는 목적과 거기에 이르는 방법(수단) 간의 관계에 관한 지식을 내포한다. 무엇보다도 지성은 시공간의 한계를 뛰어넘는 섭리에 관한 안목을 가질 수 있다. 그래서 오직 지성을 소유하고 최고의 절대자에 기대서만이 기도하는 일이 가능하다. 하느님은 지성을 소유하신다. 하지만 당신이 기도할 수 있는 더 높은 대상은 없다. 아니 당신은 기도하실 필요가 없다. 가축들은 드넓은 목초지에서 평화로이 살아가는 듯 보이지만 이성을 갖고 있지 못한 반면, 인간은 지성을 소유한다. 그래서 인간은 자신보다 상대적으로 더 높은 대상에 의존해야 한다는 것을 안다. 한편 인간에게는 그들의 삶을 개진할 힘, 곧 의지가 자리하는데, 이 의지는 잘못된 목적을 선택함으로써 악으로 기울 수 있다. 잘못된 목적의 선택은 그렇듯 기도를 통해 가다듬는 행위가 묵살되거나 등한시되면 될수록 쉽게 일어난다. 연옥에 머무는 사람들과 천국에 머무는 천사들과 성인들만이 천상의 특권을 누릴 수 있고 기도의 효과를 누릴 수 있다. 우리는 다시 뒤에서 천상기도와 관련하여 살필 기회를 충분히 갖게 될 것이다. 한편 이 세상에서 사람들이 바치는 기도는 크게 공동체 기도(共同體 祈禱, oratio communitatis)와 개인기도(個人祈禱, oratio individualis)로 분류된다. 공동체 기도는 항상 겉으로 혹은 말(언어)을 통해 표현되어야 한다. 달리 말해서 공동체의 이름으로 바쳐져야 한다. 일찍이 말을 통해 소통하기 시작한 이래로 공동체 기도는 그렇듯 여러 사람들이 함께 소리 내어 바침으로써 하느님께 청하거나 잘못을 기워 갚는 기회를 갖게 된다. 그에 반해 개인 기도는 말(언어)을 반드시 할 필요는 없고 다만 말의 도움을 받을 수 있다. 그러니까 개인 기도에 있어서 말은 내면의 헌신적인 자세를 일깨우는 수단이 될 수 있으며 내적인 열정을 확인할 수 있는 기회를 제공한다는 사실에 의의를 둔다. 그리하여 그와 같은 기도는 하느님께 온전히 순종하고 있음을 혹은 우리의 몸과 마음이 온통 하느님께 의지하고 있음을 누구나 알아보게 해준다.

(5) 기도의 형태(양식)

소리를 내며 바치는 기도는 단지 입술 훈련이나 비지성적인 중얼거림일 수 없으며 드라마틱한 장면을 묘사하려는 것도 아니다. 물론 기도는 제목을 필요로 하지도 않는다. 하지만 우리는 어떻게 기도에 임해야만 할까? 아니면 달리 표현하여, 의도하지는 않았지만 자주 갖게 되는 우리의 분심(分心)은 기도를 얼마나 훼손할까? 얼핏 보아도 분심은 기도의 효과에 방해가 되는 것으로 여겨진다. 한편 분심은 우리가 처음 기도를 시작할 때 마음먹었던 지향을 통해 저지되거나 물리칠 수 있다. 그런데 분명히 말하지만, 분심이 그렇다고 본시 기도하는 자의 간청을 무기력하게 만들거나 축소시키지는 못한다. 다만 기도의 한 가지 효과는 줄어지거나 사라질 수 있으니, 곧 기도를 바치는 자가 그렇듯 기도를 통해 누릴 수 있는 영적인 쇄신과 위로는 그만큼 소극적인 결과를 낳을 수 있다. 달리 말해서 우리가 그렇듯 찾아드는 분심에 대해 아무런 대책을 강구하지 않을 경우 그만큼 간절함과 집중력은 떨어질 것이다. 그러므로 자연히 그로부터 얻어 누릴 수 있는 영적인 쇄신과 위로는 상대적으로 작아질 수밖에 없다. 다른 한편 우리는 이 같은 분심 때문에 기도하는 것에 싫증을 내거나 꺼리는 습성을 가질 수도 있다. 기도의 결실을 제대로 얻어 누리거나 그러지 못하는 문제는 결국 우리에게 달려있다. 위로는 묵상기도 혹은 관상기도를 통해서도 올 수 있다. 그러나 어떤 기도형식이든 주의집중은 본질적인 조건이다.

항상 기도하라고 주님은 명하셨다. 하지만 마치 단골손님의 컵에다 커피를 계속 리필 하듯이 어느 여종업원이 그 손님의 귀에 대고 계속 간청할 경우 분명히 귀찮은 존재가 될 수 있다. 우리는 단순하게 항상 기도할 수는 없다. 그보다는 우리가 이뤄내야만 할 어떤 것들, 예컨대 우리의 마음속에 꽉 들어차있는 그 어떤 것들이 있기 마련이다. 우리가 할 수 있는 것과 주님이 요구하신 것을 위해서 우리는 계속 기도로 응답할 수 있다. 기도가 하느님의 영광과 은총을 지향하고 있는 한, 기도의 밑바탕에는 모든 행위의 근본적인 동기로서 우리를 고무시키고 계속 확산시키는 사랑의 따뜻한 불꽃이 자리한다. 그것은 결코 실패할 줄을 모른다.

토마스 성인은 5분 동안 소리를 내며 바치는 기도가 아이들을 꾸짖고 아내에게 화를 내는 내용으로 채워진다면, 차라리 4분 정도 아예 기도를 멈추고 침묵하는 것이 더 낫다고 한다. 바깥에 들리도록 외치며 바치는 기도 및 바람은 내면의 사랑에서 솟아나는 것이어야 하지 자신의 성질을 부리며 더 악화시키거나 집안에 불화를 일으키는 것이어선 안 될 것이다. 개인 기도가 바깥에 들리도록 외치는 기도로서 바람직하다면, 그것은 공동체 기도의 경우처럼 모두에게 유익한 것이다. 공동체 기도는 구성원 전체의 삶을 악화시키거나 모두를 더 힘들게 만드는 것이 아니라 모두의 사랑과 유대를 보다 더 강화시킬 것이다.

(6) 기도의 효과

우리는 기도에 대해 너무나 자주 잘못 평가한다. 왜냐하면 우리의 기도에도 불구하고 야유회 당일에 비가 내리는 것을 경험하면서 기도는 아무 소용이 없다고 판단해버리기 때문이다. 그것은 그러나 우리가 기도의 가장 값지고 놀라운 효과들 가운데 하나를 놓쳐버린 것이라고 말할 수 있다. 은총의 상태에서 바친 기도, 다시 말해 사랑에서 솟구친 기도라고 한다면 그 어떤 것도 아무 소용이 없는 것이 아니다. 기도는 덕을 품은 행위다. 물론 그 덕은 종교적인 덕이다. 왜냐하면 기도 역시 바람직한 의미에서 사랑에서 시작하여 겸손과 신앙을 수반해야 하기 때문이다. 그러니까 하느님이 우리에게 그와 같은 것을 요구하실 수 있다는 신앙과 함께 그분의 도움을 항상 필요로 하는 겸손함을 기도하는 중에 자각할 수 있어야 한다. 주님의 고난에 감사를 드리며 그분의 사랑의 힘을 느끼지 못하면서 종교적인 덕을 생각할 수는 없다. 모든 것이 하느님의 영광과 은총에서 비롯하는 만큼, 주님을 통해 앞서 보여주신 구원역사는 곧 종교적인 덕과 직결된다. 기도는 우리에게 영적인 쇄신을 가져다 줄 것이다. 그리고 그와 더불어 우리가 청하는 특별한 선익도 가져다 줄 것이다. 하지만 무엇보다도 우리의 삶에 가장 중요한 무언가를 가져다 줄 것이다. 곧 인생이 지향하는 궁극적인 목적에 이를 수 있도록 도와줄 것이다.

그 어떤 기도도 아무런 응답 없이 사라지지는 않는다는 것도 진실이다. 하지만 또 어떤 의미에서 잘못된 기도가 있을 수 있다. 은총의 상태에서 바치는 기도는 항상 그 길을 찾는다. 구원을 위하여 간청하는 기도라면 결코 무시될 수 없을 것이기에 말이다. 죄를 용서받기 위해 청하는 기도는 예외 없이 원하는 답변을 얻게 될 것이다. 하지만 그에 앞서 죄의 고백을 요구한다.

만일 누군가가 정당하게 원하는 것을 청한다면, 그는 틀림없이 그와 같은 정당성의 차원에서 은총을 누리게 될 것이다. 올바로 기도하는 동안 스스로 자신의 영혼에 걸어 잠근 빗장을 풀어내기 때문에 그는 더 이상 자신의 이웃에게 해코지 하거나 그밖에 또 다른 악을 조금도 행할 수 없을 것이다. 기도가 천상에까지 가 닿고 닿지 않고를 떠나서 기도하는 자의 구원을 방해하는 것들을 불러일으킬 리 없다. 설령 빵이 아니라 뱀을 청한다고 하더라도, 그가 뱀을 얻게 될 리가 없지 않은가! 굳이 좋다고도 좋지 않다고도 말할 수 없는 중립적인 것들이 본인의 마음가짐에 의해 남용될 수도 있고 심지어 자신을 타락시키는 데에 이용될 수도 있지만 말이다. 우리의 요청은 잘못 이해된 것이 아니라면, 반드시 삶과 궁극적인 목표에 기여하는 것들이어야 한다. 그렇다고 마치 백화점 점원에게 주문한 어떤 물건을 요구하듯이 하느님을 대해서는 안 된다. 경건하게 청해야 한다. 그래서 사랑과 겸손과 신앙이라는 종교적인 덕을 따라 청해야 한다. 마치 자신의 요구를 들어줄 수 있는 마지막 기회를 배려하기라도 하듯이 하느님께 최후의 통첩을 보낼 권리를 가진 자는 아무도 없다. 우리는 겸손하게 그리고 끈질기게 청할 수 있을 뿐이다.

"청하라 그러면 얻게 될 것이다." 이 말씀으로 주님은 기도하는 자가 누리게 될 효과를 보장하셨다. 하지만 우리의 주님은 "반드시 24시간 안에" 하고 단서조항을 두지 않으셨다. 우리는 얻어 누려도 좋을 그 순간에 정확히 우리가 청하는 그것을 얻어 누리게 될 것이다. 여기 그리고 지금 누릴 수 있는 기도의 효과를 우리 자신이 몸소 느끼지 못하는 것일 수도 있고 아니면 마치 20~30년 뒤에나 주어질 것처럼 느끼는 것일지도 모른다. 시간은 하느님의 지혜를 감출 수 없다. 다만 우리가 그것을 깨닫는다면 당장 그것을 받아 누릴 수 있도록 자신을 준비시키는 일만 남았다. 그러므로 우리가 청한 그것을 받아 누리는 때는 이미 우리에게 베푸신 하느님의 은총을 올바로 알아보는 순간일 것이다. 의로운 사람이 무언가를 청할 때 그것이 거부되는 경우는 없을 것이다. 이는 달리 말해 잘못 청할 리 없는 사람이 되어야 한다는 점을 가르친다. 다른 사람들을 위해 기도하는 자는 그 자신의 구원을 위해 필요한 것들도 얻어 누리게 될 것이다. 그것은 소위 정의(正義)의 차원에서 이뤄진 것이라기보다는 하느님의 호의에 찬 우정의 결과다.

상습적인 죄인이 기도할 때 굳이 어떤 측면만을 고집하고 다른 측면은 간과하는 이유 가운데 하나는 아마도 영적인 활기가 부족한 데에 있다고 본다. 죄는 우리를 하찮은 존재로 전락시킨다. 죄는 우리가 지닌 많은 능력들, 심지어 올바로 기도할 수 있는 힘마저 앗아가 버린다. 죄인은 기도할 때 자신이 이미 받은 영광과 은총은 물론 우정의 차원에서든 정의의 차원에서든 다른 이들의 영광과 은총을 무시한다. 죄는 은총의 선물도 우정의 기쁨도 누리지 못하게 만든다. 아무튼 죄를 저지르기 위해 바치는 죄인의 청원은, 예를 들어 희생 대상을 재빨리 찾아내거나 자신의 가족을 안전하게 해주길 바라는 암살자의 기도와 같은 요청이 하느님의 자비로 가납되지 않을 것이다. 때때로 죄인들이 절망적으로 간청했던 것들이 처벌의 형태로 하느님에 의해 그들에게 주어지곤 했다. 왜냐하면 그처럼 죄로 얼룩진 삶에는 그렇듯 절망적으로 간청한 것들이 이루어지는 것보다 더 심각한 처벌은 없을 것이기 때문이다. 하지만 하느님은 언제든 오로지 최대한 자비를 베푸는 입장에서 이루어 주신다. 그래서 아주 자주 겸손하고 마음을 다해 지속적으로 선한 것을 추구하는 죄인들의 기도가 가납되는 것을 우리는 경험하게 된다.

그러나 죄인은 손과 발이 묶여있는 채로 바깥 어둠의 세계에 내던져진 것이 아니다. 최소한 그렇듯 죄인으로서 삶이 허락된 한에서 아직은 자유재량가 유지된다. 죄인의 기도에 대해 고려할 때 우리는 기도가 그에 합당한 공로를 필요로 한다는 (불완전한) 생각에 사로잡힌 나머지 기도의 기원이 무엇인지를 잊어선 안 될 것이다. 곧 합당한 공로를 쌓을 수 없는 죄인이라고 해서 그의 기도가 아무런 소용이 없는 것이 아니라는 것이다. 죄인의 기도 역시 하느님의 섭리 안에서 필연적으로 제 자리를 차지하면서 하느님의 영광을 드러낼 것이다. 다시 말해 죄인의 기도 없이는 하느님의 섭리가 충만하게 펼쳐질 수 없을지도 모른다. 그래서 아주 흉악무도한 죄인의 기도조차도 결코 쓸데없는 행위가 아니다. 오히려 그것은 항상 의미심장하고 강력한 또 하나의 구원역사의 계기로 작용할 것이다.

7. 순종의 표현

(1) 숭배

순종 다음으로 당장 고려되는 종교적인 행위가 바로 '숭배'(崇拜, cultus) 행위다.

이는 모든 종교가 저마다 지향하는 절대자에게 그리고 오로지 절대자에게만 당연히 되돌려야 할 몫이라고 주장할 만하다. 가톨릭교회가 유독 오해를 사기도 했던 점이라고 말할 수 있을 만큼 가톨릭교회는 '숭배'와 관련된 전례에 민감하다. 최근 몇 세기 동안 성모 마리아와 성인들에 대한 공경(恭敬, dulia)의 예(禮)를 두고 비난했던 경우보다 더 심각하게 교회를 향해 지속적으로 비난했던 경우는 없을 것이다. 그래서 계시된 진리를 제대로 이해할 수 있었던 사람들 사이에서 의분(義憤)이 일었다. 하지만 다른 한편 그렇게 계시된 진리에다 다소 낯설게 여겨지는 지성적인 모호함이 더해지면서 올바른 공경지례의 이해는 물론 그 실천을 어렵게 만든 것도 사실이다. 다시 말하지만 교회의 경배와 관련된 전례에 대한 비난은 가톨릭교회는 물론 공경지례에 대한 오해와 무지에서 비롯한다.

라틴어 '아도라씨오'(adoratio)는 상대에 대해 '경의 혹은 존경을 표함'을 뜻한다. 이 행위는 상대가 특출하거나 완전하다는 사실에서 비롯한다. 시간이 흐르면서 이 경의의 의미는 특별히 세 가지 단계(등급)로 발전하게 되었다. 그래서 하느님에게만 드리는 지극히 높은 존경의 단계로서 '흠숭'(latria)이, 성모 마리아에게 드리는 존경의 단계로서 '상경'(hyperdulia)이, 끝으로 성인들에게 드리는 존경의 단계로서 '공경'(dulia)이 서로 구별된다고 교회는 가르친다. 그러나 영어권에선 오직 최고 단계의 '흠숭'이란 의미로 "숭배"(worship)란 용어를 두루 사용한다. 다시 말해 영어권에선 하느님께 드리는 숭배에 초점을 맞춰 성모님과 성인들에게도 그 뜻을 되새길 수 있다는 것이다. 그러므로 이 용어 및 경배 행위와 관련된 안타까운 비난은 전반적으로 번역어에서 발생한 것이라고 하겠다. 곧 세밀하게 분류된 라틴어가 현대어(영어)로 일괄 표현됨으로써 벌어진 해프닝이라는 것이다. 확실히 말하지만, 가톨릭교회는 성모 마리아에게 경배의 예를 특별히 갖춘다고 하더라도 하느님의 영광에 준하는 숭배의 예, 곧 흠숭지례를 드리는 것은 결코 아니다. 성모 마리아와 성인들에게 드리는 경배는 소위 영어권에서 폭넓게 적용하는 경의(veneration)의 의미를 담고 있다. 소위 사람들 사이에서 예의를 갖추는 경의 및 존경의 의미를 띤다는 것이다. 그러므로 오로지 하느님만이 마땅히 흠숭지례가 합당하다고 생각한다. 우선적으로 마음과 정성을 다한 최고의 존경심을 갖고 그 다음 겉으로 최대한 예의를 갖추는 전례행위가 하느님에게 봉헌되어야 한다는 것이다. 물론 외적인 행위로서의 흠숭의 예는 그렇듯 내면적으로 충만한 존경심의 결과이거나 계속 커져가는 두려움을 최대한 드러낸 것이다. 분명히 우리는 어디에서든 내외적으로 존중하는 마음을 표현할 수 있다. 반드시 교회에 가서만 하느님께 흠숭의 예를 표할 수 있는 것이 아니다. 하지만 그 모든 외적인 행위가 그러하듯이 내면의 정성과 뜻을 좀 더 합당하게 드러내는 형식을 고려할 필요가 있다. 그래서 우리는 성당 및 경당을 찾는다. 그 곳은 앞서 그렇듯 합당한 예의를 갖추기 위해 마련된 장소요, 따라서 세상과 따로 구별해서 남겨놓은 자리다. 그러므로 그 곳에선 그 밖의 다른 곳과는 다르게 종교적인 행위가 훨씬 더 수월하고 진지하게 이뤄질 수 있다. 그처럼 전례행위를 위해 따로 마련한 자리는 축성된 자리요, 거룩한 장소라고 일컫는다.

우리는 이 단원(제10장 "종교와 경신")에서 '순종'과 '기도' 그리고 '경배'를 종교의 덕목으로, 곧 종교가 행하는 가장 본질적인 요소로 간주한다. 절대자의 탁월함을 기리며 사람들이 절대자 앞에서 순종할 수 있도록 고무시키는 개념으로 이런 행위들을 이해한다. 우리는 이에 이어서 또 다른 특징적인 종교 활동에 대해 생각해보고자 한다. 예컨대 '희생(제물)'에 대해서 알아보려고 한다.

(2) 희생

모든 인종 및 모든 시대 사람들의 역사에서 놀랍게도 보편적으로 발견되는 '희생'이라는 행위는 자연스레 인간본성 안에 깊숙이 뿌리 박혀있다는 생각을 갖도록 만든다. 이를 역사적으로 검증하는 일은 그리 길거나 복잡한 일이 아니다. 자연이성은 인간이 완전하다고, 예컨대 전적으로 자족하여 스스로 모든 것을 다른 도움 없이 잘 해낼 수 있을 만큼 충분한 능력을 갖춘 존재라고 여기도록 해주지는 못한다. 예부터 전해져 온 신화는 퇴폐적인 문명의 영향으로 점점 왜곡된 의미를 띠게 되었다. 자연이성은 간단히 말해서, 본성적인 솔직함에 근거하여 인간은 자신보다 더 완전한 존재를 필요로 하며, 본성의 또 다른 요소들을 따라서 보다 더 완전한 존재에게 순종하고 경의를 표해야 한다는 생각을 갖게 한다. 그리하여 이 세상의 다른 모든 피조물들과 마찬가지로 인간은 본성에 알맞게 자신만의 고유한 방식으로 종교적인 삶을 일구어 나가기 마련이다. '희생'이란 행위로써 인간은 정확히 무엇을 의도할까? 그것은 종교적 차원에서 최고의 존재 및 절대자에게 의무처럼 수행하는 순종과 경배를 물질적 혹은 감각적으로 표현하는 형식이라고 말할 수 있을 것이다. 그래서 희생은 우선 인간본성에 어울리는 실천적인 행위다. 상징적으로 말해서 정신적인 내용을 감각적인 언어에다 싣는 행위라고 할까! 더 자세히 말하자면, 정신적인 것과 물질적인 것을 조합한 형태로서 최대한 축소시킨 형태다. 정확한 전문용어, 곧 종교적인 용어로 바꿀 경우 우리는 그 '희생'을 "제물"(봉헌물)로 표현해도 좋을 것 같다. 그러니까 일종의 종교적인 규율에 의거하여 의무적으로 절대자에게 바치는 것을 의미한다. 세속적인 것이 일부 절대자의 신성한 몫으로 변모하는 계기를 맞이한다. 희생을 수령하는 일은 절대자에게만 속하는 권한이다. 원칙적으로 인간의 제물이 영혼의 순명과 경의에서 출발하고 또 그것을 기초로 마련되어야만 합당하다는 점에서 그 희생을 수령하는 일은 최고의 존재에게만 유보된 종교적인 행위임이 분명하다. 절대자의 최고 주권은 그렇듯 희생 및 제물을 거둬들이는 모습에서 재확인된다. 그래서 희생 및 제물은 당연히 그리고 공공연하게 봉헌되어야 하며, 따라서 모든 종교는 전례 및 의식(儀式)에 관한 규정을 따라서 이 희생절차 혹은 제물봉헌의 방식과 합법적인 중재자(사제)에 대해 엄격히 가르친다.

토마스 성인은 신약성경이 희생을 합법적으로 봉헌하는 중재자에 대해 명료하면서도 아름답게 소개한다. 그는 이 중재자를 가리켜 "하느님과 인간을 잇는 자"라고 부른다. 교회의 사제는 하느님의 진리와 교회의 성사들, 그리스도 자신 등 하느님의 은총을 신앙인(사람)들에게 전해줄 뿐만 아니라 그들이 손수 마련한 봉헌물을 하느님께 전달하는 중재자로서의 소임을 맡는다. 후자는 소위 '기도', '희생', '봉헌물' 등으로 표현될 수 있다. 달리 말해서 사제는 그리스도가 앞서 모범을 보이시고 해내신 그 역할을 대리하는 것이다. 그런 점에서 사제는 "제2의 그리스도"다.

8. 순종의 구체적인 모습

(1) 봉헌과 맏물

신앙인들이 교회에 봉헌하는 제물은 중재자인 사제의 손을 거쳐 전해진다. 그런 제물은 당연히 하느님, 교회 그리고 가난한 이들을 위해 바쳐진 것이다. 봉헌된 제물은 희생의 의미를 따라 사용되어야 한다. 곧 교회의 성무집행을 위해, 가난한 사람들을 위해 사용되어야 한다. 그러니까 교회를 유지하고 하느님의 복음을 만방에 선포하는 데에 활용되어야 한다. 어떻게든 종교적으로 봉헌된 희생은 '교회'의 중재에 의해 신앙인들의 것이 하느님의 것으로 바뀌고 또 하느님의 것이 가난한 사람들의 것으로 바뀌어야 한다.

구약의 율법 안에는 특별하게 규정된 희생(제물)이 소개되어 있는데, 이는 율법이 남아있는 한 계속 준수되어야 했다. 다시 말해 율법이 규정한 희생은 임의로 해석되고 준수 여부가 제멋대로 결정되는 것이 아니다. 그래서 성모 마리아도 그 당시 율법을 따랐다. 당신 아드님을 위해 "산비둘기 한 쌍"을 제물로 봉헌했다. 신약에 와서 종교적인 희생에 관한 규정은 새로운 백성 혹은 교회가 새롭게 마련하였고, 그 원칙에 따라서 오늘날 지역교회의 관습 및 특성에 알맞게 실천하고 있다. 예를 들어, 오늘날 주일마다 신자들이 모금하는 봉헌예식은 신약성경이 전하는 초대교회의 관습을 뒤따르는 것이며, 그렇게 신자들이 봉헌한 것들은 교회와 가난한 이들을 위해 사용된다. 신자들은 물론 자발적이면서 동시에 의무적으로 자신의 것을 하느님께 봉헌하도록 되어 있다. 외적으로 드러나는 교회의 의무는 각자의 믿음으로 결정된 것이지 그 어떤 속임수나 특별한 기적의 차원에서 강요된 것이 아니다.

봉헌하는 돈 혹은 제물은 희생의 한 형태다. 초대교회가 그렇게 기억하고 정했던 것처럼 수확한 것 가운데 으뜸가는 것을 바친다는 정신은 오늘날에도 이어져 온다. 예컨대 구약의 율법에 하느님께 봉헌하는 것이 이 땅에서 거둬들인 맏물이어야 한다고 기록되어 있다. 이 땅에서 결실을 이루게 된 모든 것이 곧 하느님의 은총 덕분이라는 사실을 그런 식으로 응답하고 고백한 것이다. 신약의 새로운 법에는 봉헌제물과 관련된 의무규정이 각 지역교회의 관습에 따라 알맞게 적용될 수 있었으니, 실천적으로 큰 어려움이 없었다. 시대가 바뀌고 사회가 점점 산업화되는 시점에서도 전원생활에 익숙했던 "맏물"의 봉헌에 대한 의식은 적합한 형태로 발전하게 되었다. 예컨대 한때는 첫 주에 주급(週給)으로 받은 임금을 봉헌하는 식으로 변모했다. 그러니까 공장생활과 같은 불편한 분위기에서도 하느님의 은총에 보답하는 봉헌 의식은 사라지지 않고 오히려 놀랍게도 더 성숙한 모습을 띠며 이어져 왔다.

(2) 십일조

희생 및 맏물의 봉헌 의식은 무엇보다도 "십일조 봉헌"이라는 개념으로 각인되었다. 그러나 십일조 봉헌은 애초에 사실상 하느님께 직접 봉헌하는 의미보다는 교회의 성직자(사제)들을 지원하는 의미를 띤다. 희생 및 봉헌 자체가 교회 내에서 자연스럽게 규정되었고, 그러한 희생제물을 하느님에게 중재해야 할 합법적인 중재자(사제)가 필수적으로 요구되는 만큼, 그들을 지원하는 십일조 봉헌은 당연히 신자들에게 의무로 주어진 것이다. 종교의 합법적인 중재자는 마치 한 국가제도 안에서 경찰이나 소방관 혹은 그 밖의 공무원들의 역할이 그러하듯이 교회제도 안에서 공적인 임무를 수행한다. 따라서 소방관이 화재예방과 진화를 위해 항상 대기하고 또 직접 활동해야 하는데, 자신의 생계를 위해 노숙자처럼 깡통을 바닥에 내려놓고 길거리에서 구걸하게 하는 것은 이치에 맞지 않을 것이다. 공적 임무를 맡은 사람들이 생계를 위해 허구한 날 깡통을 바닥에 놓고 떨어지는 동전을 지켜보게 해서는 안 된다. 소방관은 사회 내 일어날 수 있는 화재를 대비하여 수시로 점검하고 언제고 신고되는 화재사건에 즉각 투입될 수 있도록 만반의 준비를 갖추어야 한다. 그와 마찬가지로 사제도 자신의 생계를 위해 마음을 쓰고 살아가기보다는 교회 안의 신앙인들의 영혼을 위해 언제든 도울 수 있도록 항상 준비하고 있어야 한다. 그들의 일차적인 직무(성직활동)에 방해가 되는 요소들을 제거해줄 의무가 교회 신자들에게 주어진 셈이다. 사제들이 세속적인 업무로 분주하게 살아가게 해서는 안 된다. 그보다는 인간의 삶에 있어 가장 필요한 본질적인 것들에 훨씬 더 깊은 관심을 갖고 매진할 수 있도록 여건을 마련해주어야 한다. 사제의 시간과 그가 수행해야 할 역할은 그보다 가치가 훨씬 덜한 세속적인 것들로 인해 낭비하기에는 너무나 고귀하고 의미심장하다는 사실을 기억할 필요가 있다.

[결론] 하느님의 백성으로서 교회

1. 이 세상에서 하느님 백성이 갖춰야 할 조건으로서 "순종"

(1) 필연성에 대한 순종

여기 제10장의 바탕에 자리하는 기초적인 진리는 이 세상에서 존재하는 모든 피조물에게 그들을 만드신 절대자에 대한 순종이 자연스럽고도 의무적이라는 것이다. 이 세상에는 처음부터 제 힘으로 존재하는 것은 하나도 없다. 또한 이 세상의 모든 피조물들에게 보편적으로 적용되는 한 가지 특성은 모두가 어떤 측면에서도 서로 결속되어 있다는 사실이다. 따라서 그 어느 것도 독아적(獨我的)으로 고립된 채 존재할 수 없다. 그 어떤 종(種)이든 나아가 행성조차도 홀로 존재할 수 없다. 실존하는 순간부터 모든 것은 서로를 필요로 한다. 만물은 그러한 결속관계 안에서 자신의 가장 완전한 모습을 추구한다. 그것이 저마다 존재하는 목적이기도 하다. 상대적으로 낮은 종(種)의 존재는 자신보다 높은 종의 존재를 지향하도록 되어 있다. 그래서 다양한 종의 모든 존재는 궁극적으로 하느님을 지향한다. 그 수를 헤아릴 수 없을 만큼 다양한 종의 존재들 앞에서도 우리는 그러한 질서를 통해 혼란을 느끼지 않는다. 존재의 위계적인 질서를 통해서 우리는 순종 개념이 매우 적절한 안목을 제공한다는 사실을 확인하게 된다.

(2) 정의(正義)에 대한 순종

인간 이외의 모든 피조물들은 물리적인 법칙을 따라야 하며 아무것도 그 법칙을 거스르지 못한다는 것이 그들에겐 소위 '순종'의 의미일 수 있다. 그들 각자의 특별한 공로나 실수가 물리적인 법칙 앞에서 아무 의미가 없다. 하지만 인간은 그렇지 않다. 그러한 모습이 인간을 이 세상에서 별종으로 보게 할 수도 있지만, 인간만은 그의 고유한 본성으로 말미암아 이 세상에 지배되지 않음을 웅변한다. 왜냐하면 인간본성은 도덕적인 성격을 띠기 때문이다. 그에게 순종은 물리적인 법칙에 따른 행동이 아니라 도덕적인 행동이다. 바로 그로 인해 인간은 이 세상에 살아가지만 세상의 물리적인 법칙이 아니라 정의에 준하여 삶을 영위할 수 있다. 인간은 한편 별종이 아니다. 인간 역시 이 세상에 터전을 두고 살아가야 하는 피조물이기 때문이다. 그래서 이 세상과의 조화로운 유대를 염두에 두고 살아간다. 하지만 인간은 과연 한편 물리적인 법칙에 순종하면서 살아가면서도 다른 한편 주체적으로 살아가는 삶을 포기하지 않을 정도의 별종인 것도 사실이다. 다시 말해 온통 순종을 거부하는 삶은 인간을 고독하게 만들 것이니, 불완전한 자신보다 더 고상한 혹은 더 완전한 존재가 실재한다는 사실을 거부할 경우 결국 자신을 도울 수 있는 존재를 스스로 거부하는 것이 된다. 그러한 태도는 결과적으로 이 세상을 만드신 분과 함께 이 세상을 모독하는 것이 될 것이다. 왜냐하면 이 세상의 첨봉에 선 인간은 자신의 고립되고 어리석은 태도로 말미암아 세상의 불완전함을 방치하고 자신에게 반영된 완전성을 스스로 비웃는 꼴이 되기 때문이다. 그가 스스로 정한 독선적인 목표는 이 세상의 놀라운 능력을 헛되게 만드는 허망한 목표가 되고 말 것이다.

2. 이 세상에서 완성된 삶

인간은 어떤 면에서 주인이다. 하지만 또 다른 권위 아래 놓여있는 주인이다. 인간은 어떤 피조물을 향해 "이것을 행하라!" 하고 명령할 수 있고, 그러면 그 피조물은 그것을 행한다. "이 길을 가라!" 하고 명령하면 그 피조물은 그 길을 간다. 왜냐하면 그런 피조물을 다스리는 위치에 있기 때문이다. 하지만 인간 역시 자신 위에 또 다른 주인을 모신다. 그래서 그는 자신보다 높은 존재의 권위에 순종해야 한다. 그가 이 세상의 황량한 산꼭대기에서 고독하게 살고 싶지 않다면 말이다. 세상의 다른 뭇 피조물들과 마찬가지로 인간은 나름 제 삶을 영위하게끔 창조되었다. 그런데 그 완성은 그보다 높은 존재에게 순종함으로써 이뤄질 수 있다. 순종을 통해서 인간은 이 세상에 속한 하나의 피조물이라는 사실을 깨닫는다. 하지만 인간은 자신의 제일원인이자 최종목적인 절대자에게 자신을 내맡김으로써 완전한 존재가 될 수 있다. 그렇게 인간이 자신의 본성에 충실한 나머지 제 고유한 도덕적인 특성을 십분 발휘하게 된다면, 그때엔 그의 순종적인 태도가 절대자의 권위를 수긍하는 가운데 온전한 삶이 실현될 것이다. 그로써 그는 절대자와 소통하며 일치된 삶을 영위할 수 있게 될 것이기 때문이다.

3. 종교의 인격적인 효과들

인간이 절대자와 소통하면서 일치된 삶을 영위한다는 것은 자신의 부족한 부분을 온전히 채워주는 도움을 받게 되는 것을 뜻한다. 그의 팔은 이 세상의 끝자락, 아니 그 너머까지 뻗을 수 있을 만큼 길어질 것이다. 이 세상에서 외적으로 무기력한 인간보다 더 처량하고 보잘것없어 보이는 것은 없다. 하지만 그는 "신의 모상"으로 인해 이 세상 전체와 소통하고, 이 세상을 초월할 수 있는 위치에 있다.

인간은 종교적인 삶을 통해서 절대자와 일치하는 기회를 갖는다. 절대자에게 속한 것들을 되돌려주는 활동이 곧 종교적인 삶이기 때문이다. 자신의 의무를 인정할 때 우리는 자신의 권리가 무엇인지 깨달을 수 있다. 종교적인 통찰로 얻어낸 질서 안에서 그의 삶은 견고해지고 안전해진다. 또한 이 세상에서의 삶도 풍부해지지만, 보다 더 심오한 삶으로 나아갈 수 있다. 그로써 이전에 인생의 기원이나 의미에 대해 근심할 때 피할 수 없었던 불안이나 걱정으로부터 해방될 수 있다. 왜냐하면 그는 모든 삶의 시작과 끝을 흔들림 없이 알아볼 수 있기 때문이다. 종교적인 삶이 가져다주는 인격적인 의미와 가치는 우리에게 친숙한 것들이다. 그것은 이 세상에 살아가는 중에도 매우 유익한 결과를 낳는다. 그러나 여기 제10장에서 소개하는 종교적인 활동들은 모든 종교에 공통적인 것이란 점을 기억할 필요가 있다. 그리스도교가 가르치는 초자연적인 진리는 거기에 훨씬 더 놀라운 사실들을 더해준다. 다시 말해 일반적인 종교의 유익함을 훨씬 뛰어넘는다. 무엇보다도 자연적인 질서를 넘어서 '초자연적인 은총'을 내포한다는 점에서 그러하다. 게다가 그러한 초자연적인 은총은 인간이 생각하는 그 어떤 종교적인 도움이나 유익함과는 비교할 수 없을 만큼 대단한 평화를 가져다 줄 것이다. 그리스도교가 전하는 희생의 놀라운 의미와 사랑의 무량한 크기, 겸손의 신비스러운 힘 그리고 가난한 마음을 통해서 우리가 물질만능주의에 빠진 이 세상에 대해 과감하게 미련을 떨쳐버리는 용단을 내릴 수 있게 됨으로써 상상조차 할 수 없는 커다란 기쁨과 평화를 얻을 것이다.

그러나 이러한 자연적인 질서를 좇아서도 일반적으로 종교 혹은 종교적인 삶이 우리에게 인격적으로 평온함을 제공하며, 고립된 개인적인 삶 대신에 서로 소통하는 삶을 영위하게 함으로써 위로를 가져다준다고 말할 수 있다. 종교는 인간을 돕는다. 동시에 다른 형제들, 곧 이웃들을 도울 능력도 키워준다. 종교는 무기력하고 좌절을 느끼는 인간에게 용기를 준다. 종교는 이 세상 및 인생의 시작과 끝에 관하여 명료하게 볼 수 있도록 고무시켜 자신의 행복에 정작 필요한 것이 무엇인지 정확히 알아볼 수 있도록 해준다. 종교는 모든 권리의 원천에까지 이끌어 인간이 정의의 차원에서 빚진 것이 무엇이고 그에 대해 정당하게 되갚아야 할 것이 무엇인지 올바로 가늠할 수 있도록 도와준다. 한 마디로 종교는 인간이 이 세상에서 자신이 누려야 할 올바른 위상을 (되)찾도록 도와준다.

제11장 종교와 결부되는 것 : 비종교적 및 반종교적 태도
(제2부 제2편, 제88문제~제100문제)

1. 불모지와 같은 인간의 마음과 옥토와 같은 인간의 마음을 비교하는 일
2. 종교가 채워주는 최소한의 의미 : 정의(正義)의 실현
3. 존재 실현의 완성과 완전한 내맡김
   (1) 종교적 서원 – 인간의 자유재량과의 관계
      1) 종교적 서원의 본질
      2) 종교적 서원의 유용성
      3) 종교적 서원의 내용
   (2) 맹세(盟誓)로서 종교적 서원 – 언어적 표현의 한계와 합법성
      1) 세 가지 필요조건
      2) 뒤따르는 의무
   (3) 종교적 서원의 효과(힘) – (하느님의 이름에 의한) 엄명
   (4) 충만한 마음에 의한 언어 – 찬양과 송가
4. 인생을 불모지처럼 만드는 비종교적 혹은 반종교적 태도
   (1) 미신행위 – 참 하느님을 흠숭하는 중에 저지르는 반종교적 태도
   (2) 우상숭배 – 가짜 신(들)을 숭배하는 반종교적 태도 : 타락
   (3) 점(占)
5. 미신적인 의식(儀式)들
6. 종교적 불신앙과 추정적 사유 : 하느님을 시험하는 일
7. 무신론의 공허함
   (1) 소홀함의 결과 – 위증
   (2) 신성모독
   (3) 성직매매
8. 오늘날 종교에 대한 부정적 평가
9. 오늘날 종교에 대한 긍정적 평가 : 거짓논리를 밝힘
   (1) 제일원인에 대한 거부
   (2) 현대화된 우상숭배
   (3) 완전함에 대한 빗나간 열망
      (출생, 성년, 결혼, 질병 및 죽음이라는 특별한 순간의 경험)
10. 완전함의 가치

제11장 종교와 결부되는 것 : 비종교적 및 반종교적 태도
(제2부 제2편, 제88문제~제100문제)

(들어가기)

만일 비행기로 여행을 하는 중에 창밖을 내다볼 수 있다면 아주 드넓은 농장들도 한눈에 그 전경을 내려다 볼 수 있을 것이다. 이웃하는 두 농장이 정확히 같은 크기의 대지를 갖고 있다고 하더라도 정말 완벽하게 똑같은 경우를 발견하는 일은 매우 드물다. 그러나 놀랍게도 부지런한 농장과 게으른 농장이 대조적으로 눈에 띠는 일은 드물지 않다. 한 농장은 가지런히 정돈되어 있고 풍요로운 인상을 주어 누가 보더라도 잘 관리되고 있음을 알 수 있는 반면, 이웃하는 농장은 거칠고 그냥 방치된 채로 머지않아 도산될 지경임을 금방 알아볼 수 있듯이 말이다. 이 같은 광경을 목격하는 것이 드문 일은 아니다. 사람들 사이에서도 저마다의 다양한 모습들이 너무나 대조적으로 드러나는 경우를 어렵지 않게 목격하게 된다. 사람들의 일거수일투족이 훤히 드러나게 된다면, 우리는 이웃하는 두 농장을 한눈에 보는 것과 같이 사람들을 서로 비교하여 알아볼 수 있을 것이다. 주부들이 각자의 부엌을 어떻게 정돈해놓고 사는지, 회사원들이 각자의 사무실을 어떻게 해놓고 일하는지, 책꽂이에는 어떤 책들이 꽂혀 있고 핸드백 속에는 무엇이 들어있는지 한눈에 알아볼 수 있다면 말이다.

1. 불모지와 같은 인간의 마음과 옥토와 같은 인간의 마음을 비교하는 일

만일 인간의 마음을 손쉽게 스캔할 수 있다면, 그 모습도 별반 다르지 않을 것이다. 모든 인간은 누구나 '마음'이라는 비옥한 텃밭 위에서 삶을 시작하기 마련이다. 이때 '마음'이란 엄청난 가능성을 내포한다. 마치 그의 비옥함의 가능성(정도)에 따라 능히 풍부한 결실을 맺을 수 있는 경작지처럼 말이다. 그래서 수확할 만한 것으로 무엇을 심고 얼마나 부지런히 가꾸겠는지, 아니면 그대로 방치하여 잡초가 자라고 덤불로 뒤덮이는 불모지로 둘 것인지는 마음의 주인인 각자가 결정할 몫이다. 각자의 결정으로 제 마음의 텃밭은 풍부한 결실을 맺든지 불모지가 되든지 할 것이요, 그렇게 인간은 누구나 자신을 온전히 실현하거나 불완전한 채로 방치하는 삶을 산다고 볼 수 있다.

2. 종교가 채워주는 최소한의 의미 : 정의(正義)의 실현

우리의 앞선 단원(제10장)에서 존재실현의 완전한 가치는 자신보다 한층 더 고상한 존재에 대한 순종에 있음을 살펴보았다. 이 세상에서 최고의 지위를 자랑하는 인간의 입장에서 그보다 한층 더 고상한 존재는 신(神)이다. 신은 그렇듯 이미 처음부터 줄곧 통찰하였듯이 인간을 포함하여 존재하는 모든 것들의 제일원인이자 최종목표다. 종교는 신에게 흠숭과 순종을 예물처럼 봉헌하는 덕행(德行)에 대해 가르친다. 이때 덕행은 사실 정의(正義)의 실현 외에 다른 것이 아니다. 다시 말해 신에게 최소한 되돌려 드리는 행위가 결국은 인간의 근본적인 질서와 평화, 안정과 발전의 또 다른 표현이라는 것이다. 우리가 그러한 결론에 이르기 위해 지성의 또 다른 특별한 능력을 덤으로 요청하지도 않았다. 다시 말해 최소한의 순종이 인간의 자기실현에 도움을 준다는 점을 깨닫는다면, 그러한 자기실현을 완성하기 위해선 최대한 더 확장시켜 순종할 필요가 있음을 어렵지 않게 자각할 수 있기 때문이다. 그로써 두렵기까지 한 거대한 진리와 거룩한 존재의 신비가 우리 마음을 환히 비추어, 이윽고 제일원인이자 최종목표인 신 앞에서 인간이 취할 수 있는 완전한 순종을 다하게 될 것이다. 이때 정의가 요구하는 차원을 넘어서, 그러니까 본성을 넘어서 초자연적인 법의 제정자에게 나아가는 것은 약속(promisseo)에 기댈 수밖에 없다. 인간은 – 최소한 제한적으로나마 – 그 어떤 약속 없이도 자신을 중심으로 상대방에게 규칙적으로 행동할 수 있다. 예컨대, 인간은 자신보다 낮은 단계에 존재하는 것들에 대해 명령하고 자신보다 높은 단계에 위치한 존재에 대해선 간청하는 식으로 행동할 수 있다. 그러나 인간이 상대방을 존중하며 무언가를 해주고자 한다면, 그 계획이 이뤄지는 순간까지 [무제한적으로] 규칙적으로 행동해야만 한다. 다시 말해, 목표한 바를 이루기 위해 요구되는 실천을 스스로 의무로 삼아야 한다. 그러니까 상대방과 맺은 그 어떤 약속을 지키는 차원에서 행동할 수 있어야 한다는 것이다. 이와 같은 약속을 가리켜 가톨릭교회는 '서원(誓願, votum)' 혹은 '서약'이라고 부른다.

3. 존재 실현의 완성과 완전한 내맡김

(1) 종교적 서원 – 인간의 자유재량과의 관계

물론 '서원'이라고 부를 수 없는 약속들도 많이 있다. 사순절이 되면 우리는 당장 저마다 자신이 좋아하는 커피를 마시지 않겠다거나 담배를 피우지 않겠다는 등등의 약속을 서두른다. 혹은 매일미사에 참례하겠다거나 선행을 하겠다는 약속도 즐겨 한다. 이러한 약속들이 모두 서원은 아니다. 분명 이러한 약속들은 좋은 결심이고, 나름 자신을 다잡기 위해 자발적으로 희생을 결정한 것이지만 아무도 최선의 행위를 낙관할 수는 없다. 서원은 훨씬 더 진지한 일이다. 서원도 우리가 스스로 희생을 의무로 삼는 점에서 보자면 일종의 약속이다. 하지만 루터를 위시하여 종교개혁자들에게는 매우 거슬리게 보였을 정도로 가톨릭교회의 종교적 서원은 추가적으로 고려되어야 할 점들이 있다. 루터와 종교개혁자들에게 서원은 해롭고 위험하며 비도덕적인 것으로 간주되었다. 왜냐하면 그들은 서원이 외부로부터, 곧 타의에 의해 부과되는 의무가 많아서 인간의 자유를 침해한다고 보았기 때문이다. 서원은 사실 법(法)보다 훨씬 더 세세하게 인간의 행위를 옥죈다고 말할 수 있다. 그래서 초기 종교개혁자들은 서원이 사람을 옭아매는 사슬과 같다고 비난했다. 그러나 그들은 서원이 '황금으로 된' 사슬(golden chain)이라는 사실을 간과했다. 실제 서원에 임하는 사람은 누구든 자발적으로 감당해야 할 의무규정에 수긍하고 그런 의무규정을 천상의 보석(장신구)처럼 삼은 것이다. 이러한 사슬은 역설적으로 서원하는 자를 훨씬 더 자유롭게 해준다. 왜냐하면 신을 믿는 자라면, 신과의 결속보다 더 바람직하고 완전한 행위가 없다는 기본 진리를 외면할 수 없으니, 세상에서 추구하는 자유에 비해 훨씬 더 값지다는 것을 놓치지 않기 때문이다. 거듭 말하지만, 자신보다 고상한 존재에게 순종하는 것보다 더 고귀하고 더 진지한 자유가 있을까! 인간은 그렇듯 서원을 통해 자신의 가장 위대한 품위를 종교를 통해서 회복하려는 것이다.

1) 종교적 서원의 본질

서원은 한 사람을 하느님과 묶어 놓는다. 만일 서원을 어긴다면, 그것은 인간에게 충실할 것을 요구하시는 하느님을 배신하는 의미에서 죄가 된다. 서원은 하느님을 상대로 하는 약속이기 때문에, 서원한 자와 하느님 사이의 관계를 돈독하게 맺어준다. 서원은 그렇듯 서원하는 자가 자발적으로 하느님께 순종하도록 약속하는 것인 만큼 종교적인 행위다.

세상 사람들이 바라볼 때 종교적 서원은 일종의 탄원과 같이 간절한 바람에서 비롯된 행위, 그러니까 조건적인 행위에 지나지 않아 보일 수 있다. 그래서 간절한 바람이 채워지도록 너무 많은 희생을 요구하는 것은 아닌지 의심스러워한다. 그러다 보니 또 한편 너무 많은 사람들이 종교적 서원을 포기하고 등을 돌리는 것이 아니냐고 분노하기까지 한다. 그렇게 세상 사람들이 신앙인들을 한동안 안타까운 눈으로 바라보는 경향이 거세지게 되면, 자칫 나약한 신앙인들도 덩달아 자신에 대한 연민에 빠져들 위험이 많다. 그러나 이와 같은 세상의 견해는 가톨릭교회가 바라보는 관점과 매우 다르다. 가톨릭 신자들에게 신앙심은 하느님에 의해 하사된 특은이요, 하느님이 친히 신앙인의 볼에 입맞춤하신 것이다. 만일 세상의 견해가 가톨릭교회의 견해를 물들이기 시작한다면, 그것은 매우 유감스럽게도 주님의 시각과는 너무 다른 시각으로 인생을 바라보려는 태도에 어느새 마음을 빼앗겼음을 가리킨다. 분명히 말하지만, 그것은 주님을 따르는 그리스도인의 태도가 아니다. 세상이 단지 주님과 상반된 길을 주장해서만이 아니라 아예 생각 없이 자가당착에 빠지거나 책임질 수 없는 주장을 하는 것이기 때문이다.

2) 종교적 서원의 유용성

무엇보다도 우리가 하느님께 드리는 것은 어느 생면부지의 노숙자들을 위해 뒷문에 던져놓은 음식과 같은 것일 수 없다. 또한 그로써 우리는 실(失)이 되고 하느님은 득(得)이 되는 그런 것도 아니다. 다시 말하지만 그것이 하느님께 꼭 필요하고 쓸모 있는 것일 리 없다. 오히려 그분에게서 우리가 받는 모든 것이 우리에게 꼭 필요하고 쓸모 있는 것이 아닌가! 이 같은 일이 자연스럽게 벌어지는 까닭은 [앞서 비유로 말했다시피] 종교라는 '동전'의 양면이 보여주는 모습이라고 하겠다. 그러니까 한편 우리가 하느님께 흠숭하며 예를 갖출 때, 다른 한편 이 행위와 동시에 불가피하게 수반되는 사실로서 우리는 하느님께로부터 더없이 유용한 것을 얻어 누리게 된다는 것이다. 과연 이는 우리가 사람들 사이에서 서로 맺는 뭇 약속과 하느님과 맺는 서원이 아주 다르다는 사실을 보여준다.

우리 가운데 한 동료가 다가와 도도하게 "나를 위해 무엇을 해주겠소?" 하고 말을 건넨다면, 어쩔 수 없이 무언가 그에 알맞은 대가를 치르는 약속을 해야 한다는 것을 직감하게 된다. 하지만 하느님이 우리에게 다가와 우리와 약속하실 때에는 우리가 우리의 보물창고에서 귀한 것을 내어 놓음과 동시에 그 서원으로 인해 결과적으로 얻게 될 더 귀한 보물을 위해 자리를 비워두어야 한다. 바꾸어 말해서, 어떤 서원이든 하느님과 맺은 약속 자체로 얻게 될 분명한 결과는 우리의 의지가 확고해지고 하느님과의 결속이 훨씬 더 강화된다는 사실이다. 그로써 우리는 최선을 다할 수 있고 그와 동시에 우리는 우리의 완성에 최대한 다가갈 수 있다.

서원은 그런 점에서 일종의 축성(祝聖)이다. 서원은 우리의 의지를 선(善)에 단단히 고정시켜 준다. 마치 사제의 손에 바른 성품성유가 그를 하느님께 단단히 붙들어 주는 것처럼 말이다. 서원은 특별한 순간에, 예컨대 기도하는 이의 입술이나 그의 발걸음에 확신을 심어줄 뿐만 아니라 그로부터 야기될 수 있는 모든 행동의 동인으로도 작용한다. 그것은 일회적으로 끝나버리거나 잠깐의 여운을 남기다가 사라져버리는 메아리와 같은 것이 아니다. 서원은 지속적인 것이다. 성전(聖戰)에 임하는 기사들의 머리와 어깨에 검(劍)을 올리며 빌었던 축복보다 훨씬 더 강렬하고 지속되는 축성을 내포한다. 서원은 마치 보잘것없는 거지를 순식간에 위풍당당한 왕으로 만들어 놓을 만큼 놀라운 힘을 발휘한다. 왜냐하면 서원은 한 인간이 자신의 삶 전체를 걸고서 이뤄지는 것이기에, 그들의 손발이 스치는 것은 무엇이든 하느님에게서 내려지는 은총의 기운으로 감싸질 것이기 때문이다.

3) 종교적 서원의 내용

종교적인 축성된 행위는 일상 중에 한 순간 좋은 의도와 계획을 따라 일궈낸 결과보다 훨씬 더 가치가 높다. 이 때문에 서원을 통해 쌓은 선업(善業)은 한층 더 고결한 것이라고 여긴다. 왜냐하면 서원은 그 행동의 동기와 능력 모두를 하느님께 두기 때문이다. 여기서 '하느님께 둔다.'는 은유적인 표현은, 당장 하느님과 결부시키지 않는다면 더 이상 종교적인 행위가 될 수 없다는 사실을 내포하는데, 서원은 그렇듯 종교적인 행위이기 때문이다. 살인이나 도둑질을 저지르기로 한 약속은 분명히 하느님과 결부된 약속일 수 없다. 진정 우리가 성인들이나 성모님과 약속하는 많은 선행들조차도 어떻게든 하느님과 결부시키지 못한다면, 서원이 아니라 단순한 약속에 불과하다. 반면 선하고 순수한 마음에서 우러나는 모든 약속은 하느님과의 약속이 될 수 있기 때문에, 서원이라는 고결한 종교적 행위로 봉헌할 수 있다.

소심한 사람은 작은 행동조차 바꾸길 꺼려한다. 그래서 자신만의 원칙을 고집하거나 자신이 서원한 것이 그런 것이려니 하고 억지를 부리며 자신을 속이면서까지 고결한 척 행동한다. 그러나 하느님은 그런 속임수에 넘어가실 분이 아니다. 우리는 그분께 우리의 진심을 보여드려야 한다. 우리의 선물은 분명 마음에서 우러난 것이어야 한다. 서원이 실제로 종교적 순종이란 의미를 띠기에, 마음에서 우러난 행동을 하는 중에도 우리는 상대적으로 작은 선행을 목표로 삼은 서원을 지키기 위해 더 큰 선행을 놓칠 수 있다. 하지만 서원은 모두 하느님의 은총에 대한 응답이란 사실을 기억해야 한다. 서원은 하나같이 하느님을 가장 기쁘게 해드리는 데에 있으며, 우리의 마음에서 가장 깊이 우러난 것이어야 한다.

하느님에게는 자비하심의 한계가 없다. 암탉의 날개가 어린 병아리들을 캄캄한 어둠과 추위로부터 보호하듯이 주님의 자비가 언제나 우리를 감싸준다. 서원을 통해 우리는 쉽사리 흔들리는 우리의 나약한 의지를 바로 잡아주시도록 [어린 병아리처럼] 하느님께 달려가야 한다. 우리의 영혼을 지키기 위해 하느님의 품속을 찾아야 한다. 맹세를 통해서 우리와 이웃하는 사람들과의 삶에도 하느님이 함께 해주시길 청해야 한다. 우리의 언행이 하느님의 절대적인 확실성에 힘입어 이웃들과의 소통과 친교에 든든한 기초가 되도록 노력해야 한다.

(2) 맹세(盟誓)로서 종교적 서원 – 언어적 표현의 한계와 합법성

만일 철학자가 자신의 신앙을 앞세워 제일원리의 확실성에 관해 맹세하는 방식으로 논리를 펼친다면, 사람들에게 웃음거리가 되기 쉽다. 때때로 사람들은 자신의 말에 대한 신실함을 입증하고자 하느님을 증인으로 호출하듯이 맹세를 하곤 한다. 그러나 그렇게 맹세하는 경우는 대개 어떤 것이 반드시 참은 아닐 것이라고 사람들이 확신하기 때문에, 이를 반증해 줄 이가 필요하다고 여기는 순간이다. 우리가 일반적으로 하는 맹세는 항상 뜻밖의 우발적인 사건들과 관계한다. 그러니까 보편적으로 일어나는 사건들을 두고 맹세하지는 않는다. 경험에 비추어 볼 때 사람들은 자주 거짓말을 한다. 경험은 우리의 생각을 제한한다. 우리는 미래를 알 수 없다. 인간의 마음도 늘 비밀스럽다. 눈앞에 있지 않은 것을 두고 아무도 확실하게 말하진 못한다. 우리는 여전히 경험 가능한 것들을 두고 이야기하고 그런 것들을 다루는 데에만 익숙하다. 그래서 우리는 우리를 속이지 않는 이의 도움을 필요로 한다. 아무것도 그 앞에서 감출 수도 속일 수도 없는 그런 분의 도움이 절실하다.

모든 맹세(iuramentum)는 본성상 신에게 바치는 존경어린 표현의 일종이다. 바로 그런 이유에서 그것은 종교적 서원의 성격을 띤다. 한편 어떤 사람들은 비록 논의의 여지가 있는 주장이지만, 맹세가 종교적인 축성행위의 한 부분이요 나아가 불필요하게 맹세하는 행위는 불순하다고 한다. 존중하는 마음을 담은 이 예식은 결코 경솔함이나 부주의의 결과가 아니며, 하느님과의 거룩한 결속을 목적으로 사람들을 호도하기 위한 위증 수단도 아니다. 또한 그로써 순식간에 그리고 손쉽게 우리가 필요로 하는 도움을 위해 하느님에게 나아갈 수 있다는 사실은 우리가 그런 도움을 가볍게 얻어 누릴 수 있다는 것을 뜻하진 않는다. 하느님의 막강한 위엄 앞에서 떨게 되는 두려움은 마치 우리의 유치한 사건들을 남김없이 평정하는 왕 중의 왕 앞에서 들떠있는 성난 군중들의 무리 속에 자신을 감추듯이 어리석게 행동하는 것을 아예 근절시킨다. 우리는 하느님에게서 발원하는 깊은 존중과 신뢰심을 되새기며 이 특별한 종교적 행위에 임해야 한다. 우리의 기도는 변화무쌍한 삶 속에서 멈추지 않고 떨어지는 폭포수처럼 외쳐대는 끊임없는 고백이 되어야 하겠지만, 우리의 맹세는 가장 절망적인 순간에 구원을 요청하는 중요한 몸짓이 되어야 할 것이다.

결론적으로 맹세는 특별한 가치를 지닌다. 예컨대 다른 이들을 불신하게 만드는 어떤 사람의 결함을 해소시켜주는 가치가 있다. 마치 점점 바다 속으로 가라앉는 자신의 배를 위해 구원을 요청하는 선장과도 같이 자신의 능력으로선 속수무책인 경우에 맹세의 진가가 발휘된다. 모든 것이 좌절되었을 때 유일하게 구원해줄 수 있는 수단인 셈이다. 그러나 자신으로선 더 이상 근거를 밝힐 수 없다는 이유로 맹세를 남발하지 않아야 한다. 오히려 그 동기는 하느님께 대한 깊은 신뢰와 존중하는 마음에서 비롯해야 한다. 이미 자기 자신을 위해 하느님을 이용하는 자들은 더 이상 맹세할 자격이 없다. 왜냐하면 그들에겐 하느님께 대해 존중하는 마음이 없기 때문이다. 그래서 토마스 성인은 교회직무를 수행하는 자들이 평소에 맹세하지 않도록 충고했다. 거기에는 비단 하느님께 대한 흠숭의 예를 거스를 수 있는 위험만이 아니라 불신앙의 위험도 자리하기 때문이다. 평소에 교회직무를 수행하는 자들의 말이나 결정이 (맹세를 동반할 정도로) 확정적일 필요는 없다. 하지만 필요에 따라서는, 예컨대 교회 공동체 전체를 대표할 경우나 교회의 영적인 선익을 위해 중대한 결정을 내려야 할 경우 맹세를 해도 좋다고 한다. 토마스 성인은 교회 안에서 대축일마다 거행하는 맹세예식을 두고 하느님께 대한 깊은 신뢰와 존중을 염두에 두고서 마음 불편해했다. 특히 그런 예식이 주기적으로 혹은 형식적으로 치러지는 이유로 안타까워했다. 하지만 그처럼 교회의 전례와 신앙, 형식과 내용이 충돌하듯 여겨지는 난관 앞에서도 그의 예지는 빛이 났다. 그리하여 그는 만일 중대한 필요에 의해서라면, 맹세는 대축일이 아니더라도 어떤 날에든 행해도 좋다고 권고한다.

1) 세 가지 필요조건

하느님께 대한 깊은 신뢰와 존중하는 마음을 해하거나 그 의미가 사라질 위험이 없다면, 맹세 행위는 합법적으로 아래의 세 가지 사항을 고려하여 행해질 수 있다. 첫째, 마치 날씨에 대하여 예측할 때 장난삼아 표현하듯이 진중하지 않은 경우에는 맹세해선 안 된다. 둘째, 판결을 내릴 때와 같이 정당한 결정을 위해서 맹세하도록 해야 한다. 다시 말해 단순히 미래에 벌어질 것이나 악행을 두고 단정하기 위해 맹세해선 안 된다. 셋째, 진실을 위해서 맹세하도록 해야 한다.

2) 뒤따르는 의무

사람들은 진지하게 결정해야 할 순간에 맹세를 요구해왔다. 이는 맹세 행위에 중대한 의무가 수반되었음을 함의한다. 가장 먼저 '진실해야 한다.'는 의무다. 과거에 행했던 것이든 지금 행하는 것이든 그에 대해 거짓이 없음을 서약하는 차원에서나 미구의 행위에 대해 앞서 거짓 없이 수행할 것을 확약하는 차원에서 진실해야 한다는 것이다. 그래서 만일 어느 노숙자가 한 주 동안 백만 달러를 벌어들일 수 있다고 장담했다면, 그 같은 장담은 허풍이라는 것을 금방 알 수 있다. 분명 그가 입으로는 그처럼 장담했다고 하더라도, 미구에 자신의 약속이 이뤄질 것이라고 내다볼만한 진실한 구석이 없기 때문이다. 다른 한편 만일 어느 백만장자가 같은 기간 내에 백만 달러를 벌 수 있고 또 그 기간 내에 다시 그 돈을 모두 잃어버릴 수 있노라고 장담한다면, 그것이 비록 표면적으론 확약의 성격을 띤다고 하더라도, 굳이 그가 백만 달러를 벌어들여야 할 의무도 없거니와 자신이 장담한 것이 실현될 것이라고 주장할 필요도 없다. 그러나 만일 어느 정치가가 자신의 숙적을 죽이겠다고 맹세했다면, 그의 맹세가 실현되도록 내버려 두어선 안 되고, 오히려 반드시 금지시켜야 한다. 우리가 하느님께 도움을 요청할 경우 그분을 마치 주방의 하녀를 부리듯이 혹은 바보처럼 대할 수는 없다. 우리는 하느님을 하느님으로 대해야 한다. 다시 정확히 말해서 거룩하신 하느님의 전지전능하심이 우리가 그분의 이름으로 하는 모든 맹세에 거룩한 성격을 부여한다는 것이다.

(3) 종교적 서원의 효과(힘) – (하느님의 이름에 의한) 엄명

하느님과 함께 거니는 자는 홀로 걷는 사람보다 훨씬 더 멀리까지 나아간다. 이는 인간적인 정감 면에서만이 아니라 온갖 능력 면에서도 진실이다. 예컨대 그의 희생, 그의 사랑, 그의 용기 등등 모든 면에서 월등하다. 우리는 여러 형태의 약속들을 통해 다른 사람들과의 교제를 보다 더 공고히 다질 수 있다. 그러한 약속들이 하느님과도 결부되어 있다면, 분명히 그것들은 신성한 기운을 갖기 마련이다. 그러므로 웃어른이든 아랫사람이든 다른 사람들과의 교제에 균형 잡히고 질서 있는 행동으로 – 예를 들어 웃어른에게는 부탁하고 아랫사람에겐 훈계하는 태도로 – 거룩하게 임할 수 있다. 만일 이들 중에 어떤 이들이 하느님과 혹은 성무에 직접적으로 관련되어 있는 사람들이라면, 그들은 하느님의 이름으로 엄명(嚴命)할 수 있는 능력을 갖추기도 한다.

엄명은 아랫사람에게 좀 더 많은 의무를 요구한다. 반면 동등한 처지의 사람에겐 좀 더 많은 자극을 주며, 웃어른들에게는 좀 더 많은 바람을 담는다. 그것은 하느님이 만물에 질서 있게 선사하신 당신 능력에 따른 것이요, 그러므로 우리가 성숙할수록 때에 맞춰 갖춰야 할 능력이 있음을 뜻한다. 한편 자신의 능력에 비해 지나친 과욕으로 인간은 한계를 잊고 그 너머의 더 넓은 영역까지 요동치다가 결국 자멸하는 위태로움에 놓이게 된다. 하느님의 이름으로 부과되는 엄명으로써 사람들은 악마를 몰아내고, 그들의 공격으로부터 안전하게 다른 사람들은 대피시킬 수 있다. 나무들이나 산들이 뭇 사람의 명령을 받고 스스로 뿌리채 뽑혀 옮겨가지 못하는 것이 진실이다. 그것들이 인간의 가녀린 목소리를 알아들을 수도 없지 않은가! 그럼에도 불구하고 물고기 한 마리가 베드로 사도에게 동전 한 닢을 물어왔고, 큰 산이 그레고리오 성인(†304)을 위해 움직였으며, 숲속의 새들이 프란치스코 성인의 설교에 귀를 기울였다고 전한다. 이성이 없는 대자연도 사람에게 맡겨진 하느님의 능력에는 응답한다. 하느님의 이름으로 주어지는 특권에 기대어 바치는 간청은 그렇듯 주님의 손길로 비이성적인 대자연조차 즉각 응답하는 것을 경험할 수 있다. 마치 궁수의 손끝을 막 떠난 화살처럼 즉각적인 응답을 경험할 수 있다.

위대한 능력은 사람들을 동요시키기에 충분하다. 그러나 다른 사람의 능력에 비해 훨씬 더 뛰어난 능력을 보여줄 것이라는(실현될 수 없는) 희미한 약속은 족히 약속한 사람을 허무맹랑하게 여기거나 정신 나간 사람으로 여기도록 만들 수 있다. 그와 유사한 실수로서 우리는 악마에게 지식과 도움을 청하는 경우를 생각할 수 있고 나아가 그런 인물과의 교제와 의존하는 행위도 퇴폐적이거나 폭력적이라고 말할 수 있다. 오랫동안 경험을 통해 교회 안에 수집된 많은 지혜뿐만 아니라 하느님의 직접적인 지혜는 사람들을 올바로 인도하는 데 기여한다. 악마는 본시 선했으나 타락한 존재라고 전해준다. 우리가 초대장을 보낼 때와 같이 실수로 인해 잘못된 주소로 배달된 경우 정작 초대받아야 할 사람들에게는 기회가 없다는 사실을 잘 알고 있다. 이 같은 지혜는 교회 안에 깊숙이 스며들어 있기 때문에, 다정하게 미소를 보이는 행동조차 악마를 향해서는 오해가 없도록 단호하게 가르친다. 사실상 우리의 적대행위를 정당하게 행사할 때조차도, 예컨대 적대자를 향해 공개적으로 굴복하도록 선전포고하고 공공연하게 공격하려고 할 때조차도 우리는 교회가 엄격하게 정한 제한적인 규칙들을 매우 신중하게 따라야만 한다. 그렇지 않으면 우리는 자칫 악마의 꾐에 놀아날 수 있다. 우리가 상대할 악마는 영악하고 비열하다. 우리는 한 치라도 그들에게 느슨한 태도로 아량을 베풀어선 안 된다. 우리를 호시탐탐 노리는 그들에게 조금이라도 다정한 태도를 보여선 안 된다. 우리가 정작 해야 할 것은 우리의 지혜를 동원하여 가급적 그들을 가까이 하지 않는 것이다.

(4) 충만한 마음에 의한 언어 - 찬양과 송가

앞선 단원(제10장)에서 그리고 지금 이 단원(제11장)에서 우리는 꾸준히 종교의 이중적인 행위에 대해 집중적으로 살펴왔다. 한 마디로 하느님을 경배하는 일과 인간을 완성하는 일이다. 우리가 우리 힘만으로 마음조차 충만하게 채울 수 없고 또 언젠가 그것을 이뤄낼 것이라고 기대할 수 없음을 잘 안다. 그래서일까? 우리는 가끔 흥얼거리거나 콧노래를 부르거나 고함을 치거나 아니면 말을 걸며 시간을 보낸다. 마치 이제 막 태어난 아이의 아빠가 된 젊은이가 주절주절 지껄임으로써 당황스러운 자신을 진정시키기라도 하려는 듯 계속 말을 거는 것처럼 말이다. 아무튼 사람은 말을 걸고 싶어 한다.

심리학적으로 볼 때, 종교는 언어를 필요로 한다고 한다. 곧 충만한 마음을 겉으로 표출할 수 있는 방법을 하나쯤은 가져야 한다는 것이다. 만물의 제일원인과 최종목적을 깨닫는 순간, 더없이 놀라운 어떤 것을 체험하는 순간, 전적으로 납득할 수 없는 최고 존재의 선성과 아름다움을 느끼는 순간, 사람들은 할 말을 잊는다. 형언할 길이 없다는 것이다. 그래서 침묵한다. 그처럼 놀라운 광경은 우리의 말문을 막아버리기 때문이다. 인간의 정신으로 그것을 담아내기에는 너무 버겁기 때문이다. 어쩌면 다행히도 우리의 주변이든 우리의 내면이든 이 세상에는 그처럼 하느님의 아름다움이 옅게 드리워져 있어서 우리가 비록 놀라워하더라도 거부감 없이 그것을 느낄 수 있도록 섭리되었는지 모른다. 그런 까닭에 우리는 불가피하게 최소한으로나마 그 감격을 드러내야 할 입장에 놓이는 것 같다. 우리의 벅찬 감격이 자연스레 그 같은 하느님의 최고선과 아름다움을 표현하도록 만든다는 것이다.

이 세상에서 우리가 발성한 언어는 모두 계시로서의 본성을 갖는다. 언어는 무엇보다도 가려진 베일을 걷어 우리의 속내를 알아보는 수단으로서 인간이든 천사든 악마든 오직 하느님과 그 사이에서 자유로이 오가는 성역(聖域)을 들여다

볼 수 있도록 해준다. 이 세상에 살아가는 모든 사람들은 다른 사람에게 말을 건넴으로써 자신의 생각을 드러낸다. 비록 그로써 세상의 지혜에 새로운 것을 보태지 못할지라도 말이다. 사람은 자신의 언어 외에는 달리 밝힐 수 없는 어떤 것을 지니고 있다. 저마다 자신만의 속마음이 자리하듯이 말이다. 하느님과 나누는 대화와 이웃과 나누는 대화의 목적은 전혀 다르다. 하느님을 찬양하는 행위는 젊은이를 다독이는 의미로 등을 두드리거나 추천서를 써주는 행위와 같을 수 없다. 하느님을 찬양하는 행위는 우리의 충만한 마음을 밝히는 행위다. 예컨대 새롭게 깨달은 내면의 충만함에 복받쳐 터져 나오는 비명이나 혹은 그와 같은 심정으로 다른 이들의 느슨한 마음을 일깨우려는 몸짓과 같이 말이다. 그러한 행위는 당연히 사람처럼 하느님을 격려하는 행위일 리 없다.

만일 성가나 화답송이 이 같은 목적을 달성하게 되면, 하느님을 찬양하는 데에 제 몫을 다한 셈이다. 그래서 사람들은 이를 위해 공들여 작곡하고 노래해왔다. 모든 성가와 화답송은 그렇듯 하느님 경배와 결부되어 있다. 오늘날 교회에서 성가나 그 밖의 전례음악을 작곡하고 노래할 때 반드시 삼가야 할 모습이 눈에 띈다면, 그것은 하느님 경배가 목적이 아니라 그로써 사람들이 스스로 즐기고 들뜨는 분위기에 초점을 맞춘다는 점이다. 그와 같은 노래는 경배가 아니라 오히려 신심을 산란하게 만든다. 하느님을 찬양하는 행위라는 점을 간과한 것이다. 사람들의 마음을 하느님께 끌어 올리는 것이 아니라 오히려 이 땅에 붙들어 놓는 우(愚)를 범하는 것이다.

4. 인생을 불모지처럼 만드는 비종교적 혹은 반종교적 태도

종교가 추구하는 인생관은 '빛'이나 '질서' 혹은 '평화'와 결합되어 있다. 그러니까 종교적 행위는 마치 충만한 마음에서 복받쳐 터져 나오는 탄성과도 같다.

종교는 우리가 완전한 삶을 살도록 촉구한다. 왜냐하면 인간은 이 우주에서 고유한 품위를 갖고 있다고 확신하기 때문이다. 인간의 비옥한 본성은 그동안 종교에 의해서 더할 나위 없이 잘 다듬어지고 반듯한 모습을 유지해왔다고 본다. 그것은 매우 아름답게 단장한 정원에 비유된다. 정반대로 반종교적 태도와 미신(迷信, superstitio)은 다른 원리를 앞세워 전혀 다른 목적을 추구한다. 기본적으로 그들은 사람들을 잘못된 곳으로 밀어 넣는다. 시도 때도 없이 그들은 세상과 인간의 조화란 헛되고 무의미하다고 선동하며 무질서와 혼란을 야기하는 일에 매달린다. 그들로 인해 인생의 풍부한 가능성은 좌절되고 방해받으며 심지어 산산이 부서지고 만다. 소위 비옥한 땅조차 쓸모없는 땅으로 만들어버리는 셈이다. 지난 몇 세대만 하더라도 미국의 사막은 황량한 이미지와 함께 버림받은 땅이요, 오늘날 우리가 바라보듯 희망에 찬 드넓은 초원과는 상반된 모습이었다. 마치 화마가 휩쓸고 간 메마른 대지처럼 갈증과 굶주림을 연상시키는 땅이었다. 사람의 마음이 무언가에 지배되어 버리면 결코 충만한 삶을 누릴 수 없다. 더욱이 잘못된 무언가에 속아서 지배된다면, 단연 불편하고 허무할 수밖에 없다. 나는 그것이 바로 미신이요 반종교적인 태도라고 말하고 싶다. 그러한 태도는 사람들을 현혹한다. 그래서 오히려 반종교적인 태도가 인간을 퇴락하게 만들고 폭정에 시달리게 하는 종교적 순종 혹은 복속으로부터 해방시켜 준다고 사람들을 꼬드긴다.

(1) 미신행위 - 참 하느님을 흠숭하는 중에 저지르는 반종교적 태도

미신은 가짜 신들과 허황된 영력(靈力)을 동원하여 사람들을 미혹한다. 인간은 마음속으로 미움을 가지고도 입으로는 사랑을 말할 수 있고, 슬픔을 안고도 웃는 표정을 지을 수 있듯이, 참 하느님을 흠숭하는 신앙생활을 하는 중에도 불손하게 미신에 젖은 행동을 할 수 있다. 나는 20년 넘게 교회에 들어서지 않았던 어느 냉담자가 교회 밖에서 무릎을 꿇고 땅바닥에 엎드려 자신의 이마를 찧으며 기도하는 것을 본 적이 있다. 물론 그는 누구나 알 수 있듯이 냉담했고 미신에 빠졌었다. 그에게 참된 종교는 오로지 외적인 형식에 치중하는 것이었다. 그러니까 일정한 외적인 형식이 하느님 경배의 본질적인 것이라고 주장했다. 이 같은 미신행위는 매우 기이하게 비친다. 마치 "거짓 부흥회"[13]에서 사람들이 미친 듯이 날뛰며 예배를 드리는 기괴한 모습이 전부는 아니더라도 말이다. 이런 미신행위는 때때로 익살스럽게도 비친다. 그러니까 그가 연례모임에서 강도처럼 큰 소리를 내지르는 행동을 하는 것처럼 말이다. 그러나 이런 미신행위는 항상 비극적으로 끝난다. 왜냐하면 참 하느님을 흠숭하는 마음이 결여되어 있다는 것은 곧 인간의 완전성을 위한 생각이나 진지함 또한 결여되어 있음을 가리키기 때문이다.

(2) 우상숭배 – 가짜 신(들)을 숭배하는 반종교적 태도 : 타락

그러나 원칙적으로 미신은 가짜 신(들)을 경배하는 데에 몰입해 있다. 우리의 역사는 마치 찢겨지고 너덜너덜하게 되어버린 책과 같다. 표지와 함께 앞쪽 대부분이 소실되어 버린 책과 흡사하다. 그러나 그렇듯 찢겨난 뒤 얼마 남지 않은 부분에서조차도 비교적 짧은 시기에 걸쳐 다양하게 나타났던 우상숭배(idolatria)의 흔적이 목격된다. 가짜 신들이 신적인 능력을 갖춘 모양새를 띠고 악마로 희화화된 경우라고 하겠다. 만물은 하느님의 발자취요, 하느님은 우리 가운데 그 어떤 사람에게서도 거리를 두지 않으시고 친밀하게 곁에 계신다. 그래서인지 사

---

[13] [역주] 원문에서 소개한 "Holy Rollers"는 미국의 일부 개신교 단체로서 1906년 캘리포니아 아주사에서 개최한 부흥회(Azusa Revival)를 시작으로 현재까지 잘못된 성령은사를 앞세운 예배행위를 강조한다. 예를 들어, "집회의 가장 놀라운 특징 중 하나는 '천상의 합창단'이다. 그들은 알아듣지 못하는 방언으로 노래했다고 한다. 인간이 만든 오케스트라가 아니라는 것이다. 모든 것이 성령의 지시 아래서 이뤄졌고, 그렇게 참으로 하늘이 지상에 임했다."(존 G. 레이크, 『하나님과의 모험』)고 호도한다. 지난 2016년 로스앤젤레스에서 약 10만 명의 군중을 동원하였다고 할 정도로 지금까지 이어지고 있다(참고, 정이철, 『가짜 성령세례에 빠진 교회』, GNPbooks 2015).

람들은 그분의 흔적에 불과한 것들을 마치 그 자체로 인격화하여 섬기려고 하는 기괴한 실수를 저질러왔다. 우상숭배에 젖은 사람들은 어디서든 신들을 발견했다. 노거수(老巨樹)와 같이 웅장한 고령의 나무나 크게 두려움을 느끼는 동물들에게서도 사람들은 신의 모습을 떠올렸고, 사람들 사이에서 그리고 악마들의 세계에서도 그들이 상상한 신을 묘사했다. 물론 오늘날에는 심지어 사람의 손으로 교묘하게 가공한 세계 속에서도 끊임없이 신을 만들어내기도 한다.

  그와 같은 미신행위의 부질없는 실상을 되돌아보노라면 훨씬 더 실망스러워진다. 아니 전쟁의 희생물로 폐허가 되어버린 도시를 돌아보는 것보다 우리 자신을 훨씬 더 비참하게 만든다. 그처럼 폐허가 된 잔해 속에서 악마의 미소를 발견하기라도 한다면 깊은 탄식과 함께 늦게나마 작은 위로를 얻을지도 모른다. 환상에 빠진 인간의 어리석은 행위는 중독성을 띠고 스스로 걷잡을 수 없는 지경까지 끌고 가는 것이 다반사이기 때문이다. 우리가 조금만 정신을 차린다면, 우리가 창조주의 아름다움과 최고의 능력을 욕심내지만 기껏 피상적으로밖에 그것도 아주 조금만 겨우 흉내 낼 정도밖에 되지 않음을 알 수 있다. 그럼에도 인간의 무지와 병적인 집착이 얼마나 자신을 속이고 파국으로 몰아가는지 자주 경험하게 된다. 우상숭배와 같은 유치한 행동이 무지와 병적인 집착으로 인해 살인, 파괴 및 성적인 타락과 같은 무질서를 신에 대한 존중과 경배행위와 같은 수준으로 치켜세운 어리석은 성인(成人)들에게서 초래된다. 토마스 성인은 우상숭배가 어떤 경우에도 우리에게 유익한 계기를 직접 혹은 간접적으로 제공할 수 있는 가능성은 전혀 없다고 역설한다.

(3) 점(占)

  죄악과 타락 그리고 포악한 삶에 찌들어 헤어나지 못하는 사람들은 매우 불안하게 하루하루를 연명한다. 더없이 지혜로운 손길과 자비를 베푸시는 하늘에 계신 아버지의 섭리에 몸을 맡기는 교회의 신앙 대신에 미신에 기대어 살아가는 이들은 알 수 없는 그들의 미래를 위해 쓰디쓴 두려움의 빵을 양식으로 삼아왔다. 이들은 날조된 점괘와 같은 우스꽝스런 주술로 그들의 두려움을 극복할 수 있다고 유혹을 받는다. 하지만 이들은 그렇듯 계속 악마를 불러들임으로써 점점 더 감당하기 어려운 죄의 사슬에 묶여 살아가야 한다. 때때로 악령을 불러들이는 주문은 금전적인 대가를 요구 받고 악마에게 전적으로 굴복할 것을 요구 받는다. 또 어떤 경우엔 이런 미신적인 행위들은 미래의 벌어질 것들을 미리 알기 위해서는 필히 다른 피조물들의 배치와 움직임에 관해 유심히 살피도록 요구 받는다. 예컨대 하늘의 새들이 날아가는 방향이나 구름의 모양과 흐름을 관찰하여 어떤 사람의 운명을 미리 알아맞힌다고 장담한다. 이러한 미신적인 행위 및 악령을 불러들이는 주문은 나아가 신비로운 것을 발견하거나 미리 알 수 있는 수단이라고 대중들을 유혹하기도 한다.

20세기에 들어서도 미국에 여전히 점괘나 접신(接神) 의식 등 미신적인 행위들이 다양한 형태로 번성하고 있다. 악마는 매개자(무당)를 무아지경에 빠트려서 자신에게 빌도록 유도한다. 과거에는 별들의 움직임과 궤도를 살피면서 지상에서 벌어질 것들을 두고 점을 치는 점성가들이 매개자였다면, 오늘날 사사로이 관찰되는 어떤 사물들을 가지고 운명에 관해 미리 점(占, divinatio)을 치는 무당이나 점술가들이, 혹은 간단히 가려져 있는 미래를 위해 앞서 결정하는 수단으로서 주사위를 던지거나 카드 패를 돌리는 행위가 악마와 연결시켜주는 매개체인 셈이다. 이런 모든 것들과 관련된 행위는 하나같이 미신적인 행위다. 왜냐하면 온갖 창조물의 속성이나 본시 알 수 없는 미래적인 것들과 관련된 지식은 예외 없이 유일한 창조주 하느님께 속하기 때문이다. 예수 그리스도가 이 세상에 오시는 순간에도 사람들은 표징을 구하려고 애썼다. 유감스럽게도 그들은 하느님께서 내려주시지 않은 표징에 관심을 기울였다. 그들은 악마의 행동으로 여길만한 것들이라야 기꺼이 표징으로 간주할 수 있다고 생각했기 때문이다.

만일 우리가 악마적인 지식의 한계에 대해 주지한다면, 그래서 예컨대 악마의 시기(猜忌)가 겨냥하는 목표가 무엇인지 숙고한다면, 온갖 미신적인 행위들은 분명히 허황되고 얼빠진 행위라는 사실을 깨달을 수 있다. 인간의 정신과 의지는 하느님과 자기 자신에 의해서만 자유로이 주재되는 점에서 일종의 성역(聖域)에 해당한다. 악마가 감히 넘볼 수 없는 고결한 영역이라는 말이다. 하지만 악마는 부단히 우리에게 다가온다. 우리를 사랑해서가 아니라 하느님을 시기하는 의도에서 우리에게 접근한다. 그래서 하느님께 속하는 온갖 것들을 유혹하지만, 특히 하느님과 가까이 지내는 이들을 유혹하는 데에 더 힘을 쏟는다. 결코 잊을 수 없는 원수에게서 마음에 드는 것을 기대하는 일은 너무나 천연덕스럽고 어리석은 행동이 아닐까! 우리가 허약한 심정에서 놀라워하는 사건들은 일상적으로도 자주 매우 심각한 위험을 앞서 경고하는 수단처럼 이용되어 왔다. 왜냐하면 그런 사건들 앞에서, 아니 그런 허약한 심정에서 사람들은 쉽게 공황상태에 빠져서 그와 연계된 예언들을 아무 의심 없이 받아들이기 때문이다. 물론 모든 사건들과 연계된 예언은 오직 하느님에 의해서만 합당하지만, 심약한 상태에선 우리의 원수인 악마의 간교한 위장 및 거짓말로도 포장될 수 있다. 사실상 순수한 우리의 힘만으로는 악마와 교제할 수 없다. 주술이나 그 밖의 어떤 미신적인 행위로 악마를 오가게 할 만한 능력이 사실 우리에겐 없다. 우리의 지력이 악마보다 뛰어나지는 못하기에, 차라리 악마의 손에 우리가 놀아난다는 표현이 옳다.

악마는 그에게 애당초 주어진 능력에 비추어 보자면, 날씨를 예보하는 기상캐스터의 직업보다 훨씬 더 나은 직업을 가질 수도 있다. 자신의 뛰어난 지력(智力)으로 악마는 자연의 이치를 매우 예리하게 관찰하고 그에 관한 지식을 가질 수 있기 때문이다. 하지만 우리가 경험하는 미신적인 행위들 가운데 아주 극소수만이 그렇듯 자연의 이치를 우리보다 앞서 깨닫는 악마의 능력을 이용하려고 하나, 그러한 속셈은 악마의 술수보다 뛰어날 수 없기에 성공하지 못한다. 우리가 놀랍게 여기는 사물이나 사건들을 정신을 차리고 관찰한다면, 결국 실제 그 원인이 아니라 그저 표징에 기초하여 주장하는 점괘나 미신적인 행위들의 실상을 알 수 있다. 그래서 미신적인 행위들은 대자연의 가능성이나 결과적으로 미치게 될 영향들을 제대로 알려고도 하지 않는다. 그것은 사실상 지성의 활동을 요구하는데, 점괘와 같은 미신적인 행위는 그런 지성의 활동과는 동떨어져 있기 때문이다.

5. 미신적인 의식(儀式)들

점괘와 같은 미신적인 행위가 비이성적인 것이 아니라고 믿는 사람들은 서로 아무런 관련이 없는 표징들이 마치 어떤 인과관계가 있는 것처럼 지나친 환상에 사로잡힌다. 이상야릇한 주문이나 비밀스런 필체나 토끼의 발이나 사자의 이빨과 같은 상징물이 지혜를 더하고 건강을 지켜줄 것이라고 혹은 미래의 불행을 막아줄 것이라고 떠든다. 이렇듯 다양한 행위들을 가리켜 토마스 성인은 "미신적인 의식들"이라고 규정한다. 소위 악마의 힘을 발휘한다고 믿는 의식들을 의미한다. 이런 의식들은 오늘날과 같이 과학이 발전한 시대에도 여전히 성행하고 있다. 그처럼 매우 비이성적인 행위가 여전히 지속되고 나아가 과거에 비해 더 성행하는 것은 아이러니한 현상이 아닐 수 없다. 오늘날 간혹 이성을 동원하여 그러한 비이성적인 행위들을 파헤치려 하는 시도가 마치 허공에 대고 삽질을 하는 것처럼 부질없어 보이기까지 한다. 미신적인 의식에 사로잡힌 이들은 토끼의 발이 영험한 기운을 준다고 여긴다. 토끼가 그러한 기운의 매개체인 셈이다. 하지만 만일 그것이 경마장에서 승리를 거머쥐게 한다고 하더라도, 자연적인 이치에서 경주마의 우승은 토끼의 발과는 아무런 상관이 없다. 다시 말해 토끼의 발이 가진 자연적인 능력이나 그밖에 숨겨진 효력을 통해서는 그런 결과가 야기되지 않는다. 오히려 그와 같은 결과는 토끼의 자연적인 능력을 넘어선 다른 어떤 힘, 곧 악마의 능력과 결부되어야만 할 것이다.

경주마의 지친 발목 통증을 알고 있는 사람이라면 어느 누구도 토끼의 발이 그것도 멀리서 그 말의 육중한 몸무게를 버티게 해줄 것이라고 기대하지는 않는다. 이와 같은 부적을 통해 영험한 기운을 얻을 것이라고 믿는 이들은 결국 하나의 장난스런 놀이가 아니라 악마와의 결탁을 위해 손을 내미는 것이라고 하겠다. 악마와 협약했다는 것이다. 그러난 그것은 무익하고도 위험하고 끝끝내 자멸하고 마는 협약의 일종이다. 왜냐하면 그러한 협약은 무서운 결과를 초래하기 때문이다. 악마는 자신을 찾는 선한 사람들에게 자신의 월등한 지력(智力)을 이용하여 불가능한 것들을 도와주는 척 할 것이다. 하지만 확신하건대 악마에게는 직접 사람의 마음속으로 파고들어 갈 수 있는 힘이 없다. 떼를 쓰고 고함을 지르는 어린아이보다도 미래에 대해 손쓸 수 있는 능력이 없다. 오직 사람을 지으신 하느님만이 그의 마음속을 훤히 아시고, 미래에 현전하실 수 있다.

그러므로 여기서 더 이상의 오해가 없도록 해야 한다. 그러니까 부적과 같은 하찮은 표징들에 무익하게 의존하는 미신적인 행위와 교회 안에서 메달이나 작은 성상과 같은 성물(聖物)들을 몸에 지니고 다니는 신앙인들의 행위를 분명하게 구별할 필요가 있다. 가톨릭교회의 경우 그와 같은 상징물들은 하느님 혹은 성인들에 대한 믿음을 고무시키는 의미로 활용된다. 다시 말해 그 상징물 자체에 어떤 영험한 기운이 있다고 믿는 것이 아니다. 우리가 14처 십자가의 길을 걷거나 9일 기도를 바치거나 5단 혹은 20단의 묵주기도를 바치는 다양한 신심행위는 소위 숫자게임을 하는 것이 아니다. 신앙인은 그와 같은 숫자를 채움으로써 어떤 예외적인 결과를 기대하지 않는다. 오히려 신앙인은 하느님이 이루셨고 또 이루실 모든 것을 받아들이고 또 희망한다. 더욱이 성인들이 그래왔던 것처럼 말이다. 그러한 신심행위에서 숫자는 다만 우리의 성실함과 절박함을 보여주는 표현이자 예절에 불과하다. 혹은 하느님의 섭리를 진심으로 받아들이겠다는 신뢰의 몸짓이라고 말할 수 있다.

미신적 행위들이라고 하는 황량한 농장을 둘러보는 일은 결코 달갑지 않다. 마치 곧 사라질 사해(死海) 주변의 붉은 노을처럼 불쾌하고 음산하며 건전하지 못한 주술과 부적 조각들이 사방에 깔려있기 때문이다. 그것은 한때 광란의 밤을 지새우고 난 다음 여기저기 쓰레기가 나뒹구는 공연장이나 생명체란 생명체는 모두 삼켜버릴 것만 같은 메마른 사막을 연상시킨다. 그럼에도 최소한 미신적인 행위는 자신보다 우월한 어떤 능력자에 대한 존경심에서 연유한다고 합리적으로 말할 수도 있다. 하지만 유감스럽게도 존경 및 경배의 대상을 잘못 택했다. 하느님과는 달리 악마와의 관계에는 서로에 대한 존중 없이 일방적인 명령과 맹목적인 복종만이 지배하기 때문이다. 특히 올바른 종교 안에서 존중과 신뢰는 정의의 이름으로 이루어지는 만큼, 그것은 의당 반종교적인 죄악이라고 말할 수 있다.

6. 종교적 불신과 추정적 사유 : 하느님을 시험하는 일

그러한 반종교적인 죄악 가운데 첫째가는 것은 시대에 따라 되풀이되듯이 무신론자들에 의해 정형화된다. 예컨대 근대에 들어서 전투적인 무신론자 로버트 잉어졸(R. Ingersoll)[14]은 자신이 하느님의 눈밖에 벗어나게 행동할 테니 만일 신이 할 수 있다면, 자신을 5분 내에 죽일 수 있는지 시험을 했다. 이와 똑같이 불손한 마음으로 일찍이 로마병사들은 주님의 눈을 가린 채 채찍질을 하며, 누가 그를 때렸는지 알아 맞춰보라고 시험했었다. 그러니까 가장 심한 죄악은 감히 하느님을 시험하는 일이다. 무신론자들은 하느님의 전지전능하심을 의심하기 때

---

14) [역주] Robert Green Ingersoll(1833-1899)은 대령으로 미국 남북전쟁에 참전하였으며, 자유주의의 황금시대를 누렸던 정치가이자 법률가로서 학식이 뛰어났는데, 특히 불가지론자의 입장에서 그리스도교를 무시하고 배척한 사람으로 유명하다. 그의 친구 Lewis Wallace(1827-1905)도 같은 입장에서 신앙인들의 몽매한 삶(?)을 계도하고 해방시키고자 그의 뛰어난 문학적 재능을 발휘했다. 그러나 처음에는 무신론적인 주장을 위해 "벤허"를 집필하기 시작했다가 도서관을 전전하며 자료를 수집하다가 마침내 '거스를 수 없는 진실' 앞에서 불신을 멈추고 자신의 의심과 어리석음을 후회하며 신앙을 고백했다고 전한다.

문이다. 우리는 확실하다고 여기는 것을 두고 시험하진 않는다. 하느님을 시험하는 일은 곧 그분께 대한 신뢰만이 아니라 존중하는 마음이 없음을 뜻한다. 보통 하느님은 당신 자비로 이 같은 어리석은 사람들의 만행을 눈감아 주신다. 그들의 자존심이 상하지 않도록 좀 더 많은 기회를 주시기 때문이다.

악마는 주님을 또 다른 반종교적인 죄악으로 몰아넣으려고 시도했었다. 하느님이 보호해주신다고 하니 성전 꼭대기에서 한 번 뛰어내려 보는 것이 어떻겠냐고 유혹했었다. 악마는 사람들이 중요하게 여기는 것들을 한껏 과장하는 행동을 부추긴다. 그래서 태연하게 뻔뻔한 생각을 하도록 유도한다. 하지만 우리가 이때 기억할 것이 있다. 우리의 주님은 악마의 꾐에 넘어가지 않으셨다. 사람들 역시 그렇게 해야 한다고 가르치시듯이 당신은 그 높은 곳에서 한발 한발 내려오셨다. 바오로 사도 또한 하느님이 자신에게 천천히 그리고 안전하게 하느님의 축복을 받으며 땅으로 내려오길 원하신다고 믿었기에 다마스쿠스 성벽에서 뛰어내리지 않았다. 건장한 젊은이들의 도움을 받아 광주리에 몸을 싣고 천천히 내려왔다. 그러므로 단지 어려운 시험을 통과하길 바라는 학생의 기대를 무조건 채워줄 정당성은 존재하지 않지만, 그들이 시험공부에 방해받지 말아야 하는 정당성은 존재한다. 우리는 무언가 불가항력적인 상황 앞에서 하느님을 신뢰하기보다는 시험하려는 경향이 있다.

그러니까 매우 다급하고 절박한 경우 사람들은 흔히 사물이나 사건이 일어나게 하는 일반적이고 이차적인 원인들을 무시한다. 그 어떤 필요성이나 유용성을 숙고하지 않고 단지 하느님의 직접적인 개입에만 몰두한다. 무신론자들은 그들의 주제넘은 생각으로 하느님을 시험한다. 합격 혹은 불합격이나 뼈가 부러지는 일들은 당연히 개별적인 사건이다. 항상 하는 말이지만, 하느님은 스스로 돕는 자를 도우신다. 우리에게는 우리 스스로 도울 수 있는 능력이 있으니, 이는 하느님이 우리에게 이 세상을 맡기시면서 능히 어려움을 헤쳐 나갈 수 있도록 당신의 능력을 분여(分與)하셨음을, 곧 인간에게 이미 특전을 베푸셨음을 뜻한다. 그러므로 무신론자들이 하느님을 시험하는 행위는 배은망덕한 행위일 뿐만 아니라 인간 및 인간의 능력에 대해 자신하지 못하는 자기경멸을 내포한다.

7. 무신론의 공허함

하느님께 저지르는 불의를 종교적인 죄로 규정하는 토마스 성인의 입장에선 실상 '무신론'이란 용어가 활용되지 않는다. 토마스 성인의 글을 읽으면서 주지해야 할 점은 그가 언급하지 않은 것도 실상 그가 언급한 것만큼 중요하다는 사실이다. 그런 점에서 표현되지 않은 '무신론'도 매우 진지하게 고려할 필요가 있다. 무엇보다도 오늘날 우리가 이해하듯이, 종교와 무신론은 정반대의 입장차를 보인다. 예컨대 종교를 가진 이들은 제일원인이자 최종목적을 경외감을 가지고 거부할 수 없는 원리로 받아들인다. 그러나 무신론에 편승한 이들은 반대로 그것을 거부하고 무시한다. 그런데 조금만 더 깊이 관찰할 경우 세상의 무신론에 대해 직접 언급하지 않는 토마스 성인의 태도는 세상의 조류에 크게 마음을 쓰지 않았던 데에 기인한다는 점을 깨닫게 될 것이다. 그러니까 그는 사람들에게 이미 벌어진 것들을 두고 상상의 나래를 펴서 허구를 좇는 일이 없도록 도와주는 보편적인 지식에 더 많은 관심을 기울였다.

실제 무신론이란 입장은 존재할 수 없다. 무신론이 존재한다는 것 자체가 곧 그들의 주장이 자기모순에 놓여있다는 점을 입증하는 것일지라도, 무신론자들은 그런 무신론이 나름 출발점(제일원인)을 가지고 있다는 사실을 완강히 거부하려 들 것이다. 더 나아가 무신론에도 최종목적이 존재한다는 사실을 모른 척할 수가 없다. 왜냐하면 무신론자들 역시 아무런 행동 없이 살지 않으며, 자신들의 행동을 마치 중풍환자가 제 의지와 상관없이 경련을 일으키듯 무의미한 것으로 간주하진 않겠기 때문이다. 인간은 살아있는 동안 행동해야 한다. 어떤 식으로 움직이든 일련의 행동은 분명히 목적한 바가 있기 마련이다. 사람들이 행동하며 추구하는 최종목표는 신(神)이다. 그래서 어떤 이들에겐 어쩌면 적금통장에서 그들의 신을 바라보며, 또 어떤 이들은 현세의 물질에서 최대한 즐거움을 누리는 중에 그들의 신을 발견하려고 하고, 또 어떤 이들은 자신들의 권력을 휘두르는 데에서 신적인 삶을 누리려고 한다. 그것도 아니면 [반대급부의 행동으로서] 어떤 당파나 하나의 국가 혹은 하나의 민족에 속한 것을 잊거나 심지어 보잘것없는 자신을 잊는 것을 최종목표로 삼는다. 그러한 모습들은 현대 무신론자들에게서 쉽게 목격할 수 있다. 그런 행위들을 우리는 일종의 종교적 속성으로 간주할 수 있다. 하지만 분명히 그것은 모두 잘못된 신상(神像)이다. 차라리 그보다는 원시종교가 시도했던 우상숭배가 조금 더 낫다고 본다. 왜냐하면 원시종교는 무신론적인 입장보다 덜 감추어져 있고 덜 우스꽝스러우며 조금은 덜 예민하고 덜 비참하기 때문이다.

(1) 소홀함의 결과 - 위증

우리는 하느님을 의심하는 것을 넘어서 하느님이 마땅히 우리에게서 흠숭을 받으셔야 할 순간에도 그분의 권한을 능욕하고 침해하는 일까지 저지른다. 예를 들어 우리가 그분에 관해 위증(periurium)을 할 때마다 그분에게 부당한 죄를 범하는 것이다. 위증을 일삼는 자들은 하느님이 진실하시지 않다거나 악마의 악행과 거짓을 눈감아 주시고 심지어 그런 행위를 두둔하신다고 주장한다. 종교적인 위증자들은 거짓말쟁이일 뿐만 아니라 자신들의 거짓말로 하느님마저 옭아매려고 애쓴다. 그런 위증자들은 인간사회를 위협하는 암적인 존재와도 같다. 그래서 사람들이 서로 소통하고 친교를 나누고자 하는 기회나 수단을 방해하려고 애쓴다. 나아가 인간사회가 지속하기 위해 필요하다고 생각하는 주요요소들에 대해 의심과 불안을 촉발한다. 위증자들은 그렇듯 자신들의 능력을 최대한 발휘할 생각조차 하지 않음으로써 자신들의 삶도 황폐하게 만드는 것도 모자라 주위의 동료인간들도 무기력하게 만든다. 다시 말해 자신들의 삶은 하느님을 향한 부당한 분노와 능욕으로 얼룩지고 자신들이 살아가는 사회 역시 병들게 한다.

(2) 신성모독

직접적이지는 않더라도 분명하게 하느님을 능욕하는 범죄행위로서 소위 신성모독(神聖冒瀆, sacrilegium)의 풍조가 20세기에 들어서면서 점점 일상화되어 가는 느낌이다. 그와 같은 무거운 범죄행위는 정말 비겁하고도 용서받기 어려운 치졸한 짓이다. 어느 집주인이 꼴 보기 싫다고 해서 그 집에서 일하는 종들을 험하게 대하는 것과도 같기 때문이다. 신성모독행위는 교회의 종교적인 행위(예컨대 전례행위나 신앙고백 등)나 성물, 그러니까 하느님에게 오롯이 봉헌함으로써 축성된 성격을 띠는 상징물을 능욕하는 범죄다. 특별한 모습의 신성모독으로는 하느님에게 봉헌된 이들(성직자 및 수도자들)을 괴롭히고 해를 입히는 경우다. 그래서 특히 여자 수도자들에게 만행을 저질렀던 수치스러운 역사가 남아있다. 그밖에도 거룩한 장소(聖地)를 파괴하는 경우가 있으며, 종종 전쟁 중에는 교회나 수도원을 점령하여 군사기지로 이용한 경우도 있다. 축성된 사람이나 장소 혹은 성인들의 조각상이나 의류나 물건들을 속되게 사용하는 경우 모두 신성모독에 해당한다. 그러나 가장 많이 저지르는 신성모독행위는 거룩한 삶을 실현할 수 있도록 이끌어주는 교회의 중요한 예식을 오용하는 행위다. 그러니까 그런 수단들을 잘못 사용함으로써 오히려 거룩한 삶이 아니라 타락한 삶으로 몰아넣는 경우를 가리킨다. 대표적인 경우가 바로 성사(聖事)와 관련되어 있는데, 무엇보다도 "그리스도의 몸"으로 고백하는 '성체'에 대한 모독행위가 그러하다. 물리적인 폭력을 동반하는 신성모독행위는 이미 하느님에 대한 경멸과 악의(惡意)를 내포한다. 그런 행위는 스스로 주체할 수 없는 분노에서 비롯하는 비열한 파괴행위로 계속 이어진다. 물론 그렇다고 하느님이 상처를 입으실 분은 아니다. 따라서 그분을 믿는 종교도 끊임없이 계속될 것이다. 수도자들은 세상을 두려워하지 않을 것이요, 사라지지 것은 아무것도 없을 것이다. 차라리 하느님을 향해 돌팔매질을 하려고 부질없이 애쓰던 무신론자들이 머지않아 기진하여 쓰러지고 말 것이다.

(3) 성직매매

성물 및 성직매매(simonia)와 같은 반종교적 행위는 야만적이고 투박하며 폭력적으로 일어나는 신성모독행위에 비해 영악하고 날렵하며 은밀하게 일어난다. 그것은 매우 치밀하게 자행되기 때문이다. 성물 및 성직매매가 교회를 한순간 풍비박산 내지는 못한다. 강철을 부식시키는 녹이 거의 눈치 챌 수 없을 정도로 조금씩 좀먹듯이 그런 매매가 이뤄질지도 모른다. 성물 및 성직매매로 인해 교회 전체가 욕을 먹게 되는데, 이는 하느님의 축성 아래 보존되어 온 정결하고 아름다운 몸에 개인의 치졸한 욕심으로 덧칠해진 불결한 옷을 입는 행위에 비유된다. 그런 행위는 사람들에게 불쾌감을 고조시킬 것이다. 이 같은 비열한 행위는 결국 신앙공동체 전체를 위기로 내몰게 될 것이다.

영적인 가치를 지닌 성물을 더 이상 물질적인 가치로 저울질할 수는 없다. 영적인 가치는 언제든 물질세계를 능가하기 때문이다. 그러나 성물 및 성직매매는 이러한 가치체계를 착각한 셈이다. 그래서 마치 선심을 쓰듯 흥정하거나 할인해 줄 수도 있다고 자신과 상대방을 속인다. 물질을 앞세우는 세상의 욕심이 인간을 눈멀게 한 것이요.. 그로 인해 아무것도 볼 수 없는 사람은 결국 하느님에게 속한 것조차 분간하지 못하고 돈으로 환산하고 만다. 성물 및 성직매매로 죄를 저지른 자는 절도범과 다르지 않다. 그는 자신의 것이 아니라 자신에게 위임된 것들을 몰래 매매한 것이기 때문이다. 시쳇말로 횡령이자 직무유기에 해당한다. 자신의 주인이신 주님에게 죄를 범한 것이다. "거저 받은 것이니 거저 주어라!"

하고 가르치신 주님의 계명을 어기고, 이스카리옷 유다처럼 은전 30냥과 같이 말도 안 되는 값에 주님을 팔아넘기는 것과 같기 때문이다. 이 같은 자는 그렇게 벌어들인 돈을 자신에게 맡겨진 소임을 다하는 데가 아니라 스스로 호사를 누리는 데에 사용한다.

8. 오늘날 종교에 대한 부정적 평가

추상적인 관점은 지나칠 정도로 자주 우리를 냉담하게 만든다. 그러나 무신론(無神論, atheismus)의 공허함을 다룰 때 반드시 추상적인 관점을 고집할 필요는 없다. 종교의 본질에 관하여 현대인들이 밝히는 견해들을 잠깐 둘러보더라도, 거의 하나같이 오늘날 인간영혼 내면에는 황무지와 같은 공허한 곳이 자리한다고 한다. 이에 관한 설명이 어쩌면 이 단원(제11장)의 생생하고 구체적인 요약이 될 것이다.

어떤 이들에 의하면 오늘날 종교는 인간의 무지로 인해 생겨났다. 예를 들어, 기이한 것을 목격하고 자신보다 능력이 뛰어난 존재가 그런 사건을 지배한다고 여기며 점점 그런 존재를 숭배하게 됨으로써 종교가 생겨났다는 것이다. 따라서 우리의 지식이 확충되는 순간 당연히 종교는 사라질 운명에 놓여 있다고 한다. 그런 점에서 종교는 지적인 사람에게는 별 의미도 가치도 없다고 주장한다. 혹은 달리 종교를 그래도 최대한 긍정적으로 말할 경우 못 배우고 단순한 영혼의 소유자들 사이에서 실천적인 선(善)을 이끌어낸다는 이유로 친절한 너그러움의 동기(動機)로 작용한다고 주장한다. 또 어떤 사람들에게 종교는 세상에서 정면대결을 피하는 두려움과 비겁함의 대명사이자 도피수단으로 간주된다. 그들에게 종교는 이른바 동심(童心)의 세계를 성인이 된 후에도 계속 지켜주어 현실을 피해서 달아나도록 일조하는 것에 불과하다. 그래서 살아가는 동안 부딪히는 문제들의 해소는 계속해서 미뤄지고 마침내 아주 먼 훗날의 문제로 따돌리는 빌미로 작용한다. 달리 말해서 종교는 용감하고 성숙한 이들에겐 무용지물이라는 것이다. 또 어떤 이들은 여전히 종교를 우리가 실패할 때마다 간단히 달래주는 '위로주'처럼 생각한다. 혹은 성공과 도전 의식이 부족할 때 대신 변명거리를 찾아주는 '고민상담소'처럼 여긴다. 심지어 인생을 살아가는 동안 숱하게 부딪히는 불쾌한 것들 곁에서도 만족하면서 살아가도록 도와주는 '아편'처럼 생각하는 이들도 있다. 그런 점에서 성공한 사람들에게 종교는 별 의미가 없다. 또 어떤 이들은 종교를 가리켜 북받쳐 오른 자기감정을 마음껏 하소연할 수 있고, 객관적인 사실을 알고 싶어 하지 않는 인간의 비겁한 본성을 두둔해주는 장치쯤으로 간주한다. 그래서 종교는 기껏 인간이 느끼는 감정을 조정하는 데 초점을 맞추는 만큼 인간의 감각 및 경험을 중요하게 여긴다고 설명하기도 한다. 결국 종교는 개인적인 감정으로 성패가 결정되는 것처럼, 천차만별한 것일 뿐 객관적으로 종잡을 수 있는 것은 아니라고 한다. 한 마디로 종교는 지극히 개인주의적인 성격을 띤다는 것이다. 또 다른 극단적인 사람들은 종교를 지성을 대신하거나 지성을 경계하는 적대자처럼 평가함으로써 반지성적인 집단으로 지목하기도 한다. 하지만 종교적 직관은 이성이 도달할 수 없는 진리에까지 나아간다. 그럼에도 궁극적으로 종교는 인간이 비이성적인 존재요, 그저 감정적인 동물에 지나지 않는다는 논리에 근거하고 있다고 어떤 이들은 주장한다. 그래서 종교는 인간의 이성을 이끌어주는 것이 아니라 인간의 감정을 다스리려고 애쓴다고 한다. 그런 이유로 사람들 가운데는 종교인을 일체 광신도로 간주하기도 한다.

9. 오늘날 종교에 대한 긍정적인 평가 : 거짓논리를 밝힘

(1) 제일원인에 대한 거부

이 책의 앞선 단원(제8장)에서 우리는 오늘날 종교에 대해 부정적으로 평가하는 이유에 관하여 간단히 살폈다. 반대로 종교에 대한 긍정적인 평가는 달리 더 크게 수고하여 살필 것도 없다. 현대 무신론자들이 주장하는 바에 대해 그 진위를 따지는 것만으로도 충분하다고 보기 때문이다. 미국의 현대 철학자들 중에는 제일원인에 대해 일반적으로 거부하는 이들이 적지 않다. 바꾸어 표현하자면, 그들은 자신의 이성을 하느님과 같이 초월적인 능력자에게 내맡기기보단 차라리 스스로 해명해줄 수 있다고 보는 세상에다 내맡기는 것을 더 신뢰한다. 그러니까 세상에 존재하는 가장 작은 미립자의 실체가 모든 것을 해명할 수 있다는 믿음을 취한 셈이다.

(2) 현대화된 우상숭배

만일 우리가 한 인간의 지성만이 아니라 그의 인생 전체를 한 눈에 보게 된다면, 우리는 오늘날 수많은 사람들이 평생 동안 그 어떤 물질적인 것을 쫓는 사람들과 어깨를 나란히 하며 살아가고 있음을 깨닫게 될 것이다. 그렇듯 세상에 파묻혀 살아가는 사람들은 현대사회가 그때마다 제공하는 모든 것들 거의 대부분을 의심 없이 수용하면서 살아간다. 돌려 말해서 우리는 현대화된 우상을 숭배하고 있는 셈이다. 마치 오늘날 유행에 뒤처진 옷을 모두가 꺼려하는 것처럼 말이다. 그래서 현대인들은 거의 일심동체로 똑같이 '부', '성공', '정치적 특혜' 및 '사회적 특권'을 누리려고 안달하며, 심지어 [현대사회의 추세인] 극단적인 이기주의를 포기하지 않으려고 발버둥 친다. 물론 모든 시대마다 가짜 신을 숭배하며 잘못된 목표를 향해 헛고생하는 사람들이 있었다. 여기서 분명하게 말할 수 있는 점은, 모든 시대마다 자신보다 아래 수준에 놓여 있는 존재에 자신을 내맡기는 사람들이 있었고, 결국 그들은 좌절과 패배의 쓴맛을 보아야 했다는 사실이다. 오늘날에도 그와 같이 살아가는 사람들의 경우 예외는 아닐 것이다.

(3) 완전함에 대한 빗나간 열망
(출생, 성년, 결혼, 질병 및 죽음이라는 특별한 순간의 경험)

만일 무신론적인 공허함이 현대인들의 마음속에 급속도로 퍼져가고 있는 것이 사실이라면, 다시 말해서, 인간의 완전성이 더 이상 세상의 물질적인 어떤 것을 좇음으로써 채워질 수 없음을 깨닫게 된다면, 오히려 참 하느님께 순종함으로써 그 완전성이 실현될 수 있으리라고 더 강하게 확신할 수 있다. 날이 갈수록 점점 더 공허해져 가는 현대인들의 심경이 그것을 방증하기 때문이다. 그러면 그와 같은 반전은 언제 어떻게 일어날까? 그것은 인생 중에 닥치는 특별한 순간에 완전성이 그 자신을 확연히 드러내거나 아예 우리 자신의 결함을 적나라하게 경험하면서 자연스럽게 일어날 것이다. 그러면 우리는 언제 그런 특별한 순간을 맞이할까? 더욱이 그런 특별한 순간이 어떻게 우리에게 완전성이 실재한다는 증거로 이해되거나 아니면 우리의 나약함이나 비겁함 혹은 깊은 좌절로 다가오게 될까?

물론 그것을 알아보기 위해 이런 쪽으로 생각을 더 발전시킬 필요는 없어 보인다. 다만 그와 같은 인생의 특별한 순간에 그때마다 느끼게 되는 현대인들의 불안감을 잠깐 언급해보자. 우리는 누구나 탄생의 순간을 맞았지만, '새롭게 태어남'을 갈망하고 있는가? 아니면 그것을 피하기 위해 자신의 재능을 소모하고 있는가? 성년이 된다는 것, 성숙한 사람이 되어야 한다는 것을 느끼고 있는가? 책임을 다할 것을 요구받는 순간에 나는 어엿한 인격으로 자부하는가? 자신의 권리만이 아니라 의무 또한 부족함 없이 해내는 사람으로서 자신하는가? 더욱이 자신이 해야 할 것들을 스스로 인정하고 성실하게 완수하고 있는가? 아니면 인간성을 포기하거나 거부함으로써 불의한 대가를 불사하고도 그런 의무나 책임을 피하려고 하지는 않는가? 결혼에 대해선 어떻게 생각하는가? 남녀가 한 몸을 이루어 하나의 가정을 꾸미는 일에 정당하게 임하고 있는가? 아니면 마치 남의 집에 몰래 들어온 밤도둑처럼 틈만 나면 도망치기 위해 문을 열어 놓은 채 살고 있지는 않는가? 또 우리는 심각한 질병에 걸렸을 때 정면으로 마주하는가? 아니면 그 병을 감추고 최소한의 암시도 묵살시킨 채 쾌락의 회전목마에 앉아 머릿속에서 그 병을 지우려고만 하지는 않는가? 누구나 맞이하게 될 죽음의 순간은 어떠한가? 가장 절망적인 순간이자 모든 것이 끝장나는 순간이란 사실 외에 달리 무슨 수식어가 더 필요할까? 그래서 맞이할 수밖에 없는 것으로서보다는 피할 수 없는 것으로서 죽음을 의식하는 만큼, 우리는 가능한 한 어떤 대가를 치르고라도 더 뒤늦게 경험하고 싶다거나 아예 경험하고 싶지 않은 것이란 마음에서 그저 따돌리려고 하지는 않는가? 하지만 죽음을 피할 수 있는 유일한 경우가 있다면, 역설적이게도 아예 인생 자체를 거부할 때뿐일 것이다.

10. 완전함의 가치

 그러나 또 역설적으로 들릴지 모르겠지만, 인간이 완전하다는 것도 진리다. 그보다 높은 수준의 존재에게 머리를 숙여야 하는 측면에서 부족함이 없도록 인간이 창조되었다. 다시 말해 인간은 자신의 제일원인이자 모든 피조물의 최종 목적이신 최고 존재 하느님에게 귀의하는 데에 조금도 결함을 안고 있지 않다. 이 진리는 인간 각자의 마음속 깊이 묻혀 있다. 하지만 아주 자주 인간은 하느님을 거부할 수도 있다. 그래서 하느님이 아니라 세상에서 경험하는 한시적인 어떤 것, 그것이 사물이든 인격체든 간에 거기에 사로잡혀 스스로 자신을 옭아맬 수도 있다. 그 이유는 간단하다. 인간은 자신 외에 다른 존재에게 복종 내지 순종함으로써 비로소 완전해질 수 있다는 심오한 진리를 알고 있기 때문이다. 우리가 앞서 간단히 살핀 바와 같이 종교는 엄밀한 의미에서 정의(正義)와 결부되어 있다. 종교적 행위는 한 마디로 하느님께 되돌려드리는 것을 함의한다. 그런데 인간은 완전해지지 않고선 그 어떤 것도 하느님께 오롯이 되돌려드리는 행위를 완수할 수 없다. 그런 점에서 종교는 인간에게 이중적인 의미를 띤다. 하나는 하느님을 경배하는 의미이고, 다른 하나는 자신의 완전성을 실현하는 의미다. 이 두 가지는 동전의 양면처럼 불가분의 관계에 놓여 있다. 하느님 경배를 소홀히 하는 것은 곧 인간의 완전성 실현을 중단하는 것이다. 인간이 완전해지려고 한다면, 하느님 경배에 만전을 기할 수밖에 없다. 인간이 완전해지기 위해서는 완전하신 하느님께 순종하는 것 외에 다른 처방이 없다. 왜냐하면 하느님 때문에 자신의 목숨을 내놓는 사람은 오히려 얻을 것이요, 반대로 자신의 목숨을 지키려는 사람은 오히려 잃게 될 것이라는 성경말씀은 진리이기 때문이다. 다시 말해 자신의 삶을 하느님께 전적으로 내맡기는 것만이 하느님과 우리 자신을 단단히 하나로 결합시킬 수 있기 때문이다.

제12장 사회적인 덕 (Ⅰ): 사회적 책임
(제2부 제2편, 제101문제~제110문제)

1. 하나의 원리와 연결된 사회적 책임
2. 인간의 의무로서 사회적 책임
    (1) 사회의 일원으로 살아가는 인간
    (2) 하나의 원리에 의존하는 인간
3. 완전성 실현의 조건으로서 원리들의 준수
4. 제일원인에 순종하는 종교
5. 이차적인 원리들의 준수
    (1) 부모와 조국에 대한 '경건(pietas)'
    (2) 상위질서에 대한 '규칙준수'
    (3) 윗사람에 대한 '존경'
    (4) 사적인 후원자들에 대한 '감사'
6. 이차적인 원리들의 준수와 관련된 덕
    (1) 감사
    (2) 순종
        1) 자연적 기원
        2) 탁월함
        3) 범위 – 하느님께 대한 순종과 인간에 대한 복종
7. 사회적 책임의 소극적 측면: 처벌
    (1) 사회적 응징
    (2) 개인적 응징
8. 한시도 유보되지 않는 사회적 책임: 진리

[결론] 원리를 무시하는 현대사회의 오류
1. '처음'의 중요성
    (1) 과정철학이 주장하는 진리의 사슬
    (2) 현대사회의 두 가지 오류
        1) 끝없는 과정의 연속
        2) 부담스런 과거
2. 원리를 무시한 결과: 물리적 혹은 도덕적 소멸
3. 완전한 주체

제12장 사회적인 덕 (Ⅰ) : 사회적 책임
(제2부 제2편, 제101문제~제110문제)

〈들어가기〉

　20세기 들어서면서 갈수록 점점 더 일부 계층의 논리에 기대어 편파적인 진리만 두둔하는 태도에 대해 사람들이 문제 삼기 시작했다. 자본주의 시대에 소외당하는 개인 및 단체들이 사회구성원인 자신들에게 사회가 분명 빚지고 있다는 점을 정확히 인지하였기 때문이다. 이와 더불어 현대사회의 무시할 수 없는 원천들에 대해서 과거에 비해 훨씬 더 진지하고 조심스럽게 생각하기 시작했다. 이 같은 비판과 자각은 아주 오랫동안 잘못 이뤄진 사회구조 및 조직의 개편을 촉구하였지만, 안타깝게도 아무도 바라지 않는 매우 위험한 방향으로 흘러가고 있다. 왜냐하면 새롭게 자각하고 사회를 비판하는 개인 및 단체들이 마치 이제 막 숨이 넘어가는 부모의 유산을 놓고 못난 유족들이 서로 다투듯이 쉽게 끝나지 않을 볼썽사나운 싸움에 휘말려 있기 때문이다. 그들은 저마다 사회로부터 더 많은 혜택을 누리려고 기를 쓴다. 그러나 시간이 갈수록 싸움은 사람들을 더욱더 졸렬하고 추하게 만들어 버린다. 탐욕은 끔찍하고 교활하여 어떻게든 제 몫보다 더 많이 차지하기 위해 온갖 수단을 강구한다. 심지어 사람들은 내가 갖지 못한다면 그 누구도 가질 수 없다는 이기적인 생각으로 몹쓸 행패마저 불사한다.
　실제 부모의 유산을 놓고 볼썽사납게 다투는 유족들의 모습에 오버랩 되는 현대사회의 씁쓸한 모습을 우리는 심심치 않게 목격한다. 과연 그토록 심각하게 다투는 유족들에게 아직 숨이 붙어있는 부모는 안중에 없기 마련이다. 겉으로 표를 내진 않더라도 그들에게 중요한 것 한 가지는 오히려 부모가 빨리 숨을 거두는 것일지 모른다. 그들이 하나같이 기대하는 바는 동상이몽처럼 자신이 누구보다 앞서 충분히 넘치는 몫을 물려받는 것이다. 다시 우리의 문제로 돌아가자! 현대 자본주의 사회에서 살아가는 단체 및 개인들이 마침내 그들의 사회가 자신들 덕분에 존립한다는 사실을 기억하고 가능한 한 사회로부터 더 많은 몫을 챙기기 위해 서로 다툰다면, 그 사회는 조만간 무너지고 말 것이다. 일종의 자멸이다. 유족들 간의 싸움이든 사회구성원들 간의 싸움이든 치졸하고 볼썽사나운 것은 매한가지다. 하지만 후자의 경우 볼썽사납다는 느낌을 넘어서 매우 위험한 행동이란 점을 알아야한다. 개인과 단체들이 저마다의 이익을 위해 기를 쓰는 순간, 죽어가는 부모처럼 정작 사회는 안중에 없어 방치되고 말 것이란 점에서 다를 바 없겠는데, 더더욱 안타까운 사실은 그렇듯 죽어가는 사회에는 유가족과는 달리 사회구성원들에게 남겨질 유산도 없거니와 설령 있다고 해도 물려받을 기회조차 사라진다는 점이다. 그토록 유산을 위해 싸우던 당사자들조차도 그 사회와 함께 죽음을 피할 수 없기 때문이다.

1. 하나의 원리와 연결된 사회적 책임

사회는 무엇보다도 사람들이 모여 만든 하나의 조직이다. 그러므로 사회는 함께 모인 사람들의 연대성으로 유지된다. 또한 이러한 연대성은 한 사회 안에 머물러 있는 각 개인들이 그 사회에 빚진 것일 수 있다. 이를 잊거나 소홀히 할 경우 혹은 더 나아가 부인할 경우 사회는 와해되고 만다. 여러 사람들이 힘을 합쳐 필요에 의해서 만들었다는 점에서 사회는 그렇게 모인 각 개인 및 단체들의 삶을 증진시키기 위한 방편이다. 다시 말해 연대성을 갖춘 사회는 흔히 그 구성원들의 공동선을 위한 도구 이상의 의미를 띤다. 각 개인이 사회에 빚지고 있음을 인정하는 것은 곧 사회에 의존해서 살아간다는 것을, 나아가 사회가 공동의 삶을 위해 구성원들을 하나로 묶어주는 힘이라는 사실을 의미한다. 반대로 이러한 관계를 부인하는 행위는 마치 사회 없이도 홀로 잘 살 수 있다고 하거나 이웃과 함께 나누는 삶이란 필요 없다고 거드름을 피우는 자만(自慢)에 불과하다. 왜냐하면 아무도 혼자서 살아갈 수 없다는 것이 진리이기 때문이다. 사람은 처음부터 다른 사람과 유대를 맺고 태어나서 그렇듯 계속 유대를 맺어야 살아갈 수 있다. 누구나 직장인이나 학생 신분 혹은 국민의 한 사람으로서 살아가는 것처럼 사람은 전체 사회와 유대를 맺고 살아가야 한다.

오늘날 우리가 책무를 강조하기 위해 고리대금업자를 연상시키는 '빚'이란 용어를 사용하고 있는 것은 불행이다. 사실상 '빚'은 다른 사람의 채권을 인정한다는 점을 부각시키기 위한 용어다. 최소한의 정의(正義)만을 함축하는 용어라고 하겠다. 그럼에도 이 용어로써 마음에 새겨야 할 의미는 분명하다. 곧 사회적인 빚이라 표현한 것은 사람들이 사회의 도움으로 그만큼 살 수 있게 되었음을 시사한다. 그러나 다른 한편 사람들이 누구 하나 예외 없이 그 사회와 유기적인 관계를 맺고 있다고 말한다면, 그것은 자기 자신에 대한 빚이기도 하다. 다시 말해 사회에 진 빚이라 하여 갚아야 하는 것은 결국 자신에게 갚아야 할 어떤 것이다. 그러므로 사회적인 빚을 갚지 않는 행위는 자기 자신에 대한 책무를 다하지 않는 행위다. 왜냐하면 사회를 상대로 범죄를 저지르는 행위는 곧 자기 자신을 상대로 범죄를 저지르는 행위이기 때문이다. 그것은 마치 자신을 죽이는 행위가 자기 몸 어딘가에 반드시 상처를 주지 않고선 불가능한 이치와 같다. 또 다른 사례로서 한 몸을 이루는 세포들은 몸에 난 상처의 치유를 위해 자연히 제 역할을 다해야 한다. 다시 말해 사람은 누구나 예외 없이 그가 몸담은 사회 안에서 좋든 나쁘든 조직적으로 엮어져 있는 단일체로서의 사회와 삶을 공유한다는 점을 잊지 말아야 한다는 것이다.

2. 인간의 의무로서 사회적 책임

(1) 사회의 일원으로 살아가는 인간

사회에 부정행위를 일삼는 사람은 마치 이기적인 욕심에서 자신이 매달려 있는 밧줄을 스스로 끊어버리는 어리석은 암벽등반가처럼 한 치 앞을 못 보는 자다. 만일 우리가 악보를 마음대로 그릴 수 있다고 해서 그 악보로 노래 부르는 사람의 목청에 무리가 갈 정도로 작곡하여 상처를 주게 된다면, 사회에 끼친 잘못이 어떠한 결과를 초래할지 얼른 알 수 있을 것이다. 왜냐하면 사람은 누구든 제 마음대로만 살 수는 없기 때문이다. 누구나 무언가에 매달리듯 의존하며 그래서 무언가를 향해 몸을 돌리기 마련이다. 사회 안에서 각자의 위상은 마치 줄에 매달려 공간을 가로지르는 곡예사의 처지와 흡사하다. 어느 누구도 자신만의 계산법에 따라 속물근성에 빠져 살거나 완전히 이기적인 생각에 사로잡혀 계속 살아갈 수는 없다.

대부분 우리는 상당히 높다란 공중그네에 태연하게 앉아 있거나 환호하는 군중이 자신의 완벽한 동작을 요구하는 기술에 기꺼이 도전하는 곡예사보다 더 잘 매달려 있을 수는 없다. 그러니까 인간의 위상은 자신보다 위에 그리고 자신보다 아래에 무언가를 두기 마련인데, 결코 편안한 처지는 아니라는 것이다. 우리의 인생에 여전히 이해하기 힘든 시작과 끝이 있는 것도 어쩌면 그런 처지의 우리를 대변하는 것 같다. 우리는 자신보다 더 높이 있는 존재를 모셔야 하고 자신보다 아래에 놓인 존재를 부릴 수 있어야 하는 위치에 있다. 거기에 우리의 의무와 권리가 함께 자리한다. 이 세상에서 인간이 제 고유한 위상을 따라 행동하고 살아가는 것이 마땅하다고 한다면, 그것은 우리의 질서와 평화, 안정과 진보를 위해 반드시 요구되는 조건인 셈이다.

앞서 살핀 몇 개의 단원에서 우리는 제일원인 및 최종목적에 의존하는 인간존재의 처지에 대해 다루었다. 우리가 그러한 의존관계를 인정하고 덕(德)으로 승화시키고 또 발전시키는 가운데 가장 적합한 상태에 이르고자 할 때에 자연스레 종교와 마주하게 된다. 이미 어느 정도 그 윤곽이 드러난 바와 같이 종교는 개인적인 취향에 따라 선택되는 것도 아니거니와 우리가 가공해낼 수 있는 것도 그래서 그 가치를 우리 스스로 정할 수 있는 것도 아니다. 오히려 항상 절대자 앞에서 정직하고 성실해야 함을 엄밀히 돌아보는 한해서 종교는 우리가 상상할 수 있는 것보다 훨씬 더 높은 차원의 정의(正義)와 결부되어 있다. 그도 그럴 것이 피조물의 입장에서 인간이 자신의 완전한 삶을 실현하려 할 때 창조주의 혜안보다 더 마땅하고 올바른 척도가 또 있겠는가! 그러므로 모든 피조물과 마찬가지로 인간은 자신의 절대적인 근거이자 유일한 지향점인 제일원인인 동시에 최종 목적인 신을 예의주시해야 한다. 곧 그분께 마땅히 순종해야 한다. 그렇지 않고 신을 거부하거나 무시하는 행위는 한 마디로 자신의 삶을 온전히 실현시키지 못하는 것으로 끝나지 않고 자기 자신을 공허하고 불행하게 만들어버린다.

이 단원(제12장)에서 우리는 몇 가지 다른 원리들, 예컨대 인간의 또 다른 기원들과 그 관계에 관해 살펴볼 것이다. 왜냐하면 사람들은 여전히 인간에게 또 다른 원리들이 지배한다고 믿기 때문이다. 다시 말해 절대자이신 하느님 외에 자신이 의존하고 있고 그래서 복종해야만 하는 대상이 인격체든 인격체가 아니든 또 존재한다고 생각하기 때문이다. 절대자의 능력과 관대함 나아가 지혜를 고려하면 이 같은 생각은 그리 놀랄 것이 못된다. 절대자는 실상 자신의 능력을 다른 누군가와 나누는 것을 두려워한 나머지 사람들을 거세게 다그치는 독재자나 폭정을 일삼는 불안한 지배자가 아니다. 절대자는 자신에게 어떠한 경쟁자도 있을 수 없다는 사실을 잘 알고 있다. 그런 점에서 절대자는 오로지 완전하고 유일한 시작(제일원인)이다. 절대자로서 누리는 능력은 그 무엇과도 비교할 수 없는 까닭에 가히 독보적이다. 더구나 그의 피조물들 가운데 그 어떤 것도, 두말할 나위 없이 제 아무리 뛰어난 능력과 특권을 물려받은 인간이라고 하더라도 결코 절대자와 맞먹을 순 없다. 소위 "하느님의 모상"이란 표현은 그럼에도 속빈 강정과 같은 공허한 개념도 한껏 멋 부린 환상적인 시어(詩語)도 아니다. 하느님이 계시하신 심오한 진리다. 인간이 누구나 하느님의 모습을 닮고 태어났다는 진리는 바로 그의 본질과 그의 행동 및 목적이 모두 그 원형인 하느님과 직결되어 있음을 의미한다. 다른 한편 인간이 하느님의 '모상'이란 점에서 하느님께 의존하는 것 외에 – '닮음' 외에 '닮지 않음'을 지니는 그 특징으로 말미암아 – 달리 의존해야 할 또 다른 (사멸하는) 기원을 갖는다. 그로부터 인간이 유독 어떤 장점이나 탁월성 그리고 단점이나 불완전성을 갖게 되는지 두고 볼 일이지만, 아무튼 또 다른 기원을 갖는 것은 사실이다.

(2) 하나의 원리에 의존하는 인간

하느님이 만드신 피조물들에게 인간이 상대적으로 의존해서 살아야 한다는 판단을 위해 신뢰할만한 원칙은 다음과 같다. 그러니까 하느님을 유일한 원리로 삼고 그에 정확한 비율로 제각기 참여하는 모든 피조물 사이에서 인간은 그렇듯 [하느님 외에도] 이차적인 원인에 의지하여 살아가야 한다는 원칙이다. 그러한 의존성은 인간이 자신에게서 출발점으로 삼거나 삶을 풍요롭게 만들거나 최종 목적을 추구할 때 뭇 피조물들을 일정한 크기 및 정도에 맞춰 수용하는 모습으로 나타난다.

하느님은 모든 경우에 가장 먼저 고려된다. 하느님 아래에는 당신 자녀들이 신적인 지위까지 오를 수 있도록 쉽게 구분되는 다양한 단계들이 있는데, 거기에는 무엇보다도 먼저 부모의 지위를 고려할만하다. 부모는 한 인간이 태어나서 스스로 일궈야 할 인생에 하느님 다음으로 가장 가까이서 간단히 먹고 마시는 것은 물론 인생여정을 모색하거나 결정하는 데에 직접적으로 영향을 주는 매우 중요한 기반이다. 또 조국도 부모로부터 태어남과 동시에 부여되는 것으로서 교육과 성장 그리고 각자의 인생설계에 중요한 초석이다. 이러한 요소들은 모두 사람이 살아가고 마침내 스스로 정한 목표에 이를 때까지 계속 영향을 준다. 그 밖에도 사회제도 및 풍습을 따라 아랫사람들을 지도하는 상위질서가 존재한다. 또 어린 사람들에게 모범적인 삶을 보여주는 출중한 덕의 소유자들도 존재한다. 나아가 공동선과 관련된 원칙이 무너져버린 무질서한 사회에서도 도덕적으로 올바르게 살아가는 이들이 보여주듯이, 과감히 그리고 기꺼이 사회에 재산 및 능력을 기부하고 환원하는 이들은 의심의 여지없이 각 개인에게 알맞은 특수한 선을 실현하는 원리가 되기도 한다.

한편 인간의 변덕스러운 마음을 이미 아시기 때문에 하느님은 우리가 헷갈린 판단과 욕심으로 잘못 내린 결정을 눈감아 주신다는 사실은 차치하고서도, 우리가 살아가고 행동하며 우리의 존재를 실현할 수 있도록 선처하시는 하느님을 알아보는 순간까지 우리의 인생에는 잡다하고 사소한 것들이 많이 끼어들 것이다. 세상에 몰두하여 분주한 나날을 보내는 인간은 쉽사리 하느님의 현전과 전지전능하신 능력을 까맣게 잊어버리거나 아예 한쪽 구석으로 밀쳐내 소홀히 생각할 수 있다. 그러므로 이제 우리가 잡다한 생각들을 걷어내고 올바로 살겠다고 다짐한다면, 아주 화려하게 꾸며진 수많은 것들 사이에서 유치하게 꿈꾸던 망상은 하루속히 접고 다시금 제일원인과 최종목적을 직시하여 그 정도(正道)를 찾아가도록 노력해야 할 것이다.

3. 완전성 실현의 조건으로서 원리들의 준수

우리는 제일원인과 최종목적으로서 최고원리이신 하느님께 크게 빚졌다. 그래서 우리 자신이 완전해지도록 희망하며 노력하는 종교적 행위를 통해 되갚아야 한다. 하느님에게도 빚을 갚아야 하지만, 우리 각자의 부모와 조국에 대해서도 빚을 갚아야 한다. 이들은 다른 것들에 비해 최고원리이신 하느님을 가장 많이 닮아 있다. 아무튼 이렇듯 되갚는 일은 분명 정의에 의거한 것이다. 그와 같은 되갚음은 정직함에 기초한다. 우리가 완전해지기 위해 되갚아야 할 빚은 그렇듯 신앙의 덕(신덕)으로 정산될 것이다.

4. 제일원인에 순종하는 종교

　인간의 두 가지 덕행으로서 종교와 신덕(信德)은 마치 파산한 사람의 거덜 난 재산잔고 앞에서 채무변제의 우선권을 확보하기 위해 싸우는 채권자처럼 서로 경쟁하는 사이가 아니다. 오히려 둘은 한 편이요, 서로가 의지하며 도와주어야 할 사이다. 왜냐하면 종교가 정의 아래 놓여 있듯이, 신앙은 종교 아래 놓여 있기 때문이다. 그래서 종교가 정의의 실현이라면, 신앙은 종교의 실현이라고 말할 수 있다. 사실 신앙은 종교에 속한다. 마치 일리노이즈 주(州)가 미국에 속하듯이 성장하는 혼으로서 생장혼(生長魂, anima vegetativa)과 지각하는 혼으로서 각혼(覺魂, anima sensibilis)이 모두 인간의 영혼에 속하듯이 말이다.[15] 구체적으로 말해서, 참된 종교는 마치 남편의 가부장적 태도를 못마땅하게 여기며 바가지를 긁는 아내와 같은 행동을 하지 않는다. 과연 그와 같은 아내의 행동은 결코 남편이 자신과 그의 부모 및 조국을 위해 도리를 다할 수 있도록 중재할 수 없다. 그와는 달리 남편이 자신과 그의 부모에게 효도하고 조국을 사랑하여 기꺼이 희생할 수 있도록 확실히 보장해주는 아내의 행동이 곧 남편에 대한 신뢰의 마땅한 표현이 될 것이다. 이때 남편에 대한 신뢰는 하느님께 절대적인 순종을 다하는 신앙에 비해 많이 약하지만 유사한 순종을 내포한다. 종교를 통해서 우리는 부모와 조국이 요구하는 부모사랑(孝) 및 나라사랑(忠)의 기초와 원천을 훨씬 더 깊이 이해하고 또 기꺼운 마음으로 되갚을 수 있다. 종교가 우리의 삶에 있어 바람직한 순종을 일깨워주는 태양이라면, 신앙은 달과 같다.

---

15) [역주] 이와 같이 세 가지 혼(魂, anima)에 관한 진지한 논의는 누구보다도 아리스토텔레스에게서 목격할 수 있다. 서양사회에선 이미 고대 그리스(탈레스)로부터 '혼'은 "생명" 및 생명활동을 함의해 왔다. 그래서 아리스토텔레스는 인간의 '영혼'(=이성혼(理性魂, anima rationale))은 지성활동을 특징으로 하지만, 그 아래 감각활동(감각혼) 및 성장활동(생장혼)을 두루 갖추고 있다고 설명한다(그의 『영혼론(De anima)』 413a,21-25; 414a,29-415a,12에서). 아리스토텔레스에 의하면 감각혼의 경우도 그 아래 생장혼을 갖추고 있다는 점에서 포괄형태를 '영혼⊃감각혼⊃생장혼'으로 수식화할 수 있겠다.

5. 이차적인 원리들의 준수

(1) 부모와 조국에 대한 '경건(pietas)[16]'

이를 우리가 쉽게 파악할 수 있도록 비교하여 말하자면, 하느님이 당신이 만드신 피조물과 관계를 맺으시는 것과 똑같은 위치에서 부모는 자기 자녀들과 관계를 맺고 있다고 말해도 좋을 것이다. 부모는 불완전하게나마 하느님의 역할을 대행한다. 자녀들의 정신적인 면만이 아니라 실질적인 모든 면에서 든든한 후견인이 되기 때문이다. 하느님을 대신하여 부모는 이차적으로 자녀들의 인생 원리 및 그 기원으로 존재한다. 이 진리는 엄마나 아빠로서 실제 살아갈 때 금세 확인된다. 사랑의 눈으로 아이를 대하면서 손 하나 까딱하지 않고 물끄러미 바라만 보는 경우란 부모에게 도저히 있을 수 없다. 우리가 쉽게 경험하듯, 부모의 정성과 배려, 희생적인 사랑이 그것을 말해준다. 그러한 행동은 넓은 의미에서 생명의 본질에 부합할 뿐만 아니라 인격체의 행동 및 의지에 따른 미세한 부분에 이르기까지 부모 및 그와 같은 위치에 있는 사람들에게서 쉽게 경험할 수 있는 것들이다. 엄마 품속에 안긴 갓난아이의 모습은 하느님과 우리 사이의 관계를 가장 잘 보여준다고 생각한다.

그러나 그 관계는 이중적인 측면을 갖고 있다. 만일 부모가 자기 자녀들의 원리로서 하느님의 역할을 대신하게 된다면, 부모는 자녀들에 대해 하느님처럼 유사한 책임도 져야만 할 것이다. 다시 말해 유소년시절 혹은 사춘기와 같이 후견인의 손길이 절실히 필요한 몇몇 시기만이 아니라 자녀의 전 생애에 걸쳐 부모로서의 책임을 져야 한다는 것이다. 아들이 스스로 면도를 할 수 있는 나이가 되었다고 해서 부모의 역할이 끝난 것은 아니다. 그처럼 오랜 시간에 걸쳐 그의 신

---

[16] [역주] 'Pietas'는 대상에 따라 두가지로 번역된다. 하느님이 대상일 경우 '경건'으로 번역되며, 부모와 조국이 대상일 경우 '경건'으로 번역된다.

체조직들과 심장의 뜨거운 피를 평생 자녀들을 부양하는 데에 바치는 놀라운 유전적 속성들이 바로 모든 부모가 그러한 역할 혹은 의무를 지극히 자연스럽고 당연한 것으로 인지하고 온몸으로 받아들였음을 말없이 웅변해주는지도 모른다. 그렇듯 기꺼운 내리사랑과 희생이 가정을 금덩이보다 훨씬 더 굳건히 지켜주는 힘이라는 사실을 이해하는 데에는 그리 긴 시간이 필요하지 않을 것이다.

일반적으로 우리가 이해하는 바와 같이 다른 사람들의 자녀들에 대해 갖는 인내심은 분명히 한계가 있다. 그들에 대해 분노할 준비가 되어 있고 또 그렇게 행동하는 것이 합리적이라고 생각한다. 하지만 자기 자녀에 대해선 마치 하느님처럼 관대한 사랑을 보이는 데에 주저함이 없다. 훨씬 더 넓은 이해와 훨씬 더 큰 인내심으로 자기 자녀를 대할 줄 안다. 이러한 관대함은 굳이 잘잘못의 경중이나 이유를 따지지 않는다. 우리는 가끔 그렇듯 숱하게 잘못을 저지르는 자녀에게 무조건 자비만을 베풀면서도 정작 자기 자신에게는 냉혹할 정도로 처신하는 부모의 모습에 기막혀 할지도 모른다. 어떻게 부모는 그토록 개구쟁이처럼 시시때때로 불평만 일삼고 산만하고 무례하기 짝이 없는 아이에게 오히려 기가 꺾이지 않도록 계속 참아내며 응원을 보낼 수 있을까? 하루가 멀다 하고 사고를 치는 아이를 대신하여 부모는 남들 앞에서 죽는 시늉을 해서라도 용서를 청하지만, 뻔뻔하기만 한 제 아이의 잘못은 수없이 눈감아 주고 되레 아이를 토닥여 주는 모습을 보면서 제삼자는 하나같이 고개를 가로저을 것이다. 하지만 실은 그보다 훨씬 더 자주, 아니 매번 우리의 잘못을 눈감아 주시고 우리를 토닥여 주시는 하느님을 두고 더 기막혀 하고 고개를 가로저어야 할지도 모른다.

오늘날 결혼한 부부의 모습을 얼핏 보자면, 이처럼 자신의 자녀들에 대해 하느님의 역할을 대신해야 할 부모로서의 의무는 까맣게 잊고 사는 것은 아닌지 의심스러울 때가 많다. 실제로 오늘날의 젊은 부부가 그러한 진리를 모르는 것은 아니다. 오히려 그들은 그러한 역할을 아주 두드러지게 해내는 듯하다. 다시 말해 어느 한 측면에서만 그런 역할에 유난을 떤다. 오늘날 현대인들의 관점에서 볼 때 부모의 역할은 특권이 아니라 차라리 의무로만 비쳐질 수 있다. 마치 피조물인 우리가 창조주 하느님께 마냥 청하는 데에 익숙하듯이 자녀들은 언제나 부모에게 자신의 권리처럼 무언가를 요구하기만 한다는 점에서 말이다. 그러므로 사실을 직시할 용기가 필요하다. 부모는 더 성숙한 눈으로 하느님에게 기대하는 그런 용기를 발휘해야 한다. 오늘날은 우리에게 더 절실히 진정한 용기를 요구하는 것 같다.

부모와 아이 사이의 관계는 다시 말하지만, 창조주 하느님과 피조물 사이의 관계와 닮아 있다. 아이의 인격 성장을 위해 고삐 없이 키우는 것이 버릇없고 반항심 가득한 불순종을 낳는 원인이라고 잘라 말할 수는 없다. 하지만 제 부모를 공경하고 효도할 줄 아는 아이는 창조주 하느님께 흠숭을 드릴 줄 아는 피조물과 흡사하다. 아이에게 부모는 피조물에게 하느님처럼 존재의 원리이자 원천이요, 생명의 기원이며 인생의 목적을 적확하게 알려주는 길잡이다. 이 세상의 그 어떤 것도 이 같은 진리를 부인할 수 없다. 부모는 영원히 부모요, 아이는 영원히 아이다. 이는 정의의 차원에서 당위의 문제이지 선택의 문제가 아니다. 부모에게 도리로서 다해야 할 자녀의 효(孝)가 부모의 지나치게 여린 행동으로 인해 말끔히 사라질 수도 있다. 하지만 진실로 이 세상의 그 어느 것도 부모와의 관계를 해소할 수는 없다. 곧 부모를 공경하고 효를 다해야 한다는 것은 폐기되지 않는 진리다.

모든 사람들에게 평등하게 적용하는 차원에서 어떤 엄마는 다른 엄마들과 전혀 다르게 행동할 수 있다는 추정은 전적으로 상식에서 벗어난 생각이다. 다시 말해, 아이에게 밥해주는 것을 등한시하거나 아이에게 서로 반반의 부담을 지고 살아가도록 강요하는 엄마를 상식적으로는 생각할 수 없다. 예를 들어, 월요일과 수요일 그리고 금요일에는 아이가 밥을 하고, 화요일과 목요일 그리고 토요일에는 엄마가 식사당번이 되고 주일에는 모두 굶자고 요구하는 경우는 없다. 상식적으로 말해서 아이는 돌보아져야 한다. 아이는 도움을 주는 후견인이 필요하다는 것이다. 하지만 우리에게는 여전히 건장한 엄마의 굶주림을 채워주기 위해 자신의 끼니를 거르며 효를 다하는 불쌍한 아이에 관한 기이한 모델이 남아 있다. 바꿔 말하지만, 부모는 비록 하느님의 원리를 일부 대신한다지만, 하느님이 아니다. 하느님은 피조물로부터 그 어떤 도움도 필요로 하지 않으신다. 하지만 우리의 부모는 인간이다. 따라서 나이가 들고 몸이 불편해진 부모는 도움을 필요로 하고, 그렇듯 부족한 무언가를 지원받지 못하면 살 수가 없다. 이 세상에서 일부 하느님을 대신해야 하는 부모의 입장에서 보자면, 효도를 요구하는 것은 비본래적인 것이요, 필연적인 행위는 아니다. 하지만 그럼에도 불구하고 현실적으로 효도는 부모와 자녀 사이의 혈육관계에 기초한 의무로 받아들여진다. 소위 부모와 자녀를 하나로 잇는 공동체의 유대를 위해 적정수준에서 자녀가 감수해야 할 책무라는 것이다.

조국에 대한 의무('충') 역시 이와 같은 관점에서 생각할 수 있다. 그러니까 한 개인은 자신이 몸담고 살아가는 사회 및 국가와 관계를 맺게 되는데, 이 또한 피조물과 창조주 하느님과의 관계에서 그 본래적인 의미를 새길 수 있다는 말이다. 미리 말하지만, 국가와 국민의 관계는 성숙하지 못한 국수주의(國粹主義)와 같이 과장된 의미로 확대될 수 없다. 예를 들어 우리가 오늘날 신문지면에서 쉽게 마주하게 되는 문구처럼, "국가가 있어야 국민이 있다!"고 외치는 말에는 우리가 간단히 삼켜서는 안 되는 가시가 숨어있다. 무엇보다도 분명한 점은 국가가 하느님이 아니다. 다만 하느님의 역할을 일부 대신할 뿐이다. 따라서 국가는 하느님과 비교하여 원칙적으로 고려할 만한 것이 있을 뿐, 절대적인 권한을 가질 수 없다. 공산주의가 공공연하게 주장하듯이, 그 어떤 범죄도 애국심의 발로에서, 곧 공산당의 이익을 위해 행해진 것이라면 정당화될 수 있다는 말은 진리가 아니다. 한 마디로 효나 충이란 명목으로 행해졌다 하더라도 하느님을 거스르는 범죄가 될 수 있다. 다시 말해 죄악은 국가에 대한 충성이나 부모에 대한 효도의 차원에서 눈감아지거나 무효화될 수 있는 것이 아니라 우선적으로 그리고 전적으로 하느님과의 관계를 따라서 결정된다.

부모에게 효도하고 국가에 충성해야 하는 것은 정확히 부모와 국가가 불완전하거나마 이 세상에서 하느님을 대신한다는 원칙에 근거한다. 그러므로 하느님을 무시하거나 대체할 목적으로 부모에게 효도하고 국가에 충성하도록 요구하는 것은 어리석은 짓이다. 그로 인해 하느님께 되돌려드려야 할 것을 놓치기 때문이다. 부모가 악하더라도 여전히 부모는 부모이기에 자녀에게 존중과 지원을 요구할 수 있다. 하지만 자녀의 진심어린 효는 요구하기 어렵다. 만일 자녀의 영혼에 심각할 정도로 위험을 가하는 부모라면, 자녀는 부모를 떠나야 한다. 그리고 그런 상황에서는 하느님의 권리와 우리의 영혼이 다해야 할 책무를 위태롭게 하지 않는 범위 내에서 부모에게 효도하고 국가에 충성할 수 있다.

우리는 성경에서 일찍이 바리새이파 사람들의 위선적인 행동에 관하여 들었다. 주님은 당시에 그들이 부모에게 해야 할 도리를 다하지 않고 종교적인 규정을 완수하는 것으로 대체하려는 행동을 두고 몹시 분노하셨다.[17] 무남독녀 외동딸이 가난에 쪼들려 죽어가는 부모를 모시지 않고 수도회에 들어간다면, 그것은 결코 신심에서 우러난 행동은 아니다. 하느님께 되돌려 드려야 할 책무와 부모에게 다해야 할 효도는 충돌하지 않는다. 그 두 가지 행위는 같은 것이요, 하나의 원천에 뿌리를 두고 있으니 둘 중 하나는 다른 것을 끌어안는다. 그러므로 만일 둘 중 하나의 명목으로 다른 것을 외면한다면, 둘 다 그르치는 것이라고 확신할 수 있다.

(2) 상위질서에 대한 '규칙준수'

사람이 복종해야 할 복잡한 상위질서를 간단히 파악할 수 있는 방법은 그런

---

17) [역주] 마르 7,8~11: "너희는 하느님의 계명을 버리고 사람의 전통을 지키는 것이다. … 너희는 누가 아버지나 어머니에게 '제가 드릴 공양은 코르반, 곧 하느님께 바치는 예물입니다.' 하고 말하면 된다고 한다."

질서체계의 기본적인 특성을 숙지하는 것이다. 그러니까 예를 들어 전구에 빛을 밝히려고 할 경우 서로 도와가며 작동해야 하는 다양한 부속품들이 단일한 체제를 이루어야 하듯이 일련의 질서를 따라야 한다. 그래서 하느님은 원천적으로 전기를 일으키는 장치, 곧 최고원리에 해당하는 발전기라고 생각하자. 그분으로부터 전선을 따라 적정 전류가 지속적으로 공급되도록 전기의 저항 및 전압을 조정하는 다양한 부속품들을 거쳐 마침내 전구에 안정적으로 전기가 도달하는 기본체계를 상상할 수 있다. 발전기로부터 전기가 거쳐 가는 다양한 부속품들은 분명 제각기 필요에 따라 특수한 목적을 위해 장착된 것들이고 통과순서 역시 반드시 따라야 할 것들이다. 우리는 그렇듯 반드시 준수해야 할 것들을 우선순위에 맞춰 질서체계로 이해한다. 그리하여 사람이 태어나는 순간부터 죽기 전까지 반드시 거쳐야 할 과정을 살핀다면, 우선적으로 부모와 국가를 손꼽을 수 있다. 우리는 이 두 가지 경우에 관해 앞서 살펴보았다. 이 두 가지는 사람이 이 세상에서 무엇보다 앞서 존중해야 할 우선적인 대상이며, 이제 그 아래에 소위 '상위질서'를 생각할 수 있다. 부모와 국가 아래에 놓인 질서들에 대해 맞갖은 행위를 "규칙 ~ 혹은 법규 준수"라고 일컬을 수 있다. 이는 종교적 행위로서 '신심' 혹은 '신앙'이나 부모에게 다해야 할 '효도'와 국가에 대해 바쳐야 할 '충성'과 유사한 의미를 갖는다. 그러니까 부모와 국가 아래에 놓인 상위질서를 그 수준에 맞춰 준수해야 한다는 것이다. 왜냐하면 이 상위질서는 마치 부모나 국가가 하느님을 일정부분 대신하는 것처럼, 이 상위질서는 일정부분 부모나 국가를 대신하기 때문이다.

예컨대 한 국가의 원수 혹은 대통령이 국민들에 대해서나 총사령관이 병사들에 대해서 혹은 한 도시의 시장이 시민들에 대해서 행사하는 권한은 모두 한정된 범위 안에서 유효하다. 예컨대 일정 기간 내 공동선을 창출하려는 목적을 위해서 사회구성원들이 부여한 권한을 갖는 것이다. 이 권한에 의거한 명령이나 법에 복종 내지 준수를 강조할 경우 분명 그러한 권한을 가진 자의 편에서 아버지다운 배려가 뒷받침되어야 한다는 의미가 전제되어 있다. 다시 말하지만, 국민들은 대통령의 노예가 아니며, 병사들은 총사령관의 꼭두각시가 아니요, 시민들은 시장의 전리품이나 그런 권한을 가진 자들의 사리를 채우기 위한 도구가 아니다. 오히려 그들의 권한을 준수하는 사람들은 마치 아버지의 보호와 지원과 배려를 당연히 요구할 수 있는 아이들과 같다.

그런데 부모 아래에 놓인 상위질서는 부모가 받는 효도를 강요할만한 권한이 없다. 그 근거는 부모가 하느님께 마땅한 흠숭지례를 제 자식에게 요구할 수 있는 권한이 없다는 근거보다 훨씬 더 희박하다. 그것이 이 질서체계의 원칙이다. 기껏 전기의 이동통로 중에(중간에) 위치한 것이 발전기로부터 전파되는 전류를 임의로 차단할 권한은 없다. 그러면 그것은 질서체계에서 벗어난 행동으로서 제 역할과 가치를 상실한 것이다. 우리는 어쩌면 전기장치보다도 훨씬 더 친밀하고 독보적으로 부모와 결속되어 있다. 기계장치는 다른 부속으로 바꿀 수 있지만, 부모도 그러한가? 우리의 존재와 엮여있는 단일체제는 그러므로 매우 의미심장하다. 예컨대 우리는 부모로부터 생명은 물론 지속적인 신체조건과 교육지능 등 인생 자체를 결정짓는 소중한 것들을 물려받는다. 부모 아래에 놓인 상위질서는 그러한 부모의 역할과 능력에 그 일부를 대신할 뿐이다.

상위질서(예, 가정에선 부모를 대신하는 후견인, 국가사회에선 법적 권한을 위임받은 자 등)에 위치한 자들은 결코 그들의 지배 아래 놓인 우리들을 노예나 개처럼 부리는 주인이 될 수 없다. 그들은 그렇다고 우리의 적대자는 물론 아니며 자유를 억압하거나 개인의 권리를 마음대로 탈취할 수 있는 자들도 아니다. 오히려 마치 부모가 아이를 대하듯 혹은 하느님이 인간을 대하시듯 돌보고 배려하는 역할을 그들에게 주어진 권한 아래서 수행해야 한다. 그들이 그와 같은 역할을 잘 해내지 못하는 경우도 더러 있고, 그때마다 그들의 권한이 하느님을 대신할 만큼 절대적일 수 없다는 사실을 기억할 필요가 있다. 우리는 그들을 합당한 존중과 복종으로 대우한다. 하느님과 같은 위상일 수는 없지만, 그렇다고 평범한 사람들에게 보이는 존중과 복종의 예로써 대우하지 않는다. 그들의 공적인 위상 때문에 우리는 그들에게 상응하는 예의를 갖추는 것이다. 다른 한편 그들에겐 강제적인 권한도 주어져 있기 때문에, 우리는 그들에게 두려움을 갖는다. 또한 그들이 집행하는 공무의 중요성 때문에 우리는 그들의 지시를 따른다. 나아가 그들이 공동선을 위해 수고하기 때문에, 그들을 지원하기 위해서 우리는 세금을 납부한다.

(3) 윗사람에 대한 '존경'

앞서 말한 상위질서 다음으로 우리가 존경과 복종의 예를 갖춰야 할 대상이 있으니, 우리는 그런 위치에 놓여 있는 사람들을 가리켜 '윗사람'이라고 부르며, 그들에 대해 "존경"을 표하도록 권고 받는다. 윗사람을 존경하는 행위는 종교적 신앙심이나 혈육관계 혹은 공무 능력 및 권한에서 비롯하는 것이 아니다. 왜냐하면 이때의 '존경'은 개인의 탁월성에 기인하기보다는 정확히 말해서 연장자나 지휘계층의 상급자라는 사실에서 기인하기 때문이다. 이때 존경이란 용어를 사용하듯이, 어원적으로 존경(honor)이란 표현은 과거에 하인이 상전(주인)에게 표하는 사회적 행동양식에서 채택된 것이다. 그러나 모든 사람들에게는 마땅히 존경받을 만한 무언가가 있다는 사실을 이해할 때 이 용어의 심오한 뜻을 우리의 삶 속에 올바로 반영시킬 수 있을 것이다. 어떤 의미에서 우리는 누구나 다른 사람의 종이 되어야 한다.

우리가 제대로 이해했다면, 굳이 탁월한 무언가를 발견하기 위해 억지로 우리의 상상을 비틀어 짤 필요도 없거니와 위선적인 태도를 보일 이유가 없다. 미용사의 수다에 깜짝 놀라워하는 반응은 그다지 진지한 행동은 아닐 것이다. 우리는 진실을 직시할 필요가 있다. 만일 어떤 사람에게 훌륭한 점이 목격되고, 그것이 한 순간이 아니라 항상 그렇다는 것을 알게 된다면, 그에 대해 존경하는 마음을 갖게 된다. 그렇듯 훌륭한 점이 도드라지고 늘어날수록 그 사람은 훨씬 더 그의 목표, 곧 하느님께 근접해 있다고 말할 수 있다. 그로써 그 사람에 대한 존경심도 비례하여 커지기 마련이다. 그와 같이 우리는 성인들에 대해 존경심을 표하며 나아가 성인들 가운데 가장 모범적인 삶을 보여주신 성모님께 더 큰 존경심으로 상경지례를 표하는 것이다.

그런데 한편 죄인들에게조차 존중하는 마음을 갖고 실천한 성인들도 많다. 시에나의 카타리나 성녀는 군중 사이에서 빠져나와 교수형을 받은 한 죄인과 팔짱을 끼고 함께 광장으로 나아가 교수대 위까지 동행했다. 그리고는 마침내 그가 숨을 거둘 때까지 그의 곁을 지켜주었다. 이와 유사한 행동들을 우리는 되풀이하여 많은 성인들의 전기에서 목격하게 된다. 무엇보다도 그들은 하나같이 주님의 모범을 본받아 그렇게 행동했다. 우리는 간음죄로 끌려온 한 여인에게 당시로서는 매우 파격적이면서도 감히 반항할 수 없을 만큼 담담하게 호의를 보이신 주님을 기억한다. 또한 야곱의 우물가에서 사마리아 여인에게 보이신 물리칠 수 없는 구원의 손길은 어떠한가? 한 인간에게 우리가 존중하는 마음으로 예의를 갖추는 것보다 더 효과적으로 상대방을 든든하게 해줄 수는 없는 것 같다. 확실히 모든 면에서, 아니 심지어 어느 한 측면에서라도 한 인간이 반드시 더 훌륭해야만 존중받는 것은 아닌 것 같다. 다만 하느님께서 그의 삶을 허락하셨다는 사실로써도 충분히 존중받을 만하다.

이는 우리가 대단히 낙천적인 사람의 눈으로 이 세상을 응시하듯이 일종의 자기최면에 빠진 행동이 아니다. 혹은 모호하고 혼란스러운 안목에서, 그러니까 경악한 나머지 그만 앞을 제대로 볼 수 없는 어리석은 처지에서 비롯한 행동이 아니다. 오히려 그 반대다. 다시 말해 주님이 이 세상을 바라보시듯 마치 높은 산 위에서 발아래에 펼쳐진 광경을 훤히 살피는 안목에서 비롯한 행동이다. 갈릴래아 호숫가에서 하루 온종일 허탕만 치다가 주님을 만나서 그분의 지시로 그물이 찢어질 만큼 많은 물고기를 잡고는 두려움을 경험했던 베드로 사도 및 그의 동료들과 같은 심정에서 비롯한 행동이다.

(4) 사적인 후원자들에 대한 '감사'

우리는 모든 사람들에게 존경을 표해야 한다. 우리는 우리의 존재 및 삶의 지침을 제시하는 원리와 같고 또 우리에게 공동선을 가져다주는 상위질서 및 윗사람들에게 복종할 필요가 있다. 그 밖의 개별적인 혹은 특수한 선을 가져다주는 원리로서 사적인 후원자들에게 감사해야 한다. 보편적으로 윗사람에게 존경을 표하는 행위와 사적인 후원자들에게 존경을 표하는 행위 사이에는 서로 날카롭고도 제법 의미심장하게 구별되는 부분이 있다. 전자의 경우 별 감정 없이 태연하게 예를 갖추는 것이 다반사라면, 후자의 경우 훨씬 더 반가운 마음으로 더 친근하게 예를 갖춘다는 것이다. 다른 한편 호의를 베푸는 이들에게 퇴짜를 놓는 태도는 그들에게 상처가 되고 그들에 대한 우리의 무관심은 우리 자신에게 상처를 남긴다. 상위질서 및 윗사람에게 예를 갖추는 것은 우리의 마음을 다잡고 행동을 고르게 하는 데에 도움을 준다. 그러나 사적인 후원자들에게 감사하는 행위는 우리 마음속 의지를 키우는 데에 도움을 준다. 그들 후원자들도 우리가 완전해지는 데에 도움을 주는 사다리와 같다. 우리는 감사함으로써 우리가 어느 높이까지 올라서 있는지 가늠할 수 있다. 반면 감사할 줄 모르는 행위는 기껏 올라선 높이에서 자신을 아래로 끌어내릴 수 있다.

사적인 후원자들은 물론 우리에게 감사를 받겠다고 나서지는 않는다. 사실상 그들이 베푸는 후원은 자신들이 앞서 받은 은혜에 대한 응답이기 때문이다. 그렇듯 자비를 베푸는 행위는 잠시나마 한 인간에게 하느님 역할을 하게 하는 특별한 기회와도 같다. 적게 혹은 전혀 갖지 못한 이들을 상대로 그들에게 필요한 무언가를 일시적으로 혹은 시한을 두고 베푼다는 점에서 말이다. 사적인 후원자들은 실제로 그들의 후원을 받는 사람들에게서 감사를 받는 것과 상관없이 베푸는 순간 즉각 보상받는다. 그들은 하느님처럼 베푸는 기쁨을 누린다. 과연 후원을 받은 자들의 보잘것없어 보이는 감사행위가 후원자들에게 더 많이 자비를 베풀도록 고무시켜서 계속 주고받는 행위가 이뤄지도록 이끈다. 일찍이 동방박사들이 이제 막 태어나는 아기 예수에게 선물을 가지고 왔다. 그러나 실은 그 아기는 당신 자신을 기꺼이 온 백성에게 내어주기 위해 이 땅에 오신 주님이다. 키레네의 시몬은 주님의 십자가를 대신 짊어졌다. 바로 그날 이후로 세상의 모든 사람이 제 십자가를 짊어지고 갈 때마다 주님이 곁에서 돕고 계신다. 그렇듯 당신은 하찮아 보이는 사람의 도움을 거부할 정도로 거드름을 피우는 분이 아니시다.

6. 이차적인 원리들의 준수와 관련된 덕

(1) 감사

우리가 얼른 생각하더라도 감사하는 행위는 끝없이 계속되어야 한다고 쉽게 이해할 수 있다. 그것은 공짜로 주어진 은혜에서 시작된 것이다. 그래서 감사는 – 은혜를 입은 자가 정의의 차원에서 맞갚은 보상을 고려하듯 되돌려줘야 한다고 생각하듯이 – 처음에 공짜로 얻은 은혜에 상응하는 대가를 지불하는 의미가 아니다. 오히려 감사하는 행위는 받은 자에게서 새롭게 시작되는 베풂의 한 형식이다. 물론 진정한 감사는 자발적이며 또한 공짜다. 왜냐하면 이미 모든 은혜가 거저이듯이, 소위 정의의 수준에서 감사행위는 제아무리 작다고 해도 먼저 받은 은혜에 상응하는 수준을 능가할 수밖에 없기 때문이다. 그러므로 이 행위는 자동적으로 은혜를 앞서 베푼 자에게 되레 감사하는 마음을 심어준다. 그렇게 은혜를 주고받는 행위가 점점 더 심화되면서 우리는 우리의 작은 행동으로 점점 더 하느님을 닮아가게 된다고 말해도 좋다. 왜냐하면 그것은 일찍이 하느님께서 이루신 창조원리에 속한다고 보기 때문이다. 하느님은 처음 그렇게 세상을 창조하셨고, 온갖 피조물도 그렇듯 하느님께 감사드릴 수 있다. 우리의 모든 결과, 행동거지 하나하나가 그렇게 이루어질 수 있다면, 우리는 점점 더 완전해질 수 있다. 그에 반해 어쩔 수 없이 그분에게 되돌려 드리는 행위의 경우는 감사의 형태 아니라 차라리 철저한 되갚음의 형태를 띨 것이다. 만일 그렇게라도 응답하지 않는다면, 하느님의 창조사업은 불완전한 채로 남을 것이라고 생각하는 것이다. 마치 하느님께서 시작하신 일이 하느님께 되돌아가는 완성을 보지 못한 것으로 간주되듯이 말이다. 그래서 흔히 사람들은 하느님께서 창조하신 것 가운데 하느님께 되돌아가지 못하는 불완전한 것들 가운데 유일한 경우가 바로 죄를 저지르는 사람이라고 말하기도 한다.[18]

주님은 우리에게 "거저 받았으니 거저 주어라!" 하고 가르치셨고, 또 하느님께 매번 감사의 기도를 바치셨다. 그분은 첫 크리스마스 축일에 당신 자신을 내어주시는 선물로써 성모님과 끝없는 감사의 행진을 시작하셨다. 과연 성모님은 기꺼운 마음으로 평생 동안 아니 영원히 갈수록 커져가는 감사를 그분과 나누었다. 그 덕분에 성모님께 의지하는 자녀들 모두가 그렇듯 끝없는 크리스마스의 기쁨을 누릴 수 있게 되었다. 더 이상 해마다 늘어나는 세금청구서에 대한 공포 없이 영원한 천상의 시민으로서 새해를 맞이할 수 있게 되었다.

사실상 비록 자신이 거저 받은 것보다 더 크게 되갚을 수는 없다고 하더라도, 감사하는 말로써조차 되갚을 수 없을 만큼 가난한 사람은 없다. 아무도 가당치 않은 은혜를 입고서도 자신이 가진 가장 소중한 것을 내놓지 않을 정도로 의식이 없진 않다. 자신이 가지고 있는 재산 전부를 헌금바구니에 넣었던 어느 가난한 과부가 다른 사람들보다 훨씬 더 많은 것을 내어놓았다고 주님께서 말씀하실 때 결코 과장하여 가르치신 것이 아니었다. 왜냐하면 정당한 자선 및 헌금을

---

18) [역주] 저자(Walter Farrell)가 앞에서 진술한 바와 같이 '되갚음'의 의미를 부정적으로만 보지는 않지만, 여기선 우리가 흔히 생각하듯 '주고받는 정의적인 형평성'의 차원에서 은혜와 감사의 관계를 따질 수는 없다는 점에서 하느님의 창조사업이 그런 '되갚음'의 차원에서 우리에게 어떤 대가를 요구하는 것은 아니기에, 마땅히 되돌려 드리지 못했다는 의미에서의 '죄인' 개념을 저자가 인정하거나 두둔하는 것은 아닌 것 같다.

평가하는 규범은 돈의 크기가 아니라 정성(精誠)이기 때문이다. 그 때문에 감사는 겉으로 드러나는 크기만큼 보상하는 데에 있는 것이 아니라 오히려 그렇듯 거저 받은 은혜 및 선물을 소중하게 여기며 언제라도 그 이상을 되돌려주려는 의지를 내포한다. 은혜는 겉으로 드러나는 행위나 물건으로써가 아니라 다만 감사하는 사람의 진심에 의해 되갚아질 수 있다. 그래서 진심어린 베풂과 감사행위는 액면가로 매겨질 수 없다는 점에서 이 세상 그 누구에게도 "형편없는" 것이라고 말할 수 있는 권한은 없다.

받는 것보다 주는 것이 훨씬 더 복되다고 볼 수 있을지 아닐지는 더 생각해 봐야 하겠지만, 기꺼이 내어주는 행위는 확실히 서로의 관계를 보다 더 가깝게 이끌어준다. 왜냐하면 베풀어진 은혜를 받는다는 것은 자신이 부족함을 고백하는 것과 다르지 않기 때문이다. 그런 이유에서 자존심이 강한 사람이나 자만한 사람은 은혜를 받아들이는 일이 매우 어렵고 불편하다. 그런 근거에서 감사행위의 가장 큰 어려움은 베풀어진 은혜를 상냥한 마음으로 받아들이는 데에 있다. 은혜를 베푸는 행위와 기꺼이 받아들이고 감사하는 행위의 문제는 마음의 문제이지 내밀거나 마는 손짓의 문제가 아니겠지만, 수혜자의 심정이 은혜를 받는 상냥한 태도를 통해 짐작될 수 있는 것처럼, 기부자의 심정 역시 은혜를 베푸는 친절한 몸짓으로 드러날 수 있다. 본시 도둑이 제 발 저리다고 말하듯이, 남의 것을 갈취하는 자는 어떤 사람이 희사하는 기부금이 그의 희생에 의거한 자유와 열정으로 마련된 것인지 잘도 알아본다. 물론 진정한 희사는 조금만 관심을 기울이면 누구든 한눈에 알아볼 수 있다. 왜냐하면 진정한 희사에는 기꺼이 베푸는 열정과 뗄 수 없는 기쁨은 물론이거니와 수혜자의 미래에 대한 염려가 수반되기 때문이다.

희사와 감사에 관하여 이처럼 간단히 숙고하는 중에도 의미심장한 결론 두 가지가 도드라진다. 한 가지 결론은 죄인이 자신의 참회가 이뤄진 것을 두고 감사하는 것과 성인이 거룩한 삶을 살 수 있게 된 것을 두고 감사하는 것이 서로 크게 다르지 않다는 점이다. 막달레나 성녀의 무조건적인 순명과 바오로 사도의 남달리 열성적인 그리스도의 추종에 대해 우리는 잘 알고 있다. 그런데 이 두 성인은 이중적인 의미에서 커다란 은혜를 입은 대표적인 인물들이다. 다시 말해, 그들은 모두 자신들이 받은 은총이 가당치 않음을 고백했다. 그것은 그 은총이 실로 터무니없을 만큼 거저 주어진 것임을 너무도 잘 알았기 때문이다. 우리는 성인들의 경우 객관적으로 보아서 비할 데 없이 큰 은총을 받는다고 믿는다. 하지만 죄인에게 베풀어지는 최소한의 은총은 어쩌면 땡전 한 푼 없는 알거지에게 주어지는 한두 푼처럼 적은 금액에 불과하겠지만, 이는 주관적으로 볼 때 백만장자에게 불로소득으로 거저 주어지는 수백 수천만 원보다 훨씬 더 가치가 크다. 그럼에도 오늘날 비일비재하게 벌어지는 놀라운 광경이 하나 있는데, 그것은 은혜를 받는 이들의 즉각적인 반응이 너무나 자주 감사보다는 오히려 못마땅해 한다는 사실이다. 그러한 어리석은 태도는 우리가 받은 은혜에 대해 재빠르게 응당한 조치를 적절하게 취할 수 있는 간단한 기회를 앗아가 버린다. 가끔 우리는 왠지 감사하도록 강요받는다는 느낌을 갖는데, 그것은 잘못된 생각에서 비롯한 것이다. 실제로 짐을 지거나 고통을 받을 때 취할 수 있는 기꺼움이 어려움을 줄이는 것처럼, 은혜를 고맙게 받아들이는 행위는 빚을 덜 수 있는 방책이다. 은혜에 대한 빚이란 표현은 썩 어울리는 것이 아니지만, 설령 그것을 빚이라 일컫는다 해도 정의의 차원에서가 아니라 사랑의 차원에서 짊어지게 된 빚이기에, 사랑은 그 빚으로 우리를 힘들게 하지는 않는다.

비록 배은망덕한 태도가 정의의 관점에서 그 선을 넘지 않는다고 한다면, 보통은 가벼운 죄에 해당된다고 할지라도 몹쓸 짓인 것은 분명하다. 배은망덕한 죄인에 대해 정말 몹쓸 사람이라고 지적할 때 흔히 사람들은 "배신자"라는 용어를 사용한다. 이스카리옷 유다는 구원사(救援史)에서 가장 몹쓸 사람으로 남아있다. 왜냐하면 가까이 모셨던 주님을 배반함으로써 최고로 은혜를 저버린 사람이 되었기 때문이다. 그밖에 사람들의 혐오와 경멸을 불러일으키는 죄목들은 다른 사람들이나 우리 자신들에게 심리적으로 혹은 생각으로 범하는 죄에 해당하는 것들이다. 반면 진실을 왜곡하거나 짐승과 같은 행동을 일삼거나 심지어 사람을 살해하는 죄목들은 단순히 마음으로나 생각으로 범하는 죄가 아니라 – 우리의 삶에서 하루속히 축출할 수 있도록 최선을 다해야 할 – 행동으로 범하는 죄들이다. 하지만 몇몇 불명료한 이유로 인해 마음으로 혹은 생각으로 범하는 죄목들은 배은망덕한 죄로 여기지 않는다. 그러나 우리가 그런 죄목들에 대해 여전히 태연한 척하기보다는 불쾌하게 여긴다는 사실이 그렇듯 감사하는 데에는 소극적이고 오히려 빈번하게 배은망덕하게 행동하고 있음을 입증하는 셈이다.

이는 그저 관점의 차이거나 단지 느낌에 관한 진술에 불과한 것일까? 아니다. 배은망덕한 행동의 진상을 살필 경우 그것이 엄연히 잘못된 것임을 깊이 깨닫게 된다. 배은망덕이란 죄는 은혜를 저버리는 데에 있다. 배은망덕은 받은 선을 되레 악으로 갚을 때(?) 최고조에 이른다. 배은망덕한 행위는 베풀어진 은혜가 하나도 없다고 여기고 실제 받은 은혜를 무시하기도 하지만, 극도에 달할 경우 오히려 은혜를 경멸하기까지 한다. 그러므로 배은망덕은 베풀어진 은혜를 인정하지 않는 것인데, 수혜자가 피해의식을 갖고 그 은혜를 마주할 경우 배은망덕한 행위에 대한 반성은 일어나지 않는다. 이제 그 진상을 하나씩 파헤친다면, 하느님과의 관계 속에서 우리의 마음속에 반향을 불러일으키는 수많은 은혜들을 올바로 알아볼 수 있을 것이다. 우리는 하느님께로부터 수많은 은혜를 받아 누리고 있지만, 정작 그것을 알아보고 인정하는 경우는 극히 적다. 우리는 과연 너무나 자주 불의하게 여겨지는 현실에 대해 부당한 처벌이자 억울한 처사라고 목소리를 높여 분개하며 불평하고 있지 않은가? 그렇다. 배은망덕한 행위는 어이없는 이상한 행위가 아니라 비열한 행위다. 왜냐하면 오직 겸손한 사람만이 매사에 감사할 줄 알고, 또 겸손만이 진솔하게 자기 자신을 똑바로 바라볼 수 있는 용기를 발휘하기 때문이다. 그러므로 배은망덕을 삼가고자 조심하는 일은 겸손하고 용기 있는 행위다. 자만하는 어리석음을 떨쳐내는 바로 거기서 인간본성의 건전한 양심이 싹튼다.

(2) 순종

1) 자연적 기원

변제되지 않은 채무가 불의의 무질서한 상태에까지 떨어지지 않기를 채권자들은 바란다. 우리를 정의에 기대게 해주는 그 밖의 모든 원리들과 함께 우리가 보편적으로 그런 의식을 몸소 실천하게 되는 것은 바로 '순종' 때문이다. 그러나 이 용어는 마치 뱃멀미로 속이 메스꺼운 사람 앞에서 맛있는 돈가스에 관해 이야기하는 것만큼이나 우리의 지쳐있는 굶주림에 오히려 역겨움을 불러일으킬 수도 있는 용어다. 그와 같은 역겨움은 우리의 내면에 자리하고 있는 분노심이 폭력적이고 즉각적으로 반응한 것이라고 본다. 사람은 모두 선하기에 서로서로 따를 만하다. 다만 순서를 정하는 데에 무지하거나 다른 사람에게 굽실거리고 부름에 응하는 것을 치욕적으로 생각하거나 다른 사람이 자신에게 지시하는 것을 못마땅해 하거나 나아가 자신의 생각에 다른 사람이 동의할 수 있도록 이끄는 추진력이 부족하기 때문에, 순종에 어려움을 갖는다. 사람들은 누구나 순수한 영(정신)을 못 알아볼 만큼 삐뚤어져 있지는 않다. 어쩌면 사람들에게 남아있는 최소한의 순수성이 간혹 맹목적으로 행동하게 이끄는지도 모른다. 그럼에도 우리의 능력과 독립성, 평등 및 그 밖의 다른 요소들이 증명해주듯이, 다른 사람의 가정을 침범하고 그의 아내를 범하는 일을 정당화시키는 반인륜적인 상황까지 내몰진 못한다. 누구에게나 최소한의 권리들을 모두 혹은 그 가운데 어느 하나를 존중하는 것은 서로에게 전혀 해로운 일이 아니고 오히려 유익한 일이다.

순수 자연적인 관점에서 순종은 세상에 존재하는 다른 모든 것들과 조화를 이루며 살아가기 위해 반드시 필요한 조건 가운데 하나다. 대자연의 모든 것은 하나같이 하느님의 섭리를 따른다. 다시 말해 하위질서에 놓여 있는 것들은 그들보다 상위질서에 놓여 있는 것들의 도움으로 자신들의 목표를 향해 한걸음씩 나아간다. 사람들은 모두 평등하면서도 동시에 평등하지 않다. 사실상 만일 아담이 죄를 저지르지 않았었다면, 평화로운 에덴동산의 오염되지 않은 분위기에서도 정치체제가 존재했었을 것이라고 추정해볼 수도 있다. 그러나 그것은 우리의 입장에서 상상한 것이지, 하느님께는 어울리지 않는다. 왜냐하면 하느님은 인간의 본성에 타의에 의한 폭력이 개입될 것을 원하신 분이 아니기 때문이다. 사람들에게도 상위질서에 놓여 있는 존재들이 있으며, 대자연의 다른 것들과 마찬가지로 그런 존재들과 더불어 혹은 그들의 도움을 받아 자신들의 목표를 향해 나아간다. 이때 사람들은 그들의 본성에 개입되는 타의에 의한 폭력을 통해서가 아니라 그들의 인간성과 조화를 이룰 수 있는 능력을 발휘하여 목표를 향해 나아간다. 그러니까 무엇보다도 물리적인 차원에서가 아니라 도덕적인 차원에서, 곧 상위존재의 부르심에 자발적으로 응답하는 순종을 통해서 말이다. 순종은 그런 의미에서 도덕적인 능력 가운데 하나다. 그 능력을 발휘함으로써 우리는 상위존재의 지시를 기꺼운 마음으로 받아들이고, 그 지시를 완수하려고 애쓴다. 그렇게 순종은 존재하는 모든 것과의 조화를 추구한다. 그로써 우리는 인간성이라는 고귀한 지위를 유지하면서 우리의 목표를 향해 힘차게 발걸음을 옮길 수 있다.

2) 탁월함

순종은 신앙·희망·사랑과 같이 종교적인 덕과 동등한 수준의 덕은 아니다. 종교적인 덕은 하느님을 대상으로 삼는다. 순종은 또한 최고의 도덕적인 덕도 아니다. 한시적인 것들에 대한 거부를 내포하는 도덕적인 덕들 사이에서 순종은 사람들을 하느님께 무릎 꿇도록 이끌 때 선봉에 서있다. 순종으로써 사람들은 진정 자신에게 속한 가장 좋은 것을, 곧 자신의 자유로운 의지(意志)를 바친다. 사람은 그로써 다른 피조물들이 할 수 없는 것을 한다. 그러니까 자기를 이겨내고 완전함(克己復禮)에 이를 수 있게 해주는 자유로운 순종을 발휘할 수 있다.

대자연의 질서 안에서 순종은 기형적인 존재처럼 빗나갈 수 있는 위기에서 우리를 구해준다. 더더구나 사회적인 질서 안에서 순종은 절대적으로 없어서는 안 되는 덕이다. 국가체제가 얼마나 말쑥하고, 그 조직들이 얼마나 신식이며 또 그 구성원들이 수적으로 얼마나 되는지와 상관없이 모든 국민들이 어떤 입장에서든 반대하는 국가정책은 더 이상 수립되거나 존속해선 안 되는 것이 원칙이다. 국민들은 군부의 쿠데타에 의해서 혹은 몇몇 정부인사의 은밀한 농단(壟斷)에 의해서 혹은 폭력적인 규제에 의해서는 성공적으로 통제될 수 없다. 오히려 순종에 의해서만 가능하다. 그래서 우리는 이 같은 진리를 하나의 짧은 문장으로 표현할 수 있다. 예컨대 순종은 정의에 기초한 행위요, 정의는 인간이 한 사회 안에서 그리고 이 우주 안에서 살아가기 위해서 반드시 요구되는 본질적인 것이라고 말이다.

윗사람은 지시하고 아랫사람은 복종하는 상명하복(上命下服)은 따스한 봄볕 아래 평화로운 시골의 정경, 오랜 시간 누릴 수 있는 자유 그리고 의심 없이 내딛는 발걸음을 보장해주는 편안함을 가져다 줄 것만 같다. 그러나 그것이 실제 우리의 삶속에서 날카로운 쇳소리와 같이 굉음을 내거나 혼란스러운 무질서의 기괴한 분위기를 자아내는 경우는 다반사다. 아늑하고 평온한 분위기는 과연 양발이 해야 할 것을 양손이 결정하는 순간 깨어지고 만다. 이러한 일그러진 분위기가 제삼의 관찰자에 의해서만 훤히 목격된다는 것은 불행이다. 자동차 사업으로 자수성가한 한 사업가는 자기 직원들이 살을 빼도록 닦달하지만, 유감스럽게도 점점 자신을 곤경에 빠트리는 상황을 눈치 채지 못한다. 바람직한 의미의 순종은 저마다의 권리를 존중하는 데에서 비롯한다. 윗사람이 자신의 권리를 자제하는 것은 자동적으로 그가 아랫사람에게 요구할만한 것을 삼가는 것을 의미한다.

3) 범위 – 하느님께 대한 순종과 인간에 대한 복종

사람들이 지엄하신 하느님께 오롯이 순종하는 것은 지극히 당연하며 필요불가결한 일이다. 과연 모든 움직임은 하느님의 첫째가는 움직임(원동자)을 뒤따른다. 어떤 인간도 최고의 존재도 첫째가는 원동자를 대신할 수 없다. 우리가 다른 어떤 사람에 대해 보이는 순종은 결코 무제한적인 복종일 수 없다는 것이다. 한 국가의 수장(대통령)은 자연법에 어긋나는 자신의 명령에 대해 국민들이 따르지 않고 무시한다고 해도 처벌해서는 안 된다. 아랫사람들에게 자녀들의 수를 제한하는 법규를 반포한 통치자라면, 그는 대자연의 질서를 어기며 행동하는 것이다. 그는 마치 제 마음대로 베토벤의 피아노 협주곡 5번(황제)을 연주하는 드럼 연주자에 불과하다. 왜냐하면 인간의 본질에 속하는 것들에 대해서는 모두가 예외 없이 권리를 가지며 그 어떤 다른 인간에 의해서도 침해받을 수 없기 때문이다. 우리들 가운데 상위질서 혹은 상급자의 위치에 있는 사람은 인간적인 행동과 사태들을 균형 있게 살피고 지시할 수 있지만, 그들이 행사할 수 있는 권한 내에서만 복종을 요구할 수 있다.

7. 사회적 책임의 소극적 측면 : 처벌

(1) 사회적 응징

상급자의 권한 내에서 명령이 내려질 경우에도 잘못된 명령이 있을 수 있고, 또 그러한 경우가 그동안 많이 있어 왔다. 그럼에도 그러한 명령을 따르지 않고 거부한 사람들에 대해 사회는 법률을 앞세워 처벌해왔다. 그것은 불쾌한 복종의 요구다. 정말이지 만일 그런 명령이 없었더라면, 오히려 우리는 그렇듯 비참한 행보를 하지 않았을 것이라고 생각할 수 있듯이, 마치 그것은 다른 사람들의 고통과 불행을 즐기는 듯한 불쾌한 명령이다. 하지만 우리는 단지 불쾌하다는 감상적인 논리로 그와 같은 사회적 처벌에 맞서는 오류를 범해선 안 된다. 그와 같은 오류는 오늘날 적잖이 일어난다. 예를 들어 가해자의 인격 또한 보호해야 한다고 외치면서도 그보다 우선적으로 돌보고 수습해야 할 피해자에 대한 보호는 뒷전이다. 심지어 교도소에 갇힌 죄수를 지나치게 염려한 나머지 그들에 대한 처벌이나 처우가 비인간적이라고 개선의 목소리를 높이지만, 정작 사회적 약자인 어린이, 여성들 나아가 장애인들이나 노인들에 대해선 그리 관심이 높지 않다.

그와 같은 논리는 더 이상 바람직한 의미의 인간성에 의한 발로가 아니라 현실과는 괴리된 감상에 젖은 논리다. 그와 같은 논리는 사회적인 의무를 다하지 않는 것이 실제로 사회 구성원들에게 심각한 피해를 불러일으킨다는 사실을 간과하기 쉽다. 법규에 의거한 범죄자의 처벌을 사회적 응징(膺懲)으로 치부하는 것은 피해자들의 상처를 치유하고 사회의 다른 구성원들의 권리를 보호하려는 의도를 거의 외면한 채로 단지 범죄자를 혹독하게 대하는 관점만을 크게 부각시킬 위험이 있다. 사실상 사회적 응징은 일차적으로 선량한 피해자의 권리를 복구하고 사회의 다른 구성원들의 권리를 보호하는 데에 주안점을 두어야 한다. 그러므로 응징이나 처벌이란 표현이 미움 내지 혐오의 관점에서 유래한 것이라고 생각한다면 잘못된 것이다. 왜냐하면 그러한 관점에서 유래한 표현은 우선적으로 - 마치 악행을 악행으로 해소하기라도 하려는 것처럼 - 악(惡)을 앞세워 마치 범죄자에게 가하는 처벌에 일종의 희열을 느끼는 듯한 인상을 줄 위험이 다분하기 때문이다. 그러나 실제 처벌의 원천은 사랑과 정의이다. 그래서 처벌은 일종의 덕이다. 왜냐하면 그것은 범죄자의 교정을 이끌어내는 선한 수단의 하나이기 때문이다. 다시 말해 처벌은 일찍이 범죄자로 하여금 자신의 죄에 대해 후회하고 피해자 및 그의 가족들과 화해하며 하느님의 정의 혹은 영광을 회복시키는 수단으로 채택되었기 때문이다.

처벌은 원칙적으로 사과, 곧 죄에 대해 용서를 비는 것을 면제받을 수 있게 해주는 장치가 아니다. 한 마디로 처벌로 앞선 범죄가 해소되는 것이 아니라는 것이다. 처벌은 오히려 항상 사과할 것을 요구한다. 그래서 사과가 최대한 의무적으로 수행될 필요가 있다. 마치 외부의 적 앞에서 국가가 '전쟁'을 방어수단으로 삼듯이, 처벌은 내부의 적에 대한 공식적인 방어수단인 셈이다. 만일 처벌이 때로 가혹하게 비친다면, 다음번에는 우리와 마주치거든 해코지하지 않기를 바라는 마음으로 테러리스트에게 우호적인 표정을 짓는 것이 바람직할지도 모른다. 하지만 테러리스트는 덕에 관한 설교에 관심이 없을 뿐더러 사랑의 회초리로 아들의 종아리를 때리는 아빠의 진심에는 아랑곳하지 않는다. 오로지 그는 자신의 목적(테러)을 이루기 위해 그에 효과적인 도구로 칼이거나 총이거나 폭약도 가리지 않고 사용한다. 따라서 처벌이 그를 이해시킬 수 있는 언어가 되며, 그의 희미한 지성을 자신의 포악한 행위 앞에다 끌어낼 수 있는 수단이 된다. 그는 비록 보다 더 낮은 수준의 범죄를 저지름으로써 훨씬 더 심각한 추방이나 불명예는 모면할 수 있다고 생각했는지는 몰라도, 자신의 금고에 모셔놓은 소중한 것들, 곧 그의 목숨, 건강, 인격, 자유 및 소유한 것에 대한 위협이나 상실은 이해할 것이다.

머지않은 과거에 음주운전으로 사람을 죽인 한 피고에게 무죄를 판결한 어느 판사에 대한 기사를 신문에서 본 적이 있다. 그 판사는 죄가 없는 곳에 처벌은 있을 수 없다는 취지 아래 상기 피고인은 사물을 분간할 수 없을 정도로 만취한 상태라서 사람을 죽이겠다는 의도가 있었다고는 볼 수 없다고 판단되기 때문이라고 무죄사유를 밝혔다. 그 판사는 물론 온 나라의 신문과 잡지 사설에서 뭇매를 맞았다. 그러나 대중들의 의로운 분노라 하더라도 감정은 정당한 논증이 될 수 없다. 그런데 그 판사의 무죄사유에 일부 정당한 부분이 있었다고 해도 결코 납득하기에 충분하지 않은 점이 있었던 것은 분명했다. 그러니까 반쪽자리 진리인 셈이다. 그렇듯 부분적으로만 옳은 논리는 쉽게 무너지기 마련이다. 그러한 논리는 우리의 지성을 오류에 떨어지지 않도록 붙잡아 줄 힘이 없다. 예를 들어, 유죄가 아니라면 그에 상응하는 처벌이 가해져서는 안 된다는 논리는 언제라도 옳다. 하지만 유죄로 말하기 어려워도, 곧 피의자의 의도와 상관없이 의학적인 차원에서의 처벌은 정당하게 내려질 수 있다. 예컨대 5년 내지 10년 동안 교도소에서 치료를 받게 하는 판결은 가능하고 또 필요하다는 것이다. 그러한 판결은 음주운전으로 사고를 낸 피의자가 다른 사람에게 위협적으로 행동한 실태를 제 눈으로 확인하고 자신이 초래한 결과를 인정하고 자숙하게 해줄 것이라고 믿어 의심치 않는다. 나아가 그러한 판결은 다른 사람들 또한 술을 마신 채로 운전대를 잡으려는 안일한 생각을 바로잡을 수 있도록 경고하고 계몽하는 효과도 있다. 확실히 음주운전은 처벌되어야 할 행동이다. 그렇지 않다면, 오직 산토끼처럼 민첩하게 반응할 수 있는 시민들만 목숨을 부지할 수 있다. 의학적인 차원에서 내리는 처벌에도 충분한 근거가 있다.

아마도 그 판사는 확실한 범죄를 제외하고는 결코 처벌하지 않으시는 하느님을 염두에 두었었는지도 모르겠다. 그러나 그가 그렇게 행동했다고 하더라도, 그는 최고의 판관이신 하느님이 영적인 처벌을 선고하신다는 사실을 간과한 셈이다. 그러한 처벌은 우리의 영적인 은총 및 능력을 박탈함으로써 더 멀리 있는 더 큰 목표를 지향하도록 우리를 지켜줄 수 없는 까닭에, 그로써 분명 다른 악들을 피할 수 있는 훌륭한 방책을 상실하게 된다. 아무리 썩은 치아가 고통스러워도 그것을 없애기 위해 목을 자르는 어리석은 짓은 하지 않는다. 그렇듯 하느님께서는 매우 포악한 죄인들에게서조차 최종목표에 이를 수 있는 기회를 박탈하지는 않으시니, 비록 영적인 처벌로 인해 힘들고 더딘 과정을 거칠지언정 그들이 최고의 복락을 열망하도록 배려하시는 일은 거두지 않으신다.

(2) 개인적 응징

처벌은 공적인 권위에 의해 이루어져야 한다는 사실을 항상 기억할 필요가 있다. 물론 어떤 공격이나 침입에 대해 스스로 방어할 수도 있다. 상대적으로 누구는 사려 깊은 판단과 능력으로 방어를 더 잘 할 수도 있다. 그러나 공격이나 침입이란 느닷없이 벌어지며 일단 벌어지고 나면, 대개는 방어하는 사람이 손쓸 수 없는 지경에 이른다. 방어하는 사람은 공격하는 사람을 항상 예의주시할 수만은 없다. 언제고 호시탐탐 기회만 노리는 공격자를 그때마다 방어하기란 거의 불가능하다. 입은 피해를 최대한 되갚을 수 있는 행위로서 방어자가 할 수 있는 일은 공적인 권위에 호소하는 일이다. 공격자 및 피의자는 자신을 변호를 시도할 수 있지만, 결코 마지막까지 범죄를 정당화할 수는 없다. 이유는 분명하다. 모든 처벌에는 사회적 차원의 강제력이 부과된다고 하겠는데, 그 까닭은 한 사회의 구성원에게 범한 잘못이란 바로 그 사회 전체에 대해 범한 잘못 또한 내포하기 때문이다. 사회적인 차원의 강제력의 부과여부는 원칙적으로 오직 하느님에게 귀속되며, 공동선을 위해 하느님의 권한을 대행하는 상위질서에 일부 위임될 수 있다. 어떤 경우든 개인은 홀로 보복행위 및 복수를 결정할 수 없다. 그럼에도 자신의 상처 및 피해를 가늠하여 그에 맞갖은 응징을 상위질서 및 국가가 결정하도록 호소하는 일은 너그러움과 사랑의 차원에서만이 아니라 정의의 차원에서도 반드시 그래야 하는 것은 아니다.

8. 한시도 유보되지 않는 사회적 책임 : 진리

사회적 책임은 곧 우리 자신에 대한 책임이다. 정직함이라는 덕으로 수행된 사회적 책임보다 더 분명한 경우는 없다. 우리가 단지 두 얼굴을 한 사람이나 거짓말쟁이에게 따가운 눈총과 불신의 화살을 던지는 사실만 되새기더라도, 정직함의 덕이 얼마나 소중한지 이해할 것이다. 멸시와 불신은 올바르고 순수하게 살아가는 사람을 대하는 존경 및 신뢰와는 대조적인 행위다. 하지만 그것은 외적인 측면에서 그러하다. 만일 거짓말쟁이가 누구보다도 바로 자기 자신을 기만

한다면, 당장 자신의 거짓말로 자신을 속이는 그런 나쁜 짓을 일삼는다면, 그것은 진정 그 자신이 누구인지 점점 더 어렵게 만드는 어리석은 짓이요, 나아가 세상을 있는 그대로 마주하는 일도 만만치 않을 것인즉, 삶은 매우 고달파질 것이다. 거짓말은 일종의 손쉬운 도피요, 힘겨운 노력과 성취를 잠시 흉내 낸 달콤한 위장에 불과하다. 우리는 이미 위험한 순간에 손만 뻗으면 닿는 곳에 비상구 손잡이가 놓여있다는 - 거짓말을 할 수 있다는 - 사실을 잘 알고 있다. 거짓말쟁이는 스스로 잘못 상상하는 세상에 자신을 매장하는 어리석은 자다. 마치 그는 얼마든지 거짓말을 일삼을 수 있듯이 이 세상은 포근하고 편안하다고 생각하지만, 그런 세상은 깃털같이 푹신한 이불에 휩싸여 결국 숨조차 제대로 쉬지 못하는 침대와 같다고 하겠다.

주님께서 우리에게 "나는 진리이다." 하고 말씀하신 것은 아마도 가장 단적으로 당신 자신을 우리에게 드러내신 참모습이다. 도미니코 성인은 스스로 높은 목표를 세우고 자신이 세운 수도회를 위해 간단한 모토를 이렇게 정했다. "베리따스"(veritas), 곧 "진리"라고 말이다. 진리와 존재는 다른 것이 아니다. 우리 주 하느님은 최고의 존재이자 최고의 진리이시다. 도미니코 성인은 진리를 찾는 데에 일생을 바쳤으니, 참된 존재가 무엇이고 또 어디에 있는지 숨을 거둘 때까지 정진했다. 거짓된 세계는 거짓된 여정과도 같다. 거짓말쟁이는 진취적인 삶을 추구하기보다는 자신의 뼈마다 하나하나를 두들겨서 억지로 커다란 항아리 속에 처넣기라도 하듯이 자신에게 주어진 값진 것들을 모조리 폐기처분하는 어리석음을 저지른다. 그가 해야만 좋을 그런 것들에는 눈길조차 주지 않으니, 그는 점점 더 늪 속으로 가라앉듯 곤란한 처지에 놓이고 만다. 인생에 있어 본질적인 것들을 서로 나눠야 함에도 불구하고 그에게 타자와의 소통은 점점 더 심하게 꼬여만 간다. 그가 세상의 아주 사소한 것들을 두고 능수능란하게 거짓말을 해댄다고 상상해보아도 금방 알 수 있다. 예컨대 버스 운전사에게 혹은 차표 발매원에게 더 나아가 교통 단속원에게 거짓말을 둘러댄다면 어떤 곤란한 일들이 점점 더 크게 벌어지는지 짐작할 수 있다. 만일 경기도 광주에서 사업을 하는 사람에게 자신의 노후자금을 빌려준 사람이 속아서 전라도 광주에서 사기꾼을 찾아 헤매는 모습을 우리가 지켜본다면, 그 심정을 분노라는 하나의 단어로 담아내기엔 성에 차지 않는다고 말할 수 있듯이 말이다. 간단해 보이는 거짓말이 상대방을 얼마나 비참하게 만드는지 유념해야 한다. 우리는 마음에도 없는, 지나가는 말만 해가며 살 수는 없다. 진실이 빠져 있으면 서로 어울려야 하는 순간 상대방에게 확신을 줄 수도 없고 상대방을 신뢰할 수도 없다. 우리의 속내는 진실한 말로써 서로 알 수 있고 또 전달할 수 있다.

　진실을 말하는 의무는 정의의 차원에서도 요구된다. 예컨대 위증이나 거짓이 범죄행위라는 사실은 비단 법정(法庭, tribunal)에만 해당하는 이치가 아니다. 더 나아가 그것은 서로에 대한 예의 혹은 서로 간에 속임수를 쓰지 않겠다는 무언의 약속으로서 서로 요구할 수 있는 순수한 권리다. 그러나 진실하다는 것은 우리 마음의 빗장을 풀거나 우리가 가진 생각을 모두 털어놓는다고 되는 것은 아니다. 어느 아내가 자기 남편에게 "내가 어떻게 생각해야 할까요?" 하고 묻는 것은 그녀가 의사처럼 남편을 진단하겠다는 말이 아닐 것이다. 아내의 사려 깊은 이 말 한 마디는 결국 남편이 최소한 몇 가지 중대한 사실에 대해 회피하지 않고 분명히 해명하도록 남편을 이끌 것이다. 당신이 인사치레로 "어떻게 지내십니까?" 하고 물을 경우 상대방이 주절주절 자신의 건강상태를 길게 늘어놓는다면 다소 황당하다는 느낌이 들 것이다. 실상 이런 인사치레가 사회생활에 있어 반드시 필요한 행동은 아니다. 세상에 존재하는 것들이 하느님의 뜻을 품고 있다면, 말(언어)은 사람의 생각을 품는다. 그런 점에서 세상에 존재하는 사물이든 인간의 말이든 모두 참되다. 그렇다고 이 세상에 존재하는 것들이 하느님의 뜻을 모조리 함축하고 있는 것은 아니라고 생각하는 것이 건방진 태도는 아닐 것이다. 우리는 진실을 말해야 하지만, 때와 장소와 방법을 가려서 행동하는 것이 바람직하다.

널리 잘 알려진 먼차우젠 남작(Baron Munchausen)[19]의 영웅담은 거의 불가능하게 여겨지는 이야기로 채워져 있는데, 확신하지만 그렇다고 그의 영웅담이 거짓말이라는 것은 아니다. 왜냐하면 그의 영웅담은 누가 들어도 분명하게 농담의 차원에서 상상으로 지어낸 이야기라는 점에서 결코 누구를 속이려는 의도가 없었다는 사실을 쉽게 알 수 있기 때문이다. 본질적인 의미에서 거짓말은 듣는 이를 기만하려는 의도로 행해진다. 다른 사람을 성공적으로 속이거나 그러지 못하거나 하는 문제는 언어적 재능을 왜곡한 거짓말의 본성보다는 그 완벽함에 달려 있다. 시험을 치르는 어떤 학생이 주어진 문제지를 다 맞혔다고 해서 사람들이 시험관에게 이 문제지는 엉터리라고 이의를 제기할 수는 없다. 정치인들의 연설 중에 자주 사용되는 "친애하는 국민"이란 용어가 늘 그렇듯 과장된 것임을 누구나 알기에, 그것을 굳이 거짓말이라고 단죄할 필요는 없다. 그러한 공공연한 표현들로 인해 대중이 속지는 않는다고 보기 때문이다. 대중을 기만하는 훨씬 더 교묘한 계략은 다른 곳에 숨어있다. 보통 언어는 의미를 내포하며, 공손한 형식을 취하는 것이 일반적이다. 칭찬하는 말은 어렵지 않게 상대방에게 날개를 달아준다. 그런 점에서 방문접수를 하는 세일즈맨은 상대방을 설득하는 데에 거의 실패하지 않는다.

거짓을 말하려는 의지가 전제된 곳에는 죄도 이미 함께 시작한 셈이다. 작정한 거짓말은 결코 정당할 수 없고 변명의 여지도 없다. 우리는 적대자를 물리치기 위해 거짓 정보를 제공하는 자보다 마땅히 받아야 할 처벌을 피하기 위해 거짓말을 둘러대는 아이를 용서할 수 없다. 그러나 정의에 위배되고 타인의 권리에 돌이키기 힘든 해를 끼치는 거짓말은 훨씬 더 나쁘다. 엄격한 의미에서 작정한 거짓말이든 타인의 권리를 심각하게 훼손한 거짓말이든 모두 죄악이다. 거짓

---

19) [역주] 한 때 미국사회에선 입담이 센 어느 독일 작가가 전해준 뛰어난 탐험가이자 사냥꾼으로서 먼차우젠 남작의 영웅담이 회자되었는데, 그에 관한 이야기는 대단히 과장되고 신기한 것들로 채워져 있어서 사람들은 한낱 허구에 지나지 않는다고 생각했었다.

말이란 단지 그로 인해 상대방을 다치게 하면 불쾌한 것이요, 아무 피해가 없다면 항상 재밌는 그런 것이 아니다. 모든 거짓말은 그릇된 행동이다. 왜냐하면 그것은 인간에게 주어진 말하는 재능을 그릇되게 사용한 것이기 때문이다. 실상 거짓말은 항상 사회적 피해를 가져다준다. 곧 사람들 사이의 관계에 해를 끼친다. 결코 흔히들 생각하듯이 적당히 웃어넘기고 마는 수준에서 그치는 것이 아니다. 건전하지 못한 사람들의 사교적 모임에서 교묘하게 둘러대는 거짓말로 웃음을 자아내게 한 사람이 비록 많은 사람들의 공감을 얻었다고 하더라도, 거짓말쟁이는 거짓말쟁이다. 웃음을 자아내는 거짓말을 두고 심각하게 비난할 것까지는 없더라도, 소위 '하얀 거짓말'은 없다. 거짓말은 모두 죄의 검은 손길에 물들어 있는 음흉한 행동이다.

만일 속기사로 일을 하고 싶어 하는 어느 소녀가 그 일과 관련된 '스펙'(경력)에 대해 묻는데, 마음속으로는 "접시 닦는 일"을 묻는다고 자신에게 암시를 하는 면접관에게 "예, 있습니다!" 하고 대답한다면, 그 소녀는 최소한 그 순간 면접관을 속인 것이 된다. 하지만 그 소녀가 마음속으로는 설령 그러한 생각을 가지고 있었다고 하더라도, 겉으로는 거짓말을 하지 않았다면 칭찬받을 만하다. 왜냐하면 그 소녀는 신학자들이 설명하듯이 소위 "순수한 마음"으로 자신을 이겨냈다고 보기 때문이다. 물론 이때 순수함은 다소 이상한 종류의 순수함일지언정 거짓말과는 거리를 두었다는 점에서 그러하다. 실제 생각을 억제하거나 속으로 엉뚱한 생각과 갈등을 일으키는 부분에 대해서 다른 사람이 알아볼 도리는 없다. 누구나 마음속으로 품은 생각을 단지 입으로 내뱉은 말로써 고스란히 알아볼 재간은 없기 때문이다. 그래서 거짓말이 가능한지도 모른다. 사람들 사이에서 생각을 억제하거나 마음속으로 엉뚱한 생각을 하는 것을 막으려는 노력은 이미 계속되어 왔다. 흔히 "내 안에서 악마와 천사의 다툼"이라는 표현들이 그러한 생각들에 대한 경계를 의미한다. 그런 표현을 곧이곧대로 알아들으려고 하는 사람은 얼간이뿐일 것이다. 그래서 그러한 표현들이 실재적인 것은 아닐지라도 어떤 경우에는 허락될 필요가 있을지도 모른다. 왜냐하면 다소 애매모호한 경우가 존재하기 때문이다. 예컨대 우리는 알고 있는 것 전부를 굳이 말할 필요는 없을 때가 있다. 그럴 때마다 우리는 속이려는 의도에서가 아닌 한, 차라리 진실을 부적절하게 말하지 않도록 삼가려는 의도를 앞세우는 것이 바람직할 것이다.

아마도 진실의 진가에 대한 최선의 평가는 그 진실이 사람들에게 미친 결과를 통해 드러날 것이라고 본다. 거짓을 수단으로 삼는 사회는 결국 서로간의 불신으로 인해 파국으로 치닫게 된다. 반면 진실을 존중하는 사회는 질서와 평화 위에서 번영할 것이다. 전자는 호시탐탐 분열을 조장하는 죄인들을 낳고 후자는 지성에 순응하며 서로를 신뢰하는 사람 혹은 영적으로 거룩한 사람들을 낳는다. 시쳇말로 거짓말은 우리의 생각 및 속내를 감추고 이웃과의 소통을 단절시키는 언어의 왜곡이다. 거짓말은 태어나는 순간 죽음을 맛보게 하는 하나의 부조리다.

[결론] 원리를 무시하는 현대사회의 오류

1. '처음'의 중요성

(1) 과정철학이 주장하는 진리의 사슬

이제 이 단원(제12장)을 요약하자면, 인간이 제 힘으로 시작하지 못한 진리에서 시작할 수밖에 없다. 인간의 경우 그저 자신이 무언가 한 발짝 발걸음을 완료했다고 한다면, 그것은 또한 아직 내딛지 않은 다음 발걸음을 준비하는 의미를 갖는다. 그래서 그의 인생에서 펼쳐지는 어떤 상황이 또 다른 무언가의 시작을 뜻하지 못한다면, 그는 실패한 것과 다름이 없다. 그것은 길을 잃은 것과 같기 때문이다. 인간의 삶은 일종의 과정이다. 계속해서 더 완전한 것을 향해 나아가는 과정이요, 궁극적으로는 최고의 상태, 완전한 상태에 이르는 과정이다. 그래서 마침내 최고의 상태에 도달하는 순간 비로소 더 이상 과정을 밟지 않아도 되는 완전한 생명을 얻어 영원한 삶을 누리게 될 것이다. 인간은 결코 그의 시작 혹은 기원과 분리된 삶을 영위할 수는 없다. 그의 시작은 그의 끝 혹은 최종목표와 마치 하나의 사슬처럼 서로 연결되어 있다.

(2) 현대사회의 두 가지 오류

1) 끝없는 과정의 연속

그러나 현대의 진리관(眞理觀)에 두 가지 오류가 눈에 띤다. 그 첫 번째는 '끝없는 과정'의 연속이란 주장이다. 이 주장을 우리는 오늘날 특히 과정철학에서 목격한다. 과정철학은 이 주장을 근거로 자신들의 이론을 정립하려고 하는데, 실오라기처럼 가느다란 이 근거로 그들은 세상의 실재에 간신히 매달려 있다. 그들은 인생에 시작 말고는 아무것도 없다고 생각한다. 그리고는 더 나아가 현실적으로는 삶과 세상은 시작한 적도 없거니와 그 끝도 없는 과정만이 계속된다고 주장한다. 그들의 눈에 인생은 더 이상 건널 곳 없는 다리요, 오직 기진할 때까지 돌기만 하는 쳇바퀴와도 같다. 결론적으로 이 과정철학은 인간의 지성을 소름 돋는 거짓말로 호도한다. 그러나 정작 우리가 볼 때, 우리에게 여전히 진지한 행위가 존재한다면, 틀림없이 어떤 목표나 목적이 있어야 한다. 그래서 하나의 시작이 존재한다고 보며 그와 동시에 그러한 시작에 동기를 부여하는 목표나 목적이 반드시 존재한다는 차원에서 일련의 과정을 생각하는 것이 훨씬 더 합리적이라고 생각한다.

2) 부담스런 과거

두 번째 오류는 물론 첫 번째 오류와 연결되어 있는 것으로서 지난 과거 일체와 단절시키는 태도를 취하는 데에 있다. 마치 어느 성인(成人)에게서 그의 유년기는 그저 지나가버린 과거처럼 더 이상 현재하지 않는다고 생각해버리듯이 일체 과거를 현재와 상관없는 것으로 따돌린다. 그들은 이런 태도를 비단 연령이나 출생과 관련해서만이 아니라 모든 분야에 걸쳐, 예컨대 종교적, 철학적, 경제적 및 사회적인 범위 전역에까지 적용한다. 각 개인은 물론 각 시대와 각 민족은 저마다 뿔뿔이 전개될 뿐이라고 생각한다. 정말 다행스럽게도 이는 진리가 아니다. 우리는 우리가 살아있다는 것을 증명하기 위해서 우리의 조상들을 죽여서는 안 된다. 인생이란 이 노정에서 가려질 수 없는 진리로서 하느님을 향해 나아가는 일은 한 순간 혹은 짧은 시기에, 심지어 어느 한 시절이나 어느 연령에만 처리될 수 있는 그런 것이 아니다. 그것은 천천히 그리고 힘겹게 이뤄내야 할 어떤 것이다. 그래서 때때로 앞서 걸었던 이들에 의해 깊게 패인 구덩이나 장애물에도 불구하고 그 경로의 도움을 받아야 할 필요도 있다. 과거는 사실상 우리의 어깨를 짓누르는 짐스러운 걸림돌이 아니다. 오히려 우리가 미래를 향해 도약할 수 있도록 우리를 떠받쳐주는 디딤돌과 같다.

2. 원리를 무시한 결과 : 물리적 혹은 도덕적 소멸

인간은 아무 수고 없이 무언가를 새롭게 시작할 수는 없다. 우리가 피하고 싶은 어려움들은 사실상 우리에게 친숙한 것들이다. 그러므로 어려움의 회피는 곧 친숙한 것들과의 단절을 의미한다. 만일 누군가가 종교적이고 도덕적인 제일원리, 곧 하느님과 단절하고자 한다면, 종교적인 의미에서는 영원한 지옥불을, 도덕적인 의미에서는 영원한 처벌을 면치 못할 것이다. 이는 존재론적인 의미에서 존재의 상실이요, 물리적인 의미에서는 사라짐 내지 소멸을 뜻할 것이다. 이 세상에 벌어진 수많은 재앙이 천재(天災)보다는 인재(人災)에 가깝다는 통계적인 정보가 바로 우리의 존재가 그 기원 및 원리와는 별개인 것처럼 오만하게 행동한 결과임을 말해준다. 그러한 인재들은 시작 및 기원을 근거로 삼아야 하는 근본 원칙을 무시하는 정도와 비례해서 벌어진다.

부모를 떠난 아이의 방황은 당장 부모의 보호 및 사랑을 그리워하게 만든다. 방황하는 자는 그렇듯 자신의 삶에 소중한, 다른 것으로는 대체할 수 없는 귀중한 것을 상실한 것이다. 그래서 우리의 파행이나 실수는 연민의 정을 남긴다. 마치 자만하고 거역하고 못되게 구는 아이가 결국 그 자신도 원치 않는 어려움을 당하는 것을 보면서 측은한 생각을 떨쳐버릴 수 없듯이 말이다. 그런데 어떤 것은 한 번 잃게 되면 영영 잃어버리게 된다. 대표적인 경우가 목숨이다. 생명이 그 기원과 단절하는 것은 곧 죽음이기 때문이다. 그것이 물리적인 목숨이 아니더라도, 부모를 무시하고 부모에게서 떨어져 나가는 행위는 그와 똑같은 수순을 밟는다. 자기 자식들에게서 똑같이 무시당하고 불신과 불순종의 아픔을 당하기 마련이다. 또한 그 아이들의 삶도 시작부터 활기를 잃고 이내 병들어 위축될 것이다. 왜냐하면 그들은 인생을 살아가면서 없어서는 안 될 순종이나 희생을 전혀 모른 채 삶을 시작하기 때문이다.

자신의 조국과 등진 사람도 자신의 일부를 상실한 것과 같다. 왜냐하면 그도 그의 조국의 일부이기 때문이다. 과연 사람은 사회적 동물이기에, 조국이 없는 사람에게 자유롭게 살아갈 수 있도록 기회를 주는 곳은 세상에 없는 것 같다. 고향을 상실한 사람은 그래도 그에 비해 낫다. 그러나 조국을 잃은 사람은 어디를 가더라도 낯설고 결국 고독한 여생을 보내야 한다. 그의 상위질서나 윗사람과의 단절은 사회적 법규나 도덕적인 질서를 거부하는 것이요, 현실적으로 한 사회 안에서 함께 어울려 사는 것을 거부하는 것을 뜻한다. 그러한 사람은 차라리 반역을 꾀하는 자다. 그가 함께 해야 할 사회, 동료 나아가 자기 자신에게도 반역을 꾀하는 자다. 과거 견유주의자(犬儒主義者)들이 그랬던 것처럼 세상에 대해 냉소적으로 살면서 사람들에 대한 존경이나 복종을 거부한다. 사회가 권하는 도덕이나 질서를 무시하고 비판만 일삼는다. 그러한 냉소적인 태도는 결국 그 자신에게서도 지속적인 영감을 박탈하고 사회적 연대를 해체하고 자신만의 나태하고 화해할 수 없는 공간에 고립시킨다. 소위 태어날 때부터 맺게 되는 자연적인 인간관계와 사회적 유대를 따라 물려받은 은혜에 배은망덕한 삶을 선택함으로써 감사해야 할 것을 무시한다. 그들은 자신들에게 쏟아지는 배려와 은총을 피하려고 안달하는 사람들처럼 보인다. 다른 사람들의 호의와 무상으로 베푸는 인정을 오히려 역겨워하며 거부하는 데에 기를 쓴다. 마치 그 자신만이 홀로 정의로운 삶을 추구하는 양 거드름을 피우며 다른 사람들 모두를 비웃는다.

3. 완전한 주체

인간은 완전해질 수 있다. 그것은 인간이 완전해질 수 있도록 창조되었기 때문이다. 그의 본성은 그 목적을 위해 설계되었다. 하지만 그의 완전성은 전적으로 자족(自足)의 차원에서 이뤄지는 것은 아니다. 뿌리를 잡아 뽑아 놓고서 계속 성장하기를 기대할 수는 없다. 인간은 우주에서 독불장군처럼 살아갈 수 있는 존재가 아니다. 그는 어디로부턴가 왔고 또 어디론가 가고 있다. 인간에게는 위로 섬겨야 할 것이 있고 아래로 돌봐야 할 것이 있다. 인간에게는 그보다 앞선 무언가가 존재하고 또 그 뒤에 무언가가 존재한다. 그래서 인간에게는 고유한 자리가 있다고 한다. 그 자리에서 인간은 질서, 안정, 평화, 진보 및 궁극적인 목표로서 완전성을 확보할 수 있다. 인간의 완전성은 거기에 있다. 그것은 인간의 자리에 가장 잘 어울린다는 의미의 완전성이다. 그리하여 완전한 인간이란 곧 완전한 주체로서의 의미가 가장 적절하고 확실하다. 일찍이 우리를 구원하신 주님께서 친히 그와 같은 완전성을 위해 모범을 보여주셨다. 당신이 번민에 휩싸여 기도하셨던 바로 그 자리에서 보여주신, 그러니까 "제 뜻대로가 아니라 당신 뜻대로 이루어지게 하소서!" 하고 기도하셨던 그 모범 말이다.

제13장 사회적인 덕 (Ⅱ) : 피로사회의 근원
(제2부 제2편, 제111문제~제122문제)

1. 단일체와 사회생활
2. 사회생활에서의 일탈 : 추방
   (1) 물리적 추방
   (2) 도덕적 추방
3. 진실의 결함에 의한 사회적 일탈
   (1) 눈속임과 위선
   (2) 허례허식
      1) 허풍
      2) 하찮게 여김
4. 붙임성의 결함에 의한 사회적 일탈
   (1) 붙임성(다정함)의 본성
   (2) 붙임성이 지나친 행동 – 빌붙음(아첨)
   (3) 붙임성이 결여된 행동 – 적개심(사회적 만행)
   (4) 사회성의 결핍인 빌붙음과 적개심의 공통 기원 – 경멸
5. 관대함의 결함에 의한 사회적 일탈
   (1) 관대함의 본성
   (2) 사회적 무절제 – 사치(낭비벽)
   (3) 사회적 인색함 – 탐욕
6. 사회생활을 위한 인간의 본성 : 경건
   (1) 경건의 본성
   (2) 경건과 종교적 신앙심, 효심 및 두려움과의 차이
   (3) 인류애의 발로로서 경건
7. 사회 일치를 위한 최소한의 요구 : 「십계명」
   (1) 「십계명」의 일반적 성격
   (2) 형평성과 「십계명」

[결론] 피로사회와 교회
1. 덕과 사회
   (1) 사회적 덕의 일반적 필요성
   (2) 특별한 필요성
2. 무신론을 표방하는 사회와 교회
   (1) "적과 벗" 개념
   (2) 사회문제의 해결사
   (3) 생활원리들의 수호자
   (4) 문화의 옹호자

제13장 사회적인 덕 (Ⅱ) : 피로사회의 근원
(제2부 제2편, 제111문제~제122문제)

(들어가기)

　웅장한 조각이나 대성당 혹은 아담한 시골집 등 공을 들인 건축물은 저마다 독특한 아름다움을 뽐낸다. 하나같이 사람들에게 놀라움을 안겨다주는 만큼 패기 넘치고 출중한 기교에도 순박함이 배어있는가 하면 볼수록 감동을 주고 때로는 엄숙한 기운마저 느끼게 한다. 이러한 느낌들은 그런 건축물에 잔인(匠人)의 혼이 생생하게 살아있다는 생각을 갖게 한다. 정성을 다해 일궈놓은 작품은 잔인과 단단히 결합되어 있기 때문이다. 그래서 우리에게 감명을 주는 작품은 잔인과 실체적 단일성을 가장 잘 보여준다고 말한다. 우리는 그런 작품들을 보며 경이로워하는데, 그것은 사실 생명 자체로부터 오는 경이로움에서 유래한다. 왜냐하면 생동감을 전해주지 못하는 작품은 놀라움의 대상이 될 수 없기 때문이다. 우리는 두 번 놀란다. 그처럼 한 잔인의 손에 의해 표현된 겉모습에 놀라고, 그 작품 내면 깊숙이 용트림하는 지성, 곧 잔인의 혼을 생각하며 놀란다. 화가는 자신의 이젤에서 가끔씩 뒤로 물러나 자신의 그림이 제대로 되었는지 살핀다. 그리고 생명이 없는 물감과 핀셋에 자신의 혼을 불어넣어 작품을 완성한다. 하얀 캔버스에 그러한 재료들을 이용하여 어떤 형상과 질서를 부여함으로써 말이다. 화가도 그런 의미에서 일종의 창조자이며, 사람들은 그렇듯 놀라운 걸작을 완성한 예술가에게 기꺼이 존경을 표한다.

1. 단일체와 사회생활

　유기적인 단일체로서의 모습은 생명체의 뚜렷한 보편적 특징 가운데 하나다. 그러한 단일체로서의 활동에 문제가 생길 때 병이 나고, 마침내 완전히 멈춰질 경우 죽음을 맞게 된다. 죽음은 비단 단일체를 이루는 영혼과 몸의 해체만이 아니라 한 몸을 이루던 여러 지체들의 분리도 내포한다. 사회생활 역시 일종의 단일체로서의 삶을 의미한다. 실상 모든 사회는 저마다 단일한 체제를 통해 유지된다. 그래서 우리는 사회를 달리 하나의 유기체로서, 그러니까 거기에 속한 구성원들에 의해 짜임새 있게 움직인다고 말한다. 건전한 사회는 구성원들 사이에 그런 유기적인 관계가 활발하게 이루어짐으로써 생동감이 넘쳐나는 사회다. 그러므로 사회가 건강하거나 병들거나 심지어 죽어가는 것조차 거기에 속한 구성원들의 유기적인 관계, 친밀한 정도 및 조화로운 소통에 의해서 결정된다.

사회 전체를 구성하는 일부가 잘려나갈 경우 마치 신체 일부가 절단되는 현상과 같이 온몸의 생명활동에 지장이 생기듯이 어려움을 겪기 마련이다. 그렇게 잘려나간 신체 일부가 그동안 온몸의 생명활동에 기여해온 역할에 비례해서 어려움을 안겨준다. 일례로 대통령의 탄핵은 그 국가사회에 있어 한 강도의 강제집행보다 훨씬 더 큰 어려움과 피해를 가져다 줄 것이다. 그것은 마치 어떤 사람이 손가락 하나를 잃어야 할지 두 다리를 절단해야 할지 하는 문제와도 같이 심각할 수 있다. 하지만 제거해야 할 일부를 몸에 지닌 채로 살 수는 없다. 이번 단원(제13장)에서 우리는 단일체로서의 사회에 폐해를 낳는 것들이 무엇이며 그런 것들을 제거하는 문제와 관련하여 생각해보려고 한다. 특히 사회 속에서 어울려 살지 못하고 이기주의적인 삶을 추구하는 개인들이 사회에 어떤 영향을 미치는지 살펴보려고 한다.

2. 사회생활에서의 일탈 : 추방

(1) 물리적 추방

사회로부터의 격리에 단절의 의미는 있지만 흔히 말하듯 제거의 의미는 없다. 제거의 의미로는 차라리 '추방'이 적합하다. 보통 우리는 이 추방이란 용어를 "국적 없는 사람"으로 살아가도록 사회 밖으로 강제로 내쫓는 처벌의 일종이라고 이해한다. 이 같은 물리적 차원의 추방이 안겨주는 어려움은 타국에서, 예컨대 그리스의 어느 사탕가게에 들어서거나 이탈리아의 아름다움 해변을 거닐게 될 때 생생하게 다가올 것이다. 추방은 어떤 경우 자신이 선택해서 얻을 수도 있겠지만, 그럼에도 아테네의 푸른 하늘과 나폴리의 강렬한 태양이 추방당한 당사자의 마음을 편안하게 해주지는 않을 것이다. 그에겐 그런 여유를 함께 즐길 만한 동료도 없거니와 다른 이들이 쉽게 잊어버리더라도 함께 나눌 토론을 위해 귀 기울여줄 논증을 열심히 준비할 까닭도 없으니 실상 이국에서의 여유는 여유가 아니다. 그래서 추방당한 이들은 자신의 고향으로 되돌아가는 꿈을 꾼다. 자신의 고국 혹은 고향 어디선가 편안했던 하루, 행복했던 모습을 떠올리며 마음 설레해 하는 아쉬움을 꿈으로 채운다.

아마도 추방을 당한 사람들의 고초는 실제 프랑스로 추방당한 어느 미국인의 경우를 생각한다면 좀 더 분명하게 이해할 수 있을 것이다. 추방당한 사람은 이리저리 제 갈 곳을 찾아 떠나는 여행자와 다르다. 왜냐하면 여행자는 언제든 되돌아갈 고향과 집이 있으나 추방된 사람은 낯선 곳에서 영구히 머물러야 하기 때문이다. 성경은[20] 이스라엘의 스승이라는 니코데모가 사람이 다시 태어난다는 말을 도저히 믿을 수 없다고 고백하는 이야기를 전해준다. 과연 다 커버린 사

---

20) [역주] 요한 3,4 이하 참조.

람이 다시 태어나는 것은 물리적으로 불가능한 일이다. 그러나 전능하신 하느님께서는 못하실 것이 없다. 그런데 사회적으로도 다시 태어나는 일이 가능하다. 물론 그럴 수 있기 위해선 많은 눈물과 땀을 쏟아야 한다.

사회적인 이탈로서의 추방은 물리적인 의미가 강하다. 돌려 말해 추방에서 재기(再起)하려면 또 다른 사회의 일원으로 다시 태어나는 과정을 필요로 한다는 말이다. 물론 실패하는 경우가 더 많다. 한 인간이 자신의 조국을 처음부터 자연스럽게 물려받지만, 그것이 얼마나 소중한 선물이자 권리인지는 대개 의식하지 못한 채 살아간다. 실상 국적은 누구나 자신의 삶을 구성하는 일부이자 인생과 직결된 중요한 원리 가운데 하나다. 자신의 조국으로부터 추방된 사람은 결국 자신의 삶에 치명적인 상처를 입은 것과 같다. 우리의 조국과 조국에 대한 충성심은 우리의 살과 피에서 움터났다. 우리 스스로 우리 자신을 보든지 다른 사람이 우리를 보든지 간에 조국을 떠나는 순간 우리는 언제나 이방인으로 남을 수밖에 없다. 낯선 이방인으로서의 삶에는 단지 언어의 문제나 사고방식 혹은 문화적 전통의 이질감으로 인해 겪는 어려움이 전부가 아니다. 그러한 온갖 어려움들보다 더 큰 어려움이 있으니, 그것은 인생에 있어 너무 늦은 시기에 새로운 원리를 따라 자신의 삶을 재정비해야만 하는 일이다.

(2) 도덕적 추방

물리적 추방이 안겨주는 고통을 생각하면 그것을 도덕적 추방과 비교하는 일은 쉽지 않아 보인다. 하지만 물리적 혹은 신체적 추방은 보통 거리(마일)를 통해 제한시키는 격리의 의미를 내포한다. 그리고 그것은 다른 사회에서 새로운 삶을 시작하는 것을 금하지는 않는다. 물론 그러한 새로운 시작은 불편하고 또 불안한 시작일 수 있다. 그에 비해 도덕적 추방은 비록 격리의 의미를 내포한다고 하더라도 사회로부터의 격리가 아니라 사람들로부터 격리를 뜻한다. 이는 물리적인 거리로 측정될 수 있는 간격이나 차이가 아니라 고독, 배반 혹은 자포자기와 같은 의미를 띤다. 그래서 도덕적 추방은 어떤 사회에서도 살 수 없음을 의미한다는 점에서 절대적이며 보편적인 추방이다. 왜냐하면 인간은 어떤 사회에서든 공통적으로 이웃과의 유대를 통해 통합적인 삶을 구현하는 존재인데, 고립무원의 삶은 곧 사회적 존재로서의 삶을 포기하는 것과 다르지 않기 때문이다. 따라서 물리적 추방이 어떤 사람을 황량한 사막이나 거친 무인도에 귀양 보내는 것이라면, 도덕적 추방은 그 당사자 자신이 황량한 사막이나 무인도가 되는 것과 같다. 그래서 누가 나서서 그를 끌어올릴 수 없는 한, 오랫동안 그런 상태로 머무를 수밖에 없다. 스스로 갇힌 자는 훨씬 더 고독하다. 도덕적 추방을 견디어 내야 할 아픔과 두려움 그리고 힘겨움은 물리적 추방에 비해 훨씬 더 심각하다는 뜻이다. 왜냐하면 다른 사람과 하나가 되고자 하는 원의는 - 예컨대 서로 남남이었던 남녀가 만나 부부의 연(緣)을 맺고자 간절히 매달리듯 - 혈육지간이나 동족지간이 서로 하나가 되고자 하는 원의보다 훨씬 더 깊고 강하다고 보기 때문이다. 그러한 원의는 인간의 본성 안에서도 상당히 깊은 곳에 근거한다.

다시 말하지만, 이러한 도덕적 추방은 다른 사람들로부터의 격리를 뜻하는데, 그 원인은 다른 사람들과 거리를 두고자 하는 당사자의 내면적인 태도에서 비롯한다. 그것은 한편 부당하게 다른 사람들을 자신에게서 몰아내려는 마음과 다른 한편 여전히 옳지 못한 방법으로서 다른 사람들로부터 자신을 지키려는 마음에서 비롯한다. 이때 후자의 경우 자기 자신과 다른 사람들 사이에 거짓으로 담을 쌓고는 그 뒤에 숨으려는 의도가 지배적이다. 그래서 그 어떤 진실도 접근하지 못하도록 만들고 자기 자신은 마치 우물 속에 갇힌 듯한 삶을 반성 없이 고집한다. 거짓이 밝혀지는 순간 사람들은 혐오하는 마음으로 그와 등질 것이다. 하지만 거짓이 도덕적 추방이라는 불쾌한 밑그림을 구성하는 필수적인 요소이긴 하나 그것이 밝혀지거나 당사자가 승복하는 일은 또 다른 문제다. 그런 한에서 도덕적 추방은 당사자의 의지가 주도적으로 작용한다. 우리 자신의 몸을 감추기 위해 쌓아올린 담장을 다른 사람들이 발견하든지 발견하지 못하든지 간에 우리는 거기에 높다란 담장이 놓여 있으며, 그 담장을 바깥에서는 기어오를 수 없다는 사실을 잘 알고 있다.

3. 진실의 결함에 의한 사회적 일탈

(1) 눈속임과 위선

우리는 바로 앞선 단원(제12장)에서 언어를 이용한 거짓말과 그 폐해에 대해서 살펴보았다. 여기서는 먼저 현실적으로 벌어지고 있는 다양한 거짓된 행동들, 그러니까 소위 "눈속임"이라고 일컫는 위선적인 행동들에 대해 살펴보고자 한다. 우리는 가끔 집주인의 재미없는 농담에도 웃음으로 받아주는 세입자의 태도에서도 그런 위선적인 모습을 목격할 수 있다. 그러한 행동이 무난하게 넘어가는 것이 다반사이긴 하지만, 성공을 거두지 못하여 서로 무안한 상황이 벌어질 때도 있다. 마치 많은 사람들이 운집한 기차역 광장에서 갑자기 자신이 들고 있던 여행용 가방이 활짝 열려졌음에도 눈치를 채지 못하고 서있는 세련된 옷차림의 귀부인처럼 그냥 지나쳐 버리기에 민망한 경우도 있다는 것이다. 실제 그런 상황이라면 주변의 사람들은 그녀의 무안함을 염려하여 대부분 보고도 못 본 척 고개를 돌릴 것이다.

물론 그처럼 못 본 척 고개를 돌리고 말해주지 않는 것이 잘못은 아니다. 더구나 상대방의 쑥스러움을 덜어주기 위해서라면 말이다. 우리가 알고 있는 것을 모두 말해야 할 필요는 없듯이, 우리가 속으로 생각하는 것을 모두 행동으로 옮겨야 할 필요는 없다. 모든 살인자가 자신을 불쾌하게 바라보는 세상을 피해 숨어 살아야만 하는 것도 아니요, '개념 없이' 사는 사람들이 반드시 자신을 멍청하게 여기는 다른 사람들의 응시에 익숙해지도록 훈련받을 필요도 없다. 하지만 만일 우리가 행동으로 옮긴 그것이 실제 우리의 생각과 다르다고 한다면, 그렇듯 세상을 속였다는 점에서 그런 행동에 대해 부끄러움을 느끼는 것이 인지상정이다.

우리가 의도하진 않았지만 다른 사람을 속이는 경우도 있다. 예컨대 문자 그대로 이해되어서는 안 되는 그런 말이 있듯이 말이다. 때로 입술연지를 잘 바르면 이상하게 보이기보다는 오히려 호감이 가는 표정을 갖출 수 있다. 간단한 화장은 단정한 모습을 돋보이게 하고 현대사회에선 일종의 예절로 이해될 수도 있다. 비록 그에 익숙하지 않은 비문명인에게는 이상하게 보일지라도 말이다. 오늘날 상점 점원이나 주인이 고객에게 인사하며 건네는 미소가 진심어린 기쁨을 표현한 것이라고는 아무도 믿지 않을 것이다. 사실 현대인들의 삶은 타성(惰性)에 젖은 행동들로 가득하지만, 그렇다고 그런 행동으로 어느 누가 속는 경우도 없다. 안절부절 못하는 사람이 부산을 떨거나 쉽게 놀라는 아이가 휘파람을 부는 행동은 당장 그들에게 없는 어떤 바람이나 안정감을 절박하게 구하고 있음을 표현한 것이다. 그러니까 세상을 속이려고 하는 행동은 아니라는 것이다. 우리는 세상을 간단히 바라보고 그냥 지나치기 때문에 이런저런 사람들을 꼼꼼하게 분간하지 못한다. 종종 우리는 동병상련의 민감한 심성, 소위 나약한 인간이란 특징을 따라서 사람들을 그렇게 분류해버리고 만다. 우리는 그런 사람들을 통해서 우리 내면에 감춰진 유사한 속성을 인정할 필요가 있다. 왜냐하면 우리도 그와 같이 나약한 심성으로 인해 가끔 혼란스러운 경우를 느끼기 때문이다.

그러나 우리 곁에 천연덕스럽게 접근해오는 사기꾼의 경우는 앞서 언급한 경우와는 분명히 다르다. 사기(ftaus)는 허위를 진짜처럼 가장한 범죄다. 그것은 세상을 속인 잘못으로서 사기꾼과 그에게 속아 넘어간 피해자 모두에게 죄를 저지르는 것이다. 다만 고결하게 보이려는 것 외에는 달리 나쁜 목적이 없다고 하더라도 위선자의 그럴듯한 행동 역시 허위를 진짜처럼 가장한 죄다. 그런 의미에서 위선자 역시 사기꾼에 속한다. 위선자든 사기꾼이든 둘 다 자신을 전혀 다른 인물로 가장함으로써 이웃하는 사람들과의 진실한 교제 및 소통을 단절시켜버린다는 점에서 사회에 죄를 저지르는 자들이다.

위선자는 대부분의 사람들이 마땅히 존경하는 어떤 인격을 표절한다. 바로 이점이 위선자들에 대해 사람들이 그토록 혐오하고 불신하는 이유 가운데 하나다. 정신적 차원에서 사기를 치는 자들은 쉽게 존경을 받으려는 자와 같다. 그들은 사람들에게 슬며시 접근하여 남다른 의로움과 고결함으로 인해 존경을 받는 사람처럼 환심을 사려 든다. 그러나 그러한 속임수는 실제 존경받아 마땅한 사람들의 인격에 미치지 못할뿐더러 존경받아 마땅한 사람들에게도 해를 끼친다. 왜냐하면 진정 존경받아 마땅한 사람은 기꺼이 자신의 행위를 평가받는 데에 주저함이 없으나 위선자들은 오히려 호통을 치며 자신들을 의심하지 못하게 함으로써 존경받을만한 사람들의 명예를 실추시키기 때문이다. 사람들은 실제 존경받아 마땅한 사람을 요모조모 살필 수 있도록 조심스럽게 접근해나갈 필요가 있다. 때때로 위선자는 진실을 감추거나 정의의 실현을 위해 혹은 정의를 지켜내기 위해 능히 감수해야 할 어려움조차 피하려고만 든다. 위선자에게는 정직하고 천진난만한 모습은 온데간데없고 유치한 공상 속에 살아가는 어린아이와 같은 모습이 목격된다. 그러나 어린아이는 자신이 어른들을 흉내 내는 소꿉놀이를 하고 있음을 자각한다. 하지만 위선자는 때때로 자신을 바보로 만드는 일에 도취된 나머지 치명적인 위기를 맞는다.

(2) 허례허식

1) 허풍

진실과는 거리가 먼 낭만은 사람들에게서 꾸준히 호응을 얻을 수 있는 이해지평 위에 계속 서있을 수는 없다. 그래도 자존심만은 최소한 자신을 곧추세우도록 도와줄 수 있다. 비록 자신의 두 발로 꿈을 뒤쫓기에 부족하더라도 머리를 곳곳이 들고 양어깨는 바르게 편 채로 걷게는 해준다. 엄밀히 말해서 실로 자신의 과도한 행동으로 친구를 융숭하게 대접하는 사람은 질리게 하는 사람이지 허풍쟁이는 아니다. 그런 사람은 다소 오만한 표현을 즐겨 쓰더라도 진실을 말한다. 그러나 허풍쟁이는 거짓말쟁이다. 그는 힘들게 공든 탑을 쌓기 위해 몸을 굽히는 수고는 외면하고 손쉽게 이룰 것 같은 헛된 망상 속에 살아간다. 만일 그의 허풍이 성공을 거두기라도 한다면, 사람들은 그 이면에 감추어진 진실을 알아채지 못할지도 모른다. 그러나 실패한다면, 사람들은 그 허풍쟁이를 다시는 만나고 싶어 하지 않을 것이다. 아무튼 어떠한 경우든 허풍쟁이는 사람들에게서 진실한 마음을 살 수 없으니 결국 자신을 고립시키는 파국을 맞을 것이다. 토마스 성인은 종종 허풍은 어떤 일 때문에 혹은 이익을 챙기기 위해서 다른 사람들에게 상처를 주려고 애쓰지는 않지만, 그 누구에게도 유익한 행동은 아니라고 충고한다. 허풍쟁이는 마치 우스꽝스러운 거짓말쟁이와 같다고도 한다. 거기에는 우리가 진지하게 생각할만한 점이 있다. 대부분 농담이나 수다가 그렇듯 쉽사리 허풍으로 치장되고 거짓말이 은연중에 뒤섞이듯이 말이다.

소문난 허풍쟁이를 상대하는 일은 그리 어렵지 않다. 왜냐하면 우리가 해야 할 일은 단지 귀를 기울여주는 것이 전부요, 이야기를 듣는 중에 어쩌다 한 번씩 맞장구를 치듯 "오우", "와!", "대박!" 하고 호응하는 것으로 족하기 때문이다. 오히려 현실을 과소평가하고 하찮게 여기는 사람을 상대하는 것이 훨씬 더 어렵다. 그런 사람은 장난기 어린 농담도 받아들일 여유가 없다. 그래서 그런 사람은 퇴근 후 함께 하는 술자리에서 "자넨 아무 생각이 없군!" 하고 건네는 친구의 농담에도 발끈한다. 혹은 "그건 멍청한 짓 아니냐!" 하고 웃자고 하는 말에도 정색을 하고 달려든다.

2) 하찮게 여김

허풍쟁이는 어떻게든 사람들로부터 인정받기 위해 진실을 과장한다. 그에 반해 모든 것을 하찮게 여기는 사람은 진실을 축소시킨다. 만일 후자가 말로는 자신의 장점을 대수롭지 않게 늘여놓으면서도 실제로는 남들로부터 찬사를 받고자 한다면, 그는 허풍쟁이가 의도하는 목표와 같은 것을 추구하는 셈이다. 그럴 경우 그는 음흉하거나 가려진 허풍쟁이라고 불러도 좋을 것이다. 하지만 자신의 장점들을 축소하거나 별것 아닌 것으로 취급하거나 남들로부터 공격을 받지 않으려고 있지도 않은 단점들에 대해 늘어놓는다면, 그는 남들에게 호응을 얻기 위해 소심한 태도를 보이는 것에 불과하다. 그로 인해 그는 마치 리허설 중에 사람들에게 잠깐 불미스럽게 보여준 왜곡된 인상이 자신의 진면모인 것처럼 속여 자신에 대한 혼란스러운 정보를 제공한다. 어떻게든 진실을 하찮게 여기는 사람은 자신의 진정한 자아를 다른 사람들 앞에서 감추는 것이요, 그로써 자신만의 고립된 길을 걷는 것이다.

  그러나 어떤 사람이 실제로 자신의 실패에 관해선 진실을 말하고 자신의 성공에 관해선 아무 말 하지 않는다면, 그를 가리켜 진실을 하찮게 여기는 사람이라고 말할 수는 없다. 왜냐하면 그는 거짓말을 한 적이 없기 때문이다. 예를 들어, 성공을 거둔 어떤 작가가 지난 날 그런 대로 성공한 경우는 전혀 언급하지 않고, 자신의 원고가 퇴짜를 맞았던 쓰디쓴 경험들에 대해서만 자신의 청중에게 길게 이야기를 할 수도 있다. 그래서 자신과 같이 글을 쓰고자 하는 새내기들에게도 성공하기 이전에 그들의 앞길에 기다리고 있을 법한 실패와 실망스러운 상황을 맞게 되더라도 끝까지 용기를 갖도록 격려할 수도 있다. 그런 사람을 두고 진실을 왜곡했다고 말하지는 않는다. 우리는 이런 상황을 이해한다. 그래서 그렇듯 앞날이 촉망되는 새내기 작가들에게도 어느 정도 과장된 사색과 표현을 용납한다. 그러나 우리가 이해하기 훨씬 더 곤란한 경우는 성인(聖人)들이 자기 자신을 죄인으로, 때로는 아주 몹쓸 죄를 저지른 대역죄인과 동일하게 자신을 평가하는 경우다. 성인들은 거짓을 말하지 않는다고 생각하는 것은 그릇된 것이 아니며 또 중요하게 여겨야 할 사실이다. 그들은 결코 자기 자신을 과소평가하지 않고 차라리 진실만을 증언한다고 생각해도 좋다. 그럼에도 그렇듯 자신을 죄인으로 고백하는 성인들을 우리는 어떻게 이해해야 할까? 이때의 어려움은 무엇보다도 성인들이 알고 있는 만큼 우리가 죄에 대해서 제대로 알고 있지 못하다는 데에 있다. 더욱이 그들처럼 하느님과 가까이 하지도 못할 뿐더러 하느님과 직접 말을 건네거나 만나지 못하듯이 우리는 분명 그들보다 하느님을 아는 바가 적다. 한 마디로 성인들은 하느님을 잘 알고 있기 때문에, 하느님의 선하심을 거스르는 그 모든 죄의 성향과 크기를 충분히 깨닫고 있다는 것이다. 더 나아가 성인들은 설령 다른 사람들에 대해 쉽게 판단을 내릴 수 없을 만큼 잘 모른다고 하더라도 자기 자신에 대해서만은 잘 알고 있다. 그래서 지성과 의지 사이에서 엄밀하게 헤아리기 곤란한 사람의 행동이라는 점에서 다른 사람들의 행동을 두고서는 정확한 판단을 내리기 어렵다고 하더라도, 자기 자신에 대해서만큼은 우리보다 훨씬 더 정확히 판단할 수 있다. 그런 까닭에 어떤 사람의 잘못된 행동이 어떻게 비치든 성인은 그 행동에 원인이 되었던 그 사람의 탓을 알기보다는 오히려 (하느님과 자신의 직접적인 소통 및 계시 덕분에) 자신의 작은 잘못 안에 그 원인이 된 자신의 탓에 대해 더 깊이 되돌아 볼 수 있다. 성인은 그렇듯 자기 내면에서 시작된 자신의 행동과 삶에 대해 깊이 통찰할 수 있다. 그런 점에서 그들은 위선자와 다르다. 거짓말쟁이와도 다르다. 그들이 '성인'으로 불리는 것은 그와 같이 진실만을 말하고 겉과 속이 다르지 않으며, 아주 미소한 잘못조차도 족히 인생을 망치거나 후회스럽게 만드는 원인이 될 수 있다는 사실을 분명하게 내다보기 때문이다.

위선과 허풍 그리고 하찮게 여기는 행동은 모두 명백히 진실을 거스르는 죄다. 이러한 행동들에는 한 사회에서 함께 살아가는 동료인간들과의 소통을 끊어버리고 자신만의 고립된 삶을 고집하려는 의도가 깔려 있다. 하지만 이 세 가지 행동들을 서로 구별하는 것이 그런 행동을 일삼는 자들의 인간적 재능조차 무시하려는 것은 아니지만, 유감스럽게도 그들은 이 부도덕한 행위들을 한 가지 같은 행동으로 포장하려고 궁리한다. 그래서 일찍부터 위대한 영적 완전성과 겸손의 덕을 상징하는 옛 의복 하나만 걸치더라도 만사가 오케이라고 생각함으로써 아직 실제로 닦지 못한 완전성을 마치 자신들이 지닌 것처럼 보이려는 위선을 저지르고 만다. 그래서 의복의 허리띠를 어울리지 않게 단단히 매는 모습만으로도 한눈에 허세 티가 난다. 혹은 그들이 걸친 의복이 케케묵고 낡았다는 사실로도 그들이 사회적 신분을 하찮게 여기고 있음을 짐작할 수 있다. 그와 같은 거짓된 행동들은 그토록 주님의 공분을 살 수밖에 없었으니, 단식을 한답시고 장마당에서 크게 떠들면서 초췌한 행장을 하고 슬퍼하는 바리새이파 사람들의 행동들이 주님의 눈에 거슬리지 않을 수 없었던 셈이다.

4. 붙임성의 결함에 의한 사회적 일탈

한편 어느 누구도 진실을 무시한 채로 사회에서 함께 살아갈 수 없다는 점은 분명해 보인다. 다른 한편 즐거움을 포기한 채로 사회에서 살아갈 수 없다는 점도 그에 못지않게 분명해 보인다. 소위 '사회적 동물'로서 인간의 본성은 다른 사람과 함께 살아갈 것을 요구하며, 나아가 그렇듯 공동생활을 위해 서로 돈독한 유대를 맺음으로써 즐거움을 누릴 것을 요구한다. 반면 공동체 구성원들이 서로 합의한 약정이 없거나 아예 그런 것들이 없는 것이 더 낫다고 생각하는 사회에서 함께 살아가는 일은 매우 어렵다.

그러므로 현대사회는 거의 대부분 완벽한 사회를 이루기 위해 제각기 규범을 마련해놓고 있으며, 기회가 닿는 대로 보다 더 완전한 규범을 세우려고 안간힘을 쓴다. 최소한 사회는 갈수록 더 완벽해져야 하고 그로써 사회구성원들의 관계는 점점 더 좋아져서 마침내는 모두가 즐거움을 누려야 할 것이다. 그래서 초자연적 영성을 따라 한 마음으로 모인 이들이 축성된 삶을 위해 힘쓰는 수도공동체 안에서 휴식시간은 마치 어린아이들의 파티가 최고 절정을 이룰 때와 같이 아무 소리도 들리지 않는다. 아무도 우울해하거나 침통한 분위기에 젖지 않고, 차라리 그 수도회의 영성을 따라서 카리스마를 발휘하는 사람에 대한 선망의 눈길만이 가득한 유쾌한 삶을 일궈 나간다.

(1) 붙임성(다정함)의 본성

다른 사람과의 사회적 원만한 관계를 위해 예의를 갖추면서도 상대방에게서 호감을 얻는 덕이 곧 붙임성 혹은 다정함이다. 정의의 차원에서 이 덕은 대인관계에 요구되며, 흔히 공손 및 친절이라는 도덕적인 덕목을 내포한다. 그러니까 바꿔 말해 다른 사람들에 대한 내적인 사랑까지 요구하지는 않는다. 내적인 사랑은 또 다른 덕행이다. 하지만 붙임성은 다른 사람에게 최소한 예의를 갖추거나 감정을 자제하면서도 호감을 불러일으키는 덕행이다.

붙임성은 모든 사람들이 농담을 잘하는 사람이 되기를 요구하진 않는다. 붙임성은 사실상 농담으로 이뤄지는 것이 아니라 진지하게 또 일상적인 삶 속에서 이뤄진다. 사람들은 단순히 농담만 주고받는 관계에 머무를 수도 있다. 붙임성은 확실히 매일같이 상대방의 기분 및 비위를 맞추어 주는 것만으로 이뤄지지는 않는다. 그렇다고 그것이 농담과 담을 쌓은 사이도 아니다. 하지만 다른 사람들의 농담을 계속해서 듣기만하는 것은 거부한다. 다시 말해 다른 사람이 주는 것만을 챙기는 것 외에 아무것도 하지 않는 수동적인 의미의 사회성이 아니다. 붙임성이란 덕이 사라진 사회에선 인간관계가 금방 시들해진다. 그래서 붙임성이 사라진 인간관계는 마치 점점 희미해지는 빛줄기나 꺼져가는 영사기의 불빛처럼 혹은 두통을 앓는 만취한 사람의 기억과도 같이 차츰 사라진다. 혼자서 하는 카드놀이처럼 머지않아 싫증을 느끼고 내팽개치고 말듯 말이다.

그러나 붙임성은 지나치게 멀리 나아갈 수도 있다. 예컨대 다른 사람들이 붙임성이 좋은 자신을 두고 "예스 – 맨" 혹은 "호구(虎口)"로 간주할 수도 있다. 그것은 상대방과의 평화로운 관계를 유지하기 위해 늘 자신이 대가를 지불하고 어떤 이유에서든 상대방의 감정을 다치게 하지 않으려는 지나친 우려 때문이다. 그렇지 않으면 상대방을 기분 좋게 하려는 행동으로 인해 아첨하는 사람으로 간주될 수도 있다. 호구든 아첨꾼이든 모두 바람직한 모습은 아니다. 자신은 숨죽인 채 지나치게 친절해서 "호구"가 되거나 소신이 없어 가까이 하는 사람에게 빌붙어 살려고 해서 "아첨꾼"이 되는 것이기 때문이다.

(2) 붙임성이 지나친 행동 – 빌붙음(아첨)

빌붙어 살려는 태도 혹은 아첨은 아주 심각한 문제를 낳을 수 있다. 마치 도살하기 위해 돼지를 살찌우는 것처럼, 기회가 오면 사기를 치기 위해 벼르는 부도덕한 방탕아로 변질될 수 있기 때문이다. 그래서 아첨은 아무리 가벼운 경우라고 해도 눈꼴사나운 행동 가운데 하나다. 그것은 또한 상대방에게 저지르는 정말 어리석은 행동이라고 하겠으니, 인간의 약점을 영영 극복하지 못하도록 힘을 빼놓는 행위이자 상대방의 몰락을 획책하는 행위이기 때문이다. 아첨은 건전한 식욕을 자극하기보다는 지나치게 많은 거품크림에 맛을 잃게 하는 경우처럼 혹은 지나친 수식어를 사용함으로써 순수한 시적 감흥을 떨어뜨리는 경우처럼 부정적인 결과를 초래한다. 입에 너무 단 것은 건강에 해롭다고 하지 않는가!

아첨꾼의 진정한 속내는 언제나 베일 뒤에 가려져 있다. 그는 사람들 사이의 소중한 연결고리를 제 혀로 잘라내는 셈이다. 실상 우리는 사회적 유대 및 연결고리로 인해 서로 소통하며 희망과 도움을 주고받을 수 있다. 그러나 아첨꾼은 이웃하는 사람들을 자신의 도구처럼 사용하기로 결정했고, 따라서 그들을 입으로는 칭송하며 섬기는 듯하지만, 실제로는 그들을 갖고 놀아난다. 상대방의 약점을 스스로 알아보지 못하게 하고, 상대방이 보지 않는 곳에선 비웃는다.

(3) 붙임성이 결여된 행동 – 적개심(사회적 만행)

아첨은 어떤 사회적인 이익을 위해 너무 쉽게 동의하는 것을 뜻한다. 붙임성의 정도가 지나침으로써 죄를 초래하는 것이다. 그와 정반대의 극단적인 경우가 바로 붙임성이 심각하게 결여된 행동이라고 하겠는데, 이를 달리 적개심(敵愾心) 혹은 사회적 만행(蠻行)이라고도 표현할 수 있다. 적개심은 상대방의 감정에 상처를 주는지 주지 않는지 관심을 갖지 않을 뿐만 아니라 오히려 상대방이 전혀 달갑지 않아 하는 새로운 방식을 모색한다. 그리하여 상대방이 곤혹스러워하거나 고통스러워하는 것이 마치 자신의 냉소적인 영혼의 즐거움인 것처럼 행동한다. 그런 영혼의 소유자는 자신의 날카로운 혀로 남의 심장에 비수를 꽂는 데에서 기쁨을 찾고 아무리 심한 욕설과 상상하기 어려운 신랄한 말도 서슴지 않고 내뱉으니 상대방은 타격의 아픔을 느끼기도 전에 사회적으로 생매장을 당하는 수모를 겪는다. 가끔 우리는 그런 무서운 이들을 가리켜 더 이상 손쓸 수 없는 냉혈인간이라고 말하기도 한다. 현대사회에 살아가지만 실제 그들은 미개한 야만인이다. 비록 진짜 야만인처럼 물리적인 힘으로 상대방에게 신체적 고문을 가하거나 장작더미에 올려 산 채로 불태워버리거나 머릿가죽을 벗기는 등의 만행을 저지르지는 않지만, 오늘날 그들이 사회적인 관점에서 자행하는 것은 그런 만행과 다르지 않기 때문이다. 많은 희생자들이 그처럼 느닷없이 당하는 만행으로 치명적인 아픔과 사회적 죽음을 경험한다. 이 같은 적개심을 떠받치는 어둠은 동병상련의 감정 같은 것에 조금도 눈길을 주지 않은 가운데 행동하도록 다그침으로써 마치 허리춤에 희생자의 머릿가죽을 주렁주렁 매단 옛 주술자의 모습으로 우리를 압도한다. 우리는 그와 같은 야만적인 사람들을 두고 신체적으로 상처를 주는 행동과 사회적으로 어려움을 겪게 하는 행동을 서로 비교하면서 악행을 규정할 수 있을 것이다. 그동안 야만적인 행위는 아무런 예고 없이 느닷없이 기습을 하거나 비인간적으로 공격하되 종종 지나치게 의롭지 못한 방식으로 보복하는 형태를 띠었었다. 그런 점에서 그 잔혹성은 보복이란 이름 아래서 작게나마 탕감 받을 수 있는 소지는 있었다. 하지만 문명사회에서 벌어지는 야만적인 행위는 그 어떤 구실로도 그 잔혹성을 인정받거나 탕감 받지 못한다.

사회적 만행에 의해 희생당한 사람들의 피해 정도를 눈으로 확인하는 것은 어렵지 않다. 더욱이 그들이 입은 피해는 특히 고통스러운 기억을 쉬이 떨쳐버릴 수 없듯이 헤아릴 수 없을 만큼 많은 도움을 주어야 겨우 회복될까 말까 할 정도로 매우 심각하다. 상대방을 최대한 곤혹스럽게 만드는 것을 즐기는 듯한 적개심이 그 같은 만행의 동기라는 점에서 그러하다. 하지만 그 같은 만행을 저지른 자의 폐해는 그의 희생자보다 훨씬 더 치명적이다. 왜냐하면 그는 '자기 소외'라고 일컫는 형태로 독아주의적인 삶에 빠져버려서 스스로 다른 이의 도움조차도 거부하기 때문이다. 모든 사람을 적대시하는 것은 자신의 주변에 담을 쌓고 다른 사람들이 접근하지 못하게 하고는 점차 지나간 과거에만 사로잡혀서 스스로 고독이란 수렁 속으로 빠져드는 것과 같다.

(4) 사회성의 결핍인 빌붙음과 적개심의 공통 기원 - 경멸

아첨과 마찬가지로 적개심은 다른 사람들에 대한 경멸에서 비롯한다. 특별히 경멸은 자신의 생각만큼 만족스럽지 못한 다른 사람들을 두고 업신여기는 행동을 가리킨다. 그러나 경멸은 아첨꾼에 의해 입은 피해보다는 훨씬 덜하다. 또 경멸로부터 시작된 적개심과 마주하는 일은 최소한 아첨꾼이 자신의 말을 곧이곧대로 듣는 멍청한 사람을 두고 뒤돌아서서는 깔깔거리고 비웃는 경우보다 조금은 더 다행스러운 경우로 여겨진다.

5. 관대함의 결함에 의한 사회적 일탈

　진실한 사람과 붙임성이 좋은 사람은 자신을 드러내 보이며 교제하는 사회생활에 불편함을 훨씬 덜 느낀다. 그에 비해 관대한 사람은 자신 및 자신의 장점을 덜 드러내 보이는 반면, 자신에게 다가오는 사람들에게는 활짝 마음을 열어서 기꺼이 유대를 맺고 자기 자신도 사회를 구성하는 다른 사람들과의 단합에 적극적으로 참여하는 데에 누구보다 뒤지지 않는 사람이다. 엄격히 말하자면, 관대한 사람은 돈으로 살 수 있는 물질적인 애착 및 욕구 그리고 즐거움을 능숙하게 조절할 줄 안다. 좀 더 말을 보태자면, 관대함은 다른 사람들에게 훨씬 더 잘 베푸는 행동을 취하는데, 그렇게 베푸는 것은 그만큼 많이 소유한 것을 나누고 싶어 하는 마음이 크기 때문이다. 정확히 말하자면, 관대한 사람은 자신이 풍족하게 지니고 있는 것을 호기롭게 잘 사용한다고 하겠다. 관대함의 본성이 그러하듯, 관대한 사람은 사람들을 잘 상대하고, 결코 자신이 가진 것으로 남들을 업신여기거나 부담스럽게 하지 않는다. 관대한 사람의 언행은 그러므로 자신만이 아니라 다른 사람의 인간성을 다른 물질적인 가치보다 우선시하는 모습을 보여준다. 그래서 돈의 주인이 인간이지 그 반대로 인간의 주인이 돈이라고는 추호도 생각하지 않을 만큼 고결한 가치관 아래 신선하고 건전한 상식을 가진 자로 보아도 무방하다. 그런 까닭에 관대한 사람에게 친구가 부족한 적이 없다. 나아가 그의 주변에 함께 하는 친구들 역시 참되며, 서로에게 충분히 진정한 친구로서 그 우열을 가리기 힘들다. 정말이지 관대함을 개인적으로 경험하는 순간 경험자 역시 자신의 인간성의 참된 가치를 느낄 수 있게 되며, 자기 주변에 함께 하는 사람들의 인간적인 정을 새삼스럽게 느낄 수 있게 된다.

(1) 관대함의 본성

관대함은 모든 덕 가운데 으뜸은 아니다. 그럼에도 그것은 최소한의 인간적인 선(善)에 관여하기 때문에 사회생활을 위한 중요한 덕목 가운데 하나다. 그런 점에서 다소 소박하고 수수하고 상식적인 차원에서 고려되는 덕으로 이해되기도 한다. 다시 말해 관대함은 그것을 거스를 경우 인간으로서 최소한 지켜야 할 것을 다하지 못했다고 눈총을 받을 정도로 기초적인 사회적 덕목 가운데 하나라는 것이다.

(2) 사회적 무절제 – 사치(낭비벽)

한편 무절제로 인해 생겨나는 사회적인 악이 있다. 이는 관대함이 도를 넘어선 경우를 가리킨다. 사치를 하는 자는 돈을 물 쓰듯이 써버린다. 그래서 마치 주검 위로 독수리가 모여드는 것처럼 당연히 그의 주위에 몰려드는 이들의 숙주 노릇을 한다. 그러나 역설적이게도 그런 숙주에 모여드는 자들이 많으면 많을수록 사회적인 악도 그만큼 큰 법이다. 낭비벽에 빠진 자는 종국에는 대부(貸付)로 인해 파산하는 길로 접어든다. 낭비벽에 빠진 자에게 인간성에 관한 존경심은 점점 사그라지다가 마침내 그의 재산이 거덜 나는 순간 그의 곁에 있던 친구들이 모두 떠나버릴 때 자신이 인간성에 대해 가졌던 부정적 평가가 옳았다고 확신할 수도 있다. 비록 그의 재산이 일부 남았거나 몇몇의 "친구들"이 완전히 떠나지 않았다고 할지라도, 그는 주변사람들과 더 친밀하게 지내지는 못할 것이다. 오히려 자신과 멀리 떨어져 있는 아버지를 그리워할 것이다. 왜냐하면 그는 자신의 친구들에게선 정작 위로는커녕 어리석은 자 앞에선 비위를 맞추다가 뒤통수에 대고 험담을 하며 비아냥거리는 아첨꾼들처럼 놀림 받기 일쑤이기 때문이다.

그러나 탐욕이 많은 사람은 주위사람들로부터 그보다 더 심한 대접을 받는다.

최소한 낭비벽에 빠지거나 사치를 하는 사람에게는 그나마 주위사람들에게 베푸는 경우라도 있으니 말이다. 다시 말해 낭비벽이 심한 그들에겐 물 쓰듯 쓰는 돈보다는 인간성을 좀 더 귀하게 여기는 구석이 없지 않다. 비록 정당하게 인간성을 평가하는 것은 아니라고 할지라도 말이다. 그에 반해 탐욕이 많은 사람은 돈을 최고의 자리에 두고 그 밖의 것은 하나도 중요하게 여기지 않는다. 심지어 자신의 삶이나 자기 자신마저도 돈보다 더 낮게 평가한다. 못 먹더라도 돈을 모으는 것이 더 기쁘고 중요하다고 생각하는 것처럼 비친다. 탐욕이 많은 자가 인간성을 얼마나 경멸하는지는 바로 그 주변사람들이 그의 탐욕에 대해 경멸하는 크기나 강도와 맞먹는다. 그렇듯 탐욕에 젖은 가련한 사람은 스스로 담을 쌓는다. 그것도 스스로 작은 골방에 들어가 문을 자물쇠로 걸어 잠그고는 그 열쇠를 배수구에 던져버릴 정도로 고집스러워서 영영 자기 마음을 바꾸려 하질 않는다.

(3) 사회적 인색함 - 탐욕

탐욕을 부리는 사람의 인색함은 관대함과는 정반대의 모습을 보인다. 예컨대 관대함은 비록 더불어 살아가는 사회생활에 꼭 필요한 덕목이긴 하지만 최고의 덕행에 속하지는 않는 것처럼, 인색함 역시 최악의 악습은 아니다. 그러나 인색함은 정의(正義)의 경계를 너무 쉽게 이탈해버리고 만다. 그래서 다른 사람들의 권리를 짓밟는 것을 주저하거나 망설이는 기색이 조금도 없다. 인간은 누구나 천성적으로 커다란 위험요소를 안고 살아간다. 그런데 그 위험은 탐욕의 위험에 비하면 아무것도 아니다. 그 정도로 탐욕 혹은 인색함은 중죄에 속한다. 왜냐하면 그의 위치를 말할 것 같으면 마치 한 가정의 가장과도 같기 때문이다. 그래서 우리가 탐욕 혹은 인색함을 올바로 평가하려면 그 죄 자체에 대해서만이 아니라 그로부터 초래되는 위험하고 추한 결과들도 모두 고려해야 한다.

그런 의미에서 토마스 성인은 탐욕을 모든 죄악의 뿌리에 비유하고, 소위 교만 다음으로 거친 혹은 심각한 죄악이라고 강조한다. 중죄로서 탐욕은 제 소출을 거리낌 없이 세상에 마구 내놓는다. 예컨대 죽마고우를 배신하거나 속이거나 사기를 치거나 위증을 하거나 불편해 하거나 폭력을 행사하거나 경직된 마음을 굽히지 않는 행동들을 서슴없이 저지른다. 그래서 토마스 성인은 이러한 행위들이 그저 청중들을 겁주려고 연설가가 장황하게 늘어놓는 미사여구가 아니라고 단호하게 일러준다. 이러한 행위들은 모두 죄악이요, 탐욕에서 비롯된 죄악들이다. 자신의 탐욕을 앞세워 인색하게 구는 사람은 재물에 미쳐버린 사람이다. 그는 자신이 이뤄놓은 것에 인생을 걸기 때문에, 더 많은 재물을 구하는 데에 혈안이 되어 있다. 당연히 그는 현재 지니고 있는 재물로는 성에 차지 않는다. 그래서 쉼 없이 남의 재물에 눈독을 들이며 더 많이 소유하기 위해 온갖 폭력을 행사할 태세를 갖춘다. 남을 속이거나 사기를 치거나 위선을 떨거나 심지어 신을 두고 맹세하면서까지 재물을 거두는 데에 미쳐있다. 그의 눈에는 온갖 악행마저 오직 재물이라는 최고 가치를 얻기 위한 정당한 수단으로 보인다. 그렇듯 재물의 가치를 아주 높게 정해버린 까닭에 그것을 얻기까지 희생될 수 있는 다른 사람들에 대해선 아랑곳하지 않는다. 심지어 그와 가까운 친구나 가족까지 뒷전이다. 주님마저도 은전 30냥에 팔아넘길 수 있을 만큼 말이다.

우리는 지금까지 사회생활에 꼭 필요한 것들이 무엇이고 위험요소들이 무엇인지 각각 나누어 살펴보았다. 그러므로 이제는 이 모든 것들을 종합해서 생각해보아야 한다. 이때 지나치게 작은 부분들을 과장함으로써 균형이 깨져버린 통찰이 되지 않도록 주의해야 할 것이다. 어쩌면 그래서 단순히 되돌아보는 것보다는 전체를 조망하는 시각이 필요하다. 다시 말해 질서 있고 조화로운 사회생활을 통해 원하는 결실을 얻기 위해선 전체를 미리 내다보시고 섭리하시는 하느님의 도움이 절실히 요청된다는 것이다. 우리는 앞서 창조된 모든 것의 제일원리이자 최종목적으로서 하느님을 바라보고 순종하는 종교의 입장에 대해 생각해보았다. 그 다음으로 제 부모와 조국이 하느님의 제일원리 및 최종목적의 일부에 참여하기에 우리가 순종해야 한다는 사실도 생각해보았다. 그리고 그 다음으로 그와 같은 관점에서 부모를 일부 대신하는 사회의 상위질서 및 웃어른에 대한 예의 및 순종도 생각해보았다. 그리하여 우리는 부모와 자식의 관계를 하느님과 그분이 지으신 만물과의 관계처럼 이해할 수 있었고, 국가와 국민들의 관계를 그렇듯 부모와 자식의 관계처럼 이해할 수도 있었다.

하느님의 인자하신 부성(父性)은 그분이 지으신 세상 전체에 미친다. 그분의 손길로 세상은 언제나 조화와 질서를 이뤄나간다. 정녕 하느님은 빛 자체와도 같으시고 우리는 그로부터 멀찍이 떨어져 있는 만큼 그 빛의 희미한 그림자와 같다. 중요한 점은 그 희미한 그림자와 같은 우리 자신을 비추는 빛의 원천이 바로 하느님이시라는 사실이다. 자녀가 부모를 존경하고 감사해야 하는 것도 그렇듯 하느님의 빛을 앞서 전달해주는 자이기 때문이다. 상위질서나 웃어른을 공경하며 예를 갖추는 것도 그렇듯 부모나 조국의 역할을 일부 대신하기 때문이다.

6. 사회생활을 위한 인간의 본성 : 경건

완전한 사회생활은 그러므로 부성의 관점에서 잘 이해된다. 사회에 진 빚을 완전히 갚는 것 혹은 사회적 의무를 완수하는 것은 그렇듯 우리 모두의 아버지이신 하느님께 마땅히 돌려드려야 할 존경과 감사를 다하는 것이다. 우리의 아버지이신 하느님을 향해 눈길을 두는 것 자체가 이미 우리의 바람을 하소연하는 행위이며, 또 그런 점에서 손쉬운 행위는 아니다. 왜냐하면 그렇게 눈길을 두는 것이 우리가 정성을 다해 하느님께 호소할 수 있는 최선의 행위이기 때문이다. 우리는 그분의 자녀다. 하느님 아버지는 우리의 몸을 낳은 부모보다 훨씬 더 큰 배려와 자비로 우리에게 숨을 불어넣으신 분이다. 그러므로 우리는 그분께 더

없이 큰 빚을 지고 있다. 그럼에도 우리는 늘 그 은혜에 비할 수 없으리만치 턱없이 작은 기쁨을 봉헌하거나 심지어 자신의 아픔을 앞세워 더 큰 사랑을 요구한다. 그것도 가장 위기적인 순간에나 그렇게 하고 나머지 훨씬 더 많은 경우에는 너무나도 염치없이 행동한다.

그러므로 우리는 평상시에도 그분과 훨씬 더 친밀한 관계를 갖도록 노력해야 한다. 하지만 그것은 어렵다. 왜냐하면 하느님과 친밀한 관계를 깨닫고 살아가는 것이 쉽지 않기 때문이다. 그래서 우리는 도움을 필요로 한다. 삼위일체이신 하느님의 도움이 절실하다. 좀 더 자세히 말하자면, 하느님의 이끄심과 동시에 그 이끄심에 맞갖게 응답할 수 있도록 우리를 보살피시는 성령의 은사가 필요하다. 세상에 살아가는 우리를 이끄시는 하느님께 올바로 부응하는 인간의 본성적인 자세를 사람들은 "경건(敬虔, pietas)"이라고 부른다.

(1) 경건의 본성

경건은 우리가 성령의 활동에 쉽게 그리고 신속하게 부응할 수 있도록 해준다. 경건은 만물의 창조주이시자 자비로우신 하느님을 우리가 자연스레 알아보고 존경하는 마음을 갖도록 고무시킨다. 이 본성적인 자세를 가톨릭교회는 좀 더 강조해서 가르쳐왔다. 왜냐하면 교회가 추구하는 신앙심, 곧 하느님과 친밀한 관계를 맺는 일은 우리가 옹알이하듯 처음 기도를 바치는 순간부터 아버지이신 하느님을 알아보는 데서부터 자연스럽게 시작되기 때문이다. 그렇듯 하느님을 자연스럽게 알아보는 사람은 이미 하느님과 한 가족을 이룬다고 말할 수 있다. 그래서 그런 사람은 특별한 숙고 없이도 쉽게 하느님을 알아보고 하느님께 다가가는 데에 익숙하다. 하지만 분명히 말하지만, 하느님과 한 가족이 되는 것이 평범한 일은 결코 아니다. 특별한 굴레에 의거해서 한 가족이 된다는 것은 다른 친척과 한 가문 혹은 한 민족이라는 굴레로 일원이 되는 것보다 훨씬 더 친밀한 관계를 함의한다. 그것은 한 마디로 하느님에게 더 친밀하게 의존하며 살아감을 뜻한다. 경건한 마음은 우리가 부모를 공경하고 웃어른들에게 예를 갖추는 데에 일련의 질서 및 지침을 제공해준다. 예컨대 하느님에게 드리는 존경심보다는 덜하지만, 부모와 웃어른 역시 우리 삶의 원칙들 및 기원과 관련이 깊은 만큼 존경을 표하도록 일깨워 주기 때문이다.

(2) 경건과 종교적 신앙심, 효심 및 두려움과의 차이

경건이란 선물은 하지만 종교적인 덕이 아니라는 점을 분명하게 이해할 필요가 있다. 종교적인 덕으로서 '신심' 혹은 정확히 '신앙심'은 제일원리이자 최종목적이신 하느님을 분명하게 알아보고 경배하는 태도를 가리킨다. 그래서 신앙인은 당연히 정의의 차원에서 빚을 되갚는다는 마음으로 하느님께 기꺼이 순종한다. 그러한 신앙심은 분명히 우리의 몸을 낳은 부모에게 우리가 효도하는 마음과 다르다. 오히려 부모의 사랑에 원천이 되시는 하느님에게 눈길을 돌린다는 점에서 확연히 구별된다. 더욱이 신앙심은 대자연의 신비에 대한 막연한 두려움이나 두려움과 다르다. 신앙심은 마치 아이가 제 부모를 알아보듯이, 자신이 머리를 숙이며 순종을 다해야 하는 대상이 바로 대자연을 만드시고 자비를 베푸시는 하느님 아버지임을 똑바로 알고 고백하는 태도를 가리키기 때문이다.

(3) 인류애의 발로로서 경건

경건은 사회생활을 한층 성숙하게 이끌어 그 절정에 이르게 해주는 원동력이다. 사람이 사회인으로 성장하면서 고유하고도 숭고한 단계에까지 이를 수 있도록 도와준다. 그런데 정작 그 단계에서 사람은 위를 향해 바라보는 것 외에는 달리 특별한 지향을 갖지 못한다. 달리 말해 경건은 자신의 사회성을 최대한 확장시키는 것을 목표로 삼는다. 충만한 힘과 열정을 가진 사회인으로서 성숙한 사람이 되는 것이 곧 경건이 지향하는 바다. 우리는 연약한 존재로서 세상에 어렵시리 첫 발을 내딛는 순간부터 차츰 사회인으로 성장하다가 마침내 완전히 성숙한 인간이 되기까지 긴 여정을 걸어야 한다. 우리에게는 실로 인생을 위해 쏟아야 할 힘과 열정이 무엇인지 의문스럽게 여겨지는 순간들이 많다. 아니, 차라리 점잖은 표현들을 걷어치우고 말하자면, 우리는 실제 그동안 사회생활을 위해 본질적인 것이라고 보아야 할 정의에 관해 거의 무관심했었고, 마침내 이제야 비로소 정의의 꼭짓점으로 경건을 생각할 수 있는 시점에 이르게 되었다. 우리 각자의 처지야 어떻든 간에 사회생활에 정말 중요한 것들이 무엇인지 마치 어린아이의 심정으로 간절히 찾게 되는 이 시점에서 경건은 우리의 삶에 본질적인 것이 틀림없다는 사실을 새삼 깨닫게 된다. 왜냐하면 경건은 그렇듯 우리가 사회인으로 살아가는 동안 누구나 함께 어울려 살아가는 다른 사람들에 대해, 곧 서로에 대해 진솔한 마음으로 관심을 갖고 배려하도록 우리를 고무시키는 인간의 본성적 행위이기 때문이다.

7. 사회 일치를 위한 최소한의 요구 : 「십계명」

원만한 사회생활을 위해 최소한으로 요구되는 것들이 소위 「십계명」에 진술되어 있다고 보아도 좋다. 성경은 하느님이 몸소 당신 손으로 그 계명들을 적으셨다고 확고하게 전한다. 왜냐하면 그 계명들 없이는 세상의 왕국에서든 하늘나라에서든 살아갈 수 없을 만큼 중대하다고 보기 때문이다. 그러니까 우리가 숨을 쉬거나 앞을 보거나 먹고 마시는 일처럼 가장 기본적인 삶을 위해 반드시 갖춰야 할 원칙으로서 정의의 관점에서 그 계명들이 마련되었던 만큼 너무나 자연스러운 것들이다. 다시 말하지만, 그 계명들은 정의를 다루고 있고, 정의는 우리가 지켜야 할 의무를 가장 명료하게 깨닫게 해준다. 만일 우리의 이해지평이 모두 자신의 잣대로만 이루어질 수밖에 없다고 친다면, 우리는 각자의 관점과 입장에 사로잡혀서 결국 자신의 이기적인 생각으로 자기만족의 수준에서 의무와 규칙을 정하고 말 것이다. 그러나 이 세상에 발을 내딛기 시작하면서 함께 어울려 살아가야 하는 순간 그렇듯 자기만족에 치우친 환상들은 산산이 부서져 버릴 것이다. 세상의 많은 사람들이 자기 생각만으로 고집스럽게 살아가려는 자를 가만히 내버려두지 않을 것이기 때문이다. 그들은 같은 세상에서 살아가기 위해선 반드시 수행해야 할 의무를 자각하도록 그에게 강제할 것이니, 그 누구도 다른 사람의 주인이 아니라 함께 어울려 살아야 할 동료라는 점을 잊지 말아야 한다고 주지시킬 것이다. 십계명은 모두가 더불어 살아가기 위한 자연스러운 조건을 제시한다. 그것은 십계명이 자연법의 가장 기초가 되는 원리들을 기반으로 마련된 것이어서만이 아니라 거기에 새겨진 의무조항은 난해하지 않고 실제적으로 누구나 동의할만한 것들을 소개하기 때문이다.

(1) 「십계명」의 일반적 성격

십계명은 모두 정의에 관한 명령들이다. 이 명령들은 우리가 다른 사람들의 권리를 존중할 것과 다른 사람들에게 해를 입히는 것을 삼가도록 요구한다. 물론 하느님의 최고 권리가 가장 먼저 보호되어야 하는 것은 당연하다. 그래서 가장 앞선 두 계명은 하느님의 명예를 떨어뜨리거나 우상숭배와 같은 미신행위 등을 금지시킨다. 세 번째 계명은 그렇듯 앞서 하느님과의 관계에 장애가 되는 것들을 제거한 다음 하느님께 갖춰야 할 올바른 행동을 요구한다. 소위 종교적으로 우리가 빚진 것을 되갚을 수 있는 기회를 놓치지 않도록 해야 한다는 것이다. 네 번째 계명은 부모의 권리를 인정하고, 그와 함께 부모를 일부 대신하는 조국과 상위질서를 존중하도록 요구한다. 그 다음 나머지 계명들은 다른 사람들에 대해 지켜야 할 의무들이다. 예컨대 하느님이 몸소 일으켜 세우신 다른 사람들의 개인적인 권리들, 가정과 소유물들에 관련된 권리들을 인정하고 보호하도록 요구한다. 그러한 것들을 보호하는 일은 반드시 필요하다. 또한 단지 행동으로만이 아니라 생각이나 말로써도 그러한 것들이 훼손되어서는 안 된다.

물론 이 십계명이 언급하지 않은 것들은 언제든 허용되었다고 생각하는 사람은 없을 것이다. 예를 들어 간통에 대한 금지는 당연히 (거기에 피력되지 않은) 낙태나 피임 등을 포함하여 우리의 정결한 삶을 훼손시키는 죄를 포괄적으로 금지시킨다. 그런 점에서 십계명은 보편적인 혹은 근원적인 개념들로 진술되었다. 다시 말해 정의를 거스르는 온갖 죄들을 함축한다. 그렇다고 우리가 간통과 연루된 온갖 불륜적인 행위들을 총괄적으로 금지시키는 계명을 두고 최대한 상상력을 발휘하듯 각자 알아서 살펴야 하는 것은 아니다. 특수한 죄는 언급될 필요가 있다. 왜냐하면 그렇듯 정결하지 못한 특수한 죄는 정의를 가장 분명하게 거스르는 폭력이기 때문이다. 반면 네 번째 계명("부모에게 효도하라!")을 토대로 모든 상위질서 및 웃어른에게 예를 갖추도록 고려하는 것과 나아가 그런 모든 행위가 곧 하느님의 명령에 순종해야 하는 의무와 연계되어 있음을 추정해내는 데에 어려움은 없을 것이다. 부모에 대한 효도는 우리가 존경하고 예를 갖추어야 할 의무들에 대해 가장 분명하게 일러주는 간단한 상징이라고 볼 수 있다. 누구나 쉽게 이해하고 실제로 문제없이 동의할 수 있는 대표적인 행위로 알아볼 수 있다. 그러므로 십계명은 그것이 가장 효과적으로 적용될 수 있도록 자연법에 기초하여 마련된 최소한의 진술인 셈이다. 십계명의 형식은 바로 하느님이 우리의 눈높이에 맞춰 자애로이 몸을 굽히신 한 가지 사례라고 말할 수 있다. 그래서 우리가 그분에게로 어려움 없이 되돌아가는 길을 확실하게 찾아서 직접 걸어 나갈 수 있도록 배려하신 형식이라고 말할 수 있다.

(2) 형평성과 「십계명」

　토마스 성인은 정의에 관하여 설명해오다가 마지막 확고한 결론을 내릴 수 있도록 이 십계명의 여러 가지 특징들에 대해 언급하면서 우리가 특별히 고려해야 할 한 가지 특징을 아로새겨 주었다. 인간의 법에는 우리가 절대적으로 순종해야 할 규정이나 명령이 존재하지 않는다. 그래서 때때로 인간의 법을 문자(文字)에 얽매어서 준수하도록 요구하는 태도가 되레 정의와 공동선을 거스르는 악이 될 수 있다. 무엇보다도 법을 세우거나 집행하는 사람들은 그 누구도 전부를 알고서 법문(규정)을 정하거나 판단할 수 없다. 그들은 비록 최선을 다한다고 하지만, 기껏 그들이 살아가는 동안 일상적으로 경험하거나 이해할 수 있는 범위와 수준을 넘지 못한다. 더욱이 무언가를 위해 입법할 때마다 미래에 벌어질 모든 것들에 대해 미리 다 알고 대비할 수는 없다. 어떤 법률은 특별히 정의를 보존하기 위해 요구되고, 또 어떤 법률은 정의의 잣대보다는 입법자의 의도를 보호하기 위해 요구된다. 그러한 입법 절차 및 과정은 법의 순수한 권위에 도전하는 것이 아니라 법과 입법자 모두를 수호하기 위한 것으로 이해된다. 이로써 우리가 새겨야 할 점은 개별적으로 법을 집행할 때 반드시(객관적인) 정의를 수호하기 위해 형평성을 지켜야 한다는 것이다.

　그에 반해 신법(神法)에는 형평성이란 것이 필요 없다. 정말이지 신법에는 형평성이 어울리지 않는다. 신법은 당연히 실제로 일어나는 무언가를 다루지만, 대체로가 아니라 절대적으로 적용하는 법이다. 그것은 본성 자체가 근거하는 원천에서 유래한다. 세상에서 우리는 법을 통해 최대한 죄를 통제하려고 하지만, 우리가 경험하게 되는 가장 큰 불행은 머지않아 그 법의 굴레를 벗어나는 죄와 마주하여 무기력함을 느낄 수밖에 없다는 사실이다. 하지만 하느님은 그 어떤 것도 놓치지 않으신다. 당신이 앞서 알지 못하셨거나 법을 제정할 수 없었을 정도로 특이한 경우란 결코 존재하지 않는다. 왜냐하면 하느님은 우리가 이미 짐작할 수 있듯이, 여느 인간 입법자와 같지 않으시다. 하느님의 법은 본질적인 것을 놓치지 않고 적시(摘示)한다. 그것은 조건에 영향을 받지 않는다. 예컨대 이 시대와 저 시대에 따라서 혹은 이런저런 경제적 여건에 의거해서 판결이 다르게 내려질 리 없다. 하느님의 법은 예외 없이 모든 인간, 모든 시대에 그 어떤 조건에 흔들림 없이 동일하게 적용된다. 아마도 이 같은 사실을 두고 사람들은 다음과 같이 간단히 말해왔는지 모른다. 그러니까 우리는 형평성이 인간의 행동을 통제하는 상위의 규정이긴 하지만, 신법보다 더 높은 규정은 아니라고 말이다. 그렇게 말하기 어려울 경우 법과 관련해서도 하느님은 하느님이시고 인간은 인간일 따름이라고 보다 더 간단히 말해왔는지도 모른다.

[결론] 피로사회와 교회

1. 덕과 사회

(1) 사회적 덕의 일반적 필요성

지금까지 설명해온 것들을 요약해보자. 단 여기 이 단원(제13장)에서 다뤘던 것만이 아니라 바로 앞서(제11~12장에서) 다뤘던 정의도 함께 생각하면서 정리해보도록 하자. 그리고 마지막으로 인간의 사회생활에 대해 간단히 말해보자. 이 총서가 계속 집필되는 동안 우리는 덕들에 대해 언급했고, 그것들을 좋은 그래서 바람직한 습성으로 규정하고, 그러한 습성은 우리에게 좋은 행동들을 이끄는 직접적인 원리들이라고 이해하였다. 사람들이 서로 교제해나가는 것은 확실히 행동을 통해서다. 행동을 통해서 사람들이 서로 유대를 맺는다. 그래서 모두가 바라는 사회를 위해 서로 힘을 모으고 단합할 수 있게 하는 것도 좋은 행동을 통해서 가능하다. 왜 그러한가? 그것은 사람들이 [홀로 완전한 자아실현이 불가능하기 때문에] 완전해지기 위해 서로의 도움을 필요로 하는데, 이때 좋은 행동이 필수적인 수단이기 때문이다. 아무도 실패하기 위해 도움을 요구하지는 않는다. 예컨대 죄를 저지르기 위해 혹은 자신을 상실하기 위해 도움을 필요로 하진 않는다. 그러나 훨씬 더 성숙한 삶을 위해, 자아실현을 좀 더 완전하게 이루기 위해선 도움을 필요로 한다. 왜냐하면 성숙 및 발전은 사회생활, 곧 다른 사람과의 교제를 통해서 가능하기 때문이다. 덕이 있는 사람은 훌륭한 사회구성원이다. 그는 사회 내 다른 사람들과의 교제에 적극적이다. 그와 동시에 그는 사회에 가장 유익한 것들을 제공해줄 수 있다.

(2) 특별한 필요성

덕이 특별히 필요하다는 주장은 거창한 듯 보이지만 실제로는 - 오늘날 사람들이 오히려 손해 보는 행동으로 따돌리듯이 - 공허하기만 한 진부한 울림으로 들릴지도 모른다. 그러므로 이제 우리가 바로 앞선 몇몇 단원에서 살펴본 것들을 조명 삼아 그러한 주장의 속내를 좀 더 파헤쳐보도록 하자. 예컨대 우리 자신을 완전하게 실현시켜주는 것과 다른 사람들의 권리를 보장하고 보호하는 것, 다시 말해 완전한 사회생활을 위해 최소한 필요로 하는 것들이 바로 정의와 종교와 경건 그리고 순종과 존경심이라는 사실을 앞서 통찰했다. 나아가 완전한 사회생활을 위해 우리는 감사와 진리, 다정함과 관대함을 실천할수록 훨씬 더 유리하다는 사실도 살펴보았다. 그리고 마침내 사회생활을 완성시키기 위해서는 경건이라고 하는 성령의 은사를 필요로 한다는 사실까지 생각해보았다. 과연 이 모든 것들은 말 그대로 자연스럽게 몸에 익혀져야 한다. 그래서 그야말로 좋은, 바람직한 습성이 되어야 한다. 한 마디로 이 모든 것들은 덕이 되어야 한다.

그리하여 이를 보다 더 완전하게 갖춘 사람은 사회가 필요로 하는 크나큰 자산이 될 것이라고 본다.

한 사회에 그처럼 덕이 있는 사람들이 많으면 많을수록, 사회생활을 위해 요구하는 최소한의 덕을 갖춘 사람들로 인해 화목하고 조화로운 사회가 보다 더 수월하게 이뤄질 뿐만 아니라 그처럼 완전한 사회 안에서 각 개인의 삶도 한층 더 수월하게 완전한 실현을 기대할 수 있을 것이다. 덕은 단지 다른 사람의 감정을 상하게 하지 않거나 흔히 교통의 흐름을 방해하지 않으면서 살아갈 수 있는 능력 정도가 아니다. 그보다는 사회가 존재하기 위해서 반드시 전제되어야 하는 어떤 것이다. 왜냐하면 덕은 사람과 사람을 엮어주는 데에 꼭 필요한 매개체이기 때문이다. 그런 까닭에 덕은 모든 사회가 그로부터 시작되고 유지되며 발전할 수 있는 한에서 반드시 갖춰야 할 본질적인 것으로 고려된다.

2. 무신론을 표방하는 사회와 교회

(1) "적과 벗" 개념

나는 '적과 벗' 개념이 오늘날 교회와 무신론을 지지하는 자들 사이의 충돌이 점점 격화되어 가는 현실적 상황에서 두드러지게 급부상하는 실제적인 문제점을 보다 더 명료하게 밝혀줄 것이라고 생각한다. 확신하건대, 덕을 존중하고 진작시키는 사회에 대한 공공의 관심이 차라리 사회의 운명을 결정하는 이 싸움을 해소할 수 있을 것이라고 생각한다. 오늘날 사람들의 마음속에는 나의 벗이 누구이고 나의 적이 누구인지 알 수 없기 때문에 심각한 혼란이 일어난다. 교회와 무신론자의 대립구도에선 누가 진정으로 신앙을 옹호하고 누가 실질적으로 종교를 거부하는지 알아보기가 어렵다. 하지만 당면한 문제는 명료하고 그 대답은 오히려 간단하다. 다시 말해 교회와 무신론자의 관계가 난해하다면, 차라리 사회의 적과 벗이 누구인지 되물을 수 있다면 그 문제와 대답은 훨씬 더 간단명료해질 수 있다는 것이다. 그러면 우리는 사회와 덕 사이의 관계를 제대로 이해하고 있는가? 그것이 관건이다. 단언컨대, 덕을 포기하고 그것을 별 것 아닌 것으로 따돌림으로써 결과적으로 사회의 저변에 자리하는 근본을 무시하는 사람들이 바로 사회의 가장 무서운 적이다. 반대로 덕을 권장하고 인생의 가장 의미 있는 실현이 덕의 실천에 있다고 생각하는 사람들은 그것을 통해 이미 아름답고 건강한 사회를 기대하기 때문에, 그 한 가지만 보더라도 그들은 사회의 가장 이로운 벗이라고 말할 수 있다.

(2) 사회문제의 해결사

하지만 만일 우리가 교회를 사회의 벗이라고 외치는 주장에 머물러 버리고 만다면, 우리가 교회를 부당하게 이해하는 것이다. 그런 의미에서 교회가 덕에 관한 포괄적인 지식을 갖추고 또 언제든 덕을, 특히 정의의 덕을 옹호하기 때문에, 교회는 더 나아가 사회의 문제에 대해 답변할 수 있어야 한다고 주장할 경우 우리는 아직 부족하게 말하는 것이 된다. 다시 말해 교회는 친구 이상의 존재다. 사회의 문제를 해결하는 차원을 훨씬 더 뛰어넘는다. 교회는 사회생활의 절대적인 토대를 어떤 경우에서든 보호하고 옹호하려고 노력한다. 이미 우리가 이해하고 있듯이 교회는 정의실현을 꿈꾸는 사회에 절대적으로 요구되는 본질적 덕을 수호하는 데에 국한하지 않고, 나아가 그 사회가 완전해질 때까지 한시도 잊지 말아야 할 근본적인 것들을 밝혀주려고 노력한다. 예를 들어 완전한 사회는 이미 그것을 모범으로 삼아왔고 또 그로부터 유래하는 '가정' 혹은 '가족'의 안녕을 내포한다고 교회가 역설해왔듯이 말이다. 그러나 여전히 이 세상에서 교회가 더 노력해야 할 과제가 남아있다면, 그것은 교회가 그것 없이는 사회를 포함하여 그 어떤 인간적인 것도 더 이상 생각할 수 없는 저 인간성을 수호하는 일이다.

(3) 생활원리들의 수호자

이 단원에서 우리는 사회적 일탈에 대해서 언급했고, 그로 인해 초래되는 결과로서 황량함에 대해 알아보았다. 사람들은 간혹 서로의 관계를 끊어버린다. 그러한 단절은 사회가 지닌 황량함의 특성을 뚜렷하게 보여준다. 한편 문화는 그러한 황량함을 극복하기 위한 방편이라고도 볼 수 있다. 그러니까 문화는 사회생활의 단점을 보완하고 그 장점을 극대화하기 위해 기획한 사회적 결과물 가운데 하나다. 한 마디로 사회생활의 일부로서 문화는 결국 완전한 사회생활을 가장 잘 실현시킬 수 있는 여건의 조성을 목표로 삼는다. 그런 의미에서 사람들이 사회생활을 통해 자아를 확충하려고 하듯이 문화생활 역시 그런 취지에서 점점 더 심화되고 확장될 수 있다. 그러나 만일 우리가 완전한 사회생활을 가장 잘 실현시킬 수 있게 하는 원리들이 무엇인지 묻는다면, 우리는 한 마디로 덕(들)이라고 답할 수 있다. 정의가 그러하고 종교가 그러하며, 신앙심과 순종, 감사와 진실, 붙임성과 관대함 그리고 경건이 바로 그러한 의미의 덕이다. 그러므로 문화와 덕(들)은 서로 뗄 수 없는 관계다.

(4) 문화의 옹호자

이 같은 사실의 의미심장함은 그럼에도 결코 과대평가 되어서도 안 되며 너무 쉽게 속단해서도 안 된다. 다시 말해 문화란 우리가 읽는 서적들이나 아니면 우리가 그동안 즐겨했던 놀이 혹은 이미 섭렵한 언어들 혹은 입으로 음미해왔던 음식들에서 발견할 수 있는 간단한 어떤 것이 아니다. 이 모든 것들은 옛적에 혹은 오늘날 치열한 사회생활을 하는 중에 더 크거나 더 작게 피상적으로 겪을 수 있는 파편적인 것들에 지나지 않는다. 이러한 것들은 모두 피상적이고 단순한 징후들에 불과하다. 이러한 것들은 이미 자주 그래왔던 것처럼 그 저변 깊숙이 자리하는 근원적인 것들과의 관계를 알아차리지 못하게 만들 수도 있다. 아니, 오히려 피상적인 경험으로 그치고 마는 우리의 나태하고 안일한 태도가 더 깊이 생각하지 못하도록 만드는지도 모른다. 아무튼 정작 그런 것들은 유감스럽게도 그것들이 생겨난 원천, 사회생활을 완전하게 실현시켜 줄 생생한 원천과 유리된 채로 존재할 수 있다. 그와 같이 사람들의 힘으로만 이룩해내는 순전히 인위적인 문화가 있을 수 있고 또 그저 유산으로 물려받는 문화도 있을 수 있다. 그리하여 예컨대 실제 살아가는 시대와는 아무런 상관없는 문화도 존재할 수 있다. 그러나 반추되지 않는 문화는 머지않아 쉬이 소멸되고 말 것이다.

반대로 시대마다 살아 숨 쉬는 문화는 프랑스의 농부들이 지나가는 나그네에게 스스럼없이 자신들의 만찬에 초대하듯이 금세 가까워지는 친화력을 통해서도 쉽게 이해할 수 있다. 그들이 베푸는 거친 빵과 포도주, 몇 조각의 치즈는 오히려 그들의 자부심이다. 혹은 아일랜드의 농부들이 기꺼이 자신들의 오두막을 내어주는 단순한 친절에도 불구하고 꽁꽁 감싸고서 자신을 지키려고 애쓰던 여행객이 차츰차츰 자신의 긴장을 풀어가는 모습을 통해서 살아있는 문화가 무엇인지 이해할 수 있을 것이다. 급조된 문화는 사회생활과 진지하게 어울리지 못한다. 그래서 오히려 그런 문화는 불쾌하게 느껴진다. 마치 밝은 햇볕에 회칠한 추한 얼굴이 들켜버린 것처럼 말이다. 완전한 사회생활은 덕의 완전성에 근거하는 것처럼, 진정한 문화는 그저 온실과 같은 인위적인 조건에서나 성장할 수 있는 나약한 화초처럼 사람들을 길들이지 않는다. 오히려 자신이 살아가는 사회 안에서 자신의 생활여건을 스스로 조성하며 다른 사람들과의 상부상조를 유감없이 발휘하는 덕을 갖추도록 고무시킨다.

제14장 용기의 덕 (Ⅰ) : 용기
(제2부 제2편, 제123문제~제127문제)

1. 용기 : 가장 오래된 덕
   (1) 고대의 '용기'
   (2) 용기의 이중적 의미에 관한 고대의 증언
2. 비겁함 : 인생의 커다란 걸림돌
3. 참된 용기와 거짓 용기
4. 용기의 목표
   (1) 두려움과 무모함
   (2) 죽음의 위험 앞에서
   (3) 또 다른 위험들 앞에서
5. 용기 있는 행동들
   (1) 어려움을 참아내는 자세와 조치를 취하는 자세
   (2) 용기 있는 행동의 기쁨과 슬픔
   (3) 용기를 식별하는 하나의 좋은 기회 – '위급한 순간'
6. 용기의 토대 : 마음의 평정
7. 용기의 덕의 위상
8. 순교자들의 용기
   (1) 순교의 본질
   (2) 순교를 위한 덕들
   (3) 순교의 용기의 완전성
   (4) 순교의 사유(事由)들
9. 용기를 꺾는 것
   (1) 비겁함
   (2) 두려움이 없음과 그 원인들
   (3) 무모함

[결론] 용기와 순교자
1. 용기를 발휘하기 위해 닦아야 할 것: 사람으로 그리고 신앙인으로 살기 위해
2. 두려움을 모르는 비극
3. 비겁함의 형태
   (1) 실제적인 비겁함
   (2) 정신적인 비겁함과 새로운 형태의 비겁함
4. 현대인들과 순교자들

제14장 용기의 덕 (Ⅰ) : 용기 (제2부 제2편, 제123문제~제127문제)

(들어가기)

　꿈은 사람들에게 삶이 시작되는 순간부터 꾸준히 한 부분으로서 제 역할을 해왔다. 꿈의 가장 큰 역할이라고 한다면, 인생이 기괴하게 흘러가는 순간에도 사람을 진정시키고 견디어내게 해주는 데에 있다고 할 것이다. 그러나 인생의 대부분을 혹은 거의 전부를 자신의 꿈으로 채우는 사람은 매우 유별나다고 말할 수 있다. 꿈을 포기하지 않고 살아가는 사람은 친절해 보이든 그렇지 않든 상관없이 보통 사람들과 구별되기 때문이다. 그래서 꿈을 포기하지 않는 극소수의 사람들이 죽음을 두려워하지 않는 모습은 꿈이 없는 사람들의 눈에 존경과 찬사의 대상이 될 수밖에 없다.

　대부분의 사람들은 과거 선견지명이 있는 훌륭한 인물들이 오랫동안 간직한 꿈에 기대어 살아왔는데, 이는 시쳇말로 꿈이 없는 자들의 삶과도 같다. 대부분의 사람들은 정말 미래보다는 현재에 훨씬 더 많이 몰두하며 살아간다. 그러니까 사람들은 보통 미래를 생각하는 것보다는 현금(現今)에 열심히 살아가는 데에 더 안간힘을 쓰는 편이다. 그래서 이상주의자보다는 차라리 현실주의자라고 불리는 것이 맞다. 어떤 점에서 이는 인간답게 살아가는 데에는 언제든 상당한 어려움이 가로놓여 있다는 사실을 당연시 하는 구실로도 이해해왔다. 어떤 시대에는 사람들이 인생의 힘겨움을 두고 스스로 절망하게 만들 정도라고 푸념하며 한껏 과장하여 낙담하기도 했다. 하지만 처음부터 어떤 사람들은 한편 인생의 난관에 직면해서도 기본적으로 그것을 극복하는 데에 필요한 것들을 이미 지니고 있음을 자각하였다. 그래서 그런 사람들은 차라리 인생 및 어떤 중대한 결정 앞에서 인간성을 위협하는 요소들을 스스로 떨쳐버려야 한다는 사실도 분명하게 이해했다. 왜냐하면 그들은 인생의 위협적인 요소들과 어떻게 마주치게 되는지 예리하게 통찰할 수 있었기 때문이다.

1. 용기 : 가장 오래된 덕

(1) 고대의 '용기'

사람들이 용기(fortitudo)를 보편적으로 확신할 수 있었던 계기는 인간성을 위협하는 요소들을 과감히 떨쳐버리는 수단으로서 특별한 힘(virtus)이 우리에게 내재한다는 자각에서 출발한 것 같다. 그런 의미에서 사람들은 모든 능력들에 각각 고유한 이름을 새겨왔다. 고대인들은 "용기" 혹은 "힘" 한 가지를 족히 덕이라고 불렀다. 사실상 조금 더 깊이 파고들어 가면, 우리는 이 용어 자체(그리스어로는 '아레테'[ἀρετή], 라틴어로는 '비르투스'[virtus])가 "사람"[21]과 동일한 어원을 갖고 있다는 사실을 발견하게 될 것이다. 그러니까 사람이란 누구나 용기, 곧 덕을 갖추고 있다는 사실을 내포하고 있는 셈이다. 우리가 조금만 더 어원적인 고찰을 시도하노라면, 그와 동일한 어원에서 "사내다움"이란 용어도 유래한다. 전쟁의 신(그리스어 '아레스'[Ἄρης]; 라틴어 '마르스'[Mars])을 가리키는 이름조차도 그와 같은 어원을 취한다. 그러므로 고대인들은 인간의 힘 혹은 사람다움의 능력이 이 용기의 덕과 직결되어 있음을 의심하지 않았음을 엿볼 수 있다.

(2) 용기의 이중적 의미에 관한 고대의 증언

이런 의미에서 용기의 덕 혹은 용덕(勇德)은 가장 오래된 덕이다. 달리 말하면, 용기는 그렇듯 모든 사람들에게 즉각적으로 인정받는 덕 가운데 하나다. 모두

---

21) [역주] 예컨대, 라틴어 '비르'[vir/ viri(2변화 명사)]는 "건장한 사람", "어른"을 가리킨다. 또 뒤에 계속 언급하겠지만, 라틴어 '비스'[vis/ viris(3변화 명사)]는 "힘" 혹은 "생명력"을 의미하기도 한다. 심지어 오늘날 바이러스를 가리키는 라틴어 '비루스'[virus-viri(2변화 명사)]도 같은 어원을 갖는다. 한자로 용기(勇氣)의 '용'(날쌜 용)자도 '사내다움' 및 '힘'을 상징하고 있는 것이 우연은 아닌 것 같다.

즉각적으로 인정한다는 사실은 곧 인간의 삶과 덕에 관한 인간적 이해 모두에 용기와 직결된 의미가 함축되어 있음을 가리킨다. 용기와 관련된 용어들과 그 어원에 관한 논의는 단순히 학구적인 차원에만 머무르지 않는다. 그것은 인간의 삶에는 두 가지 기초적인 진리가 깊숙이 배어있음을 증언한다. 다시 말해 용기는 사람이 살아가는 데에 반드시 필요한 것이요, 따라서 인간적 행동 및 인간적 책임을 살필 때마다 반드시 고려해야 할 어떤 것이라는 말이다. 그러므로 그와 반대되는 행동으로서 '비겁함'은 인간성에 대한 거부나 회피로 이해될 수 있다.

2. 비겁함 : 인생의 커다란 걸림돌

바꿔 말해, 용기가 그렇듯 근본적인 어떤 것으로 우리의 삶에 깊숙이 관련을 맺고 있다면, 인생의 첫걸음부터 모두에게 잘 알려진 것이자 이미 허용된 행위 가운데 하나인 셈이다. 그래서 사람은 누구나 자신의 삶을 시작하기 전에 두려움을 극복할 수 있고 또 그래야만 한다고 말할 수 있다. 사람은 그렇듯 인간답게 살겠다고 결심하고 희망하는 한, 이를 방해하는 온갖 두려움을 극복하는 일 역시 병행할 수밖에 없다. 과연 사람은 그의 인생을 둘러싼 수많은 어려움을 뚫고 나아가는 중에 자신이 된다. 만일 사람이 그러한 어려움과 위험을 그저 회피하려고만 한다면, 의기소침한 삶에서 벗어날 수 없게 될 것이다. 우리가 살아가는 중에 마주치게 되는 온갖 위험들은 그것들을 피하려는 소극적인 시도만으로는 온전히 해소되지 않기 때문이다.

감성이 뛰어난 시인조차도 어머니 품처럼 따스한 대자연만 그리며 살 수는 없다. 다정다감한 대자연의 풍광이나 사람이 손쉽게 주무를 수 있는 대자연에 관한 묘사는 기껏 프랑스의 여행정보지를 근사하게 꾸민 관광청 직원들의 허구(fiction)에 지나지 않는다. 왜냐하면 그런 사람들은 파리의 빈민굴이나 어두운 뒷골목은 감추고 단지 깨끗하고 화려한 거리만을 보여주려고 노력할 것이기 때문이다. 대자연은 마치 우리가 어둡고 음산한 거리를 함께 걷겠다고 선택한 친구 정도로 간주해서는 안 된다. 물론 적어도 대자연이 우리를 위협하는 존재라는 사실을 깨닫기 전까지는 친구로 여길 수 있다고 하더라도 말이다. 대자연은 언젠가 우리에게 위협적으로 다가올 수도 있다. 예를 들어, 엄동설한에 우리가 몸을 추스르지 못하면 얼어 죽을 수 있고, 무더운 한여름의 태양 아래 장시간 노출될 경우 우리의 몸은 금세 탈진하고 말 것이다. 가을이나 봄에도 가볍게 내린 가랑비에 젖은 몸을 제 때에 가누지 못하면 감기는 물론 폐렴까지 걱정해야 한다. 우박이나 눈, 번개나 홍수는 우리에게 그리 다정한 것들이 아니다. 야생에 살아가는 짐승들은 우리가 집에서 함께 지내며 길들일 수 있는 애완용 동물과는 아주 딴판이다. 우리의 자연본성에도 어떤 외적인 위협과 두려움에 비해 훨씬 더 소름끼치는 두려움을 불러일으키는 것이 내재한다. 예컨대 자신의 파멸조차 둔감하게 만들어버리는 게으름의 타성(惰性)이나 중독에 사로잡혀도 자각하지 못하고 기계적으로 반복하는 습성(習性) 혹은 잔인함과 폭력 앞에서 이성적 사유를 무화시키는 동물적인 근성 등등이 우리에게서도 발견된다.

  숱한 모험과 도전으로 성취되는 인간의 삶은 겁쟁이에게는 어울리지 않는다. 인생은 크게 용기를 갖고 앞으로 나아가는 자의 경우와 겁을 먹고 뒤로 물러서는 자의 경우로 나뉜다. 그리하여 그렇게 살아온 모습을 통해 인생이 평가를 받게 될 것이다. 상을 받거나 욕을 먹거나 말이다. 용기를 갖고 앞으로 나아가는 자의 인생은 그들이 인간다운 삶을, 인간성을 발휘하는 삶을 영위했다는 이유로 상을 받을 것이다. 왜냐하면 용기는 그렇듯 인간다운 삶을 영위하게 해주는 훌륭한 동인(動因)이기 때문이다. 그래서 모든 시대에 모든 사람들에게 용기는 인정을 받고 영예를 얻는 기회를 주어왔다. "여기 한 인간을 보라!" 하거나 "인간 승리다!" 하고 외치는 중에는 늘 그렇듯 존경해마지 않는 용감한 사람이 존재한다. 우리는 그런 까닭을 너무나 잘 알아듣는다. 왜냐하면 그런 사람을 마주하노라면 갑작스럽게 우리의 내면으로부터 용솟음치는 동질감, 곧 인간성의 위대한 힘을 느끼게 되기 때문이다. 우리는 사람들을 미워할 수 없다. 왜냐하면 그들도 사랑할 수 있고 의지와 지성을 발휘할 수 있고 또 우리와 같이 항상 성공만 하는 것이 아니라 실수도 하기 때문이다. 이 같은 다양한 모습은 우리의 인간다움과 연결되어 있으며, 그러한 인간다움이 우리를 동료로, 이웃으로 한데 묶어준다. 우리는 어떤 용감한 사람을 보고 질투하는 마음이 생길 수 있다. 하지만 그의 용기를 부러워할 수는 있어도 미워할 수는 없다. 그처럼 첫 눈에 질투하는 마음이 생기는 것은 지극히 자연스러운 일이다. 왜냐하면 그것은 놀라운 용기를 경험하면서 자신도 모르게 우러나오는 존경심의 갑작스런 혹은 세련되지 못한 표현에 불과하기 때문이다. 아니면 더 나아가 참된 용기와는 거리가 먼 어떤 기괴한 모습들이 사람들에게서 박수갈채를 받는 경우가 너무 흔하기 때문에 그렇듯 시기하는 아이러니가 벌어지는지도 모른다.

3. 참된 용기와 거짓 용기

만일 우리가 고층빌딩을 짓고 있는 공사현장을 지나치다가 까마득한 높이의 강철 빔 위를 아무 두려움 없이 편안하게 걸어 다니는 건축기술자들을 잠시 숨을 멈추고 바라보게 되든가 아니면 때로 목숨을 잃어버릴 것처럼 위험한 경기를 치르는 프로 킥 – 복서들을 링 가까이서 관전하게 된다면, 우리는 우리 자신도 모르게 새어나오는 신음소리와 함께 자동적으로 박수를 치게 될지도 모른다. 하지만 그렇듯 위험천만한 행동은 우리가 일반적으로 경험하는 용감한 행동과 사뭇 다르다. 물론 그들에게는 그러한 행동이 우리가 생각하는 만큼 위험한 것이 아닐 수 있다. 더욱이 협박하는 강도의 면전에서 웃음을 잃지 않고 농담을 거는 은행원이라면, 그는 용감한 사람이 아니라 둔감한 사람이다.

위험을 피하지 않고 맞서는 것만이 용감한 행동은 아니다. 어떤 사람은 자신의 분(憤)을 못 이겨서 위험한 상황에도 앞뒤 가리지 않고 덤빈다. 그런 사람도 용감한 사람이 아니다. 오히려 그는 무모한 사람이다. 오직 감정에다 자신의 행동을 내맡겨버리고 이성적인 판단을 포기하는 실수를 저질렀기 때문이다. 그와 같은 식으로 재물에 대한 집착, 쾌락 일변도의 추구 아니면 고통이나 불명예의 공포는 일순간 사람을 영웅적인 인물로 추켜세울 순 있지만, 그와 같은 영웅적인 찬사는 머지않아 끝나버리고 말 것이다. 마치 무대조명이 꺼지고 막을 내리면, 주인공의 용감했던 연기도 쉬이 대중에게서 잊히고 말듯이 말이다. 왜냐하면 그렇듯 극중에서 펼쳤던 영웅적인 연기를 어느 누구도 실제 세계에서는 계속 행동으로 옮기지 않기 때문이다. 물론 가짜 콧수염을 달았다고 해도 그것이 자연을 거스른 것은 아니다. 그러나 진지하게 자연과 마주하는 일은 연극이 아니다. 우리의 실제 삶은 언제든 자연이 제안하는 위험을 감수하는 것을 의미하며, 인간성을 놓고 그때마다 풀어야 하는 어려운 숙제를 외면하지 않고 성실하게 마주하는 것을 의미한다. 그래서 이때 부딪히는 어려움을 이겨낼 수 있도록 우리에게 자신감을 북돋아 주는 용기를 갖는 것이 꼭 필요하다.

우리에게 자신감을 북돋아 주는 용기는 어떠한 환난에도 쉽게 쓰러지지 않는 함구함를 고무시키며 이성의 요구에 맞춰 인생을 꾸려나가도록 우리를 지지해 주는 도덕적 덕의 하나로 간주되어 왔다. 그래서 더 이상 무지나 한때의 정념이나 잘못된 믿음 혹은 빗나간 맹신으로 삶을 허비하는 일이 없도록 우리를 지켜주었다. 우리가 모든 덕의 경우와 마찬가지로 용기에다 지성 혹은 지혜를 함께 고려하여 이해하는 것은 매우 중요하다. 왜냐하면 용기에 대한 이성적인 통제 혹은 지혜로운 조율은 우리가 용기를 내야 할 상황마다 올바른 지침을 마련해주기 때문이다.

무엇보다도 인간의 완전성은 바른 이성 및 지혜를 통해 이뤄진다. 그러므로 언제든 우리의 행동은 이성의 도움을 받아야 한다. 이성은 인간의 완전성이 인간다운 삶으로 성취되는 것을 가장 합리적인 경우로 간주하기 때문이다. 이성 자체는 지혜의 덕으로 교정(矯正)된다. 예로부터 이를 혹자는 '현명'(prudentia)이라고 일컬었다. 인간적인 것이든 인간의 행위든 외부세계와 관련된 모든 것들에 대한 합리적인 질서는 정의에 의거해서 결정된다. 인간의 내부세계와 관련된 것들도 여전히 그와 같은 합리적인 질서에서 벗어나지 않는다. 그러므로 때때로 일어나는 정념들로 인해 이성이 방해받는 일이 없도록 주의할 필요가 있다. 왜냐하면 정념은 먼저 용기로 위장하여 이성에 반항하기도 하고, 나아가 저마다의 고유한 기질을 이용하여 사람을 유혹하고 현혹시킴으로써 이성을 거스르도록 유도하기 때문이다. 전자의 경우엔 자신의 분노나 순간적인 욕정을 다스려야 할 필요가 있고, 후자의 경우엔 욕심이나 가벼운 환심을 경계할 필요가 있다.

4. 용기의 목표

(1) 두려움과 무모함

용기는 이성을 지켜주는 호위무사와 같다. 만일 인상을 찌푸려도 이성을 위협하는 요소들이 물러나지 않는다면, 그 같은 으름장만으로는 부족한 셈이다. 이성이 안내하는 길에서 벗어나 이성의 지시를 거스른다면 이제 용기가 제 힘을 발휘해야 한다. 그러니까 용기는 인생에 힘들고 어려움이 닥칠 때 발휘되어야 한다. 좀 더 엄밀히 말해서 용기는 그와 같이 힘들고 어려운 상황에서 쉽사리 생겨나는 두려움이나 무모함을 이겨내도록 도와준다. 무엇보다도 힘들고 어려운 상황은 이성적인 판단과 행동을 주저하거나 소홀히 하게 만드는데, 이때 올곧은 정신을 지켜주는 데에는 용기만한 것이 없다. 사람들은 자신도 모르게 그런 어려운 상황을 운명처럼 받아들이거나 위험한 상황을 당연한 것처럼 여기면서 더 이상 이성적으로 바르게 판단하고 행동하는 것을 포기할 수 있다. 그것은 두려움 때문일 수도 있고, 아니면 될 대로 되라는 식의 무모한 태도 때문일 수도 있다. 그러므로 이때 용기를 내어 이성을 방해하는 모든 요소들을 과감히 제거하고 합리적인 사고로 인생을 꾸려나갈 수 있는 안전을 보장받아야 한다.

(2) 죽음의 위험 앞에서

용기는 그러므로 두려움을 없애고 무모함을 진정시키는 힘이다. 사실상 우리는 일상적인 경험으로 단순하게 처리함으로써 정작 용기를 내야 할 순간을 지나쳐 버릴 수 있다. 55kg의 무게를 나를 수 있는 사람이 5kg의 무게를 운반할 수도 있고, 바흐의 곡을 연주할 수 있는 전문음악인이 초보자의 단순한 손가락 훈련을 위한 연습곡에 무료함을 느낄 수도 있다. 극한의 위험도 거뜬히 이겨낼 수 있는 사람이 아주 단순한 위기에 당황할 수도 있다. 용기의 일차적인 목표는 사람이 살아가는 중에 아주 커다란 위기에 봉착해서도 당당하게 헤쳐 나갈 수 있도록 준비시키는 데에 있다. 다시 말해 용기는 극도의 위험이 활개 치는 동안 그것이 저절로 사라질 때까지 물러나 기다리는 것이 아니라 적의 주력부대와 맞설 수 있도록 우리를 고무시킨다. 그 때문에 용기는 항상 경계를 게을리하지 않는다. 한 마디로 용기의 목표는 무엇보다도 죽음과 마주하는 순간에도 겁내지 않고 또 불필요하게 객기를 부리지 않도록 도와주는 것이다. 왜냐하면 죽음은 우리의 인생에 있어 소위 생명을 송두리째 앗아가 버리고 그로써 우리의 몸만이 아니라 우리에게 속한 세상적인 것들(재물이든 명예든 지위든)을 완전히 사라지게 하는 만큼 가장 무섭게 느껴지는 위험이기 때문이다.

(3) 또 다른 위험들 앞에서

만일 우리가 용감하다면 기꺼이 죽음과도 대면할 수 있어야 한다고 말하는 데에는 한 가지 중요한 사실이 연루되어 있다. 그러니까 죽음이 우리가 두려워할 만한 가장 무시무시한 것으로 간주되는 한, 우리는 살아가는 내내 언제고 찾아올 수 있는 죽음에 대해 긴장의 끈을 놓을 수 없으며 이를 위해 반드시 용기가 요구된다는 사실이다. 그런데 이때 우리가 두려워할 만한 것들이라고 여기는 것은 모두 물질적인 위험 혹은 세상과 직결된 위기를 가리킨다. 반면 우리의 가능성을 토대로 보다 더 높은 목표와 영적인 가치의 숭고한 의미를 감안한다면, 우리의 인생에 위협적인 것들은 사소한 것들이요, 물질적인 위험은 단순한 것들에 불과하다. 하지만 그럼에도 우리에게 물질적인 것이나 몸이 인간의 본성과 관련을 맺고 있다는 점에서 물질적인 것이나 몸과 관련된 위험이 그렇듯 사소하거나 단순한 것으로 취급되지 않는 것도 현실이다.

천둥소리와 같은 시끄러운 굉음 때문에 귀마개를 하거나 밤도둑의 침입을 막기 위해 비상등을 켜두는 것은 용감하지 못해서가 아니다. 마찬가지로 해결되지 않은 추리소설 이야기에 집안의 자물쇠를 모두 걸어 잠그거나 한밤중에 예기치 않게 흔들리는 창문 커튼과 괴상한 소리에 놀라서 침대로 뛰어들게 하는 것이 비겁하기 때문은 아니다. 이러한 일들은 보통 사람들에게, 그러니까 흔하게 일어날 수 있다. 그에 반해 가톨릭교회가 가르치는 용기는 무엇보다도 정확히 선(善)을 추구하는 데에 있어 조금도 물러서지 않는 데에 있다. 그러한 용기는 선을 무시하거나 소홀히 하는 그 어떤 위험스러운 상황에서도 제 힘을 발휘하여 기어코 선을 일궈내기까지 온갖 장애를 이겨내도록 도와준다.

소위 '선한 습성'이라고도 일컬을 수 있는 덕은 모두 저마다 선을 추구하는 공통적인 특성을 띠고 있다. 사실 모든 덕은 저마다의 입장에서 선을 추구하되 최고의 선에 이르기 전까지는 만족하지 않는다. 따라서 그 어떤 덕도 마치 어느덧 환멸에 떨어진 중년 신사가 마지못해 인생과 타협하고는 잔뜩 피로에 지쳐 비틀거리듯이 걷진 않는다. 덕은 그의 입장에서 이성을 부분적으로만 혹은 절반 정도만 수용하는 것으로 만족하지 않는다. 오히려 이성의 명령에 전적으로 혹은 완전히 복종하는 것을 기꺼워한다. 용기 역시 예외가 아니다. 용기라는 덕 또한 최고의 선을 추구함에 있어 걸림돌이 되는 난관이나 위험을 타개할 수 있는 전사(戰士)들을 양성한다. 이와 같은 용기의 덕을 간명하게 묘사하고 나아가 가톨릭교회가 가르치는 용기의 원칙적인 목표를 요약하려는 의도에서 토마스 성인은 뜻 깊은 경구 하나를 전해준다. 곧 '용기의 목표는 사람들이 공적으로 싸우든 사적으로 다투든 기꺼이 죽음과 마주할 수 있도록 이끌어주는 데에 있다.'고 말이다. 돌려 말해, 용기는 사람들이 공동선이라는 보다 더 고상한 인간다운 선을 이루기 위해 혹은 하느님이 마련하신 선에 이르기 위해 죽음조차 두려워하지 않도록 도와준다는 것이다.

정결을 지키기 위해서는 '방탄조끼'와 같은 것이 필요한 것이 아니라 용기가 필요하다. 용기는 그야말로 마치 어느 보병부대가 기관총으로 중무장한 적의 진지를 향해 공격할 때 불가피하게 대면해야 할 죽음의 위협처럼 극단적이고 지속적인 위험 앞에서도 결코 물러서지 않도록 돕는다. 그럼에도 불구하고 덕의 실천은 실제로 유별난 싸움이다. 달리 말해 우리가 살아가는 동안 한시도 지체하거나 보류할 수 없는 싸움이라는 것이다. 정말이지 가톨릭교회의 가르침에 대해 적대적인 사람들 사이에서나 실제 그리스도인들을 박해하던 시대에 살았던 사람들 사이에서 덕의 실천은 그리 길거나 크지 않은 일반적인 전투보다 훨씬 더 크고 훨씬 더 지속적인 싸움터에서 사는 것을 의미했다. 용기가 우리의 삶에 항상 필요하다고 하는 까닭은 인생이 늘 싸움터와 같기 때문이다. 심지어 우리의 안전을 지켜줄 수 있는 마지노선이 따로 존재하지 않는다. 오늘날에도 그와 같은 각오로 우리는 각자 자신의 싸움터에서 헤쳐 나가야 한다. 우리가 살아가는 동안 그때마다 부딪히는 갈등과 난관을 스스로 해결해야 한다. 하느님의 나라에 다다를 때까지 무엇을 유용한 디딤돌로 삼아야 좋은지 숙고하면서 그에 필요한 대책(덕)을 조속히 강구하고 활용할 수 있어야 한다.

우리의 공동선을 위협하고 나아가 하느님께서 우리에게 선사하신 은총을 위협하는 것들은 그 수를 거의 셀 수 없을 만큼 많다. 마치 우리라는 해안가에 두려움을 끊임없이 실어 나르는 파도처럼 수없이 반복하면서 그러한 모험으로 우리를 이끄는 사악한 무리가 온 사방에서 줄줄이 밀려온다. 그럼에도 정확히 그 숱한 어려움의 수나 크기만큼 우리에게는 그것을 극복할 수 있는 덕도 함께 주어져 있다. 그래서 예를 들어, 술을 마실 때 우리가 탐닉에 빠지는 것을 붙잡아 주는 절제의 덕이 함께 발휘된다면, 자칫 방탕할 수 있는 자신을 가다듬을 수 있다. 이때 우리가 두려워하는 방탕한 삶으로 우리를 유혹하는 원천인 악의 세력은 용기를 통해 과감히 무찔러 버려야 할 대상이다. 한 병의 위스키는 마치 한 마리의 사자처럼 으르렁대며 위협하지는 않기 때문에, 아무도 그로 인해 나중에 음주를 꺼리지 않는 술주정꾼이 되고 만다는 사실을 위협처럼 느끼지 못한다. 음주와의 싸움에서 우리는 절제의 덕이 제공할 수 있는 도움보다 훨씬 더 많은 것을 필요로 하는데, 그러한 강력한 도움은 용기의 덕이 제공해준다. 아주 실제적인 의미에서 용기는 그 외의 모든 덕들의 실천을 위해서도 반드시 요구된다. 왜냐하면 모든 덕들은 나름대로의 난관에 봉착하는데, 그와 같은 모든 난관들은 사람들에게 그때마다 고유한 덕을 실천하기에 앞서 두려움을 불러일으키는 원천이라고 말할 수 있기 때문이다.

5. 용기 있는 행동들

(1) 어려움을 참아내는 자세와 조치를 취하는 자세

앞서 언급한 우리의 두 가지 잘못된 정념, 곧 두려움과 무모함은 용기를 통해 조절해야 하는데, 이 가운데 좀 더 어려운 것이 두려움이다. 왜냐하면 두려움은 우리의 삶에 활기를 불어넣어주는 모든 활동을 무엇보다도 더 근본적이고 더 격렬하며 더 완벽하게 거부하기 때문이다. 용기와 무모함은 사실 겉으로는 서로 매우 닮아서 혼동하기 쉽다. 그러나 후자는 아주 거칠고 항상 문제를 찾으려고 애쓰는 강인한 모습을 보이지만, 두려움에 사로잡힌 사람의 의기소침하게 굽은 등허리를 곳곳에 세우는 일보다 훨씬 더 단순하게 그의 거칠고 완강한 태도를 진정시키는 일이 관건이다. 다행히 우리에겐 긴장하는 것보다는 긴장을 푸는 것이 더 쉬워 보인다. 결과적으로 볼 때 용기가 집중하여 해결해야 할 더 심각한 과제는 두려움이란 정념이다. 이 과제를 해결하기 위해서는 우선 두려움이 앞서더라도 피하고 싶은 위협이나 위험을 참고 마주하는 자세가 요구된다. 반면 어려움에 어떤 조치를 취하는 일은 실제적으로는 그보다 훨씬 더 쉽다. 후자의 경우를 가리켜 사람들은 용기의 부차적 행동이라고도 부른다.

그래서 사람들은 용기를 통상적으로 평가하는 일이 어렵다고 한다. 기마부대의 투입으로 적을 섬멸하겠다는 공격적인 태도는 우리가 그런 행동을 단념하겠다고 완강하게 뒤로 물러서는 태도보다 훨씬 더 강한 인상을 심어주는 것이 통상적이다. 그러나 만일 우리가 이를 자세히 살펴본다면, 용기의 실질적인 가치보다는 드라마틱하게 느껴지는 생생함과 신속한 움직임으로 인해 우리도 모르게 각인된 어떤 기준에 의해 강요된 평가라는 것을 알 수 있다. 이 문제의 진실은 우리가 대적해야 할 적이 명백히 우리보다 우세할 경우에 상대적으로 한계를 가진 우리 자신의 힘으로는 오히려 방어하는 것이 우리가 가진 힘을 자만하고 기어코 적을 몰아붙이고자 하는 선제공격보다 훨씬 더 용의주도한 행위라는 사실에 있다. 우리가 알다시피 공격을 가하는 자에게도 어려움은 남아있긴 하지만, 그래도 그것은 당장 절박한 어려움이 아니라 미구에 발생할 어려움이요, 나아가 일부는 자초한 어려움이다. 그러므로 적을 향해 민첩하고 날래게 공격하는 행동보다는 비록 덜 드라마틱하더라도, 몇 시간, 몇 날 혹은 몇 년에 걸쳐 지친 몸을 이끌고도 현재 처해있는 어려움을 꿋꿋이 참아내는 일이 그보다 더 용기를 필요로 한다.

(2) 용기 있는 행동의 기쁨과 슬픔

아마도 용기에 관한 부정확한 일부 평가들은 나름의 척도에 의거하여 단순히 어려움을 참고 견디는 것을 패배한 것과 다름없는 것으로 간주하는 데에서 기인하는 것 같다. 우리가 할 수 있는 것이라곤 단지 버티어 내는 것이 전부인 상황에선 그저 자신을 열악하게 느끼거나 쉬이 침체된 분위기에 젖거나 심지어 더 이상 희망이 없어 보이는 것이 사실이다. 그러나 그렇듯 무기력해 보이는 순간들은 실제 참아내는 용기를 발휘하는 순간이기도 하다. 만일 우리가 이런저런 낡은 누더기를 걸친 겉모습 때문에 선을 포기하지 않으려 용기를 발휘하는 진정한 모습을 보지 못한다면, 우리는 정말이지 눈뜬장님과 다를 바 없을 것이다. 사실의 문제로서 우리는 흔하지는 않겠지만 패배한 것처럼 보이는 희뿌연 안개 너머로 용기가 공들여서 마침내 일궈내는 승리의 찬란한 광채를 내다볼 수 있어야 한다. 우리는 단 한순간도 어느 불량배의 물불을 가리지 않고 폭력을 행사하는 객기와 비록 그에 의한 피해자가 또 다른 피해자들을 손수 도울 수는 없더라도, 최대한 그의 폭행을 피하고자 애쓰는 상대적으로 무기력한 피해자의 용기를 서로 대등하다고 생각하지 않는다. 대체로 피해자는 상대적으로 불량배보다 싸움의 기량이나 힘이 떨어지기 마련이다. 하지만 거듭하여 쓰러지면서도 그렇듯 가만히 누워있지 않고 다시금 일어나 도전하는 킥 - 복서가 그를 쓰러뜨린 상대 복서에 비해 기량이나 힘이 떨어진다고 우리는 생각하지 않는다.

우리는 지칠 줄 모르고 용기를 발휘하는 킥 - 복서를 지켜보면서 감탄해 하지만, 그럼에도 분명히 시합이 끝난 후 수반되는 그의 고통 및 통증을 부러워하진 않는다. 용기 있는 행동에는 고달픈 측면이 있기 마련이다. 용기는 신체적 고통이 수반되거나 정신적 아픔을 대변하듯 쓰디쓴 눈물을 흘리게 되는 일이 다반사로 뒤따른다. 심지어 의지를 굳세게 다져도 영적인 슬픔은 사라지지 않는다. 수난을 당하시는 중에 주님은 머리에서 발끝까지 고통을 견뎌야 했으며, 당신의 영혼은 죽음과도 같은 극도의 슬픔을 느꼈다고 고백하신 적이 있다. 그리고 최후의 순간에 그 슬픔은 주님의 영적인 능력을 도발하였고 나아가 고독의 심연에 떨어뜨릴 정도로 그분을 자극했다. 하느님 아버지께 "어찌하여 당신은 저를 버리시나이까?" 하고 부르짖으셨듯이 말이다. 용기는 결코 사람들의 시선을 끌기 위한 방편이 아니다. 용기는 마치 송환된 영웅들과 어렵게 살아남은 자들에게서 박수갈채를 받으려는 듯 번쩍거리는 유니폼에 줄을 지어 멋스럽게 사열을 하는 군대가 아니다. 용기는 오히려 아픔과 슬픔을 수반한다. 그것도 가늠할 수 없을 정도의 아픔과 슬픔을 수반한다. 하지만 용기에는 당연히 기쁨도 함께 한다.

여기서 힘들고 어려운 상황을 잘 견뎌내는 용기는 식후 담배를 즐기던 것을 참는 일 정도에 견줄 수는 없다. 우리가 말하고자 하는 용기는 신체적 고통을 상쇄할 수 있을만한 신체적 즐거움이나 이로움을 가져다주는 것이 아니며, 감정을 북받치게 만드는 슬픔의 파도가 더 이상 밀려오지 않도록 높다랗게 방파제를 쌓는 것도 아니다. 하지만 그런 용기는 지적인 슬픔 혹은 의지의 슬픔을 소멸시키는 능력을 넘어서 영적인 기쁨을 가져다준다. 그 기쁨은 인격적인 기쁨이요, 나아가 초인격적인 기쁨도 될 수 있다. 그것은 한 사람만이 아니라 십지어 모든 사람에게 가치 있는 목적들을 위해 행동하는 기쁨이기 때문이다. 바꾸어 말하자면 용기와 박애를 목적으로 행동하는 기쁨 말이다. 과연 초자연적으로 혹은 주어진 용기의 덕을 실천할 때 드물지 않게 일어나는 현상은 그러한 영적인 기쁨이 우리가 상상하는 것 이상으로 매우 커서 그밖에 다른 것들에 대해서, 그러니까 무시무시한 신체적 고통에 대해서마저 무감각하게 만든다는 것이다. 순교자들 대부분은 죽음의 문턱을 넘어서는 순간에도 동요하지 않았다. 마치 갓난아기가 엄마의 자장가를 들으며 잠의 문턱을 살며시 넘어서듯이 죽음을 맞았다. 박해가 극도의 공포로 다그쳐지는 순간에도 오히려 순교자들의 얼굴에 미소가 가시지 않았다고 전한다. 일찍이 십자가 앞에서 실망한 이는 유다였지 주님이 아니었다. 로마황제가 선고한 옥중 고통을 아파했던 이는 로마 간수였지 세실리아 성녀가 아니었다. 환한 얼굴로 농을 하면서 교수대에 오른 이는 토마스 모어 성인이었지 그를 처형한 망나니들 가운데 하나가 아니었다.

물론 이렇듯 전해져오는 이야기는 과장된 측면이 없지 않다. 우리는 대개 위험이나 어려움에 직면할 때 그와 함께 고통과 슬픔이 동반할 것이라는 사실을 모르지 않는다. 그리고 그러한 고통과 슬픔이 크면 클수록 우리의 영혼을 뿌리채 흔들 것이라는 점도 능히 상상할 수 있다. 하지만 어떤 위험이나 어려움으로 인해 겪어야 하는 고통과 슬픔이 제아무리 크더라도, 그것이 여느 겁쟁이나 바보가 아니라 진정 참 하느님이시면서 참 인간으로서 더없이 큰 위험과 어려움을 몸소 견뎌내신 주님을 뒤따르는 기쁨을 결코 능가하지는 못할 것이다.

우리가 계속 정념들을 생각하노라면, 갑작스레 욱하고 분노가 치밀어 올라 당장이라도 치고받으려는 의욕을 앞세워 막무가내로 어떤 적이든 상대하겠다고 나서는 사람을 상상할 수 있다. 그러나 그렇게 흥분했던 사람도 얼마 지나지 않아 마음을 진정하게 되면, 앞서 흥분했던 자신을 두고 몹시 부끄러워하기 일쑤다. 그러니까 그러한 사람들은 또 달리 생각할 수 있는, 그러니까 흥분한 순간에는 놓치기 쉬운 또 다른 측면들을 아차 하는 순간 잊었다가 뒤늦게 깨닫게 된다는 것이다. 이렇듯 쉽게 흥분하고 또 이내 후회하는 싸움꾼과는 반대로 매우 더디게 반응하지만 끈질기게 적과 대치하는 사람도 있다. 그런 사람의 행동은 이성에 의해 이뤄진다. 그런 사람은 싸움에 임하기 전에 주의 깊게 생각하기 때문에 비록 서둘러 나서지 않더라도, 치러야만 할 싸움이라면 물러서지 않는다. 무모하게 행동하는 정념어린 태도와 용기는 그래서 서로 다르다.

(3) 용기를 식별하는 하나의 좋은 기회 – '위급한 순간'

용기는 하나의 덕이기 때문에 그래서 모든 도덕적인 덕들이 그러하듯 이성과 함께 움직인다. 설령 생각할 여유가 거의 없다고 하더라도, 용기 있는 사람들은 당장 마주한 어려움을 두고 이성적으로 잠시나마 자신의 균형 잡힌 행동을 위해 반드시 생각할 시간을 갖는다. 그러나 위급한 순간, 그래서 생각할 겨를조차 없다고 해도, 그런 경우는 용기를 시험할 수 있는 가장 훌륭한 기회일 수 있다. 시간이 충분히 주어진다면, 실은 용기 없이도 위험에 맞서 정신력을 강화하면서 차근차근 위험을 타개할 수 있을지도 모른다. 하지만 일분일초를 다투는 위급한 순간에는 본성적으로 소위 제2의 본성이라고 일컫는 '습성'에 의거하여 당장 어떻게든 처신하기 마련이다. 미친 듯이 돌진하는 트럭 앞에서 한 어린아이를 구하기 위해 위험을 무릅쓰고 뛰어드는 영웅은 한순간 돌발적인 행동으로 탄생하는 것이 아니라고 본다. 오랜 동안 서서히 몸에 익혀온 그의 용맹한 행동이 그 기회를 만나 한순간 드러나게 된 것이라고 보기 때문이다. 그렇게 용기는 그 사람의 습성 가운데 하나처럼 천천히 그리고 오랜 시간에 걸쳐 그의 몸에 굳어진 것이라는 점에서 능히 '덕'(德)이라고 불릴 만도 하다.

보통 자신의 가족을 부양하기 위해 점점 더 많은 급료를 필요로 하는 사람은 비록 천성적으로 소심한 성격의 소유자일지라도 자신의 현재 봉급에 대해 불만과 아쉬움을 해소할 수 있는 온갖 가능성들을 찾아 과감히 보다 더 활발한 직종에 뛰어드는 용기를 발휘할 것이다. 이때 만일 준비할 수 있는 시간이라도 있다면, 용감한 사람은 그가 바라는 미래를 위해 합리적인 동기나 적절한 방편들을 신중하게 고민하면서 선택할 것이다. 만일 자신에게 그럴 여유가 없다면, 그가 미리 추스를 수 없는 동기는 본성적으로 상대할 적을 향해 투지를 불태우는 열정으로 대체될 것이다. 게다가 점점 더 깊이 자신이 해야 할 일에 몰입하면서 자아도취적인 감정을 더욱더 격한 열정으로 활용하려 할 것이다. 물론 올바른 사교적인 방법을 동원할 수도 있다. 그래서 실패한다면 더욱더 난감해질 수 있는 유익한 목표를 분명하게 적시하고 그것을 소망하는 힘을 최대한 키우려고 노력할 것이다. 그리하여 그는 더 이상 소심하거나 비겁한 사람이 되지 않을 것이다. 오히려 그는 상대해야 할 위험을 공략하기 전에 미리 자신의 지원군과 무기를 냉정하게 평가하고 확인하는 전략가로 성장할 것이다.

6. 용기의 토대 : 마음의 평정

 울분이나 슬픔 혹은 소망은 그렇듯 어려움과 맞설 때 동기부여가 되기 때문에 작게나마 용기를 갖고 행동하는 데에 도움이 된다. 반면 그 밖의 순간적인 정념은 두려움이나 위험에 직면하여 좀 더 참고 견뎌내는 힘겨운 행동을 위해 도움이 되지 않는다. 위기적인 순간에 우리를 도와주는 것은 정념이 아니라 이성이다. 그러므로 급박한 상황에 유익한 것은 '정신을 차리는 일'이다. 갑작스럽게 어려움에 봉착하는 순간 침착한 마음가짐 및 평정심이 무엇보다도 절실히 요구된다. 때로는 위험으로부터 무작정 달아나는 것보다 무엇이 문제인지 살피는 일이 중요한 것처럼 말이다. 이때 그 어떤 정념도 우리의 마음을 진정시켜주지 못한다. 우리가 그런 순간에 주어진 기회가 무엇이고 무엇을 선택해야 좋을지 제대로 평가할 수 있도록 해주는 것은 정념이 아니다. 우리가 이성적으로나 인간적으로 혹은 하느님을 믿음으로써 어떤 의로움을 택하도록 돕는 것은 정념이 아니다. 반드시 붙잡아야 할 것이라고 스스로 인정하거나 결정한 선택은 당장 무엇을 상실하든 어떤 고통을 당하든 혹은 얼마나 큰 슬픔이든 겁내지 않고 대면할 수 있도록 해준다. 아무도 주님의 다음과 같은 물음에 제대로 답변한 적이 없다. 예컨대 "사람이 온 세상을 얻고도 제 목숨을 잃으면 무슨 소용이 있느냐? 사람이 제 목숨을 무엇과 바꿀 수 있겠느냐?"[22] 과연 주님의 이 물음에 누가 마땅하게 다른 답변을 할 수 있을까? 이 세상에 제 목숨보다 더 소중한 것으로서 무엇을 둘러댈 수 있을까? 죽음은 모든 것을 물거품으로 만드는데. 여기서 진정한 용기는 현실을 인정하는 데에서 시작할 것인즉, 비겁한 마음을 감추고 끊임없이 쏟아내는 그럴듯한 온갖 궤변에도 불구하고 우리 자신에게 그 외에 달리 선택할 무언가가 있다고 둘러대지 않는 데에 있다.

어쩌면 우리에게 다가오는 숱한 어려움과 위험들은 우리의 용기가 살아 숨 쉬게 해주는 공기이자 점점 크게 자라도록 해주는 자양분과도 같다. 설령 우리가 (충분히 자주 저지르는 실수로서) 어려움 자체를 덕이라고 장담하더라도, 제대로 말하면 용기가 앞장서고 사랑이 뒤에서 받쳐줄 때 그렇다는 것이다. 왜냐하면 용기를 발휘하는 일보다 더 큰 어려운 일은 없고, 사랑보다 더 기꺼이 행동하게 하는 것은 없기 때문이다. 그러므로 어려움 자체가 말 그대로 덕을 평가하는 출중한 규범은 아니다. 차라리 출중한 규범은 개별적인 행동이 목적으로 삼고 있는 선(善)이다. 이에 근거하자면 용기는 분명히 상대적으로 낮은 위치에 있다. 왜냐하면 용기는 우리가 선구자들의 모습을 통해 확인하듯이 찬란한 성과가 아니라 지루한 과정 중에 빛을 발하기 때문이다. 왜냐하면 용기는 다른 덕들을 위해 길을 닦아주듯 높은 언덕을 갈아엎고 낮은 계곡을 메우는 데에 힘쓰기 때문이다. 다른 덕들이 제 기능을 다하도록 그에 장애가 되는 온갖 요소들을 제거하는 데에 제 역할을 다하기 때문이다.

---

22) [역주] 마르 8, 36-37.

7. 용기의 덕의 위상

물론 용기는 믿음과 희망과 사랑이라는, 소위 하느님을 직접 목표로 삼는 그리스도교의 삼덕(三德)에 비하면 상대적으로 아주 낮은 위치에 있다. 도덕적인 덕들 사이에서도 용기는 본질적으로 이성의 질서를 취하는 현명보다 혹은 지덕(知德)보다 그리고 이 세상에 그 질서를 제시하는 정의의 덕 아래에 위치한다. 용기는 이성이 아니듯이 이성에 속한 것이 아니며 이 세상에 이성의 질서를 제시해야 할 의무를 갖지 않는다. 그럼에도 용기는 이성을 보호하고 보존한다. 그렇게 용기는 온갖 위협과 위기 앞에서 이성을 보호하기 때문에, 절제의 덕보다 그 위상이 높다. 절제 역시 이성을 보조한다. 두려움이나 위험을 상대로 이성을 보조하지는 않지만 쾌락을 좇아서 방탕할 수 있는 위기를 극복할 수 있도록 감정을 다스린다.

하지만 용기가 맨 앞자리에 위치하지 않는다고 해서 덕의 혈육처럼 여기기보다는 마치 고루한 관습에 젖어있는 충실한 늙은 종처럼 간주하는 잘못을 범하지는 말아야 한다. 용기 역시 중추적인 덕으로서 지혜와 정의와 절제와 나란히 위치한다. 용기 역시 근원적인 덕으로서 우리의 삶에 중대한 사안들과 연루되어 있다. 그래서 우리의 삶에 반드시 보편적으로 개입되는 필요요건으로 선별될 수 있는 몇몇 덕들 가운데 하나다. 각종 위험과 어려움들은 단지 일부 사람들이나 지엽적인 삶에만 해당되는 것이 아니다. 그렇다고 사람들이 자신의 인생에서 자칫 놓쳐버릴 수 있는 어떤 것을 단단히 여미게 해주는 그런 것도 아니다. 용기를 중요하게 여긴 고대인들에게 이와 같은 생각들이 그 골조를 이루었다고 보아도 좋을 것이다. 왜냐하면 그들은 용기가 우리의 삶 전반에 걸쳐 혹은 우리가 어떤 행동을 취할 때에 반드시 전제되어야 한다고 보았기 때문이다.

8. 순교자들의 용기

(1) 순교의 본질

용기의 중요성과 그 위력에 관하여 좀 더 이해하기 쉽도록 설명하자면, 용기가 최고조로 발휘되어야 할 절박한 상황에 관하여 생각하는 것이 무엇보다도 재빨리 우리를 도와줄 것이다. 용기가 가장 고상하게 발휘되는 경우를 두고 우리는 하늘의 문이 활짝 열린다고 표현하고 또 우리가 그리스도교의 신앙을 오롯이 증언하기 위해 기꺼이 이 지상에서 천상으로 발걸음에 내딛는 행동이라고 말하는, 소위 '순교(martyrium)'를 몸소 실천한 사람들을 가리켜 우리는 용기를 최고조로 발휘한 용감한 사람들이라 부른다. 어느 순교자도 도둑처럼 하늘나라에 몰래 들어가지 않았다. 과연 한순간 폭풍처럼 기도해서 우연히 천상에 닿기라도 한 듯 돌발적으로 하늘나라에 입성한 순교자는 아무도 없다. 하느님의 식탁에 함께 앉는 영광을 무엇보다도 더 절실히 바랐던 까닭에 그 길목에서 일고의 망설임이나 장난기 섞인 행동을 취하지 않았다. 오히려 순교자들은 금의환향하는 개선장군처럼 보무도 당당히 하늘나라를 향해 힘차게 내딛었다. 그들의 힘찬 발걸음은 능히 그들이 누구인지 한눈에 알 수 있을 만큼 유달랐다. 그들은 하늘나라 때문에 생명을 잃었다. 그들은 자신들의 신앙 혹은 덕을 포기하기보다는 차라리 죽음이라는 힘겨운 선택을 하였다. 그들이 뒤따르던 스승과 똑같이 목숨을 구걸하지 않았다. 그렇게 종종 그들은 자신들이 천상가족이라는 사실을 증거함으로써 불신에 주춤하는 이들 또한 개종시켰으니, 그것은 수많은 순교자들이 자신들을 박해하는 이들을 위해서도 기도하였기 때문이다.

모든 순교자들은 곧장 하늘나라에 들어갔다고 확신한다. 그것은 과연 덕으로 인해, 아니 모든 덕들이 최고조로 협력하여 일궈낸 빛나는 성과다. 어찌하여 모든 덕들 가운데 눈에 띌 만큼 찬란한 구석이라곤 눈에 잘 띄지도 않는 용기에 의해 그처럼 놀라운 결과가 이뤄질 수 있을까? 절제를 아무리 잘 한다고 해도 죽음 앞에서 소위 극단적인 선택을 통해서 생명으로 나아가는 일은 쉽지 않다. 왜냐하면 일정한 방향을 따라 흔들림 없이 똑바로 걷기 위해 과음을 하지 말아야 하는 것처럼, 그는 언제나 균형을 잃지 않기 위해 극단적인 행동은 삼갈 것이기 때문이다. 완고할 정도로 겸손한 사람도 그들의 성격이 대변하듯이, '겸손'이 위협을 받는 시험에 스스로 뛰어들 리는 없을 것이기 때문이다. 개종자의 후회 역시 죽음을 관통하신 영광스런 주님의 품에 한사코 뛰어들 수 있는 행동을 위한 필수적인 명분은 되지 못한다. 주님께서는 앞선 물음에 당신 스스로 다음과 같이 말씀하심으로써 우리가 곤란해했던 그 답변을 대신 해주셨다. "친구들을 위하여 목숨을 내놓는 것보다 더 큰 사랑은 없다."[23] 이것이 순교의 진정한 비밀이다. 용기가 홀로 순교를 일궈내는 것은 아니다. 거기엔 사랑이, 친구에 대한 사랑의 힘이 함께 발휘되어야 한다. 결국 이로써 진정한 용기는 하느님 당신을 향해 나아가는 사랑과 꾸준히 협력하는 데에 있다고 말할 수 있다.

(2) 순교를 위한 덕들

악마를 추종하는 세력은 순교자를 상대할 수 없다. 순교자는 덕의 소유자다. 그는 바로 덕의 본질인 진리와 정의 위에 단단히 서있다. 순교자는 진리에만 그의 고유의 목표를 두는 이성을 저버리지 않고 정의 및 거룩함을 그 유일한 목적지로 희망하는 인간의 간절한 바람을 마지막까지 놓지 않았다. 과연 그는 홀연히 종교적인 덕이 추구하는 하느님이란 최고의 선을 좇아서 죽음이라는 거대한 악과 당당히 대적했다. 그는 신앙을 가진 인간이다. 왜냐하면 목숨을 대가로 요구하는 악조건에서조차 자신의 신앙을 굽히지 않고 오히려 증거하였기 때문이

---

23) [역주] 요한 15,13.

다. 또 그는 사랑을 실천하는 인간이다. 왜냐하면 우정의 증표는 희생인데, 그는 그렇듯 최고의 희생을 감수하였기 때문이다.

(3) 순교의 용기의 완전성

자기연민에 사로잡힌 어정쩡한 종교인은 종교적인 삶이 요구하는 "생생한 순교정신"을 가리켜 그저 듣기 좋은 빈말에 불과하다며 체념과 탄식으로 응수한다. 그러니까 생생한 순교정신은 자기연민에 사로잡힌 종교인의 구호처럼 별 볼 일 없는 모순적인 개념이라고 치부하는 것이다. 순교자가 되기 위해선 반드시 죽어야 한다. 죽음은 순교에 있어 그 본질이기 때문이다. 순교는 확실히 신앙을 가장 소중한 것으로 삼기에 기꺼이 그 밖에 모든 물질적인 선에 미련을 갖지 않는 것이니 궁극적으론 세상에 대한 죽음을 함의한다. 무엇보다도 사람은 자신에게 유익한 것들, 친구조차 포기하고 고통을 감내할 수 있다. 그러한 행동이 진정 자신의 삶을 구원하는 것이라고 판단한다면 말이다. 그렇지 않다면 망나니가 휘두르는 무딘 칼날이 바람을 가르며 내는 소리를 듣기 전까지 그러한 모든 희생을 감내할 것인지 진지하게 숙고해야 할 것이다. 정말이지 사람은 실제로 그러한 희생을 감내할 수 있다. 하지만 수많은 사람들이 실제 죽음을 받아들이기 직전까지 그와 같은 최고의 시험을 통과하지 못한 것도 사실이다. 정녕 신앙의 진리를 위해 모든 것을 단념하겠다는 결심을 공공연하게 고백할 수 없는 사람은 증거자가 될 수 없다.

자신의 정결을 지키려다가 목숨을 잃는 동정녀도 순교자다. 큰 전염병이 도는 동안 성사를 집전하다가 목숨을 잃는 사제도 순교자다. 교회가 공공연하게 인정한 순교자들은 보통 신앙을 박해하는 혼란스러운 시기에 목숨을 잃었고, 그것은 교회의 신앙을 수호하려다 희생되었다고 한다면, 또 다른 의미의 수많은 순교자들은 그리스도인으로서의 삶을 충실하게 지키다가 죽음을 맞이하였다. 그렇게 죽어간 이들은 단순히 신앙을 부인하도록, 곧 배교를 강요받는 순간에 그것을 거부한 경우만을 가리키지 않고, 순교의 사유(事由)가 되는 그런 행동을 물러서지 않고 고수한 모든 경우를 포괄한다. 어떤 덕의 실천도 순교의 사유가 될 수 있다. 예컨대 언제든 하느님의 은총 아래서 정직하게 살아가는 것이 박해의 빌미가 된다면 말이다. 이때 덕의 실천은 사랑으로 하느님께 응답하는 것을 함의한다.

(4) 순교의 사유(事由)들

그리 오래지 않은 과거에 소련 공산국이나 동독에서 가톨릭교회의 신앙을 포기하도록 강요받았는데, 이를 거부하거나 신앙이 요구하는 것을 몸소 실천하다가 생명을 잃은 신앙인도 당연히 순교자다. 사실 그들은 심지어 정권이 정치적인 이유로 가톨릭교회 신앙을 조직적으로 탄압하는 혹독한 상황에서도 신앙을 포기하지 않았다. 그들은 그리스도인이라는 이유 하나만으로 목숨을 잃었다. 굽히지 않고 치열하게 붙든 그 신앙을 통해서만 진정 자유로울 수 있다는 신념으로 기꺼이 죽음을 두려워하지 않았다.

당시 그들은 신앙의 적들이 지시하는 대로 최대한 빨리 달아나다가 결국 등뒤에서 총탄 세례를 받고 목숨을 잃고만 사실은 그들을 순교자의 반열에 올려놓는 데에 조금도 부족함이 없다. 적들을 피해 달아나는 일이 전혀 불가능한 절망적인 상황에서 '달아나다가' 목숨을 잃은 것은 자발적인 희생에 속한다. 사실 통속적으로 '도주'가 배교의 표현일 수도 있으나 당시 어차피 목숨을 구할 수 없는 도주였기에, 차라리 도주의 사유가 죽음을 받아들이는 것이요, 배교를 완강히 거부하는 것이었던 셈이다. 반면 잠을 자다가 목숨을 잃은 신앙인이나 술독에 빠져 죽은 신앙인을 순교자로 받들 수는 없다. 이런 사람들의 경우 신앙이 그 죽음의 사유가 아니기 때문이다. 그러나 순진무구한 유아들이 박해로 인해 죽임을 당한 경우는 예외적인 경우다. 비록 그들이 의지를 통해 자발적으로 신앙을 지키려 할 수 없었다고 하더라도 교회 공동체의 신앙으로 인해 맞이한 죽음이기에 순교자로 간주한다.

　진리를 위해 죽은 소크라테스도 그러하지만, 거짓증언을 한다면 목숨을 부지할 수도 있었으나 그것을 거부한 사람들 모두가 순교자의 월계관을 머리에 쓸 수 있는 것은 아니다. 물론 그들은 자연적인 '덕의 순교자'로 일컬어질 수는 있을지 모른다. 하지만 분명히 그리스도교 신앙 아래서 칭송받는 순교자 대열에는 들 수 없으며, 순교자의 영예를 받을 것이라고 장담할 수 없다. 그러나 배교하기보다는 차라리 목숨을 내놓아서라도 자신의 신앙을 지킬 만큼 신앙을 높이 사는 그리스도인의 경우는 당연히 순교자 반열에 들 수 있다. 하지만 자신의 신앙을 수년간 함께 살아온 가족을 포기할 수 없을 정도로밖에 소중하게 여기지 않는다면 순교자가 될 수 없다. 인간의 의지는 때로 확고부동하여 경이로움을 불러일으키기도 한다. 그러나 그것도 말 그대로 기막힌 아름다움을 선사하는 초자연적인 경이로움에 비하면 아무것도 아니다. 그렇듯 초자연적인 경이로움은 오랜 동안 단련을 거쳐서만 누릴 수 있는 고귀한 것이다. 자연적으로 경이로운 것들에는 분명 우리의 관심을 사로잡는 어떤 것이 있다고 하겠으니, 그 때문에 사람들은 그런 경이로운 것들을 위해 용기를 발휘한다고 말할 수 있다. 그렇게 자연적으로 경이로운 것들을 위해 용기를 발휘하는 이들은 용감한 사람들이다. 하지만 그러한 용기는 천상에서 초자연적인 것들을 누릴 수 있는 조건은 되지 못한다. 왜냐하면 그것은 단지 자연적인 것들에 국한하기 때문이다.

　자신의 조국을 위해 목숨을 바친 장병들, 다시 말해 국가와 국민을 수호하는 의무를 다한 군인들의 경우 순교자적인 의미가 강하다고 말할 수 있을지 모른다.[24] 그러나 그들 역시 순교자로서의 모습을 충족시키지는 못한다. 왜냐하면 하느님께 의존하는 특별한 덕에 따른 희생적 죽음을 분명하게 보여주지 못하기

---

24) [역주] 그런 의미에서 그들의 경우 순직(殉職) 혹은 순국(殉國)이란 표현을 사용하지만, 순교(殉敎)는 아니다.

때문이다. 그런데 무슬림과 대적했던 십자군에 속한 이들은 비록 그들이 행한 결과를 놓고 보자면 자신들의 희생보다는 오히려 다른 사람들의 희생을 훨씬 더 많이 요구했다고 할지라도, 가톨릭교회의 신앙을 위해 싸웠던 것이 분명하다. 십자군이 신중하게 고민하며 대면했던 각종 위험과 어려움을 감안한다면, 우리는 그들이 용감한 사람들이라는 사실을 부인할 수 없다. 그래서 그들 가운데 정말 많은 이들을 순교자로 칭하는 데에 의심의 여지가 없어 보인다. 그러나 그들 가운데 또 달리 그와 비교하여 적지 않은 이들이 순교자에 속하지 않는다는 것도 개연성이 매우 높다.

교회의 순교자들이 콜로세움이나 십자군 전장(戰場) 혹은 박해가 있던 장소에서만 목격되는 것은 아니다. 순교자는 훨씬 덜 눈에 띄는 행동을 통해서도 꾸준히 목격될 수 있다. 우리가 살아가고 있는 이 시대에도 순교자의 분명한 본보기가 존재한다. 예컨대 산모의 생명을 지키기 위해서 아직 태어나지 못한 아이[胎兒]의 살해를 묵인하지 않으려는 그리스도인이 그러하다. 혹은 교회의 정의와 생명에 대한 가르침을 준수하려는 의도에서 – 낙태 혹은 임신중절 등의 의료행위가 산모의 목숨을 구하기 위해 위협적인 태아를 제거할 수밖에 없는 이중효과의 원리에 의거해서 비록 범죄가 되지 않는다 하더라도 – 그런 의료행위를 거부하며 태아의 생명을 지키고 눈을 감은 산모는 바로 오늘날의 순교자라 하겠다.

최근 미국에서 출간되는 한 잡지가 미국여성들의 여론조사 결과를 공개한 적이 있는데, 내용은 미국여성들의 임신에 대한 인위적 통제에 대한 태도와 그에 대한 다양한 이유들에 관한 것이었다. 거기에 소개된 이유들 가운데 실제적 측면에서 상대적으로 더 많은 여성들이 제시한 이유를 차례대로 열거하자면, 가족의 경제적인 여건, 미숙아 및 질병을 가진 아이의 출생에 대한 두려움, 아이들에게 더 좋은 교육환경을 제공하려는 소망 및 훨씬 더 뒷바라지를 잘 할 수 있는 상황이 되기 전까지 인위적으로 불임을 하겠다는 것이었다. 이 가운데 의미심장한 특이사항 한 가지는 여성의 개인적인 어려움에 관해선 아무 언급이 없었다는 점이다. 이를테면 임신 및 출산으로 인한 고통이나 아름다움의 상실 혹은 출산 시 죽을 위험에 관한 두려움 등은 실상 임신을 기피하는 중대 사유(事由)가 아니라는 뜻이다. 그러나 이 같은 사유들은 여성들 자신의 입장에선 앞서 거론된 사유들보다 훨씬 더 심각한 것들이다.

9. 용기를 꺾는 것

(1) 비겁함

앞서 미국잡지의 여론조사에서 거론된 사유들은 아주 오래전의 광경을 오늘날의 화폭에 담은 것처럼 느껴진다. 예를 들어 어떤 순교자가 수천 명의 군중으로 둘러싸인 광장에 서 있다가 마침내 장렬하게 최후를 맞이한 그의 주검은 오히려 거기 모여든 적(敵)들에게 일종의 경외감과 함께 비통함을 남겨놓는 어둡고 무거운 그림이라고 할까! 겁쟁이는 자신의 비겁함을 가급적 감추려고 애쓸 뿐만 아니라 자괴감조차 갖지 못한다. 두려움을 제압한 정복자를 용감한 자라고 한다면, 겁쟁이는 두려움에 정복당한 자다. 겁쟁이는 달아날 궁리만 하느라 싸움터에 한 발짝도 내딛지 못한다. 자신의 삶을 주도할 수 있는 기회를 앗아가는 패배에만 정신을 팔아버렸기 때문이다. 그는 인생을 위해 견뎌내야 할 행군을 시작하기도 전에 마주한 장애물 앞에서 무릎을 꿇어버린다. 그렇게 겁쟁이는 싸움도 시작하기 전에 이미 자신이 패배했다고 생각하며 좌절한다. 그는 비겁한 자신을 두고 던지는 사람들의 경멸에 찬 시선이 그리 분명하지 않음에도 자신의 내적인 자아에서 꿈틀거리는 자책의 고함소리와 같다고 단정한다. 그리하여 그는 몸을 움츠리는 데에 익숙하다보니, 심지어 자기 자신에게서조차 숨으려고만 든다.

(2) 두려움이 없음과 그 원인들

물론 두려움을 느끼는 것이 잘못된 것은 아니다. 귀신에 관한 이야기는 종종 우리에게 전율을 불러일으키곤 한다. 한밤중에 들리는 기괴한 소리는 가끔 우리의 발목을 꼼짝할 수 없을 정도로 두려움을 준다. 한순간 등골을 오싹하게 만드는 것들이 우리 주변에 존재한다. 오솔길에서 갑자기 만난 징그러운 뱀이나 어두운 골목길에서 목격한 부러진 의족 혹은 한여름에 폭풍우를 몰고 온 거대한 토네이도가 우리를 소름 돋게 만든다. 하지만 그와 같은 것들에 대한 두려움은 우리가 어느 정도 이성적으로 처리할 수 있다. 예컨대 징그러운 뱀을 보거든 신속히 멀리 피하는 것이 좋다. 그로써 우리는 재빠르게 두려움에서 벗어날 수 있다. 그러나 만일 모든 사람들이 그렇듯 두려움을 느낀다고 해서 그런 두려움에다 우리 자신을 내맡겨버린다면, 우리는 스스로 겁쟁이가 되는 셈이다.

만일 우리가 전혀 두려움을 느끼지 않는다면, 우리에게 무언가 결여된 것이 있음을 가리킬 수 있다. 예를 들어 우리가 환각상태에 빠져있을 수도 있고, 미리 위험을 감지하려고 몰입하느라 심한 두통에 휩싸여 있을 수도 있다. 아무튼 그로 인해 두려움을 느끼지 못하여 우리를 해치는 것이 하나도 없다고 과장하여 무모한 행동을 할 수도 있고, 아니면 천연덕스럽게 우리에게 맡겨진 소중한 것마저 돌보지 않을 수도 있다. 이처럼 아예 두려움을 모르는 태도는 어떤 경우든 인간적인 모습과는 거리가 멀다. 실제 우리에게 아예 두려움이 없다는 것이 유익한 것만은 아니다. 우리에게는 솔직히 충분히 자부심을 갖게 하거나 자랑할 만한 것은 하나도 없다. 오히려 부족하고 나약한 우리에게는 부끄럽게 여겨야 할 어떤 것들이 존재하며, 심지어 어떻게 해서든 아이들에게 숨겨야 할 것들이 있다.

(3) 무모함

천박한 시험만이 우리의 용감함을 앞세우는 무모한 실수를 유도할 수 있다. 무분별하게 만용을 부리는 것과 용감하게 행동하는 것의 차이는 매우 크다. 그것은 흔히 허풍쟁이와 용기 있는 사람의 차이와도 같다. 겁쟁이나 객기를 부리는 자 모두 정념에 들떠 너무 쉽게 이성을 내줘버리는 자들이다. 겁쟁이는 줄행랑을 치는 자이고, 객기를 부리는 자는 무분별하게 맞서는 자다. 둘 다 현실적으로 인간다움에서 벗어나 행동하는 것이다. 둘 다 그 시작부터 인간다운 삶을 포기하는 자들이다.

[결론] 용기와 순교자

1. 용기를 발휘하기 위해 닦아야 할 것 : 사람으로 그리고 신앙인으로 살기 위해

이제 이 단원을 마무리하기 전에 간단히 정리해보자. 우리는 인간다운 삶을 위해 용기를 발휘해야 한다고 말했다. 한편 신앙인으로 살기 위해서는 더 많은 용기가 필요하다. '거룩한 사람'이 되도록 요구하는 가톨릭교회의 가르침을 따르기 위해서는 훨씬 더 많은 용기를 발휘해야 하기 때문이다. 물론 도덕적으로 바람직한 삶을 위해서도 용기는 필수적이다. 사람이 점점 더 덕을 갖추면 갖출수록 더 많은 어려움과 대면하게 되고, 또 그래서 더 많은 용기가 필요하다. 한 마디로 인간적인 삶은 용기를 필요로 한다. 달리 말해 사람은 덕 없이 살아갈 수 없다. 덕은 '좋은 습성'이다. 무엇보다도 이성의 합리적 판단을 존중하는 습성이다. 가톨릭교회의 신앙인으로 살아가려는 사람은 소위 말하는 인간성의 한계를 뛰어넘을 수 있어야 한다. 왜냐하면 신앙인은 단지 한 인간으로서만이 아니라 철저히 인간으로서 살아야 할 뿐만 아니라 하느님의 부르심에 응답하는 인간으로서 살아야 하기 때문이다. 신앙인은 더 이상 이 세상에서의 행복에 멈추지 않고, 궁극적으로 천상에서 누리게 될 행복을 목표로 삼아야 한다. 그러므로 신앙인의 용기는 이미 정해진 인생의 시작점과 종착점을 잇고 있는 어느 길목에서 한순간 멈춰버리는 데에 있는 것이 아니다. 그것은 그 어떤 어려움이나 시련에서든 미처 다 알 수 없는 인생의 여정에서 훨씬 더 풍부하고 훨씬 더 자기다운 삶을 믿고 희망하고 사랑하는 사람만이 갖는 덕이다.

2. 두려움을 모르는 비극

두려움을 모르는 비극은 어떤 어려움이나 위험 나아가 두려워할 필요가 있는 것조차 전혀 알아볼 수 없기 때문에, 용기의 필요성 또한 깨달을 수 없다는 데에 있다. 그러므로 두려움을 모르는 사람은 실제 겁쟁이보다 더 나쁜 상태에 놓여 있다고 하겠으니, 겁쟁이는 최소한 자신에게 없는 것이 무엇인지 깨닫게 되는 순간 용기의 필요성을 알아볼 수 있기 때문이다. 그에 반해 두려움을 모르는 사람은 용기가 무엇인지조차 알지 못할 뿐만 아니라 자신에게 무엇이 부족한지 깨닫지도 못하므로, 설령 자신이 용기와 유사한 행동을 발휘하더라도 그것을 반추하여 성숙해지는 계기로 삼지 못한다.

3. 비겁함의 형태

(1) 실제적인 비겁함

용기는 인간의 삶을 고양시키는 경우와 같이 자신의 또 다른 모습을 깨닫기 위해 필히 요구되는 것 가운데 하나다. 물론 비겁한 행동으로도 자신의 또 다른 모습을 발견할 수는 있지만, 자신이 더 밝게 드러나기보다는 차라리 깊이 숨어버리는 것에 가깝다. '실제적인 비겁함'factual cowardice을 첫 번째 비겁함(vilitas)의 형태라고 하겠는데, 두려움이나 죄 혹은 무책임 앞에서 숨어버리는 것을 뜻한다. 이는 자신의 행동이 그릇되고 불합리하다는 사실을 인정하면서도 그렇게 하는 것이다. 이 같은 비겁함은 신앙인이 죄를 저지르는 것임을 알면서도 스스로 죄에 굴복하는 것을 말한다.

(2) 정신적인 비겁함과 새로운 형태의 비겁함

두 번째 비겁함의 형태는 두려움, 죄 혹은 무책임이 그릇되고 불합리하다는 사실을 깨닫지 못한 채로 비겁하게 행동하는 경우로서 이는 숙고할 시간을 어느 정도 갖는다면 해소될 가망은 있다. 때때로 이러한 비겁한 행동은 단순히 성찰 및 정신의 문제라고 본다. 그러니까 우리가 우리 자신을 완전히 신뢰하는 일도 매우 어렵긴 하지만, 자신에 대해 너무 관대하게 생각하는 데에서 비롯한 문제라는 것이다. 오늘날에 와서는 또 다른 형태의 비겁함을 경험하게 되는데, 그것은 앞서 논의한 그릇되고 불합리한 것들을 정작 구분하는 철학적 원리들에 대해서조차 인정하지 않으려는 비겁함이다. 혹은 용기를 우리의 삶에 필수적인 것으로 설정하는 원리들을 거부하는 것까지 마다하지 않는 비겁함이다. 그래서 그러한 비겁함은 결국 인생을 고양시키는 중요한 원리들을 서슴없이 거부하는 데까지 나아간다.

그래서 오늘날 심지어 인간영혼의 영적인 특성마저 부인하는 목소리를 아주 자주 듣게 된다. 인간의 자유재량과 그로 인해 죄를 저지를 수 있는 가능성은 물론 나아가 영원한 생명이나 영원한 보상 혹은 영원한 처벌 개념들이 우리가 거부해도 좋을 개념처럼 되어버렸다. 그리하여 이 세상에만 고정된 과학적 거시적 시각에서 개인적인 삶에 대해 분석하면 할수록 한 개인의 행동 자체가 갖는 의미심장함이나 책임은 점점 의문스러운 것이 되어가고 있다. 다시 말하자면, 인간의 행동이 동물의 행동이나 기계적 반응 이상의 별다른 의미를 갖지 못하게 되고, 인간의 고유한 행동이라는 것은 인간이 가공해낸 신기루에 불과한 것으로 굳어져 가고 있다. 결국 인간 각자의 삶은 한데 휩쓸려 이런저런 부류의 거시적 관점 아래 처리되면서 더는 개인 고유의 중요성이나 의미심장함 혹은 바람이 대수롭지 않게 취급되고 있다.

우리는 실제 역사적으로 이와 같은 단계를 따라 진화해 온 비겁함의 추이를 엿볼 수 있다. 예컨대 종교개혁 이전에는 '실제적인 비겁함'이 주류를 이루고, 그 다음 종교개혁 직후에는 종교적인 진리에서 벗어나 자유를 누리려는 의도에서 '정신적인 비겁함'이 싹텄다고 한다면, 근대에 들어서면서 철학적 및 형이상학적 원리를 거부한 비겁함이 지배적이었다. 그리고 그 다음으로 오늘날에는 개인을 완전히 삼켜버린 과학적 거시적 이념 혹은 전체주의적 경향이 또 다른 비겁함을 조장하고 있다.

4. 현대인들과 순교자들

비겁함의 이 같은 단계들 및 형태들은 인간성으로부터의 소외 내지 도주가 점차 심화되는 과정을 보여준다. 실제적으로 비겁함은 우리가 피할 수 있는 것이 아니다. 현대인들이든 순교자들이든 어쩌면 모두 똑같은 처지에서, 곧 동일한 콜로세움에서 삶과 죽음을 결정해야만 하는 것 같다. 다만 옛 순교자들은 사자들과 맞서야 했다면, 현대인들은 다른 무엇이 아니라 자신의 인생과 맞서야 한다. 그러나 자신의 인생과 사자의 차이는 분명하다. 사자는 달아나든 달아나지 않든 순교자들을 삼켜버렸다면, 인생은 오직 그로부터 달아나는 겁쟁이들만을 삼켜버린다는 것이다. 여기에 아이러니한 사실이 목격된다. 곧 우리는 본래 인간이기 때문에 인생에서 달아날 수 없다는 것이다. 그럼에도 불구하고 스스로 인간임을 포기하는 일이 있을 수 있고, 바로 그 순간 우리는 자신의 인생에서 달아나는 겁쟁이가 된다는 것이다. 순교자들은 용기라는 최고의 행동에 관하여 훨씬 더 진지하게 숙고했고 실제 그 용기를 발휘했다. 그들은 아마도 온 인류 가운데 가장 용감한 사람들로 손꼽힐 만하다. 그들은 우리가 큰 논쟁에 휩싸일 만큼 매우 위기적인 순간에, 그러니까 굶주린 사자 떼 앞에 마주서듯 아주 절박한 상황에서도 우리 자신이 되기 위해 반드시 고수해야 할 것이 무엇인지 계속해서 생생하게 증거하는 고마운 은인들이다.

성 토마스 아퀴나스의
신학대전 해설서 Ⅲ

제15장 용기의 덕 (Ⅱ) : 영혼의 위대함
(제2부 제2편, 제128문제~제140문제)

1. 영웅에 관한 일반적인 태도
   (1) 대중은 찬사에 익숙하다
   (2) 대중에겐 본받고자 하는 진지한 열망이 없다
   (3) 대중에겐 열망이 부족하기에 그에 따른 실망도 없다
2. 영웅에 대한 열망도 실망도 없는 태도의 결함
   (1) 근본적인 이유
   (2) 그런 태도의 결함에 관한 가톨릭교회의 견해
      1) 거룩함 앞에서의 솔직한 자백
      2) 인생의 영웅적인 측면
      3) 용기의 영웅적인 측면
3. 영혼의 위대함과 영웅적인 태도
   (1) 영혼의 위대함 혹은 관대함
      1) 위대함의 본성
      2) 위대함의 수단들
      3) 그에 반대되는 것들
         ① 지나친 마음가짐 – 철면피(=체면을 차리지 않음)
            공명심, 허영심
            a. 철면피 b. 공명심 c. 허영심
         ② 소홀한 마음가짐 – 의기소침
   (2) 행위의 위대함
      1) 위대함의 본성과 외연
      2) 그에 반대되는 것들
         ① 치졸함(parvificentia) ② 낭비(consumptio)
4. 수고와 위험 앞에서의 영웅적인 태도
   (1) 인내
   (2) 함구함
      1) 그 본성과 한계들
      2) 그에 반대되는 것들
         ① 유약함(우유부단함)   ② 완고함(고집불통)
5. 영웅적인 삶 : 하느님의 선물로서 용기

[결론] 영혼의 위대함과 영웅적인 태도
1. 영웅적인 태도와 영웅 숭배
   (1) 현대사회에서 아이돌이 되고자 하는 것과 아이돌을 추종하는 것
   (2) 영웅적인 태도의 포기 – 영웅숭배
2. 영웅적인 태도와 신앙인의 삶

제15장 용기의 덕 (Ⅱ) : 영혼의 위대함
(제2부 제2편, 제128문제~제140문제)

1. 영웅에 관한 일반적인 태도

(1) 대중은 찬사에 익숙하다

불과 몇 년 전 뉴욕에서 소규모로 개최된 공식 행사장에 린드버그[25]가 대서양을 단독으로 건너는 비행을 성공리에 마치고 출연한 적이 있다. 당시 온 도시의 이목이 그에게 집중되었는데, 그 비행사의 남다른 용기에 탄복해하는 찬사가 대단했던 것으로 기억된다. 그에 대한 찬사는 그야말로 입에 침이 마를 정도로 열광적이었다. 모두가 그 분위기에 흠뻑 젖었다. 아마도 단 한 사람 린드버그만은 예외였을지 몰라도. 군중들이 그 행사를 마치고 모두 뿔뿔이 흩어지는 중에도 그를 시기하는 사람은 아무도 없었고, 하필 그가 린드버그라는 사실을 두고 불평한 이는 하나도 없었다. 그들은 그가 영웅이라는 사실을 추호도 의심하지 않았다. 분명히 모든 사람들은 린드버그가 훌륭한 영웅이요, 충분히 역사에 길이 남을 만한 인물이라고 생각했다.

---

[25] [역주] Colonel Lindbergh, 아마도 Charles Lindbergh(1902-1974)라는 유명한 미국 비행사이자, 작가이며 발명가이자 탐험가요, 전쟁 중에는 공군장교로서 특수임무를 수행하였는데, 특히 1927년 혼자서 논스톱으로 뉴욕에서 파리까지 장장 5,800km를 이틀간(정확히 33시간 30분의 비행시간) 비행에 성공한 첫 기록을 남긴 영웅으로 여전히 존경을 받고 있다.

(2) 대중에겐 본받고자 하는 진지한 열망이 없다

　대부분 일반인들의 영웅에 대한 태도는 그와 같다. 그러니까 일반대중은 영웅을 두고 시샘하지 않는다. 대중은 평소에 가졌던 꿈을 잠시 잊고서 자신들도 그와 같은 영웅이 되어볼까 하는 생각조차도 하지 않는다. 다정한 푸줏간 주인은 구석에서 조용히 나폴레옹의 일대기를 읽으며 즐거워하거나 격렬했던 전투에 관한 일화에 흥분할지도 모른다. 하지만 그에게는 자신이 그런 책에 나오는 영웅처럼 큰 군대를 이끄는 장군이 되겠다는 마음은 없다. 무엇보다도 무자비한 폭력을 싫어하는 까닭에서랄까 수많은 사람들을 살해하는 것이 썩 내키지 않을 수도 있다. 더구나 군대의 단조로운 생활, 반복되는 훈련 그리고 엄격한 규율이 그에게 매력적일 수는 없다. 하염없이 걷고 싸우는 것이 좋아 보일 리 없다. 차라리 지금 자신이 하는 일에 더 자신(自信)이 있고 또 그로써 다른 이들에게 인정을 받으며 그렇게 주어지는 편하고 안정된 삶에 만족하려고 한다.

　그처럼 일상적인 삶에 젖어 살아가는 사람들이 대부분이다. 매일 격무에 시달리는 변호사가 지친 하루를 마감할 즈음에 잠시 탐정소설을 읽는다면, 그동안 승소를 위한 논증의 근거를 찾느라 긴장했던 마음을 잠시 내려놓을 수 있을 것이다. 그는 범죄자를 쫓는 형사도 아니거니와 범죄자를 도와주어야 할 인척관계도 아니며 그렇다고 자신의 등 뒤에서 누군가가 권총을 겨누는 듯한 위협에 두려워할 이유가 없다. 그가 읽는 소설은 휴식을 위한 소일거리에 지나지 않는다. 용감한 비행사나 경주용 자동차 레이서, 숙련된 맹수 조련가나 무모하게 보이는 익스트림 – 스포츠맨 등등, 그 모두는 자신들의 모험을 즐길 뿐이다. 그리고 그런 이들을 지켜보는 대부분의 우리는 그들의 과감한 도전을 지켜보며 전율을 느끼고 흥분하겠지만, 그들을 뒤따라 똑같이 해보겠다고 결심하지는 않는다.

(3) 대중에겐 열망이 부족하기에 그에 따른 실망도 없다

　우리는 그와 같은 영웅들을 지켜보면서 그들을 본받고자 하는 마음보다는 차라리 우리를 언제든 도와줄 수 있는 천사(天使)를 향해 손을 내미는 행동이 훨씬 더 수월하다고 생각할지도 모른다. 게다가 우리는 추운 겨울 아침 일찌감치 잠자리에서 일어나야 하는 불편한 심정보다도 그와 같은 영웅들을 본받는 것을 훨씬 더 거북하게 느낄 만큼 열망이 부족하다는 사실을 알면서도 전혀 실망하는 기색을 보이지 않는다. 그것도 아니면 한낱 아침을 먹기 전에 차가운 세면대에 얼굴을 들이미는 일조차 거부하고 싶은 소심함과 씨름하기 일쑤다. 사실 우리는 이러한 현실을 잠깐 회상하면서 피식 하고 웃어넘길 수 있다. 이는 수많은 사람들이 현실적으로 보여주는 가벼움 혹은 나약함이기에 어느덧 보통사람들의 평범한 일상처럼 되어 버렸다. 그리하여 어느덧 그에 따른 부끄러움이란 더 이상 찾아볼 수 없게 되었다. 대중에게 영웅의 탄생은 단지 예외적으로 일어나는 아주 특별한 사건이 되어 버렸다. 영웅들은 그래서 소수에 불과하며 아무나 하는 것이 못된다고 여긴다. 그보다 훨씬 더 많은 보통사람들인 우리는 대부분 그저 평범한 모습으로 하루하루를 살아가는 것으로 만족해한다.

　그러나 이 같은 시각에는 분명히 잘못된 것이 있다. 바로 앞선 단원(제14장)에서 우리는 용기가 인생을 살아가는 데에 본질적인 것이라고 이해했다. 그리고 그런 용기에 아무런 목적 내지 목표가 없는 것이 아니며 나아가 그것은 아이러니하게도 죽음을 불사하더라도 최고의 목적 및 목표를 향해 발휘된다는 점을 살폈다. 그렇다면 사람은 누구나 죽음을 무릅쓰고서도 발휘할 수 있고 또 발휘해야만 하는 용기를 지니고 있다. 달리 말해서 모든 사람에게는 이미 영웅이 될 수 있는 능력이 잠재되어 있다는 것이다.

2. 영웅에 대한 열망도 실망도 없는 태도의 결함

(1) 근본적인 이유

영웅을 지켜보는 현대인들의 태도에는 불완전하고 설익은, 그러니까 제대로 통찰하지 못한 선입견이 엿보인다. 이 같은 불완전한 생각은 모험심과 영웅심을 동일하게 여기는 현대의 잘못된 시각에서 비롯된 것 같다. 다시 말하자면, 우리는 영웅적인 행동을 가리켜 간단히 가볍게 혹은 손쉽게 용기를 발휘함으로써 공격적인 행동을 취하거나 적극적으로 행동하는 것이라 여긴다. 물론 일반적으로 사람들은 남을 두고, 예컨대 사람이든 사람이 아니든 타자에 대해 공격하는 것을 좋아하지 않는다. 정상적인 경우라면, 주먹을 휘둘러 상대방의 얼굴에 코뼈가 부러지는 소리가 자신의 귀에 듣기 좋은 음악일 수 없다. 공격은 위급한 경우에나 요구되는 신중한 행동으로서 설령 그것이 발발할 수 있는 여건이 되더라도 누구나 주저하게 되는 행동 가운데 하나다. 사람들은 갑자기 집안에 불이 나서 당장 피해야 할 처지라고 하더라도 잠옷 바람에 거리로 뛰쳐나가는 것을 꺼린다. 그처럼 사람들은 우리가 여기서 영웅적인 행동이라고 부르는, 소위 위기적인 상황에서 적극적으로 행동을 해야 하는 순간에도 그들이 싫어하는 것을 포기하려고 하지 않는다. [영웅적인 행동은 평소 질색하는 사소한 것들에 의해 뒷전으로 밀려난다.]

(2) 그런 태도의 결함에 관한 가톨릭교회의 견해

1) 거룩함 앞에서의 솔직한 자백

용기에 또 따른 측면이 있다. 예컨대 위험과 어려움을 피하지 않고 기꺼이 감수하겠다는 태도 말이다. 가톨릭교회는 용기의 이 같은 측면을 높이 산다. 이 같은 태도가 사실 용기의 으뜸가는 면모임을 잘 알고 있다. 그래서 영웅적인 행위에도 이 같은 태도가 빠질 리 없으니, 교회가 모범을 삼는 성인들에게서 늘 그러하듯 전형적인 모습을 목격하게 된다. 그런 성인들에게 표하는 경의의 예절은 특별하다. 예를 들어 교회는 특히 환난과 박해를 달게 이겨내는 순교자들에게서 거룩한 삶을 향한 남다른 용기에 주목한다. 그밖에 달리 더 숭고한 의미의 영웅이 없는 것처럼 그들에게 최대의 공경(dulia)을 표한다.

하지만 성체행렬이 지나갈 때 거기서 거룩함을 직시하지 못한 사람은 그에 대해 환호할 수 없듯이 기껏 자기만족에 취해 헛된 생각을 하면서 집으로 돌아갈 것이다. 정말이지 오늘날 가톨릭 신자들에게서 거룩함을 본받으려는 보편적인 열정을 찾아보기 힘들다. 그러나 가톨릭 신자들은 성인들을 모범으로 삼고 그 뒤를 따르고자 하는 열정이 부족하다는 사실에 대해 자각하며 가책을 느낀다. 신자들은 하느님의 은총을 통해 그러한 영웅적인 삶이 가능하다는 사실도 잘 알고 있다. 바꾸어 말해, 우리는 대개 하느님께 의롭지 못한 것들이나 행동 혹은 숭고한 삶으로 고양되는 계기를 무산시키는 사소한 것들에 집착하고 매달림으로써 영웅으로 살 수 있는 가능성을 폐기하는 셈이다. 거룩함은 당연히 방관자처럼 살아가는 우리에게 서슴없이 찬사를 보내게 할 뿐만 아니라 부끄러움과 가책을 느끼도록 일깨워준다. 그런 계기를 자주 맞게 되면 우리는 인격적으로 새롭게 거듭날 수 있다. 그러나 이때에도 찬사와 함께 갖는 인간적인 가책이 종종 성인들을 향해 고양되도록 우리를 돕기보다는 마치 거룩함이 속인들을 문책하고 비난하는 데에 있는 것처럼 오해한 나머지 폭력적이고 시기하는 태도를 선동할 수 있다.

2) 인생의 영웅적인 측면

영웅적인 삶은 용기가 배제된 모험심이나 도발적인 행동으로 설명될 수 없다. 물론 일상적으로 그런 모험심이나 도발적인 행동에서 흥미로움이 발견될 수도 있다. 그러나 용기가 실제 살아가는 인생과 분리될 수 없다면, 영웅적인 삶 역시 용기를 배제하고선 무의미하다고 본다. 과연 삶의 무게는 부차적으로 평가되거나 나중에 되새겨도 괜찮은 그런 것이 아니다. 인생에는 그만큼 용기가 우선적으로 요구된다. 비단 공격적인 행동을 위해서가 아닐지라도 꾸준히 인생을 유지하기 위해서 그런 용기가 필요하다.

3) 용기의 영웅적인 측면

엄격히 말해서 영웅적인 행동은 용감한 행위 이상의 색다른 것을 요구하지 않는다. 이는 우리가 흔히 숭고하다고 말하는 인간적인 행동을 통해 되새길 수 있는데, 일례로 '죽음의 위험에 직면해서' 용감하게 행동하는 경우가 그러하다. 한편 그러한 위험을 감수하거나 되레 공략하는 방식으로 용감함을 보여줄 수 있다. 그 두 가지 가운데 어떤 방식으로든 고도의 용기를 발휘하기 위해선 반드시 요구되는 것들이 있다. 먼저 위험을 공략하는 경우 불가능한 것이 없다는 신념을 가져야 한다. 마음으로부터 엄청난 것을 꼭 손에 넣겠다는 포부를 가져야 한다. 그래서 그 밖의 다른 것들은 무시해도 좋다고 각오할 만큼 그것에만 매달릴 수 있어야 한다. 그렇듯 엄청난 것을 마음에 새긴 사람은 '관대함'을 갖고 행동한다. 나아가 자신이 정한 그 엄청난 것을 실현하기 위해 그에 요구되는 행동에 '진지함'을 싣기 마련이다. 실행은 영혼의 결정 및 결심만큼 중요하며 찬란하다. 다른 한편 위험을 감수하는 경우 자신의 영혼에 '인내심'이라고 하는 철저한 방어벽을 갖춰야 한다. 위험은 늘 그렇듯 영혼 깊숙이 파고들어 호시탐탐 무너뜨리려고 견디기 힘든 아픔과 슬픔을 동반한다. 그래서 그 어떤 모진 위협에도 무너지지 않을 장벽이 필요하다. 작은 균열조차도 허락하지 않는 튼튼한 장벽 말이다. 더욱이 위험은 몇 날을 혹은 몇 년을 쉼 없이 충격을 가하며 빈틈을 노리기 때문에, 변함없이 자신을 지킬 수 있는 '지구력'이 필요하다.

이 네 가지, '관대함'과 '진지함' 그리고 '인내심'과 '지구력'이야말로 치명적일 수 있는 위험 앞에서 우리를 거뜬히 지켜줄 것이다. 비록 그것들이 서로 동일한 크기로 발휘되지 않더라도 문제될 것은 없다. 그것들은 저마다 완전한 덕이 아니라 오히려 용기라는 덕을 지켜주는 요소들이기 때문이다. 그렇듯 용기를 이루는 네 가지 행위들은 서로서로 보완하면서 우리가 용기 있는 삶을 실현할 수 있도록 도와준다.

상대적으로 덜 위험하고 덜 곤란한 경우를 접하면서 상기 네 가지 행위들이 저마다 독립적인 덕으로 발휘될 수도 있다. 만일 우리가 어떤 한 가지 어려움 혹은 위험을 치명적인 고도의 위험과 난관에서 파편처럼 떨어져 나간 것으로 여긴다면, 그런 파편과 같은 어려움과 위험을 하나하나 맞이하면서 그때마다 자신의 관대함이나 진지함 혹은 인내심이나 지구력을 발휘하는 중에 영웅적인 삶의 어떤 측면들을 경험하게 될 것이다.

그렇지 않고 다른 식으로 생각해볼 수도 있겠는데, 예를 들어 우리는 여러 가지 형태의 어려움이나 위험들을 두고 가장 치명적인 위험을 앞둔 예행연습이나 자신을 단련시킬 수 있는 기회로 여길 수도 있다. 각각의 어려움이나 위험은 우리의 영혼에게 영웅적인 삶에 속하는 어떤 구체적인 모습을 갖추도록 고무시켜준다. 상기 네 가지 행위들을 습성처럼 몸에 배도록 한다면, 결국 이 습성은 우리를 영웅으로 다듬어줄 것이다. 이 같은 사실을 확인하는 일은 그다지 어렵지 않다. 다년간 귀염만 받고 자라온 한 소녀는 이른 나이에 결혼을 하면서 그로부터 요구되는 온갖 희생을 감당할 수 없다는 사실을 금세 깨닫게 될 것이다. 그 어려움을 피하기 위해 이혼을 생각하기까지는 그리 오랜 시간이 걸리지 않을 것이다. 아니면 일부러 어려움을 감당해보는 기회를 가져보았다면, 그런 과정을 통해 준비된 우리는 일상적으로 받게 될 유혹을 이겨내는 데에 한결 용이하게 용기를 발휘할 것이다. 그렇지 않다면 일찍이 종교개혁가 마틴 루터가 떨리는 목소리로 고백하듯이 긴 가뭄 끝에 내린 장마가 실제 도움을 주기보다는 오히려 치명적인 피해를 가져다 줄 수 있다. 인간은 한순간 완성되는 존재가 아니다. 우리는 시간을 따라 여기까지 왔다. 따라서 우리의 성향도 시간을 통해 길들어질 것이다.

3. 영혼의 위대함과 영웅적인 태도

(1) 영혼의 위대함 혹은 관대함

앞에서 살펴보았듯이 영웅적인 삶에 속하는 첫 번째 요소로서 '관대함'은 '위대함'으로도 풀이된다. '큰마음' 혹은 '넓은 마음'은 위대한 사람 및 위대한 행동과 관련이 깊기 때문이다. 실로 위대한 사람이 되거나 위대한 행동을 하는 것은 예사롭지 않기에 그에 맞갖은 자세가 요구된다. 용기가 두려움을 떨쳐내어 끝까지 용감하게 행동할 수 있도록 이끌듯이 큰마음은 위대한 일을 앞두고서 그 밖의 소소한 영욕들을 과감하게 떨쳐버리게 한다. 그처럼 소소한 영욕들에 대한 미련으로는 위대한 일을 그르칠 수 있기에, 그런 영욕들에 대한 체념이 수반될 수밖에 없다. 하지만 그렇다고 소소한 영욕들을 체념하지 못한 이들이 처음부터 위대한 일을 해낼 수 없을 만큼 부족한 것은 아니다. 오히려 위대한 일을 감당할 수 없다고 미리 마음을 먹든가 혹은 위대한 일을 올바로 식별하지 못하는 데에 문제가 있다. 후자의 경우 그들이 품은 작은 마음으로 말미암아 마치 크든 작든 모든 것들을 가볍게 다루려는 견유주의자들처럼 하나같이 가치가 없는 것으로 냉담하게 취급하는 데에 원인이 있다.

1) 위대함의 본성

위대한 사람은 아주 작은 영욕이라도 놓치지 않으려고 허공에 코를 킁킁거리며 추적하는 사냥개와는 거리가 멀다. 오히려 그의 관심은 위대한 일에 사로잡혀 있는 것처럼 마땅히 영예롭다고 여기는 것에 눈을 떼지 않는다. 위대함을 품은 덕은 미구에 얻게 될 영욕이나 지금 당장 누리게 될 기쁨에 눈이 멀지 않는다. 설령 그것들이 위대한 일을 성취하는 데에 일부 방편이 된다고 유혹하더라도 그로 인해 흔들리지 않는다. 물론 위대한 사람은 대중으로부터 명예를 한 몸에 받게 될 것이다. 실제 세상에서 명예에 무관심한 사람은 자신의 기호(嗜好)를 앞세워 야비한 행동을 서슴지 않을 수 있다. 예를 들어, 파렴치한 범죄자는 거리낌 없이 무고한 희생을 초래하거나 친구의 가정마저 풍비박산을 내는 경우가 허다하다. 범죄자는 행동할 때 명예를 고려하지 않으나 위대함을 품은 사람은 맞갖은 존경을 받지 못하는 불명예에 놓이더라도 당황하지 않고 또 지나치게 칭송하는 대접을 받더라도 흥분하지 않는다. 왜냐하면 그는 자신을 잘 알기 때문이다. 위대함을 품은 사람은 자신을 헐뜯는 맹공에도 무너지지 않는다. 그는 그처럼 명예와 불명예로는 자신이 품은 위대함을 무너뜨릴 수 없음을 알기 때문이다. 물론 그렇다고 자신이 품은 위대함만을 생각한 나머지 존중해야 할 다른 누군가를 소홀히 대하는 법도 없다. 왜냐하면 그렇듯 위대함을 품고 하는 행동은 오직 하느님의 정의로운 질서 안에서 맞갖은 상을 받듯이, 세상 및 자신의 안목으로 결정되지 않음을 잘 알기 때문이다.

그러면 이제 무엇이 '위대함'을 결정짓는지, 곧 우리가 품어야 할 위대함은 무엇인지 알아보자. 한편 이성의 명령을 심각하게 위협하는 것이 그렇듯 사람에게서 느닷없이 자주 발생하는 것은 아니다. 오히려 사람의 마음에서 비롯한다는 정념(passio)은 이성에 대항하여 생겨난다. 아니, 차라리 정념은 바깥 사물들에 대한 극단적인 갈망으로 인해 생겨난다. 대표적으로 재화에 대한 물욕이나 영욕에 사로잡힐 경우 쉽게 발생한다. 이 두 가지 가운데 영욕이 훨씬 더 많이 정념을 불러일으킨다. 이는 사람들의 덕에 대해 살필 때 쉽게 알 수 있는 바와 같이, [물질적인 가치보다는 정신적인 가치에 속하는] 영욕은 세상에서 최고의 가치에 가깝기 때문이다. 의문의 여지없이 자주 사람들에게 목숨보다도 고귀한 것으로서 명성 혹은 영예가 취급되곤 한다. 그래서 일찍이 명성은 오직 신과 가장 훌륭한 사람들에게만 속하는 것이라 여겨왔다. 그리고 그에 반대되는 것들은 모두 가치가 없는 것으로 취급해왔다. 그리하여 명성은 필사적으로 노력해서 얻을 수 있는 것으로 간주되긴 하지만, 거기서 종종 잘못된 욕심이 싹트는 만큼 [차라리] 명성을 추구하는 마음을 잘 다스리는 '덕'이 훨씬 더 본질적이라고 본다. 그렇듯 우리에게는 우리의 행동을 참된 것으로 확증시켜 줄 수 있는 덕이 절실히 필요하다.

우리의 불완전한 눈에도 영혼 혹은 마음의 실루엣은 뉴욕 상공 위로 들쑥날쑥 치솟은 건물들이 그려놓은 '하늘금'보다는 차라리 드넓게 펼쳐진 서부 평원의 단조로운 지평선을 더 많이 닮았다고 말해야 할지도 모른다. 그러나 영혼의 위대함은 한 인간의 온 생애를 가로지르며 그의 온갖 덕과 한평생 쌓아놓은 작품들 하나하나에 미친다. 영혼의 위대함을 조금이라도 맛볼 수 있는 곳이라면, 바로 거기서 영혼의 관대함도 함께 목격하게 될 것이다. 때로 우리 영혼의 몸짓이 사순절을 맞아 어느 성인(聖人)의 금욕적인 삶을 본받으려는 일시적인 행위이거나 상대적으로 덜 절제된 행위에 그친다고 할지라도, 그와 같은 불완전한 고행을 통해서조차 우리가 위대함을 깨닫지 못할 까닭은 없다. 한 마디로 모든 사람들에게는 위대함을 알아볼 수 있는 능력이 있다. 제아무리 남루하고 허술하게 사는 볼품없는 사람이라고 하더라도 말이다. 바로 그 때문에 사람은 누구나 예외 없이 위대함을 품을 수 있다.

이처럼 겉모습으로는 알아차리기 힘든 영혼의 위대함은 절대적인 위대함도 결코 피하지 못하는, 저 수다스러운 소문의 날카롭고 거친 구설수에서 벗어날 수 있도록 해준다. 위대한 사람을 우리는 "영광을 바라보는 자"라고도 한다. 그러니까 그는 매우 엄청난 것들을 목표로 삼는데, 그렇듯 엄청난 것들은 당연히 영광을 그들에게 가져다 줄 것이다. "그는 시나브로 움직인다."고들 하는데, 그것은 진실이다. 왜냐하면 그는 엄청난 것들을 찾지만, 그렇듯 엄청난 것들은 많지 않기 때문이다. 반면 자신의 수완을 믿는 사기꾼만이 사소한 것들을 몰래 팔아치우려고 민첩하게 움직인다. "관대한 사람의 행동은 더디며, 그의 목소리는 느리고 무겁다." 그러나 여기에 어떤 진실이 자리한다. 왜냐하면 관대한 사람은 엄청난 것들에 마음을 집중하고 그렇듯 엄청난 것들을 추구하는 데서 기쁨을 찾기 때문이다. 하지만 엄청난 것들은 매우 드물 뿐만 아니라 사소한 말다툼에 휘말리는 시빗거리와는 거리가 멀다. 세상에는 어떤 사람의 마음을 온통 사로잡는 그런 것들이 존재하는가 하면, 아예 그의 마음을 전혀 사로잡지 못하는 것들이 존재한다. 위대함을 품은 "그는 사교적이지 못하다." 왜냐하면 그는 자신의 장점들을 굳이 자랑할 필요를 느끼지 못하기 때문이다. "그는 비현실적이다." 왜냐하면 그는 한 가지 엄청난 결과만을 염두에 두기에 그밖에 다른 것들에는 무관심하기 때문이다. "그는 무뚝뚝하다." 왜냐하면 그는 푸념을 일삼는 사람이 아니기 때문이다. 그는 외적인 많은 것들에 미련을 두지 않으니, 그것들로 문제가 해결되지 않는다는 사실을 잘 알고 있기 때문이다. 때때로 그는 너무 진지하다. 그래서 어떤 싱거운 사람이 시도하는 거짓말에 속아 넘어가지 않는다. 다시 말해, 그는 삶에 대해, 통찰에 대해 그리고 행동에 대해 뜬구름 잡는 태도를 취하지 않는다. 왜냐하면 그는 막연한 기대나 장미빛 청사진에 결코 들뜨지 않고, 그의 두 눈은 오로지 한 가지 위대한 것만을 바라보기에, 그 밖의 것들은 하나도 중요하다고 보지 않기 때문이다.

용덕과 관대함은 함께 걷는다. 전자(前者)가 강직하고 떳떳한 덕성들의 우두머리라고 한다면, 후자(後者)는 사람들로부터 호감을 사는 태도다. 둘은 강하고 단호한 덩치 큰 친구처럼 보인다. 그 둘이 함께 걷노라면, 많은 사람들로부터 주목받게 될 것이다. 전자는 완강하고 끈질긴 전사(戰士)와 같아서 특히 악(惡) 앞에서 물러나는 법이 없다. 후자는 선을 추구할 때 젊은이의 패기가 부럽지 않을 정도로 악과 대면하여 몸을 사리지 않으니, 그의 굳센 자신감은 제아무리 해결해야 할 과제가 산더미 같다고 해도 주눅 들어 하는 기색이 없다.

2) 위대함의 수단들

영혼이 이뤄내는 위대함은 – 우리가 절대적인 의미로 그 위대함을 생각한다면 – 상대방이 되갚을 수 없을 정도로 관대할 수 있다는 사실을 함축한다. 꿈속에서나 그리는 위대한 행위는 요란한 알람소리에 깜짝 놀라 침대에서 떨어지는 아이처럼 허무한 것일 수 있다. 하지만 진정한 바람은 정당한 수순을 통해서만 기적을 일궈낼 것이다. 녹록지 않은 현실세계에서 영혼은 위대한 일을 해내기 위해 돈을 취하기도 한다. 달리 말해서 물질적 풍요로움은 그렇듯 위대함을 품은 영혼에게는 덕을 실천하는 유용한 수단이 될 수도 있다. 하지만 그것은 오로지 수단일 뿐이란 점을 잊지 않는다. 재물은 결코 덕을 대신할 수 없다. 그러므로 덕의 자리에 재물이 대신할 수 없고, 결코 덕과 같은 올바른 행위의 척도가 될 수 없다.

3) 그에 반대되는 것들

① 지나친 마음가짐 – 철면피(=체면을 차리지 않음), 공명심, 허영심

a. 철면피

영혼의 관대함이 물질적 풍요로움으로 대체될 수 없다는 사실은 종종 물질적 풍요로움이 덕에 방해가 되는 현실적 경험을 통해서도 드러난다. 물질적으로도 아름다운 것을 추구하는 마음이 다 그릇된 것은 아니지만, 점점 더 큰 것을 욕심내는 가운데 덕을 그르칠 수 있기 때문이다. 그로 인해 마치 낯선 도시 한복판에 앞 못 보는 소경을 혼자 내버려두는 것처럼 관대한 영혼이 물질적인 것에 지나치게 몰두하면 제 몸을 가누지 못하는 처지에 놓이는 경우가 종종 일어난다. 또한 위대함을 실현하기 위해 물질적 풍요로움을 남용할 수도 있으니, 그것은 어디서든 그리고 어떤 조건 아래서든 자신의 능력을 뽐내기 위해 제 통장을 흔들어대는 것처럼 어리석은 짓이다. 그처럼 과시적인 행동을 일삼으면서 그는 사회에서 더 높은 계급(수준)에 올라서는 것이 최고의 가치를 실현하는 것이라고 착각

하고는 더 높이 올라가려고만 애쓰게 될 것이다. 속물근성에 사로잡혀서 무자비한 폭력을 과시하거나 자신의 약점을 덮어주는 온갖 수단조차도 위대한 영혼의 진정한 가치인 양 착각할 것이다. 그러나 이런 모든 부질없는 행동으로 인해 하느님과 사람들의 눈에는 초라한 영혼을 지닌 사람으로밖에 인정받지 못할 것이다. 그런 사람은 체면을 생각하지 않는 부도덕한 행동조차 익살스러운 재치로 간주한다. 그래서 철면피나 저지르는 행위를 관대함의 또 다른 모습으로 오해한다. 그런 사람은 결국 사람들로부터 영예를 얻기보다는 경멸을 사게 될 것이니, 그것은 그가 위대함을 어리석은 이들이 판단하듯 보잘것없는 것과 혼동해버렸기 때문이다.

  철면피가 저지르는 잘못된 행동은 동정을 얻기가 무척 어렵다. 우리는 국가 전체를 마음대로 주무르려는 독재자의 야심 때문에 혹은 개인적으로 그리고 머지않아 이 세상에 행복을 보장할 수 있다고 자신하는 기업인들의 발상 때문에 혹은 그리스도의 가르침을 개선하겠다는 어떤 수도자들의 열의 때문에 분노를 넘어서 애처로움마저 느낀다. 앞서 언급한 그런 사람들 모두는 자신들이 감당하기에는 너무 벅찬 것들을 계획한 셈이다. 그런 점에서 그들은 하나같이 자신의 분수를 모르는 잘못, 곧 체면을 차리지 않고 행동한 것이다. 비록 그런 잘못이 성령을 거슬러 저지르는 것이 아닐지라도, 영혼의 관대함과는 정반대로 행동한 것이다. 체면을 차리지 않는 행동은 그 규모와 상관없이 그와 마주치는 것 자체가 괴로운 일이다. 체면을 고려하지 않는 사람의 행동은 경거망동한다. 그리하여 그런 사람은 계속 곤란한 상태에 놓이게 된다. 예를 들어 다른 사람들의 공분이나 질투에서 벗어나지 못하여 점점 더 절망스러운 처지에 놓이게 된다. 결국에는 파산 아니면 크게 낙담하는 신세가 될 것이다. 초월적인 것을 지향하면서 지나치게 높은 목표를 설정하는 일은 우리에게 가능하지 않다. 이는 우리의 능력과 우리가 실천하는 행동 사이에서 적정수준을 정해야 하는 일상적인 상황을 아예 넘어선 문제이다. 처음부터 거기에는 적정수준이란 것이 없다. 그럼에도 거기에 분명 마땅하고 옳은 행동은 존재한다. 다만 그것은 우리에 의해서가 아니라 전능하시고 오류가 없으신 하느님의 은총에 의해서만 알려질 수 있다.

b. 공명심

철면피의 행위는 분수에 넘치게 높은 목표를 설정하는 데에 있다면, '공명심'은 그처럼 지나치게 높은 목표는 아니지만, 그릇된 목표를 설정하는 데에 있다. 그것은 한 외국인이 특이한 도치법을 동원하여 관대함을 표현하는 것과 같다. 그것은 수학 문제집 맨 뒷장에서 모든 답안을 미리 베껴둔 부정직한 아이가 문제를 푸는 과정에 대한 아무런 절차나 논증의 제시 없이 간단히 정답만 적어내듯이 가볍게 '위대함'을 손에 거머쥐려는 태도와도 같다. 공명심은 그 과정은 차치하고 결과적으로 얻게 될 달콤한 영광에만 관심을 기울인 나머지 그에 합당한 수고는 거부하고 칭송에만 눈독을 들이는 태도를 가리킨다.

물론 그처럼 공명심에 들뜬 사람은 마치 진흙탕에서 뒹구는 아이처럼 도움을 받지 못하면 깊은 상처를 받기 쉽다. 그런 사람은 축하연에서 자기 자리를 얻지 못할 경우 뾰로통한 표정으로 말을 하지 않거나 분노에 차서 불평을 일삼게 된다. 하지만 집주인이 그에게 다른 사람을 모시느라 실수하였다고 말하고 그에게 과분하듯 공손하게 예의를 갖추게 되면 금세 흐뭇해한다. 그런 사람은 자신의 것이 아닌 영예나 칭송을 폭식가처럼 한 입에 털어놓는다. 심지어 하느님의 영광조차도 말이다. 그런 사람에게 수고로움은 항상 거북한 것이다. 그런 사람은 마치 짝사랑에 빠져 정신을 못 차리는 사람처럼 경박한 영예나 칭송에도 아랑곳하지 않고 불나방처럼 덤벼든다. 그런 사람은 정당한 영예를 얻기까지 힘겨운 수고를 통해 고달픔과 함께 인내심을 기르는 것이 훨씬 더 자신에게 유익하다는 사실을 반드시 배워야 할 것이다. 그럼에도 실상 그런 사람은 그렇듯 필사적으로 갖고자 하는 영예나 영광을 위해 마땅히 기울여야 할 수고나 노력에는 관심이 없다. 큰 경기에서 승리를 원하는 간절함은 선수 못지않지만, 정작 그것을 위해 아무런 노력도 하지 않는 사람이다.

그러므로 공명심에 불타는 사람은 성인(聖人)들이 세상 사람들 몰래 거룩한 삶을 위해 힘쓰는 것처럼 자신의 영예를 위해 힘쓰지도 않는다. 그런 사람은 내성적인 사람이 아니다. 사람들의 칭찬에 당황하는 기색 없이 오히려 그것을 즐긴다. 왜냐하면 그런 사람은 영예만을 추구하는 것이 아니라 그런 영예에 뒤따르는 영광까지 기꺼이 누리길 원하기 때문이다. 다른 사람들 앞에서 자신의 광채가 빛나면 빛날수록 그는 더욱더 즐거워한다. 그런 사람은 명성을 얻기 위해 물불을 안 가린다. 자신의 명성에 어울리는 토대를 마련하기 위해 마땅한 정성과 노력을 기울이지는 않으면서 말이다.

c. 허영심

이는 중죄에 해당한다. 당연히 우리가 영광을 누리고자 하는 것 혹은 그것을 희망하는 것이 잘못은 아니다. 하지만 허영심은 그와 다른 문제다. 왜냐하면 허영심은 마치 실존하지도 않는 가문(家門)의 영예를 위해 예술가들에게 문장이 박힌 방패제작을 의뢰하듯이 실제 삶을 겉꾸미려고 들지만, 그것마저 여유가 없이 대중들의 마음을 사지 못하는 모습과 같기 때문이다. 가문의 영예는 당연히 광고하듯 떠벌린다고 얻어지는 것은 아니다. 그것은 뜻밖의 장소에서 갑작스레 솟아나지 않고, 오랜 시간을 거쳐 자연스럽게 정착되는 것이다. 수용소와 같이 열악한 환경에서 환자들을 돌보는 적국의 의사도 자연스레 얻게 되는 영예를 두고 기뻐하는 것처럼, 극악무도한 범죄자도 집에서는 자신의 무자비한 범죄행위에 자부심을 가질지도 모른다. 그렇듯 자신의 영광에 취해 우물 안 개구리처럼 사는 사람의 마음속에서 그렇듯 허영심은 나름 안전하게 오랫동안 지속될 것이다.

이런 이야기는 결코 특별한 경우에만 해당하는 것이 아니다. 과연 우리는 실존하지도 않는 수고와 노력에도 불구하고 혹은 상상 속에서나 가졌던 덕을 앞세워 영예를 얻으려 욕심내는 경우가 다반사다. 우리는 오늘날 분주한 세상에서

산적(山賊)들의 행동과 다름없는 파렴치한 행동을, 정치적으로 혼란스런 사회에서 거짓말을, 가정을 중요하게 생각하는 사회에서 몇 번이고 이혼하고 또 재혼하는 것을, 각자의 영혼을 존중하는 세상에서 신(神)을 무시한 채 태연자약하는 태도를 두고 훌륭하고 영예로운 것으로 간주하려고 한다. 정말이지 영예는 설령 바보들에 의해 기려진다 하더라도, 어쨌든 그것을 부여할 수 있는 이들로부터 얻어지는 것이다.

그럼에도 우리가 이를 억지로 취하고자 한다면, 우리는 숙명적인 실수를 저지르는 것이다. 어쩌면 그 자체로만 볼 때 허영심은 중죄라기보다는 가벼운 죄에 해당한다고 말할 수 있다. 만일 우리가 우상을 섬기듯 무거운 죄를 저지른다면, 그 죄로 인해 죽음에 이르게 될 것이다. 하지만 이 허영심은 그 자체로 인해서 우리가 죽음에 이르는 것이 아니라 우리를 무감각하게 만들어 의식하지 못한 채 더 이상 제 힘으로 헤어 나올 수 없는 비극적 결말에 이르게 하는 까닭에 중죄에 해당하는 것이다.

그 때문에 처음부터 우리는 자존심의 한 형태로 이해되는 이 허영심을 중죄 목록에 넣어 취급한다. 그런데 신학적인 의미에서 자존심은 자신의 탁월한 능력을 신뢰하는 태도로서 아직 죄로 취급하지 않는 반면, 허영심은 그러한 탁월한 능력을 과시함으로써 불러일으키는 잘못들이 뚜렷하다. 그리하여 허영심은 자신이 구축한 요새에서 뛰쳐나와 공공연하게 자신을 한껏 추켜세운다는 점에서 자존심의 외출이라고도 부른다. 조금도 굽히지 않으려는 태도로 인해 허영심은 소위 건방진 자존심의 일종이다. 그것은 세상을 향해 나아갈 때 흔히 방탕하고 나태한 삶을 유도한다. 허영심은 자신이 건설적으로 이루어내는 적은 없어도 남을 평가할 땐 무자비한 싸움닭처럼 달려들어 심하게는 송곳 같은 날카로운 발톱으로 큰 상처를 준다.

허영심에 들뜬 사람이 보여주는 불순종은 후안무치의 입장에서 자신의 탁월함을 여실히 드러내는 비행(非行) 가운데 하나다. 불통(不通) 및 불화(不和)는 그의 의지가 우월하다는 것을 입증하는 수단이다. 수시로 시비를 거는 행동은 화해를 위한 방책이 더 이상 필요 없음을 보여주는 것이다. 무뚝뚝하고 건방진 태도는 자신의 지성이 뛰어나다는 생각에서 비롯한다. 최후의 경쟁자를 향해 무언가를 과시하려는 것이 허영심의 적극적인 자기표현이다. 자기 자랑과 위선적인 행동으로 특별한 자신을 비정상적인 방법으로 드러냄으로써 자신만이 우뚝 대중의 눈에 들고자 애쓰기 때문이다. 허영심은 앞선 철면피의 행동이나 공명심과 마찬가지로 도심 한복판을 가로질러 공공연하게 과감히 활보하지는 못한다. 대중은 그러한 것들이 관대함과 나란히 견줄 만한 것이 아님을 잘 알고 있는 만큼 영예의 관을 씌워주지는 않기 때문이다. 그러한 마음가짐은 위대함을 추구한다고 하지만 그릇되고 헛된 것으로 그치고 만다. 비록 그러한 마음가짐들 가운데는 겉보기에 위대함보다 훨씬 더 그럴 듯해 보이는 것들이 있을지 몰라도, 허세 가득한 풍선처럼 마침내 풍선이 터져서 탄로 나기 전까지는 우리를 바보로 만들기 십상이다.

② 소홀한 마음가짐 - 의기소침

그 어떤 실수도 '의기소침'만한 구실은 없을 것이다. 물론 자신의 영혼이 위대함을 자각한 사람에게는 결코 그로 인한 실수란 있을 수 없다. 저지른 죄악으로 인해 무너지는 사람은 제 영혼의 위대함을 신뢰하지 않은 것이다. 마음이 위축되고 옹졸해지는 것은 자신의 능력을 합당한 근거 없이 평가절하한 결과이거나 당면한 과제를 지나치게 부담스러워하듯이 평가절상한 결과다. 어떤 이유에서든 또 지성적으로든 감정적으로든 쉽사리 의기소침한 사람은 정신적인 측면에서 마치 자기 스스로 손을 비틀어 손을 쓸 수 없게 만드는 이처럼 가련한 사람이다. 그와 같은 사람은 성경에서 주인을 매정한 인간으로 여긴 나머지 주인에게서 받은 달란트를 땅에 묻어두는 종과 같다. 좀 더 확대하여 말하자면, 그런 모습은 보통 재능을 가진 사람들에게서 자주 일어난다. 예컨대 지적으로 출중한 사람,

친절한 마음을 지닌 사람, 주위로부터 칭찬 받는 인격의 소유자, 건강에 아무 문제가 없는 사람들에게서 자주 일어난다. 의기소침한 성격은 박약한 의지로 인해 쉽게 미루려고 한다. 특히 다른 사람들을 통솔해야 할 입장에 있는 자가 의기소침한 성격을 지닐 경우 그의 우유부단함으로 인해 큰 난관에 부딪힐 수 있다.

자신이 느끼는 두려움으로 고통스러워하면서 안절부절 못하는 소심한 사람을 지켜보노라면, 마음이 아프다. 우리의 마음속에 남을 업신여기려는 생각이 파고들지 못하도록 최대한 경계해야 할 것이다. 왜냐하면 그렇듯 부자연스럽게 행동하는 사람을 보면 우리는 너무나 쉽게 경멸하고 업신여기려 들기 때문이다. 사람의 영혼은 그러나 그렇게 생각하듯 초라하지 않다. 오히려 훨씬 더 위대하다. 때때로 의외라고 여길 만큼 모두의 영혼은 위대하다. 자연에 존재하는 모든 것들은 저마다 주어진 능력을 따라 움직이기 마련이다. 소심한 사람 역시 그에게 주어진 능력으로 인해 남다른 존재이유를 갖는다. 사람들은 자연스레 선(善)을 추구하지, 그것을 거부하면서 거리를 두려고 하지는 않는다. 의기소침한 태도는 마치 자연의 환하고 생기 넘치는 얼굴과는 대조적으로 창백하고 어두운 표정에 비할 수 있다.

주님을 따르던 사람들의 영혼이 위대한지 아니면 옹졸한지 살피는 관점에서 그들을 재조명하는 일은 흥미로운 일이다. 물론 그들에 대해 상세하게 기록한 사건들은 대부분 위대한 측면들을 담고 있다. 예컨대, 주님 역시 이스라엘의 정직한 사람으로 인정하신 나타나엘은 주님을 보자마자 하느님의 아드님이라고 고백하며 머리를 숙였다. 형제지간이었던 베드로와 안드레아 사도 그리고 야고보와 요한 사도는 그물과 배와 부모를 남겨두고 곧바로 주님을 뒤따랐다. 세리였던 마태오는 아무 말 없이 하던 일을 접고 주님의 사도가 되었다. 베드로는 몇 번이고 반복하여 주님을 뒤따르겠다고 다짐했다. 비록 그의 나약함이 정작 마음먹었던 것을 실행에 옮기는 데에 걸림돌로 작용하기도 했지만 말이다. 아마도 토마스 사도가 의심을 품은 행동은 주님에 대한 신앙고백이 그처럼 우리에게 수시로 다가오는 더디고 완고한 태도와 맞서 이겨낼 수 있어야 함을 가르치는 것 같다. 우리는 그렇게 의심을 품었던 사건에 앞서 훨씬 전에 주님이 당신의 죽은 친구 라자로를 찾아 유다지방으로 되돌아오셨던 것을 기억할 필요가 있다. 비록 주님에게는 그 방문이 매우 위험한 일이었지만 말이다. 이때 함께 있던 토마스 사도의 남다른 영웅적인 행동을 성경은 소개한다. "우리도 스승님과 함께 죽으러 갑시다!"(요한 11,16)

여기에는 분명 커다란 의미가 감춰져 있다고 본다. 실제 우리를 옹졸하게 만드는 계기들이 주변에 널려 있다. 어떤 사람들은 제 영혼의 위대함을 단 한 번도 생각해 본 적 없이 일생을 살아갈 수도 있다. 그러나 영혼의 위대함이 보여주는 화려한 불꽃 하나는 우리가 어떤 상황에서도 자신감을 갖고 살아갈 수 있음을 정당화시켜준다는 점이다. 주님의 사도들은 비록 보잘것없는 사람들이었지만 많은 사람들 앞에 설 수 있었다. 주님께 그리고 하느님께 세상만물을 안내하고 이끌어주는 지도자가 될 수 있었다. 분명히 어느 지도자의 의기소침한 결정으로 인해 매사가 헛되이 끝나버리는 것을 무기력하게 지켜보고만 있는 그런 경우와는 달리 더 이상 그들에게는 불가능한 것이 없음을 저들 사도들에게서 목격한다. 그러므로 주님의 사도들은 영혼의 위대함을 확신하였거나 최소한 그런 영혼의 약속을 저버리지 않을 만큼 굳게 믿었다는 사실을 기억할 필요가 있다. 만일 우리가 순수 인간적인 이해지평 위에서 돌이켜 볼 수 있다면, 주님께서 배신자 유다가 제 영혼의 위대함(구원 약속)을 믿지 못하는 것을 지켜보며 함께 지내던 그 많은 날들을 얼마나 마음 아파하셨을지 짐작하고도 남음이 있겠다.

(2) 행위의 위대함

1) 위대함의 본성과 외연

영혼의 위대함은 만일 우리가 이미 우리의 손으로 일궈낸 위대한 일들을 고려한다면 반드시 전제될 수밖에 없다. 우리가 그처럼 위대한 일들을 일궈낼 수 있었다면, 그 근거로서 영혼의 위대함은 필연적이다. 하지만 이러한 관점에서도 영혼의 위대함은 엄연히 '하나의 덕'이다. 이 훌륭한 덕은 가꾸는 자의 것이요, 그렇듯 그런 덕을 발휘하는 자에 의해서 놀랍고도 화려한 걸작과 같은 것이 만들어진다. 매우 훌륭한 작품은 한 개인에 의해 평가되지 않는다. 일반적으로 혹은 그동안 우리의 일상 중에는 우리 스스로 인격의 위대함을 거의 소환하거나 각성하지 않는 것처럼, 일기장은 보통 지루한 내용으로 채워지고 충분히 긴 거울들은 우리에게 고행을 다그치거나 많은 경우 장식에 지나지 않는다. 그러나 인격적인 차원에서 우리는 일상 안에서 저마다 위대한 것을 실현할 수 있다. 우리의 생애 중 어느 한 순간 일어난 사건을 통해서도 저마다 위대하다고 여긴 것을 이룰 수 있다. 예를 들어 결혼식을 통해 혹은 자기 집을 장만하고자 하는 한 평생 숙원해온 어떤 것을 통해서도 실현 가능하다. 그러나 일반적으로 위대한 것이라 함은 사회공동체의 공동선이나 하느님의 거룩한 구원사업과 직결된다.

 위대한 것을 실현하기 위해서 우리는 많은 돈을 투자해야 한다고 생각한다. 과연 위대한 것은 그처럼 소중하게 여겨지는 돈을 포함하여 무엇이든 필요한 만큼 큰 지출을 감당할 수 있어야 한다. 비록 인생의 작은 변화를 일궈내는 경우라 하더라도 훌륭한 일은 그에 상당한 값을 치러야 한다. 분명히 말하지만 주급 15달러를 받고서 원고를 정리해주는 비서가 막대한 지출을 요구하는 거창한 일을 추진할 수는 없다. 그럼에도 그와 같은 비서도 훌륭한 일은 할 수 있다. 최소한 내면의 마음가짐을 통해서 말이다. 왜냐하면 그것은 훌륭한 덕으로 실현할 수 있는 것이기 때문이다. 그와 마찬가지로 인색한 구석이 전혀 없는 경우에도 인색한 사람이 될 수 있다. 하지만 외적으로 훌륭해 보이지 않는 사람이라 하더라도 자신에게 상당한 가치가 있는 것이 무엇인지 올바로 규명할 수 있다면, 설령 위대함이 상대적이고 그래서 절대적으로 평가될 수 있는 것이 아니라고 할지라도, 훌륭한 일을 해낼 수 있는 사람으로 신뢰할 수 있다. 역설적이게도 가난한 이가 훌륭한 사람이 되는 것이 부자가 그렇게 되는 것보다 훨씬 더 수월하다. 왜냐하면 5달러가 5분 내에 소모될 수 있다고 친다면, 백만 달러 상당의 엄청난 금액을 소모시키는 일은 그보다 훨씬 더 많은 시간과 숙고가 요구되는 것이 당연하기 때문이다. 그래서 사실상 가난한 이는 부자보다 훨씬 더 자주 훌륭한 일을 해낸다.

2) 그에 반대되는 것들

① 치졸함(parvificentia)

위대함과는 지극히 거리가 먼 '악'(惡)을 영국의 도미니코회 수도자들은 "치졸함"(meanness)이라고 번역한다. 그러니까 치졸함은 거창한 일들이 요구하는 상당한 액수의 지출은 거부하면서도 위대한 것을 이루겠다고 덤빈다는 점에서 인색하고 해로운 악이라고 보았기 때문이다. 치졸한 사람은 자신이 지출해야 할 돈조차 아깝게 생각하고 더디게 내어주려는 까닭에 인색하다는 말을 듣는다. 그와 같이 친구에게 잘 지내기를 바란다고 말하면서도 자신의 돈을 지출하는 데에는 매우 인색하다. 정말이지 그런 사람에게는 그렇듯 돈을 지출하는 데에 내키지 않은 이유가 아주 많다. 그런 사람은 정당하게 드는 비용이 엄청나서 자금을 조달하는 데에도 손이 모자랄 지경임에도 그 경비를 삭감하느라 정신이 없다. 이같은 치졸한 태도는 자본주의사회 안에서 자주 불공정한 임금 때문에 노동자들로부터 많은 불평과 불만을 초래하는 매우 중대한 원인이자 사회의 악이다. 치졸한 행위는 저급한 재료들을 사용하거나 노동자의 사기를 저하시키는 식으로 사회를 떠받치는 거대한 기둥을 모래처럼 와해시키는 주범이다. 그래서 그런 이들은 협상 테이블에 앉지 못하는 시민들의 분노를 자아내는 것은 물론 어둡고 정적이 감도는 밤처럼 무거운 분위기로 사회를 파탄 나게 만드는 일등공신이다.

② 낭비(consumptio)

또 다른 극단적인 파국은 소위 '낭비'라는 악이다. 토마스 성인은 이를 가리켜 "소모"라고 일컬었다. 일(행위)의 비중(중대함)과 그것을 위해 마땅히 지불해야 할 경비 사이에는 적정선이 지켜져야 하는데, 이를 무시한 (치졸함 외에) 또 다른 경우를 가리킨다. 예를 들어, 새집을 짓겠다고 해놓고 마천루를 짓는 비용을 쏟아 붓는 경우는 정말 어이없는 일이다. 치졸함과 마찬가지로 낭비는 합리적인 규범 및 사고에 대한 폭력이다. 먼저 치졸한 행위를 일삼는 자들은 상대하는 동료들만이 아니라 자기 자신에게도 상처를 준다. 예를 들어, 삶의 질을 비정상적으로 떨어뜨리거나 저급한 재료들을 사용하거나 설계한 것들을 억지로 축소시키는 등등의 행위가 뒤따르기 마련이다. 그에 반해 낭비를 일삼는 자들은 자신들에게만 상처를 준다. 이는 미국인들의 삶 속에 드물지 않게 발견되는 모습이라고도 하겠는데, 만일 지출하는 돈이 사회적 소통 및 생산적인 가치를 위한 것이 아니라면 역시 사회의 악으로 작용할 것이다. 후자의 경우 우리는 간단히 거기에 뒤따르는 단어 하나를 알고 있다. 소위 '부당이득'이다.

영혼의 관대함과 위대함은 우리가 살아가는 동안 이곳저곳에 산재해 있어서 발견할 수 있고 또 발휘할 수 있는 영웅적인 태도의 분신과도 같다. 그 두 가지는 적극적으로 행동할 수 있도록 용기를 북돋아주는 점에서 서로 친척뻘이다. 왜냐하면 그 두 가지는 사람들이 물리치지 못하고 오히려 끌려가듯 다가가게 되는 선(善)을 추구하기 때문이다. 그래서 그 두 가지 덕은 매력적인 구석이 많다. 하지만 훨씬 더 뚜렷한 장점은 영웅적인 행동을 발휘할 수 있게 해주는 용기일 것이다. 위험과 어려움이 놓여 있더라도 굽히지 않고 나아가게끔 하는 용기 말이다. 이 같은 영웅적인 행동을 고무시키는 요소들은 우리의 일생 곳곳에 우리가 짐작하는 것보다 훨씬 더 많이 산재해 있으니, 거기에는 인내(patientia)와 함구함(perseverantia)이란 덕도 함께 한다.

4. 수고와 위험 앞에서의 영웅적인 태도

(1) 인내

　인내(patientia)와 함구함(perseverantia)은 영혼의 관대함과 위대함이 누리는 찬란한 영예의 의복을 입지는 못한다. 그들은 첫눈에 매력적인 것으로 다가오지 않으며 과소평가 받기 쉽다. 만일 어떤 사람이 먼지 속에 누워있다면, 그 사람의 영웅적인 자태를 알아보기는 쉽지 않다. 그러나 우리는 주님께서 우리를 향해 간단히 권고하신 말씀, 곧 "인내로 너희 영혼을 지켜라!" 하신 말씀을 통해 영웅의 영광스런 자태를 되새겨 왔다. 과연 인내의 덕은 우리가 아무도 올바른 길을 오랫동안 걸을 수 없는 처지를 기억할 수 있다면, 그래서 고집스럽게 그 길을 걷는다는 것이 분명 영웅적인 자세에 필요하다는 사실을 깨달을 때 그 진가를 드러낸다. 인내는 무엇보다도 참담한 슬픔을 맞이하여 요구된다. 인내는 슬픔의 도가니에서 빠져나오기 힘든 상황에서 사람의 영혼을 지켜준다. 슬픔이 깊어질 때 우리는 인내가 더 절실히 요구된다는 것을 생각해야 한다. 오직 그렇게만이 사람은 제 영혼을 지켜낼 수 있다. 왜냐하면 영혼을 지켜낸다는 것은 자신을 잃지 않는 것이요, 주체적인 삶을 포기하지 않는 것을 가리키기 때문이다. 이때 인내는 우리의 영혼을 해치려는 온갖 정념과 악의를 잠재울 수 있다. 인내는 의롭지 못한 보복을 그만두게 할 뿐만 아니라 의롭게 행동하도록 고무시킨다. 인내는 미움을 사그라지게 할 뿐만 아니라 기꺼이 사랑을 베풀 수 있게 한다. 분노를 삭혀주고 온순한 마음을 갖도록 돕는다. 인내는 우리가 죄악이라고 여기는 모든 것들의 근원이 될 수 있는 부당한 슬픔에 빠지지 않도록 돕는다. 인내는 잘 눈에 띄지 않는 평범한 덕들 가운데 하나다. 하지만 모든 덕들의 저변에서 활동하는 수호천사처럼 제 역할을 다한다. 비록 모든 덕들을 야기하는 원인은 아니지만, 그들이 제대로 발휘될 수 있도록 장애되는 것들을 제거해주는 역할을 한다. 인내하지 않겠다고 생각하는 순간 불만과 죄악이 밀물처럼 걷잡을 수 없이 밀려올 것이다. 왜냐하면 슬픔은 계속해서 우리의 삶 속에 파고들어 자기 길을 확장하려고 하기 때문이다.

　인내는 마치 부당하게 죄를 저지르고 옥에 갇힌 죄수가 훗날 자신을 붙잡아 가둔 이들에게 통쾌한 보복을 작정하며 은밀히 참고 기다리는 것을 의미하지 않는다. 인내는 오히려 악의를 품는 것이 아니라 참아 이겨내는 것이다. 악을 저지르려고 기다리는 것이 아니라 오히려 악이 저질러지지 않도록 마음을 붙드는 것이다. 인내는 우리의 일상 가운데 그의 진가를 발휘한다. 간혹 친구들로부터 오해를 사는 위기 속에서, 사랑하는 사람을 상실하는 어려움 속에서, 긴 병마와 싸우거나 부당한 모욕을 당하거나 불행한 경우를 당할 때마다 인내는 우리의 영혼을 단단히 여미어 준다.

　자연스럽게 제기되는 질문은 '인내가 이와 같은 어려움들 앞에서 무엇을 할 수 있다는 말인가?' 하는 것일 것이다. 글쎄다. 만일 우리가 그러한 상황에서 가장 수월하게 취할 수 있는 방법 한 가지를 떠올린다면, 아마도 묵묵히 아무것도 하지 않는 것이라고 말할 수 있다. 그러나 좀 더 고차원적으로 취하는 방법이라고 한다면, 우리가 우리 자신에게조차 아무런 변명도 하소연도 하지 않고 참아 견디어내는 것이다. 왜냐하면 우리의 삶은 점점 더 스스로를 고달프게 만드는 자기연민에 사로잡히는 경향이 있기 때문이다. 훨씬 더 좋은 방법으로 추천할만한 것은 인내심을 발휘하는 동시에 즐거움을 찾고 긍정적인 마음을 가짐으로써 슬픔을 이겨내는 것이다.

　그렇게 하는 것이 어려운 일일까? 그렇다. 자연의 질서에 따르면 그렇게 하는 것은 거의 불가능하다. 왜냐하면 자연의 질서는 상대적으로 영향력이 훨씬 더 큰 것에 좌우지되기 때문이다. 당장 벌어지고 있는 어려움이 크면 클수록 온 통 삶을 뒤흔들어 놓을 수 있다. 비록 오랜 경험을 통해 우리가 조급해하는 마음가짐으로써는 슬픔을 극복하기보다는 오히려 한층 더 슬픔에 깊이 **빠져든다**는 사실을 숙지하고 있다고 하더라도 좌절과 포기가 당연한 처사인 것처럼 눈앞에 아른거리기 때문이다. 그러나 초자연적인 질서에 의거하자면 다르다. 하느님은 일찍이 우리의 나약함과 기억해내지 못하는 불충실함 그리고 감사할 줄 모르는 어리석음을 참아내셨으며 여전히 우리에게 그 모습을 변함없이 보여주신다. 우리는 골고타 언덕 십자가 위에서 주님이 기도하시며 인내하시는 광경을 외면해서는 안 되며, 그럴 수 없다. 성인들이 고결하게 인내하는 모범 역시 우리가 쉽사리 잊어버려서는 안 된다. 그렇다면 우리의 죄를 잠재울 수 있는 힘이자 천상의 삶을 일부 대변하는 상징이며 주님과의 친밀한 우정을 이어주는 매듭과도 같이 인내는 그런 고귀한 가치들을 끝까지 포기하지 않도록 이끌어준다. 달리 말해서 초자연적인 삶으로 안내하는 인내는 우리에게 정말 고마운 은총 가운데 하나다. 다만 초자연적인 것과 연결되어 있다는 점에서 인내는 결코 손쉽게 실행에 옮길 수 있는 것이 아니라는 사실만 남아있다.

우리는 비인간적인 잔인함에 분개하고 금수와 같은 무딘 행동에 치를 떤다. 우리에게 슬픔을 가져다주는 그런 모든 행동에 대해 분개하는 것은 당연하다. 사람들은 쉽사리 함께 슬픔에 젖는다. 자신의 슬픔이든 다른 이웃의 슬픔이든 그 영향력은 작지 않다. 그런 슬픔에 쉽게 공감하지 못하는 사람들은 감각이 무디거나 냉담하다는 지적을 받는다. 그와는 달리 만일 그런 슬픔에 민감하여 지나치게 깊이 빠져드는 사람들의 경우 거기서 헤어 나오기 위해 올바른 것조차 무시하려고 한다면, 그것 역시 잘못된 행동이다. 보통 우리는 조급함에 의해 죄에 빠져들기 쉽다. 이 조급함은 일상 안에서 우리가 자주 그것을 노리갯감으로 삼아 만지작거리는 어떤 것이다. 우리는 그로 인해 항상 난처해지지는 않더라도, 우리의 강인한 마음과 의지를 약화시키는 빌미가 될 수 있다. 실제로 조급함이 그 자체로 어떤 힘을 발휘하는 것이 아니라는 것이다. 반대로 아주 많이 우리의 능력을 무기력하게 만들 수 있다. 예컨대 슬픔이 밀려올 때 우리가 계속 버틸 수 없을 것이라는 두려움을 심어주기 때문이다. 때때로 별 것 아닌 슬픔임에도 불구하고 우리를 나약하게 만든다. 아직 경기에 나선 것도 아닌데 미리부터 패배를 걱정하고 신음하게 만든다.

(2) 함구함

1) 그 본성과 한계들

인내는 평생에 걸쳐 요구된다. 우리가 평생에 걸쳐 슬픔과 마주해야 하기 때문이다. 그래서 우리의 삶이 시간과 더불어 진행되는 만큼 함구함라는 덕은 무엇을 행하든 어떤 날이든 항상 요구될 수밖에 없다. 모름지기 우리는 영원(永遠)에서 비롯되었기 때문에, 시간이란 난관에 부딪히는 순간 어려움을 느끼지는 것인지도 모른다. 이유야 어떻든 우리는 제한된 시간 앞에서 그때마다 곤란함을 느끼며 몹시 힘들어 한다. 사람들은 보통 매우 허기진 사람과 마주하는 순간 자신의 끼니를 내어주는 데에 크게 망설이지 않는다. 그렇지만 사순절 동안 끼니 중에 일부를 절제하는 것을 무척 어렵게 여긴다. 우리는 하루 동안 해야 할 일거리에 대해 별 신경을 하지 않는다. 그러나 똑같은 일거리를 매일같이 반복해야 할 경우 매번 다르게 느낀다. 한 순간 친절을 베푸는 일은 어렵지 않으나 평생 친절을 베푸는 일은 무척 어렵다. 시간을 통해 느끼는 그 간격 혹은 지루함은 분명 우리의 삶에 심각한 장애물이다.

함구함는 말 그대로 끈질기고 확고하여 간단히 쓰러지지 않는 굳은 의지에서 비롯한다. 함구함의 열매는 아름다움과 영예로움이지만, 종종 휘청거리며 걷는 피곤한 걸음걸이나 몹시 초췌한 표정 뒤에 숨어 있다. 그 어떤 군대도 함구함보다 강하지 못하고 그 어떤 승리도 함구함보다 건전하지 못하며 그 어떤 낙원에서도 함구함 뒤에 얻는 영예만큼 누리지 못하며 그 어떤 화려함도 함구함가 일궈낸 장식보다 뛰어나지 못하다. 공격이 치명적일 경우 그 어떤 인간의 헌신적인 도움도 아무 쓸모가 없을 때가 있다. 오직 함구함만이 시간을 통해 가해지는 무디고 잔인한 타격을 알고 있으며 끝장날 때까지 절박하게 싸움을 계속해야 한다는 사실을 인지한다.

과연 영웅적인 용기조차도 그것만으로 평생 동안 기울여야 할 긴장을 충분히 해결하지는 못한다. 함구함이라는 초자연적인 덕을 동반하지 않는다면 말이다. 우리는 이와 관련하여 이 책에서 좀 더 상세하게 알아보고 있는 중이다. 여기서는 이처럼 끝까지 견디어 낼 수 있기 위해선 하느님의 특별한 은총이 필요하다는 사실을 기억하는 것으로 충분하다고 하겠다. 마지막까지 참아낼 수 있는 함구함 분명 하느님의 은총이다. 이런저런 일거리나 이런저런 긴장어린 때에나 특별히 선사받는 은총이 아니라 인간이 태어나 죽음을 맞이하는 순간까지 평생 동안 언제든 얻어 누려야 할 그리고 실제로 우리가 잊지 않고 발휘한다면 언제든 누리는 은총이다.

2) 그에 반대되는 것들

① 유약함(우유부단함)

함구함이 부족할 경우 유약한 모습을 보이기 마련이다. 실상 인간이 유약한 경우는 그의 근육이나 뼈가 약해서가 아니라 그의 능력을 발휘하지 못해서 그러하다. 사실 이와 같은 상태를 가리키는 훨씬 더 나은 표현이 라틴어(mollitudo)에서 번역된 문학적 용어로 존재한다. 예컨대 'softness'가 그것이다. 이는 아주 살짝 건드리기만 해도 쉽게 무너지는 것을 뜻한다. 이처럼 유약한 사람은 두려움을 느끼기도 전에 미리 포기한다. 그래서 향유할 어떤 것을 얻기 위해 기울여야 할 수고를 일찌감치 그만둔다. 그러니까 즐거움을 느끼지 못하는 순간 살며시 고개를 쳐드는 작은 슬픔 앞에서 그만 주저앉는 것과 같다. 그런 사람은 위기에 봉착하는 순간 그 어려움과 대면하여 아주 잠깐이라도 싸우려고 하지 않고 피한다. 왜냐하면 그는 자신을 감싸줄 보호막 없이 살아본 적이 없기 때문이다.

② 완고함(고집불통)

　함구함과는 반대되는 또 다른 극단적인 태도는 거칠고 무뚝뚝한 모습의 대명사라고 말할 수 있는 완고함이다. 완고한 사람은 그만두어야 할 때를 모른다. 혹은 단념해야 할 때를 알고 있을지라도 [터무니없이] 그것을 거부한다. 그런 사람은 난관에서 벗어나지 못한다. 우리는 종종 그런 사람이 무식하다고 할 정도로 어려움에 굴하지 않고 싸우는 모습을 보고 탄복하기도 한다. 하지만 그러한 탄복은 바람직한 것이 아니다. 보통 그런 경우는 그 사람이 거기에 자존심을 걸기 때문에 벌어진다. 이때의 자존심은 자신보다 하찮게 여겼던 것이 예상 밖으로 거세게 저항함으로써 밀려오는 두려움을 감추려는 데에 있다. 아니면 그러한 난관을 극복함으로써 승리를 만끽하려고 하지만 그것이 분명 부당하고 모자라는 판단임에도 굽히지 않고 밀고 나가는 데에 있다. 실제로 완고함은 지나친 함구함이라 할 만큼 강력하다. 마치 함구함의 결여가 유약함으로 드러나듯이 말이다. 그러나 완고함이나 유약함 모두 부당한 태도요, 따라서 비인간적인 태도다. 인생은 마치 정복자의 모습처럼 그저 싸움을 통해 쟁취하는 것만은 아니다. 어려움은 그저 피하는 것만이 상책은 아닌 것처럼 말이다. 합리적인 사고를 좇아서 정당한 방식으로 목표에 이르는 것이 인생을 보다 더 풍요롭게 한다는 사실을 늘 깨닫게 되듯이 말이다.

5. 영웅적인 삶 : 하느님의 선물로서 용기

　하지만 영웅적인 삶을 실현하도록 도와주는 이런 모든 덕들을 갖출지라도, 한 인간이 끝끝내 승리를 거두거나 온갖 위험을 이겨내거나 그 어떤 두려움에도 흔들리지 않는 자신감을 끌어안고 과감하게 어려움을 헤쳐 나가거나 사람들이 위대하게 여기는 그런 것만이 아니라 일상 중에 때로는 귀찮을 정도로 작고 보잘것없는 것까지 정성을 다할 수 있는 것은 인간본성의 차원을 넘어서는 것이다. 그럼에도 불구하고 그러한 모든 것들이 인간에게 가능한 것과 같이 그에게 영웅의 월계관을 씌어주는 유일한 덕이 바로 '용기'다. 용기는 은총이다. 곧 성령이 베푸시는 선물이다. 사람들은 이로써 최후의 순간까지 온갖 어려움과 아픔을 이겨낼 수 있다. 바로 하느님을 뵙게 되는 그 마지막 순간까지 말이다.

의심의 여지없이 하느님을 믿지 않는 이들도 용감하게 살 수 있고 또 우리는 실제 그런 인물들을 목격해왔다. 모든 사람은 태어나는 순간부터 제 생명을 위협하는 것들을 슬기롭게 피하거나 이겨낼 수 있는 힘을 지닐 수 있어야 한다고 내다보는 것이 그리 불합리한 생각은 아니다. 하지만 진정한 영웅으로 거듭나게 하는 용기, 개인의 생존을 넘어 위대함 및 관대함을 추구하는 용기, 최고의 목표에 이르기까지 인내와 함구함으로 굽히지 않고 나아가는 용기는 오직 하느님에게서만 선사되는 초자연적인 은총에 의해 발휘된다. 그렇게 선사된 용기는 모두가 그로써 자신의 삶을 끝끝내 완성할 수 있기를 요구한다.

오늘날 영웅 개념과 관련하여 몇 가지 낯선 광경들이, 불가사의한 일들이 펼쳐지고 있다. 우리가 그동안 추구하는 성공, 발전 혹은 성취라고 하는 것들은 보편적으로 타당하고 또 선호하는 것들과 직결되어 있었고, 남달리 용기를 발휘하는 것을 영웅적인 삶으로 이해하고 칭송해왔다. 그러나 오늘날 대개 외적인 혹은 물질적인 크기에 좌우되는 성공 및 발전 개념은 점차 현대인들에게 훨씬 더 공격적인 용기를 높이 사도록 부추김으로써 과거의 독재자나 심지어 수많은 인명을 앗아간 학살자와 같은 이미지와 영웅을 동일시하려는 경향이 있다. 무언가를 이뤄내는 것으로서 성취가 가시적으로 드러나는 것에 치중하는 한, 물질적인 것에 대한 관심은 점점 더 확대되기 마련이다. 현대인들이 탄복해 하며 환호하는 인물은 종종 광적인 수준의 성공을 이뤄낸 사람으로서 어느새 그런 사람을 추종하는 사람들에게 표본이 되고 영웅이 되어버렸다. 진보 및 발전이란 표어 아래서 옛것은 모두 무시해도 좋은 것으로 낙인 찍혔다. 그래서 전통적인 것들 가운데 붙들고 있을만한 가치가 있는 것은 하나도 없는 듯 여긴다. 왜냐하면 모든 것은 계속 변화하고 새로워져야 한다고 생각하기 때문이다. 결국 인내와 함구함 성공을 향한 대열에서 낙오한 나약하거나 실패한 이들의 결함을 가리키는 것으로 분류되고 있다.

[결론] 영혼의 위대함과 영웅적인 태도

1. 영웅적인 태도와 영웅 숭배

(1) 현대사회에서 아이돌이 되고자 하는 것과 아이돌을 추종하는 것

이 단원을 마감하기 전에 우리는 현대인들을 대략적으로 보아 균등한 수로는 나눠지지 않는 두 무리로 구분하여 고려해볼 필요가 있겠다. 한 무리는 상대적으로 극소수에 해당하는데 스스로 아이돌이 되려고 하는 이들을 가리키고, 다른 한 무리는 자신에게 아이돌이 될 수 있는 자격이 없다고 판단하는 대부분의 사람들을 가리킨다. 다시 말해서 정말이지 아주 많은 사람들이 자신은 아이돌이 될 수 없다고 생각하며 평범하게 살아가려고 한다. 그들에게는 영웅적인 삶이나 그에 대한 바람조차도 소위 그림의 떡이다. 왜냐하면 아이돌은 그들의 시각에선 극히 예외적이고 매우 드문 사람들에게만 허락된 것이요, 따라서 평범한 생활에서 벗어날 수 없는 그들에게는 무미건조한 삶이 제격이라고 생각하기 때문이다. 인간 본성은 그러나 무미건조한 삶으로 만족하지 못한다. 그저 그런 꿈을 붙잡기 위해 영원히 추구만 하는 것으로도 만족하지 못한다. 그래서 사람들은 '영웅숭배'라는 또 다른 방식으로 대리만족을 하려고 드는지도 모른다. 한편 어떤 이들에게는 그런 아이돌 및 영웅을 보필하는 임무를 부여하고, 다른 한편에선 아이돌 및 영웅의 놀라운 몸짓에 열광하며 환호를 보내는 것으로써 그렇듯 자신들에게 기쁨을 가져다준 놀라운 몸짓에 마음을 빼앗기며 흡족해하는 식으로 말이다.

(2) 영웅적인 태도의 포기 – 영웅숭배

근본적으로 현대의 평범한 사람들에게 영웅적인 삶을 산다는 것은 전설 속의 이야기처럼 아련하다. 아니 어쩌면 그들은 언제부턴가 이미 스스로 영웅적인 용기를 발휘할 수 있다는 생각을 접어버리도록 강요받았는지도 모른다. 더 이상 그런 삶을 엄두도 내지 않게 되었다. 자신들이 해야 할 일과 어려움, 가정을 꾸려가야 할 것과 덕에 지치고 무뎌진다면, 자동적으로 그런 모든 것들에서 벗어나고픈 생각만이 그들을 지배하게 될 것이다. 그건 좋은 태도가 아니라고 그들은 생각한다. 그러므로 훨씬 더 신중하게 그들을 깨닫도록 이끌지 못하는 한, 그들은 자신들에게 맡겨진 짐을 계속 걸머지고 타성에 젖어 노예처럼 살아갈 것이다.

인생은 그러나 영웅적인 태도를 취하지 않을 경우 인간적으로 성장해갈 수 없다는 것도 사실이다. 영웅적인 태도 없이는 인간적인 행위와 목표를 향해 기꺼이 나아가려고 할 때마다 부딪히는 시련을 감당할 수 없다. 각자에게 각자의 인생이 펼쳐지는 것과 같이 우리는 우리를 대리하는 영웅에 의지하여 혹은 영웅숭배를 통해 진정 만족할 수는 없다. 왜냐하면 인생은 저마다 공기나 물 혹은 음식이 필요한 것처럼 각자의 삶을 꾸려가야 하기 때문이다. 아직 경험하지 못한 미래를 향해서도 그러하겠지만, 원칙적으로도, 그러니까 최선을 다할 수 있기 위해서도 용기는 절실하다. 주님은 예외 없이 모든 사람들에게 영웅적인 삶을 요구하신다. 물론 주님은 그런 모습을 몸소 보여주시고자 애쓰셨다. 사람들이 일상 중에 감당해야 할 것들과 노력해야 할 것들, 부딪히는 난관들과 위험들 모두 무미건조한 것들이 아니라 분명 사람들에게 꾸준히 영감을 불러일으키고 꾸준히 위대해지도록 동기를 부여하며 꾸준히 전율을 느끼게 하는 만큼, 우리에게 놀라운 용기를 발휘하도록 기회를 제공하는 것들이다.

2. 영웅적인 태도와 신앙인의 삶

오늘날 영웅적인 태도가 과거 주님의 시대에 비해 조금이라도 덜 절실한 상황이 된 것은 아니다. 그래서 오히려 현대에 들어서면서 한때 거리에서 공산주의자들이 영웅적인 태도로 촉구하던 그런 것들을 교회의 가르침이란 명목으로 절박하게 요청하고 있음을 목격하게 된다. 소위 직장 및 일터에서 영웅적인 인물을 다시 일으켜 세우려는 움직임이 일고 있으며 또 그러한 시도가 분명 고려할 만한 성과를 이루기도 한다. 비록 그러한 영웅적인 삶이 당사자 개인에게는 거의 가치가 없는 것처럼 비칠지라도 말이다. 최소한 그런 움직임에 동참하는 사람은 영웅이 될 수 있다. 그리스도인으로서 살아가는 경우에도 영웅적인 행동들로 채워지지 않은 인생은 개인적으로 바라보아도 별 가치가 없다. 오로지 자신들을 과소평가하고 자신들에게 허락되었다고 여기는 것만을 취하는 삶, 그래서 멀찍이 관객의 입장에 서서 오직 무대 위의 영웅들을 기리며 대리만족하는 삶에는 밝은 대낮이 있을 수 없다. 인간 각자의 생애가 미리 다 알 수 없는 것들에 대한 도전이요, 확증적일 수 없는 목표에 대한 선취이며, 불확실한 힘을 의지하여 발을 내딛는 모험이다.

그리스도인은 영웅적인 삶을 추구해야 한다고 말할 수 있다. 신앙인은 기대하는 것을 실현하기 위해 마땅한 대가를 지불해야 한다. 그 대가란 커다란 용기를 가지고 자신에게 다가오는 것들과 정면으로 마주하는 것을 가리킨다. 아니 좀 더 분명하게 한 마디로 말한다면, 신앙인은 스스로 영웅이 될 수 있어야 한다는 것이다. 물론 신앙의 차원에서 영웅이 되는 일은 사회적인 차원에 비해 치러야 할 것이 훨씬 더 혹독하고 훨씬 더 난해하며 훨씬 더 절박하다는 점도 기억해야 한다. 왜냐하면 신앙인이 추구해야 할 최종목표는 사회인이 겨냥하는 목표를 훨씬 더 뛰어넘는 것이기 때문이다. 신앙인이 치러야 할 대가는 더욱이 한 영웅이 또 다른 훨씬 더 위대한 영웅에게 바치는 것이다. 그렇듯 죄 많은 인간이 죄 없는 주님에게 봉헌하는 대가라는 점에서 훨씬 더 순수하고 진지하기를 요구한다.

제16장 절제의 덕 (Ⅰ) : 인간의 주체성
(제2부 제2편, 제141문제~제145문제)

1. 인간 우월성의 전제조건
   (1) 우월하다는 것
   (2) 우월할 수 있는 점들
2. 인간의 노예적 근성에 대한 현대의 입장
   (1) 청교도 정신(puritanism)
   (2) 주체적 인간을 옹호하는 세상의 가르침들
3. 인간의 주체성에 대한 가톨릭교회의 입장
   (1) 역사가 입증하는 것들
   (2) 사실이 입증하는 것들
   (3) 이성의 균형
4. 인간의 주체성을 보여주는 덕 : 절제(節制)
   (1) 절제라는 덕의 위상
   (2) 절제해야 할 대상
5. 인간의 주체성을 주장할 수 있는 조건들
   (1) 절제(節制)의 아름다움 – 절제미
   (2) 절제미에 대한 열망으로서 "정직함"과 부조화에 대한 혐오로서 "부끄러워함"
6. 인간의 주체성에 부당한 이중적 결함
   (1) 절제의 지나침 때문에 – 감각적인 것에 대한 향유의 포기
      1) 감각적인 것에 대해 거부하는 두 가지 입장
      2) 본성을 거스르는 행동으로서 "불감증"
   (2) 절제의 부족함 때문에 – 감각적인 것에 사로잡힘
      1) 유치한 죄로서 무절제
      2) 무절제는 비겁함보다 더 무거운 죄
      3) 무절제의 부조화 수준
7. 인간의 주체성의 형태
8. 인간의 주체성을 지켜주는 또 다른 덕들 :
   자제(continentia), 너그러움(clementia), 정숙(modestia)

[결론] 인간의 주체성을 함의하는 '절제'
1. 인간의 주체성을 거부하는 행위의 함축적 의미
   (1) 인간본성의 진실에 대한 외면
   (2) 인간의 성숙에 대한 포기
   (3) 인간의 존엄성 및 아름다움에 대한 부정
2. 인간의 주체성 발휘에 까다로운 여건 : 싸움터
3. 인간의 주체성에 대한 옹호

제16장 절제의 덕 (Ⅰ): 인간의 주체성
(제2부 제2편, 제141문제~제145문제)

〈들어가기〉

    악마가 하와에게 하느님과 같아질 수 있다고 제안한 유혹은 실패했지만, 엄청난 전략이었다. 악마의 제안은 완전한 지배자로서의 권위, 곧 모든 것을 완전하게 주무를 수 있는 탁월한 지위를 획책한 것 외에 다른 것이 아니었다. 악마의 꾐에 혹하는 인간의 본성에는 그렇듯 지배욕이 지속적으로 그리고 아주 깊은 곳에 자리 잡고 있다. 인간에게는 모든 것을 자신의 통제 아래 두려는 욕망이 꿈틀거린다. 한편 지배욕은 주체로서의 능력 및 자질을 전제한다. 자율적으로 선택 혹은 결정할 수 있는 능력은 일찍이 창조된 인간에게 부여된 것으로서 그 완전한 실현은 매력적인 것이어서 언제든 촉발되며 그렇듯 강력하다. 그래서 나이가 들어도 인간은 거듭하여 그릇된 지배욕에 걸려 넘어진다.

1. 인간 우월성의 전제조건

(1) 우월하다는 것

    인간이 완벽한 지배를 목표로 삼기는 하지만, 그 목표달성까지 추진할 수 있는 본성적 능력은 사실 충분하지 않다. 만일 그가 지배자가 되려고 한다면, 적어도 지배자가 어떤 존재인지 알 수 있어야 한다. 인간이 제아무리 신체적으로 완전하게 성장하고 예리한 지성을 갖추고 나아가 남들보다 뛰어난 능력을 연마했다고 해도 훌륭한 지배자가 되는 데에 그것으로 충분하지 않다는 사실을 깨달아야 한다. 아무런 생명체도 존재하지 않는 사막 한복판에서 그렇듯 뛰어난 피조물이 서있다고 한들 그를 능가할만한 존재가 하나도 없다는 단순한 이유로 지배자가 될 수 있는 것은 아니다. 혹은 어떤 얼빠진 은행창구 직원이 주변사람들에게 속아서 사자 우리에 뛰어드는 난감한 상황에 놓이게 될 경우 사자를 통제하여 위기를 모면하려고 해도 그럴 수 없다면, 비록 앞선 사례와는 또 다른 이유라 해도, 여전히 불완전한 측면들이 많은 것이 인간의 현실이다. 앞선 사례는 그를 상대할 만한 것이 하나도 없었다는 점에서 지배자가 될 수 없다면, 뒤의 사례는 숱한 상황들을 자신의 힘으로 통제할 수 없었다는 점에서 그러하다.

만일 '우월하다'는 것이 예를 들어, 자신의 지휘 아래 그 어떤 상황이나 사람을 통제할 수 있음을 가리킨다면, 지배자로서의 자질이 갖추어졌다고 말할 수 있다. 그러나 우리는 하느님처럼 우리에게 복종하는 것들을 창조하지는 못한다. 그래서 우리가 하느님처럼 되겠다고 한다면 우리는 그렇듯 주어진 것들을 정복할 수 있어야 한다. 지배자가 되겠다면 우선 우리의 행동이 선행되어야 한다. 복종을 요구해야 하는 까닭에 대립관계가 필연적이며, 상대하는 것들을 통제할 수 있는 더 큰 능력을 갖춰야 한다.

(2) 우월할 수 있는 점들

여기서 우리는 분명한 점 한 가지를 곰곰이 생각해야 할 것 같다. 이 점은 그동안 우리가 진지하게 생각하지 못한 것인데, 그럼에도 그것은 자주 발생한다. 만일 우리가 '인간'으로 살아가겠다면, 분명 어떤 점에서 지배자가 될 수 있어야 한다는 것도 분명한 사실이다. 인간은 복잡한 본성을 소유하고 있는데, 그 본성에 속한 구성요소들이 동등한 입장에서 발휘되는 것을 거부한다. 어느 것이든 앞다퉈 지배자적인 자질을 뽐내려 든다. 예를 들어 때때로 정신은 육체에 대해 또 육체는 정신에 대해 지배하려 든다고 바오로 사도는 자신에게서 자주 일어나는 갈등을 그렇게 묘사한 적이 있다. 과연 저 에덴동산에서 추방된 이래로 인간은 날마다 그런 갈등과 마찰 속에 살아간다. 미합중국에서 살아가는 이들은, 그것이 무의미하다고 보지 않는 한, 무엇보다도 인간의 우월성 및 주체성을 드러낼 수 있다고 여기는 '자유'(自由)를 이상(理想)으로 삼는다. 그래서 자신과 동등한 사람 혹은 자신보다 낮은 수준의 사람에게 굴복하는 노예적인 삶을 상상하는 것조차 싫어한다. 우리가 이미 이해하듯이 인간의 자유는 그리스도교 역시 인간의 역사 안에서 어느 누구 못지않게 옹호해 온 최고의 가치일 뿐만 아니라 서양의 문화사 및 정신사 안에서 언제든 정치적으로 크게 이슈화 되어왔다. 거기에는 당연히 인격(人格) 개념과 인간의 존엄성(尊嚴性) 및 책임의식이 항상 동반된다. 가톨릭교회는 그러한 의미의 자유 개념을 어느 시대에서든 한결같이 윤리의 기반으로 강조해왔다. 한 마디로 자유 없이는 윤리 또한 바로 설 수 없다고 주저 없이 말해왔다.

2. 인간의 노예적 근성에 대한 현대의 입장

(1) 청교도 정신(puritanism)

그러나 '자유'가 우리 삶의 커다란 주제임에도 불구하고 우리는 자주 그것을 망각하고 산다. 왜냐하면 우리가 주인이라는 의식 혹은 주체성을 아주 자주 잊어버리거나 너무 쉽게 포기하기 때문이다. 너무 이른 시기부터 우리는 주체성을 포기하였고 그와 동시에 자유를 잃어버렸다. 분명 우리의 삶 가운데 중요한 부분들이 우리의 자유재량에 의해 결정되고 실현될 수 있음에도 불구하고 그와 같은 실존적 사태를 부인하거나 못미더워하는 태도를 보인다. 청교도들은 그들만의 신앙원칙에 기초하여 철저히 엄격한 규정에 따라 생활한다. 그들의 기본정신은, 만일 인간이 완전히 타락했고 사악하고 부당한 신 앞에서 아무런 도움을 받을 수 없는 상태에 떨어졌다면, 어떻게 그런 어둠의 지배에서 벗어나 전혀 다른 삶을 살 수 있을까 하는 물음에 답하는 데에 집중한다. [그리하여 죄의 씨앗으로 간주되는 자유의 포기로써 정화 및 순수함의 회복을 추구한다.] 하지만 노예 역시 목줄에 묶인 개처럼 자신을 옭아매고 있는 사슬을 결코 흡족해할 리 없다. 만일 스스로 주인이 될 수 있는 기회조차 없다면, 도대체 우리는 무엇을 위해 싸워야 하는 것일까? 승리가 아예 허락되지 않는다면 나중에 얻는 기쁨은 무엇이고 지금 무엇을 위해 노력해야 하는 것일까? 자유로이 무언가를 할 수 있기 전에 지시를 받아야 하는 존재라면 종이나 노예가 아니고 무엇일까? 모름지기 인간이 노예와 같다면, 정작 의무처럼 해야 하는 것 하나는 제 운명에 자신을 맞추는 것이요, 자신이 걸어갈 수밖에 없는 길을 순순히 따라가는 것이다. 그렇게 그가 더 이상 이룰 수 없는 주체적인 삶을 일찌감치 포기하는 것이 최선일 것이다.

(2) 주체적 인간을 옹호하는 세상의 가르침들

오늘날에도 여전히 노예는 과거에 비해 조금도 뒤처지지 않는 모습으로 존재한다. 비록 과거와는 다른 의미의 노예로 존재할지라도 다시 말해 오늘날에도 인간이 스스로 자신의 삶을 주도하는 주인이 될 수 없다고 단념하는 점에서 과거의 노예와 다르지 않다. 여전히 인간이 제 힘으로 정복할 수 있는 것이 아무것도 없다고 생각하기 때문이다. 현대판 노예를 생각하는 사람들은 인간이 전적으로 한쪽으로 치우쳐 있다고, 다시 말해서 인간에게는 단순히 '동물적인 본성'만 자리한다고 주장한다. 그래서 인간에게 열려져 있는 유일한 길은 그의 동물적인 본성을 최대한 발전시켜서 충분히 활용하는 것이라고 설명한다. 만일 이것이 사실이라면, 우리는 더 이상 우리 인생의 주인이 될 수 없고, 기껏 한 마리의 고양이나 한 마리의 벌레 같은 수준의 삶으로 만족해야 한다.

이때 이 같은 설명들 가운데 어느 하나도 진실이 아니라는 점을 명심할 필요가 있다. 고쳐 말하지만, 인간은 이미 본성상 자유로운 존재다. 인간은 싸울 수 있고 또 승리할 수 있다. 인간은 영혼을 지녔으며 동시에 몸을 지니고 살아간다. 인간에게는 노력함으로써 얻는 것이 있고 정복해야만 할 것이 남아있다. 이 같은 사실들은 노예적 근성이 얼마나 잘못된 것인지를 보여준다. 현대사회가 사람들을 몰아붙이는 저 노예적 근성이 사람들을 얼마나 비참하게 만들고 또 그래서 얼마나 분개하도록 만드는지 우리는 머지않아 느끼게 될 것이다. 왜냐하면 인간성을 유린당한 이들은 결국 자신들이 주인이 될 수 있었다는 사실을 뒤늦게 깨닫게 되기 때문이다. 나중에 비로소 그럴듯한 겉모습으로 시야를 가렸던 정념이 사그라지면 온전치 못한 본모습이 여실히 드러나게 될 것이요, 그 순간 피해자들은 모든 희망을 산산이 부숴버릴 만큼 자신들에게 저질러져 온 사기극의 전모를 바로 보게 될 것이다. 왜냐하면 그때에 그들은 자신도 모르게 뜨거운 죽 한 그릇에 장자의 상속권을 팔아버렸다는 후회막급한 사실을 깨닫게 될 것이기 때문이다. 더구나 그렇게 어렵게 구한 뜨거운 죽 한 그릇조차도 이미 상해버려서 더 이상 먹을 수조차 없음을 깨닫게 될 것이다. 밤하늘이 어두울수록 별은 더 밝게 빛난다는 것은 엄연한 진리다. 하느님의 눈부신 광채를 똑똑히 밝혀주는 이가 성인(聖人)이지만, 아이러니하게도 큰 죄를 저지른 자도 자신의 죄로 인해 같은 것을 경험하게 된다. 노예근성에 사로잡혀 절망 속에 허덕여 온 자는 마침내 유린당한 자신의 주체성, 곧 주인이 될 수 있는 가능성을 뒤늦게나마 분명하게 알아볼 수 있는 날을 맞이할 것이다

3. 인간 주체성에 대한 가톨릭교회의 입장

(1) 역사가 입증하는 것들

미국의 역사에는 인간의 주인의식 및 주체성에 대해 한동안 농담을 즐기면서까지 거부해온 관점이 목격된다. 그것은 한편 인간의 장점으로 자랑해온 유머감각에 대한 성찰을 요하는 부분이기도 하다. 이런 사실을 제대로 평가하기 위해선 가톨릭교회가 불변하는 교의와 윤리적 가르침을 단단히 고수해온 역사에 비해 미국은 상대적으로 아주 짧은 기간 그에 대해 고민했다는 사실을 유념할 필요가 있다. 이제 막 신대륙에서 삶을 개척해야 할 미국인들의 눈에는 계약의 신성함에 기대어 순수성 및 정의를 주장하는 가톨릭교회의 입장이란 예전에 판사들이 머리에 금발의 가발(wig)을 쓰던 시절과 정확히 일치하듯 구태의연하게 비쳤다. 그래서 식민지 시대에 가톨릭교회는 일부 타락한 무리의 사람들에 대해 우려했다. 그들은 방탕했고 점점 더 도덕적으로 해이해졌다. 그들에게는 모든 수단이 결국에는 자신들을 정당화시키는 방편이었다. 심지어 살인행위나 거짓말조차도 인간의 재능으로 여겼다. 그들은 안전하게 함께 일할 수 있는 사람들이 아니었다. 왜냐하면 그들은 그들만의 원칙을 고수했고, 그들을 반대하는 자들과의 계약은 언제든 자동으로 무효처리 되었기 때문이다. 그들은 바빌론의 몸을 파는 여인들의 자식들과 같았다. 하느님을 경외하는 이들과는 벗하며 지낼 수 없는 사이였다. 그들은 그리스도인의 삶과는 정반대의 길을 걸었고, 공동체적인 삶을 공유하는 것에 대해 전적으로 거부했다.

오늘날 가톨릭교회는 또 달리 희망을 접고 살아가는 사람들, 그러니까 완고하고 체면에 급급하며 구식의 사고방식에 젖어 사는 사람들에 대해 우려한다. 그들은 인간본성과 관련하여 너무 많은 것들을 요구한다. 그들은 인간본성에 전혀 어울리지 않는 그 이상의 불가능한 것들조차 권리인 양 주장한다. 그들은 현실을 직시하지 않고, 소위 "일은 그저 일일 뿐"이라는 특별한 구호의 의미를 충분히 헤아리지 못한다. 그들은 즐기는 것을 완강히 거부하는 까닭에, 충만하고 자유로우며 기쁘게 살 수 있는 인생을 제대로 음미하지 못한다. 그들은 살아가는 동안 내내 이천년 전의 윤리적 틀을 고수하려고 할 뿐, 새로운 시대에 알맞게 그

때마다 자신들의 윤리적 지침을 재고하고 수정하려고 애쓰지 않는다.

(2) 사실이 입증하는 것들

이상하지 않은가? 오늘날 가톨릭교회를 비난하며 목청을 돋우는 이들이 여전히 거의 대부분 미국인이라는 사실이 말이다. 그러나 가톨릭교회가 그동안 전개해왔던 모든 것은 '본질적인 것'이자 분명하게 알아볼 수 있는 진리에 근거한 것이었다. 교회는 인간이 인간 이하도 그 이상도 아니라고 꾸준히 주장해왔다. 인간은 각자 지성과 의지를 따라 나름대로 행동할 수 있도록 고유한 '영혼'을 지녔다고 변함없이 강조한다. 그래서 인간만은 더 이상 이 세상에서 고귀하게 여기는 그 어떤 것으로도 대신할 수 없는 특별한 존재라고 말해왔다. 가톨릭교회의 입장에서는 이 세상에서 인간을 다른 피조물들과는 달리 특별한 존재로 세울 수 있는 근거로서 '영혼'보다 더 의미심장한 특성이 따로 없다. 영혼은 인간이 자신만의 생각과 행위로 고유한 삶을 실현할 수 있고 또 그렇듯 참된 인간으로서의 모습을 구현하기 위해서 반드시 전제되어야 할 것이라고 교회는 가르쳐왔다. 그리하여 가톨릭교회가 정말 바보 같다는 소리를 듣게 되더라도 한 치도 양보할 수 없는 입장은 (저마다 영혼을 소유한) '모든 인간은 존엄하다.'는 주장이다. 다시 말하지만, 인간은 그 누구도 이 세상에서 다른 누군가를 위해 희생되어야 할 볼모(인질)가 아니다. 단순히 살아가는 것에 의미를 둔 생명체로서가 아니라 자신의 숙명을 책임지고 주체적으로 일궈나갈 수 있는 인격체라는 것이다.

인간은 태어나면서 각자의 몸을 갖는다. 혹시 잘(?) 가꾸지 못한 모습을 두고 사과해야 할지는 몰라도 그런 몸을 가지고 태어난 것 자체를 두고 사과할 이유는 없다. 타고난 몸에는 악한 것이 존재하지 않는다. 몸은 분명 인간의 일부이자 그에게서 따로 떼어내 생각할 수는 없다. 하지만 몸이 인생을 전담하는 순간 그 인간은 피폐해지고 만다. 이미 보았다시피 인간은 지배하고 싶어 한다. 손쉽게는 자신의 수준 낮은 본성을 지배하고 싶어 한다. 게다가 인간은 그런 원의를 실제 감행할 수 있다. 인간은 그런 의미에서 자유롭다. 그의 삶에 있어 주된 본질적인 과제는 자신의 인간성을 대변하는 주체성을 유지하는 일이다.

인간은 악하지 않다. 인간은 처음부터 타락한 존재가 아니며 죄로 인해 타락한다고 하더라도 아예 구제불능의 상태로 떨어지진 않는다. 인간이 복종시킬 수 있는 대상에는 한계가 없다. 특히 오늘날 사람들이 더 많이 자각하고 있듯이 인간은 그저 동물 수준의 단순한 생명체가 아니다. 그래서 동물 수준의 기쁨으로 만족하지 않는다. 자신의 나약함이 두려운 나머지 버릇처럼 기이한 입놀림을 하는 수도자가 있을지라도, 혹은 자신만의 골똘한 생각에 사로잡혀 신을 향해 터무니없이 막말을 쏟아내는 신학자가 존재할지라도, 또는 난해한 환상에 들떠 거짓논리를 가르치는 교사가 존재할지라도, 인간은 여전히 인간일 뿐이다. 인간은 결코 타고난 인간성에서 벗어날 수 없다.

미국의 워싱턴(도시)은 휘어지고 경사진 도로 및 길거리들로 인해 벌집모양을 이룬다. 택시 운전사들에게는 일종의 혜택이다. 짧은 거리지만 돌아서 가는 셈이니 말이다. 또한 모든 길들이 마치 하나의 원 중심으로 모이는 것처럼 지루함을 없애준다. 그래서 내가 말하고 싶은 것은, 워싱턴 도시에 마련된 모든 길은 아주 치밀하게 계획되었다고 누구나 생각하게 된다는 점이다. 보통 운전자들이나 처음 이 도시를 방문한 사람에게 그러한 도로는 마술에 홀린 듯이 자신들을 데려다 주기 때문에 신기하게 느껴지기까지 한다. 예를 들어 그대가 펜실베이니아 도로를 따라 걷기 시작해 보라! 물론 그대는 그 도로의 북쪽 방향에 세워져 있는 멋진 건물들을 보게 될 것이다. 그러다가 갑자기 그대의 발 아래로 거리가 사라지고 전혀 엉뚱한 곳이 그대의 눈에 들어올 것이니, 아마도 어느덧 중고가구들을 길게 진열한 상가를 지나가게 될 것이다. 나는 여전히 동일한 경사진 도로를 달리고 있지만 자신도 모르게 처음 출발한 곳의 반대편을 달리고 있음을 깨닫고 몹시 당황해하는 운전사를 본 적이 있다. 그런 놀라운 경험은 말로 설명하기가 어렵다. 이 도시의 도로들은 나에게 종종 우리 이성(理性)이 진행해나가는 길을 눈으로 확인할 수 있도록 재현시켜주는 신기한 마법의 도로로 기억된다. 그 길거리를 따라 걷다가 전혀 생각지도 못한 곳에 도달하여 난처해진 경우도 비일비재하다. 워싱턴 도시에 거주하는 어떤 시민은 여러 해 동안 한 눈을 팔지 않는 법을 익힘으로써 비로소 길을 잘못 들어서는 일이 없게 되었다고 한다. 지혜로운 사람은 그와 같이 이성의 길에서 벗어나 엉뚱한 길에 들어서지 않는 법을 조속히 배워 익힐 것이다.

(3) 이성의 균형

우리의 이성은 극단적으로 벌어져 있는 것들 사이에서 정교한 균형을 찾는다. 인간본성에 속하는 그것은 우리에게 평화를 가져다주는 주역이다. 그래서 이성은 항상 극단적인 양쪽으로부터 공격을 받기 일쑤다. 로마 도미니코 수도회 본원의 총원장으로 거룩한 모범을 보인 코르미르 신부(Father Cormier)[26]가 언젠가 로마에서 여러 지역에 머물고 있는 같은 수도회 수도자들의 개인 순방을 허락한 적이 있다. 민주주의적인 방식에 대해 낯선 수도자들에게 그와 같은 총원장 면담은 한 수도원 안에서 머무르고 있는 수도자들 각자가 자신의 마음을 털어놓을 수 있는 좋은 기회다. 그러니까 자신이 생활하는 수도원이 어떻게 돌아가는지, 무엇이 바람직하고 또 계속 남아야 하며, 무엇이 중지되고 바뀌어야 할 것인지 상담할 수 있는 좋은 기회인 셈이다. 이 순방 일정 중에 총원장은 수도원의 회계

---

26) [역주] Father Hyacinth M. Cormier(1832-1916)는 도미니코 수도회를 부흥시키는 데에 헌신적이었던 뛰어난 인물들 가운데 한 사람이다. 1832년 프랑스 오를레앙에서 성모님의 무염시태 축일에 태어나서 자신이 그날 태어난 은총을 기념하여 성모님께 평생 자신을 봉헌했다. 어린 시절 아버지와 하나 뿐인 형제(Eugene)를 잃었지만, 당시 사제였던 삼촌 가까이서 도움을 받아 신학교에 들어가게 되었고, 1856년 마침내 사제서품을 받았다. 그리고는 얼마 안 있어 당시 프랑스 플라비니(Flavigny)에서 새롭게 수련자들을 양성하던 도미니코 회에 뜻을 두어 입회를 허락받았다. 그의 정숙한 모습 때문에 "히야친스"라는 별칭을 얻었다. 1904년 수도회 총원장으로서 추대되어 수도회와 교황청을 돕다가 1916년 로마에서 죽음을 맞이하고, 1995년 교황 요한 바오로 2세에 의해 복자위에 올랐다.

를 담당하는 자를 그만 두게 하는 것이 좋겠다는 이야기를 들었다. 수도원 음식이 너무 형편없어서 수도자들이 넉넉지 못한 생활을 해야 하고, 매일같이 허기진 상태로 지내야 한다고 불평했던 것이다. 그러나 또 다른 한편에선 수도원의 식탁이 마치 왕들이 호사스럽게 누리는 식탁처럼 너무 많은 것들로 채워져서 폭식을 즐기는 잘못된 습성으로 인해 수도생활의 정신이 손상되기 때문에 회계 담당자를 파면시켜야 한다는 말을 들었다. 그래서 코르미르 총원장은 회계 담당자를 불러서 자신이 들은 불평불만에 대해 대략 전해주었다. 그리고는 그 수도자가 어떻게 하면 좋겠는지 난처한 상황을 하소연하는 것을 가만히 듣고는 이렇게 답했다. "계속하십시오, 계속! 그대가 양측으로부터 비난을 받게 되거든, 그것은 잘한 것입니다. 왜냐하면 그대가 모름지기 극단적인 어느 한쪽에 치우치지 않았음을 말해주는 것이니 말입니다."

극단적인 어느 한쪽을 선택하는 것도 쉬운 일은 아니다. 거기에는 그런 선택을 보장할만한 어떤 담보물이 있어야 한다. 극단주의자가 어느 극단적인 것을 선택하는 데에 있어 아무 문제가 없어 보이는 것은 언제든 부러워할만한 점이라고 생각한다. 사람들이 극단적인 양측을 거부할 때, 거기엔 틀림없이 양측 모두 옳다고 여기는 부분이 있기 때문일 것이다. 게다가 균형을 잃지 않은 이성은 종종 우리 눈에 무덤덤하게 비치는 것처럼 차분함을 잃지 않는다. 그래서 그저 평범하게까지 비친다. 실제로 극단적인 어느 한쪽을 끌어안는 태도는 그러한 균형을 잃어버린 것을 뜻한다. 결국 어느 한쪽을 선택하는 것은 그런 양쪽의 극단적인 것들 사이에서 선택된 하나가 더 깊은 인상을 마음에 새겨놓은 것이라는 생각을 갖게 한다. 과연 우리가 극단적인 것들을 정중하게 거부하려고 각별히 조심하는 순간에도 그런 것들에게서 인상 깊게 다가오는 어떤 부분들이 우리의 이성 안에 비집고 들어오는 것이 사실이다. 확실히 우리가 보통 '절제'(節制, temperantia)를 떠올리더라도, 실제 균형을 잃지 않은 판단 및 행동으로 이어지는 일은 만만치 않다. 절제는 매우 흥분한 상태에서 목소리를 높이는 사람이나 선술집의 소란스러운 분위기에서 자주 떠올리는 용어다. 하지만 우리가 절제라는 개념을 철저히 순수함을 지키려는 의도에서 언급하든 아니면 술주정으로 추태를 부리지 않기 위해 언급하든 우리는 항상 왠지 술에 취한 상태와 연관시켜서 이 개념(절제)을 생각하는 데에 익숙하다.

4. 인간의 주체성을 보여주는 덕 : 절제(節制)

그러나 술에 취한 상태와 연관시켜서만 '절제' 개념을 떠올리는 것은 분명 바람직하지 않다. 주인의식을 갖는 데에 필요한 이 절제의 덕은 사실 사람들을 이성의 길에서 벗어나도록 꼬드기는 그런 모든 쾌락과 맞서 싸워야 하는 자리에 요구된다. 그러나 이때 절제를 항상 청교도적인 관점에서 우리가 항상 모든 쾌락과 싸워 이겨내야 할 것처럼 엄격히 규정하여 생각할 필요는 없다. 혹은 사순절의 어느 날 아침식사를 걸러야 한다는 생각에 아쉬움을 갖고 침상에서 일어나는 상황을 연상하면서 이 절제를 생각하지 않아도 된다. 우리가 살아가는 중에 모든 쾌락 및 즐거움을 적대시할 필요는 없다. 다만 쾌락 및 즐거움을 추구하는 우리의 욕구가 인간다운 수준[線]을 넘어서 야만적으로 기울 때만이 우리에게 그것은 적(敵)이 된다. 그렇듯 인간의 선(線)을 지키려 한다는 의미에서 절제가 덕이라고 말할 수 있다. 덕은 그렇듯 우리가 예나 지금이나 이성을 앞세워 주체적으로 살아가기 위해 또 앞으로도 계속 인간다움을 잃지 않기 위해 필요로 하는 '좋은 습성'을 의미한다.

절제는 마냥 쾌락의 감정에 대해 공격하는 것이 아니다. 오히려 그것을 보장해주려고 애쓰는 것이라고 보는 것이 더 올바른 해석이다. 절제는 우리가 정당하게 욕구하는지 아니면 지나치게 과욕을 부리는 것인지 이성에 기초하여 살피는 태도를 뜻하기 때문이다. 그런 의미에서 인간의 바람직한 목표를 계속 옹호하기 위해 꾸준히 발휘해야 하는 덕이다. 다시 말해 이성적으로 판단할 때 '좋은 것'은 우리가 그것을 욕구하며 추구해나가는 데에 꺼림직하거나 불편한 마음을 갖게 하지는 않을 것이다. 곧 이성에게서 기꺼이 동의를 얻은 것은 인생의 평화로움과 발전을 위해 실질적인 조건이 되며, 그것은 우리가 지향해야 할 목표가 무엇인지를 보증해주는 것이다. 절제의 덕에 이성(지혜)이 동반되어야 한다는 사실은 그 덕의 목표가 우리의 감정을 무조건 억제하고 통제하는 것이 아님을 말해준다. 절제는 그렇듯 우리의 삶 속에 매력적으로 다가오는 모든 것을 두고 멸시하려는 태도를 가리키지 않는다. 오히려 균형 잡힌 이성의 판단 아래서 감정(쾌락과 불쾌)의 조절로 얻게 되는 참된 자유를 맘껏 누릴 수 있기 위해 필요로 하는 덕이다.

잘 들리지 않을 정도로 차분히 말하는 것이 절제는 아니다. 반대로 귀청이 떨어질 정도로 큰 소리로 말하는 것도 더더욱 절제는 아니다. 절제 개념에는 그 본성상 '적당하다'는 표현이 걸맞다. 아마도 그 때문에 부화뇌동하는 군중들 사이에서는 그것이 눈에 띄기 어려웠고 또 그게 당연할 수밖에 없다고 말하는지 모른다. '적당하다'는 표현을 우리의 도덕적인 행동에 적용하자면 '적도'(適度) 혹은 '중용'(中庸)으로 바꾸어 말할 수 있겠다. 그런 의미에서 절제를 어떤 특별한 덕으로가 아니라 차라리 모든 덕들의 온전한 실현을 위해 필요한 한 가지 조건으로 취급하는 것이 옳을지도 모른다. 그리하여 용기라는 덕의 단호함, 정의라는 덕의 공명정대함 그리고 실천적 지성이라는 덕의 총명함이 온전하게 발휘될 수 있기 위해 요구되는 조건으로서 절제를 이해할 수도 있겠다는 것이다.[27] 이미 옛

---

27) [역주] 그래서 포괄적으로 말한다면, 예로부터 진정한 용기는 만용과 비겁함의 절제(중용)라고 말할 수 있듯이, 정의나 지성 역시 지나친 경우와 모자라는 경우가 아닌 적정수준[適度]을 고려할 수 있다고 본다. 만일 이렇게 이해하는 것이 바람직하다면, 용기가 그러하듯이, 정의와 지성 역시 그것이 덕의 수준에서 달리 '절제'라는 말로도 대체

성현들이 가르치듯이 사추덕(용기, 정의, 현명, 절제)은 인간다움을 보존하거나 실현하는 데에 필수적인 것들이요, 모두가 하나같이 서로 어우러져서 인간의 삶을 완성시키도록 도와주는 덕이다.

(1) 절제라는 덕의 위상

하지만 좀 더 엄밀하게 살펴보자면, 절제는 하나의 특별한 덕이기도 하다. 왜냐하면 절제는 그것만의 고유한 색깔(행동양식)을 지니기 때문이다. 이는 여러 가지 덕들의 고유한 색깔을 서로 비교함으로써 손쉽게 알아볼 수 있다. 그러나 이들이 서로 어우러지는 관계는 매우 돈독하다. 예를 들어, 정의는 이성의 질서와 통하지만 우리의 실천적인 행동과 직결되어 있다. 한편 인간에게 관여하는 이성의 질서는 외부에서 마련된 도덕적 규범으로 마련되는 것이 아니라 내면세계에서 성립되어야 한다. 그래서 차라리 정의는 이성의 질서를 도모하는 행동양식이라고도 말할 수 있다. 그리하여 비록 정의를 추구하는 것이 두렵거나 무모해 보인다 할지라도, 그러한 행동은 사람들을 이성에게서 떼어놓거나 이성의 활동을 방해하는 모든 외적인 요소들과 맞서서만이 아니라 내적인 요소들, 예컨대 과도한 쾌락을 마냥 좇으려 하듯이 절제되지 않는 행동을 부추기는 그릇된 욕심과 맞서서도 이성의 균형을 든든하게 지켜줄 수 있어야 한다. 당연히 거기에는 용기라는 덕도 함께 한다. 따라서 용기와 절제는 인간이 지성(균형 잡힌 혹은 질서정연한 사유 활동)을 통해 주체적 존재로 거듭날 수 있도록 지원한다. 특히 인간이 내외적으로 부딪히는 갈등, 지나치게 소극적으로나 무리하게 적극적으로나 그릇된 욕구로 인해 걸려 넘어지지 않도록 지성을 보조한다. 쉽게 분노하거나 간단히 의

될 수 있으며, 결국 이 네 가지 덕은 네 개의 얼굴(특별한 측면)을 지닌 하나의 덕을 의미한다고 볼 수 있다. 아마도 플라톤은 그래서 소크라테스의 입을 통해 "모든 덕은 하나"라고 강조했는지도 모른다(플라톤의 「프로타고라스」 참조).

기소침해지는 태도에서 비롯하는 모든 그릇된 욕구들을 용기의 덕으로 추스르고, 쉽사리 과욕을 부리거나 간단히 금욕주의적인 태도를 취하려는 것을 절제의 덕으로 다잡음으로써 올바른 판단을 내리게 하는 것이다.

우리에게서 종종 일어나는 정념(激情)들은 마치 알래스카의 썰매를 끄는 개들과 아주 많이 닮았다. 썰매를 끄는 개들은 혹독하게 차가운 날씨에도 아랑곳하지 않고 설원을 여행하는 사람들에게 없어서는 안 될 존재다. 특히 그들이 발휘하는 강인한 근성은 여행 내내 사람과 짐을 이동시키는 데에 놀라운 구실을 한다. 이때 만일 그 개들을 통제할 수 없는 상황이 발생한다고 하면, 사람들이 나름 피할 수 있는 차디찬 기후나 매서운 눈보라보다도 훨씬 더 치명적이고 위협적인 존재로 변할 수 있다. 우리의 정념들도 그와 같다. 썰매 – 개들(sled-dogs)의 강인한 근성은 놀랍다. 그래서 그렇듯 사람들 주위를 맴돌며 주인을 잘 따르는 썰매 – 개들의 근성을 이용하여 차가운 동토 여행의 목적을 이룰 수 있다. 그러한 개들과 같이 정념들도 우리 주위를 맴돈다. 하지만 우리의 통제에서 벗어나 우리가 더 이상 그 정념들을 통제하지 못할 경우 정념들은 도리어 우리에게 치명적인 것이 되고 만다. 물론 육체적인 생명만이 아니라 그보다 더 심각하게 인간성을 해치는 불행을 맞게 된다. 다만 썰매 – 개들과 우리의 정념들 사이에 차이가 있다면, 그들을 묶을 수 있는 '끈' 혹은 '사슬'이라고 생각한다. 썰매 – 개들은 우리가 그들을 통제할 수 있는 사슬을 언제든 눈으로 점검할 수 있는 반면, 정념들은 그럴 수 없기에 이성을 따르도록 다독이고 진정시키기 위해 한시라도 긴장을 늦추지 말아야 한다.

절제는 우리가 지나치게 과욕을 부리는 정념들을 진정시키는 역할을 한다. 하지만 그밖에 갑작스레 솟구치는 욕구들도 간접적으로 조절하도록 도와주어 인간다움을 잃지 않고 그에 어울리는 삶을 살아가도록 지원한다. 실제적인 의미에서 절제하는 마음을 갖는 것은 매우 중요할뿐더러 근본적인 일이다. 앞에서도 논의했지만, 모자라든 지나치든 정념들로 인해 생겨나는 욕구들이 우리에게 존재한다. 그러므로 소극적인 차원에서 아무런 열정이나 사랑을 느끼지 못하는 사람은 과연 그 어떤 것에도 기대할 리 없으니, 그로써 감동도 없고 무기력하여 모든 것을 성가시게 여기기 십상이다. 그러한 상태에서 절제 역시 발휘될 리 없고, 설령 발휘된다고 하더라도 하릴없는 신세가 될 것이다. 다시 말해 갑작스레 솟구치는 욕구들이 부재한 상태에서는 통제할 것이 없을 것이기 때문이다.

이 같은 사실은 절제의 덕에 관하여 오늘날 새롭게 이해해야 할 필요가 있다는 점에서 중요하게 여겨진다. 우리는 간혹 아무런 기대나 희망 없이 행동할 수 있다. 예컨대 그 어떤 열정이나 사랑을 느끼지 못함으로써 그에 따라 정념 또한 일어나지 않는다. 그러니 결과가 어떻게 될지 아무 관심도 없고 미련도 없다. 그런데 여기에 본래부터 일종의 모순이 자리한다. 왜냐하면 우리가 한편으로는 그러한 "자연스러움"이 가져오는 결과를 경계하고 그것을 막기 위해 소위 경찰을 배치하거나 법규를 마련해놓는가 하면, 다른 한편으로는 순수 학문적인 관점에서 제약이 없는 자연스런 욕구의 필요성을 이해시키며 나아가 진작시키는 전략도 세우기 때문이다. 일종의 아이러니한 경우라고 하겠다. 예를 들어 아이들을 자유분방하게 키워야 한다고도 주장한다. 지나치면 '아이를 잡는다.'고도 말한다. 그러나 아이를 버릇없게 만드는 것은 그 아이에게 내재되어 있는 과도한 정념 및 욕구를 억누르도록 가르치지 못하고 그냥 방치하는 데에 있다. 그로 인해 아이는 점점 더 과격해지고, 더 쉽게 분개하거나 자제할 수 있는 능력을 갖추지 못하여 결국에는 작은 두려움과 절망조차 스스로 헤쳐 나가지 못하게 된다. 그러한 모습은 기본적인 토대를 제대로 닦아놓지 않았을 경우 그 위에 세워놓은 지붕은 순식간에 무너져 내리는 것처럼 그리 놀랄만한 일이 아님을 확인시켜준다.

(2) 절제해야 할 대상

만일 우리가 절제해야 할 대상들을 하나하나 지적하고 싶다면, 감각적으로 좋다고 느끼는 것을 추구하려고 하거나 즐기려고 하는 우리의 정념들에 대해, 곧 우리가 사랑하거나 원하거나 기뻐하는 정념들에 대해 자세히 다뤄야 할 것이다. 바꾸어 말해 그렇듯 정념을 불러일으키는 것들이 부재할 때마다 우리의 삶이 단조로워지고 심지어 우리가 우울해진다는 사실을 짚어볼 필요가 있다는 것이다. 때로는 우리 주변에서 멀찍이 떨어져 있는 것들을 필요로 하는 것은 마치 건축을 위해 목재를 구하고자 울창한 숲을 찾는 것과도 같은데, 이는 분명히 자연을 보존하는 일과 깊은 관련을 맺는다. 이처럼 절제라는 집을 짓기 위해 설계된 목재들이 사랑과 원의 그리고 기쁨에 비유된다고 할 때, 인생이란 집을 짓기 위해 필요한 목재들과 같은 요소들은 우리의 본성을 보존하고 진작시키는 일과 직결되어 있다. 그리하여 보다 더 완벽한 집은 사랑과 원의와 기쁨이 최대한 적절하게 어우러져 만들어진 집이라고 말할 수 있다.

절제의 구성요소들을 단단히 붙잡을 수 있게 해주는 것은 얼른 생각해도 능히 짐작할 수 있듯이 '용기'라는 덕이다. 용기는 과연 목숨을 잃을 수 있는 고도의 위험을 맞서도 그보다 훨씬 더 의미심장한 것을 놓치지 않고 붙잡을 수 있도록 도와준다. 왜냐하면 용기 역시 다른 덕들과 마찬가지로 제 고유한 행동양식을 통해 인생의 가장 완전한 실현을 목표로 삼기 때문이다. 만일 인간이 죽음의 위험과 직접 대면할 수 있다면, 당연히 그보다 덜 위험한 위기들을 대면하는 일은 훨씬 더 수월할 것이다. 그와 마찬가지로 절제는 최고의 쾌락 및 즐거움을 잃지 않기 위해 그 밖의 다른 것들을 포기할 수 있는 인간이 되는 것을 목표로 삼는다. 최고의 즐거움을 추구할 줄 아는 사람은 어려움 없이 그 밖의 소소한 즐거움은 포기할 수 있는 사람이다.

감각적인 차원에서 최대의 쾌락(기쁨)이란 무엇인지 객관적으로 논증해낼 수는 없다. 자연은 우리가 중요한 것을 두고 그보다 덜 중요한 것으로 혼동하는 실수를 저지르지 않도록 우리를 아이들처럼 대해 왔다. 다시 말해 어린이가 이렇게 혹은 저렇게 행동한 것에 대해 상이나 벌을 받으며 커가는 가운데 부모의 마음에 드는 것이 무엇인지 정확하게 판단할 수 있는 것처럼, 우리는 이런저런 행동에 뒤따르는 보상과 책벌을 통해 자연의 의도가 무엇인지 정확하게 알아볼 수 있다고 생각한다. 감각적인 쾌락은 자연이 우리가 특히 적극적으로 행동했으면 하고 원하는 행동에 뒤따르는 보상인 셈이다. 하나의 행위가 유독 자연에 의해 원칙적으로 정향된 어느 한 가지 목적과 긴밀하게 연계되어 있다고 볼 수 있는 것처럼, 그와 같은 목적으로 이끄는 쾌락 혹은 기쁨이 상대적으로 그와 정반대의 행위보다 더 크다고 말할 수 있다. 결론적으로 종(種)의 보존과 개별적 존재의 보존이라는 자연의 두 가지 목적과 긴밀하게 연계된 행동들은 그것들로 인해 얻을 수 있는 가장 큰 기쁨으로 우리를 이끌어줄 것이다. 종의 보존은 물리적인 세계 안에서 자연이 보다 더 직접적으로 의도한 목적이기 때문에, 그와 직결된 행동들로 인해 최고의 기쁨을 얻을 수 있다고 분명하게 말할 수 있다.

토마스 성인은 이러한 내용들을 간단히 요약하여 이렇게 말한다. 절제라는 덕은 원칙적으로 그리고 고유한 의미에서 설명하자면 촉감에서 오는 기쁨을 대상으로 삼는다. 그리고 부차적으로는 그렇듯 촉각에 의하여 다져지는 기초적인 기쁨을 상대하지만 그보다 덜한 기쁨들도 모두 대상으로 삼는다. 이때 유념할만한 점은 토마스 성인이 절제의 덕을 설명할 때 절제를 통해 얻는 기쁨을 결코 폐기하려고 하지 않았다는 사실이다. 이러한 사실을 혹시라도 간과할 경우 흔히 오해할 수 있다. 그래서 사람들은 그 모든 경우에 기쁨 및 쾌락의 절제를 철저히 적용한답시고 우리가 자연적으로 취하는 모든 행동이 마치 쾌락과는 거리를 두어야만 된다는 것처럼 설명한다. 예컨대 우리가 식사를 할 때에도 음식을 먹는 데서 오는 쾌감에 마음을 빼앗겨서는 안 된다고 한다. 그리하여 최선의 행동이란 한 인격체가 하느님의 영광을 위해 혹은 자연의 뜻에 따라 영양분의 섭취에 집중하여 음식을 취하는 것이라고 설명한다. 하지만 - 토마스 성인이 방문과 창문을 모두 걸어 잠그고 아무도 만나지 않은 채로 그런 쾌감 및 먹는 기쁨에 대해 깊이 통찰하였다시피 - 정말이지 저절로 입가에 웃음이 새어나오는 경우가 있듯이 그때마다 좋은 의도를 가지고 집중하며 행동할 때 절로 솟아나는 기쁨이 있다는 사실을 부인하기 어렵다. 다시 말해 우리가 살아가는 데에 필연적으로 취하는 행동들이 있는데, 이들 역시 자연스럽게 그리고 당연히 기쁨과 연계되어 있다고 말해도 좋을 것이다. 절제는 쾌락 및 기쁨을 모두 부자연스럽게 취급하려는 것이 아니다. 자연히 그리고 당연히 솟아나는 기쁨을 억누를 수는 없다. 절제는 우리의 자연 본성에 속하는 어느 일부를 강제로 폐기하려는 것이 아니다. 덕으로서 절제는 우리가 음식을 취하면서 자연스럽게 얻게 되는 기쁨을 억누르고자 그때마다 우리의 혀에다 일부러 쓰디쓴 약물 한 두 방울을 떨어뜨릴 것을 요구하지는 않는다. 오히려 자연스럽게 그리고 당연하게 얻어 누릴 수 있는 기쁨 이상의 것을 욕심내는 행동이 아니라면 언제든 그렇듯 자연스런 행동은 그 자체로 우리가 향유할 만한 기쁨 내지 쾌락의 원천이 될 수 있다.

실상 자연스런 행동을 할 때마다 단순히 그 행동 자체에 국한하여, 그러니까 오직 그것을 행함으로써 얻게 되는 기쁨만을 누리기로 작정하며 – 그래서 그 기쁨을 그때마다 기분에 따라 지나치게 적게 혹은 크게 여기지 않고 – 살아가는 것은 평범한 사람들에게는 심리적으로 어려운 일이다. 우리가 몹시 허기진 상태에서는 어떤 음식이든 아주 맛있게 먹는다는 것이 기정사실이다. 기쁨 내지 쾌락이란 것은 그처럼 본성적인 행동이 절실히 요구되는 정도에 비례하여 자연히 그 크기 및 세기가 달라진다. 과연 식도락가의 경우처럼 음식 자체만으로도 우리가 큰 기쁨을 누릴 수 있다고 외치는 왜곡된 주장은 오랜 세월에 걸쳐 다져진 것이다. 그것은 우리의 본성이 비정상적으로 뒤틀린 상태에서 마련되었다. 그처럼 정교하게 왜곡된 주장을 위해 투자한 노력과 시간으로 말미암아 사람들은 그것이 사악한 생각에서 비롯했다는 것을 의심하지 않는다. 그러나 그것이 과연 왜곡된 주장 및 통찰인지 확인할 수 있을 때까지는 그 자체로 자연적인 것이라고 여기는 행동들에서 비롯하는 기쁨이 우리가 궁극적으로 염려하는 목적을 성취하는 데에 필수적인 구성요소인지 꾸준히 묻고 따지는 자세가 요구된다.

만일 우리가 절제라는 덕이 결코 쾌락을 없애려는 것이 아니라는 점을 잊지 않는다면, 우리는 당장 쾌락이란 것이 혐오스럽거나 거북한 것은 아니라고 생각해도 좋을 것이다. 쾌락은 결코 우리를 계속해서 불행이란 늪에 빠져들도록 흥분시키는 올가미로 단정 지을 수 없다. 오히려 쾌락은 그로부터 우리가 어렵지 않게 차분히 아름다움의 분위기에 젖을 수 있게 해준다. 잔잔한 바닷가의 평온함과도 같이 혹은 저 알프스 산자락이 멀리 내다보이는 고즈넉한 푸른 계곡과도 같이 아니면 이제 막 목욕을 끝낸 갓난아기의 얼굴과도 같이 상큼하고 평화로운 기운을 샘솟게 해준다. 거센 폭풍우를 잠재우고 다시 평온하게 바다를 진정시키신 주님의 권능은 사도들이 두려움을 떨치고 평온함을 되찾은 심경보다도 훨씬 더 강력한 것이었다. 사도들이 그날 경험한 것은 하느님의 손길로 회복되는 절제의 아름다움이 우리들에게 보여주는 아주 작은 일면에 불과하였다.

절제를 구성하는 요소들은 우리 영혼의 평온함을 방해하려는 것들에 대해 치밀하게 준비하여 마치 우리 주위에 (적의 침략에 대비하여 옛 성곽 주변에 인공적으로 깊게 파놓은 도랑과 같은) '해자'를 설치하듯 철저히 방어하려고 애쓸 것이다. 그래서 사람들은 그것들을 가리켜 인간을 구성하는 여러 형태의 근육조직에 비유하기도 한다. 그래서 만일 근육조직에 이상(異狀)이 생긴다면, 한 인간 존재가 기초적으로 무너질 수 있다고 말할 정도로 절제는 중요하다. 무엇보다도 근육조직의 이상은 다른 것들에 비해 인간신체의 외적인 아름다움을 손상시키는 데에 치명적일 수 있다. 그와 마찬가지로 절제를 구성하는 요소들에 문제가 발생한다면, 인간영혼의 내적인 아름다움에 금이 가고 인간의 자아실현은 점점 힘들어지며 마침내 가장 낮은 수준의 상태로 전락하고 말 것이다. 마치 순금에 끼어있는 불순물이 금의 가치를 하락시키는 요인이 되듯이 말이다. 한편 이들 절제의 대상이 되는 자연적인 혹은 본능적인 욕구들은 인간의 세계와 동물의 세계에 공통적인 것이다. 그래서 언제라도 그것들은 우리가 절제를 통해 제어하지 못할 경우 인간의 위치에서 동물의 수준으로 떨어지는 요인이 된다.

5. 인간의 주체성을 주장할 수 있는 조건들

(1) 절제(節制)의 아름다움 – 절제미

하지만 절제는 좀 더 긍정적인 차원에서 이해하자면, 아름다움의 원천 가운데 하나라고 말할 수 있다. 사람의 코는 얼굴에 비해 너무 크거나 작지 않으면 아름다운 것일 수 있다. 아름다움의 본질은 – 그러니까 플라톤 이후로 그래왔듯이 – 뛰어난 '비율' 및 '조화'에 있다. 절제는 흔히 질서정연하고 적절한 비율을 기준 삼는다. 나아가 가장 잘 어울리는 조화에 대해 알고 있어야 한다. 그것은 인간 안에 가장 낮은 곳까지 두루 비추는 이성의 질서로도 이해된다. 그래서 그 무엇이든 그 빛에 쬐인 것을 축성하고 고양시키는 힘을 지닌다. 마치 아침 햇볕을 받은 먼지 부스러기가 조용히 공중으로 솟아오르듯이 말이다. 절제가 덕들 가운데 가장 위대한 것은 아니다. 하지만 가장 정감 넘치는 매력적인 것에 속한다. 그것은 직접 그 자체가 신적인 것에까지 이르려고 하지도 않을뿐더러 인간 공동체 전체의 거창한 선익을 꿈꾸지도 않는다. 절제는 용기처럼 치명적인 위험이나 난관에 부딪히는 일도 없다. 또 다른 사람들과 공동으로 힘을 합하는 데에 아주 뛰어나게 유용한 것도 아니다. 절제가 매우 사적인 상황에서 필요로 하는 덕이라는 사실은 마치 아름다움이 매우 사적인 판단에 의해 결정되는 이치와 통한다. 절제는 겸손한 자세를 평생 유지하기 위해 늘 함께해야 하는 반려자와 같다. 매일 매순간 절제는 인간영혼이란 집을 질서정연하게 정리하는 일을 제 고유의 몫으로 삼는다.

절제는 아름다움이 어디에나 존재할 수 있듯이 지속적으로 영감을 불러일으킨다. 하느님이 마련하신 질서와 조화를 음미할 수 있을 때 문득 신선한 생각을 가질 수 있는 것처럼 말이다. 마치 한여름의 화염 같은 대낮에 차가운 산들바람이 한순간 불어오듯 정신을 번쩍 차리게 한다. 절제는 그래서 우리에게 아름다움이 무엇인지 그때마다 일깨워주는 예언자와 같다. 아무 생각 없이 뒤쫓던 아름다움을 두고 재차 따져보도록 충고하며 모두가 승복할 수 있는 아름다움이나 다시금 고쳐 생각할 수 있는 아름다움이 무엇인지 확인하도록 일러준다. 그러므로 주님께서 가장 사랑스런 제자를 선택하실 수 있었던 것은 특별히 그 어떤 신비로운 능력 때문이 아니며, 막달레나를 성모님 곁에 그처럼 가까이 머무르도록 겸손하게 이끌었던 것도 우리가 헤아리기 힘든 어떤 마술과 같은 힘 때문이 아니다. 아름다움은 항상 사람들에게 매력적이어서 누구든 다가가서 그 곁에 머무르고 싶어 하는 그런 것이다. 물론 누구보다도 먼저 질서 및 조화에 눈뜬 사람들에게 매력적일 것이니, 이는 그러한 질서와 조화를 주관하시는 하느님의 아들로서 사람이 되신 예수 그리스도에게도 예외일 리 없었을 것이다.

(2) 절제미에 대한 열망으로서 "정직함"과 부조화에 대한 혐오로서 "부끄러워함"

절제의 이 같은 아름다움에 대한 예리한 평가는 절제의 덕을 완전하게 발휘하기 위해 반드시 필요한 일이라고 본다. 절제의 덕을 완전하게 발휘하기 위해선 무엇보다도 절제미(節制美)에 대한 열망을 품어야 한다. 토마스 성인은 그러한 열망을 가리켜 "정직함"이라고 부른다. 넓은 의미에서 정직함 혹은 명예를 지키려는 마음은 곧 덕을 발휘하려는 것 외에 다른 것이 아니다. 우리에게 덕이란 곧 인간다움의 실현을 함축하듯이, 인간다운 행위는 제 아름다움을 일궈가는 것이자 인간으로서 누릴 수 있는 최고의 기쁨을 누리는 일이다. 하지만 특별히 토마스 성인이 '정직함'이란 용어를 굳이 사용한 의도는 절제미의 본래적인 뜻과 매력을 밝히려는 데에 있다. 절제미에 대한 독특한 설명은 곧 우리에게 절제가 결여되었거나 부족할 때 자연히 느껴지는 혐오감을 남몰래 무마시키려 들지 말고 솔직해지도록 하기 위함이다. 그래서 토마스 성인은 "부끄러움"이란 용어도 함께 쓰고 있다. 부끄러움은 죄인들이 각자 자신의 잘못을 저지른 만큼 가슴 아프게 후회하도록 만든다. 나아가 부끄러움은 성인들에게도 유용하다고 하겠으니, 그들이 이전보다 더 주의를 기울여 살아감으로써 조금씩 더 높이 오를 수 있도록 준비시키기 때문이다. 부끄러움은 우리 가까이에 큰 아픔을 초래하는 악한 것들이 호시탐탐 손을 뻗고 있다는 점을 자각하도록 돕는다. 그렇듯 우리를 해치려는 악의 세력은 우리에 대해서 잘 알고 있고, 우리에 대한 그들의 판단은 그처럼 정확하기 때문에 우리가 무죄한 상태로 머무르기는 힘들지만, 그때마다 죄의 상태에서 얼른 돌아설 수 있도록 부끄러움이 우리에게서 떠나지 않는다고 하겠다.

우리는 아름다움을 열망하도록 창조되었다. 심지어 신적인 아름다움에 이르기까지 추구할 수 있도록 창조되었다. 우리는 그래서 어려움 없이 아름다움에 대한 열망에 빠질 수 있다. 비록 우리가 죄로 인해 타락하기 쉬운 상태에 놓이더라도 그러한 열망은 사그라지지 않는다. 그토록 추구하는 아름다움이 여전히 자신의 삶에서 멀찍이 떨어져 있다고 할 때, 그 사람은 불행하다. 그 아름다움은 다른 어떤 것으로도 대체할 수 없을 만큼 고귀한 것이기 때문이다. 자신에게 아름다움이 하나도 남아있지 않다는 상실감은 더 이상 살아갈 이유가 없다고 할 정도로 우리를 좌절하게 만든다. 그리하여 자신의 인생을 포기하는 일까지 서슴지 않게 만든다. 그렇게 인간성을 포기하는 순간 사람은 자신과 연결된 그 모든 것을 마지막 하나까지 스스로 잘라내 버리고 만다. 인생을 몇 번이고 곧추세우고 또 여미어 줄 수 있는 이성의 끈도 그러한 좌절의 순간에는 아무런 구실을 하지 못한다.

그러나 절제미는 '머리가 텅 빈' 아름다움이나 그저 화려하기만 한 백치미가 아니다. 오히려 묵묵히 함께 어려움을 참아내는 힘도 지닌다. 우리가 이 절제미에 대해 더 잘 알아보려고 접근하게 되면, 거기에 자신도 모르게 빠져들기까지 하는 어떤 확고한 공감과 더불어 심오한 의미도 발견하게 된다. 한편 절제미의 공감에 대해 강하게 비난하는 이유들 가운데 하나가 금욕생활을 실천하는 이들에게서 지속적으로 제기된다. 금욕생활은 그러나 단지 감각적인 쾌락을 저주하는 태도에서 비롯하지 않고, 우리의 내면적 가치와 진정 갈망하는 것을 올바로 자각하려는 의도에서 비롯한다는 점을 알아듣게 되면, 그런 생활을 실천하지 않는 사람들을 적잖이 놀라게 할 것이다. 가톨릭교회가 사순절 동안 권장하는 자제와 참회의 행위는 분명 그와 같은 감각적인 생활을 무시하거나 심지어 그런 생활이 악한 것에 지나지 않는다는 미심쩍은 이유에서 추구되는 것이 아니다. 오히려 그러한 자제와 참회의 행위는 우리의 천부적인 정직함에 근거하여 어떤 특별한 의미를 되새겨준다는 이유에서 추진하는 것이다.

6. 인간의 주체성에 부당한 이중적 결함

(1) 절제의 지나침 때문에 – 감각적인 것에 대한 향유의 포기

1) 감각적인 것에 대해 거부하는 두 가지 입장

감각적 쾌락을 악으로 규정하고 저주하는 태도는 – 일찍이 영지주의나 마니교도와 같이 – 어둠과 빛, 악과 선이라는 이원론적인 세계관 및 구원관을 펼치는 잘못된 논리에 기초한다. 그래서 중세의 성 도미니코는 그런 무리를 가리켜 인간을 뱀과 같이 사악한 존재로 낙인찍으려는 이들이라고 강력하게 비판하였다. 근대의 청교도들이 소극적이든 적극적이든 인간의 정념들을 겉으로 드러내는 것을 금기시하였던 태도 역시 그와 동일한 잘못된 논리에서 비롯한 것이라고 하겠다. 한 마디로 다소 사회생활에 부족함을 감수하면서까지 강인한 체력을 선보이는 운동선수들이라고 해서 그들이 비인간적이라고 말할 수는 없다. 마찬가지로 장티푸스와 같은 전염병에서 이제 막 회복한 환자가 허기진 배를 채우기 위해 스테이크와 같은 기름진 음식은 자제한다고 하더라도, 모든 음식을 질색하면서 저주하는 것은 아니다. 그렇다면 어찌하여 그리스도인이 제 영혼을 보다 더 건강하게 하기 위해 자기 몸에 치중된 물질적인 것들을 자제할 때 그것이 비인간적인 처사가 아닌지 반성하거나 참회해야 한다는 것인가? 물론 그리스도인의 경우 그와 같은 음식 및 재물에 대한 자제행위를 마치 인간이 마침내 천사와 같은 순수한 존재가 되기 위해 치르는 수행으로 간주하는 것은 아니다. 그것은 물질적인 것들이 자체로 좋은 것이긴 하지만 그보다 더 고상한 목적을 위해 스스로 삼가고 향유하지 않으려는 의도에서 행동한 것이다. 정말이지 그것은 이제 막 관상생활에 자신을 봉헌한 자가 이전에 세상에서 취했던 것과는 전혀 다른 종류의 음식을 섭취하도록 사려 깊게 마련된 원칙을 따르는 것 외에 다른 뜻이 있는 것이 아니다. 그것은 마치 하루하루 막노동을 하는 사람이 자신의 보금자리를 위해 매일같이 벽돌을 쌓아야 하는 자신의 고된 노동을 이겨내야 하는 것처럼 지극히 당연하고 일반적인 선택이라고 하겠다.

2) 본성을 거스르는 행동으로서 "불감증"

감각적 쾌락을 악으로 규정하고 저주하는 태도는 토마스 성인이 "무감각한 태도" 및 "불감증"이라고도 일컫는 해로운, 그러니까 결코 우리에게 유익하지 못한 행위에 속한다. 다시 말해 감각을 아예 부정하는 태도는 자연스런 기쁨조차 몸서리치듯 가까이하지 않으려는 사람들이 생각하는 악으로서 무척 기괴할 뿐만 아니라 실상 인간의 품위를 떨어뜨리는 태도에 지나지 않는다. 물론 이때 몸서리치듯 꺼리는 행동은 자연 자체에 대해 그리고 자연의 목적에 대해 거부하는 일체의 행동을 가리킨다. 하지만 자연은 그런 푸대접으로 난처해지는 것을 원치 않는다. 사실상 그와 같은 태도를 통해서 사람은 자기 스스로 생각했던 것보다 더 높은 단계에 뛰어올랐다고 자랑하고 싶어도 편안한 마음을 갖지는 못한다. 그것은 신심이나 종교가 지향하는 바와 아무 상관이 없음에도 불구하고 사람들로부터 묵묵히 존경받으려는 심산처럼 순전히 사기요 위선이다. 차라리 그와 같이 위장된 행동은 가련한 행동일 뿐만 아니라 사람들의 도움이 절박한 경우라고 하겠는데, 그럼에도 도움을 거부한다면 아예 경멸 받아 마땅하다고 하겠다.

(2) 절제의 부족함 때문에 - 감각적인 것에 사로잡힘

1) 유치한 죄로서 무절제

인간 주체성의 결함으로서 '지나침' 외에도 '부족함'을 손꼽을 수 있는데, 그 가운데 하나가 무절제의 상태에 놓여 있는 유치한 죄다. 유년기의 인간은 맛과 감촉에서 오는 쾌락의 늪에 걷잡을 수 없이 빠져든다. 그래서 그런 죄를 유치한 죄라고도 부른다. 하지만 모든 어린이들에게 공히 적용되는 죄는 아니다. 오히려 그와는 반대로 어린아이의 시기를 훨씬 지난 연령에도 불구하고 한참 동안 어린이의 수준에 머물러 있는 경우도 있기 때문이다. 절제하지 못하는 욕구가 사람을 유치하게 만들어 더 이상 이성의 명령에 주의를 기울이지 못하게 되는 것이다. 결국 이 같은 사람들에게는 절제의 숭고한 질서와 아름다움을 헤아릴 수 있는 여유가 없다. 그들의 욕구는 그들이 원하는 방식대로 발전하여 점점 더 그들을 지배하게 되고 점점 더 자신만이 아니라 그 주위의 모든 것들을 일그러뜨리고 파멸시키는 행동으로 치닫게 된다. 이처럼 제멋대로 추구하는 욕구들을 올바로 제어할 수 있도록 하는 수단은 막무가내로 행동하는 어린아이를 통제하는 수단과 일치한다. 다시 말해 강제하는 수밖에 없다. 아이는 저항에 부딪히는 동안 욕구를 수정하고, 이성의 적절한 개입에 순응할 수 있게 된다. 강제력이 동원되지 않을 경우 무절제한 영혼은 마치 부모가 제 권위와 통제할 수 있는 능력을 모두 상실한 집안에서 나이와 상관없이 철부지들로 가득 찬 경우와 흡사하다. 혹은 좀 더 비극적으로 말하자면, 그러한 통제 불능의 상태는 마치 전쟁에 패하여 무정부상태(無政府狀態, anarchia)에 빠진 나라꼴과 다르지 않다.

2) 무절제는 비겁함보다 더 무거운 죄

　무절제는 성숙하지 못한 상태에서 벌어지는 잘못이지만, 그럼에도 가벼운 죄는 아니다. 객관적으로 볼 때, 무절제는 용기가 결여된 비겁함보다 더 무거운 중죄다. 비겁한 사람은 특히 무절제한 사람보다 좀 더 변명의 여지가 많기 때문이다. 또한 전자는 매우 위험한 치명적인 상황은 곧잘 피하는 까닭에 최소한 목숨이라도 부지할 수 있다. 비겁한 자는 자신에게 샘솟는 쾌락의 욕구를 채우는 것보다는 훨씬 더 필연적인 것에 매달리는 사람이라고 말할 수 있다. 아무리 쾌락에 대한 욕망이 간절하다고 해도 그것을 얻기까지 요구되는 두려움과 수고를 견디어낼 만한 사람이 못되는 셈이다. 그런 까닭에 후회하는 마음이 비겁한 자에게는 뒤따르기 마련이다. 주저함이 큰 만큼 후회도 크다고 하겠다. 반면 무절제한 자는 주체할 수 없는 정념에다 정신없이 자신을 내맡기는 자이다. 얼른 생각해보면 우리를 비겁하게 만드는 것들보다 무절제하게 만드는 것들이 훨씬 더 혐오스러운 것들이다. 하지만 실제로는 그 반대가 진실이다. 왜냐하면 우리에게 의지를 발동하도록 촉구하는 것들은 자연 혐오스러운 면이 더 적은 것들이기 때문이다. 그래서 인간다운 행위는 결코 추상적으로가 아니라 언제든 구체적으로 평가되어야 한다는 사실을 잊지 말아야 한다.

　그럼에도 무절제한 사람들이 선호하는 것에는 항상 기이한 점이 목격된다. 그들은 항상 그리고 수월하게만 그들 나름의 해결책을 모색한다. 그러므로 그들은 실상 이성의 통제를 거스르지 않으면서 어려움과 부딪혀 싸운다. 다만 그럴 때마다 생각하긴 하지만, 그로써 자신이 위험에 빠지게 될 것이라는 두려움을 대수롭게 생각하지 않는다. 왜냐하면 싸움이란 당연히 위험을 감수해야 하는 것으로 받아들이기 때문이다. 그에 반해 가엾은 겁쟁이들은 예상 밖의 죽을 위험에 대해 지나치게 많은 두려움을 갖고서 미리 주저앉는 이들이다. 그들에겐 실제적으로 겪어보겠다는 의지가 부족하다. 그래서 그들은 위기 때마다 능히 우리에게서 용기가 발휘될 수 있다는 사실을 결코 체험하지 못한다.

3) 무절제의 부조화 수준

물론 그렇다고 무절제가 죄 가운데 가장 무거운 죄는 아니다. 사실 염소와 양을 구별할 수 있을 정도로 뚜렷한 표식이 다른 죄들과 무절제 사이에 존재하는 것도 아니다. 무절제는 죽을죄로 우리를 이끌 수 있다고 하더라도 상대적으로 낮은 수위의 죄다. 왜냐하면 단박에 대죄라고 낙인찍을 만큼 하느님을 거스르는 행위가 형식적으로 분명하게 드러나지는 않기 때문이다. 그도 그럴 것이 무절제로 인해 죄를 저지르는 사람은 그의 내면적인 태도, 그러니까 자만하거나 시기하는 속마음에서 출발하는 경우가 많기 때문이다. 사람들은 무절제한 자가 부끄러움을 느끼면서 점점 더 심각한 무절제한 행동을 하게 된다고 말하기도 한다. 그것은 하나도 이상할 것이 없다. 모든 죄는 그것을 저지르는 사람들에게 당연히 치욕과 부끄러움을 가져다줄 것이기 때문이다. 죄로 인해 갖게 되는 부끄러움은 소심한 마음에서 비롯되는 경우와는 달리 매우 강렬해서 그 주위를 감염시킨다. 그 때문에 절제를 잘 하는 사람도 게걸스럽게 먹는 대식가처럼 무절제한 사람과 마주치는 순간 얼른 그 자리를 박차고 일어나려고 하듯이, 순수한 영혼의 소유자가 의도치 않게 방탕한 사람과 일순간 접촉하게 될 때 자기 자신도 일부 방탕해지는 느낌을 갖게 된다. 그렇다고 이로써 어느 위선자가 회개하는 죄인 곁을 서성이며 자신의 옷깃을 여미는 행동이 옳다고 말하려는 것은 아니다. 여기서 주목해야 할 점은 사람과의 접촉이 아니라 죄와의 접촉이다. 그래서 "착한 목자회" 수녀들의 봉사활동에서도 여실히 드러나는 것처럼, 비록 그들이 주님의 사랑을 뒤따라 한센 병자들과 평생 접촉하며 살았음에도 불구하고, 그 병자들의 제아무리 역겨운 상처와 피고름도 헌신적인 수녀들의 고결한 품위는 물론 신체도 결코 훼손 내지 감염시키지 못했으니, 이는 하느님의 은총과 자기를 내려놓는 겸손의 위대한 모습을 직접 목격할 수 있는 사례 가운데 하나라고 하겠다.

절제미에 대해 우리가 앞서 간단히 살펴본 바에 의하면, 무절제의 죄가 보이는 추한 모습 가운데 어떤 경우는 이해하기가 쉽지 않다. 무절제한 행동은 한 인격체의 품위를 손상시킨다. 왜냐하면 그것은 인간과 동물 사이에서 인간성의 특징인 이성의 올바른 활용을 통해 조화로운 삶을 유지함으로써 스스로의 품위를 지켜내는 것과는 대조적인 행동이기 때문이다. 무절제한 행동은 그렇듯 인간을 지켜주는 이성의 빛을 차단하여 세상의 어둠 속을 헤매게 하며 결국 예상치 못한 혼란과 불결한 생활의 노예로 전락시킴으로써 자기 자신을 피폐하게 만든다. 물론 한동안 그러한 생활에 젖어버림으로써 익숙해질 수도 있다. 어둠 속에서 살다보면 모든 빛이 차단된 곳에서도 어느 정도 생활해나갈 정도로 인간은 환경에 적응할 수 있기 때문이다. 그래서 진흙탕에 뒹구는 사람은 자신의 몸에 웬만한 오물이 튀는 것쯤은 대수롭지 않게 여기듯이 말이다. 하지만 이러한 모습은 그래도 여력이 있고 정신을 차릴 수 있는 시간이 아직 남아있는 동안은 견딜 만하다고 볼지도 모른다. 그러나 끝내 너무 늦었을 경우, 그러니까 더럽혀진 마음을 다시금 추스를 수 없는 지경에 이르렀을 경우 불행하게도 그렇게 종말을 맞이해야 한다. 그때에는 오직 하느님의 전능하신 은총만이 그를 구원할 수 있을 것이다. 그 전까지 비록 스스로 헤쳐 나오려고 몸부림치더라도 점점 더 비참하고 불행한 늪 속으로 빠져들게 될 것이다.

우리가 이 장(제16장)에서 언급한 것들은 모두 인간의 주체성과 연관된 덕과 그것을 방해하는 행위, 곧 절제의 덕과 무절제에 대한 해설이다. 이제 다음 몇 개의 장(제17~20장)에서는 그러한 덕에 속한 행위들로서 구체적으로 어떤 것들이 있는지 살펴보고 또 그러한 행위들이 서로 어떤 관계를 맺고 있는지 알아보고자 한다. 이 단원을 마치기 전에 나는 몇 가지 다른 덕들에 대해서도 언급하고 싶다. 물론 이는 그러한 덕들에 대한 자세한 해설보다는 앞으로 계속될 탐구를 위해 앞서 조감도를 그려보겠다는 의도에서 말해볼 것이다. 다시 말해, 이하의 간단한 언급은 거칠게나마 전반적인 흐름을 파악할 수 있게 하려는 것이다. 그로써 우리는 앞으로 탐구할 과정에 대해 익숙해질 수 있을 것이다. 그와 동시에 우리는 토마스 성인이 자신의 책(『신학대전』)을 어떤 식으로 전개하고 있는지, 곧 그의 통찰을 얼마나 완벽하게 소개하려고 계획했는지도 짐작할 수 있게 될 것이다.

7. 인간의 주체성의 형태

인간은 자기 자신을 지키기 위해 금욕생활과 냉정함을 유지하려고 노력할 수 있고, 인간성을 지키기 위해 정결과 순수함을 지키려고 노력할 수 있다. 과연 이처럼 절제의 덕에 기초한 다양한 형태의 행위들은 이성에서 벗어나기 쉬운 쾌락들을 진정시키는 데에 도움을 준다. 특히 감각적인 쾌락들 중에서도 가장 영향력이 큰 것들에 대해서 말이다. 그리하여 우리가 본성적으로 자연스럽게 터득한 행동들에 의해 — 예컨대 과식을 사양하거나 절식하는 행위, 불필요하게 음료수를 마시지 않는 행위 등등에 의해 — 뜻하지 않게 얻어 누리는 쾌락들은 금욕과 냉정함을 유지하는 데에 좋은 밑거름이 될 것이다. 다른 한편 종족보존을 위해 취하는 성적인 행위로부터 얻게 되는 쾌락들은 정결과 순수성을 잃지 않는 가운데 취해져야 하는데, 먼저 정결은 그러한 성적인 행위가 인간의 본성에서 벗어나지 않는 선에서 이뤄지도록 우리를 지켜주고, 다음으로 순수성은 그 어떤 주변적인 상황에도 인간성을 고수하는 데에 힘을 실어준다.

8. 인간의 주체성을 지켜주는 또 다른 덕들 : 자제(continentia), 너그러움(clementia), 정숙(modestia)

절제와 연결된 또 다른 덕들로서, 예컨대 우정이나 감사 혹은 그밖에 정의(正義)와 관련된 행위들은 어떤 좋은 것을 지향하는 영혼의 내외적인 움직임을 적절히 보조한다. 그래서 혹여 갑작스런 정념으로 인해 흔들릴 수 있는 의지를 붙들어주기 위해 필요한 덕이 바로 '자제'(continentia)다. 또한 물질적인 것들과 맞서서 감각적인 욕구를 조율해주는 덕은 '너그러움'(clementia)이다. 그리고 물질적인 것들을 손수 취급해야 할 경우 이에 필요한 덕이 '정숙'(modestia)이다. 정숙에는 다양한 행위들이 속한다. 예컨대 영혼의 정숙함을 '겸손'이라고도 부르며, 그밖에 육체의 정숙함이란 의미에서 '단정함'이라고도 부르는데, 이는 외적인 행위와 관련된 것이다. 다음에 이어지는 단원에서 우리는 이러한 덕들 하나하나에 대해 자세히 살펴볼 것이다. 그래서 그렇게 살펴보는 중에 절제의 덕 깊숙이 내재되어 있는 아름다움을 좀 더 분명하게 엿볼 수 있을 것이다.

이 단원을 마감하기 전에 간략하게 요약하자면, 오늘날 인간의 '주체성' 혹은 '우월성'이 우리 자신에 의해 무시되고 거부되고 있다는 현실을 직시하는 것이 매우 중요하다고 하겠다. 물론 이때 우리가 충분히 주체적이거나 우월하다는 것을 입증할 수 있음에도 불구하고 그 가능성을 소홀히 하거나 거부한다는 사실을 주목할 필요가 있다. 그로 인해 때때로 무절제한 행위들을 마치 자연스러운 것인 양 치부하며 살아간다. 만일 우리가 그러한 싸움에 아무런 희망이 없다고 여긴다면, 이미 우리는 패배자에 불과하다. 이때 패배자란 우리 스스로 감각적인 쾌락의 노예가 되는 것을 의미한다. 만일 감각적인 본성(본능)과 맞서 싸울만한 것은 아무것도 없다고 생각해버리고 만다면, 그래서 아무런 제재조치 없이 막무가내로 감각적인 쾌락에 젖어 살겠다고 한다면, 그때에는 그와 관련된 정념들이 활개를 치며 우리를 사로잡아 마침내 그러한 쾌락의 노예로 삼고 말 것이다. 어떠한 경우든 무절제한 행위의 결과를 우리는 피할 수 없다. 그래서 우리가 정작 원하지 않은 일그러진 우리의 자화상을 불가피하게 목도하게 될 것이니, 그것은 한 마디로 인간의 품위 및 인간의 주체성을 상실한 것을 뜻한다.

[결론] 인간의 주체성을 함의하는 '절제'

1. 인간의 주체성을 거부하는 행위의 함축적 의미

(1) 인간본성의 진실에 대한 외면

　인간 본성 및 품위를 형편없이 떨어뜨리는 행위들이 존재한다. 인간이 무절제하게 행동하는 것도 나름 성취하고자 하는 목적을 지향한다고 보는데, 이때 나름의 목적을 위해 취하는 무절제한 행동은 자신이 절반만 인간이고 나머지 절반은 동물임을 보여주는 것이다. 무절제한 행동을 정당화하려고 타협한 이성은 노골적으로 똑같은 거짓말을 퍼뜨린다. 어떤 경우에는 인간이 전적으로 타락했다고 주장하는가 하면, 또 어떤 경우에는 더 이상 인간이 아니라고 주장하기도 한다. 그래서 무절제한 행위는 이론적으로든 실천적으로든 자신이 비인간적이라는 점을 공개적으로 폭로하는 것과 같다.

(2) 인간의 성숙에 대한 포기

　무절제한 행위는 성숙해져야 할 인간이 그와 같은 삶을 포기하는 것을 의미한다. 그리하여 인간의 주체성을 부정하는 이들은 경험에서 얻어지는 지혜에 대해 별 관심을 보이지 않는 반항기의 아이들처럼 인간의 합리적인 생각 및 판단을 우습게 여긴다. 또 아직 합리적으로 사유할 수 없는 어린이와 별반 다르지 않게 인간에게는 질서를 이루며 살아갈 수 있는 능력이 부재한다고 고집을 부린다. 무절제가 인간의 본성을 대변한다고 억지를 부리는 이들은 그렇듯 인간은 본시 자기 자신을 추스를 수 없고 질서를 이룰 수 없으며 균형 잡힌 선택이나 적도(適

度)를 찾아낼 수 없다고 떠든다.

(3) 인간의 존엄성 및 아름다움에 대한 부정

무절제를 자연스럽게 생각하는 이들은 인간의 존엄성과 자존감의 든든한 근거가 되는 인간성을 부인하는 자들과 다름이 없다. 왜냐하면 그들은 인간이 자신의 삶을 자율적으로 일궈나간다는 사실을 받아들이지 못하기 때문이다. 그들의 논리에 의하면 인간은 저마다 누릴 수 있고 또 누려야만 하는 인격체로서의 권한과 그에 따른 책임감과는 근본적으로 아무 상관이 없다. 그들은 인간이 스스로 자제할 줄 알기에, 그의 인격적인 선택과 책임 있는 행동에 따라 상이나 벌을 받게 된다는 점을 진지하게 생각하지 않는다. 무엇보다도 그들은 인간이 천부적으로 존엄성과 인격적인 권한을 갖는다는 사실을 인정하지 않기 때문이다. 그들은 당연히 우리가 체험하는 인간본성의 아름다움조차 탐탁해 하지 않는다. 그들처럼 정녕 동물적 본성을 앞세우기로 한다면, 이성의 빛이 사라진 인간에게서 찬란한 후광은 기대할 수 없는 것은 당연하다. 왜냐하면 이때의 후광은 이성의 진두지휘 아래 제 인생을 펼쳐나가는 사람들에게만 주어지는 일종의 특권과 같은 것이기 때문이다. 과연 인간이성은 신적인 이성 혹은 신적인 지혜의 빛을 수용하여 제 힘껏 반영한다고 생각하는 것은 인간의 자기기만이나 기껏 자기합리화에 불과한 것일까? 이미 인간의 역사와 우리 주변에는 그처럼 인간본성의 아름다움을 입증해주는 이들이 많은데도.

2. 인간의 주체성 발휘에 까다로운 여건 : 싸움터

인간의 주체성을 반납하듯 포기하고 노예적 신분으로 떨어지는 데에는 몇 가지 이유가 있다. 아마도 그러한 이유들 가운데 가장 두드러진 이유는 우리가 절제의 덕을 충분히 그리고 효과적으로 발휘할 수 있을 만큼 여건이 여유롭지 못하다는 데에 있다. 그래서 항상 싸움터를 방불케 한다. 그것도 매우 힘겹게 치러야 할 싸움이다. 왜냐하면 실제 그러한 싸움의 목적은 어떤 적을 무찌르거나 반대편의 세력을 무기력하게 만드는 것이 전부가 아니기 때문이다. 오히려 그것은 반대편의 모든 적들과 세력을 본래의 모습대로 되돌려놓아 그것들이 어떤 통제 아래서 제 역할을 다할 수 있도록 재정비하는 것을 의미한다. 그러한 재정비를 위해 치밀한 전략도 필요하다. 그런 까닭에 아무도 싸우겠다고 결심한 이상 지려고 싸우지 않는다고 할 때, 그 싸움은 결코 만만치 않다. 물론 우리는 그 싸움을 아예 피할 수도 있다. 반대편과 타협함으로써 혹은 아예 모든 희망을 포기함으로써 말이다. 하지만 그렇게 싸움을 회피하는 것은 진정 가치 있는 상(賞)을, 그 싸움을 통해서만 얻을 수 있는 고귀한 상을 마다하는 것과 같다. 한 마디로 제 인생의 주인이 될 수 있는 유일한 기회를 놓치는 것이기 때문이다. 그밖에도 누구나 명백하게 알 수 있는 이유는 아니지만, 인간이 자신의 인간적인 이상(理想)을 포기하는 이유는 점점 더 삭막해지고 어두워져 가는 세상의 분위기에 있다. 우리의 눈은 삭막하고 어두운 곳에서는 아름다움을 쉽게 알아보지 못한다. 우리에게는 그렇듯 어두운 곳에서도 능히 헤아릴 수 있도록 해주는 적외선 카메라와 같은 것이 우리의 영혼에도 필요하다. 우리가 그처럼 영적인 아름다움을 제대로 알아보지 못하게 되었기 때문에, 우리가 물질적인 아름다움조차도 그에 알맞은 영예를 부여하기도 전에 임의의 잣대를 들이대어 마구잡이로 난도질하는 어리석음을 저지른다.

3. 인간의 주체성에 대한 옹호

가톨릭교회는 과거 식민지시대에도 그러했듯이 오늘날에도, 아니 어느 시대를 막론하고 변함없이 절제의 덕을 옹호하는 대변인으로 자처한다. 어떤 시대에는 교회가 세상에 너무 몰두하여 산다고 해서 행실이 부정(不貞)하고 심지어 신을 제대로 섬기지도 못하는, 천박하고 쾌락에 몸을 파는 여인으로 지탄받았고, 또 어떤 시대에는 세상은 거들떠보지도 않는다고 해서 보수적인 데다 지극히 완고한 생각에 사로잡혀 편협하고 냉정한 판사처럼 군다고 미움을 샀다. 실상 교회는 그러한 모습과는 전혀 다르다. 교회는 사람들의 인간성을 철두철미 옹호한다. 교회는 언제나 그래왔듯이 인간이 이성적 존재라는 사실을 무시하지 않는다. 인간은 다른 피조물과는 달리 인격체요, 인격체로서 인간은 몸과 영혼을 지닌다. 그렇게 몸과 영혼이 하나인 인간에게 몸은 인간의 몸이지 그 밖에 다른 몸이 아니다. 이 같은 본성을 따라 인간의 몸은 만물의 질서를 파악하는 이성에 순응해야 한다. 왜냐하면 현시대에도 변함없이 인간다운 삶은 고귀하며, 그러한 삶을 영위하도록 기여하는 것이 이성이라고 믿기 때문이다. 오늘날에도 언제나와 같이 교회는 인간적인 삶과 절제된 행위에 아름다움이 깃들어 있다고 내다본다. 교회는 '인간이 주체성을 갖는다.'고 말하는 데에 조금도 주저하지 않는다. 교회는 그래서 늘 사람들이 스스로 주인의식을 갖고 책임지는 행동을 할 수 있으며, 또 그래야 한다고 충고한다. 때로는 세상과 부딪히는 한이 있더라도 그것을 위해 싸워나가도록 다독이며 지지한다. 설령 그것을 얻기까지 그 어떤 희생이 뒤따르더라도 포기하지 않기를 희망한다. 왜냐하면 교회는 인간이 스스로 인간이기를 멈추지 않는 한, 동시에 주체적으로 살아가는 것을 멈출 수 없다고 믿기 때문이다.

A Companion to the Summa

성 토마스 아퀴나스의
신학대전 해설서 Ⅲ

제17장 절제의 덕 (Ⅱ): 순수함을 향한 자유
(제2부 제2편, 제146문제~제154문제)

1. 정결(순수함)에 대한 현대의 관심
   (1) 정결(淨潔, castitas)에 관한 오늘날 대중의 관심
   (2) 정결의 필요성에 대한 새로운 의식의 고취
   (3) 정결의 함축적인 의미
2. 자유의 근거들
   (1) 아주 가깝고도 먼 원천들
   (2) 이성(理性)과 자유
   (3) 내적인 자유와 외적인 자유
3. 자유를 수호하려는 행위
   (1) 지나친 식탐과 맞서 – 절식(節食)
      1) 금욕적인 삶의 본질
      2) 금욕적인 삶 – 단식(斷食): 그 목적, 자연스러움 그리고 그 기간
         ① 단식의 목적
         ② 단식의 자연스러움
         ③ 단식의 기간
      3) 절식과 반대되는 생활 – 폭식(暴食)
         ① 폭식(해로운 식사)의 형태
         ② 폭식이란 죄의 본래적인 성격
         ③ 폭식과 같은 방탕한 행동이 초래하는 꼴불견
   (2) 지나친 음주와 맞서 – 절주(sobrietas)
      1) 절주의 본질
      2) 절주에 반대되는 생활 – 폭주
   (3) 지나친 성생활과 맞서 – 정결한 생활
      1) 얌전한 체하는 행위(내숭)
      2) 가톨릭교회의 성생활에 대한 입장
      3) 혼인의 축성
      4) 동정의 탁월함
      5) 성생활의 기쁨 혹은 쾌락의 변(핑계)

[결론] 절제의 덕으로서 '정결'
1. 노예와 같은 삶의 현실
   (1) '지쳐버린' 삶
   (2) 순수함(정결)을 잃은 인간성
2. 배신당한 세대
   (1) 현대인들의 비극
   (2) 현대사회와 가톨릭교회
3. 노예와 자유인

제17장 절제의 덕 (Ⅱ) : 순수함을 향한 자유
(제2부 제2편, 제146문제~제154문제)

(들어가기)

불과 몇 년 전까지만 해도 미국에는 하루가 다르게 다방면에서 인간성을 위협하는 불리한 여건 속에서도 자신들의 삶을 정결하게 지켜온 선남선녀가 많았다. 그들은 그리스도인의 윤리에 반대되는 어떤 낯선 사상들이나 심지어 인간성 포기를 선동하는 이들과 마주칠 때마다 미소를 잃지 않으면서 "일찍이 격분한 예레미야 예언자는 어느 세대든 피하지 못하는 인간의 악행을 떠올리며 경고했다."는 말을 되뇌었다. 그들은 유연하고도 현명하게 대처하면서 평정심을 잃지 않았다. 왜냐하면 순수한 사람들의 눈에는 모든 것이 순수하게 비치기 때문이다. 비록 그 순수함이 아주 조금밖에 남겨져 있지 않더라도 알아보듯이 말이다. 하지만 지난 몇 해 전부터 짧은 시간 동안 경악할만한 수준의 불신앙이 번지면서 그동안 위안이 되었던 입장들이 자리에서 밀려나고 있다. 그리하여 그동안 기꺼이 정결을 지키며 살아온 사람들이 큰 충격을 받고 있다.

1. 정결(순수함)에 대한 현대의 관심

(1) 정결(淨潔, castitas)에 관한 오늘날 대중의 관심

정결을 지켜온 사람들은 한때 세계지도에서 자신의 조국이 사라져가는 것을 우두커니 지켜보는 오스트리아의 한 목동과 같은 신세가 되었다. 그는 어느 날 아침 독일 병사들이 큰 무리를 지어 정감 넘치는 고도(古都) 비엔나를 군화발로 짓밟는 모습을 창문 너머로 바라보아야 했다. 최근까지 그처럼 칭찬이 자자했던 정결한 이들이 하루아침에 새롭게 밀려오는 시대의 흐름에 의해 자신의 정든 고향이 유린당하고 자신들은 급기야 수모를 당하는 처지에 놓였다. 정결을 비판하는 추세에 대한 연구들이 쏟아져 나오고 정결하지 못한 행위로 인한 질병들에 대한 보고도 잇따랐다. 정결을 옹호하는 데 있어 옹색한 논리도 나왔다. 예컨대 정결은 전통이기에 옹호되어야 한다는 말만 되풀이했다. 그 때문에 쌓여가는 의문들은 마침내 학문적으로 발전하게 되었고 매우 진지하게 살펴야 할 주요주제가 되었다. 대학의 젊은이들을 상대로 설문지가 돌려졌고 그 결과가 도표로 제시되었으며, 특히 임신과 결혼문제와 직결시켜 전 학년에 해당하는 여학생들의 의견이 수집되기도 했다. 통계수치에는 어린이들에게 성적인 흥분제를 판매하는 문제나 피임기구의 제조 및 판매관련 문제도 취급되었다. 한 유명 잡지는 최근 이와 관련된 산업이 미국 시장에서 큰 비중을 차지하며 특히 유흥업 분야에서 가장 흥행하는 종목으로 도약하고 있음을 입증해주었다. 그 잡지는 어느덧 이름을 날렸고 마구 팔려나갔다.

 현실과 대면하여 처음 큰 충격을 받은 순진한 사람은 자신을 두둔할만한 것이 없는지 물색하기 시작하였다. 당장 손으로 붙들 수 있는 그런 근거를 말이다. 이처럼 급진적으로 변모해가는 20세기에 정결과 관련된 이 같은 문제들은 그리스도인들 사이에서 회자될 정도로 그렇게 다반사로 일어나지는 않으리라는 바오로 사도의 경고는 잠시 잊는 것이 옳아 보인다. 오늘날 흥분한 대중의 의견은 무시무시한 힘을 발휘한다. 그러한 대중의 의견도 고려하면서 교회는 이제 정결의 의미 및 가치를 회복하기 위해 준비해야 옳을 것이다. 모든 것이 제 자리로 돌아가게 될 것이다. 오늘날 정결의 필요성을 고취하도록 대중을 각성시키는 문제는 이미 격앙된 대중을 순수함이란 목표를 향해 차근차근 이끌어가는 일에 비해 더 난감하다고는 보지 않는다.

(2) 정결의 필요성에 대한 새로운 의식의 고취

정결 및 정결하지 못함에 관한 그동안의 논의에서 일부만 조금 더 확장시키는 태도로써는 아래의 두 가지 우려를 온전히 해소하지는 못할 것 같다. 예를 들어 우선 한 가지 우려는 이 정결 문제와 관련된 현실적인 상황에 대해 아무도 적절하게 설명할만한 소재를 갖고 있지 못한 것 같다는 점이다. 이미 보고된 통계자료들은 분명히 우리가 [훗날] 천국에서 누리게 될 기쁨을 전제삼지 않는다. 차라리 이 세상에서 누릴만한 기쁨에 거의 초점을 맞추고 있다. 물론 그러한 보고서들과 통계수치가 모든 진실을 말해준다고 믿을 사람은 아무도 없다. 오히려 그러한 자료들은 미국인들의 윤리의식이 심각할 정도로 붕괴되었다는 사실을 적나라하게 확인시켜줄 뿐이다. 정결을 지키지 않는 현실에 관한 이야기는 결코 맘 편히 나눌만한 것이 아니다. 특히 범국가적으로 공공연하게 다루기에는 퍽 부담스러운 주제다.

안타까움을 느끼게 하는 또 다른 한 가지 우려는 정결에 관하여 이처럼 이슈화하고자 할 때 사람들은 자신의 영혼과 영원한 행복을 위협하는 것에는 관심이 없고 오직 자신의 신체와 물질적인 행복을 위협하는 데에만 거의 온 신경을 집중하여 생각하려 한다는 점이다. 대부분의 경우 그와 같은 숙고는 단지 동물적인 수준에 머무르기 때문에, 물질적인 것 주변만 맴도는 걱정으로 끝이 난다. 다시 말해서 대중은 진정한 의미에서 정결이 무엇인지에 대한 관심은 없고, 그저 죽음을 아무것도 느끼지 못하는 상태로 여길 수 있는 마음이 건강한 것이라 여기면서 하나같이 그런 마음을 뒤좇는 구태의연한 그리고 신경질적인 생각에 사로잡히고 만다.

(3) 정결의 함축적인 의미

그러한 관심 이면에 자리하는 욕망은 영혼의 순수함이 아니라 차라리 신체의 건강함에 있기 때문에, 우리는 거기서 정작 정결을 높이 사는 인간적인 이성 혹은 도덕적 이성을 발견하지 못한다. 그처럼 외적인 건강함에 주력하는 추세는 우려스러움을 넘어 두렵기까지 하다. 범국민적 차원에서 벌이는 건강 및 보건 운동이 정결에 대한 부정적 견해에 집중하는 열띤 토론과 시기적으로 맞물려 일어난 것은 단순히 우연의 일치만은 아니다. 대중은 내키지 않는 선택에 직면해 있다. 예컨대 계속해서 전통적인 정결을 고수함으로써 성행위의 기쁨을 포기하든가 아니면 정결한 삶을 포기하고 신체적으로 (즐기면서) 불행한 삶을 살든가 둘 중 하나를 선택해야만 한다. 둘 다 매력적인 것은 아니다. 후자를 선택할 경우 사회는 피임도구 및 피임약을 선택하는 것이 좋다고 권한다. 그러나 그로 인해 몸에 좋지 않은 약을 복용한 환자처럼 신체가 악화되어가는 상태는 불가피하다. 이 같은 환경에서 대중은 궁여지책의 입장에서 정결 및 정결한 삶을 옹호하거나 수용하려 하기 전에 최대한 의학적 - 의료적인 기술에 의지하여 이 문제를 해결하려고 애쓴다. 그러한 입장에서 도덕적 정결 및 정결은 마지못한 선택이 되며, 심지어 인간의 자유를 침해하는 것처럼 여기도록 호도한다. 내 생각에, 이 같은 태도는 주님이 언젠가 역겹다고 지적하신 태도에 해당한다.

그러한 태도로 인해 수반되는 문제점들도 감수해야만 한다. 예컨대 우리는 인생의 정결(淨潔) 혹은 순수함의 의미를 상실하게 될 것이다. 어쩌면 이 시대에 그러한 실책보다 더 비극적이고 어리석은 것은 없을지도 모른다. 다행히 그것은 비극적인 실책이 확실하다는 생각을 갖게 할 정도로 이 시대의 수많은 지성인들이 한편에서 정결에 대해, 특히 결혼 전의 정결에 대해 강조한다. 정결 및 정결한 삶은 우리를 자연적으로 망칠 수 있는 상황에서 혹은 비위생적 환경에 노출되어 있는 비정상적인 여건에서 혹은 우리의 건강한 삶을 심각하게 위협하는 여러 가지 상황에서 자신을 지키려고 우리가 선택하는 것이다. (그래서 우리의 선택이라고 말할 경우) 어찌 보면 순수함을 지키려는 행위가 자연적인 것을 억지로 인위적인 틀에 가두려는 시도로 비칠 수 있다. 그런 이유에서 가톨릭 신자들은 최악의 경우 대수롭지 않은 소죄에나 해당하는 부분을 중세에 심각하게 논의했던 방식으로 취급하기도 한다.

2. 자유의 근거들

(1) 아주 가깝고도 먼 원천들

우리는 정결과 인간성 사이의 친밀한 관계에 대해 잊고 있다. 이미 우리의 인생이 합리적으로 실현되어야 한다고 생각한 이래로 우리의 행동거지가 합리적으로 이뤄져야 한다고 믿어왔다. 그러니까 우리의 정념이 이성의 지배 아래서 통제 내지 조절되어야 한다는 것은 명백한 사실로 받아들여져 왔는데, 오늘날 이 사실을 잊어가고 있다는 점은 의외가 아닐 수 없다. 일찍이 그처럼 최고로 고조된 정념이 이성의 지배 아래 놓이는 상태를 가리켜 '정결하다.'고 일컫는다. 그러므로 정결에 대한 거부는 곧 이성의 지배에 대한 거부다. 순전히 정념적인 차원에 머무르겠다는 입장은 바로 인간성 및 인간의 자유에 대해 거부하겠다는 뜻이다.

(2) 이성(理性)과 자유

이성의 세계는 자유가 주도하는 세계이자 물질적인 것이 더 이상 이성을 능가하지 못하는 세계다. 그것은 또한 도덕적인 세계다. 예로부터 인간에게 영혼이 있다는 것은 인간이 사유할 수 있는 정신을 지니며 보편적인 선에 도달하기 위해 끝까지 투신할 수 있는 의지를 발휘할 수 있음을 뜻한다. 그 때문에 그 어떤 부분적인 선만으로는 인간의 욕구가 충족될 수 없다. 인간은 부분적인 선을 취할 수 있듯이 다시 그것을 버릴 수도 있다. 그 까닭은 인간이 무엇이든 세상에서 취하는 좋은 것으로부터 거기에 내재하는 부분적인 선을 볼 수 있지만, 그로부터 또한 그보다 더 뛰어난 선을 갈망하게 되는데, 그것은 거기 부분적인 선에 뭔가 아직 부족한 것이 있음을 의식할 수 있기 때문이다. 한평생 쇼핑 - 투어에 빠진 사람은 무엇이든 갖고 싶은 자질구레한 것들을 다 사들일 수 있다고 해도 자신의 소유욕을 온전히 채울 수 없다는 것을 안다. 그의 지갑은 언젠가 동이 나겠지만 그가 원하는 것은 끝이 없기 때문이다. 그러나 사람이 자신의 재산을 모조리 지불해서라도, 오직 한 가지, 곧 하느님을 곁에 모실 수 있다면, 그때에 그는 더 이상 원할만한 것이 남아있지 않을 테니, 쇼핑은 이제 부질없는 짓이 될 것이다.

(3) 내적인 자유와 외적인 자유

인간의 전체 상황을 진정시킬 수 있는 열쇠는 영성(靈性)이다. 인간의 자유에 가장 근접하는 원천은 영혼, 곧 그의 지성과 의지다. 이 두 가지 요소 배후에는 유일하게 그러한 영적인 실체를 창조하신 전능하신 하느님이 계신다. 인간이 영적인 존재이기 때문에 자유를 행사할 수 있다. 인간이 영적인 존재이기 때문에 그가 행사하는 자유는 영원한 차원에 속한다. 다시 말해 자유는 올바르게 행사하든 그릇되게 행사하든 영원한 것이 된다. 그도 그럴 것이 영적인 것은 사라지지 않는 만큼 영원한 목적을 추구하기 때문이다.

따라서 인간의 의지 및 지성은 본래 세상에 의해 구속(拘束)될 수 없다. 인간이 영적인 존재로서의 지위를 포기하지 않는 한, 그래서 자신의 이성으로 삶을 제어할 수 있는 한, 그는 결코 부자유스러운 삶을 살지 않는다. 그와 같은 사람은 자유시민이라는 외적인 신분보다 훨씬 더 중요한 내적 자유를 누린다. 그런 의미에서 황제조차도 자신에게 노예가 될 수 있는 반면, 노예도 자신에게 완전한 주인이 될 수 있으며 가장 자유로운 인간이 될 수 있다. 외적인 자유는 마치 연모의 감정이 노골적으로 드러나듯 위험천만한 것이다. 그것은 빼앗길 수도 있다. 그에 반해 내적인 자유는 다만 자기 자신에 의해 포기될 수 있을 뿐이다. 그 어떤 폭력이나 계략 혹은 술수로도 우리에게서 내적인 자유를 빼앗아갈 수 없다. 그래서 바로 이 자유가 인간의 정결 혹은 순수함을 지켜주는 훌륭한 보루가 된다.

오늘날 많은 사람들이 인간의 순수함을 지키려는 싸움을 그저 추상적이고 학문적인 차원에서만 생각하려는 경향이 강한 것은 불행한 일이다. 여러 가지 도덕적인 문제들이 그러하듯이 과연 인간의 순수함을 지키는 일을 두고 모두에게 직접 적용시킬 수 있는 적도(適度, 적정수준)를 말하기는 어렵다. 인간은 누구나 자신의 권리든 자신의 아내 혹은 가정이든 자신의 소중한 무언가를 공격하는 외부의 것들에 대해 최대한 힘을 다해 저항하기 마련이다. 하지만 자신의 덕에 대해 공격을 당할 때에는 그러한 태도와 다른 식으로 반응한다. 이때 당사자는 지나치게 일방적으로 생각에 깊이 빠지지만, 이를 지켜보는 구경꾼의 입장에선 논쟁의 승자가 누가 되든 별 관심이 없다. 그러나 그렇게 깊이 생각하는 것은 꼭 필요한 일이다. 왜냐하면 이러한 문제들은 개개인 누구에게나 인격적으로 매우 중대한 사항이기 때문이다. 그러나 오늘날 인간의 영혼 혹은 지성과 의지에 대한 공격들이나 나아가 하느님에 대한 거친 공격들이 초래한 결과들은 인간의 몸이나 재산 혹은 가족에 대한 육체적 혹은 물리적인 그 어떤 치열한 비난이나 공격으로 빚어진 결과에 비해 훨씬 더 심각하다. 영적인 존재 영역에 가하는 이 같은 공격은 완전히 인간을 무너뜨리는 문제임에도 불구하고 현대인들은 그 앞에서 할복(割腹)을 요구할 만큼, 아니 물질적이거나 육체적인 소유물에 대한 공격보다 더 심각한 문제로 보지 않기 때문이다.

확실히 인간에게 영적이고 이성적인 부분을 위협하는 것은 무엇이든 그의 자유 또한 위협한다. 왜냐하면 자신의 고유한 입장을 밝히는 자유란 곧 자신의 영적이고 정신적인 토대 위에 세워지기 때문이다. 몸과 육체적인 욕구 나아가 한시적인 세상이 영혼이나 의지 나아가 영원한 세계보다 우선시될 경우 인간은 더 이상 자유롭지 못하게 된다. 차라리 그는 육체의 노예가 되고 만다. 더 이상 인간일 수 없다는 뜻이다.

절제의 덕이 발휘되어야 할 대상과 관련하여 우리가 살펴보았다시피 인간이성의 주도적인 활동을 위협하는 심각한 것으로서 세 가지(먹는 일과 마시는 일 그리고 몸가짐)를 손꼽을 수 있다. 이 세 가지는 매우 위협적이다. 왜냐하면 그와 관련된 행위들은 우리의 본성이 가장 먼저 감각적으로 보상받고 싶어 하는 것으로서 지극히 필수적인 행위에 속하기 때문이다. 그래서 보통 우리는 그러한 것들이 일차적으로 추구하는 것들에서 배제되거나 소홀히 취급되지 않도록 신경을 곤두세운다. 또한 그러한 것들이 이성과 충돌할 수 있는 문제점을 해소하기 위해 사람들은 일찌감치 덕으로 무장해왔다. 그리하여 자신을 공격하는 적들의 부류나 싸우는 방식을 앞서 파악하고 효과적으로 해소할 수 있는 기술을 발전시켜 왔다. 그처럼 덕을 통해 닦아온 기술적인 행위들로서 우리는 세 가지를 손꼽는다. 예컨대 절식, 절주 그리고 정결이 그것이다. 하지만 덕에 기초한 기술적인 행위들은 실제 이처럼 셋이라는 숫자보다 훨씬 더 다채롭다.

오늘날에도 여전히 이 세 가지 덕의 실천을 요구받는데, 이 덕의 실천은 인간 본성, 특히 인간의 감각적 욕구를 적대시하는 입장에서 요구되는 것이 아니다. 이들 덕의 실천이 오히려 인간의 본성 및 인간성을 수호하고 진작시키는 데에 초점을 맞추고 있다는 사실은 변함없는 진리다. 이 근본적인 사실을 직시할 때 우리는 그러한 행위들을 제대로 이해할 수 있다. 정녕 우리에게서 이 덕들이 잘 훈련된 군인들처럼 거침없이 발휘될 때 온전한 주체로서의 삶을 효과적으로 누릴 수 있게 될 것이다. 이 덕들은 인간 안에 내재하는 혼란스러운 욕구를 조절하며 느닷없이 솟구치는 정념을 유용하고 의미심장한 에너지로 전환시킨다. 이러한 사실을 이해할 수 있다면, 왜 어떤 사람은 폭군처럼 행동하게 되는지 그 의문도 사라질 것이다. 왜냐하면 혼란스런 욕구와 수시로 찾아드는 정념에 의해 찰나적이고 이기적인 목적에만 눈이 어두워지는 사람에게 그렇듯 덕이 제 역할을 다하지 못할 때, 폭정이 벌어질 수 있기 때문이다. 이때 이성의 역할은 우리에게서 일어나는 정념들을 직접적으로 억누르는 데에 있는 것이 아니다. 이성은 그러한 정념들이 품은 고유한 목표에 효과적으로 도달할 수 있도록 최선의 길을 모색한다. 그러한 정념들의 고유한 목표는 분명 그 사람의 궁극적인 안녕에 기여하는 것이어야 하지만, 잘 다듬어지지 않은 정념들의 무분별한 폭발로 인해 도리어 그러한 목표가 피폐해지거나 좌초되곤 한다.

3. 자유를 수호하려는 행위

(1) 지나친 식탐과 맞서 – 절식(節食)

1) 금욕적인 삶의 본질

음식과 관련하여 덕을 생각하는 것은, 곧 도덕적으로 올바른 식음(食飮)에 대해 신중히 고려하겠다는 것은 우리가 음식을 취하는 중에도 죄를 저지를 수 있음을 시사한다. 오늘날 소극적인 차원에서 자유를 "수호하는 것들"에 대한 공격이나 방어가 무엇인지에만 갇혀 생각하는 일은 어리석어 보인다. 인간은 음식을 거절할 수도 있고 실제 종종 그렇게 거부하기도 한다. 아무런 식욕을 느끼지 못해서나 죽음을 앞당기기 위해서 굶을 수도 있다. 그러나 이 두 가지 경우에는 '절식'이라는 덕의 의미가 내포되어 있지 않다. 덕으로서 절식은 반드시 음식에 대하여 우리의 의지뿐만 아니라 '이성'이 개입되어야 한다. 그래서 어떤 사람이 참회의 의미에서 커피숍 운영을 중지하겠다고 하고, 나아가 설령 그러한 포기가 그의 가족을 희생시킨다고 하더라도, 진정 덕을 실천하는 사람은 아니다. 나아가

밤새 기도하기 위해 깨어 있다가 한낮에 일을 해야 하는 시간에는 꾸벅꾸벅 조는 이제 막 금욕생활을 시작하는 초보자의 경우도 진정으로 덕을 실천하는 사람은 아니다. 상기 두 사례에는 덕이라고 말하기에는 적절치 못한 점이 발견되기 때문이다. 분명히 말하지만, 덕으로서 절제를 실천하는 행동은 이성과 의지가 주의 깊게 동반된 경우에 한한다. 절식이라는 덕의 실천은 합리적인 판단과 선한 의지를 앞세워 음식을 제한하는 것을 의미한다.

2) 금욕적인 삶 – 단식(斷食) : 그 목적, 자연스러움 그리고 그 기간
① 단식의 목적

절식은 음식의 남용을 멈추게 한다. 금욕적인 행위의 한 형태로서 단식은 그보다 한발 더 나아가는 행동으로서 무엇이든 그 어떤 남용 없이 식음하는 것조차도 중단하는 것을 가리킨다. 반복해서 말하지만, 이는 물론 음식 자체를, 우리가 먹어야 한다는 사실을 역겨워하는 행위와 다르다. 확실히 만족스럽게 식음하는 것이 잘못된 것은 아니다. 흔히 포만감은 우리에게 기쁨을 가져다주는 것들 가운데 하나다. 다만 자신의 고상함에 상처를 남기는 구걸행위로나 겨우 먹고 살 수 있고, 따라서 먹는 것 자체가 치욕스럽게 느껴지는 걸인의 경우가 아니라면 그것은 분명히 우리의 삶을 기쁘게 하는 요인이 된다. 필요한 음식을 거부하는 단식행위가 덕의 수준에 오를 수 있으려면 그 단식이 합리적인 행위여야 한다. 이때 합리적인 행위일 수 있는 경우는 오직 그러한 단식이 단지 음식을 먹지 않는 행위 자체가 추구하는 목적보다도 더 고상한 목적을 지향할 때뿐이다.

만일 내가 지금 스테이크 한 접시를 먹고 싶을 만큼 건강한 식욕이 샘솟고 또 전혀 그릇되지 않은 상황에서 정당하게 그 음식을 취할 수 있음에도 불구하고 그것을 거부한다면, 그렇게 행동하는 데에 어떤 이유가 있을 것이다. 그런데 만일 그러한 거부행위가 다른 이유에서가 아니라 정신 나간 태도에서 이루어졌다면, 혹은 음식 자체는 악한 것이고 그래서 무조건 먹는 것을 피해야 한다는 신념

에서 비롯한 행위라고 한다면, 그것은 덕에 속하는 행위는 아닐 것이다. 하지만 보다 더 고상한 목적을 위해 취해진 행위라면, 예컨대 영혼을 추스르기 위한 훈련이나 속죄 혹은 자선을 위해 단식하는 것이라면 그것은 덕에 속하는 행위라고 보아도 좋을 것이다.

우리는 매번 사순절이 시작되는 첫 번째 주를 돌이켜 볼 때 단식하게 되는 보다 더 고상한 목적에 관하여 구체적으로 생각하고 체험할 수 있는 기회를 얻는다. 그리고 그렇듯 사순시기를 보내면서 비록 며칠이 지나지 않았지만 그래도 성공적으로 금욕생활을 마친 후에 우리는 만족이나 자긍심 혹은 보다 더 고상한 인간적인 성취감도 아울러 느끼게 된다. 우리는 신앙인들이 충분히 자신을 제어해왔다는 사실을 깨닫게 될 것이다. 그러한 사실은 실제 우리가 스스로 옛 삶을 청산할 수 있고 새롭게 살아갈 수 있으며 또 그렇듯 우리에게 뛰어난 능력이 있음을 함축한다. 우리는 그런 측면에서 탁월한 존재임을 자랑하듯 우리 자신을 '인간'이라 부르며 긍지를 가져도 좋을 것이다. 우리는 그렇듯 우리가 인간이라는 사실로써 어떤 기쁨을 체험하면서 살아간다.

그와 같은 고상한 목적들을 두고 세밀하게 추인하는 작업은 사실 그러한 것들을 알아보는 것 이상으로 필요한 일은 아니다. 단식을 통해서 우리는 이성이 우리 자신에게 주인처럼 행세해야 한다는 사실을 의심하지 않고 우리의 욕구(식욕)가 그에 복종하는 법을 배워 익히게 된다. 그것이 당연해 보이기 때문에 우리의 욕구가 이성에게 복종하는 법을 배워 익히도록 훈련시키는 것은 사뭇 쓸데없는 일처럼 비쳐질 수 있다. 그러나 이 같은 훈련은 중요하다. 왜냐하면 우리가 이성을 잃지 않고 그의 통제 아래서 합당한 삶을 일궈나갈 수 있도록 욕구를 조절하는 일이 결코 당연하게 이뤄지지 않기 때문이다. 한 단계 더 높이 뛰어 오를 때마다 단식은 분명히 우리의 본래의 모습을 되새기게 해준다. 모든 죄악은 훔친 즐거움이다. 최소한 제멋대로 즐거움을 찾으려는 의지가 활개 침으로써 벌어진 잘못들이다. 단식의 영광은 합법적인 즐거움이다. 그래서 단식은 죄로 인한 잘못을 속죄하는 행위이자 죄의 본질을 통감하는 행위다. 우리는 아주 오랫동안 단식할 수는 없으며 아무도, 심지어 소매치기든 은행 강도든, 자신의 죄악으로 얻은 그 어떤 것도 오래가지 못한다는 사실을 깨닫지 못한다. 죄악에서 이뤄진 모든 것은 반드시 회복되어야 한다. 설령 그 회복기간이 영원(永遠)을 필요로 한다고 하더라도 말이다.

좀 더 고상한 계획 아래 단식을 시도할 경우 그 금욕적 행위에서 하느님과의 만남을 주선하는 어떤 측면을 발견하기가 어렵지 않다. 과거 공공 교육기관의 수업시간표에 의하면 노래 부르기 수업이 점심시간이 끝나자마자 곧바로 진행되었다. 수업시간의 배정은 공정했다고 하지만 식사 직후 노래 부르기는 꽤 불편했다. 물론 음식으로 든든히 배[胃]를 채운 다음 그와 같은 활동을 하는 것이 나쁜 것은 아니라고 말할 수도 있다. 하지만 물질적인 차원이야 어떻든 간에 심리적으로는 음식에 대한 욕구가 충족되는 순간 정신활동이 둔해진다는 것은 분명하다. 우리의 정신에게도 마치 강아지가 따뜻한 구석으로 기어 들어가 잠을 청하는 것과 같이 느슨해지는 경향이 있다. 그래서 수도자들의 단식행위는 우리가 쉽사리 어떤 침울한 분위기에 빠져 들어가려는 어리석음을 피하려는 행위와 흡사하지, 감각적인 쾌락을 혐오하는 마음에서 우러난 행위가 아니다. 수도자의 생활에 가장 우선하는 과제는 당연히 관상기도다. 그래서 단식은 그러한 관상기도를 특별한 방식으로 보조하는 의미를 띤다. 성 도미니코 연구소에서의 저녁 만찬은 보통 가볍게 치러진다. 그런데 9월부터 부활성야 전까지는 훨씬 더 가볍게 치러진다. 우리의 연구 활동이 가장 풍성하게 성과를 맺는 때가 (새털처럼 가볍게 아침식사를 마친 이후의) 오전과 저녁(식사 이후)시간 그리고 그 이후 조금 더 길어질 경우 한밤중이라는 사실은 우연이 아니다. 그런 시간들마다 물론 불편한 요소들이 아예 없는 것은 아니다. 하지만 무엇보다도 수도원의 생활은 편안함을 추구하기보다는 오히려 관상에 젖는 삶을 추구한다. 그래서 차라리 생활 속의 불편함은 진리와 같은 보다 더 고상한 목표에 이르기 위한 유용한 수단으로서 탁월하다고 말하는 데에 낯설지 않다.

② 단식의 자연스러움

그렇다면 이러한 모든 사실로부터 단식은 그리스도인들이 금욕적인 삶을 추구하는 중에 구상해낸 수단일거라는 잘못된 결론에 이를지도 모른다. 그것은 사실이 아니다. 속죄의 수단으로서 또 몸과 마음을 통제하는 수단으로서 그리고 우리 자신을 고양시키는 수단으로서 단식을 평가하는 관점은 사람들 사이에 꽤 잘 알려져 있다. 그래서 단식행위는 초보적인 종교인들도 자주 활용하는 수행방식으로 많이 알려져 있으며, 토마스 성인 역시 진술하고 있는 바와 같이 – 학문의 전당인 대학에서 인간의 행위를 고찰하기 훨씬 이전부터 사람들이 구현해온 것으로서 – 단식은 상기 세 가지 관점에 의거해서도 분명히 자연법에 기초한 것임을 알 수 있다.

자연법은 물론 아메리카의 한 인디언(이로쿼이) 부족에게 성 금요일에 단식해야 한다고 명령하지 않았고, 아프리카의 피그미족에게 '재의 수요일'에 단식재(斷食齋)를 지켜야 한다고 지시하지도 않았다. 당연히 에스키모인들에게 사순절이 처음부터 자연법이 정해준 전례시기로 이해된 것은 아니다. 단식을 실제로 언제 하느냐 하는 것은 그 시기에 대해선 확정하지 않은 자연법을 보편적으로 수용한 인간이 적극적으로 정한 것이다.

이 같은 설명은 단식재에 대해 가르치는 교회의 입장에 함의된 보편적인 특성을 말해준다. 단식재를 지키는 데에 특별히 어려움을 갖는 이들이 있다. 예컨대 어린아이들이나 고된 육체노동자들 그리고 구걸해서 먹어야 하는 이들이 그러하다. 하지만 이들에게 단식재를 관면해준다고 해도 정결한 삶을 위한 의무가 함께 사라지는 것은 아니다. 정결한 삶을 지향하는 고행은 일종의 특권이다. 어떤 이에게는 개인의 성숙한 삶을 위한 좋은 기회이지만, 또 어떤 이에게는 피하고 싶은 불쾌한 개념이자 자신의 권리를 박탈하는 고행일 수 있다. 성 바실리오는 어떤 사람들이 단식할 수 없다고 주장하는 것을 두고 이해할 수 없다고 설교한 적이 있다. 그는 말하길, 부자들에게는 그들의 초대 손님 명단에 단식이 빠져 있다면 [잔치가] 완전하지 못한 것이었고, 가난한 자들에게 단식은 그들의 식탁에 합석하는 오랜 동반자였다고 한다. 나아가 단식은 여인에게는 숨을 쉬는 것처럼 자연스러운 행위이며, 나이든 이들에게 그러하듯 어린아이들에게도 마치 어린 나무에 물을 주는 것처럼 필요한 행위라고 설명한다. 그래서 이미 단식은 사람들에게 제2의 본성처럼 자연스러운 것으로 오랫동안 지켜져 왔다고 가르친다.

③ 단식의 기간

단식의 목적은 그런대로 잘 이해된다고 하지만, 언제 그리고 얼마 동안 단식하느냐 하는 것은 교회가 정한다. 당연히 우리가 속죄를 하거나 주님의 수난과 죽음 그리고 부활을 기념하며 묵상하는 가운데 하느님의 나라와 그분의 뜻을 살피며 마음을 추스르는 데에 특별한 날짜가 정해져 있는 것은 아니다. 우리가 어떻게 성인들이 하늘나라에 들어가는 데에 필요한 기도 및 덕행의 날짜 및 기간을 알아볼 수 있을까? 우리는 눈앞에 벌어지는 찬란한 부귀영화를 평가하는 데에 정신을 쏟는 것보다 더 교회 내 그때마다 정해진 대축일의 충분한 의미를 잘 되새길 수 있기는 할까? 단식재와 같이 세상에 속한 것들에 대해 눈을 감듯 거리를 두는 고행은 당장 하느님 나라와 그분의 뜻에 우리 자신을 들어 올리는 데에 충분한 행위는 아니다. 하지만 우리의 신앙은 우리의 삶 속에서 실현되어야 한다. 진리의 본향(本鄕, patria)에 다다르기 전까지 우리는 [과거에는] 한 해의 각 계절마다 그래서 세 달마다 사흘 동안 단식하도록 되어 있었다. 그래서 그런 날들을 가리켜 "재(齋)를 지키는 날"이라고 불렀다. 이 기간에 사제서품이 거행되곤 했고 매우 중요한 전례 및 사목 규정들이 공포되기도 했었다. 나아가 이 기간은 교회 안에 새로운 신앙인들이 태어나는, 소위 세례식을 거행하기에 좋은 기간으로 여겨왔다.

3) 절식과 반대되는 생활 – 폭식(暴食)

① 폭식(해로운 식사)의 형태

단식으로 다져진 정갈한 몸가짐은 방탕한 삶으로 인해 흐트러진 모습과는 매우 대조적이다. 그것은 잘 준비된 톱 – 가수와 단지 음악회에 구경 나온 관객 사이의 차이만큼이나 뚜렷하다. 한쪽은 화려한 의상만큼이나 세련된 몸놀림으로 리듬을 타며 때로는 우렁차게 때로는 감미롭게 목소리를 뽐내며 청중의 탄성을 자아내게 하는 반면, 다른 한쪽은 별다른 의욕 없이 세월을 보내는 듯 축 늘어진 뱃살과 불편하게 보이는 행동으로 제 나이보다 훨씬 더 나이든 사람처럼 둔한 모습조차 개의치 않는다.

알다시피 방탕한 생활 가운데 하나로 지목되는 폭식은 단지 최고로 맛난 것만을 찾거나 뜬금없이 많이 먹는 것을 가리키는 것이 아니다. 다시 말해 폭식가는 미식가나 대식가만을 가리키는 것이 아니다. 폭식가는 오히려 이성이 정해주는 선(線)을 훨씬 뛰어넘어 식탐을 갖거나 식음의 즐거움을 좇는 사람을 가리킨다. 만일 우리가 그저 '양적인 차원에서 음식에 대해 욕심 부리는 것'으로만 폭식의 의미를 새긴다면, 일찍이 아우구스티노 성인이 예리하게 고백한 인간적인 대목을 돌이켜 보는 것이 좋을 것이다. 예컨대 그는 "주님, 필요 이상으로는 조금도 음식을 입에 대지 않는 자가 어디에 있겠습니까?" 하고 고백하였듯이, 어쩌면 아무도 적당량의 음식만 먹지는 않는다. 폭식은 그런 점에서 단순히 양적인 차원의 개념이 아니라 정신적인 차원의 개념이다. 실제로 단식은 아예 먹을 것이라곤 하나도 없는 사막과 같이 고립된 곳이나 기껏 빵 두 조각의 초라한 음식으로 차려진 아침식탁에서도 행해질 수 있다. 자신의 음식을 구하려고 평소 아주 열심한 사람에 의해서, 부엌살림이 넌더리가 난 사람에 의해서 혹은 시간을 두고 음식을 기다리는 것을 못견뎌하는 사람에 의해서도 외형적인 단식은 이뤄질 수 있다. 그에 반해 폭식의 형태는 정말 기가 막힐 정도로 다양하다. 예를 들어, 자신의 음식이 준비되는 전 과정을 사사건건 간섭하는 미식가의 경우도 폭식에 해당되며 또는 노골적으로 피가 드러난 소고기 조각을 불쾌하게 여기는 결벽증 환자의 경우도 폭식에 해당된다. 사치스러운 생활에 젖은 사람은 다이어트를 하더라도 캐비어와 샴페인을 즐기는 미식가에 뒤지지 않게 많은 돈을 쓴다. 양적인 차원에서 대대적인 일탈로 눈에 띠게 죄를 저지르는 쾌락주의자는 현실적으로 매우 드문 편이다. 그러한 쾌락주의자 혹은 가진 것이 많아서 자랑하려고만 하는 졸부들의 모습은 어쩌면 거대한 회관이나 경기장을 하룻밤 저녁만찬을 위해 특별 연회석으로 개조한 건축가들의 자료집에서나 짐작할 수 있을지 모르겠다.

② 폭식이란 죄의 본래적인 성격

본래 폭식과 같은 방탕한 행동은 보통 용서받을 수 있는 소죄에 해당한다. 다만 우리가 음식을 하느님께 등을 돌리려는 목적으로 이용할 때만 대죄가 된다. 확실히 먹고 즐기는 생활을 죽을 때까지 계속하는 사람은 그와 같은 대죄를 저지르기로 작정한 자라고 하겠다. 방탕한 삶을 계속함으로써 그렇듯 죄에 쉽사리 젖어드는 이치는 피임으로 몸이 망가지는 것을 느끼지 못한 채 계속 그런 잘못을 저지르는 것과 흡사하다. 둘 다 자연스러운 본성을 거스르는 행위라는 점에서도 닮아있다. 본성적인 자질을 왜곡함으로써, 그러니까 (쾌락주의자의 경우처럼) 본래 목적으로나 정당한 것을 수단으로 잘못 사용함으로써 오히려 그러한 수단들이 종속해야 할 목적을 고의로 파괴하는 것이다. 이 두 가지 행위, 곧 폭식과 피임에 차이가 있다면, 전자는 그래도 [음식의 섭취가 이루어지는 만큼] 그 자연본성의 일차적인 목적인 신체를 완전히 파괴하지는 않지만, 후자의 경우는 종족의 번성이란 성적 결합의 목적을 파괴한다는 점에서 더 나쁜 결과를 초래한다. 하지만 둘 다 자연본성의 이차적인 신체적 목적을 매우 심각하게 훼손한다고 말할 수 있다. 그리하여 한 개인의 삶을 결과적으로 피폐하게 만들어 회복할 수 없는 상태로 떨어뜨릴 수 있다. 자연본성을 거스르는 죄악들이 단순히 본성을 거스르기 때문에 하나같이 통탄스럽다고 말하지는 않는다. 오히려 그러한 죄악들의 크고 작음은 자연본성이 정한 목적을 이룰 수 있는 기회를 방해하고 우리의 삶에 얼마나 오랫동안 까다로운 장애물을 설치하느냐에 달려 있다.

③ 폭식과 같은 방탕한 행동이 초래하는 꼴불견

앞선 설명들을 토대로 우리는 폭식과 같은 방탕한 행동이 심각한 중죄라기보다는 혐오스러운 소죄에 해당한다는 결론을 내려도 괜찮을 듯하다. 그러한 행동이 우리의 눈에 거슬린다는 데에 크게 불편함을 느낀다는 뜻이다. 하지만 그 같은 행동도 습성처럼 계속 이어지게 되면 매우 위험한 행동이 된다. 심각한 중죄가 될 수 있으니, 그로부터 초래되는 볼썽사나운 꼴불견들도 우리가 자주 경험하게 되듯이 위기적인 상황을 가져올 수 있기 때문이다. 방탕한 행동은 인간에게서 동물적인 측면을 부각시켜 오히려 그런 측면을 주도해야 하는 이성의 지위를 묵살하고 이성보다 앞세우는 행동을 가리킨다. 그로 인해 이성이 몽롱해지고 지쳐버린 듯이 자신을 제대로 가누지 못한 처지가 되고 만다. 그런 사람은 이성이 총기가 넘치듯이 활달한 모습을 보여주는 정결한 사람과는 아주 대조적이다. 이성이 잠들거나 몽롱한 상태에 놓일 경우 인간의 나머지 다른 측면들이 마구잡이로 날뛰게 된다. 우리는 꼴사납고 역겹게 보이는 쾌락을 추구할 수도 있다. 남을 두고 험담하는 수다나 거짓으로 웃음을 꾸며내는 잡담이 그러하고 부적절하게 조아리거나 아부하는 몸짓도 그 중 하나다. 이러한 행동들은 모두 이성의 통제에서 크거나 작게 벗어난 것들이다. "똥 묻은 개가 재 묻은 개를 나무란다."고 하듯이, 역겨움의 최고봉은 방탕하게 살아가는 중에도 알아채지 못할 만큼 이미 불결해질 대로 불결해진 사람일 것이다.

(2) 지나친 음주와 맞서 - 절주(sobrietas)

1) 절주의 본질

음식을 제멋대로 취하는 행동은 인간의 주체성을 은밀하게 조금씩 그리고 날마다 갉아먹는다. 그러나 취하도록 술을 마시는 행동은 그와 같은 은밀한 기교 없이도 인간을 망친다. 한순간에 나락으로 밀어버려서 아무도 도와줄 수 없는 지경에 떨어뜨린다. 물론 그것은 이성에게 매우 특별히 위협적인 것이라서 정신을 차릴 겨를도 주지 않기 때문에 아예 그런 상황에 놓이지 않기 위해서 그만큼 더 각별한 덕이 필요하다. 소위 '절주'라는 덕이 그것이다. 절주와 금주는 동의어가 아니다. 사실상 절주는 음주행위를 완전히 금하는 것을 목표로 삼는 것이 아니다. 오히려 절주의 관심사는 이성을 놓지 않는 상태에서 음주행위가 이루어지는 데에 있다. 그것은 달리 자율성 및 주체성을 잃지 않는 가운데 음주가 행해지고, 그로써 소위 깨어난 후에도 알아차릴 수 없을 행동[酒邪]을 하지 않도록 스스로 조절할 수 있는 능력을 잃지 않는 것이다.

2) 절주에 반대되는 생활 – 폭주

토마스 성인은 당시 이러한 절주의 덕이 특히 젊은 시기에 또한 부녀자와 나이든 이들과 사회적으로 존경을 받는 이들에게 반드시 요구된다고 생각했다. 오늘날 우리는 알코올 중독자 및 술주정꾼들의 신분이 많이 바뀌어버린 만큼 한편 놀라운 기색을 감출 수 없는 가운데 되풀이하여 이 문제와 마주치게 된다. 그러니까 오늘날 심상치 않게 알코올 중독에 빠진 청소년이나 가정주부 나아가 공직자들의 경우를 경험하면서 과거 주로 술에 찌든 뱃사람들이나 중노동자들의 경우와 비교해서 매우 충격적이라고 하겠다. 어찌하여 토마스 성인은 일찍부터 그런 특별한 부류의 사람들이 알코올 중독에 빠질 수 있다고 생각했고, 오늘날 우리는 그렇듯 자연스럽게 그의 생각에 동의하게 된 것일까? 당연히 나이든 사람이나 사회적으로 명망이 높은 사람들은 다른 사람들에 비해 보다 더 철저히 이성적으로 행동해야 하는 이들이다. 그에 반해 (토마스 성인의 견해로) 청소년 시기나 부녀자의 경우 그에 못지않게 절주가 필수적이라고 내다본 것은 먼저 청소년들에게는 남달리 주체하기 힘든 욕망이 솟구치며, 부녀자들에게는 이성보다 감정에 호소하는 경향이 훨씬 더 뚜렷하다는 점 때문이다.

그렇다고 이러한 견해가 아내 된 사람은 똑같은 폭주행위로 죄의식을 갖고 참회해야 하고 남편 된 사람은 아무런 제재 없이 계속 취하도록 술을 마셔도 된다는 것을 의미하지는 않는다. 계획적인 만취가 어떤 이에게는 죽을 죄다. 그런 계획적 만취에는 음주를 지극히 좋아하는 이유로 이성을 교묘하게 활용하는 경우도 포함된다. 그러한 만취 내지 폭주는 당연히 정숙하지 못한 행동이자 불합리한 행동으로서 인간의 주체성에 심각한 피해를 가져다 줄 정도로 우리를 알코올 중독 상태에 이르게 만들 수 있다.

(3) 지나친 성생활과 맞서 - 정결한 생활

이하에서는 그동안 이 단원에서 언급한 적이 없는 사항에 대해 살피도록 할 것이며 좀 더 완벽한 정리를 위해 두 권의 분량으로 늘이더라도 재론하는 일이 없도록 유의하여 거론할 것이다. 나는 여기서 토마스 성인이 서술한 순서와 실제 사용한 자료들을 따르지 않고 내 방식대로 전개할 것이다. 나는 그런 식으로 전개해야 할 이유를 가지고 있는데, 그런 이유들이 그런 식으로 처리하는 것이 더 현명하다는 점을 분명하게 입증해줄 것이라고 믿는다.

1) 얌전한 체하는 행위(내숭)

토마스 성인은 교육기관의 수호성인이다. 그는 젊은 시절 정결을 시기하는 온갖 유혹들 앞에서 기적적으로 구원을 받았다. 그러나 그런 가운데서도 그는 불결함 속에 내재된 의미심장한 무언가를 새길 수 있었고 또 실제로 마음에 새겼다. 그가 「신학대전」을 구상하는 중에 영혼을 물질적인 차원에서 설명하려는 학자들을 위해 특별히 정결과 불결함(개념)에 관하여 상대적으로 많은 분량의 글을

썼다. 확실히 천상적(혹은 천사적) 관점에서 정결 혹은 순수성(정결) 개념을 이해하였던 토마스 성인은 이와 관련하여 체계적으로 논의를 하든 혹은 어떻게든 언급해야 할 경우 바오로 사도가 조심스럽게 행동하도록 충고한 내용 역시 숙지하고 있었다. 다시 말해 이와 관련된 주제들은 그리스도인들 사이에서 정말 필요한 경우가 아니라면 언급하지 않는 것이 좋고, 꼭 언급해야 할 경우라면 최대한 말을 아끼는 것이 좋다는 충고에 대해 토마스 성인은 알고 있었다. 하지만 그는 그것을 신비주의적 태도가 아니라 매우 합리적인 조건 아래서 이해하였다.

토마스 성인이 바오로 사도의 충고를 잘 숙지했고 또 그 주제에 관한 논문을 쓰면서 꼼꼼하게 살펴보았음에도 불구하고 그러나 여기선 그의 논문의 순서와 사용된 자료들에 대해 설명하지는 않겠다. 나는 이 주제에 대해 얌전을 빼며 침묵하지는 않을 것이라고 미리 약속한다. 얌전한 체하면서 침묵하는 행동은 최소한 다음의 두 가지 중 한 가지 이유로 언급하지 않는 것을 의미한다. 그러니까 이제 (함축적으로 섹스를 이미 악(惡)으로 단정해버린 것에 대해) 언급할만한 것은 하나도 남아있지 않다고 보는 이유로 혹은 섣불리 말할 필요가 없다고 보는 이유로 말이다. 전자의 경우는 '섹스를 악으로 설명하기 곤란한 것'이란 관점에 빠져서 위축되어 버린 태도를 포함한다. 후자의 경우는 '섹스가 악이라는 점에 대해선 인정하면서도 설명은 곤란하니 개인적인 판단에 맡겨버리자는 태도를 함축한다. 오늘날 가톨릭교회의 가르침은 얌전한 체하면서 소극적으로 머무르려는 이 같은 태도를 거부한다. 오히려 섹스에 대해 할 말이 많다. 예컨대 그것은 좋은 것이며 그 가운데 많은 것이 매우 아름답다고까지 말한다. 하지만 그렇게 설명해야 할 경우에 적절한 때와 장소를 가릴 수 있어야 한다는 말도 잊지 않는다.

2) 가톨릭교회의 성생활에 대한 입장

교회는 이와 관련된 주제들에 대해 깊이 숙고하여 어떻게 행동해야 좋을지 상세하게 그 규범을 제시하고 있다. 하지만 그렇다고 강의형식을 빌려 주입하는 방식으로나 일반인들이 구입하는 서적을 통해서 제시하지는 않는다. 이는 인격적인 차원에서 해소될 수 있어야 한다고 권고한다. 아니면 최소한 이와 관련된 규범이 반드시 제시되어야 하는 동시에 개개인의 입장 또한 살피는 소규모 그룹 단위로 이 문제에 접근하고 이해할 수 있어야 한다고 권고한다. 이 단원에서 그러므로 나는 교회의 모든 구성원들이 섹스(성행위)에 대해 [글을 통해] 자세히 살피고 또 논의해야 한다고 말하고 싶지는 않다. 그러니까 상세한 설명이나 예시는 피하고 다만 보편적인 진리가 무엇이며 섹스에 대해 바람직한 태도를 가르치는 가톨릭교회의 기본입장(규범)은 어떤 것인지 언급하는 수준에 머무르도록 할 것이다. 그러므로 이하에서는 어떤 충격적인 상황에 대한 보고나 담화가 아니라 가톨릭교회의 입장에서 주목하는 섹스의 아름다움이 무엇인지 소개될 것이다. 물론 나의 소개가 아주 빗나간 것이 아니길 바라면서 말이다.

섹스에 대한 가톨릭교회의 입장이 대중에게 빈번히 오해되어 왔던 것도 사실이다. 왜냐하면 수많은 남녀들이 교회가 한편 동정(virgintas)을 높이 사왔던 전통을 볼 때, 다른 한편 그와 극명하게 대비되는 성생활 및 성적 쾌락은 가차 없이 혹은 무조건 나쁜 것으로 강조하며 가르친다는 인상을 무의식적으로 갖기 때문이다. 교회가 동정을 높이 살 뿐만 아니라 성적 쾌락에 대해 부정적인 태도를 취한다는 것 모두 사실이다. 하지만 중요한 점은 그러한 사실 이면에 자리하는 이유다. 그러니까 세상 사람들이 교회를 반대하며 비방하는 것처럼, 교회가 정말 섹스를 나쁜 것으로 단정하고 저주하거나 섹스에 대해 어떤 혐오스러운 태도를 갖도록 사람들을 부추기는 것은 아니다.

3) 혼인의 축성

만일 우리가 '혼인'(結婚, matrimonium)에 관한 교회의 가르침과 교회가 '성적(性的) 아름다움을 완성하는 수단'으로서 동정의 목적에 관해 가르치는 바를 두루 잘 살핀다면 교회의 입장을 두고 오해하는 일이 훨씬 더 줄어들 것이라고 본다. 이 두 가지 가르침은 가톨릭신자로서 계속해서 살아가는 특징에 대해 잘 대변한다. 두 가지 모두 초점을 맞춘 목표는 '거룩하게 살아야 하는 인간'에 있다. 곧 이 두 가지 생활양식은 사람들이 하느님 나라에 들어가는 것을 목표로 삼아 인간성을 잠식하는 모든 세력과 맞서 싸울 것을 요구한다. 교회는 그런 의미에서 누구보다 앞장서서 인간을 지키려는 어머니와 같다. 그러므로 교회에는 더 이상 먹고 마시며 인간적인 사랑을 나누기 위해 살아가는 인간존재의 기본적인 행위들에 대해 저주하거나 악으로 처단하거나 처분할 이유가 없다.

　남녀의 성적 결합이 오직 지성적으로 이루어지기를 바라는 것은 사랑의 본성에서 비롯한다. 앞선 단원에서도 그랬거니와 지금 이 단원에서도 우리는 사랑의 의미에 최대한 가까이 다가가서 요모조모를 살피고 있다. 호의가 넘치는 사랑스러운 모든 행위나 다정다감한 온갖 행위는 다른 사람(상대방)에게 선을 베풀려는 것을 목표로 삼는다. 그리하여 그러한 사랑의 행위를 주고받는 것은 결국 사랑하는 두 사람의 마음이 서로 같아지려는 것 외에 다름 아니다. 더 확장시켜 말한다면, 우리가 그로써 하나가 되려는 것이다. 사랑을 하게 되면 나의 좋음이 너의 좋음이 되고, 너에게 나쁜 것조차 나에게 나쁜 것이 되는 것처럼 말이다. 인간에게서 고상한 차원의 사랑은 분명 두 남녀가 서로 노력하는 가운데 둘 사이의 관계를 선명하게 만들고 진정 그리고 완전히 서로가 하나가 되려는 것을 목표로 삼는다는 사실을 보여준다. 제대로 사랑하면 사랑할수록 사랑의 순수한 특성이 파악될 것인즉, 그것은 서로 사랑하는 몸짓 속에 서로가 서로에게 바치는 온갖 희생, 봉헌 혹은 복종으로 드러날 것이다.

　교회 혹은 그리스도 자신이 인간이면 누구나 도달할 수 있도록 더없이 숭고한 것들을 가리키는 적절한 표현들에 대해 궁리해왔던 것은 놀랄만한 일이 아니다. 그리스도와 교회는 거듭거듭 그와 똑같은 모습으로 새겨져야 한다. 수녀원에서 하느님께 자신의 삶을 봉헌하기로 결심한 수녀들의 서원은 그리스도의 신부(新婦)

로 살겠다는 약속이기도 하다. 교회의 영성체는 신앙인의 영혼 안에 신랑을 맞이하는 의미로도 해석된다. 최선을 다해 거룩한 삶을 마감한 성인은 마침내 그리스도와 신비롭게 혼인을 한 것이라고 고백하기도 한다. 교회가 이미 그리스도의 배필이다. 이는 그렇듯 더없이 숭고한 존재에 가장 가까이 다가간 모습을 묘사한 독특한 표현으로 이해된다. 왜? 그 이유는 혼인과 혼인의 고유 행위들이 인간적인 사랑의 유대를 표현하는 가장 정감어린 표현이기 때문이다. 우리는 언제든 하느님과의 사랑을 믿음의 차원에서 취할 수밖에 없다. 우리는 서투른 표현이나 키스 혹은 포옹으로 끊임없이 그런 사랑을 확인하며 또 확인시켜야 한다. 하지만 하늘나라에서만은 그런 사랑의 놀라운 특성에 대해 의심의 여지를 남기지 않고 확신할 수 있다. 왜냐하면 거기선 하느님을 통해 다른 사람의 영혼을 직접 마주할 수 있는 특권을 누리게 될 것이기 때문이다. 그때까지 우리는 우리가 알고 있는 사랑의 표지들을 활용하여 우리의 삶을 풍요롭게 일궈내야 한다.

인간의 성생활은 두 가지 탁월한 의미를 띤다. 하나는 사랑의 표현이다. 물론 그 표현은 인간적인 특성이 내포되기를 요구한다. 왜냐하면 인간적인 표현만이 어떤 메시지를 품어서 상대 인격체에게 전해줄 수 있을 것이기 때문이다. 그런 점에서 성행위는 일종의 매개체다. 만일 그로써 전달되는 메시지가 믿을만한 것이 못된다면, 그러한 성행위는 더 이상 인간적인 표현 및 행위와는 상관없는 것이 되고 만다. 그것은 어떤 목적을 위해 존재하며 결코 그 목적과 분리된 채 별도로 의미 있는 행위가 될 수 없다. 그런 목적과 함께만이 인간의 성행위는 사랑의 고결한 표현으로 이해될 수 있으며, 그렇지 않을 경우 성행위는 인간 이하의 존재들에게서 이루어지는 것과 별반 다를 것이 없게 된다. 또 다른 하나는 더 특별히 인간에게만 해당하는 의미로서 하느님의 위대하신 창조사업에 동참하는 것을 가리킨다. 그러니까 완전히 영적으로 새로운 생명을 낳는 일에 참여하는 일이다. 그것은 하느님에게서 나온 불멸하는 영혼이 제 본래의 모습 및 품위를 회복하도록 돕는 것이다. 그것은 하느님에 의해 세상에 나온 생명체가 영원한 하늘나라의 시민으로 운명 지워진 삶을 끝까지 완성할 수 있도록 돕는 것이다.

교회가 혼인을 가리켜 엄격한 정의(正義)의 차원에서 체결되고 완료되어야 하는 '계약'이라고 목소리를 높일 때 마치 부부간의 사랑을 그저 영리(榮利)만을 고려할 뿐 진심은 아랑곳하지 않는 상거래의 일종으로 대체하려는 것이 아니다. 오히려 두 사람의 사랑에 반드시 보증되어야 할 최소한의 어떤 것을 감안하여 그 용어를 택한 것이다. 확실히 정의의 차원에서 다른 사람(상대방)을 인정하지 않는 사람은 자신의 행동이 상대방을 위해서라고 치부할 수 없다. 혼인은 거룩한 일 가운데 하나다. 혼인과 관련된 모든 것들이 그래서 거룩한 분위기 아래서 치러져야 한다. 혼인은 그런대로 참고 지내야 하거나 내키지 않지만 치러야 할 어떤 것 혹은 무덤덤하게 여기는 것이 상책인 어떤 것이 아니다. 혼인계약이 체결된 부부의 삶은 항상 그리스도께서 현전(現前)하시는 장소다. 설령 그 계약을 완성시키는 준비가 부족하여 부부의 삶을 보충해줄 어떤 기적이 더 요구되는 혼인의 경우라도 그리스도께서 거기에 함께 하신다. 거룩한 일이 거기서 벌어진다는 점에서도 혼인은 하나의 성사가 되며 축복이 된다. 혼인은 영혼에게 생명수에 비유되는 은총이 쏟아져 나오는 수로(水路)와 같다. 왜냐하면 인간의 사랑을 가장 잘 드러내는 만큼 혼인은 인간의 삶에 필요한 은총이 쏟아져 나오는 통로로 새 길 수 있을 뿐만 아니라 그로써 하느님의 사랑을 되새기며 거기에 동참할 수 있도록 길을 열어주기 때문이다.

당연히 가톨릭신자는 인간의 육체적인 행위와 동물의 육체적 행위를 전혀 구별하지 않는 일부 과학자나 정신과 의사들에 대해 몹시 분개한다. 그들은 파렴치하게 자신의 전문지식을 앞세워 자기중심의 왜곡된 생각으로 사람들을 상대한다. 그들은 어두운 밀실에서 지저분한 해골을 끄집어내어 살피듯이 버젓이 생명을 가진 인간 및 환자를 너무 쉽게 다루려고 한다. 그래서 때때로 그들은 자신의 야만적인 행동을 대수롭지 않게 여기며 인간에게 내재하는 신성한 측면들을 무시한다. 여기서 언급하고자 하는 생명체의 활동으로서 섹스는 본성적으로 필연적인 행위이지만, 분명 인간성을 심각하게 위협하는 어떤 것이다. 곧 섹스가 최고의 감각적인 쾌락을 가져다 줄 수 있다고 본다면, 바로 그 때문에 그 위협 또한 가장 심각하다고 말하는 것이다. 그런데 그것이 위협적일 수 있는 더 특별한 이유는 그런 성적 행위를 굴복시킬 수 없거나 혹은 아예 폐기시킬 수 없어서가 아니다. 그보다는 그 성적 행위를 없애는 것이 최선이 아니라 덕으로, 곧 정결이란 덕으로 보호해야 한다는 부담스러움에 있다. 본성적인 행위 가운데 하나라는 점에서 성적 행위를 보호하는 일도 게을리 할 수 없기 때문이다. 그런 점에서 섹스는 인간의 삶에 위협적인 것이지만, 동시에 영원한 생명을 향해 나아가는 데에 필수적인 수단이 된다. [한 인간의 삶이 그로부터 시작될 뿐만 아니라 사랑의 의미를 그 무엇보다도 더 확고하게 새길 수 있는 독특한 표지이기 때문이다.]

4) 동정의 탁월함

이 같은 관점에서만이 우리는 동정 혹은 처녀성을 권면하는 교회의 태도를 이해할 수 있을 것이다. 이때 동정은 그 자체 안에 그것을 갈망할만한 근거를 지니는 것은 아니다. 다시 말해 갈망할만한 근거는 오히려 우리의 감각 및 감정을 포기함으로써 [그 너머에서] 획득할 수 있는 결실에 있다. 유다인들 사이에서 [물론 과거 유가(儒家)의 전통에 따라서도] 동정은 오히려 - 소위 아이를 낳지 못하는 여인[石女]의 경우와 더불어 - 여성에게 치욕을 안겨주는 매우 근본적인 악(惡) 가운데 하나였다. 그래서 메시아를 잉태하는 어머니가 되는 것이 모든 여성에게 간절한 염원처럼 전해져왔다. 그러나 그리스도교의 입장에서는 동정이 특별한 의미와 가치를 갖게 된다. 물론 단순히 그 자체 때문이 아니라 그로써 지향하는 목적이 무엇이냐에 의거해서 말이다. 그러므로 그것은 목적이 아니라 하나의 수단인 셈이다. 이런 관점에서 종종 언급해온 바와 같이 사람들에게 좋은 것은 다음 세 가지 항목으로 압축될 수 있다. 그러니까 외재적인 (재물의) 차원에서 좋은 것과 인간의 몸에 좋은 것 그리고 영혼에 좋은 것으로 구분할 수 있다. 외재적인 차원에서 좋은 것은 당연히 물질적인 것에 국한되는 만큼 인간의 몸을 지향하는 것들을 가리킨다. 반면 몸에 좋은 것은 당연히 그 몸을 편안하게 함으로써 결국 그 안에 있는 영혼을 지향하는 것들을 가리킨다. 그리고 세 번째로 영혼에 좋은 것은 당연히 그보다 상위질서에 자리하는, 이른바 궁극적으로 하느님을 지향하는 데에 유용한 것들을 가리킨다. 그러므로 몸을 위해서 외재적인 좋은 것을 절제하는 행위는 합리적일 수 있다. 그와 마찬가지로 영혼을 위해서 몸에 좋은 것을 삼가는 행위는 능히 탁월한 선택이라고 말할 수 있다. 그래서 보다 더 높은 영적인 가치를 위해서 [육체 및 감각에 의한 본성적인 기쁨조차 삼가는 의미로서] 가톨릭교회가 권면하는 동정은 일찍부터 그리스도교 사상 안에 특별한 가치와 위상을 갖는다.

　동정은 위대함이 자유와 맺는 것과 똑같은 관계를 정결과 맺는다. 그래서 평생의 동정이 마치 대기업의 자금을 운용하는 모습에 비유한다면, 소액결제를 담당하는 정결이 필수적이기 때문이다. 그도 그럴 것이 동정은 인간성에 어긋나는 부당한 기쁨에 한순간이라도 기웃거려서는 안 되고, 심지어 정당하게 누릴만한 기쁨조차 하느님께 더 완전하고 더 직접적으로 복종하기 위해 기꺼이 그리고 한 번도 어김없이 포기할 수 있어야 유효하기 때문이다. 혼인이 축성된 삶이라면, 동정은 그보다 한층 더 고상한 것이다. 여기에는 영웅적인 삶이 내포되어 있다. 인간적인 것을 신적인 것을 위해 혹은 몸에 좋은 것조차 영혼을 위해 기꺼이 물리칠 수 있는 용기가 필요하기 때문이다. 동정녀를 어머니로 택하신 그리스도는 또한 동정녀를 당신의 가장 가까운 친구로 삼으셨다. 동정을 위해 싸웠던 바오로 사도는 사랑을 혐오하는 사람이 아니었다. 또한 그처럼 동정을 지켜온 사람들은 많은 세대가 놓쳐버린 진리를 누구보다 깊이 인식하였다. 그래서 동정을 지키며 한평생 살았던 신앙인들은 오히려 누구보다도 열정적으로 살았다. 이는 물론 인간적인 사랑의 포기로 비쳐지지만, 그것은 실상 하느님 나라를 위해 자신의 삶을 오롯이 봉헌한 것을 뜻하기에 다른 어떤 표현보다도 '동정녀의 사랑'이란 표현이 유일하게 잘 어울린다고 말하고 싶다. 동정녀의 사랑과 지어미의 사랑 사이의 차이를 말하자면, 후자는 하느님의 사랑을 향해 한 걸음 한 걸음 내딛는 사랑인 반면, 전자는 하느님의 품속으로 와락 뛰어드는 사랑이다. 그래서 우리는 인간적인 사랑을 한층 더 자연스럽고도 아름답고 또 고결하게 승화시켜 하느님께 온전히 다가가려는 열정을 거기 동정에서 목격하게 된다.

　동정은 남달리 젊고 발랄한 아름다움을 발하더라도, 그 때문에 덕들 가운데 가장 훌륭한 것으로 손꼽히지는 않는다. 그것이 정결의 가장 높은 수준을 의미하는 것은 맞지만, 거기가 덕의 최고 정점은 아니다. 오히려 희생을 감수하는 덕들 사이에서 동정은 상대적으로 낮은 위치에 있다. 왜냐하면 순교자는 자신의 생명을 내려놓고, 종교인은 자신의 의지를 내려놓는다면, 동정녀는 다만 인간의 본성에서 이뤄지는 합법적인 쾌락들을 내려놓는 것이기 때문이다.

5) 성생활의 기쁨 혹은 쾌락의 변(핑계)

　인간은 자신의 보금자리인 영혼 주변을 자신의 악한 소행이 벌거숭이처럼 배회하는 것을 진심으로 거부한다. 그들에게 옷을 입혀주어야 한다. 비록 그가 최선을 다해 제공할 수 있는 것이 그럴싸한 허름한 외투에 불과하더라도 말이다. 고래로 인간은 근본적으로 '이성적 동물'이라고 믿어왔다. 그럼에도 인간은 그의 이성적인 특성을 모른 척 하며 살 수도 있다. 하지만 그가 악한 소행을 저지를 때에도 그의 이성적인 특성을 완전히 벗어날 수 없는 것이 진실이다. 결과적으로 모든 인간은 나름 자신의 쾌락 혹은 기쁨을 위해 자신의 이성과 동맹을 맺는다. 물론 거기에 정당한 이유가 발견되지 않는다면, 스스로 만들어서라도 말이다. 오늘날 나름의 쾌락을 추구하는 다양한 핑계들이 점점 더 목소리를 높이고 있다. 예를 들어 심리적인 측면에서 동정이나 정결을 비하하는 변명으로 사람들은 정결이 우리의 본성을 거슬러 싸우도록 신경을 날카롭게 만들기 때문에 우리 자신에게 상처를 준다고 한다. 이 같은 그럴싸한 논리는 인간과 동물을 본성적으로 동일하게 취급하려는 데에서 비롯한다. 왜냐하면 동물과는 달리 인간에게서 자신의 정념 내지 감정을 추스르거나 조절하는 행위가 부자연스럽거나 정말 본성을 거스르는 행위는 아니기 때문이다. 당연히 정념을 있는 그대로 모두 표출하는 것이 자연스럽다고 주장하는 것도 순수 인간적인 모습에 근거한 것은 아니다. 인간을 통합적으로 고려한다면, 인간의 본성에 속하는 정념들은 인간에게 속한 또 다른 본성인 이성의 통제에 고개를 숙일 때에만 보다 '성숙한 인간'으로서의 자아실현에 이바지할 수 있기 때문이다.

한결 더 고상한 차원에서 인격을 내세워 주장하는 변명이 있다. 예컨대 성생활은 인간의 성장 및 성숙한 인격의 완성을 위해 반드시 필요하다고 주장하는 경우다. 그래서 이에 따르면 성생활로부터 얻을 수 있는 감각 및 감정의 완숙한 기쁨은 다른 방식으로는 결코 채워질 수 없다고 한다. 그런데 이는 역사적으로 볼 때 설득력이 부족한 주장이다. 토마스 성인이 예찬하고 경의를 표하듯이 도미니코 성인의 근엄한 사도직과 크게 비교될 정도로 하녀 신분의 허드렛일로써도 하느님의 영광을 드러낸 시에나의 성녀는 우리에게 무엇을 웅변하고 있는가! 인생 여정 가운데 과연 어느 시기에 감각 및 감정의 완숙한 기쁨이 이루어졌다고 주장할 수 있을까? 열 살 혹은 열두 살 아니면 열여섯 살, 그것도 아니면 서른 살, 아님 아흔이 되었을 때? 각자에게 성숙의 시점이 이미 정해져 있다고 말할 수 있는 것일까? 흔히 말하듯 "질풍노도의 시기"라는 표현으로써 모든 방황하는 인생의 정당함을 대변할 수 있는 것일까? 젊은 패기를 앞세워 아무렇게나 사는 것이 훗날 정숙한 삶을 위해 필연적이라고 보아도 좋은 것일까? 오늘날 정신과 의사들은 자신들에게 주어진 익숙한 정보에 기대어 모순적인 주장을 펼치기도 한다.

그밖에도 '불감증'과 같은 전문적인 개념을 이용하여 우리가 반론하기 어렵게 만드는 변명도 있다. 그것은 실제 벌어진 사실에 터한 변명의 형태로서 사람들이 저마다 주체적으로 성행위를 할 수 있는지 없는지 하는 사실로 판단하는, 소위 매우 모욕적인 변명이라고 말할 수 있다. 그러니까 각자의 자연스런 능력의 결과라는 식으로 논증을 폄으로써 그렇게 하지 못하는 것은 다만 그의 본성적 결함이라는 투로 성행위를 부추기는 주장인 셈이다. 나아가 그것이 하느님의 전능하신 능력으로 창조된 것이라고 할 때, 그 효과를 누리지 못하는 것은 한편 하느님께 대한 모독이라고까지 말한다. 어쩌면 이 같은 불합리한 주장들 가운데 백미는 인격적으로 정결하지 못한 생활이 다른 사람에게 피해를 주지 않으리라는 매우 한심한 생각일 것이다. 그러나 그 폐해가 오늘날 널리 확산되고 있는 것이 현실이다. 그것은 본인만이 아니라 그런 생활과 접촉하는 모든 사람, 곧 미래의 가족, 배우자 나아가 그가 머무는 사회에 악영향을 반드시 미친다. 본인의 영혼은 물론 그에게 인접해 있는 모든 영혼들을 타락시키는 결과를 초래한다. 그 밖에도 아직 성행위를 부추기는 잘못된 변명 및 주장이 하나 더 남아 있다. 예컨대 '정결한 삶'을 강조하며 그것을 삶의 잣대로 정한 가톨릭교회의 가르침이 시대에 뒤떨어졌다고 하는 주장이다. 그래서 그 가르침은 중세의 윤리적 체계에 근거한 유물에 불과하다고 비판한다. 이 논증은 인간본성이 시대마다 다른 형식으로 규정되어야 한다는 기이한 전제조건 아래서 생겨난 것이다. 그래서 그렇듯 바뀌는 규정에 따라 인간본성이 추구하는 목적이 다르며, 그런 목적에 이르는 과정이나 방식도 다르고, 얼마나 또 어떤 능력을 발휘해야 하는지도 일정하지 않다고 주장한다.

오늘날 정결과는 거리가 먼 삶을 옹호하려는 시도는 인간의 경험이나 역사 혹은 마음에 대한 기본적인 관점 및 원칙으로 정한 어떤 분명한 인생관에 의거하여 합리적으로 비판하지는 않는다. 그래서 우리는 그러한 현대의 시도 및 주장을 접할 때 매우 모호하다는 느낌을 뿌리칠 수 없다. 왜냐하면 무절제한 삶에 대해 나름 옹호하려는 주장이 끊임없이 이어지지만, 그런 주장을 하는 사람들의 논리를 바탕으로 실제 살아가는 사람들은 사회로부터 그리 환영받는 모습이 아니기 때문이다. 그들은 대개 방탕한 삶을 살거나 알코올 중독에 빠지거나 막무가내로 인생을 허비하듯이 세월을 흘려보낸다. 그들은 마치 자신들의 인생을 난파선처럼 조각내버린 암초를 우두커니 바라보며 어찌할 바를 모른 채 한숨만 쉬는 신세가 된 것 같다. 한숨이라도 쉰다면, 그들에게 그래도 어렴풋하게나마 감정과 이해는 남아있는 셈이다. 하지만 안타깝게도 그런 어렴풋한 열성마저 사라지고 없다. 만일 어렴풋한 불씨만큼이나 미소한 열정이라도 남아있다면, 언젠가 좌초된 난파선을 버리고 떠날 수 있는 용기를 발휘할 수 있을 텐데 말이다.

[결론] 절제의 덕으로서 '정결'

1. 노예와 같은 삶의 현실

(1) '지쳐버린' 삶

현대인들은 어떤 불가능한 꿈을 꾸고 있는 것처럼 보인다. 종래의 도덕적 규범이나 원칙들은 철저히 무시하려고 들면서 절제는 요구하기 때문이다. 그들이 종래의 규범 및 원칙들을 무시하는 까닭은 자신들에게 초월적인 어떤 것을 계속 다그쳐서 내키지 않는 것, 당장 마음에 들지 않는 것을 행하도록 강요한다고 여기는 데에 있다. 그러나 절제가 개인적으로든 사회적으로든 빈번히 요구받는 것도 기이한 것 같지만 사실이다. 결국 그러한 절제의 요구는 개인적으로는 질릴 정도까지 계속되든가 사회적으로는 어떻게든 참고 견뎌내야 할 규범으로 전락하기 십상이다. 왜냐하면 첫 번째로 개인적인 차원에서 볼 때, 만일 개인의 행동에 대한 객관적인 기준이 부재한다면, 절제는 단지 각자의 주관 혹은 그가 믿는 가족이나 동료의 욕구에 의해 만족하는 수준에서 멈추게 될 것이니, (보편적인) 덕으로서의 절제는 점점 더 실현될 수 없음에도 계속해서 절제를 요구받을 경우 결국 (영혼 없이 행동하듯) 역겨운 것이 되고 말 것이다.

(2) 순수함(정결)을 잃은 인간성

두 번째로 사회적인 차원에서 볼 때, 현대인들은 종래의 규범이나 원칙 없이도 절제할 수 있다고 생각한다. 그렇다면 그것은 사실 정결이란 본래의 의미를 상실한 삶을 살겠다는 것을 의미한다. 안타깝게도 현대인들은 정결하지 못한 삶에 너무 쉽게 빠져들 만큼 위험에 노출되어 있기 때문에, 인간성을 고려하더라도 그들이 생각하는 인간다운 삶은 정결과 무관하게 그려지기 쉽다. 그래서 그들은 정결한 삶을 목표로 삼을 때만이 고수할 수 있는 이성의 통제, 덕의 실천을 간단히 무시하든가 때로는 강력하게 거부한다.

소문에 의하면, 현대인들의 이러한 움직임은 나름 인간다운 면모를 살리려는 데에서 출발했다고 주장한다. 그러니까 그 어떤 인위적인 제약들로 인해 위험할 정도로 자신을 죄인으로 옥죄는 어리석음에서 해방되기 위해서 혹은 그렇듯 몹쓸(?) 종래의 규범이나 원칙들로 인해 실제 인간본성이 위협받는 비극에서 벗어나기 위해서 그렇듯 휴머니즘 운동이 일어났다고 주장한다. 과연 그러한 운동은 개인의 인생이 과소평가되었던 시절에 일어났다. 인간은 각자 자신의 삶을 살아가는 한해서 그의 고유한 목적을 정하는 것을 인정받을 수 있어야 한다. 그래서 만일 그가 자신의 고유한 목적을 정한다면, 그것을 이룰 때까지 부딪히는 여러 가지 난관들이 있을 수 있고 또 그것들을 이겨내야만 한다. 절제의 덕과 정결 그리고 인간성 등 이 모든 개념들이 이미 그러한 여러 가지 난관들과의 갈등을 전망하고 있다. 그럼에도 그러한 개념들에 대한 이해가 부족하다면, 당연히 그런 것들과 마주할 때 굳이 갈등을 겪고 이겨내야 할 명분을 찾지 못하고 그만 우회하거나 굴복해버릴 것이다. 한편 오늘날의 갈등은 차라리 '대중'을 상대로 겪는 갈등이 크다. 다시 말해 현대인들은 개개인의 고유한 목적을 애써 찾기보다는 대중의 목적에 휩쓸려 살아가고 있다. 군중 속에 파묻혀 살아가려는 사람은 익명성 아래 자신을 숨길 수 있고 또 군중의 힘을 빌리는 겁쟁이의 못난 객기도 부릴 수는 있겠지만, 결과적으로 개인의 삶은 까맣게 잊고 살아가게 될 것이다. 다시 말하지만, 만일 우리가 개인적인 혹은 인격적인 갈등을 피하거나 외면한다면, 그것은 곧 개인적인 혹은 인격적인 삶 및 인생의 고유한 목적을 포기하는 것이다.

2. 배신당한 세대

(1) 현대인들의 비극

이 같은 현시대의 상황에 따른 비극은 그 근원을 살피는 어떤 이들에게 동정심을 불러일으킨다. 왜냐하면 정결한 삶을 적극 부정하는 움직임에 동참하거나 실제 그런 삶을 살아가는 현대인들은 대부분 오랫동안 그에 대해 숙고해본 적이 없거나 타락한 자신을 돌아다 볼 여유가 없어서 제멋대로 행동하는 데에 익숙해져 있기 때문이다. 그 때문에 한편 스스로 정결이나 절제된 삶에 대해 제대로 생각할 수 없었다고 하겠다. 다른 한편 현대인들은 대부분 그렇게 자신들의 삶 주변에서 벌어지는 것들에 익숙해져 있다. 그들은 왜 그렇게 되었는지 스스로 반성할 기회를 갖지도 못한 채 점점 더 그쪽으로 빠져든다. 그런 점에서 이 세대는 일종의 배신당한 세대와도 같다. 그러니까 이 세대의 지성을 대변하는 지도자들, 스승들 그리고 작가들과 같이 사람들을 진작시키는 데에 남다른 책임을 가진 이들에 의해 오히려 배신을 당하며 살아가는 세대라는 것이다. 기실 그들 지도자들은 자신들의 기득권을 위해 다른 사람들을 노예와 같은 신세로 전락시키기보다는 자유로운 인생의 숭고한 의미를 깨닫고 또 실현시킬 수 있도록 도와주어야만 한다.

(2) 현대사회와 가톨릭교회

이 같은 현실은 가톨릭교회의 눈에도 크게 거슬릴 수밖에 없다. 그도 그럴 것이 정결한 삶과는 동떨어진 세상의 움직임은 교회가 생각하거나 이미 갖고 있는 신념들, 정결에 관한 근거들을 가리지 않고 파괴시키기 때문이다. 가톨릭교회는 그러나 배신당한 적이 없다. 교회의 지도자들은 계속해서 전해주고 있으니 지금도 변함없이 정결한 삶의 본질이 무엇이지 잘 알고 있으며 그것이 인간다운 삶을 구현하는 데에 얼마나 소중하고 필요한지 한시도 잊은 적이 없기 때문이다. 그래서 교회는 인간성을 파괴하려는 그 어떤 함정에도 빠지지 않고 그 어떤 유혹에도 넘어가지 않으며 그 어떤 위협에도 흔들리지 않는다. 차라리 그 반대세력이 거세면 거셀수록 그만큼 더 많이 참아내는 지혜를 구하면서 인간다운 삶을 위한 순수함을 지키고 장려하는 데에 더 많은 노력과 정성을 기울여왔다. 현대의 비그리스도인들은 정결한 삶을 부정하고 해체시키려는 데에 마땅한 구실을 찾느라 여념이 없을지 모른다. 유감스럽게도 세상 사람들을 계도해야 하는 많은 지도자들은 도덕적으로 책임을 다해야 할 많은 것들에 등을 돌리고 마음을 닫아버리는 일이 어쩌면 그리 어렵지 않을지도 모른다. [대중은 개, 돼지와 같다고 생각하면 그뿐이듯이] 하지만 가톨릭신자들 가운데 어느 누구에게도 그런 현실을 외면하거나 비그리스도인들에 대한 선교 책임을 내려놓을 수 있는 권리는 없다.

3. 노예와 자유인

　인간은 누구든 자기 내면의 자유를 중심으로 그와 관련된 모든 중요한 의미를 소홀히 하지 않는 가운데 진정 자유로울 수 있어야 한다는 입장을 가톨릭교회는 항상 분명하게 각인시켜 왔다. 인간은 어떤 무자비한 군주에 의해 살아가는 동안 큰 어려움을 겪게 될지도 모른다. 혹은 어떤 지독한 고리대금업자의 폭리로 인해 노예로 팔려가는 신세가 될지도 모른다. 하지만 하늘에서나 땅에서나 그 어떤 무소불위의 권력도 인간에게 이미 주어진 지성과 의지를 함부로 묶어둘 수 없다. 가톨릭교회는 이미 그것을 자각했고 또 한시도 잊지 않고 있다. 곧 우리 내면의 자유를 대신하거나 옥죌 수 있는 것은 아무것도 없다는 것을 늘 기억하고 있다. 오히려 불합리한 쾌락을 좇아서 살아도 좋다는 주장 이면에 감춰져 있는 위험이 무엇이며, 언제든 그보다 훨씬 더 가치 있는 인간성이 보장받아야 한다는 사실을 교회는 의식하고 있으며 그 인간성이 전혀 방해받지 않고 구현될 수 있기를 갈망하며 노력한다. 그래서 교회가 정결이나 순수함을 잃지 말라고 권고하는 규범이란 좁고 가파른 위협적인 환경에서 자신의 삶과 행동거지를 옹졸하게 보호하고자 높다랗게 울타리(장벽)를 치는 것이 아니라, 차라리 인간성을 실현하기 위해서 앞서 진정으로 자유로워야 한다는 원칙과 일치한다. 그러므로 누구든 인간으로 남겠다면, 상기 원칙은 그에게 인간성 실현의 든든한 버팀목이 되어줄 것이다.

A Companion to the Summa

성 토마스 아퀴나스의
신학대전 해설서 Ⅲ

제18장 절제의 덕 (Ⅲ) : 풍요로운 삶의 진실
(제2부 제2편, 제155문제~제165문제 [+제170문제])

1. 정복과 평화
   (1) 불완전한 정복
   (2) 완전한 정복과 정복자로서 절제
2. 절제가 추구하는 정복
   (1) 불완전하게 비쳐지는 정복
   (2) 완전한 정복
3. 두 번째 방어선 : 자제(continentia)
   (1) 자제(自制)의 본성과 그 결과
   (2) 자제를 하지 못함
      1) 자제를 어렵게 만드는 원인
      2) 자제를 하지 못하는 이유
4. 절제의 과제
   (1) 분노(ira)의 억제 및 그에 따른 행위들
      1) 절제와 연계된 온유(溫柔)와 너그러움
      2) 절제와 온유 그리고 너그러움이 맞서는 행위들
         ① 분노(ira)
            a. 정당한 분노(ira)와 부당한 분노
            b. 분노의 종류
            c. 분노의 "열매들"- 분개, 일렁이는 마음, 신성모독, 오만불손, 다툼
         ② 잔인함(crudeltas)
   (2) 쾌락 및 기쁨을 자제하는 태도 - 정숙(貞淑)
      1) 정숙의 본성
      2) 정숙의 종류
5. 겸손(謙遜)의 과제
   (1) 겸손이란 덕의 본성
   (2) 겸손의 대상과 효과
   (3) 겸손이란 덕의 위치
   (4) 그에 반대되는 행위 - 교만(驕慢)
      1) 교만의 본성과 실체
      2) 교만의 다채로운 모습들
      3) 교만의 무거움과 다른 죄들과의 관계
      4) 교만의 첫 번째 죄로서 '원죄'
         ① 원죄(peccatem originale)의 본성
         ② 원죄의 보속

[결론] 풍요로운 삶을 위하여
1. 거짓된 삶과 반쪽 - 진실
2. 비인간적인 세계는 허구의 세계다
3. 현대사회에서 소극적으로 비치는 덕들과 그리스도인

제18장 절제의 덕 (Ⅲ) : 풍요로운 삶의 진실
(제2부 제2편, 제155문제~제165문제 [+제170문제])

(들어가기)

　완전한 평화를 얻고자 한다면 완전한 실천은 필수적이다. 평화가 거저 주어지는 것이 아니므로 그것을 얻어 누리기 위해 최대한 정성을 기울이는 수고가 요구되기 마련이다. 파란만장한 20세기를 시작하면서 이미 많은 것들을 경험한 우리에게 평화와 혼란 혹은 성공과 실패에 대해 그저 순진하게 통찰하는 단계에만 머물러 있어야 할 이유는 없다고 본다. 여전히 끊이지 않는 크고 작은 전쟁과 그로 인해 해소되지 않은 불안한 상태에 우리는 살아가고 있다. 그동안 살다간 사람들을 알아보면서 우리는 우리에게 가장 완벽한 의미의 평화가 무엇이고 그와 정반대의 모습이 무엇인지 마음에 새겨야 할 것 같다. 이때 완전한 평화를 얻기 위해 우리가 반드시 치러야 할 직접적인 수고는 그저 주관적인 관찰이나 가정적(假定的)인 절차로 해소될 수는 없는 과정이다. 사물은 우리가 그것에서 얻게 되는 인상을 쉽사리 뿌리칠 수 없는 그런 모습으로 늘 우리 안에 현전해왔다.

1. 정복과 평화

(1) 불완전한 정복

　우리가 '완전한 정복'이 다음의 두 가지 이유에서 어렵다고 확고하게 말하는 것은 특별히 어떤 뛰어난 분석을 통해서 얻은 결론이 아니다. 제아무리 평범한 관찰자라고 해도, 병(病)을 완전하게 제압하거나 굴복시키지 못했을 때 재발하거나 훨씬 더 악화되는 경우를 경험적으로 알 수 있다.[28] 그처럼 우리는 간단한 상상력을 발휘하거나 심지어 역사적인 사실을 조금밖에 알지 못하더라도, 적군의 요새를 제대로 장악하지 못한 불완전한 정복자의 경우 비극적인 종말을 맞이한다는 점을 알 수 있다. 한순간 고요한 밤의 정적과 작은 마을의 순수한 전원적 풍광이 느닷없이 벌어지는 공격 및 테러에 대한 공포를 잊게 해주는 점에서 잠시나마 위로가 될 수는 있지만, 그렇듯 겉으론 평화롭게 비쳐지는 곳에서도 한밤중에 여전히 통제되지 않은 지역에서 감도는 불길한 기운을 떨쳐버릴 수는 없다. 언제든 죽음이 으슥한 어둠을 뚫고 갑자기 튀어나올 것처럼 불완전한 정복은 우리를 긴장시킨다.

(2) 완전한 정복과 정복자로서 절제

의문의 여지없이 만일에라도 정복에 빈틈이 남아 있다면, 피정복자로부터의 도전 및 저항을 피할 수 없을 것이다. 그러나 완전한 정복이라고 해서 항상 평화가 보장되는 것은 아니다. 완전한 정복의 해독제는 죽음이라는 쓰디쓴 최후의 일격일지도 모른다. 언제든 우리의 적이 될 수 있는 자들과 연합하여 한때의 위기를 극복했다손 치더라도, 그렇게 잠재적인 적들과 함께 머무는 동안 평화는 여전히 불완전할 수밖에 없다. 그에 반해 완전한 정복은 적대적인 모든 이들에 대한 완전한 섬멸이라는 살 떨리는 대가를 치러서만이 얻을 수 있다. 확실히 불완전하게 정복한 시점에선 평화라는 수식어를 붙일 수 없다. 달리 말해서 평화는 완전한 정복에 의해서만 누릴 수 있다. 그러나 오늘날에는 적의 위협 및 침략

---

28) [역주] 원문에는 "일본이 한 때 아시아를 점령한 경우나 영국이 아일랜드를 점령한 경우 모두 당시 피지배 식민지 국가의 국민들이 적대적 감정을 잘 견디어 냄으로써 무너지고 말았다는 사실을 모를 리 없다. 그것은 최근 정복당한 스페인의 한 지역에서 평화와 질서가 이어지는 상황과는 꽤 대조적"이라고 적혀 있지만, 지배국의 시각에서(만) 제시한 시의적절하지 못한 사례로 판단되기에 역자가 문맥을 고려하여 대체한 구절이다.

이 완전히 사라지지 않았을지라도, 다만 이유 없이 무차별적으로 테러나 침략이 벌어지는 상황이 아닌 다음에야 평화라는 수식어를 활용할 수 있다고 사람들은 생각한다.(그만큼 국가정세가 수시로 변모하는 것에 대해 사람들이 익숙해져 있다는 뜻이다.) 그래서 일단 그렇듯 테러나 침략이 좀처럼 발생하지 않는 국가만이 자국민에게 평화의 질서정연한 생활을 보장해줄 수 있다고 말한다.

절제라는 덕은 실질적으로 정복자의 모습에 비유된다. 왜냐하면 절제는 한 인간의 영혼이라는 왕국 안에 무질서하게 일어나는 정념들을 정복하는 것을 목표로 삼기 때문이다. 인간 영혼이라는 왕국에서 정념으로 인해 쉽게 파멸되는 사람들을 경험한다면, 그 외에 또 다른 차원의 완전한 정복이란 없을 것처럼 느껴진다. 왜냐하면 성숙한 인간의 본성이 지지하는 유일한 행위가 바로 절제라는 덕이기 때문이다. 그밖에 다른 행위에 대해서 인간은 무뚝뚝하고 고집스럽게 반응하며 거부할 수 있다. 왜냐하면 인간은 이성을 좇아서 질서와 균형 있는 삶을 추구하도록 되어 있기 때문이다. 오직 절제라는 덕을 통한 완전한 정복만이 인간에게 평화를 가져다줄 수 있다. 만일 어떤 정복자가 자신의 적들을 섬멸했다고 하더라도, 자신의 분노나 쾌락이나 두려움 혹은 슬픔이 이성의 통제를 거스른다고 한다면, 아직 완전히 정복한 것은 아니다. 그는 근본적으로 자신을 파괴시킬 수도 있는 적(감정)을 정복하지 못한 것이다. 그래서 정복한 자의 배후에선 양심을 갉아먹는 일들이 벌어지고, 그 홀로 불행의 길을 걸으면서 아무도 도울 수 없는 고독의 무서운 늪에 빠져드는 일이 일어날 수 있다. 이는 여전히 그가 완전히 정복하지 못한 감정이 아주 조금씩 그의 영혼 깊숙이 자리하는 고결한 심성을 마비시키고 옥죄는 형태로 발전하기 때문이다.

2. 절제가 추구하는 정복

(1) 불완전하게 비쳐지는 정복

정적(靜寂)은 인간의 이성을 완전히 무기력하게 만들어버린 정복자에 의해서만 이뤄질 수 있는데, 이때의 정복은 평화가 아니라 죽음을 의미한다. 다행스럽게도 절제의 덕을 통한 정복은 결코 정적이 흐르는 가운데 이뤄지지는 않는다. 인간의 본성은 지옥에서조차 정복자의 폭정에 항거하도록 창조되었다. 비록 자신의 항거가 성공할 것이라는 희망이 보이지 않고, 그 끝이 모호해 보일 뿐이라고 하더라도 항거는 계속될 것이다. 그와 같이 절제라는 덕이 추구하는 정복은 한 인간에게 평화를 마련하고자 하는 당찬 포부와도 같이 항상 미래적인 것이요, 그만큼 당장은 불완전하게 비쳐지기 마련이다.

(2) 완전한 정복

그러나 진정한 의미의 정복은 완전하게 이뤄질 필요가 있다. 절제는 인간을 해치려는 그 모든 적들과 싸운다. 그런 만큼 인간의 본성 전체가 절제를 지지한다. 절제의 선을 지키는 한 더 이상 곤란해질 위험은 없다. 절제의 덕은 흔히 저항하는 무리를 제압하기 위해 막강한 군대를 동원시켜야 할 필요도 없다. 절제는 무장한 적대자를 상대해서도 평정심을 잃지 않고 온 힘을 다해 집중할 수 있다. 하지만 만일 절제가 외부의 적들을 상대로 멀찌감치 거리를 두고 자기 자리만 고집한다면, 그래서 자신은 안전한 요새에 우두커니 서서 온 나라를 휘저으며 온갖 약탈(掠奪, rapina)을 일삼는 강도떼처럼 테러와 죽음이 판을 쳐도 가만히 지켜보기만 한다면, 절제는 결코 그런 사람에게 평화를 가져다주지는 못할 것이다. 오히려 절제의 위대함은 기꺼이 사람들을 구하기 위해 그 무리 속으로 뛰어드는 데에 있다. 그래서 선량한 사람들의 무리를 병들게 하는 무질서와 혼란 그리고 느닷없는 테러 사이에서 기꺼이 자신이 조롱거리가 되는 것도 불사할 수 있어야 한다.

이 모든 것을 평범한 말로 바꿔 표현한다면, 우리는 앞선 장(제17장)에서 잠깐 살펴보았듯이, 절제의 으뜸가는 보루로서 소위 절제에 속하는 행위들인 금욕, 절주 혹은 정결을 손꼽을 수 있을 것이다. 그처럼 절제를 뒤따르는 행위들은 이성의 지배를 무시하거나 위협하는 심각한 태도, 예컨대 부자연스럽게 식음이나 복장 혹은 성행위에 따른 쾌락만을 뒤쫓는 것을 온몸으로 공공연하게 반대하는 것이다. 그렇듯 직접 거부하는 몸짓으로 우리를 파멸시키려는 악의 세력이 무엇인지 분명하게 밝히고, 그로 인해 그러한 악의 세력이 더 이상 확장되지 못하도록 하려는 것이다. 그러나 이것으로 충분하지 않다.

다시 말해 그와 같이 쾌락만을 뒤쫓는 태도들을 제대로 질타하고 정복할 수 있는 장본인은 바로 '절제'라는 사실을 기억해야 한다. 앞서 절제를 뒤따르는 행위들은 욕구의 공세를 그런대로 견디어내고 일부 교정하는 효과를 발휘할 순 있다. 하지만 완전한 정복과 함께 진정한 평화를 바란다면, 아직 말끔하게 처리해야 할 일들이 몇 가지 더 남아있다. 예를 들어 아군의 주력부대 측면에 대한 방어도 필수적이다. 게릴라들의 기습에 대비하여 부대원들 사이의 원활한 연락망이 가동되어야 한다. 한편 격전지에서 동떨어진 주둔지에서만큼은 군인들이 휴식을 취하며 재정비할 수 있도록 자유 시간을 보장해 주어야 한다. 실제 그러한 자유 시간은 계속되는 싸움(전투)의 승리를 위해 반드시 채워져야 할 부분인데, 이는 '절제' 속에 내재하는 잠재적인 능력으로 채워질 수 있다.

우리는 주력부대에 필수적인 것으로 가장 먼저 고려되는, 이른바 '꾸준한 경계'에 대해 주목하는 것이 좋을 것 같다. 그것은 적의 막강한 공격에 대비한 최선의 방어책이다. 우리 자신의 직접적인 경험은 이례적인 정념에 대한 (남들의) 넘치는 증언들보다 훨씬 더 의미심장하다. 왜냐하면 우리의 경험은 절제라는 덕도 갑작스러운 정념에 의해 무너질 수 있다는 사실을 숙지시켜주기 때문이다. 과연 절제의 덕이 [정념에 의해] 순간적으로 압도되지 않는 한, 우리에게서 부당한 쾌락이 고개를 들고 활보하는 불상사가 벌어질 수는 없다.

3. 두 번째 방어선 : 자제(continentia)

(1) 자제(自制)의 본성과 그 결과

갑자기 정념이 솟구치는 경우는 아직도 죄의 쓴맛을 제대로 맛보지 못했음을 가리킨다. 정념의 특성은 사려 깊은 동의를 얻어낼 때까지 감각적인 욕구에서 눈을 떼지 않을 만큼 집요하다는 점이다. 실상 죄는 이성(理性)에 의해, 그러니까 사려 깊게 판단하고 내심 동의함으로써만 성립될 수 있다. 이 점은 매우 중요하다. 왜냐하면 죄에 대한 무지 및 무의식은 마치 사람들이 따끔거리며 윙윙거리는 벌처럼 자연스레 죄를 피하려는 마음은 있지만 오히려 현실적으로는 더 나쁜 상황에 놓이게 되면서 점점 그런 불편과 걱정들을 의식하지 못하고 그만 거기에 익숙해져 가도록 만들기 때문이다. 이때 어떤 정념이 얼마나 오랫동안 지속될지, 그것이 얼마나 격렬할지, 어떤 결과를 초래할지 혹은 그로 인해 자신이 얼마나 불순하게 혹은 처참하게 느껴질지는 문제가 되지 않는다. 스스로 그것을 의식하기 전까지는 그런 정념이 죄로 드러나지 않기 때문이다. 한번쯤 이전에 많이 언급했던 비유를 떠올려보자! 정념은 이성이 구축한 방어선이 무너지기 전까진 결코 죄가 되는 것이 아니다. 그러니까 의지가 마련한 자제(인내심)가 무너져버리는 순간 정념은 죄가 된다.

여기서 자제는 단지(우리가 자주 활용하는 의미처럼) 동정 내지 정결을 지키기 위한 단순한 마음을 가리키는 것이 아니다. 오히려 특별한 의미를, 그러니까 이성이 단호하게 결정한 바를 정념의 거센 공격에도 불구하고 끝까지 수행하려는 견고한 의지를 내포한다. 그래서 자제는 절제와 유사하다. 그러니까 자제는 사람들을 이성의 길에서 이탈하도록 부추기는 정념들, 특히 음식과 관련된 탐욕이나 성욕과 관련된 정념들을 상대한다. 하지만 자제는 절제와는 다른 측면을 지닌다. 왜냐하면 자제는 정념들이 사납게 혹은 거칠게 일어날 경우에만 상대하기 때문이다. 반면 절제는 언제든 우리의 욕정과 관련된 모든 정념들을 상대한다. 따라서 절제의 덕은 평소에도 늘 거칠게 정념이 일어나지 않도록 예의주시하는 반면에 자제는 앞서 절제의 힘이 더 이상 통제할 수 없는 곤란한 상황에서 그렇듯 거칠고 사나운 정념과 맞서 비로소 발휘된다.

아마도 자제의 위력에 대한 명료한 설명은 이것 혹은 저것을 선택해야 하는 의지적 행위 중에 얻을 수 있을 것이다. 그와 같은 의지의 선택적 행위는 마치 두 명의 신랑감 – 이성과 감각적인 욕망 – 사이에서 한 사람을 선택하여 신혼살림을 꾸리는 것과도 같다. 신부가 기꺼이 감각적인 욕망의 온갖 위협과 울리고 달래는 듯한 감정의 놀음을 경멸하고는 이성에게 마음을 쏟고 거기에 손을 내민다면, 이미 그녀에겐 자제가 효과적으로 작동하고 있는 셈이다. 반대로 거친 신랑감의 책략에 몸을 내맡긴 채 감각적인 욕망에 정신없이 빠져들어 버린다면, 자제는 더 이상 작동하지 못하는 고장 난 기계와도 같다. 자제에 능한 사람은 언제든 유사시 훌륭한 의사의 도움을 받을 수 있는 만성병 환자와 같다. 반면 절제의 덕을 갖춘 사람은 마치 의사가 필요 없는 건강한 사람과 같다. 그처럼 평소에도 절제의 덕을 발휘하는 사람은 좀처럼 정념에 휘말리지 않는다. 그러나 평소에 절제로 채워져야 할 자리에 그럭저럭 그것을 대신해도 괜찮을 정도로 자제를 별로 중요하지 않은 것으로 여겨선 안 된다. 만일 우리가 특히 정념이 주체할 수 없을 정도로 우리에게서 일어나는 빈도를 체크한다면 그리고 정념을 불러일으키는 자극적인 요소들이 지속되면서 격화되는 과정을 숙지한다면, 우리는 [절제보다 훨씬 더 강력한] 자제의 필요성 및 중요성을 간단하게나마 인지할 수 있을 것이다. 실제 모든 사람이 마치 수도원의 높다란 담장과 같은 보호막을 자기 주변에 쳐놓고 살 수는 없다. 나아가 세상에 머무는 평범한 신앙인들에게 그렇듯 절제에 능한 수도자들과 같이 눈과 귀를 차단하면서 살아가도록 제안할 수는 없다. 자제는 이때 사람들이 자신의 신체적 혹은 기질적인 조건들을 전제하고도 인간성을 잃지 않고 또 소심하게 살지 않을 수 있도록 보증해준다. 설령 예상 밖으로 그의 감각적 욕망을 거세게 자극하는 유혹을 맞서서도 자신을 잃지 않을 수 있도록 도와준다. 우리가 제대로 이해한다면, 자제는 정념을 아예 묵살하거나 정념의 결과들을 철저히 배격하는 것이 아니라 그것을 이성 혹은 덕 앞으로 이끌어준다는 점도 깨달을 것이다.

(2) 자제를 하지 못함

1) 자제를 어렵게 만드는 원인

이상의 통찰을 통해 말할 수 있는 또 다른 점은, 자제를 하지 못할 경우 비극적인 결말에 부딪히게 된다는 사실이다. 우리의 인생에는 분명히 비극적인 결말로 이끄는 계기나 유혹이 의외로 자주 나타난다. 게다가 정념을 불러일으키는 여러 동인(動因)들이 우리가 좋아하든 말든 주변에 산재해 있다는 것도 분명하다. 자제를 하지 못하는 사람은 한 마디로 자제를 방해하는 요인들에 의해서 연거푸 걸려 넘어지는 사람이다. 이성의 힘이 그렇듯 솟구치는 정념에 짓눌려버린 셈이다. 그로 인해 자신을 잃고 정신을 차리지 못하게 된 것이다. 그동안 자신을 지켜낼 수 있었던 방어선이 무너져버림으로써 종잡을 수 없는 정념이 그를 지배하게 되어 결국 그는 정념의 농간에 놀아나게 되는 것이다.

2) 자제를 하지 못하는 이유

비록 의지를 따라서는 올바로 선택했지만 자제를 다하지 못한 사람을 두고 처음부터 무절제와 같이 사악한 중죄로 단죄하진 않는다. 왜냐하면 그렇듯 자제를 다하지 못한 사람은 애초에 죄를 저지르기 위해 호시탐탐 기회를 노린 사람이 아니기 때문이다. 오히려 그는 역부족으로 죄에 떨어진 것이다. 그래서 정념이 잦아지면, 언제든 다시금 주님의 발 아래 무릎을 꿇으려는 그의 마음을 방해할 수 있는 것은 아무것도 없다. 그는 그렇게 시간이 지난 다음에 자신이 자제하지 못하고 저지른 것에 대한 부끄러움과 후회하는 마음을 가질 것이다. 한편 자제를 하지 못한 사람은 '분노'(ira)의 경우처럼 정념을 참아내지 못했다고 말하기보다는 차라리 '용기가 없어서'라고 말하는 것이 옳아 보인다. 왜냐하면 자제를 하지 못해서 얻게 되는 결과는 '분노' 자체가 빚어내는 것보다 훨씬 더 천박하기 때문이다. 자제를 하지 못한 사람이 굴복하고 만 정념들은 실제 그 사람을 과격하게 대놓고 두들겨 패서 정신을 못 차리게 하는 방식으로 달려들지는 않는다. 차라리 정념들은 비밀스럽게 또 교묘하게 공략할 사람에게 살금살금 다가가서 한순간 덮치듯이 공격한다. 그리하여 실제로 이 같은 일이 벌어질 때 그 사람에게선 일말의 후회와 함께 그런 정념을 즐기는 마음도 목격된다. 그에 반해 '분노'의 경우에는 항상 애석해하는 심정(만)이 목격된다. 사실 자제를 하지 못한 점이 절제하지 못한 점에 비해 개선의 어려움이 훨씬 더 크다고 보지는 않는다. 왜냐하면 절제하지 못하는 것은 습성의 문제인 반면, 자제를 하지 못하는 것은 정념의 문제이기 때문이다. 자제행위는 이성적인 판단에 반항하는 조짐을 꾸준히 물리치려는 노력에 비해 한 순간 묵살시킬 수 있는 단호한 힘을 필요로 한다. 물론 자제를 하지 못함으로써 빚어지는 결과는 자신감에 상처를 남기는 만큼 간단하지만은 않다. 그러므로 그런 결과로 인해 당연히 부끄러움과 후회가 밀려오거니와 또 다시 기회가 찾아올 것이라고 자신을 달래면서 자제를 하지 못한 잘못을 나무라는 것만으로 충분치 않다. 나아가 이미 벌어진 과정에 대해 좀 더 비통하고 완전하게 지식을 갖출 필요가 있다. 그와 유사한 정념 앞에서 더 강해지기 위해선 내적으로 은총의 도움을 빌려야 한다. 외적으로도 행동을 개선할 수 있는 가능성을 진단하며 어디서 어떻게 그와 같은 정념에 무너지지 않도록 준비할 수 있는지 충고를 찾아 보강해야 한다. 예컨대 그런 정념 앞에서 자제하려는 자신을 나약하게 만듦으로써 차질을 빚게 하는 것이 무엇인지 점검하고 자신의 자제를 어렵게 혹은 무기력하게 만드는 감각적 욕망에 대해 명심할 필요가 있다. 그렇지 않으면 그러한 실패는 계속해서 자신감을 잃게 하고 나아가 만족에 대한 희망을 감소시키는 역할을 할 것이다.

자제를 하지 못하는 사람이 자신의 어려움 및 문제점을 두고 다른 사람을 찾아가 토로하며 개선해야 할 부분에 대하여 충고를 받는 것은 매우 중요하다. 옳고 그름에 대한 판단 및 행동이 개인적으로 빈번히 흔들릴 수 있기 때문이다. 또한 정념과 맞서 싸우기 위해 개인이 선택한 방법이 때로는 정념을 더 악화시킴으로써 걷잡을 수 없는 상태로 치닫는 경우가 생각 외로 빈번하게 벌어진다. 정념과 맞서 직접 우격다짐하며 싸우는 태도는 정념의 무례함과 맞서서 거의 모든 사람들이 취하는 자연스러운 반응이다. 그러나 직접 대적하는 행위는 자주 더 큰 화(禍)를 불러일으킨다. 그러한 성급한 시도로 인하여 우리는 너무도 자주 정념의 '대상들'에 대해서만 더 집중하여 신경을 곤두세운다. 그리하여 빈번히 매우 부당하게 이목을 집중시킴으로써 오히려 정념을 키우고 북돋아주는 결과를 초래한다. 게다가 그런 분위기에서 정념은 점점 더 그것이 잦아질 것 같다는 우려를 낳고, 나아가 거의 필연적으로 두려움을 동반함으로써 우리의 자신감을 떨어뜨리고 나약하게 만든다. 자제를 하지 못하는 사람은 내외적으로 도움을 받아야 한다. 그런 사람의 경우 내적으로 속히 도움을 받아야 함에도 불구하고 정념이 온통 그를 지배하게 되는 때가 언제인지 모르기 때문에, 나름 예상되는 결전의 순간까지 은총을 구하는 행동을 자꾸 미룬다는 것도 커다란 비극이 아닐 수 없다.

4. 절제의 과제

(1) 분노(ira)의 억제 및 그에 따른 행위들

그럼, 잠깐 정리하고 넘어가자! 지금까지 우리는 그리스도인이 갖추어야 할 내면적인 태도에 밀접한 두 가지 개념(절제와 자제)에 대해 살펴왔는데, 이 개념들은 오늘날 세상 사람들에게 그리 중요하게 여겨지지 않는 것처럼 보인다. 우리는 여기서 제자들이 그들을 받아들이지 않는 도시나 마을에 하늘로부터 '불'이 내려와 저들을 불살라 버리길 원하느냐고 주님께 분개하여 아뢰는 말씀(예. 루카 9,54)을 기억할 필요가 있다. 이때 주님의 행동은 단호하고 명료했다. 곧 "예수님께서는 돌아서서 그들을 꾸짖으셨다."(55) 그리고 [다른 수사본들에 의하면] "그리고 이르셨다. '너희는 자기들이 어떠한 영에 속하는지 모르느냐? 사람의 아들은 사람들의 목숨을 멸망시키는 것이 아니라 구하려고 왔다.'"[29] 우리는 또한 간음한 여인을 두고 돌팔매질을 하려던 바리사이 사람들의 무자비한 태도에 대해 기억한다. 이때 주님은 분명한 어조로 그들을 가르치셨다. "나도 너를 단죄하지 않는다. 가거라. 그리고 이제부터 다시는 죄짓지 마라."(요한 8,11)

반복하여 말하지만, 주님은 당신의 온유한 마음을 보여주는 데에 거침이 없으셨다. "온유하고 겸손한 마음"의 소유자임을 유감없이 보여주셨다. 그런데 우리 믿는 이들만이 아니라 다른 민족들에게도 그러한 마음은 마치 나약함의 상징처럼 이해되었다. 그 누구도 온화한 성격의 소유자를 진지하게 생각하지 않는다. 현대 사회 안에서는 두말할 것도 없이 말이다. 하지만 실제로 주님께서는 스스로 온유하고 겸손하다고 주저 없이 그리고 진지하게 말씀하셨다. 온유한 사람은 과연 제대로 이해한다면, 거친 말[馬]도 두려움을 모르고 올라타는 사람이다. 왜냐하면

---

29) 참고로 이 구절은 우리의 〈성경〉(한국주교회의 2005년 이후 발행)에 본문에는 없고 각주로 소개되어 있다.

그의 따뜻한 손길로 거친 말도 이내 온순해질 것이기 때문이다. 온유(溫柔) 혹은 온화함은 우리의 분노(ira)를 침착하게 이성의 울타리로 이끌어준다. 그래서 분노를 다스리는 명약으로서 온유함은 절제와 함께 공동의 목적을 달성하게 된다.

1) 절제와 연계된 온유(溫柔)와 너그러움

온유한 사람은 참된(평화의) 정복자다. 그런 사람은 자신의 거친 정념들을 진정시킬 줄 안다. 설령 정념들이 아주 갑작스레 그리고 처절하게 달려들어도 말이다. 온유(mansuetudo)의 덕은 단순히 어떤 사람의 얼빠진 토끼 한 마리를 붙잡아 주는 정도가 아니라 로마제국의 권력이나 백성들 위에 군림하는 군주들의 특권 앞에서도 기꺼이 저항할 수 있도록 우리를 일으켜 세우는 힘이다. 그리스도교 외의 대다수 다른 민족들은 온유함에 대해 대수롭지 않게 여긴다. 더욱이 오늘날 사람들에게 온유함은 오히려 남에게 이용당할 수 있는 무기력함을 함의하기도 한다. 만일 상상할 수 있다면, 한번쯤 생각해보라! 과거 히틀러는 자신을 가리켜 온유한 사람이라고 말하는 보좌관들을 향해서 자신의 거친 본모습을 잘 감추었다는 듯이 만족스러운 미소를 짓지 않았던가! 세상 사람들은 불안한 사회 속에서 자신이 가진 힘이나 우월성 혹은 아무런 두려움이 없다는 것을 노골적으로 드러낼 수 있어야만 한다고 생각한다. 그렇지 않으면, 일부러 혹은 겸손하게 감추는 능력에 대해선 아예 무시하고 만다. 주님은 그러나 철저히 강하셨기 때문에 온유하실 수 있었다.

온유와 이웃하는 '너그러움'(clementia)은 분노에 의해 촉발될 수 있는 잘못을 진정시키도록 도와준다. 그럼에도 이 너그러움이란 개념 역시 오늘날 매우 철저히 오해받고 있다. 너그러움을 사람들은 종종 심각할 정도로 엄격함에 반대되는 감상적인 혹은 감정적인 처신과 혼동한다. 확신하건대 너그러움은 감상적인 행동이 아니다. 주님은 너그러움을 베푸신 분이었다. 하지만 가엾은 이들을 보고 가슴 아파하시는 중에도 위선자들처럼 감상적으로 행동하신 분이 아니었다. 달리 말해서 주님은 당신의 감정을 이성이 주체할 수 없을 정도로 보이신 적이 없다. 그와 같이 너그러움은 다른 도덕적인 덕들과 마찬가지로 이성의 명령 내지 질서를 따른다. 결국 사리분별을 거스르지 않기 때문에 너그러움과 엄격함은 함께 발휘될 수 있다. 엄격한 사람은 사리분별을 좇는다. 그런 사람은 이성이 정한 사리에 어긋나는 행위를 두고 판결을 내릴 때 대쪽과도 같다. 너그러움 또한 그와 같은 분별력 있는 판결에 약한 모습을 보이는 것을 의미하지 않는다. 다만 우리의 이성이 내린 판결에 문제가 있어서 죄의 형량을 경감시킬 필요가 있다고 판단할 때 주저하지 않는 것이 너그러움이다. 다시 말해서 너그러움은 이성적이다. 그래서 합리적으로 내린 처벌을 임의로 파기하여 경감시키거나 엄벌을 무조건 반대하는 것이 너그러움은 아니다. 따라서 너그러움은 엄격함과 마찬가지로 사리분별을 단호하게 지지하는 셈이다.

너그러움은 문학적인 의미에서 고상한 영혼만이 실현할 수 있는 상징적인 행위로 인식되고 있다. 그것은 그런 점에서 불순한 요소를 확고하게 제거하는 행위로 이해된다. 그래서 종종 수정처럼 맑은 순수함이나 논란의 여지가 없는 탁월함이 전제될 때 비로소 베풀어질 수 있는 행동으로 묘사한다. 따라서 너그러움은 다른 사람에게 조금도 불의한 행동을 하지 않겠다는 건강한 신념을 필수적으로 동반한다. 어떤 사람이 죄를 저지른 사람에게 내려진 처벌이 사리에 맞고 또 이미 그로써 충분히 처벌의 의미가 채워졌다고 판단할 때 주저 없이 그리고 재빠르게 죄인을 용서하는 행위가 너그러움이다. 왜냐하면 이미 처벌에 대해 동의하는 순간에도 이미 죄인을 사랑하는 마음이 한결같이 작용하고 있었기 때문이다. 너그러움은 당연히 편협하거나 들쑥날쑥한 심경에 의해 행사되는 것이 아닌 만큼, 어떤 사람들에 국한된 특별한 관심이나 그런 사람들이 받는 고통에 대한 동정심으로 인해 좌우되는 것이 아니다. 너그러움은 이성의 분별력만큼이나 정의 역시 중요하게 고려하는 행동이라고 말하고 싶다. 왜냐하면 설령 인간적 감정이 작용하여 판결을 내릴지라도, 본시 적절한 처벌로써 정의가 드러나는 까닭에 그로써 정의가 무너져버리는 행동은 하지 않기 때문이다. 그럼에도 항상 너그러움이 이기주의적인 삶을 추구하는 세상에선 매우 낯설게 여겨지고 있는 것이 사실이다.

2) 절제와 온유 그리고 너그러움이 맞서는 행위들
① 분노(ira)
a. 정당한 분노(ira)와 부당한 분노

너그러움과 온유는 무엇보다도 '분노'와 직결된 것이라고 볼 수 있다. 이때 온유는 정념에서 야기될 수 있는 분노를 자제하도록 작용하는 덕인 반면, 너그러움은 처벌의 차원에서 '분노가 난' 행위 혹은 보복적 의미의 분노를 자제하도록 작용하는 덕이다. 하지만 모든 정념들이 분노를 불러일으키듯이 그렇듯 자연스레 일어날 수 있는 분노는 그 자체로 죄가 되는 것은 아니다. 어떤 사람들은 정념에서 비롯하는 분노를 위엄 있게 낼 수 있다. 예컨대 주님이 당시 안식일에 병자들을 돌보는 일을 두고 핑계거리를 찾는 시답지 않은 사람들을 향해 분노를 내셨던 것처럼 말이다. 우리가 정당하게 분노를 내어야 할 자리가 있으나 그렇게 하지 못할 수 있다. 쉽게 굴복해버리거나 흔히 '좋은 것이 좋은 것'이라 생각하고 흐지부지하는 태도를 취할 때에 우리는 정당하게 분노를 내지 못한다. 혹은 우리의 사랑이 충분히 강하지 못해서 불쌍한 이웃에 대해 두둔할 경우 자신이 돌려받을지도 모를 앙갚음을 두려워한 나머지 정당한 분노마저 포기하는 것이다. 객관적으로 본다면 처벌의 차원에서 분노를 내는 것은 자기방어적인 몸짓으로 혹은 우리가 기꺼이 하나가 되고자 하는 다른 사람을 보호하기 위한 행동으로서 정당하게 여길 수도 있다. 그러나 그렇게 분노를 내는 행동이 방어의 차원을 넘어서 공격의 성격을 띠게 될 때 도를 넘어선 만큼 부당하다고 하겠다. 하지만 의기소침한 까닭에 정당방어의 수준에서조차 분노를 내지 못할 경우도 바람직하지 못하다. 왜냐하면 그렇듯 다른 뜻 없이 박약한 태도에서 분노가 무마

된 경우는 상대를 점점 더 무디게 만들어 잘못된 행동을 부채질할 수도 있기 때문이다.

일반적으로 우리는 분노를 내어야 할 상황에 다소 온건하게 행동하는 편이다. 그럼에도 그것이 우리의 단점이라고 말할 것까지는 없어 보인다. 평범한 소녀가 우연히 사귀게 된 주변의 상대적으로 못난 친구들 사이에서 유난히 돋보이는 까닭에 그 소녀를 두고 매우 아름답다고 과대평가할 수 있는 것이 인간이란 점에서 분노를 내는 행위 또한 과유불급(過猶不及)이다. 더욱이 우리가 우리의 이웃들에게 상처를 주면서도 교묘히 자신을 숨기는 다른 악행들과 분노를 비교한다면, 분노를 내는 행위는 너무 노골적인 행위라는 점에서 어리석어 보이기까지 한다.

(정당한) '분노'에는 혐오하는 의미가 본래 깃들어 있지만, 그렇다고 분명히 상대방을 다치게 하여 자신의 우월성을 과시하는 의미는 없다. 다시 말해 '분노'는 본시 유치하거나 쩨쩨한 정념이 아니라는 것이다. 그럼에도 사람들은 '분노'를 가리켜 마치 상대방을 제물로 삼아서 자신의 영예를 드높이려고 하는 수단처럼 오해한다. 도보 순례자가 깨끗이 면도한 얼굴을 하고 있는 경우는 지극히 예외적이겠지만, 그처럼 '분노'는 의외로 상대의 체면 혹은 존경심에서 비롯된다. 최소한 '분노'는 부당한 일이 벌어졌을 때 생겨나듯 소위 정의의 이름으로 수행된다. 예를 들어 뭔가 심히 옳지 않은 일이 앞서 벌어졌을 때 의분강개(義憤慷慨)한다고 말하듯이 말이다. 하지만 이때 정당한 '분노'는 폭력을 수반하거나 방어 및 반응의 차원을 넘어 공격의 불씨를 자초함으로써 또 다른 죄악을 초래하는 일은 삼간다.

b. 분노의 종류

개인적으로든 사회적(집단적)으로든 불운한 결과를 초래하는 '분노'에 대해 생각해보겠다면, 당장 우리 주변만 둘러보아도 쉽게 알 수 있을 것이다. 그러니까 쉽사리 분노를 내는 사람들로서 예컨대 예민하고 다혈질적인 사람들이나 사소한 행동에 매우 거칠게 반응하는 사람들이 있는데, 이들은 항상 긴장되어 있어서 그 곁에 있는 가족이나 친구들이 아예 부딪히지 않고 피하려고 할 것이다. 그런데 그보다 더 안타까운 사람들도 있으니, 그 자리에서 분노를 내는 것으로 그치지 않고 그 뒤에 성을 가라앉히지 못해 스스로 상처를 키우는 이들이다. 그런 사람들은 크게 언성을 높이지 않으나 두고두고 마음에 응어리를 새긴다. 그밖에도 스스로 자신의 슬픔이나 자기 연민에 빠져서 헤어 나오지 못하는 사람들도 있다. 그런 사람들은 남을 해코지하는 유머를 분출하지만, 결국은 자기 자신에게 불쾌감을 남긴다. 끝으로 가혹하리만큼 엄격한 사람들이 있는데, 이들은 끊임없이 불평불만을 일삼는 가운데 자신에게 그러하듯 남도 용서하지 않는다. 그런 사람들은 자신이 남들에게 고통을 주고 상처를 남길 수 있다는 사실은 외면하고 오히려 마치 어떻게든 보복하는 데에서 희열을 느끼는 사람처럼 보인다. 그들은 적대적인 상대방에게서 "물러나" 있을 때에도 쉬지 않고 비난을 퍼붓는다. 그와 같은 분노는 마치 가스폭탄이 집을 공중분해하는 것처럼 가족이나 친구들 간의 관계를 산산 조각낸다. 그런데 때때로 분노는 한 집에 사는 사람들에게 다소 우스꽝스러운 결과를 초래하기도 한다. 예를 들어, 같은 테이블에 동석하고 있으면서도 마치 여러 가지 화초들이 곁에 나란히 놓여 있지만 실제 서로 아무런 상관이 없는 것처럼, 저마다 각자 존재할 뿐 서로에게 단 한 마디 말도 건네지 않는 코미디가 연출된다.

  이 같이 개인적으로든 사회적으로든 불운하게 초래되는 결과 외에도 극단적인 형태의 분노가 있다. 그것은 매우 중대한 죄악에 속한다. 이사는 함께 살아가는 가족들이 어느 때든 예상할 수 있다. 혹여 임대계약서에 사인하는 정도로 이사를 간단하게 생각할 경우 그 자체가 나쁘다고 보진 않더라도, 최소한 가족 구성원들이 도착할 때까지는 이사를 보류하고 기다려 주어야 한다. 우리는 가끔 그런 상황을 떠올리노라면 왜 같은 도시에 살아가면서 도시행정을 두고 시민들 사이에 끊임없이 다툼이 벌어지는지 그 이유를 족히 알 수 있을 것도 같다.

c. 분노(ira)의 "열매들" – 분개, 일렁이는 마음, 신성모독, 오만불손, 다툼

분노의 가장 오래된 열매는, 그러니까 분노가 무르익기도 전에 빚어지는 죄악은 타오르는 울분(분개)이다. 우리는 울분을 참지 못할 때 우리에게 상처를 준 사람들을 특히 그들의 자리에 내버려둔다. 마치 난폭하게 행동하는 아이를 제대로 돌보지 못하는 부모가 덜컹거리는 높다란 의자에다 아이를 위험하게 방치하듯이 말이다. 짐작할 수 있듯이 우리가 선택해야 할 자리는 아주 낮은 자리다. 그래야 위험한 일이 벌어질 수 있는 확률도 그만큼 낮다. 그러니까 분노를 내더라도 정당한 경우와 정도가 있는데, 여전히 그것을 가려내지 못한다는 것이다. 두 번째로 분노의 열매로서 고려할만한 것은 흔히 군중심리에 휘둘려서 흥분하는 경우를 가리킨다. 부화뇌동하는 심경이 파고들면 사람은 최소한 결과적으로 속좁은 생각에 사로잡힌다. 그래서 그는 마치 자신의 분노를 어떻게든 폭발하겠다는 일념으로 커다란 캐리어에 폭탄을 넣어 끌고 다니는 사람과 같다. 분노가 난 사람은 자신의 분노를 돋웠다고 믿는 상대에게 최대한 분풀이를 하려고 모든 하찮은 계기들을 끌어 모은다. 정말이지 고결하지 못한 야심으로 밤잠도 설친다. 토마스 성인은 그런 상태를 가리켜 '마음이 일렁이는 시기'라고 날카롭게 묘사하였는데, 그것은 제대로 지적한 것이라고 하겠다. 결국에는 그런 상태가 폭발하고 말 것이요, 언변조차 혼란스럽게 만들어 버릴 것인즉, 대개 분노는 사람을 흥분시켜 말을 더듬도록 만들기 때문이다. 그런 상태에선 나아가 상대에게 상처를 주는 말도 거리낌 없이 내뱉는다. 심지어 하느님을 향해서도 신성모독의 죄를 범할 수 있을 정도이니, 사람들을 향한 오만불손한 언사쯤은 쉽사리 행해질 것이다. 그러한 상태가 절정에 달할 경우 행동으로도 드러날 것이니, 이제 말로는 성이 차지 않는 셈이다. 토마스 성인은 그런 행동을 가리켜 한 마디로 정리한다. 그것은 곧 "다툼"이라고 말이다. 다툼은 분노를 내도록 그 원인(빌미)을 제공한 사람에게 심각한 타격을 가할 수 있는 온갖 무기를 탑재한 상태와 같다.

② 잔인함(crudeltas)

부당한 분노는 일단 온유의 덕과 대립한다. 마치 부드러움이 강직함과 대립하는 것처럼 말이다. 상대를 처벌하려는 듯이 분노를 내는 행위는 이성의 통제에서 벗어나는 만큼 부자연스럽기에, 너그러움의 덕과 대립한다. 그것은 불의가 정의에 대립하는 것을 의미한다. 잔인함과 관대한 행동(너그러움)을 서로 비교하는 일은 거칠고 투박하며 미숙한 것과 잔인이 다듬어놓은 세련되고 우아한 것을 서로 비교하는 것과 같다. 전자에는 어떻게든 엄하게 처벌해야겠다는 흥분된 심정이, 후자에는 이성적으로 처벌을 최소화하려는 간절한 심정이 깃들어 있다.

그 어떤 잔인함도 합리성 내지 이성과 무관하게 이뤄지지 않는다. 다시 말해, 아무리 잔인한 사람이라고 해도 모호하나마 이성을 통하지 않고 상대를 엄벌하려고 하지 않는다는 것이다. 그러나 이성의 밝은 옷자락을 남김없이 벗어던지는 순간 인간다운 품위는 모두 사라지고 벌거벗은 야만성만이 그를 사로잡게 된다. 그 순간에는 엄격한 처벌과도 같은 그런 무자비한 행동의 기준이나 근거를 합리적으로 고려할만한 여유가 조금도 남지 않는다. 그저 상대를 가혹하게 대함으로써 쾌감을 느끼려는 삐뚤어진 행동만 보게 될 것이다. 짐승처럼 구는 행동, 인간성에 대치되는 야만적인 잔인함만이 목격될 것이니, 소위 인간의 탈을 쓴 야수를 떠올리게 될 것이다. 아마도 그와 같이 잔인 행동으로서 가장 무시무시한 경우로 손꼽히는 한 가지는 그로써 이미 당사자는 죽었지만, 또 다른 사람에게 여전히 그와 똑같은 해코지를 하는 경우이다.

(2) 쾌락 및 기쁨을 자제하는 태도 - 정숙(貞淑)

1) 정숙의 본성

막상 절제와 너그러움 그리고 온유의 덕을 완전하게 실현하고자 할 때 어려운 문제는 매우 거칠게 요동치는 정념들을 진정시키기 위해서 상기 세 가지 덕을 어떻게 적절히 분배하여 발휘하느냐는 것이다. 그에 반해 정숙(modestia)은 그리 어려운 문제는 아니다. 그렇다고 정숙이 중요하지 않음을 뜻하진 않는다. 사실상 오늘날 정숙을 과소평가하게 되는 이유 가운데 하나는 정확히 말해서, 그 개념을 너무 평범한 것으로 간주해버리고 마는 편견 때문이다. 예컨대 현대인들은 이 개념을 절제의 극히 작은 부분에 해당하는 것쯤으로 취급한다. 물론 정숙 개념과 맞물려 있는 경험적인 것들이 평범해 보이는 것은 사실이다. 왜냐하면 정숙한 행동은 소위 쾌락을 절제하는, 곧 인생에 파고드는 쾌락들을 덜 누리게 하려는 행동으로 종종 소개되기 때문이다. 그런데 정숙이 상대하는 쾌락들은 이성을 압도할만한 위치에 있는 것들이 아니라 오히려 이성을 계속해서 거스르는 사악한 것들이다. 그런 쾌락들은 마치 누더기로 변장한 게릴라 부대와도 같이 이런저런 것들을 가리지 않고 접근할 수 있는 것은 마구잡이로 약탈하는 특성을 갖고 있다. 그런 쾌락들은 언제든 그보다 훨씬 더 가치 있는 즐거움을 본질적으로 위협하는 것들에 대해 방어하려는 우리의 능력을 떨어뜨리는 데에 작용할 수 있다.

2) 정숙의 종류

앞장(제17장)에서 우리는 정결(혹은 정숙)의 다양한 종류들로 어떤 것들이 있는지 알아보았다. 그러니까 영혼의 정결, 정신의 정결, 몸의 정결 나아가 외적인 형태의 정결이 있다는 사실에 대해서 말이다. 이 장(제18장)에서는 그러한 다양한 종류의 정결들 하나하나의 내용에 대해 자세하게 검토해보려고 한다. 그럼 가장 먼저 '겸손'이라고도 불리는 '영혼의 정결 혹은 정숙'부터 검토해보기로 하자.

5. 겸손(謙遜)의 과제

(1) 겸손이란 덕의 본성

'겸손'(humilitas) 역시 사람들 사이에 더러 오해를 사거나 잘못 평가되어 온 덕 가운데 하나다. 우리는 겸손의 덕을 마치 자신의 탁월함을 인정받지 못할 때, 그래서 이의를 제기해야 하는 자리임에도 '침묵하고 기다리는 태도'와 가끔 혼동하기도 한다. 나는 이 같은 잘못된 겸손의 의미를 씁쓸하게 경험한 적이 있다. 한 번은 뉴욕에서 택시를 탄 적이 있는데, 안락한 도시를 빠져나와 한적한 곳을 달리다가 아주 드문 사건을 함께 겪게 된 그 택시기사의 입을 통해서 말이다. 우리는 뜨거운 태양 아래서 아지랑이가 피어오르는 아스팔트 도로를 약 30분쯤 달렸을 때 한 젊은 여인이 도로가에서 다른 사람의 도움 없이 자동차 타이어를 힘들게 교체하는 것을 목격했다. 그 택시기사는 의기양양하게 곧장 달려갔고 과분할 정도로 도움을 주었다. 그는 어깨를 으쓱하고는 웃으면서 이렇게 말했다. "별 것 아니었네요. 도와줄 수 있어 기뻤어요." 아마도 그는 그런 일에 아주 익숙한 사람이라는 인상을 심어주려는 것 같았고, 도움을 받은 그 숙녀는 지체 없이 그 기사가 무엇을 바라는지 아는 것 같았다. 그래서 그녀는 그에게 10달러를 손에 쥐어주었다. 사람들은 왜 영웅적으로 구원의 손길을 내주었던 많은 이들이 실컷 도와주고는 "별 것 아니에요. 전혀 힘든 일도 아니었어요." 하고 어깨를 으쓱이며 무례하게 건네는 말로써 큰 도움을 받은 사람들로부터 초라한 대접을 받아야 하는지 이상하게 생각할 것이다. 이와 같은 모습이 '겸손'의 덕과 상관없다는 것쯤은 누구나 쉽게 이해할 것이다. 왜냐하면 그와 같은 도움은 분명히 진심에서 우러난 것이 아니라고 보기 때문이다.

겸손은 결코 위선적인 행동이 아니다. 그러니까 가슴을 치며 슬퍼하면서도 주변의 시선을 부끄러워하듯 엉뚱한 행동을 하는 위선이 아니다. 하지만 실제 영특한 위선자들의 정체가 쉽사리 드러나지 않기 때문에 겸손을 가장한 행동을 확신하는 데에는 어려움이 많다. 최소한 그런 위선적인 겸손을 겉으로 판단하기가 쉽지 않다. 그래서 겸손하게 행동하는 사람과 위선적으로 행동하는 사람을 가리켜 그저 자신의 욕망을 소심하게 표현하는 사람 정도로 동일하게 간주하는 경향이 많다. 더욱이 겸손이 현대인들의 시각에서는 비굴한 모습으로도 비친다. 왜냐하면 자신의 한계를 지나치게 인정하는 행동으로도 이해되기 때문이다. 그에 반해 현대사회는 자기만족에 이르기까지 온갖 시도를 다하면서 자신의 한계를 쉽사리 인정하지 않으려 한다는 것이 그런 오해를 부채질하는 셈이다.

(2) 겸손의 대상과 효과

실제적으로 겸손은 사람이 자신이 보잘것없음을 염두에 두고 스스로 경멸하는 차원에서 행동하는 것을 가리키지 않는다. 겸손은 커다란 포부를 머금은 관대함과 상반된 행동이 아니다. 오히려 겸손은 우리 영혼의 위대함을 수호하는 관대함의 동반자다. 그런 관점에서 겸손을 이해할 필요가 있다. 예컨대 모든 위대한 업적에는 두 가지 뚜렷한 요소가 깃들어 있다. 하나는 많은 이들이 공감하고 매력을 느끼는 '선(善)'이고, 다른 하나는 누구나 쉽게 헤쳐 나갈 수 없는 '어려움'이다. 용기라고 하는 덕은 그런 위대한 포부를 가진 사람의 영혼을 지켜주어서 관대하게 행동하도록 도와준다. 그래서 큰 어려움에 부딪혀도 포기하지 않는 함구함와 인내심을 발휘하게 한다. 겸손은 누구나 가진 영혼의 본래적인 자질을 자각하도록 돕는다. 그래서 겸손은 선한 것에 매력을 느끼고 (바보처럼) 불가능해 보이는 것도 마다하지 않는 힘을 발휘하도록 격려한다. 또한 이성을 거슬러 감정에 치우치지도 않고 자신의 능력을 과신하여 행동하지도 않도록 보살핀다. 그렇다고 자신의 잠재력을 무시하지 않으면서도 지나치게 목표를 높이 정하여 객기를 부리지 않도록 보조한다. 확실히 겸손의 덕에는 패배자와 같은 모습이 발견되지 않는다.

(3) 겸손이란 덕의 위치

겸손은 탁월함의 욕구를 절제하되, 그 욕구를 묵살하진 않는다. 겸손의 덕은 그러한 욕구를 이성적으로 추구할 수 있도록 도와준다. 겸손이 중요한 덕이란 사실은 시대가 바뀌어도 변함이 없다. 겸손은 우리의 성숙한 삶을 위해 필요하지만 언제든 똑같은 의미로 이해될 수 있어서 결코 오해받지 않는다고 단정할 수도 없다. 범죄소설을 쓰는 작가가 스스로 셰익스피어만큼 훌륭하다고 생각한다고 해서 미친 사람으로 취급되지는 않겠지만 확실히 겸손한 사람은 아니다. 겸손이란 그것을 확신할만한 뚜렷한 요소를 갖추고 있다. 먼저 겸손한 사람은 자신의 한계를 누구보다 잘 안다. 과연 누구든 지나칠 정도로 높은 목표를 설정했다고 하더라도 그 목표의 실현을 정말 원한다면, 적어도 자신의(능력의) 한계를 인정할 수 있어야 한다. 그런데 이때 겸손은 지성적 덕(virtus intellectualis)은 아니다. 겸손이란 덕은 차라리 의지적인 욕구에 속한다. 그러니까 진리보다는 차라리 선(善)을 추구할 때 더 깊이 관여한다. 진리는 그에 반해 겸손 자체보다는 겸손의 규칙에 더 가깝다. 그러나 이 두 가지 진리와 선은 겸손이 결코 위험한 태도가 아님을 분명하게 지지해준다. 왜냐하면 겸손은 언젠가 자신의 거짓된 행동이 탄로가 나서 얼굴을 붉히는 수치스러운 일을 당하지 않기 때문이다. 겸손은 그렇듯 나대지 않고 또 항상 거짓으로 꾸미는 적이 없으며 언제나 솔직한 삶을 추구한다.

이런 점은 성인들의 자서전을 읽다보면 우리가 간혹 당혹스럽게 느끼듯, 자기 자신을 부당하리만치 깎아내리는 성인들의 모습에 대해 많은 것을 이해하게 해준다. 겸손은 특성상 복종의 모습과 닮아있다. 사람은 자신의 한계와 부족함을 진심으로 인정하는 순간 다른 사람들의 탁월함은 물론 하느님의 완전하심을 비로소 깨달을 수 있다. 그러므로 겸손은 사람의 참다운 모습을 깨닫게 해주며 그로써 하느님의 참다운 신성 및 완전하심을 알아보게 해준다. 모든 사람은 어떤 점에서 신적인 부분과 인간적인 부분을 모두 가지고 있다. 왜냐하면 사람으로 태어나 살아가면서 스스로 결함이 있고 부족하다는 것을 알아보는 동시에 하느님의 완전성을 알아볼 수 있는 힘을 지니고 있기 때문이다. 겸손은 그러니까 신성과 인성 모두를 알아보도록 우리의 눈을 뜨게 해준다. 그 두 가지 본성이 서로 부딪혀서 우리를 혼란스럽게 하거나 분간할 수 없게 만들지는 않는다. 그래서 만일 우리가 우리 내면으로부터 솟아오르는 어떤 것을 가만히 통찰한다면, 우리는 다른 사람들 각자에게 하느님께 속하는 어떤 거룩한 것이 존재하며, 바로 그것에 무릎을 꿇을 수 있고 또 그래야 한다는 것을 깨닫게 된다. 그런 의미에서 그리고 바로 그런 이유에서만 겸손이 자기 자신 외에 다른 사람들 앞에서 자만할 수 없게 이끈다. 그래서 겸손은 위대한 성인조차도 어떤 죄인 앞에서 부당하리만치 부족하다고 고백하게 만든다.

하지만 거꾸로 마치 우리 안에 내재하는 하느님께 속한 거룩한 그 무엇이 다른 사람 안에 내재하는 인간적인 어떤 것에 무릎을 꿇는 것처럼 생각한다면, 그것은 분명 뒤집힌 생각일 뿐만 아니라 신성모독과 같이 한참 잘못된 판단이다. 혹은 우리 자신과 다른 사람들 안에 내재하는 순수 인간적인 것들을 앞세워 둘 다 부족하기에 서로 무릎을 꿇을 필요가 없다거나 혹은 순수 신적인 것들을 앞세워 모두 부족함 없이 완전하다고 서로 팽팽히 맞선다면, 거기에는 더 이상 겸손의 덕이 들어설 자리는 없고 저마다의 완고함과 어리석음만이 버티는 꼴이 될 것이다. 사람들 가운데 어떤 이들에겐 다른 사람들과는 달리 하느님의 특별한 은총이 주어지는 것도 사실이다. 그와 마찬가지로 어떤 이들은 다른 사람들과 비교하여 상대적으로 결함이 적을 수도 있다. 하지만 그럴 경우에도 겸손은 언제든 완고한 마음이나 어리석음을 피하고 최대한 거짓된 삶을 멀리하도록 우리를 돕는다.

초대교회에서 그리스도인들을 두고 세상 사람들이 비방한 표현 가운데 하나가 그리스도교는 노예와 같이 보잘것없는 사람들의 종교라는 말이었다. 그만큼 오래전부터 그리스도인의 특징처럼 인상지어진 것이 바로 겸손이라면, 교회 안에서 겸손이 얼마나 강조되어 왔는지 능히 짐작할 수 있을 것이다. 하지만 분명한 점은 사람들을 '종'으로 삼으시기 위해 주님께서 이 세상에 오신 것이 아니라는 사실이다. 다시 말해 사람들을 '종살이'로 내몰려고 오신 것이 아니다. 주님께서 이 세상에 오신 까닭은 사람들에게 "생명을 주고 훨씬 더 풍요로운 삶을 누리도록" 이끄시기 위해서다. 소위 "행복을 누리도록" 말이다. 초창기 그리스도인들은 비록 겸손한 모습으로 세상을 살아가면서도 결코 그의 파견사명을 오해하지 않았다. 왜냐하면 주님의 명시적인 말씀 가운데 다음과 같은 가르침을 뚜렷이 기억하기 때문이다. 곧 "나는 마음이 온유하고 겸손하니 내 멍에를 메고 나에게 배워라!"(마태 11,29) 이는 겸손을 따라 굴복하며 살아가는 것과 기쁨으로 충만하게 살아가는 것이 같은 것이란 뜻이다. 돌려 말해서 우리가 마치 서로 어울릴 수 없는 두 가지 물과 기름을 억지로 하나로 조화시켜야 한다는 것이 아니라, 차라리 어느 하나가 없으면 다른 하나도 실현될 수 없다는 사실을 이해할 수 있어야 한다는 뜻이다. 겸손은 사실상 충만한 삶을 향해 나아가는 첫 번째 전제조건이다. 곧 더 좋은 것으로 채우기 위해 앞서 그릇을 깨끗이 비워야 하는 것과 같다. 사람이 자신의 한계를 직시하는 순간 자신의 능력의 한도 내에서 이뤄질 수 있는 꿈을 가누게 되듯이, 겸손은 사람들이 자신의 위치를 깨닫도록 도와준다. 어떤 특별한 입장을 고려해서가 아니라 보편적인 입장에서 말이다. 결국 겸손은 우리가 행복 혹은 충만한 삶을 향해 나아갈 때 장애가 되는 것들을 근본적으로 없애준다. 특히 우리 자신의 능력을 과신함으로써 다른 사람들보다 자신을 앞세우려는 잘못된 마음을 떨쳐버리도록 해주고, 우물 안 개구리처럼 속 좁은 안목으로 세상을 바라보며 헛된 꿈을 꾸는 무지몽매함에서 벗어나게 해준다. 그와 같은 장애는 모두 교만한 마음에서 생겨난다.

현대사회에서 법을 준수하는 시민들은 그렇듯 (법적) 권위에 복종하며 살아가야 하지만, 동시에 사회공동체의 삶에 최선을 다해 기여함으로써 최대한 향유할 수 있는 권리도 갖는다. 그래서 이성을 가진 인간으로서 시민은 주체적으로 살아가는 것을 권리처럼 여겨야 한다고 강조한다. 이와 비교하여 생각할 때, 겸손은 비굴한 행동에 가깝기에 - 비록 보편적으로는 그렇지 않을지라도 - 사회적으로는 가치가 없는 것처럼 비쳐진다. 하지만 겸손은 의심의 여지없이 사회생활을 위한 기초가 된다. 왜냐하면 이 덕이 우리의 사회생활에 장애가 되는 기본적인 것들을 제거해주기 때문이다. 이 겸손의 덕이 하느님께 나아가는 데에 꼭 필요한 것이 아니라고 생각하겠다면, 겸손 없이도 다른 덕들을 가지고 어디서든 장애물을 노련하게 극복할 수 있으면 좋겠다. 또 다른 관점에서 겸손은 가치에 대한 올바른 판단을 보증해준다. 그것은 우리가 침착하고 명철하게 생각할 수 있도록 도와주기 때문에 그 어떤 세속적인 위대함에 현혹되어 영적인 위대함의 훌륭한 가치를 포기하지 않도록 이끌어준다. 겸손은 이 세상에서 수시로 경험하게 되는 오염된 것들과 가까이 하더라도 냉정함을 잃지 않는 것이 중요하다고 일깨워 준다. 그래서 겸손은 우리에게 영적으로 깨어 있는 감각을 제공한다. 우리가 세상에 존재하는 것들을 상대로 그것들이 있는 그대로 바라보고 그에 맞갖은 처신을 하면서도 무질서한 삶이 되지 않도록 붙들어 준다.

(4) 그에 반대되는 행위 - 교만(驕慢)

1) 교만의 본성과 실체

겸손한 사람은 자신의 두 발을 견고하게 땅에 디디고 사는 사람에 비유된다. 그는 현실을 외면하지 않는다. 그에 반해 교만한 사람은 환상에 젖어 헛된 세계를 쫓는 사람이다. 그러나 오늘날에는 오히려 교만한 사람이 현실주의자(realist)라 불리고, 겸손한 사람은 몽상가라 불린다. 정확히 말하자면 현대의 평가는 잘못된 것이다. 교만(superbia)은 불가능한 것들을 쫓는다. 현실적인 것이라고 보기 힘든 것들을 말이다. 사람의 움직임을 유발하는 일차적인 동인(動因)을, 예컨대

'의지'를 감안할 때, 교만은 자신이 이룰 수 없는 능력 밖의 불가능한 목표를 추구하도록 사람을 충동질한다. 교만한 사람이 넘보는 것은 무엇이든 환상에 젖은 헛된 영광이라고 볼 수밖에 없다. 비록 그가 아무것도 가지고 있지 못하더라도, 마치 실제 손에 쥐고 있는 것처럼 거드름을 피운다. 그가 갖고 있는 것은 자신의 탁월함과 남다른 능력 때문이라고 자랑하길 마다하지 않는다. 그는 늘 성공신화의 주인공으로 자처한다. 그렇게 설명할 수 없을 경우 내키진 않지만, 하느님이 자신을 도와줄 수밖에 없다고 떠들어댄다. 마치 하느님께서 특별히 자신의 성공을 위해서만 존재하시는 것처럼 이해하는 셈이다.

교만한 사람은 특별한 사람임에 틀림없다. 그는 영적으로 폐쇄공포증에 걸린 사람이라고 말할 수 있다. 그는 자신의 우월함만을 믿고 거기에 완전히 빠져버린 것이다. 그래서 그는 자신보다 뛰어난 다른 사람들의 성공이나 특출한 영예를 인정하지 않고 멸시하기에 급급하다. 그는 으스대며 다른 친구들은 아랑곳하지 않는 꼬마아이와도 같이 과대망상에 사로잡혀 산다. 자신만이 완전하고 또 중요하다는 생각에만 빠져있다. 그는 점점 자신의 세계에 갇혀버리고 그렇게 자신을 지키려고 애쓰면 애쓸수록, 자신의 생각과 너무나 다른 현실 및 실재세계를 도무지 인정할 수 없어서 자제력을 잃고 만다.

2) 교만의 다채로운 모습들

겸손이 보편적인 질서에 복종하는 마음을 길러준다면, 교만은 보편적인 질서에 반항하는 마음을 조장한다. 자신의 능력만을 신뢰하며 자신 외의 것은 무시하는 이는 뜬눈으로 밤을 지새운 사람처럼 신경이 곤두서 있다. 논리적인 사고에 대한 믿음이 없는 만큼 이성(理性)과 담을 쌓는다. 그를 어르거나 달래거나 윽박지르는 것 모두 다 소용이 없다. 자신보다 더 신뢰하고 더 낫다고 여길만한 것이 하나도 없다는 생각이 완고하기 때문이다. 교만한 사람은 오로지 자신이 최고의 자리에 앉는 것만을 편히 생각한다. 그래서 그것을 위해서 남들은 언제든 희생양으로 삼아도 좋다고 생각한다. 교만한 자는 우습게 대해야 할 대상에 어떠한 예외도 두지 않으려 한다. 그래서 가장 어리석은 경우라고 한다면, 하느님의 권능조차 무시하려는 자다.

3) 교만의 무거움과 다른 죄들과의 관계

본래 교만은 죽을죄에 해당하는 큰 죄다. 실제 무거운 중죄에 속한다. 왜냐하면 근본적으로 하느님을 거스르는 일에 다른 무엇보다도 앞장서기 때문이다. 교만의 본성은 그렇듯 '거스름'(反逆)이요, 그것은 우리를 쉽게 중죄에 빠져들게 한다. 실제로 교만은 모든 죄악의 시작이다. 도덕적으로도 나쁜 짓에 발을 들여놓도록 이끄는 첫걸음이자 토대다. 교만은 사사로운 경우에도 본모습을 감추고 사람을 죄악으로 끌어들이는 데에 교묘하고 능하다. 교만을 단순히 여러 가지 죄 가운데 하나라고 규정하는 것으로는 부족하다. 왜냐하면 그것은 모든 죄악이 그로부터 시작되는 뿌리이기 때문이다. 그러므로 모든 죄악은 어떻게든 공유하게 되는 저 교만으로 말미암아 하느님을 거스르는 본성을 갖는다.

4) 교만의 첫 번째 죄로서 '원죄'

① 원죄(peccatem originale)의 본성

죄악의 형성과정을 보아서도 교만은 맨 앞자리에 위치한다. 교만은 창조설화에서 보듯이 최초 인간의 완전성을 파괴하도록 이끈 첫 번째 주범이었다. 그 이래로 교만은 조금도 변하지 않았다. 오늘날에도 교만은 자만한 마음을 무엇보다도 앞세우게 하거나 자아의 능력을 무한히 신뢰하거나 심지어 자기만족에 빠져 헤어나지 못하도록 만드는 데에 일등공신이다. 물론 최초의 인간 아담은 자신도 창조주 하느님과 동등한 권능을 지니겠다고 넘보진 않았다. 그런 점에선 점점 더 큰 어리석음을 보여주는 그의 후손들보단 현명했다. 하지만 그는 자기만족에 도취되었다. 그래서 하느님이 정해주신 것마저 어김으로써 어느 누구에게도 복종하지 않으려고 했다. 한 마디로 인간의 위상을 망각한 것이다. 그가 생각한 자기만족은 실제 환상에 지나지 않은 것이었다. 하지만 교만은 그 이후 세상 곳곳을 누비며 사람에게 특별한 쾌감을 가져다주는 것이라고 떠벌리는 사기꾼이 되었다.

② 원죄의 보속

최초의 인간 아담은 어떤 인물이었을까? 인류의 조상으로서 그의 탁월함은 무엇일까? 창조설화를 통해 많은 정보를 얻을 수는 없겠지만, 그의 아내 하와보다 훨씬 더 교만했다고 말할 수 있을지는 모르겠다. 아무튼 하와가 그에게(선악과) 열매를 건네주었던 구절을 보면, 최소한 아담이 뱀의 간교한 거짓말에 직접 넘어가지는 않았고 그의 아내의 말에 넘어갔다고 한다. (비록 그 두 사람의 곁에는 다른 이들이 없었다고도 말할 수 있겠으나) 아담은 자신이 걸려 넘어간 죄악을 또 다른 사람에게 건네진 않았다. 아마도 얼핏 보기에 하와에 대한 그의 사랑이 죄악에 빠지는 방편이 된 것 같다. 마치 아내 없이 의연하게 살아남는 것보다는 차라리 그녀와 함께 죄에 떨어지는 것이 더 낫다는 생각을 했던 것일까? 창조설화의 다소 석연치 않은 이 부분은 감추어져 있다. 분명한 점은 그렇게 자신의 순수한 영을 가지고도 금지된 과육을 삼킴으로써 당장 하느님을 거스르는 죄악의 열매를 거두게 되었다는 것이다. 그리고 그것은 오늘날까지 그리고 앞으로도 사람이면 누구나 죽을 때까지 싸워야 할 영과 육의 지루한 전쟁의 도화선이 되었다. 하느님을 거스르는 죄로 말미암아 우리는 죽음을 치러야 하며, 살아있는 동안에도(아이를 낳고 노동을 해야 하는) 아픔과 추위, 굶주림, 병듦 그리고 그 외에 많은 고통들을 겪어야 한다. 그리고 우리에게서 세상의 온갖 것을 다스리도록 부여된 권한은 사라졌다.

그러면 이 장을 마치기에 앞서 간략히 요약해보자. 한 마디로 사람은 자신에게 진솔할 때만 안정을 누릴 수 있다. 우리가 살아가는 데에 이성을 신뢰하는 것이 중요하다고 하겠으니, 특히 즐겁든 슬프든 이성이 안내하는 길을 따르는 것이 좋다. 왜냐하면 이성은 한껏 기쁨에 들떠 있을 때에도 쉽게 그르칠 수 있는 우리를 정숙하게 살아가도록 붙들어주기 때문이다. 물론 정숙한 태도만으로 충분치 않다. 그래서 다각적으로 점검할 필요가 있다. 이때 거칠게 몰아세우는 절제의 목표들이 원대하면 원대할수록 상대적으로 작은 것들은 소홀해질 수밖에 없으니, 그런 소소한 것들이란 그리 중요하지 않기 때문에 그만큼 무해하다는 주장은 참이 아니다. 왜냐하면 우리가 비록 하느님 나라라는 원대한 꿈을 가졌지만, 이 세상에서 보잘것없는 것조차 주의 깊게 살피고 행동하도록 주님께서 가르치셨기 때문이다.[30] 실제로 우리의 삶에 소소한 것들은 대수롭지 않고 그래서 무해하다는 주장은 한 사람의 인생을 일그러뜨리는 '반쪽 – 진실'에 지나지 않는다. 그러니까 그런 주장은 비인격적으로 처리해도 무난한 것들로써 주로 인생이 채워진다고 호도하고 나아가 자신의 인생만이 아니라 다른 사람들에게조차 인간적인 정(情)이나 가치를 시들게 하여 서로를 무시해도 괜찮다는 잘못된 분위기를 조장하기 때문이다.

[결론] 풍요로운 삶을 위하여

1. 거짓된 삶과 반쪽 – 진실

말로든 행동으로든 거짓을 일삼는 이에게는 풍요로운 삶이 있을 수 없다. 실

---

30) [역주] 원문에는 소개되지 않았지만, 참조로 다음의 구절을 기억할 수 있다. 예컨대 "숨겨둔 것은 드러나기 마련이고 감추어진 것은 드러나게 되어 있다."(루카 8,17; 12,2; 마태 10,26; 마르 4,22 이하) 이 구절은 《중용》의 莫見乎隱 莫顯乎微 故 君子愼其獨也(숨겨진 것보다 더 잘 드러나는 것이 없으며, 작은 것보다 더 잘 나타나는 것이 없으니, 고로 군자는 홀로 있을 때 [오로지 道만을 추구하며] 더욱 근신해야 한다.)는 말과도 어울린다.

재에 근거하지 않고서는 참됨이 서있지 못한다. 거짓은 마치 훔친 공기로 숨을 쉬고 훔친 빛으로 살아가는 것과도 같다. 그래서 모든 진실이 그의 적으로 곳곳에서 다가올 것인즉, 계속해서 그의 거짓이 보장받지 못하는 순간 거짓된 삶은 이내 무너지고 말 것이다. 결국 그는 스스로 죽어가는 삶을 택한 것이다. 분명히 우리는 거짓과 같은 부당한 상황 속에서 정당한 결실을 기대할 수는 없다. 비록 우리가 역사를 통해 재고할 능력이 부재하거나 열심히 수고할 수 있는 사랑이 부족하거나 매일 조간신문 외에는 달리 세상을 읽을 수 있는 시간이 없다고 하더라도, 우리의 기대가 지나칠 정도로 허무주의적인 것인지 아닌지는 능히 식별할 수 있다고 본다. 그밖에도 온유함과 너그러움, 정숙함과 겸손 등의 덕을 경멸하는 곳에서는 반쪽 – 진실만이 만연해 있다는 것을 모를 리 없다는 것이다. 왜냐하면 그러한 덕들은 우리가 살아가는 데에 필수적인 것이고 달리 대체할 수 있는 것이 아니요, 우리의 인간성을 최후까지 지켜주는 것임을 깨닫는 데에 그리 긴 시간을 필요로 하지 않기 때문이다. 그럼에도 현대사회는 아주 빨리 그런 덕들을 우둔하고 감상에 젖은 태도 혹은 단지 얌전한 체하는 행동에 불과하다고 폄하한다. 반면 분노(화)나 잔인할 정도로 매몰찬 행동 혹은 자기를 중심으로 생각하는 태도가 종종 비난받을 만한 것으로 비쳐지더라도 확실히 중요하고 가치가 높은 것이라고 역설한다. 반쪽 – 진실은 항상 우리에게 온전한 진실을 알려주지 않는다. 그래서 매우 위험하다. 왜냐하면 현대사회가 폄하하는 온유함과 너그러움 그리고 그와 관련된 덕들은 겉으론 보잘것없어 보여도 결국에는 모두의 승리를 일궈내는 반면, 오히려 과대평가된 분노와 매정함 혹은 자만한 태도는 결국 우리 모두를 불행한 삶으로 빠뜨리기 때문이다.

2. 비인간적인 세계는 허구의 세계다

온유와 너그러움, 정숙과 겸손은 세상에서 인기 있는 덕목이 아니다. 왜냐하면 세상은 본래 혼자서는 지탱할 수 없는 불확실한 터전 위에서 겨우 목숨을 이어가기 때문이다. 그래서 한편 세상은 항상 채워야 할 것들에 시달리며 쫓긴다. 홀로서기는 세상에겐 실제 너무나 가혹한 숙제다. 시작을 모르듯 끝도 종잡을 수 없는 세상에겐 차라리 허구를 쫓는 것이 보다 쉬운 선택이다. 보이는 것에만 한정된 세상이 인간적인 삶을 계속해서 보장하는 일은 제 능력을 넘어선 헛된 희망이다. 그래서 세상에겐 환상과 허구를 진실인 것처럼 겉꾸미는 것이 훨씬 더 쉽다. 시간 속에서 헤매는 만큼 영원한 진리를 볼 수 없고, 설령 진리를 보더라도 그것을 품을 수 없다. 왜냐하면 영원한 진리는 경건하고 정직한 이성을 통해서만 접근할 수 있기 때문이다. 따라서 진리에 승복하는 태도(obedire veritati)는 불가피하다. 그렇듯 심오한 역설(逆說)과 함께 현전하는 진리 앞에 우리를 겸허하게 세우는 복종만이 안정과 평화를 가져다준다.

3. 현대사회에서 소극적으로 비치는 덕들과 그리스도인

이 세상은 하느님과 등진 채 살아가는 데에 몰두하기 때문에 자연히 그리스도인들이 애써 닦는 온유와 너그러움, 정숙과 겸손과 같이 소극적인 혹은 비주체적인 삶을 주도하는 것으로 여겨지는 덕들을 멸시하고 거들떠보지도 않는다. 그런데 그것은 단지 신앙의 문제만이 아니라 인간다운 삶을 멀리하는 데에도 그 원인이 있다. 인간다운 삶은 간단히 말해서 이성을 중시하는 삶이다. 만일 예로부터 인간을 이성적 동물(animal rationale)로 말해왔다면, 분명 이성이 인간다운 삶을 주도하는 지휘관처럼 이해되어 왔음을 의미한다. 그러나 그러한 지휘관도 게

릴라와 같이 불시에 습격하는 무리들이 들끓는 시대에 이르러 사람들의 안전과 평화를 지켜주지 못한다면, 이성이 제 구실을 하지 못하고 있는 것이다. 정말이지 이성은 최대한 완벽하게 활용될 필요가 있다. 그렇지 않으면 사람들은 느닷없이 닥치는 위험과 갑작스런 죽음에 무방비하게 노출된 채로 불안하게 살아갈 수밖에 없다. 이와 관련하여 먼저 우리는 온유와 너그러움, 정숙과 겸손이란 덕들을 그런 위험에 대한 방책으로 고려해볼 필요가 있다. 이 덕들은 우리가 반드시 절제해야 한다고 생각하는 것들을 최대한 완벽하게 처리하도록 도와준다. 주님은 말과 행동을 모두 활용하여 이런 덕들에 대해 가르치셨다. 예컨대 그분은 온유하신 분으로서 이 세상에 분열이 아니라 평화를 주러 오셨다. 달리 말해서 그분은 만족스러운 삶, 곧 우리가 생각하는 것보다 훨씬 더 풍요로운 삶이 있고 또 그것을 실현할 수 있음을 보여주기 위해 이 땅에 오셨다. 그분은 온유함 혹은 온화한 마음과 수줍어하는 마음 등 그 모든 갈등을 슬쩍 얼버무리는 행동에 대하여 몹시 나무라지는 않으셨지만 그냥 지나치지도 않으셨다. 그분은 우리가 완전한 삶을 구현하기 위해선 어떤 모습의 절제가 필요한지 알고 계셨다. 또한 거기에 얼마만한 용기와 정직 그리고 진솔함이 동반되어야 하는지도 알고 계셨다. 왜냐하면 그분은 참 사람으로 사셨기에 인간다운 삶의 실현에 요구되는 것들을 이미 숙지하셨기 때문이다. 사실 그분은 참 사람이시며 동시에 참 하느님이시라는 점에서 그분이 생각하는 완전한 삶 혹은 풍요로운 삶이 무엇인지 미루어 짐작할 수 있을 것이다. 그래서 짐작하건대, 그분은 사람이란 결코 자기 이성의 통제를 거부하거나 무시할 정도로 스스로 교만에 빠질만한 이유를 갖고 있지 않다고 확고하게 가르치실 수 있었다.

성 토마스 아퀴나스의
신학대전 해설서 Ⅲ

제19장 신비주의와 기적 : 정숙과 기적
(제2부 제2편, 제166문제~제178문제)

1. 정숙(貞淑)의 기적
   (1) 정숙과 세련됨
      1) 정숙의 순진무구함
      2) 정숙의 지혜
   (2) 정숙에 의한 '인격적인 상냥함'(personal graciousness)
2. 정숙의 재료
3. 정신의 정숙 : 면학성
   (1) 면학성(지식욕)의 본성
   (2) 면학성과 반대되는 것들 – 게으름과 결실을 이루지 못하는 호기심
      1) 지식과 죄
      2) 지식과 죄의 기회
4. 몸의 정결
   (1) 겉으로 드러나는 행동과 관련하여
      1) 솔직한 행동과 관련하여
      2) 오락 및 놀이와 관련하여 – Eutrapelia(아리스토텔레스)
         ① 놀이의 목적
         ② 놀이 중에 유념해야 할 죄
            a. 놀이(농담 및 오락)의 지나침에 의해
            b. 놀이(유머 감각)의 모자람에 의해
   (2) 의복(옷)과 관련하여
      1) 정숙한 의복
      2) 의복으로 저지르는 죄
         ① 관습에서 벗어난 차림새
         ② 욕망(예, 허영심)의 표현으로서 지나친 혹은 모자란 차림새
      3) 여인의 치장(治粧)
5. 사도직의 은사 : 무한한 능력을 발휘하는 직무
   (1) 무지(無知)를 통해 실현되는 사도직의 은사 – 예언
   (2) 지성과 감성을 고양시키는 사도직의 은사 – 황홀경에 사로잡힘
   (3) 언변과 직결된 사도직의 은사 – 여러 가지 말을 하고 능숙하게 말함
   (4) 놀라운 일을 해내는 사도직의 은사 – 기적을 일으킴

[결론] 정숙과 그 덕을 통한 인간의 성취
1. 현대사회의 '정숙하지 못함' : 동물사회로의 전락
2. 정숙하지 못함의 결과
3. 정숙과 인간의 성취

제19장 신비주의와 기적 : 정숙과 기적
(제2부 제2편, 제166문제~제178문제)

(들어가기)

　오늘날 사람들은 정숙한 모습과 세련된 모습을 대비시켜 이해하길 좋아한다. 그래서 이를 두고 흔히 숫기가 없어 낯선 소녀 앞에서 얼굴을 붉히는 말을 더듬는 시골 소년과 대도시에서 이미 많은 것들을 경험한 젊은 아가씨를 비유로 설명하기도 한다. 사람들이 그와 같은 시골 소년에게는 그의 순박함에 잠시 마음을 빼앗길 순 있겠지만, 오랫동안 매력을 느끼게 되는 대상은 오히려 세련된 도시 아가씨이다. 이 두 가지 정숙함과 세련됨을 동시에 경험하게 될 경우 전자에 대해선 참을성을 가지고 지켜보는 어떤 흥미진진함이 계속 솟구칠지 미지수다. 그러나 그런 흥미진진함 역시 어떤 특별한 매력으로 작용한다고 하더라도 그리 오래가지 못한다. 예컨대 앞니가 빠진 얼굴로 구슬치기에 여념이 없는 소년에게서 잠시나마 옛 추억을 떠올리게 해주는 흥미 정도라고나 할까! 그렇듯 현대인들은 유감스럽게도 그런 소년에게서 되살릴 수 있는 신선하고 천진난만한 우리의 본모습을 오랫동안 붙들려고 하지 않는다.

1. 정숙(貞淑)의 기적

(1) 정숙과 세련됨

　실제적으로 소위 세련되고 교양이 있다고 하는 사람들의 웃음에는 여흥이나 아량(雅量, liberalitas)보다 더 큰 것이 담겨있다. 정숙(modestia)은 세련됨에 비하면 일종의 기적이다. 다만 기적은 우리의 눈과 정신을 상대하는 데 반해 정숙은 우리의 마음을 상대한다는 점이 다르다. 다시 말해 정숙은 처음부터 오랫동안 꿈꿔왔던 것을 마음에 호소한다. 그래서 정숙 앞에서는 그 밖의 다른 세상의 것들을 품었던 마음이 일시에 사라지게 한다. 정숙이 살짝 보여주는 웃음은 마음속의 어떤 기억과 닿아 있다. 예를 들어 후회하는 마음이나 시샘을 했던 마음 혹은 아주 작은 영감(靈感)과도 연루되어 있다. 그 때문에 정숙이란 얼굴에는 살짝 향수(鄕愁)에 젖은 표정이 역력하다. 세련됨이 정숙을 향하여 예의를 갖추는 것은 당연한 일이다. 왜냐하면 정숙은 본래 사람들이 대개 그렇게 되기를 바라고 또 좋아하는 모범적인 덕목이기 때문이다.

1) 정숙의 순진무구함

어떻게 보면 정숙은 순진무구하다. 왜냐하면 정숙은 모든 행동의 깨끗하고 순수한 측면들을 추구함으로써 돌이켜 볼 때 우리의 마음을 안정적으로 혹은 편안하게 만들어주는 데에 집중하기 때문이다. 정숙한 사람은 일부러 어두운 구석을 찾거나 비밀스런 만남을 즐기는 일을 몹시 거북해 할 정도로 순박하다. 그래서 마치 갑자기 기억 속에 어떤 흠결을 찾아낸 사람처럼 인상을 찌푸리거나 수치스러웠던 것 때문에 당혹스러워하는 경우가 없다. 하지만 그는 무지한 사람이 아니다. 오히려 현명하다. 인간사와 관련하여 경험이 많은 사람이기 때문이다. 그는 자신의 이성(理性)을 따라 행동하는 데에 익숙하기 때문에 늘 안정된 모습을 보여준다. 그런 사람과 함께 하는 것은 마치 답답한 대도시를 떠나 확 트인 바닷가에서 시원하고 상큼한 공기를 들이마시는 기회를 얻는 것처럼 행운이다. 정숙한 사람은 그를 만나는 사람들에게 신선함을 선사한다. 온몸을 말끔히 씻어낸 신선함과는 또 다른 신선함의 기운을 선사한다.

2) 정숙의 지혜

그러나 정숙의 좀 더 실질적인 특성은 이성(理性)과 함께 균형을 잃지 않는 삶을 유지하는 데 있다. 정숙한 사람은 세련된 사람처럼 수시로 변하는 세상의 흐름에 민첩하지도 않고, 플레이 – 보이처럼 지나치게 육감적이지도 않으며 자유주의자처럼 새로운 움직임만을 좇지 않을 뿐만 아니라 학자들에게서 가끔씩 풍기는 어떤 현학적인 모습에 긍지를 갖는 사람도 아니다. 한 마디로 그는 편향된 삶을 추구하지 않는다. 정숙한 사람은 모두 우리가 흔히 정겹고 아늑한 고향을 생각하듯이 그런 포근하고 편안한 분위기를 느끼게 해주는 사람이다. 그렇다고 그가 좋아하는 것을 두고 억지로 사람들의 이목을 집중시켜 끌어들이려고도 하지 않는다. 그는 우리에게 일체 강요하는 몸짓 없이 다정하게 다가온다. 그는 해가 저물면 사람들을 자기 발로 천천히 모여들게 하는 따뜻한 화톳불처럼 자신의 생각을 관철시킨다. 정숙한 사람은 늘 상대를 편안하게 배려하며 그가 자리를 떠나더라도 다른 이들이 거의 눈치를 채지 못할 정도로 묵묵히 자신의 몫을 다한다. 우리 주변에서 그런 사람들이 점점 사라져가고 있다는 사실은 우리의 삶이 그만큼 불편해지고 삭막해져 가고 있음을 가리킨다.

(2) 정숙에 의한 '인격적인 상냥함'(personal graciousness)

우리의 삶속에서 정숙이 어느 부분에 얼마나 관여하는지 설명하는 일은 매우 어렵다. 왜냐하면 정숙이 관여하는 부분은 딱히 앞서 정해져 있거나 확연히 구별되는 것이 아니라 항상 실제로 벌어지고 있는 그 자리에서만 밝혀지기 때문이다. 아마도 우리는 그런 경우를 가리켜 "인격적인 상냥함"이라고 일컬을 수 있을지 모르겠다. 그것이 어떤 뉘앙스를 풍기는지는 일찍이 체스터톤(Chesterton)의 다음과 같은 시구를 통해 짐작할 수 있을 것 같다. 예컨대 "은총을 향해 나아가는 계단"과도 같다는 표현처럼 말이다. 그것은 부산하지 않은 움직임을 통해 잔잔한 아름다움을 보여준다. 마치 파이프 오르간의 깊고 그윽한 선율이 자아내는 신비스러운 소리처럼 말이다. 정숙은 제대 앞에서 말없이 기도하는 원로사제(성직자)의 평화로운 얼굴에서나 읽을 수 있는 그런 것이거나 아니면 이제 막 첫 서원을 마치고 자신의 삶을 오롯이 봉헌한 젊은 수도자의 맑은 눈망울에서나 읽을 수 있는 그런 것이라고 말하고 싶다. 어쩌면 이와 같은 모습들은 정숙이 품고 있는 의미에 비해 너무나 외형적인 것에만 초점을 맞추고 있는 것 같다. 사실 우리는 일상을 살아가는 중에 숱하게 정숙의 의미를 떠올리면서도 자세히 설명하려 들면 매우 어렵다는 것을 실감할 것이다. 그래서 우리는 종종 싸잡아 간단히 말하는 것으로 만족해한다. 예를 들어 정숙한 사람을 두고 "그는 건전한 사람이야!" 혹은 "그는 착한 사람이야!" 하고 말하는 정도로 말이다.

2. 정숙의 재료

아마도 그렇게 자세히 설명하는 일이 어려운 까닭은 정숙이 추구하는 기쁨이 실제 우리가 살아가는 중에 눈에 잘 띄지 않는 것들, 그러니까 사람들이 겉으로는 찾지 않는 기쁨이라는 점에 있는 것 같다. 소위 합리적으로 기대할 수 있는 즐거움, 깨달음을 통해 얻게 되는 기쁨, 진지함과 친절함을 간과하지 않으면서 음식이나 놀이 혹은 의복을 통해 누리게 되는 환희는 분명 우리의 인생에 채워져야 할 것들이라고 쉽게 말할 수 있다. 그래서 그런 것들은 부재할 경우 인생이 삭막해 보일 거라고 생각하기 쉽듯이 눈에 확 띈다. 하지만 그렇듯 우리가 마땅히 향유해야 한다고 생각하는 이러한 즐거움과 기쁨은 일종의 배경(background)에 불과하다. 분명히 말하지만, 씨줄과 날줄로 짜낸 천(帳)을 우리의 인생에 비유한다면, 거기에 그런 기쁨과 즐거움이 그리는 무늬(형태)는 원칙적으로 꼭 요구되는 것은 아니다.

3. 정신의 정숙 : 면학성

(1) 면학성(지식욕)의 본성

우리가 면학성을 불태우며 힘쓸 때 분명히 어떤 통제를 필요로 한다. 왜냐하면 이때 두 가지 자연적인 경향이 작용한다고 보는데, 그 가운데 하나가 우리를 이성의 길에서 벗어나도록 이끄는 경향이 뚜렷하기 때문이다. 사람은 누구나 계산이나 측정하는 방법을 배우기 오래 전부터 "왜?" 라는 질문을 먼저 던졌다. 남이 가르치지 않아도 진리에 대해 궁금했다는 것이다. 그러나 사람은 그렇듯 알고자 하는 욕구를 갖고 추구하는 경향을 가졌으며 동시에 그와 같은 욕구를 열심히 채우기 위해 불가피하게 거쳐야 하는 힘겨운 과정을 어떻게든 최소화하거나 최대한 피하고 싶어 하는 경향도 갖고 있다. 지식욕을 채우기 위해 거쳐야 할 학업과정은 정말 고되다. 이에 관해서는 두말할 것이 없을 것이다. 특히 학교에서 쳐지는 학생들의 볼멘소리나 생활기록부가 그것을 대변할 것이다.

당연히 사람들에게는 죽기 전까지 알아야만 할 것들이 있다. 최소한 이 점에서 생각하자면, 알고자 하는 욕구를 가졌음에도 그에 요구되는 고생은 하지 않겠다는 태도는 자제되어야 한다. 물론 자신의 능력으로 다 알지 못하는 것들도 있기 때문에 그렇듯 알고자 하는 욕구는 또 다른 정당한 방식으로 채워질 필요가 있다. 아무튼 제 능력껏 수고하든가 또 다른 정당한 방식으로 추구하든가 사람이 알아야 할 것들은 자신의 면학성에 힘입어 얻어질 수 있다. 그래서 자신의 면학성을 통해 우리는 알고자 하는 욕구에 대해 게으름을 피우거나 어리석게 기피하려는 마음 나아가 불필요한 호기심에 빠져버리는 그릇된 태도를 극복할 수 있어야 한다.

(2) 면학성과 반대되는 것들 – 게으름과 결실을 이루지 못하는 호기심

의사에게는 질병에 걸려 있는 환자들을 위해 소중하게 마련한 진료실 및 치료실을 개방하기 전에 병에 대한 올바른 진단법 및 치료법을 터득해야 할 의무가 있다. 그처럼 사제(성직자) 역시 죄를 뉘우치며 새로운 삶을 다짐하는 신앙인을 고해소에서 만나기 전에 사람들이 올바른 신앙생활을 어떻게 할 수 있는지 숙지하고 있어야 한다. 아내도 자신의 가정을 꾸리기에 앞서 미래의 남편 및 가족들의 식탁과 안녕에 기여할 수 있는 기초적인 솜씨를 갖추어야 한다. 만일 학생이 공부에 취미가 없다고 해서 이성적인 판단력을 기르지 않는다면, 반드시 알아야 할 것들에 대한 무지(無知)로 인하여 자연히 의무를 소홀히 함으로써 죄를 저지르게 될 것이다. 정말이지 알아야 할 것이 중대하면 중대할수록 그에 대한 무지는 더 심각한 죄가 될 것이다. 보통 시민들에게 복종을 요구하는 (법적) 권위는 반드시 사전에 정확한 (법적) 지식에 대한 숙지를 수반한다. 그래서 법치사회는 법에 대한 무지가 사회적으로 심각한 장애가 된다는 점을 역설한다. 혹여 음식을 요리하는 방법에 대한 무지가 당장 심각한 문제가 되지는 않는다 하더라도, 점차 시간이 흐르면서 가족들의 건강과 안녕에 악영향을 미칠 수 있다. 물론 호기심과 같은 것은 앞선 것들에 비해서 비교적 덜 심각한 장애라고 볼 수 있다.

가끔 우리는 "아는 것이 병"이라고 말하지만, 본래 지식 자체가 잘못된 것은 아니라고 본다. 지식을 갖는 행위는 인간으로서 가장 놀랍고 자랑할 만한 행위다. 그래서 지식으로 말미암아 병(病)과 같이 악(惡)이 유발되는 것은 매우 우발적인 경우다. 예컨대 자신이 습득한 지식을 두고 경솔하게 자만에 빠져버릴 때 아니면 나쁜 목적을 위해 사용할 때 그런 악이 벌어진다. 그밖에도 지식욕 혹은 알고자 하는 욕구가 삐뚤어진 호기심을 통해 지나치게 추구될 경우에도 그런 일이 벌어진다.

지식을 시기하는 사람들은 지식을 교만의 도구로 간주하는 사람들이다. 그들은 지식을 결코 덕행을 위한 계기로 이해하지 않는다. 지식을 덜 탐탁하게 여길수록 확실히 더 쓸모없는 것으로 간주하기에, 지적인 호기심이 있어도 그런 사람들에게 그것은 별 의미가 없다. 그렇게 지적 호기심을 취급하는 것은 마치 부모가 자신이 낳은 아이들이 스스로는 고아라고 생각하며 살아가도록 방치하는 것과 같다. 이 같은 비유로 일찍이 예로니모 성인이 엄하게 꾸짖은 바 있다. 그는 강론이나 훈화 때에 복음서 및 예언서의 말씀은 뒤로 한 채 자신의 생각에 사로잡혀 자기 논리만 앞세우는 사제들(성직자들)을 두고 그와 같은 비유를 들어 아주 분명하고 날카로운 어조로 질타하며 호되게 비판했다.

1) 지식과 죄

지식을 습득하는 데에 게으름을 피우거나 결실을 맺지 못하는 호기심에 빠져 있는 사람은 면학성의 진정한 의미를 곱씹어 보지 못한 사람이다. 그는 어쩌다 한번쯤 지식을 유용하게 여기지만 대개는 쓸모없는 것이라고 생각하는 사람이다. 물론 실제 사물은 지식이 아니라고 볼 수 있다. 그런데 우리가 일반적으로 추구하는 지식이란 마치 우리의 능력 너머에 있는 어떤 진리를 알려고 부질없이 애쓰는 경우처럼 납득할 수 없는 그런 것이 아니다. 그래서 [지나친 경우라고 말할 수 있겠지만] 어떤 철학자는 자연이성으로도 초월적인 것들에 대해 이해하려고 노력한 적이 있다. 또 어떤 사람은 수학적 재능 없이도 아인슈타인의 상대성 이론을 더 쉽게 설명할 수 있다고 자신하고서 무던히 애쓴 적도 있다.

사람들이 머리를 쓸 때 간혹 그 분야를 뛰어넘는 새로운 지식을 추구할 경우 그에 수반되는 두통쯤은 겁내지 않는다. 취사선택을 할 때 사람들은 때때로 호기심이 발동하여 전혀 엉뚱하거나 훨씬 더 위험한 형식을 택하려고 한다. 다시 말하자면, 지식으로 가장된 미신적인 것들에 대해 매력을 느낀다. 마치 사람들을 홀리는 마술사의 모자에서 눈을 떼지 못하는 것과도 같다고나 할까! 아니면 심령술 도구로 이용되는 마법카드나 두꺼운 휘장으로 어둡게 둘러 처진 공간에 마음을 빼앗겨서 마치 거기서 지옥을 미리 경험하거나 제 인생의 진로가 확정되기라도 하는 것처럼 받아들이려 한다.

호기심은 실상 어항 속의 물고기도 죽이지 못한다. 만일 물고기가 죽는다면, 그것은 다른 원인에 의해 죽은 것이다. 마술로 벌어진 것들이 사실인 것처럼 간주하는 행위는 모두 (관객의) 마음의 산물이다. 마술사는 관객의 마음을 사로잡는 특별한 재주를 가지고 있다. 그럼에도 그것은 엄연히 한 인간의 행위요 자연의 질서를 벗어나서 이뤄지지 않는다. 천방지축으로 집안을 뛰어다니는 꼬마는 굳이 무언가를 잃어버려서 그렇게 행동하는 것이 아니다. 그 어떤 이유가 있어서라기보다는 다만 그 아이는 무언가 궁금해서 그렇게 이곳저곳을 누빈다. 그러한 행동은 호기심이 많은 과학자의 모습과 크게 다른 것 같지 않다. 다만 과학자는 신학(혹은 종교)과 과학이 어디서 갈라지는지 궁금한 나머지 무엇이든 보다 더 철저히 파헤쳐보려고 한다는 점이 아이와 다르다고 하겠다. 그러나 과학자가 아이보다 더 다방면으로 생각하고 행동할 수 있다는 점에서 아이보다 훨씬 더 위험한 호기심을 갖고 있다고 말할 수 있다.

2) 지식과 죄의 기회

후미진 곳에 우두커니 서서 지나가는 여인들마다 눈여겨 살피는 데에 시간을 허비하는 백수건달이나 자신의 집 현관 발코니의 흔들의자에 몸을 맡긴 채 건너편 행인들의 일거수일투족을 체크하는 일로 하루를 보내는 노인은 자기 자신에게조차 유익한 일을 하는 것은 아닌 것 같다. 나아가 그런 사람들은 언제든 죄악이 출현할 수 있도록 분위기를 조성하는 사람들처럼 보인다. 왜냐하면 그들은 쓸데없는 호기심에 민감하게 움직이면서 쉽사리 죄악이 양산되는 조건을 채워주기 때문이다. 사실상 우리는 우리에게 유익한 것으로 여겨지는 것들을 우리 주변에서 넘쳐날 정도로 많이 볼 수 있다. "흔히 볼거리를 찾아" 백화점을 한가로이 드나드는 여인처럼 세상을 특별한 목적 없이 여행할 때 특히 그와 같은 유혹을 많이 받는다.

일찍이 크리소스토무스 성인이 그리고 뒤에 토마스 성인이 그런 상황에 대해 진심으로 경고한 적이 있다. 우리가 무분별하게 볼거리를 찾아다니는 행동이 얼마나 위험한 행동인지! 성인들의 설명에 의하면, 우리는 어떤 환경에서든 유혹을 피하기 위해 신중하게 고민해야 한다. 무엇보다도 느슨한 마음에서 그저 호기심에 빠져버리는 태도로 인해 그 밖의 다른 경우보다 훨씬 더 자주 세상의 물질적인 것들과 심각하게 얽혀서 난처해질 수 있기 때문이다. 예를 들어 그릇된 놀이(예. 도박)에 자주 기웃거리거나 그 모든 놀이를 분별없이 혹은 아무런 생각 없이 달려들어 몰두할 경우 우리는 일상적인 삶조차 가누기 힘든 상황에 떨어져 버릴 것이다. 그런 이들은 세상의 물질적인 것들과 깊숙이 얽히는 어려움을 자초한 것처럼 제 힘으로는 헤어 나올 수 없는 수렁에다 스스로 발을 집어넣은 사람들이다.

4. 몸의 정결

(1) 겉으로 드러나는 행동과 관련하여

물론 자신의 가족이 건너편 길에서 가로질러 오거나 후미진 곳을 어떤 여인이 이제 막 지나가는 것을 지켜보는 행동은 앞을 보지 못하는 맹인에게는 있을 수 없는 일이다. 백수건달이든 나이 든 노인이든 그들의 행동은 아무튼 놀랍게도 볼 수 없는 여건에서는 벌어지지 않는다. 물론 그들이 그렇게 지켜보는 것만으로 몹쓸 짓을 했다는 것은 아니다. 그들은 어렴풋하게나마 그들의 행동이 최소한 두 가지 차원에서 의미를 띤다는 점을 의식하게 될 것이다. 하나는 사람의 외적인 행동이란 그의 내적인 현실을 비추는 거울 역할을 한다는 것과 다른 하나는 그렇게 가시적인 행동으로써 다른 사람들과 어떻게든 교류하게 된다는 것 말이다. 외적인 행동의 이 같은 의미는 이미 잘 알려진 사실이다. 그러나 그와 같은 의미는 물론 우리의 외적인 행동이 매사에 대한 이성의 규칙에 따라 절제의 미(美)를 거스르지 않을 때에만 얻을 수 있는 것이다. 사회적 혹은 사교적인 관점에서 절제의 미는 (타인에 대한) 인격적인 상냥함 혹은 친절함에 따라 결정된다. 하지만 개인적인 관점에서는 현장감과 진지함에 따라서, 그러니까 그때마다 만나는 상대방의 인격 및 특수한 상황과 마주해서 결정된다. 낭랑 16세 어린 숙녀의 지나칠 정도로 해맑게 웃으며 건네는 인사가 위엄을 갖춘 교장 선생님의 입가에서 나온다면 사뭇 놀라운 일이 아닐 수 없다. 우리는 이미 위엄을 갖춘 교장 선생님으로부터 그런 투의 인사를 기대하지 않기 때문이다. 우리는 보통 외적인 행동을 접할 때 그에 상응하는 합리적인 어떤 것을 기대한다. 하지만 그렇다고 위엄을 갖춘 행동을 두고 어리석다고 평가하지도 않는다.

1) 솔직한 행동과 관련하여

한편 우리는 현장감과 진지함에 기초하여 행동하려고 하지만 계속해서 실수를 저지르기도 한다. 왜냐하면 특히 "너 자신답게 행동하라!"는 격률을 따르다가 자칫 자만한 행동에 빠질 수 있기 때문이다. 혹은 좀 더 오래된 격률을 따라 "너 자신에게 솔직하게 행동하라!"는 말대로 자신이 해야 할 일은 다 했다고 자평하기 쉽기 때문이다. 그러나 이 같은 격률은 다소 지나치게 단순한 의미로 해석될 수 있다. 마치 기이하게 행동하더라도 충분히 설명할 수 있는 변명의 여지를 자신의 안쪽 주머니에 챙겨둔 것과 같은 모양새다. 그것이 그 자신에게는 솔직한 까닭에 나쁘다고만 말할 수는 없다. 그러나 그러한 솔직한 행동이 살아가는 중에 만나는 어떤 특수한 상황이나 특별한 인격과 마주하여 항상 최선은 아니다. 우리는 항상 우리를 사랑하시는 하느님처럼 살 수는 없다. 그런 이유에서 "우리는 때로 큰 잘못을 저지를 수도 있어!" 하고 자위(自慰)해도 좋을까? 토마스 성인은 우리의 음성, 우리의 웃음, 우리의 걸음걸이 그리고 우리의 대화와 같이 일상에서 벌어지는 단순한 행동을 좀 더 신중하게 할 수 있기를 권장한다. 중고등부 여학교를 담당하며 관리하는 수녀님들은 자주 우리가 앉거나 걷거나 말을 하는 등 일상적인 행동에도 올바른 형식이 있다고 가르친다. 그렇다고 그런 수녀님들이 반드시 엄격하게 형식만을 고집하는 형식주의자는 아니다. 오히려 그들은 언제든 솔직한 행동을 인정하는 상황에서도 우리는 절제의 미를 발휘할 수 있는 능력이 있고, 그것은 이성적인 존재로서 우리가 누릴 수 있는 특권이라고 당당히 주장한다. 그러한 행동의 본래적 의도는 마치 소극장의 한 연기자가 무대조명을 한 몸에 받기 위해 날카롭게 고함을 지르는 것처럼 남에게 과시하려는 데에 있는 것이 아니다. 오히려 실수의 단초를 미리 없애고 인격적인 상냥함을 발휘하여 서로가 서로를 대할 때 훨씬 더 우호적인 관계를 다질 수 있듯이, 이성의 질서를 따르는 아름다움이 우리의 삶속에, 나아가 일상의 간단한 행동을 통해서도 훤히 드러날 수 있음을 인지하고 기회가 닿는 대로 그런 아름다움을 서로 누리자는 데에 의도가 있다.

2) 오락 및 놀이와 관련하여 - Eutrapelia(아리스토텔레스)

토마스 성인의 '인간성'에 관한 설명이 그의 작품을 통틀어서 여기 이곳에서 보다 더 잘 소개되는 것 같다. 그 까닭은 여기서는 소위 인간성을 대표하는 이성(理性)에 대해 보편적으로 의심스러운 부분동요(動搖할 만한 부분)에 대해 [소극적으로] 변론하는 모습과는 다르게 전개하기 때문이다. 그래서 그가 논증하고자 하는 이성의 특별한 권위는 [적극적인 차원에서] 이제 사람들의 '놀이'에도 깊이 관여한다는 점을 밝힌다. 여기 정숙함이란 덕을 소개해나가는 와중에 토마스 성인은 사람의 여흥과 관련된 그의 입장을 전하고 있다. 성인은 이 주제에 대해 3개의 소논문으로 압축하여 설명한 바 있다. 그 가운데 매우 간략하게 다룬 글은 모든 시대의 사람들에게 친숙한 내용으로서 찬사를 아낄 수 없을 만큼 가치가 높은 귀중한 자료다.

① 놀이의 목적

학문이 가장 번창했던 시대에 매우 출중한 학자들은 놀이를 인간의 삶에 있어 필수적인 것으로 간주하는 데에 의심하지 않았다. 매일같이 손수레에 짐을 가득 싣고 나르는 사람의 몸은 늘 고달프다. 만일 그가 똑같은 일은 내일도 반복해서 해야 한다면, 그의 몸은 미리부터 피곤함을 느낄 수밖에 없다. 그런 사람의 경우도 그러하지만 우리의 몸은 과연 휴식을 필요로 한다. 그리고 우리의 영혼도 그와 같이 휴식을 필요로 한다. 비록 영적으로 손수레에 짐을 가득 싣고 나르는 경우를 상상하기 힘들어도, 영혼의 피곤함에 대해서는 말할 수 있을 것이다. 예컨대 우리가 정신적으로 수고하는 중에 긴장을 하고 피곤함을 느낄 수 있기 때문이다. 머리를 쓰는 일이 몸을 쓰는 일보다 훨씬 더 영혼에게 피로를 가져다준다는 것은 분명하다. 한편 몸을 쓰는 일이나 머리를 쓰는 일 모두 (사람에 따라 정도의 차이가 있을지언정) 점점 힘을 고갈시킨다. 달리 말해서 사람의 정신력이나 체력 모두 분명히 한계를 갖는다는 말이다. 누구든 자신의 한계에 부딪히거나 그런 한계를 초과하여 무리하게 된다면, 당장 피로가 엄습하기 마련이다. 그것은 정신만이 아니라 육체가 함께 경험하는 현상이다. 왜냐하면 설령 정신적인 작업이라고 하더라도 몸 역시 함께 움직여야만 하기 때문이다. 만일 정신적인 작업에 진척이 있기를 원한다면, 잠시라도 영혼에게 휴식을 주어야 한다. 영혼에게 휴식이 소위 '놀이' 혹은 '여흥'이다. 그것은 한 마디로 우리가 신체적인 혹은 감각적인 즐거움(physical or animal pleasures) 외에는 달리 아무것도 추구하지 않는 것을 가리킨다.

이는 매우 인간적인 행위다. 그러니까 우리가 일(노동) 때문에 지쳐있을 때 새롭게 활력을 주는 계기를 모색하는 일은 인간적인 행위에 속한다. 그렇게 휴식은 피로에 젖어 무료하고 답답한 반복적인 활동에서 벗어나는 해방감을 가져다

줄뿐만 아니라 다음 작업에도 효율성을 높여준다. 우리의 인생에는 그와 관련된 것들이 많다. 하지만 다른 한편 정말 유치하거나 귀중한 시간을 하찮게 써버리는 놀이나 여흥도 많다. 인생을 낭패로 몰아넣는 놀이나 여흥과 싸우기 위해서 토마스 성인의 이야기를 기억하는 것도 좋겠다. 토마스 성인은 이와 관련하여 요한(복음)사가의 일화를 전해준다. 요한사가가 그의 제자들과 함께 어떤 놀이를 하고 있을 때 이를 심각하게 지켜보던 사람이 있었다. 그는 요한사가도 주님의 사도로서 형편없는 모습을 보였다고 싸잡아 비난했다. 그러자 요한사가는 대답은 뒤로 하고, 대뜸 활을 들어 그렇게 비난을 퍼붓는 이에게 넘겨주면서 과녁을 향해 화살을 한 발 쏘아보라고 청했다. 그 사람은 그렇게 했다. 요한사가는 되풀이하여 화살을 쏘아보라고 계속 청했다. 마침내 그가 처음과는 달리 힘이 많이 빠진 상태여서, 만일 화살이 활에서 잘못 나가면 어떻게 하냐고 반문했다. 분명하게 보이는 과녁 앞이라 해도 잘못 화살을 쏠 수 있는 경우처럼 비난 역시 문제점을 정확히 내다보더라도 잘못을 저지를 수 있다. 그런데 사람들은 흔히 (자신의 실수보다는 빗나간) 활을 탓하고 부러뜨린다. 요한사가는 그와 똑같은 일이 우리에게서도 자주 일어난다고 지적한다. 사람들은 스스로 휴식을 갖지 않은 채 잘못된 영혼만을 탓함으로써 결국 자신을 해치는 우(愚)를 범한다는 뜻이다.

　우리의 삶에서 여흥이 무엇인지 포괄적으로 말한다면, 한 연설가가 자신의 연설을 위해 재치 있는 기술을 발휘하는 것에 비유할 수 있을 것이다. 이는 뒤에 토마스 성인도 전적으로 수긍하는 키케로의 설명이자 충고다. 예컨대 한 연설가가 장시간 연설을 해야 할 때, 그래서 청중이 지루해하는 것을 눈치 챌 때, 흥미로운 이야기(소설)로 화제를 바꾸거나 그 현장 주변을 주목하여 농담거리를 찾는 것이 바람직하다는 것이다. 다시 말해서 훌륭한 연설가는 청중에게 잠시 쉴 수 있는 기회, 긴장을 풀 수 있는 시간을 주어서 자신의 논리를 뒤따르는 데에 어려움이 없도록 만들어야 한다는 것이다. 여흥 내지 즐거움은 사람을 이완시킨다. 그것은 자칫 지루할 수 있는 사유 및 통찰을 잠시 중단하고 새로운 활력을 충전시키는 역할을 한다.

여흥의 그와 같은 목적은 한편 분별 있게 여흥이 제공되어야 함을 함축한다. 여흥은 무엇보다도 영혼의 지친 작업을 잠시 중단하는 데에 있지, 이성적으로 균형 잡힌 행동을 중지하는 데에 있는 것이 아니다. 다시 말해 우리가 히스테리를 부리듯이 정신을 놓아버리거나 흥청망청한 상태로 이끄는 것이 아니다. 여흥은 그러니까 본시 '휴식'의 의미를 갖는다. 그것이 본래의 목적을 잊고서 음란한 행동에 빠지거나 범죄를 저지르는 식으로 전락해선 안 된다. 사람의 놀이는 일(노동)과 마찬가지로 '인간적인 행위'라는 의미에서 벗어나 이해될 수는 없다. 그러므로 놀이에도 인격적인 행위가 적용된다. 누구와 함께 그리고 어떤 장소에서 또 어떤 시간에 여흥 및 휴식을 갖는지 고려해야 한다. 우리는 새벽 3시에 오페라 가수처럼 주택가에서 고성방가를 함으로써 자신의 긴장과 스트레스를 풀겠다고 하는 사람을 붙잡아 그렇게 못하도록 할 권리를 갖고 있다. 그런 사람의 경우 단지 유머 감각이 부족해서가 아니라 의문의 여지없이 이성의 규칙에 따라 여흥을 조절하는 능력이 부족하기 때문이다. 그렇게 이성의 조절능력을 잘 활용하여 휴식을 갖는 것을 가리켜 일찍이 아리스토텔레스는 "에우트라펠리아(Eutrapelia)"라고 일컬은 적이 있다(참고, 『니코마코스 윤리학』 IV 8). '여가선용'으로 해석될 수 있다. 그러므로 앞선 사례에서처럼 새벽에 고성방가를 하며 흥을 돋우려는 행위는 여가선용의 차원을 넘어선 경우이다.

② 놀이 중에 유념해야 할 죄

놀이의 본래 목적이 영혼을 쉬게 하는 데 있음을 꼭 기억해야 한다. 놀이 및 휴식은 당연히 수고한 일(노동)을 전제하며 곧 다가올 일을 위해 활력을 충전하는 데에 의의를 두어야 한다. 놀이는 반드시 완수해야 할 어떤 정신적 활동과는 다르기 때문에, 때때로 계속되는 놀이 및 여흥이 상당히 지루하게 느껴질 수도 있다. 마치 다이어트를 위해 시금치를 몇 달씩 먹어야 하는 사람처럼 점점 식사에 대해 혐오감 내지 거부감을 가질 수도 있다. 그러한 거부감은 통조림 속에 든 시금치를 지나치게 섭취하려다가 그만 풍미가 사라져버림으로써 생길 수도 있다. 분주하게 하던 일을 그만두고 은퇴한 사람이 얼마 되지 않아 시름시름 앓다가 사망하는 경우가 있는데, 그런 경우 휴식보다는 아예 아무것도 하지 않은 데에도 이유가 있다. 휴식은 일 때문에 지쳤던 영혼과 육신을 회복하는 것과 다음 일을 준비하는 것을 목표로 삼는다. 그래서 소위 휴식을 위한 휴식은 사실상 오히려 자신을 죽이는 행위다.

a. 놀이(농담 및 오락)의 지나침에 의해

유머가 무례하거나 경박하든가 혹은 음란한 경우 그와 관련한 농담 및 오락은 확실히 우리의 삶에 활력을 주지 못한다. 그러한 빗나간 농담 및 오락은 사람의 긴장을 풀어주기보다는 오히려 다른 사람을 해코지하는 등의 그릇된 행동을 유발한다. 분명히 말하지만 우리가 놀이를 통해 얻고자 하는 즐거움(여흥)은 몸과 마음의 활력과 회복을 위해 건전한 것이어야 하는데, 모든 여흥이 다 건전한 것은 아니다. 불건전한 여흥은 어떤 근거에서도 놀이를 통해 얻고자 하는 것이어선 안 된다. 그런 것들은 오히려 우리를 더 피곤하게 만드는 해롭고 불필요한 것들임을 명심하자. 놀이를 통해 죄를 저지를 수 있는 확률은 사실상 매우 높다. 나아가 놀이를 통해 잘못 찾아 나선 여흥은 한 사람의 인생을 송두리째 파괴할 만큼 강력할 수도 있다. 당사자만이 아니라 그의 직업, 그의 가족, 심지어 그가 가진 신앙까지 통째로 집어 삼킬 수 있다. 예를 들어 경마게임에 미치든가 내기골프에 빠져버리든가 아니면 포커게임과 같이 도박에 중독되었을 때 우리가 쉽게 목격할 수 있는 것처럼 말이다. 이미 그런 극단적인 상황에 빠져버린 사람에게는 그의 이성이 아무런 도움을 주지 못한다.

비록 아주 천박하지는 않지만 품위가 없는 놀이가 있을 수 있겠는데, 그런 경우에도 우리는 이미 이성의 규칙 및 질서를 무시하며 즐거움을 좇는 행동이란 점에서 죄를 저지르기 쉽다. 어떤 놀이의 결과로 당장 재미를 느끼고 즐거움을 얻을 순 있겠지만, 그렇다고 해서 아무도 한 나라의 대통령이 노름에 재미를 붙여서 어두운 뒷골목에 몰래 드나드는 것을 자연스럽게 용인할 수 없으며, 성숙한 어른이 여름의 시원함을 즐기기 위해 어린아이들과 다투어 공원 분수대를 차지하려는 것을 정상적으로 보진 않는다.

우리 가운데 대부분이 '에우트라펠리아'라는 여가선용의 의미에서 놀이 및 휴식을 이해하기 때문에, 단지 각자가 원하는 방식대로 피로를 해소하고 즐거움을 누리려는 데에 급급하기보다는 오히려 이성을 따라 우리의 행동을 적절하게 제한해왔다. 바꿔 말해 우리가 여흥을 좇을 때 오락의 본래적 의미를 고려하여 그 놀이를 이성적으로 제한해왔듯이, 우리가 부족하게 행동해서보다는 오히려 [제약 없이] 지나치게 행동해서 더 많은 잘못을 저지르게 된다는 것이다. 과연 소소한 재미는 오래 간다. 흔히 오락은 우리의 삶에 흥(興)을 돋운다. 잠시나마 오락에 손을 대는 것이 가끔은 무료하게 느껴지는 일상을 다시금 신선하게 마주하고 성심껏 대할 수 있게 하는 기폭제 역할을 할 것이다. 하지만 우리는 그 이상의 역할을 오락에서 기대할 수는 없다. 지나치게 많은 것을 기대할 때 오락은 더 이상 오락으로서의 의미와 가치를 상실하고 우리의 삶을 파탄에 빠뜨리는 무서운 암적인 계기로 전락하기 때문이다.

b. 놀이(유머 감각)의 모자람에 의해

재미 혹은 여흥은 인생에 감칠맛을 내는 조미료와 같다는 점에서 그것 없는 삶이 무료하고 부당하게까지 여겨진다. 산에 야영을 할 때 젖은 담요는 오히려 짐이 된다. 그것을 짊어지고 산을 오르는 당사자도 힘겨울 뿐만 아니라 다른 사람에게도 불쾌감을 가져다주기 십상이다. 실제로 (토마스 성인도 그렇게 말했다시피) 유머 감각이 아예 없거나 농담을 주고받지 못하는 사람은 좋은 사람이 아니다. 왜냐하면 그런 사람은 너무 진지한 나머지 남을 진심으로 칭찬하는 일에 인색하고 너무 고지식한 생각 때문에 남을 이해하고 배려하는 데에도 서투르기 때문이다.

(2) 의복(옷)과 관련하여

1) 정숙한 의복

몇 년 전에 소개된 스페인의 왕 필립 2세의 전기(傳記)는 스페인 국민들이 관대하고 아량이 넓은 사람들이라는 사실을 한 눈에 알아볼 수 있을 만한 작은 사건 하나를 소개한 바 있다. 통치 말년에 들어서 그 왕은 국민들이 즐기는 놀이, 그들이 주고받는 인사말 심지어 그들이 입는 의복까지 국법으로 규정하도록 명령했다. 그런데 그 소식을 듣고 스페인 국민들은 그 같은 폭정에 대항하여 분노를 표출하기보다는 서로 웃으며 이렇게 말했다고 한다. "우리의 왕이 나이가 들어 우리를 세심하게 보살피려 하시네!" 분노에도 확고한 이유가 있는 것처럼 아량을 베푸는 사랑에도 확고한 이유가 있다. 당시 필립 왕은 이미 오랫동안 의롭고 사려 깊은 통치와 함께 온 힘을 기울여 국가를 굳건하게 일으켜 세웠다. 하지만 국민을 상대로 하는 법제정은 그 어떤 정권도 한번쯤 농담의 대상이 되지 않고선 국민들의 세세한 일상까지 영향을 미칠 수 없다고 보듯이 국민 모두로부터 저울질 되어야만 하는 반면, 이성의 규칙이나 도덕률은 그러한 과정을 거치지 않는다. 우리는 "이성이 나이가 들었다"는 투로 관대하게 웃어넘기거나 농담조로 이해할 수 없다. 왜냐하면 우리의 양심(올바른 이성)은 우리의 삶에 이미 아주 세세하게 파고들어 있어 우리와 한 몸이 되어 있기 때문이다. 다른 어떤 것도 이성만큼 우리 자신을 자세히 잘 알지 못한다. 최소한 앎에 있어서 이성보다 뛰어난 것은 없다. 결론적으로 말해서 [동물과는 달리] 이성은 인간적인 것이요 (intellectus humanus), 거꾸로 인간적인 것(言行)은 모두 이성적인 것이다. 그래서 우리가 아주 작은 행위조차도 (도덕적으로) 덕행과 악행을 구별하는 것처럼, 모든 행위는 아무리 작더라도 이성을 통해 옳고 그름이 가려진다.

이성은 자연히 우리가 입는 의복(옷)에도 세세하게 관여한다. 그래서 의복의 착용도 분명히 덕과 연계되어 있다고 확언할 수 있다. 정말이지 이 같은 사실은 소위 '옷이 날개!'라는 속담을 생각할 때에도, 다른 한편 이성을 거슬러서라도 감각적 욕망(미)을 좇는 자연스런 경향과 마주할 때에도 바른 복장에 대한 관심이 매우 크다는 사실을 어렵지 않게 짐작할 수 있다. 혹시라도 이 같은 사실이 여전히 미심쩍어 보인다면, 파격적인 복장으로 거리를 활보하다가 만나는 사람들 및 경찰의 즉각적인 행동을 보아서도 알 수 있을 것이다.

의복을 정숙하게 착용하는 것은 앞선 단원(제16장 5.(2) 참고)에서 우리가 살폈던 '정직함'의 덕과도 관련이 깊다. 우리는 거기서 정직함이 '절제의 미'를 이해하는 데에도 중요하다는 점을 살폈다. 그래서 아름다움을 이해시키는 덕은 우리가 착용하는 의복에까지 신경을 써야 한다고 말하는 데에 어려움이 없어 보인다. 다시 말해 의복에 대한 규제는 단지 수치스러움을 피하기 위한 것만이 아니라는 것이다. 그에 더하여 사람의 품위와 아름다움을 위해서도 필요하다. 따라서 현대인들이 [소위 바르지 못한 복장을 경범죄로 다스리듯이] 복장에 주의를 기울이는 행동이 불합리한 것은 아니다.

2) 의복으로 저지르는 죄

① 관습에서 벗어난 차림새

하와이의 섬나라 사람들이 온몸을 완전히 뒤덮은 복장을 하고 있는 모습을 상상하는 것은 반대로 뉴욕의 맨해튼 거리에 사는 사람들이 나뭇잎 몇 장에 의지하여 거의 벌거벗은 채로 거니는 모습을 상상하는 것만큼이나 우리에게는 이상한 일일 것이다. 어떤 모습이든 몸에 걸친 복장은 삶의 자리에서 낯설지 않는 것이 관례다. 그렇지 않으면 오케스트라의 불협화음처럼 역겹게 느낄 수밖에 없다. 우리의 복장이 어색하다는 것은 그만큼 주변 사람들 및 환경과 어울리지 않음을 의미한다. 누구나 이해할 수 있듯이 이는 단지 복장의 다양한 디자인이나 장식 문제가 아니다. 사람들이 관습에 따라 옷을 입는 것을 두고 비난할 이유는 없다.

복장을 세세하게 규정하는 일은 매우 까다로운 일이어서 애쓴 만큼 그 보람을 기대하기 힘들다. 토마스 성인도 그의 특별한 재능을 발휘하여 예리한 통찰력으로 살폈던 것으로 추정하지만, 굳이 어떤 척도를 마련하거나 그 어떤 노출의 수위를 정하거나 일정 디자인의 형태를 제시하지는 않았다. 그는 단지 우리가 보편적으로 따라야 할 원칙들을 제언하였다. 곧 합리적인 관점에서 기본적으로 어떻게 옷을 입는 것이 좋은지 충고하였다.

② 욕망(예, 허영심)의 표현으로서 지나친 혹은 모자란 차림새

유행에 뒤떨어진 옷을 입는 여인이라고 해서 관습을 거스른 부도덕한 사람이 되는 것은 아니다. 유행에 냉담하더라도 죄가 되는 것은 아니다. 게다가 관례적으로 특별히 정해진 어떤 날에 구식 의상을 즉각 폐기하도록 강제할 수도 없다. 그러나 사람들에게는 옛 관습을 거부하기라도 하려는 듯이 반항적으로 옷을 입고자 하는 작은 유혹이 꿈틀거리는 것도 사실이다. 게다가 사람들은 종종 허영심에 마음을 빼앗긴다. 그와 같은 허영심은 우리가 걸친 의복으로 인해 주위사람들에게서 부러움이나 존경스러운 시선을 한 몸에 받을 수 있으리라는 기대와 맞물려 있다. 사람은 물론 자신이 걸치는 옷을 통해서 비정상적인 성취감 및 기쁨을 추구하는 죄를 저지를 수 있다. 그와 같은 과욕은 옷에 대한 지나친 집착을 낳는다. 그래서 심할 경우엔 그저 맵시를 부리는 데에 많은 시간과 정력을 소비한다. 하지만 그렇게 정성을 쏟은 행동들은 겸손의 덕을 훼손할 뿐만 아니라 자기만족 및 순수함의 가치를 보지 못하게 만든다. 그리하여 극단적인 경우엔 노출이 심한 복장이나 다른 사람들에게 혐오감을 주는 복장조차 개의치 않게 된다. 그런 복장에 심취하는 이유를 우리는 자신의 성적인 미모를 은근히 과시하고 싶거나 주위사람들에게서 이목을 끌어 관심을 사고 싶은 데에서 찾을 수 있

다. 그래서 노출이 심한 복장을 통해 추구하는 자기도취 및 주목받고 싶은 욕구는 화려하게 맵시를 꾸미는 사람들의 경우만큼 강하다.

3) 여인의 치장(治粧)

의복과 관련하여 생각해볼 수 있는 이상의 통찰들은 의상에 좀 더 신경을 쓰는 여인들에게 더 많이 적용된다고 말할 수 있다. 하지만 이상의 통찰들 외에도 어떤 특별한 입장들이 여성의 복장과 필연적으로 얽혀 있다. 토마스 성인은 이때 선정적(煽情的)인 수단으로 복장이 이용되는 점에 대해 지적한다. 실제로 토마스 성인이 여인의 복장에 대해 쓴 글은 올바른 의복 착용을 옹호하는 것이 주된 목적이었다. 그것은 불경한 복장에 초점을 맞추어 엄하게 꾸짖던 이전 교부들의 태도와는 다소 대조적이다. 이전 교부들은 종종 강론대 위에서 가르쳤다. 그래서 대중이 자신들에게 주어진 시간을 허투루 써버리는 것을 대놓고 질타하는 방식으로 충고하였다. 그에 반해 토마스 성인은 신학자였다. 차근차근 그리고 명료하고도 객관적으로 논증해가면서 생각할 수 있도록 질문하고 답변하는 방식을 택했다. 조용하면서도 엄밀한 근거에 의거하여 해명해나갔다.

13세기 탁발 수도승이었던 토마스 성인이 여인들의 복장에 대해 공공연하게 거론할 수 있었다는 사실이 의아스럽게 들릴지도 모른다. 더구나 그보다 훨씬 뒷시대인 오늘날에 들어서 흥미를 불러일으키는 화제를 두고 논의했다는 사실이 퍽 의아스러울 수도 있겠다. 그러나 어느 누구도 토마스 성인이 살아생전 활동했던 지역이 그리 넓지도 않거니와 여행을 했다고 해도 걸어서 다녔던 그 당시의 상황을 고려하더라도 그런 이유로 그에게 그만한 통찰력이 없었다고 단정할 수는 없을 것 같다. 오히려 그는 그의 시대에 가장 번창한 유럽의 법정(프랑스와 로마)을 자유롭게 왕래했다. 그럼에도 그가 실제로 목격하지 못한 여인의 복장에 관해서는 몰락한 로마제국의 타락한 이모저모에 대해 이전 교부들이 질타하는 교훈을 통해서 능히 아로새길 수 있었다고 본다. 그래서 그는 오늘날의 교양인들조차 다 알 수 없는 당시 여인들의 풍속에 대해 아주 많이 알고 있었다.

토마스 성인은 여성들의 장식을 합리적으로 이해하려고 했다. 그러니까 그는 남편을 둔 여인의 경우나 결혼을 앞둔 여인의 경우처럼 현재든 미래든 자신의 배우자의 마음에 들기 위해 치장하되 지나치지 않는 선에서 단장하는 것을 용인하였다. 그런 관점에서 그는 남편을 두지 않은 여인이나 결혼할 생각도 없고 독신으로 살려고 마음을 굳힌 여인은 치장에 별 관심이 없을 것이라고 생각했다. 그러나 실제로 그렇지만도 않다는 것을 알았다. 만일 여인들의 치장이 다른 남자들을 선정적으로 유혹하는 데 있다면, 그 행위는 십계명의 두 항목에 해당하는 큰 죄를 저지르는 것이다. 혹여 선정적인 유혹과 상관없다고 해도, 앞선 합리적인 이유에서가 아니라면 치장은 쓸데없는 행위이자 바르지 못한 행위이며 허례허식에 해당된다. 다시 말해서 토마스 성인은 그런 부류의 치장행위는 금지해야 할 것으로서 이전 교부들과 뜻을 같이했다. 예컨대 정숙한 몸가짐에도 어긋나며 합리적인 치장도 아닌 경우로서 선정적으로 뭇 남자를 유혹하려고 하거나 사치와 허영심에서 비롯된 과도한 치장은 죄악으로 단죄하였다.

이전 교부들 가운데 어떤 이들은 자기 얼굴에 노란색 분칠을 하거나 검은 색조 화장을 하거나 입술을 빨갛게 칠하거나 머리카락을 염색하는 행위를 두고 하느님께서 손수 지으신 것을 훼손하는 행위라고 통렬하게 비난하였다. 아마도 오늘날 '과도한 스모키 화장'처럼 지나치게 짙게 화장을 하는 경우에 해당한다고 추정할 수 있겠다. 일찍이 아우구스티누스 성인도 실제보다 더 창백하거나 더 붉은 표정을 만들어 다른 사람을 속이는 행위로서 화장(化粧)의 일면을 지적한 적이 있다.

토마스 성인은 이 다루기 까다로운 주제에 대해 좀 더 신중하고 인간적으로 접근하려고 했다. 그래서 그는 예외적으로 칠(painting)이나 분장하는 것을 직업으로 삼은 사람들 가운데서도 겉을 가리거나 달라 보이게 하는 방식으로 선한 목적을 의도할 수 있다는 전제 아래 일찍이 속이는 행위로서 화장을 지적한 아우구스티누스 성인의 견해와 다른 측면도 강조했다. 그리하여 얼굴에 하는 분장이 그로써 악한 목적을 도모하지 않는 것이라면 죄악은 아니라고 보았다. 그러나 위선적인 행위로서 화장을 생각해본다면, 토마스 성인 역시 그것은 아름다움을 조작하는 행위이거나 법정에서 불리하고 흠이 있는 부분을 숨기는 불의한 행위라는 점에서 크게 나무란다. 이 같은 설명은 오늘날 "미용실"이라는 가게 이름의 정확한 의미를 되새겨보도록 고무시키는 차원에서도 매우 산뜻한 분별력을 제공하리라고 본다.

이 같은 설명은 덕행에 대한 논의를 매듭짓도록 도와준다. 곧 인생의 충만한 실현을 위해 우리가 오랫동안 그 원칙들에 관해 논의해온 덕의 의미를 정리할 수 있도록 해준다. 비단 이 지상에서의 삶만이 아니라 주님께서 우리에게 주시기로 작정하신 행복, 신성 및 영원성과 직결된 천상에서 누리길 염원하는 더없이 풍족한 삶과 관련해서도 정리할 수 있을 것이다. 한 마디로 덕(美德)은 자연적인 것이든 초자연적인 것이든 하나같이 한 인격의 완성을 위한 도구라고 말할 수 있겠다는 것이다. 그래서 덕이라고 불리는 그 모든 것들은 우리의 삶을 풍요롭게 하고 마침내 성공적으로 마무리하게 해준다고 확신할 수 있다. 곧 덕은 우리를 선하게 살아가도록 이끌어준다.

5. 사도직[31]의 은사 : 무한한 능력을 발휘하는 직무

복음서가 증언하는 사도직에 대한 이해지평은 매우 넓다. 하지만 하느님의 은총에 비하면 그리 넓은 것은 아니다. 역사적으로 보면 하느님께서는 사람들에게

---

31) [역주] 여기서 활용된 "Apostolic graces"이란 용어를 말 그대로 '사도직의 은사(들)'라고 우리말로 번역했지만, 이때 "사도"는 엄밀한 의미에서 '주님의 제자들'에게 국한된 성직자(聖職者)들로 한정되지는 않는다. 그러니까 보편적인 의미에서 주님을 따르는 이들, 곧 '신앙인들' 전체를 의미하므로 오해가 없어야 할 것 같다.

당신의 신적인 권능과 자비하심을 질서정연하게 베푸시는 여러 가지 은총(恩寵)으로 점점 더 눈에 잘 띄도록 선처하셨다. 물론 그 여러 가지 은총은 원칙적으로 임의로 벌어지는 개인적인 행위를 통해서가 아니라 한 무리의, 곧 사도들의 직무를 통해서 드러나도록 마련되었다. 우리는 그러한 직무를 하느님께서 마련하셨고 또 그분과 직접 연루된 것이라는 점에서 '거룩한 직무'(聖務)라고 부르며, 그로써 받게 된 하느님의 은총을 은사(恩賜)라고도 부른다. 성무는 자기 자신을 위한 것이 아니라 다른 사람의 구원을 위하여 마련된 것이다. 그래서 마치 화가(畵家)가 자신의 영감을 붓과 물감을 통해 가시화하는 행위처럼 성무는 보이지 않는 하느님의 계획을 보여주는 수단이다. 이때 인간적인 활동 및 작업이 보통 수반하는 온갖 제약이 문제되지 않는다. 오히려 비록 유한한 인간을 통해 실행될지라도, 그 성무는 무한한 능력을 발휘한다. 왜냐하면 그 성무를 통해 정작 펼쳐지는 것은 인간적인 것이 아니라 거룩한 것이요, 본시 하느님께 속한 것이기 때문이다.

(1) 무지(無知)를 통해 실현되는 사도직의 은사 - 예언

그래서 사도직의 은사 가운데 '하느님의 말씀을 담보하는' 예언(預言)의 은사는 오류에 대한 분별과 함께 소위 인간의 자유 및 우연(偶然)에 내맡겨진 미래의 일들과 같이 하느님 외에는 전혀 알 수 없는 것들에 대해 확신하며 밝힐 수 있는 능력을 포함한다. 자연적으로 주어진 재능들은 이때 아무 도움이 못된다. 따라서 인간의 편에서 미리 준비하거나 가능성을 타진할 수도 없다. 더욱이 그가 다른 은총을 이미 받았다고 하더라도 당연하게 예언의 능력을 발휘할 수 있는 것은 아니다. 왜냐하면 이 예언의 능력은 전적으로 하느님에게서만 내려오는 초자연적인 빛으로 실현되기 때문이다. 이 성무 및 은사를 수행하는 인간은 오직 하느님의 단순한 도구와도 같다.

예언직을 수행하는 사람은 늘 그와 같이 하느님의 도구임을 자각해야 한다.

혹은 하느님의 섭리에 대해 자신의 무지를 고백할 수 있어야 한다. 예언직을 통해 수행해야 할 내용(임무)은 잠결에 혹은 황홀경을 체험하는 중에 혹은 전혀 자신은 의식하지 못한 가운데 은연중에 주어질 수 있다. 그것은 개인을 위한 것이 아니라 신앙 공동체를 위한 공적인 임무라는 사실을 암시하기도 한다. 때때로 예언의 임무가 어떤 환영(幻影) 속에서 주어진다. 그러니까 상상 속에서 펼쳐지는 어떤 모습들과 연결된다. 아니면 그보다 더 고차원적인 형태로서 순수한 관상을 통해 주어질 수도 있다. 하지만 그러한 예언의 내용은 마치 그윽한 연주소리가 바이올린 현(絃)의 떨림이 멈추면 사라지듯이 우리에게 계속 남지는 않는다. 모든 것을 환하게 비추는 섬광처럼 하느님으로부터 내려온 빛은 우리의 정신을 한바탕 흔들어 놓음으로써 당신의 진실을 추호의 의심 없이 알아듣게 하는 확실한 징표가 되겠지만, 한순간으로 지나간다. 거기에는 우리가 간과해선 안 되는 두 가지 사실이 깃들어 있는 것 같다. 예컨대 하느님의 무한한 자비하심과 인간의 완고함이란 사실 말이다. 한편으론 그러한 일들을 가능하게 하시고 우리의 구원을 위해 기꺼이 베푸시는 하느님의 무한한 사랑과 다른 한편 그러한 일들을 예언으로 받아들여 확신하기까지 예언자가 스스로 이겨내야 하는 자신의 나약하고 주저하는 마음이 함께 한다는 것이다. 이때 하느님의 무한한 자비하심은 무엇보다도 앞서 요구되는 만큼 적확한 표현이라고 본다. 왜냐하면 그와 같이 예언은 이보다 더 분명할 수 없는 진리를 밝혀주는 하느님의 자비하심이 전제되어야 하기 때문이다. 그래야만 인간의 편에선 전적으로 공짜로 베풀어진 하느님의 은총을 그저 감사하는 마음으로 받아들이는 일이 이어질 것이니 말이다.

(2) 지성과 감성을 고양시키는 사도직의 은사 - 황홀경에 사로잡힘

황홀경에 사로잡히는 은사는 어떻게 보면 신적인 강제에 가깝다. 한 인간을 한순간 사로잡는다(rapture)는 표현이 그런 측면을 말하는 것 같다. 바오로 사도는 어떤 사람이 "셋째 하늘까지 들어 올려진 일"(2코린 12,2)에 대해서 설명한 바 있다.32) 그런 표현은 천상적인 것을 향해서 느릿느릿 기어오를 수밖에 없는 인간의 특성과는 대조적으로 하느님의 '날렵하심'과 같은 의미를 함축한다. 사람은 소위 감각세계로부터 감각을 통한 경험을 토대로 상상과 추론의 과정을 거쳐 인식에 이른다. 반면에 하느님의 신비에 관한 깨달음은 일별(一瞥) 혹은 돈오(頓悟)의 방식을 취한다. 이때 그 신비가 온전히 밝혀지는 순간에는 마치 그와 마주하는 사람에겐 오직 정신만이 남아있어야 할 것처럼 여겨질지라도, 어쩌면 그의 의지 또한 말끔히 사라지는 것이 아니라 그 신비와 마주하는 기쁨으로 인해 온통 마음을 내어주는 태도를 취했다고 바꾸어 표현할 수 있을 것이다.

그와 같은 사로잡힘은 따라서 사람을 현혹시키는 마법이나 미신의 경우처럼 정신을 몽롱하게 만들어버림으로써 불쾌하게 어쩔 수 없이 끌려가도록 하는 방식이 아니다. 감정이 완전히 단절된 상태도 아니며 흔히 혼수상태에 놓이는 것도 아니다. 오히려 심오한 깨달음에 한계를 느끼는 인간을 각성시키기 위해 한 차례 크게 두들기는 하느님의 '죽비'와도 같이 순간 놀라운 신비를 경험하게 된다. 그것은 일차적으로 지성의 뛰어오름이요 초자연적인 것과의 교류를 위한 과정이다. 그 같은 사로잡힘 중에 사람은 순수해진다. 바오로 사도에 의하면 그렇듯 순수한 사람만이 더 이상 사람의 혀로 내뱉어지는 말로는 도저히 담을 수 없는 진리, 일상의 소통방식으로는 아예 접근이 불가능하고 오직 영혼을 통해서만 다가갈 수 있는 놀라운 기쁨에 이를 수 있다. 사로잡힘은 그래서 사람의 힘으로는 결코 측량할 길 없는 신비에 관하여 하느님께서 손수 보장해주시는 또 하나의 틀림없는 방편으로서 앞선 예언의 은사와 유사한 구조를 띤다고 하겠다.

---

32) [역주] 원문에선 "사도 바오로가 일곱 번째 하늘까지 낚아채졌다."(St. Paul was snatched to the seventh heaven)고 표현하고 있지만, 출처를 밝히지 않았기에, 우리말 성경을 토대로 바꾸어 소개한다. 참고로 베드로 사도도 '할례 문제'를 앞두고 자신의 무아경 속에 받은 환시에 대해 이야기할 때 (환시 속에 나타난 보자기가) "끌려 올라간" 이란 표현을 사용한다(사도 11,4-10).

(3) 언변과 직결된 사도직의 은사 – 여러 가지 말을 하고 능숙하게 말함

　예수 그리스도가 이 세상에 오셨듯이 당신 제자들을 파견하신 대상은 가난하고 소외받으며 억압받는 이들이다. 이때 파견된 제자들은 그들에게 하느님 나라를 알리는 임무를 받았다. 발길 닿는 곳이면 어디든 사람들이 그들의 말에 귀 기울일 수 있다면 분명하게 가르칠 수 있어야 한다. 그래야만 포교의 임무가 너무 더디게 지연되지도 모호한 가르침에 대한 임의의 해석으로 어려움을 겪지도 않을 테니까 말이다. 그래서 주님의 제자들에게 가장 먼저 필요했고 그래서 선사된 하느님의 은총은 언변(言辯)과 직결된 은사였다. 그 은사로써 사도들은 여러 가지 말을 하고 또 이해할 수 있었다. 그런 변화는 보는 이들로 하여금 믿기 어려울 만큼 놀라운 일이었다.

　천진난만한 아이의 행동은 말없이도 누구에게든 난해함 없이 뜻을 건넨다. 그런데 하느님의 섭리에 의해서 그러한 언변의 은사가 사도직을 수행하는 데에 꼭 필요한 것임을 의식하는 순간에 비로소 사도들은 그것이 이미 자신들에게 주어졌음을 깨달았다. 비록 그 은사가 발휘되는 형식이 처음으로 오순절에 대중들 앞에서 설교하던 베드로 사도(참고, 사도 2,14-36)의 경우와 다르게 비치더라도 말이다. 언변의 은사는 자신의 언어로 가르치지만 모두가 저마다 자신의 언어로 알아들었던 놀라움도 보여준다. 나아가 사도들은 자신의 언어로도 다른 언어를 말하는 이들을 알아들었다. 마치 하느님께서 친히 그런 다양한 언어들의 통역자라도 되어 주신 것처럼 말하는 자와 듣는 자 사이의 소통은 태연하게 이루어졌다. 남아메리카에서 포교활동을 펼쳤던 루이스 버틀란트 성인[33]의 남다른 재능과 관련해서도 그러한 언변의 은사가 목격된다. 또한 그의 코(모양새)가 개성이 넘친 빈첸시

---

[33] St. Louis Bertrand 1526–1581, 스페인 출신의 도미니코 수도자로서 남아메리카에서 능숙한 설교를 통해 선교활동에 헌신함으로써 "남아메리카의 사도"로 불린다.

오 성인[34])의 경우에도 우리가 추정할 수 있는 수준을 넘어서 언변의 은사가 뚜렷하게 목격된다. 이 언변의 은사는 진실을 밝히는 일만이 아니라 그 비범한 속성으로 인해 불신조차도 전혀 장애로 느끼지 않는 만큼 항상 우리를 놀라게 한다.

(4) 놀라운 일을 해내는 사도직의 은사 - 기적을 일으킴

실제로 우리에게는 궁극적인 행복을 손에 거머쥐기에 미흡한 것이라곤 하나도 없다는 것을 선보이기 위해 하느님의 불같이 타오르는 말씀 앞에서 사람이 더 이상 반박할 수 없도록 확신을 심어주는 기적이 문득문득 일어났다. 그래서 여기서도 우리는 사람의 알량한 재주를 굴복시키는 하느님의 사려 깊으신 섭리로서 기적을 생각해볼 수 있다. 감각적인 경험을 거쳐서 진리에 다가가는 것이 사람에게는 자연스러운 인식과정이다. 하느님에 대한 깨달음도 한편 자연적인 질서를 따라서 자연적인 현상 및 경험을 통해 도달하는 것이 자연스러울 수 있다. 그래서 초자연적인 질서를 따른다고 하더라도 사람이 하느님의 현존에 나아갈 수 있는 가능성은 아무래도 초자연적으로 벌어진 것들 역시 여전히 우리가 감각을 통해 수용할 수 있는 범주 내에 머무를 경우라고 우리는 생각하게 된다. 다만 이때에도 사람은 단순히 하느님의 섭리를 위한 도구로만 이해되어도 좋은지 하는 의문은 남아있다. 하느님께서는 당신의 진실을 확증시키기 위해 어떤 경우 당신의 권능이 무참히 흔들리는 것을 훨씬 더 생생하게 보여주기라도 하시려는 듯이 원수마저 이용하실 수 있다. 그러나 만일 기적이 그렇게 기적을 일으키는 사람의 고결함을 확증시키는 데에 있다면, 그것은 오직 성인에게만 국한된 경우다. 분명한 사실은 기적이 그 어떤 거짓을 확증시키려는 의도에서 일어나지

---

34) St. Vincent Ferrer 1350-1419, 발렌시아 출신의 도미니코 수도사제로서 유럽의 여러 나라를 순회하며 포교활동을 펼쳤다. 많은 사람들을 복음에 대한 설교로 개종시켰는데, 특히 최후의 심판에 관한 강론이 인상적이었기 때문에, 그에게는 "최후심판을 알리는 천사"라는 별칭이 따른다.

는 않는다는 것이다.

이와 같이 사도직에 주어진 은사들은 일찍이 예수 그리스도께서 지상생활 중에 보이신 모습을 통해서도 엿볼 수 있듯이 하느님의 권능과 당신의 사려 깊으신 섭리가 함께 그 직무 안에 어우러져서 우리의 구원을 확신할 수 있도록 도와준다. 왜냐하면 은사들은 하느님께서 얼마나 애타게 우리를 당신의 거처로 이끄시려고 하시는지 알아볼 수 있게 해주기 때문이다. 다시 말해 우리는 은사를 통해 하느님께서 사람의 본성을 최대한 보듬어 안고자 얼마나 깊이 허리를 숙이시는지 알게 된다. 여전히 우리는 이미 은사를 통해 놀라운 일을 해낸 사도들을 지켜보며 또 계속해서 하느님의 권능에 힘입어 사람의 박약한 지성, 흔들리는 의지, 떨리는 목소리, 힘없는 손아귀 나아가 그의 의복의 작은 흠결이나 그의 무덤의 티끌조차도 하느님에 의해서만 특별하게 쓰일 수 있는 놀라운 일들을 체험하며 살아간다.

[결론] 정숙과 그 덕을 통한 인간의 성취

1. 현대사회의 '정숙하지 못함' : 동물사회로의 전락

이쯤에서 우리는 정숙(貞淑)이 어둠의 행실이 아니라 빛 속을 거닐면서 제 품위를 손상시키지 않는 행실과 관련된다는 점을 지적하는 것으로 마무리하는 것도 좋을 듯싶다. 물론 그 빛은 이성에 기초한 절제와 아름다움을 상징한다. 정숙은 사람이 내적으로 또 외적으로 행동할 때 이성에 기초한 그 빛으로 인도한다. 사람이 말할 때, 놀이할 때, 옷을 입을 때 등등 그 모든 세세한 행동마다 그 빛의 조명을 받도록 이끈다. 이런 관점에서 보자면 현대사회가 정숙하지 못하다는 결론을 피하기 어렵다. 우리는 사실상 너무나 이질적으로 보이는 양극화된 세상에서 살고 있다. 한편으로 우리는 성숙하지 못한 현상들을 넘쳐나게 목격한다. 예컨대 참고 기다리지 못한 나머지 경솔하게 판단 및 행동하거나 특히 섹스에 대해선 지나친 관심을 보이나 일반적인 상식이나 관례에는 무지하고 유치할 정도로 행동하는 등 종잡을 수 없을 만큼 불안한 모습들을 마주하게 된다. 균형 잡힌 사고가 부족하며 침착한 모습이나 품위를 갖추고 행동하는 경우를 찾아보기가 점점 더 어려워지고 있다. 다른 한편 사회는 점점 노쇠해가고 있다. 이는 (단지 고령화 사회의 문제가 아니라) 보다 더 심각하게 정체 및 퇴보하는 사회로 전락하고 있음을 가리킨다. 그러니까 현대인들은 점점 더 별다른 전망이나 기대 없이 수명만 늘어나는 삶을 마지못해 유지하는 것처럼 비치며, 그로 인해 매우 날카로워진 심경을 대변하듯 서로를 향해 쉽게 짜증을 내고 거칠게 행동하는 것이 어느덧 몸에 배어 버렸다. 이기주의적이고 고립주의적인 삶에 갇혀 남들과의 교류나 소통은 최소화하고 이전에 보였던 작은 예의나 배려조차도 거추장스럽고 불편하다는 핑계로 내팽개쳐 버림으로써 인간사회가 동물사회로 변해가는 느낌이다.

2. 정숙하지 못함의 결과

정숙하지 못한 사회는 결국 고결한 꿈을 품을 수도 없거니와 불가능해 보이는 희망 앞에서 쉽게 단념하거나 좌절하면서 스스로 우울하게 살아가는 사회다. 그것은 우리가 인간으로 살아가기 위해 꼭 지녀야 할 지식을 소홀히 하는 사회를 뜻한다. 예를 들어 보편적인 진리를 우리가 붙들기에는 불가능하고 난해하다는 이유로 앞서 포기하는 사회요 나아가 그런 진리는 존재하지 않는다는 회의주의적인 입장을 터무니없이 인용(認容)하는 사회다. 정숙하지 못한 사회는 우리를 이성에 기초한 절제를 통해 균형 잡힌 사고와 고상한 아름다움으로 이끌어주는 인격적인 상냥함이나 충실함도 나아가 진지함도 폐기처분한 사회다. 정숙하지 못한 사회는 실상 여흥다운 여흥을 누릴만한 여유조차 갖지 못할 정도로 사람들이 서로에 대해 날카롭게 반응하는 사회이거나 아니면 여흥 외에 다른 것은 아예 거들떠보지도 않는, 그래서 결국에는 그 모든 수고가 오로지 여흥에만 집중된 그런 옹졸한 사회를 의미한다. 그런 사회는 우리가 겉으로 갖추어야 할 예의나 외양의 단정함이란 그저 무의미하다고 판단하고 제 임의대로 행동하는 지극히 개인주의적 사회이든가 아니면 오로지 자신의 외양을 최대한 겉꾸며 과시하거나 남을 호도하려는 외모지상주의의 사회를 뜻한다.

3. 정숙과 인간의 성취

그러나 우리가 염원하는 바람직한 인간사회란 무엇보다도 때때로 미숙한 판단 때문에 실수가 잦더라도 젊음을 앞세워 객기도 부려볼 줄 아는 젊은이들만의 사회도 아니며 오랫동안 이런저런 많은 것들을 경험한 까닭에 사려가 깊은 것은 사실이나 다소 지쳐버려서 의욕을 상실한 늙은이들만의 사회도 아니다. 그보다는 이성이 제시하는 질서를 따라 아름다움에 대한 열정과 균형 잡힌 사고와 지칠 줄 모르는 용기를 발휘하여 인간다운 삶을 최대한 꽃피우려는 사회다. 한 마디로 '정숙한 사회'다. 생기발랄함이 넘쳐나는 젊음과 짧지 않은 시간을 통해 지혜를 터득한 원숙함으로써 영원한 진리를 끊임없이 되새기는 사회다. 정숙은 감추는 행동을 하지 않는다. 오히려 정숙하지 못한 사람이 자신을 가리거나 분명하게 드러나지 않을 곳을 애써 찾는다. 부끄럽거나 당당하지 못하기 때문이다. 세상이 아주 넓기 때문에 그런 것이 눈에 띄지 않는다고 생각하면 오산이다. 정숙의 참된 뜻은 행동을 못하게 하거나 방해하려는 데에 있지 않다. 차라리 다른 덕들과 마찬가지로 정숙은 가장 아름답고 균형 잡힌 행동을 하도록 우리를 이끌어주는 데에 있어 달리 대체할 수 없는 훌륭한 덕이다. 왜냐하면 정숙은 우리의 한계 너머에 자리하는 영원한 진선미를 목표로 삼기 때문이다. 정숙은 그러한 목표를 두고서도 사람이 능히 도달할 수 있다고 내다볼 줄 아는 이성에게 기꺼이 자신을 내맡긴다.

그래서 자연이성의 질서에 따르면 정숙은 인생의 행복을 성취하기 위해서 필수적인 덕이라고 말할 수 있다. 정숙과 그와 동행하는 다른 덕들이 초자연적인 질서를 향해 우리를 이끌어주는 만큼, 그리스도인으로 살아가는 신앙인들에게 그런 모든 덕들이 하느님을 마주하는 지복직관에 이를 수 있도록 도와주는 데에 대해 의심의 여지가 없을 것이다. 우리가 사도직의 은사가 보여주는 놀라운 모습에 한발 한발 더 가까이 다가갈 때, 자연적인 질서에서든 초자연적인 질서에서든 일상의 틀에서 벗어난 놀라운 체험들도 더 늘어날 것이다. 초자연적인 것들이 그렇게 일상적인 것이 되어버리는 일은 놀라운 일이 아닐 수 없다. 그리고 그것이 우리의 온갖 다양한 행위들 안에 그때마다 주어진 본래의 소임(역할)이라고 말한다면, 그것은 한편 두렵고 떨리는 사실이다. 우리는 그러나 그와 같은 전망을 갖고 우리 각자의 능력 및 행위에 대해 각성해야 한다. 그래서 기회 닿을 때마다 초자연적인 것들을 우리의 일상으로 끌어들일 수 있도록 힘써야 한다. 이때 우리가 그러한 노력을 사도직의 은사에 국한시켜서만 이해하려 든다면, 얼핏 보더라도 초자연적인 것들에다 한계를 설정하는 것이 이치에 맞지 않는 것처럼 너무 속 좁은 생각이 아닌지 거듭 반성할 필요가 있다. 사람이 초자연적인 질서에 부응할 수 있다는 사실만으로도 매우 놀라운 일이다. 사람이 감히 하느님의 섭리를 위해 쓰일 수 있다는 사실만으로도 그것은 은총이며 기적이다. 이때 이런 사도직의 수행 및 실천과 관련하여 우리가 어떤 제약이나 한계를 모색한다는 것은 마치 유한한 인간이 전능하신 하느님의 무한하신 사랑 및 자비하심에 그 어떤 경계나 굴레를 설정하겠다는 [어이없는] 시도와 다르지 않을 것이다.

제20장 활동과 관상 : 충만한 삶
(제2부 제2편, 제179문제~제189문제)

1. 활동과 실용성
2. 인간의 삶
   (1) 인생을 위한 두 가지 행위 – 활동(actio)과 관상(contemplatio)
   (2) 분류 기준
3. 관상가의 삶
   (1) 관상의 조건들
   (2) 관상의 대상(범위)
   (3) 관상의 기쁨과 소요시간
4. 활동가의 삶
   (1) 성공적인 활동의 조건들
   (2) 성공적인 활동의 한계
   (3) 관상과 활동의 비교
5. 삶(인생)의 상태
   (1) 상태의 구분
      1) 세상에서의 삶
      2) 교회 안에서의 삶
   (2) 영적인 삶
6. 완전한 상태
   (1) 일반적인 의미
   (2) 특별한 의미
      1) 주교직
      2) 수도생활 – "축성된 삶"으로서 완전한 상태
         ① "축성된 삶"   ② 수도생활의 본질
         ③ 세 가지 서원   ④ 수도자의 노동과 생계
7. 수도자의 활동 영역
   (1) 다양성의 토대
   (2) 활동에 관한 규칙들
   (3) 관상에 관한 규칙들
   (4) 축성된 삶의 형식 – 관상과 활동의 일치
8. 수도회 입회

[결론] '충만한 삶'을 위하여
1. 공동의 목표 : '충만한 삶' 혹은 '행복'
   (1) 활동의 끝(완성)   (2) 최대한의 성취
2. 관상과 현대인의 삶
3. 활동과 현대인의 삶
4. 한 시대의 행복한 삶을 예시하는 수도생활
   (1) 수도생활의 본보기   (2) 시대의 평가

제20장 활동과 관상 : 충만한 삶 (제2부 제2편, 제179문제~제189문제)

〈들어가기〉

　미국은 비교적 너그러움을 앞세운 나라다. 아마도 그런 태도는 미국의 건국과 밀접한 관계가 있다. 분명히 오래전 인디언들의 공격을 막기 위한 방책(말뚝)은 오늘날 로마 교황청의 베드로 대성당을 찾는 수많은 방문객들을 통제하기 위해 설치하는 바리게이트와 다르다. 건국 초창기에 서둘러 마련해야만 했던 많은 것들이 여전히 미국에 존재한다. 그리고 지금도 사람들은 그런 것들은 너무 성급하게 마련된 것들이라고 생각한다. 여하튼 우리가 '실용주의적'이라고 일컫길 좋아하는 그런 철학을 주창하고 발전시킨 나라가 미국이다. 실용주의를 표방하는 철학은 실사구시(實事求是)를 으뜸으로 삼는다. 실생활에 역동적인 요소를 중시한다. '원칙'을 찾아내어 고수하려는 데에는 별 관심이 없고 당면한 '문제'의 해결에 온 신경을 곤두세운다.

1. 활동과 실용성

　물론 '원칙'과 '문제', 이 두 가지는 서로 떨어질 수 없다. 활동만이 덩그러니 실존하지는 않는다. 만일 그러한 활동이 있다고 한다면, 그것은 이 세상에서 가장 비실용적인 것(the most impractical thing)이거나 세상(살이)과는 전혀 무관한 행동이라고 말할 수 있을 것이다. 그러니까 [어떻게든] 행하는 것이 중요하다는 것이 아니라 중요한 것이라서 행한다는 점에 주목해야 한다. 곧 우리를 궁극적인 목적으로 이끌어주는 활동이기 때문에 실천할만한 가치가 있는 그것을 행한다는 점을 놓치지 말아야 한다. 만일 이 점을 놓친다면, 우리의 활동은 아무 의미 없이 떠벌려 놓은 말잔치처럼 생기를 잃게 될 것이다. 왜냐하면 우리의 활동 역시 말과 같이 분명히 그때마다 의미를 갖기 때문이다. 활동의 생기를 샘솟게 하는 그 의미를 소홀히 하는 것은 바로 그 활동 자체를 파괴하는 행위이다.

한 마디로 모든 활동은 사람이 행하는 점에서라도 '인간적인 활동'을 지향한다. 곧 사람 및 인생의 가치를 추구하는 활동이어야 한다. 우리가 추구하는 그런 가치를 가리켜 '인간성'(humanity)라고 요약하여 부른다면, 이 개념은 오늘날 위태로운 지경에 놓여 있다. 미리 말하지만, 이 같은 상황은 최대한 빨리 개선되어야 한다. 더 이상 그 어떤 이유로 이것이 간과되어서는 안 된다.

식물의 성장은 양분과 열매를 통해 관찰된다. 하지만 사람의 성장 및 성숙은 단지 양적인 크기의 변화나 외적인 성과로만 기준을 삼아 단정할 순 없다. 사람은 식물이 아니기 때문이다. 동물은 그의 감각기관이나 다양한 활동(먹이 및 번식 혹은 반응 등)으로 알 수 있다. 하지만 사람은 민첩성이나 후각과 같은 움직임으로만 파악되지 않는다. 왜냐하면 사람을 단순하게 동물로 정의할 수 없기 때문이다. 살아있는 모든 생명체는 저마다 지닌 고유한 능력을 따라 분류될 수 있다. 저마다의 고유한 능력으로서 사람에게는 '이성' 혹은 사유할 수 있는 능력을 손꼽아 왔다. 사유능력은 사람이 자신의 이성으로 판단하고 활동을 결정하는 것, 예컨대 사랑하는 것까지 내포한다. 그러니까 사람의 이성적인 활동은 숙고하여 판단하는 행위와 의지적으로 결정하여 실천하는 행위를 포괄한다.

2. 인간의 삶

(1) 인생을 위한 두 가지 행위 – 활동(actio)과 관상(contemplatio)

엄연히 인간에게 속하는 이 분명한 두 가지 행위를 토대로 우리가 얼마나 멀리까지 인생을 전개시켜왔는지는 '관상(觀想)'에 대한 태도를 통해 밝혀질 수 있을 것이다. 관상은 언제든 우리에게 한편 가려진 혹은 신비적인 어떤 것이다. 특수한 경우에는 심지어 그것의 존재마저 의심스러울 정도다. 그래서 수도원 담장 너머에서 관상을 논하는 것은 어울리지 않는 행위처럼 비쳐지기도 했다. 그러나 오늘날 어느덧 관상은 진리를 추구하는 사람의 지성적 활동 가운데 하나로 이해되고 있다. 우리가 관상을 가리켜 지성을 통해 자기 내면 깊숙이 통찰하는 행위라고 일컫는다면, 외적으로 실천하는 활동은 그러한 통찰의 열매라고 말할 수 있다. 그리하여 인간의 삶이 그 절정을 통해 나아간다는 입장을 수용한 이래로 상기 두 가지 행위, 곧 통찰(관상)과 외적인 활동(실천)은 인생을 완전하게 나눈 한 가지 형식이라고 말할 수 있다. 과연 모든 사람은 인간성을 포기하지 않는 한 "근본적으로"(primarily) 사유하는 자이거나 "근본적으로" 행동하는 자인 셈이다.

(2) 분류 기준

이때 "근본적으로"란 용어에 주의를 기울였으면 좋겠다. 물론 사유하는 자라고 해도 사람은 누구나 당장 바깥세상의 알람시계에 반응해야 하고 식사를 해야 하고 기온에 맞춰 옷가지를 챙겨 입어야 한다. 그와 마찬가지로 행동하는 자라고 해도 자동기기처럼 움직이지 않으며 아무 생각 없이 고정된 활동만 하는 것은 아니다. 그처럼 사람을 정의하는 것은 두 가지 행위를 배타적으로 나누어 설명할 수는 없다. 만일 그처럼 배타적으로 나누어서 어느 한쪽만 고집하려 든다면, 인생은 비극적으로 끝나버릴 것이다. 가장 극단적으로 이 두 가지 행위를 취사선택하는 식으로 분리시켜 살아갈 경우 아예 굶주려 죽어야 하거나 아니면 어떻게든 살아남는 것에 연연하는 것이라고 말할 수도 있겠다. 그러므로 앞서 '근본적으로' 사유하는 자일지 아니면 '근본적으로' 행동하는 자일지 규정하는 문제는 곧 인생을 원칙적으로 어떻게 이해하고 싶은 것인지를 시사한다. 그러니까 인생을 근본적으로 무엇이라고 정의하겠는지 그래서 최대의 기쁨을 무엇으로 삼고 싶은지 그 의향을 밝히는 문제다. 그래서 그의 의향이 실천적인 노력 및 그 활동의 성과를 통해 인생을 가늠해야 한다고 생각하는 사람은 그렇듯 '행동하는 자'로서 평가하고 싶고, 그와는 달리 진리에 대한 깨달음으로 인생이 채워지는 것이라고 여기는 사람은 '사유하는 자'로서 평가하고 싶은 것이다. 혹은 그밖에도 친구들과의 교제를 살아가는 중요한 가치나 이유로 삼고 싶은 사람은 그렇게 인생을 평가하는 데에 주저함이 없을 것이다. 그러므로 사유하는 자든 행동하는 자든 그와 같은 분류는 사람마다 인생의 중요한 가치와 삶을 통해 얻고자 하는 근본적인 기쁨이 무엇인지 지향하는 바에 기초하여 시도된다고 하겠다.

한편 관상적인 삶과 활동적인 삶 둘 다 회피하는 것도 가능하다. 그러니까 사람은 다른 생각 없이 자신의 온갖 노력을 오직 정욕을 채우기 위해 혹은 단순히 신체적인 발달(체력 강화나 아름다운 몸매 만들기 등)에 쏟아 부으면서 거기서 오는 기쁨의 향유를 궁극적인 목적으로 삼을 수도 있다. 그럴 경우 당연히 인간적인 삶은 중단되고 말 것이다. 그것은 더 이상 인간적인 품위와 관련된 가치나 의미를 고려하며 살아가기보다는 겉으로는 인간의 모습을 하지만 실질적으론 기껏 동물이나 심지어 식물이 연명해가는 삶과 크게 다르지 않을 것이기 때문이다.

3. 관상가의 삶

(1) 관상의 조건들

마치 차가운 이성만이 관통하는 창백한 세계에서 메마르고 딱딱하고 아무런 감정도 느낄 수 없는 한 존재(피조물)의 형상으로 관상가를 상상하는 것은 분명 심각한 착각이다. 우리는 관상가가 실제로 진리에 관한 깨달음을 위해 누구보다도 혼신을 다하는 열정으로, 그러니까 [그 외의 모든 것을 아무것도 아닌 것으로 간주하며] 그 어떤 대가도 기꺼이 치르겠다는 태도로 몰입하는 실상을 직시해야 한다. 확실히 관상의 첫 번째 조건은 다른 모든 행위와 다르지 않게 '열정(熱情)' 혹은 사랑이다. 진리를 향한 열정 말이다. 자연철학자들은 대자연의 진리를 찾고자 하는 욕구가 누구보다 강렬하다. 그들은 단순히 지식을 갖는다는 사실에 대한 기쁨보다는 그러한 깨달음을 통해 얻게 되는 기쁨에 일생을 바치는 것도 결코 아깝지 않다고 생각한다. 그렇다면 최고의 지식으로서 신에 대한 열망도 그러한 열정의 하나로 보는 것이 억지는 아닐 것이다. 일찍이 손수 만드신 이 우주만물에게서 당신의 아름다움을 일별하도록 하느님께서 사람들을 불러 세우셨다면 그와 같은 열정이 사람들에게서 솟아오르는 일은 차라리 당연하다고 하겠다.

관상가의 열정은 거룩하고 순수하며 아름답다. 그럴 수밖에 없다. 왜냐하면 거룩함과 순수함 그리고 아름다움은 관상의 조건(들)이기 때문이다. 좀 더 간단하게 말하면, 관상가는 소위 도덕적인 덕을 갖춰야 한다. 사람의 영혼을 혼란스럽게 뒤흔드는 이 세상의 온갖 잡다한 것들과 그런 것들에 대한 정념에 붙들린 마음으로는 관상에 들 수 없기 때문이다. 도덕적인 덕은 그와 같은 정념을 잠재워준다. 덕은 사람의 영혼을 유혹하는 온갖 잡다한 것들과 멀찍이 거리를 둘 수 있도록 (다정하고 익숙한 자장가처럼) 우리를 진정시키면서 훨씬 더 안정된 상태로 우리를 고양시키는 힘을 발휘하기 때문이다.

　도덕적인 덕(들)은 무엇보다도 우리의 영혼이 순수함을 간직하도록 돕는다. 그리고 그런 순수함이 관상의 바탕이 된다. 총명하고 맑은 생각들이 그런 순수한 영혼에게서 싹트게 되며 그로부터 지성에 가장 부합하는 것이 곧 변함없이 아름다운 것임을 깨닫도록 도와준다. 그만큼 도덕적인 덕들은 이성의 질서에 참여하는 방식으로 우리가 진정한 가치를 알아보고 또 얻어 누리도록 안내한다. 그래서 특히 우리를 호도하는 정념들과 우리의 진정한 가치를 손상시키는 요인들을 바로잡아 이성의 질서를 따르도록 이끌어주기에 우리가 관상에 드는 데에 장애되는 것들이 사라지도록 돕는다. 순수하지 못한 사람은 순수한 사람에 비해 훨씬 더 애틋하게 관상에 들지 못하는 것은 아니지만, 그의 영혼이 정념에 휘둘리는 기회가 많을 경우 그만큼 관상에 들 수 있는 가능성이 상대적으로 적다는 것이다.

(2) 관상의 대상(범위)

　관상은 직관적(直觀的)인 지식 혹은 직관적인 깨달음을 추구한다. 소위 찰나적인 각오(覺悟)를 안겨준다. 보통 사람은 쉽사리 관상에 들 수 없다. 우리는 더 많이 주변적인 것에 시선을 빼앗기며 인생에 매우 중대한 전환점을 가져다주는 것들보다 사소한 것들에 더 관심을 기울이며 살아간다. 그러한 체험을 위해서는 평범한 곳에서 아주 높은 곳으로 기어오르거나 아주 낮은 곳으로 기어내려 가야 한다. 천사들과는 달리 우리는 관상에 이르기 위한 단계를 천천히 밟아야 한다. 가장 먼저 일상에서 경험하는 뭇 지식들로부터 원칙들을 터득해야 한다. 예를 들어 남의 말을 듣거나 글을 읽거나 혹은 하느님께 기도하기 위해 앞서 필요한 원칙들을 숙지해야 한다. 그런 다음 반성 및 통찰을 따라 그런 원칙들로부터 진리를 연역해내는 방법을 배우고, 우리가 이미 습득한 것들을 곱씹어 생각하고 또 생각함으로써 마치 알프스의 높은 산봉우리에서 온몸으로 일출을 맞이하는 사람처럼 [마침내 무지하다는 자각에 이르러 자신을 온전히 비운 상태에서] 저 영원한 진리와 대면하도록 마음을 다져야 한다.

관상을 통해 얻게 되는 보상은 관상이 추구하는 진리 자체의 본성에 따른 것이다. 가장 고상한 진리는 사람이 할 수 있는 가장 고상한 정신활동의 고유하고 최종적인 대상이다. 그것이 곧 관상의 가장 고결한 보상이기에, 신비적 혹은 신적인 것이라고 설명하며 관상을 시도하는 사람은 언젠가는 그런 신적인 것과 마주할 수 있다고 한다. 하지만 이 세상에서 깨달음은 한순간이니, 그 완성은 꾸준한 수행을 요구한다(참고. 돈오점수[頓悟漸修]). 사람들은 흔히 신비로운 것들이 궁금하여 관상에 들려고 애쓴다. 하지만 신비로운 것들이 오히려 우리를 앞서 그리로 이끈다는 점을 기억해야 한다. 다시 말해 신비로운 것이 우리를 이끌지 않는다면, 우리로서는 관상의 목표에 다다를 수 없다. 그러니까 순전히 우리 편에서 애쓰는 것만으로 신비로운 것에 이를 수 없다. 하지만 그것이 관상의 시작이라는 점에서 의의가 없는 것이 아니다.

우리는 보통 하느님께서 앞서 펼치신 구원역사의 위대하고 탁월한 모습을 경험하면서 당신의 권능과 지혜 그리고 자비하심을 향해 조금씩 앞으로 나아갈 수 있다. 하느님께서 내리신 결정들을 숙고하면서 점차 그분의 정의를 알아볼 수 있는 눈이 열리며, 그분의 호의와 약속들을 되새기면서 일찍이 가려진 하느님의 인자하심과 사랑을 깨닫게 되어 저절로 찬미와 감사를 드리며 무릎을 꿇게 될 것이다.

이러한 행동들은 모두 관상의 조건이 된다. 좀 더 앞서 우리가 살폈던 (진리를 추구하는) 열정, 도덕적인 덕들 그리고 하느님의 역사에 대해 묵상하는 정신적인 활동은 우리를 관상에 이르도록 도와주고 마침내 진리 자체와 하나가 되도록 도울 것이다. 엄연히 저 고상한 진리에 턱없이 부족한 인간임에도 불구하고 그와 하나가 될 수 있는 놀라움을 체험하게 될 것이다. 그래서 관상은 신비다.

관상의 조건들을 채우기 위해 마치 서둘러 제안하기라도 하듯 소개한 이 같은 의미는 자신의 장자권(長子權)마저 헐값에 팔아버린 오늘날의 세태에서 우리의 본모습을 회복하는 데에 유익한 계기가 되면 좋겠다. 물론 만일 이들 조건들 가운데 다음의 두 가지, 예컨대 도덕적인 덕들과 그 덕들의 특별한 효력에 대해 통찰하는 정도 이상으로는 숙고하기 어렵다면, 소위 관상을 통해 세상에서 추구하는 인간적인 가치나 사회적인 공동선의 수준 이상의 것을 추구할 수 있을까 하는 의구심을 완전히 떨쳐버릴 수 없을 것이다. 왜냐하면 점점 도덕적인 덕조차 무의미한 것으로 폐기하거나 기껏 사회적 수단 정도로만 취급하려는 오늘날의 풍조에 마음을 빼앗긴 상태에선 관상의 의미가 퇴색할 수밖에 없기 때문이다. 유감스럽게도 현대사회는 하느님으로부터 야기되는 것들은 하나같이 비과학적이고 몰지각한 사고에서 비롯한 것이라고 간단히 속단해버리고 말기 때문이다. 결과적으로 현대인은 절반의 진리만을 받아들이되, 그것도 훨씬 더 중요한 나머지 절반을 외면해버리는 입장을 취하고 있는 셈이다.

　가톨릭신자로서 우리는 이 세상의 빛과 소금이 되어야 할 소명에 따라 현대사회를 무시하거나 방치하며 살아갈 수는 없다. 이때 관상의 조건들로서 먼저 다져야 할 이 같은 사항들은 오늘날 신앙인의 삶이 외관상 보여주는 나약한 모습에도 불구하고 굳건하게 지켜낼 수 있는 가능성과 그렇듯 지켜내야 할 이유를 일부나마 뚜렷하게 해줄 것이다. 예컨대 신앙인은 한편으론 도덕적인 덕을 실천해야 할 성숙한 시민이 되어야 하며, 다른 한편으론 하느님을 사랑하고 꾸준히 당신의 섭리와 진리에 대해 끊임없이 묵상해야 한다. 분명히 신앙인은 이 세상의 창조와 유지에 하느님의 역할이 무엇인지 의심하지 않아야 한다. 하지만 그 중재과정에 대해선 다 이해할 수 없으므로 그것을 이해하기 위해서 온갖 노력을 기울여야 한다. 경청하는 행위, 읽는 행위, 기도하는 행위, 묵상하는 행위 및 하느님의 진리를 길어내는 행위 등등 우리가 관상의 산봉우리에 오를 수 있는 온갖 수단들에 대해 궁리해야 한다. 근래에 영국에선 묵상과 영적 독서 그리고 관상을 평신도의 수준에서도 쉽게 접근할 수 있는 분위기가 조성되고 있다. 그처럼 우리의 삶속에서 하느님의 섭리 및 진리에 더 가까이 다가가려는 다양한 시도는 그만큼 그와 같은 행위가 절박하다는 사실을 반증하는 것이요, 앞서 그러한 요소의 결여가 우리의 삶을 그토록 피폐하게 만든다는 사실을 은연중에 고백한 것이다. 그러나 미국은 그에 비해 늦다. 미국인들은 아직까지 아마도 관상이니 묵상이니 하는 것들이 그저 수도자들의 몫이라고 생각하는 것 같다. 그래서 평신도들에겐 마치 불가능한 행위로 인식하는 것처럼 보인다. 그러나 과연 그런 생각이 옳은 것일까?

추상적인으로 관상의 가능성 여부를 따지는 대신에 우리에게 어울리는 몇 가지 질문들에 대해 우리가 대답할 수 있는 식으로 알아보는 것이 더 나을 듯하다. 예를 들어 하느님의 섭리 및 진리를 숙고하기 위해 자기 마음과 정성을 바쳐야 한다면 얼마나 많은 시간을 영적 독서(lectio divina)에 할애해야 할까? 또 같은 이유로 우리는 서로 얼마나 많은 대화를 나누어야 하며 또 얼마나 정성을 들여 서로의 말에 귀를 기울여야 할까? 또 그런 목적을 위해 기도해야 한다면 어떤 식으로 또 얼마나 기도를 바쳐야 할까? 또 우리 편에서 노력해야 할 것들은 무엇이고 또 얼마나 곰곰이 생각해야 할까? 이와 같은 질문들에 대해 시도된 답변들을 가지고서 우리는 평신도의 입장에서 묵상 및 관상이 가능한지 불가능한지 차근차근 접근할 수 있을 것이다.

몇 년 전에 어떤 피정(避靜)을 하던 중에 나는 내내 슬피 우는 여인을 만난 적이 있다. 매일 아침 그녀의 남편이 출근하고 다섯 명의 아이들도 모두 등교한 다음에 그녀는 비로소 공장으로 일을 하러 나서야 했다. 그녀가 공장에서 퇴근한 오후에는 식구들의 저녁식사를 준비하고 나머지 집안일을 처리해야만 했다. 그녀의 아이들은 하나같이 천사였고 남편 역시 자상하였다고 한다. 실제로 모든 것들은 좋았다. 그녀의 기도만 빼고 말이다. 만일 그녀가 조금 생각을 달리 해서 그처럼 분답한 하루일과를 보내면서도 잠시나마, 그러니까 하루 30분 정도만이라도 시간을 내어 성당을 찾았더라면 어땠을까? 잠깐이더라도 성모님 앞에서 무릎을 꿇는 것에 익숙했더라면 어땠을까? 확신하건대 하느님의 은총과 자비하심에 대한 생각들이 그녀의 마음에서 사라지지 않았을 것이다. 비록 30분이란 시간이 소모되더라도. 그녀에게 꼭 필요했던 것을 그녀 자신이 해낼 수 없었던 것이 아니다. 내가 볼 때 그녀에게는 무엇보다도 기도가 절실했었고, 그 기도는 단지 '제가 무엇을 해야 하나요?' 하고 하느님께 묻는 것이었다. 그리고 물론 그 답변으로는 하느님께 감사드리는 것 외에 달리 아무것도 아니었다고 나는 확신한다. 왜냐하면 그렇듯 감사하는 마음 외에 달리 그것을 능가하는 기도는 없기 때문이다.

이는 아주 특별한 경험이 아니다. 묵상하거나 기도하기에는 세상살이가 너무 빡빡하고 바쁘다는 것이 틀에 박힌 답변이 되었지만, 이는 매우 무기력한 변명이 아닐까? 만일 우리가 하루 중에 (매일같이) 잠깐이라도 성경을 읽거나 아주 잠깐이나마 주님 앞에 서고자 하는 마음을 갖는다면, 그 시간을 내는 것이 아주 어려운 것만은 아니다. 다만 우리가 상대적으로 세상일에 더 매달리거나 하느님으로부터 오는 영혼의 양식에 대해 '주님의 기도'처럼 절실한 마음을 갖지 못하기 때문이다. 아니면 스스로 절박한 순간을 경험하기 전까진 평소 하느님을 찾으려는 열의가 없기 때문이다. 우리는 매우 분주하게 움직이는 시대에 자신도 모르게 빠져들어 그렇게 살아야만 한다고 자신을 세뇌한다. 그래서 정말 쉴 틈 없이 새로운 정보를 손에 쥐려고 부산하지만 정작 우리의 마음과 정신은 점점 고갈되어 가고 있다.

(3) 관상의 기쁨과 소요시간

현대인들의 정신없이 그저 분주하기만 한 행동은 실제로 어떤 달갑지 않은 의무를 참고 이겨내기 위한 방편이 아니다. 오히려 그것은 바로 자기 자신의 삶이 되는 기쁜 순간을 포기하고 자신을 속이는 행동에 가깝다. 관상은 일종의 시작이요 천상의 기쁨을 미리 맛보는 것임을 기억하길! 천상에서 우리가 누리게 될 기쁨은 아무리 작은 것도 이 세상의 그 모든 기쁨을 합치더라도 능가하지 못한다. 이 세상에서 누리는 육체의 기쁨은 저 천상에서 누리게 될 영혼의 기쁨에 비할 바가 못 된다. 천상의 기쁨을 미리 맛보는 행위는 따라서 우리가 이 세상에 살아있는 동안 취할 수 있는 가장 고귀하며 우리의 본성과도 가장 잘 어울리는 행위라고 하겠다. 우리의 정신을 곧추세워 지식 및 지혜를 점점 더 밝고 명료하게 닦으면 닦을수록 관상은 훨씬 더 손쉬워질 것이다. 이는 면학성을 불태우는 철학자들의 오랜 인고의 삶이, 하느님의 섭리를 이해하기 위해 헌신해온 신학자들의 삶이 웅변하는 비밀이다. 더욱이 이 모든 경우보다 훨씬 더 확신할 수 있는 근거를 우리는 뭇 성인들의 일생에서 엿볼 수 있다. 그들은 한결같이 관상을 통해 천상의 아름다움과 사랑을 미리 맛보았으니, 세상을 초탈하는 놀라운 열정으로 오롯이 하느님만을 향해 나날이 매진하며 살았기 때문이다.

우리는 우리에게 익숙한 천성을 따르는 만큼 손쉽게 그러한 기쁨에 들어서지는 못한다. 그래서 그에 앞서 일련의 활기찬 싸움을 한 판 벌여야 한다. 그것은 한 마디로 우리의 마음과 정신을 곧추세우는 싸움이다. 예컨대 기껏 저 숭고한 진리의 맨 끝머리에서 갈팡질팡하게 만드는 우리의 결함 및 한계와의 싸움이다. 그것은 어쩌면 영원한 진리를 붙드는 것이 불가능하다는 말을 서둘러 입에 담지 않으려는 싸움인 셈이다. 아니면 자꾸만 이 세상에 속하는 아랫것들을 품으려는 우리 몸의 육중함을 이겨내고 비상(飛上)하기 위한 싸움인 셈이다. 한편 그 싸움은 지독한 싸움이 될 수도 있겠지만, 그로써 비로소 우리는 한층 달콤한 승리, 한층 놀라운 기쁨을 누릴 수 있다.

그런 싸움의 치열함을 통해 겪는 아픔은 장차 누리게 될 저 천상의 기쁨에 비하면 아무것도 아니다. 그리고 그런 싸움에 승산이 있는 까닭은 하느님께서 우리 안에 미리 새겨놓으신 어떤 것 덕분이다. 예컨대 우리가 태어날 때 지니는 우리의 지성과 의지가 그것이다. 하느님을 닮은 그것은 우리가 능히 관상에 임할 수 있도록 해준다. 다시 말해 우리의 지성과 의지는 영적으로 사멸하지 않는 함구함를 발휘할 수 있다. 그래서 영원한 진리에 도달할 수 있도록 해준다. 이 세상에서 그런 지성과 의지를 파괴할 만한 것은 없다. 물론 지성과 의지가 저절로 그렇게 되는 것은 아니다. 그렇다고 그것이 [몸처럼] 긴장할 근육을 가졌거나 능수능란하고 재빠른 재주를 피우는 손이나 발을 가진 것도 아니다. 그럼에도 그것은 길러져야 하며 또 피로에 지칠 수 있다. 하지만 힘겹게 농사를 짓고 살아야 하는 농부나 매일같이 막노동을 하며 살아가는 인부보다 훨씬 더 빨리 회복할 수 있는 능력을 갖췄고, 스스로 중단하기 전까지는 결코 식지 않는 열정도 가지고 있다.

가톨릭교회는 처음부터 줄곧 관상을 소중한 것으로 여겨왔던 반면, 바깥세상은 보통 그에 대해 의심하면서 소홀히 취급해왔다. 물론 극히 일부에서는 조금 신기하게 여겼다. 가톨릭교회 안에서 관상가는 모든 사람들이 궁극적으로 추구하는 목표 및 천상에 속하는 것들에 몰두한다. 하지만 관상가는 자신만이 아니라 다른 신앙인들도 하느님께 더 가까이 이끌려고 애쓴다. 그래서 보다 더 빠른 지름길로 하느님께 다가갈 수 있도록 알기 쉽고 또 따르기 쉬운 방법에 대해 궁리한다. 곧 하느님을 뵈옵는 유익하고 사람들이 선호하는 관상 방법을 소개하려고 고심한다. 한 마디로 관상가들은 하느님을 찾는 우리들에게 도반(道伴)이요, 우리가 나약할 때 우리를 대신해서 나서거나 혹은 우리가 도움을 필요로 할 때 곁을 지켜주는 이들이다.

관상가 및 관상의 역할과 중차대한 의미를 고려할 때 가톨릭교회가 그처럼 관상을 소중하게 여긴다는 사실은 비단 관상만이 아니라 활동 역시, 곧 그 두 가지 모두 제각각 우리의 삶에서 떼어낼 수 없을 만큼 중요한 행위임을 충분히 인식하고 있다는 것을 함의한다. 하나는 영원한 특성을, 다른 하나는 지나가는 특성을 지녔지만, 모두 다 우리에게 필요한 것들이다. 모두 다 필요하지만, 그럼에도 가톨릭교회에는 활동에 대하여 다소 특이한 입장을 취하는 전통이 남아있다. 다시 말해 세상에서 너무 부지런하게 활동하는 것에 대해 경계하는 입장을 힘께 취한다는 것이다. 왜냐하면 (비록 세상 사람들에게는 줏대 없는 반응처럼 비쳐질 정도로) 쉽게 우리의 활동에 대해 수긍하지만 그와 동시에 그런 활동의 속절없음에 대해서도 숙지하고 있기 때문이다. 그로 인해 가톨릭신자는 세상에서 얻은 명예나 성공에 대해 조금만 즐길 뿐, 온통 마음을 빼앗기지 않는다. 게다가 이 세상에서 자신의 실패와 궁핍함을 오히려 거룩한 삶을 가꾸기 위한 텃밭(계기)으로 삼을 수 있는 여유를 갖는다. 가톨릭교회는 활동적인 삶이 최종적인 것이 아님을 잘 알고 있다. 활동은 순례와 같은 인생에 하나의 여정 내지 단계라고 생각한다. 우리의 여정에는 틀림없이 지나쳐버려야 할 것들이 있다. 스쳐 지나가야 할 이정표가, 태어나면서 겪은 아픔과 슬픔들이, 순간순간 완수해야만 했던 과제들이 그러하다. 그렇게 지나쳐버려야 할 것들을 뒤로 한 다음에 우리는 비로소 천상에 이를 수 있다. 우리가 최종적으로 도달하는 종착점에선 그 모든 활동이 영원한 진리를 마주하는 관상 및 기쁨과의 연계선상에서 해소될 것이다. 우리는 몸과 영혼을 함께 지니고 천상의 문을 통과할 수 없다. 마치 천상의 기쁨을 누리기에 합당한 것만 남고 나머지는 그것을 위해 지불하는 것으로도 충분히 그 가치를 다했다고 말할 수 있을 것이다.

4. 활동가의 삶

(1) 성공적인 활동의 조건들

그럼에도 아니 그 때문에 지금 이 순간 활동이 보잘것없는 것이 아니다. 이 세상에서의 삶이 결코 보잘것없는 것이 아닌 만큼 말이다. 우리의 활동이 성공 및 탐탁한 성과를 얻기 위해서 도덕적인 덕들이 반드시 요구된다고 본다. 왜냐하면 사람들이 정말 성공했다고 말할 경우 도덕적인 덕들을 전제해야 하기 때문이다.

도덕적인 덕들을 평소 안이하게 생각하는 사람에게는 "노력해봐 그리고 나서 보자고!" 하는 충고는 불친절한 충고처럼 들릴지도 모른다. 그러나 현명(prudeutia)과 도덕적인 덕들을 질서 지우는 중심축으로 이해된 이래로 그것은 실제 우리의 성공적인 활동을 위해 중요한 조건으로 용인되어 왔다.

최근에 미국 철학계에서 실용주의 철학의 기치 아래서 실천적인 삶에 대해 심사숙고한 해석이 하나 소개되었는데, 실천적인 지혜와 도덕적인 덕들에 비례해서 실제 활동적인 삶이 성공을 거둔다는 논리다. 분명히 말하지만, 만일 이 논리가 성공적인 삶을 위해 우리의 능력을 조절하는 규범으로 간주된다면, [그러한 덕들을 부정하는] 세상 사람들 대부분은 실제 자기 힘으로 이룰 수 없는 것을 인생을 통해 기대해온 셈이 된다. 왜냐하면 그들은 실천적인 지혜란 지향하는 목표 없이 발휘되지 않으며 또 감각적인 욕망만이 꿈틀거리는 충동 속에 사로잡혀 있는 사람에게 도덕적인 덕은 설 자리가 없다고 믿기 때문이다. 하지만 감각적으로 활동하는 사람에게도 인격적인 책임을 묻지 않는 경우는 어느 시대에도 없다. 우리의 활동 혹은 실천은 결코 보잘것없는 것이 아니다. 겁쟁이처럼 소심한 사람을 고려한다면, 더욱이 실제 행동한다는 것은 손쉬운 일이 아니다. 그런 의미에서 활동은 여전히 한 인격의 행위요, 단호한 결심 및 강력한 의지를 드러내는 의미 있는 표지다.

흥미롭게도 '교육'은 그 분위기와 고유한 가치를 고려할 때 관상과는 다르지만 그것을 위해 앞서 기초를 다지는 준비과정으로도 내다볼 수 있다. 주로 통찰의 방법을 가르치는 행위로서 교육은 파악한 진리를 피교육자에게 주입하기보단 차라리 스스로 진리에 이르는 길을 터득하도록 돕는 것에 중점을 둔다. 그런 점에서 가르침은 관상이 아니라 활동에 속한다. 통찰을 통해 진리에 이를 수 있도록 거드는 의미에서 교육은 지적인 활동이다. 우리가 교육을 통해 터득한 방법으로 수없이 새로운 경험들을 가슴 아프게 혹은 기쁘게 맞이하겠지만, 그러한 행위도 죽음으로 끝이 난다. 천상에서는 배울 것이 없다. 이 세상에서나 시간 및 경험을 거쳐 이해할 수밖에 없는 것들 때문에 교사가 필요하다.
하지만 교사와의 관계는 교육에 있어 사소한 것이 아니다. 활동적으로 살아가야 하는 사람들에게 그런 관계는 자주 중요한 의미를 갖는다. 실상 개인적인 경우에는 몇 배로 더 중요한 의미를 갖는다. 그래서 활동적인 삶을 추구하면 추구할수록 그런 인간관계는 더더욱 중요할 수 있겠는데, 이때 관상의 경우도 예외는 아닌 것 같다. 그러나 객관적으로는 활동과 관상을 비교하여 말하긴 어렵겠지만, 관상 중심으로 살아가는 사람은 활동 중심으로 살아가는 사람보다 '훨씬 더 고상하다'(far superior)고 말할 만하다. 이때 더 고상하다는 표현은 가톨릭교회가 생각하는 최고의 단순함을 기초로 능동적이고 직관적으로 살아가는 태도를 염두에 두고 하는 말이다.
어떤 교육도 제대로 받지 못한 채 일용직으로 하루하루 고되게 살아가는 사람이 저녁식탁에 앉아서 가족들에게 관상가의 삶이 인간의 지적인 본성과 철저히 조화를 이루며 자신이 추구할 수 있는 최고의 목적에 우회하여 접근하는 최선의 삶이라고 설명한다면 그의 가족들은 놀라지 않을 수 없을 것이다. 그러나 그와 같은 노동자가 자신의 자유로운 의사결정으로 관상가처럼 어떤 신성에 접근하는 일이 아예 불가능한 것은 아니다. 그도 차분한 마음을 꾸준히 가다듬으면 영원한 진리의 문을 인지할 수 있다. 그는 관상이 얼른 각인시켜주는 기쁨의 투명한 그림자를 알아볼 수 있다. 그래서 이 세상에서 얻으려는 온갖 것들로부터 점점 더 자유로워지면서 훨씬 더 자기만족의 크기가 확장되어가는 것을 체험하며 놀라워할 것이다. 그는 (마르타의 누이) 마리아가 [더] 좋은 몫을 택했다고 하신 주님의 말씀(참고 루카 10,42)에 동의할 수 있다. 왜냐하면 마리아의 선택은 또 다른 목적을 위해 거쳐 가야하는 활동이 아니라 그 최종목적 자체를 택한 것과도 같기 때문이다. 그런 안목을 가질 수 있는 사람은 실제 평온한 삶을 위해 분주하게 뛰어다니는 사람과는 달리 이미 거의 평온한 상태에 도달한 셈이다. 그런 사람은 상기 (마르타와 마리아) 이야기에서 마리아의 몫을 빼앗아서는 안 된다고 주님이 말씀하시는 이유를 이해할 것이다. 그는 마리아와 마찬가지로 천상의 기쁨을 미리 맛본 사람과도 같기 때문이다.

어떤 이들은 싼 임금으로 노동을 착취하는 공장의 노동자들이 공장의 폐쇄로 아무 일도 하지 못하는 경우보다는 공장이 계속 가동되는 것이 훨씬 더 이롭다는 논리를 펼 수도 있을 것이다. 힘든 노동에 비해 훨씬 저렴한 임금을 받더라도 그 여직공들에게 자선을 베풀 수 있는 기회가 더 많아질 것이라는 추정 아래서 말이다. 그러나 관상은 그와 같이 모순적일 수 있는 활동에 비해 훨씬 더 유익하고 건설적이다. 왜냐하면 관상은 [인간이 줄 수 있는 사랑과 비교가 되지 않는] 하느님의 사랑과 직접 연결시켜주기 때문이다. 그러나 우리는 관상을 현실적으로 노동과 같이 이 세상에서 활동에 몰두해야 할 것들을 하느님의 호의로 중단하고 바치는 기도쯤으로 이해한다. 그래서 카타리나 성녀[35]도 부원장으로서의 임무를 더 충실히 할 수 있도록 신비체험을 하는 기회를 줄이는 것을 허락해 주십사 청했다. 물론 성녀의 의도는 일상적인 삶이 더 좋아서 관상을 포기하려는 것이 아니다. 오히려 관상의 열매를 다른 사람들과 더 많이 나누려는 데에 있었고, 그것은 자신의 활동으로 다른 사람들의 활동적인 삶을 계도하려는 것이었다. 다시 말해서 관상을 통해 도달하려는 천상의 궁극적인 목표로 다른 사람들을 인도하려는 데에 의도가 있었다.

(2) 성공적인 활동의 한계

활동적인 삶과 관련된 노력 및 그 밖의 외적인 행위가 관상을 추구하는 삶에 장애가 되지 않는다고 단정할 수는 없다. 그것도 일부 사실이다. 제 아무리 능숙하게 자신의 타자기를 두드리는 속기사나 고압전류가 흐르는 전선을 자유자재

---

35) Catherine de Ricci 1522-1590. 이탈리아 피렌체 출신의 제3 도미니코 회 수도자로서 어린 시절부터 신심이 깊었으며 특히 신비체험을 통해 예수님을 여러 번 만난 관상가로서의 특별한 삶을 보여주었다.

로 다룰 수 있는 전기기술자라 해도 하느님을 찾는 관상에 마음대로 임할 수 없다는 사실을 증명하기 위해 굳이 어떤 논증이 필요하진 않을 것이다. 그럼에도 이 세상에서 활동적인 삶이 도덕적인 덕과 실천적인 지혜를 최대한 조화롭게 활용하였다고 한다면, 그러한 활동적인 삶이 관상이 추구하는 거룩한 삶을 긍정적으로 바라보게 하는 데에 이로울 수 있고 또 그렇듯 관상에 임하는 데에도 도움이 될 것이다. 왜냐하면 침착하고 안정된 활동은 그렇게 활동하는 사람의 내면과 관련을 맺고, 그러한 내면의 안정과 평화는 관상에 임하는 데에도 일조하겠기 때문이다.

(3) 관상과 활동의 비교

자연스럽게 관상에 드는 것이 가능할까? 단순히 앉아서 생각에 잠길 수 없는 사람들도 있는데, 자연스러운 관상이 존재하기는 한 것일까? 이것은 아주 오래된 질문인데다가 제법 예민한 질문이기도 하다. 영혼의 자연스러운 순수함 및 고요함이 관상과 관련이 깊다는 것은 진실이다. 또한 우리에게 자연스럽게 정념을 불러일으키는 본성 혹은 행동을 야기하는 자연스러운 충동이 존재함으로써 사람을 활동적인 삶으로 이끈다는 것도 진실이다. 하지만 이처럼 본성적인 기질을 가지고 우리가 보통 전개하는 것들은 현재의 물음과는 별개의 것들이다. 본성은 한 사람의 운명을 설명하는 데에 있어 결코 충분하지 않다. 만일 그가 활동적인 삶을 성공적으로 완료하는 데에 본성이 꼭 필요하다고 한다면, 그것은 그가 본성에 근거하여 자기 자신을 제대로 실현할 수 있고 나아가 관상적인 삶 역시 그런 차원에서 완수할 수 있다는 뜻이 된다. 만일 그러하다면, 그는 단지 관상을 준비하는 수준을 넘어서 자신의 정념을 불러일으키는 본성을 모조리 끌어안고서 관상에 전심으로 파고들어야 바람직할 것이다. 그러나 많은 경우 자연스럽게 관상에 들었다고 하는 사람들은 실제 (교회가 생각하는) 관상과는 거리가 멀다. 달리 말해서 자연스럽게 관상에 들 수 있을까 하는 문제는 우리가 실제로 관상에 들기 위해서 먼저 소위 자연스러운 것으로 간주되는 것들과 과감히 싸워야 하는데, 그와 같은 싸움을 뛰어들기도 전에 기껏 그 싸움 준비를 위해 요구되는 여러 가지 것들 가운데 하나를 살피는 문제에 지나지 않는다.

5. 삶(인생)의 상태

(1) 상태의 구분

1) 세상에서의 삶

관상과 활동을 구분하는 일은 모두 사람의 행위라는 관점에서 분류한 것이다. 그래서 이 두 가지도 일찍이 사람들이 삶의 상태를 다양하게 분류하여 이해해오던 경우들과 비교하여 재고해볼 수 있다. "삶의 상태"라는 표현은 얼른 볼 때 가난한 자들의 삶과 부유한 자들의 삶 혹은 유산계급과 무산계급 등 가진 자들의 삶과 못 가진 자들의 삶의 구분형태를 상상하게 만든다. 실제로 그와 같은 구분은 한 사람의 위상(位相)을 결정적으로 대변하기에는 너무 피상적이고 지나치게 가변적인 형식이다. 만일 우리가 "삶의 상태"라는 표현의 근간을 살펴본다면, 훨씬 더 그 표현의 속내(의도)를 알 수 있을 것이다. 차라리 달리 "삶의 입지(立地)"라는 표현이 더 나을지도 모른다. 이 표현은 한 사람이 서있는 물리적인 위치(位置)를 고려하여 상징적으로 일컫는 것이다. 사람은 두 발로 곳곳이 서있는 모습을 상징한 것이다. 그러니까 그가 뛰거나 걷거나 혹은 누워있거나 제 자리에서 뛰어오르는 순간에는 서있을 수 없다. 그가 어떤 위치 내지 입지에 있다는 것은 바로 그 자신을 구성하는 모든 요소들이 고유하게 같은 곳을 점하고 있어야 한다. 그를 구성하는 요소들이 모두 자연스럽게 한 상태에 머물러 있어야 한다. 소위 머리부터 발끝까지 신체 각 부분이 같은 곳에 혹은 같은 처지에 놓여 있어야 한다.

그래서 그의 도덕적인 입지도 마치 그가 신체적으로 곳곳이 두 발로 서서 제자리를 차지하고 서있듯이 주변 인물들(동료들) 사이에서 고유한 위치를 영속적으로 점하는 상태를 가리킨다. 그것은 일종의 부동성 혹은 안정을 함축하며 동료들 사이에서 자연스럽게 엮인 그 누군가와 주고받는 관계를 함축한다. 그와 같은 함축적인 의미는 혼자 있으면 혼자 있는 대로 누군가와 함께 있으면 함께 있는 대로 혹은 다른 사람에게 의무가 있으면 있는 대로 없으면 없는 대로 유효하다.

이 같은 기반 위에서 삶에는 일반적으로 두 가지 입지 혹은 상태가 존재한다. 소위 자유 상태와 노예 상태 말이다. 둘 다 영속적인 것이며 둘 다 다른 인격과 주고받는 관계에 놓여 있다. 예컨대 자유인은 다른 사람에게 구속되지 않으며 자립적으로 서있다. 반면 노예는 비록 자신의 발로 서있기는 하되 다른 사람에게 구속되어 있다. 한편 신앙인은 세속적인 비신앙인과 비교할 때 오히려 노예 상태의 삶을 추구한다. 왜냐하면 신앙인은 하느님께 스스로 구속된 삶을 지향하기 때문이다. 의인은 죄인과 비교할 때, 죄에 대하여 자유인의 상태로 살아가는 반면, 죄인은 죄의 노예 상태로 살아간다.

2) 교회 안에서의 삶

이렇듯 우리가 살아가는 상태를 두고 포괄적으로 구분하여 살필 때 특수한 경우들을 따라 훨씬 더 다양하게 구분하여 말할 수 있을 것이다. 예컨대 특별히 사람들이 종사하는 직업을 따라서 혹은 관심을 갖고 추구하는 목표를 따라서 얼마든지 구분하여 말할 수 있다. 그러면 교회 안의 경우를 살펴보자. 세상만물이 하느님의 완전성을 반영하듯이 교회는 주님의 은총을 반영한다. 그래서 세상만물의 다양함을 말할 수 있듯이 교회의 상태에 대해서도 다양하게 표현할 수 있다. 잘 다듬은 보석처럼 교회의 다양한 측면들은 비록 주님의 광채를 저마다 온전히 반사시키지는 못할지라도 각자 매우 다양한 상태에서 저마다 반사시킬 것이다. 그러므로 우리가 모두 수도자일 필요는 없고 모두 주교 혹은 사제일 필요가 없다. 교회는 완수해야 할 사명을 갖고 있으며, 그 사명은 솜씨 좋은 어떤 예술가의 손재주로 완결되지도 않거니와 다채로운 스포트라이트로 채워지지도 않는다. 교회 안에서 다양하고 다채로운 그 모든 구성원들이 저마다 질서정연하게 내뿜는 위엄과 아름다움을 통해 하느님을 비출 것이다. 다시 말해 다양한 상태에서 펼쳐지는 삶이 교회가 지향하는 완전한 삶, 완전한 행위 및 완전한 아름다움을 위해 필요하다.

(2) 영적인 삶

완전성 개념을 염두에 두고서 우리는 영적인 삶의 다양한 상태를 구별하여 말한다. 영적인 것들에는 이중의 노예 상태와 이중의 자유 상태가 존재한다고 한다. 먼저 죄에 구속된 노예 상태란 것이 있는데, 이는 습성적으로 죄를 저지르는 상태를 가리킨다. 달리 정의의 노예 상태란 것도 있는데, 이는 의로움을 습성처럼 행하는 상태를 가리킨다. 그와 같이 죄로부터 자유로운 상태가 있겠는데, 이는 죄로 기우는 경향을 능히 이겨내는 사람에게 어울리는 표현이다. 그에 반해 정의로부터 자유로운 상태라 일컫는 상태도 있겠는데, 이는 우리에게 의롭게 살고자 하는 경향이 있음에도 불구하고 그에 대해 무관심하여 불의를 저지르는 사람에게 해당하는 표현이다. 분명히 말하지만 죄의 노예 상태 및 정의로부터 자유로운 상태에 처한 사람은 같은 부류의 사람으로서 영적으로도 불안한 상태에 놓여 있는 사람을 가리킨다. 반면 죄로부터 자유로운 사람은 곧 정의 앞에서 다른 생각을 갖지 않고 복종하는 사람으로서 영적으로도 안정된 상태에 놓여 있는 사람을 가리킨다.

여기서 우리는 (오늘날 특이하게 주장하는) "새로운 의미의 자유"와 앞서 소개한 상태들에서 거론한 자유 사이에서 목격하는 차이점을 서로 자세히 비교하는 작업은 더 이상 진행하지 않을 것이다. 다만 오늘날 "새로운 의미의 자유"는 유감스럽게도 '정의의 족쇄'로부터 해방을 주장하는 기이한 입장에서 유래한다는 점을 지적하고 싶다.[36] 그것은 죄악의 노예 상태에 있는 혈기왕성한 죄수가 여전히 자신이 하고 싶은 것을 눈치 보지 않고 행하려는 의도에서 자유를 외치는 것과도 같아 보인다. 분명히 말하지만, 이 같은 새로운 주장은 사랑의 굴레를 따라 치러야 할 의무들을 소홀히 하면서 점점 정의의 사슬들을 헐거워지게 만드는 반면, 죄악의 족쇄들은 점점 무겁고 단단해지도록 사람들을 오랫동안 붙들어 놓는 교도소를 방불케 한다. 윤리적인 제약들을 폐기시키려는 의도로 자유를 호소하는 이러한 경향은 정의에서 벗어나 죄의 노예 상태로 나아가는 것을 의미한다.

영적으로 노예 상태에 있든 자유로운 상태에 있든 모두 인간의 노력으로 빚어진 결과다. 그래서 그러한 상태는 저마다 인간성에 대한 독특한 이해를 따라 천천히 다져진 것이다. 다시 말해 돌연히 이뤄진 것이 아니라 시작부터 단계를 거쳐 마침내 완성되기까지 하나씩 하나씩 마련된 것이다. 그래서 일례로 영적으로 자유로운 상태에는 초보자의 상태라고 불리는 단계, 성장해가는 중간 단계 그리고 완성되는 최종 단계가 존재한다. 혹은 좀 더 전문적인 용어로 정화의 단계, 조명의 단계 그리고 일치의 단계라고 일컫는 단계들이 존재한다.

6. 완전한 상태

(1) 일반적인 의미

---

36) 이해를 돕기 위해 간단히 사족을 달자면, 포스트모더니즘적인 '해방' 혹은 '해체'를 떠올리게 하는 새로운 의미의 자유 개념에 가깝다고 말할 수 있겠다. 전통적으로 활용되고 이해되어 온 '정의' 및 기타 도덕적인 덕들이 오히려 [기득권자들에 의해] 우리에게 '강제' 및 '강요' 되어온 어떤 것으로 간주되는 한해서 포스트모더니스트들은 그(전통적인 가치 혹은 형이상학적인 의미)로부터의 해방 및 자유를 부르짖기 때문이다.

여기서 우리가 주목해야 할 것은 영적으로 자유로운 상태에는 세 가지 단계가 존재한다는 점이다. 이 세 가지 단계는 물론 앞서서도 잠깐 언급했듯이 완전성 혹은 사랑의 개념을 염두에 두고 분류한 것이다. 이에 또 한 가지 고려해야 할 중요한 과제는 근거 없는 이야기로 꾸며진 소문을 벌충하는 일이다. 그래서 순수하기보다는 다소 값이 떨어지는 불완전한 물건처럼 불완전한 사랑도 존재한다는 사실에 주의하는 일이다. 모든 사랑은 무엇보다도 하느님을 지향하며 그 뜻을 아로새긴다는 점에서 완전하다고 말할 수 있다. 그런 의미에선 사랑을 다양한 종류로 나누는 일은 적절하지 않다. 예컨대 이 사랑은 좋고 저 사랑은 나쁘다고 구분하여 평가하는 것은 적절치 않다. 오직 하나의 같은 사랑만이 존재한다. 하지만 같은 사랑에도 여러 수준(단계)을 나눌 수는 있다. 그런 취지에서 사람들은 영적으로 점차 나아가는 세 가지 단계를 나누어 생각해왔다고 본다. 물론 이 세 단계에 머물러 있는 모든 사람들이 하나의 사랑을 통해서 하느님과 하나라는 사실은 변함없다. 이는 우리가 저 세 단계로써 하느님의 은총 아래 서있는 모든 사람을 고려한다는 점을 자각한다면 언제라도 자명한 진실이다.

완전성을 염두에 두고서 여러 가지 수준(정도)을 나누어 생각하는 일은 어렵지 않다. 우리가 하느님처럼 완전하지 못하다는 것은 분명하다. 그분이 곧 무한하신 사랑이니 그분이 손수 펼치시는 사랑이야 오죽하겠는가! 우리가 밤에는 모든 것을 중지하고 잠을 자야한다는 단순한 이치는 우리가 온 힘과 정성을 다해 중단 없이 하느님을 사랑해야 함에도 불구하고 그럴 수 없음을 가리키듯이 우리의 사랑이 여전히 불완전 것임을 부인할 수 없다. 사실상 우리에게는 두 가지 가능성이 열려있다. 그러니까 우리가 죄를 최대한 피하는 방식으로 하느님을 사랑하거나 아니면 우리의 정신과 힘과 정성을 다해 하느님께 나아가는, 그래서 우리를 하느님에게서 떼어놓으려는 다른 모든 것들은 포기하는 방식으로 하느님을 사랑하는 것이다. 전자의 경우를 가리켜 소위 (십)계명을 충실히 준수하면서 살아가는 상태라고 한다면, 후자의 경우는 세상에 대한 미련을 버리고 수도생활에 뛰어들듯이 오롯이 자신의 삶을 봉헌하며 살아가는 상태라고 말할 수 있다.

아주 단순하게 말하자면, 완전한 상태의 삶이란 곧 십계명을 준수하는 삶이다. 주님께서도 이와 관련하여 알아듣기 쉽고 또 다정하게 가르치신 적이 있다. "내 계명을 지키는 이야말로 나를 사랑하는 사람이다."(요한 14,21) 가난(paupertas)과 정결(castitas)과 순종(oboedientia)의 실천은 천국에 들어가는 입장료가 아니며, 계명의 준수를 대체하는 행위가 아니다. 그것들은 일종의 도구로서 차라리 주님의 계명을 좀 더 완벽하게 준수할 수 있도록 도와준다. 그것들은 주님을 뒤따르는 다른 많은 동료들과 함께 길을 걷도록 해줄 것이다. 그것들은 그렇게 걸어야 할 길을 가로막는 장애물들을 제거하는 데에 이로우며 사랑의 실천에 걸림돌이 될 수 있는 아주 작은 것들조차 우리에게서 멀찍이 떼어놓을 것이다.

이러한 사실은 우리가 반드시 분별해야 할 것이 무엇인지 분명하게 밝혀준다. 소등 후 지켜야 할 대침묵의 규칙이나 일정하게 시간마다 울리는 종(鐘) 소리는 주님의 계명을 지키는 데 있어 본질적인 요소는 아니다. 그러한 규칙이나 약속들은 어떤 특별한 장소나 기간을 따라 일정하게 유지될 필요가 있는 공동생활을 위한 것일 수 있다. 결론적으로 말해서 우리는 어떤 일정 조건을 채움으로써 완전한 상태에서 살아갈 수 있다. 이때 공공연하게 그 어떤 일정한 규칙이나 그러한 생활원칙(가난과 정결과 순종)을 평생토록 준수하기로 결심한 이들을 가리켜 수도자라고 부른다. 그들은 그렇게 자신을 봉헌하는 삶을 통해서 완전한 상태를 앞당겨 내보이며 살아가는 사람들이다. 다시 말하지만 수도자들이 수도생활을 한다고 해서 모두 완전한 사람들은 아니지만, 하느님을 향해 전력투구하듯 철저히 헌신하는 삶을 선택함으로써 이 세상에서 완전한 삶의 실현을 불신하고 절망하는 이들에게 죽은 다음에나 비로소 끝날 수 있는 이 험난한 싸움에 희망을 선보이는 사람들이다.

(2) 특별한 의미

1) 주교직

완전한 상태의 삶이 수도자의 삶에 국한된 것은 아니다. 물론 수도자들의 헌신적인 생활이 전적으로 하느님께 나아가는 열정을 명료하게 드러내는 만큼 완전한 상태를 좀 더 명료하게 알아볼 수 있게 하지만, 주님의 사도직을 잇는 주교의 경우도 자신에게 주어진 직무를 수행함으로써 완전한 상태에서 살아간다고 말할 수 있다. 주교직(episcopatus)은 과연 용감한 사람만이 수락할 수 있다. 왜냐하면 주교직을 수행하는 사람은 자신의 완전성을 위해서만이 아니라 다른 사람들의 완전성까지 돌보기 위해 헌신할 수 있어야 하기 때문이다. 자신의 영혼에 먼저 성덕(聖德)이 채워져야 비로소 그로부터 다른 사람들의 영혼까지 넘쳐 흘러갈 수 있다. 그의 사랑은 활활 타오르는 불꽃과도 같아야 한다. 그래야만 자신의 영혼을 따뜻하게 데울 뿐만 아니라 다른 사람들의 영혼도 따뜻하게 데우는 데에 모자람이 없을 것이기 때문이다.

우리가 보통 주교직을 떠올릴 때 단지 고위직의 명예나 특별한 성무 혹은 수반되는 신분상의 예우 및 권력이나 재력 등에 관심을 갖기 마련이지만, 그것은 정말이지 사소한 것들에 지나지 않는다. 그보다는 오히려 주교직을 수행하는 이의 참모습을 기억할 필요가 있다. 예를 들어 중대사에 관하여 홀로 책임을 져야 하는 결정 때문에 고뇌해야 하고, 오랜 시간 기도를 통해 신심을 다져야 하며 길을 잃고 헤매는 양들을 지체 없이 찾아내어 바른 길로 이끌어야 하고, 때때로 절망에 빠져 원조를 청하는 본당에 가장 적합한 참모들이나 협력자들을 파견하여 원만하게 해결될 때까지 노심초사해야 한다.

이러한 주교직의 직무는 기분 내키는 대로 처리하거나 임의로 거부할 수 있는 것이 아니다. 주님께 대한 순명의 차원에서 대부분 기꺼이 받아들이고 바르게 처리해야만 한다. 이는 일찍이 본인의 수락으로 체결된 직무이지만 스스로 자신을 포기할 수 있는 자만이 선택할 수 있는 직무라는 점에서 누구나 쉽게 오를 수 있는 상태는 아니라고 하겠다.

그러므로 간략하게 상징적으로 말해서 주교는 다른 많은 사람들을 위해 모두가 바라볼 수 있는 자리에서 횃불을 들고 선 사람이다. 그에게 맡겨진 양들을 돌보는 목자처럼, 주교는 신자들의 영혼을 구원하는 데에 책임을 진 사람이기에, 그 신자들은 아무런 의심 없이 그들을 이끄는 목자를 바라보며 따를 것이다. 좋은 사람이 주교가 되어야 한다. 그렇다고 훌륭한 사람이어야 할 필요는 없다. 주교직을 수행함에 있어 주교는 그것을 가벼이 여기지 않아야 한다. 다른 사람들의 영혼을 위해서 헌신할 것을 서약한 만큼, 그들의 영혼을 구원하는 일에 우선적으로 관심을 기울여야 한다. 자신의 안위는 물론 심지어 자신의 관상적인 삶을 더 늘이려는 마음 때문에 그들을 저버리는 일이 없어야 한다.

2) 수도생활 – "축성된 삶"으로서 완전한 상태
① "축성된 삶"

수도생활을 하는 사람들 중에도 까다롭게 불평을 하는 사람, 아침 일찍부터 언짢은 기분을 표시하는 사람, 커피를 혐오스럽게 생각하는 사람이 있을 수 있다. 왜냐하면 수도자와 성인(聖人)은 동의어가 아니기 때문이다. 이 같은 이야기는 우리가 가장 먼저 접할 수 있는 정보라고 생각된다. 수도생활 지원자에게 주어지는 수도복에 후광은 포함되지 않는다. 그럼에도 적지 않은 수의 남녀들이 수도회에 입회를 희망한다. 단단한 사랑의 결속으로 하느님의 뜻을 따라 헌신적으로 봉사하려는 것이 그 이유다. 그들은 하느님께 자신의 평생을 아낌없이 바치는데, 그것이 수도생활의 기본이다. 그들은 세상에 대해 죽었다고 사람들은 말한다. 비록 자주는 아니지만 그들도 죽은 사람처럼 지내는 것이 쉽지 않다. 그들이 자신을 오롯이 봉헌함으로써 하느님과 하나가 되려고 노력하기 때문에 수도생활을 가리켜 완전한 상태라고 말한다.

지원자는 입회의 조건으로 기적을 일으키는 은사를 요구받진 않는다. 왜냐하면 성인이 되는 것이 수도생활을 위해 요구되는 전제사항이 아니기 때문이다. 차라리 축성된 삶을 목표로 삼기를 요구한다. 속세에서 살아가는 사람들에 비해 수도자로서 살아가는 사람들에게 더 많은 것들이 요구되는 것은 사실이지만, 그것은 모두 축성된 삶을 돕는 것들이다. 예컨대 세상의 많은 유혹들로부터 자유로운 상태에 머물 수 있도록 도와주는 것들이다. 세상살이에는 약점이 되지만 거룩한 삶을 위해선 유익한 것들이다. 사실 우리는 세상과 담을 쌓은 수도원에서 훨씬 더 용이하게 자신의 영혼을 구원할 수 있다고들 말한다. 그러나 수도원이 그렇듯 편안한 곳은 아니다.

② **수도생활의 본질**

수도자가 반드시 간직해야 할 것은 자신의 기쁨의 원천이자 동시에 자신의 불편함의 원천이다. 다시 말해서 수도자가 간직해야 할 '원천'은 십계명만이 아니라 수도생활의 본질을 밝혀주는 수도회 규칙과 함께 주님께 자발적으로 공언한 세 가지 약속, 곧 가난과 정결과 순종이다. 수도자는 누구나 이 세 가지에 대해 서원(誓願)한다. 축성된 삶이 하느님과 하나가 되는 완전한 상태로 이해되는 만큼 하느님께 약속하는 서원(votelm)은 단 한번으로 평생토록 지켜야 한다. 이와 관련하여 로마 황제의 일화가 전해져온다. 그 황제는 예수님의 십자가를 발굴했다고 한다. 그래서 신심이 남달랐던 그는 그 십자가를 몸소 어깨에 메고 십자가의 길(14처)을 걷기로 작정했다. 나름대로 자신의 체력을 믿고 발을 내딛으려고 했지만, 아무리 힘을 써도 단 한 발짝도 뗄 수 없었다. 마침내 자신의 신발과 입고 있던 의복을 모두 벗어버린 뒤에야 비로소 발을 옮길 수 있었다고 한다. 그리스도를 뒤따르는 삶은 신발과 의복도 헐벗은 모습과 같은 가난한 삶을 요구한다는 것이다. 또 달리 보면 수도자들이 그렇듯 서원을 통해 더 이상 세상에서 사람들이 향유하며 안주하는 것들에 한 눈을 팔거나 미련을 두지 않고 그 길을 굳건히 걸어가겠다는 확고한 의지를 보여주는 것이라고 생각할 수 있다. 혹은 공식적인 서원예식이 평생 자신을 봉헌하는 계기로서 충분히 의미가 있다고 생각할 수 있다. 예컨대 영적으로 자기를 비우겠다는 결심이 단 한번으로 평생토록 실현될 것임을 확약하고 기억하는 기념비적 행위가 될 수 있다는 것이다. 더욱이 하느님과 약속이라는 점에서 그 약속은 영원한 약속이다.

이 세 가지 서원은 수도생활의 본질을 밝혀준다. 수도생활은 각 수도자의 모습을 따라 다양하게 비쳐질 수도 있다. 우리가 꾸준히 완전한 사랑에 대해 익혀야 하는 의미에서 영적인 교육기관처럼 수도원을 생각할 수도 있다. 이때 수도원은 우리에게 종종 조용히 피정을 할 수 있는 공간 혹은 욕망에 들떠 소란스럽고 분주한 일상이나 심하게 말해서 하느님께 온갖 무례한 행위를 일삼는 세상을 피해서 생활할 수 있는 평온한 곳으로 여겨진다. 그러나 어느 누구도 수도원을 마치 죽음을 목전에 둔 순교자처럼 생활하는 곳이라고 말하지는 않는다. 오히려 수도자들은 늘 고개를 숙인 채 죽음만을 묵상하는 사람들이 아니오, 더욱이 즐거운 감정을 모조리 수도복 안에 감추고 사는 사람들이 아니다. 수도원은 한 마디로 하느님께 거침없이 달려가는 데 장애가 되는 모든 것을, 예를 물질적인 재화에 대한 욕구나 사람들에게 좌충우돌을 초래하는 욕망, 나아가 부질없는 이기심 및 생각들을 과감히 털어내며 사는 것을 익히는 곳이다.

③ 세 가지 서원

세 가지 서원 가운데 가장 중요한 것은 반드시 가장 어려운 것은 아닌데, 순종(obedientia)이다. 그 이유는 한 마디로 그것이 가장 고귀하고 가장 자유로운 선물을 우리에게 가져다주기 때문이다. 세상에서 사람들이 손에 넣고자 하는 것들 가운데에는 매우 가치가 높은 것들이 있을 수 있다. 그런데 사람의 몸에 좋은 것들은 비싸게 매겨진 가격을 지불함으로써 구할 수 있겠지만, 사람의 영혼에 좋은 것들은 전적으로 고결하고 거룩한 것들일진대 그런 것들은 하느님과 자기 자신 외에는 아무도 가져다줄 수 없고 또 아무것으로나 대신할 수 없다. 순종 서원은 나머지 두 가지 서원을 아우른다. 그래서 앞서 우리가 살폈던 '종교적 복종'의 내용과 많이 닮아있다. 순종은 곧 창조주를 향해 마땅히 피조물로서 자신이 바쳐야 할 것들, 그러니까 하느님 나라에 속하는 값진 것들을 제물로 봉헌하는 행위와 같다.

한편 교활하고 치밀하게 속이고 속는 세상 한복판에서 수도자로서 살아가는 것은 가만히 서있기만 해도 몸이 흔들리고 현기증이 날 정도로 아주 높은 곳에서 아슬아슬하고도 위험하게 살아가는 것처럼 여겨진다. 외줄타기 인생처럼 다른 선택이 없는 삶으로도 비쳐진다. 서원을 했기 때문에 수도자는 평범한 신앙인보다 죄의 범주가 더 넓고 무겁다고 말할 수 있다. 예를 들어 정결을 거스른 죄는 하느님과의 약속을 저버린 대죄가 추가된다. 그래서 수도자가 만일 그런 죄를 저질렀을 경우 그에 대해 경멸하는 시선 혹은 불경 및 추문의 강도를 일반사람들보다 훨씬 더 크게 느낀다. 하지만 그 밖의 다른 세속적인 죄의 경우 수도자는 (일반인에 비해) 훨씬 덜 영리하고 훨씬 덜 노련한 까닭에 상대적으로 가볍다고 말할 수 있다. 그런 점에서 수도자는 그런 죄를 저지르고 훨씬 더 빨리 후회하고 속죄할 수 있는지도 모른다. 왜냐하면 수도자는 보다 더 하느님 앞에서 자신을 돌아다보는 일에 길들여져 있고 나아가 형제들을 돕는 데에 익숙하기 때문이다.

④ 수도자의 노동과 생계

완전히 기진맥진하여 밤마다 침대에 곯아떨어지는 젊은 수련자가 오랜 시간이 지나서야 헛소문이, 예컨대 수도원에서 자신이 아주 게으른 나날을 보냈다고 하는 이야기가 나돌았던 것을 알아차렸다. 무려 사십년이 지났지만 그와 같은 헛소문이 어떻게 세상에 계속 나돌고 있었는지 여전히 의아스러워 할 것이다. 과연 수도생활 중에 익숙하게 해왔던 일들이 있다. 일반적으로 익숙하게 해온 일들은 대내적으로 수도원의 영적인 생활에 도움을 주는 데에 국한된 것이 원칙이다. 대외적인 활동의 경우 주로 뛰어난 수도사제와 같이 과거에 특별히 십자군 원정에 함께 하면서 설교하거나 가르치거나 고해성사를 집전하는 등등의 경우라고 하겠다. 이럴 경우 교황청과 소속 교구장의 권한을 필요로 한다. 비록 수련자가 확실히 남들보다 어떤 탁월한 능력을 갖추었고 또 얼마든지 그 일을 노련하게 해낼 수 있다고 하더라도, 전당포를 열거나 광산에서 석탄을 캐거나 선술집을 운영할 권리가 주어지지는 않는다. 사실 세속적으로 이익을 추구하는 직업 및 대외적인 활동은 수도자에게 금지된다. 그것이 다만 이웃에 대한 사랑 및 봉사의 의미에 부합하는 경우를 제외하고 말이다. 사랑 및 봉사의 의미에서도 그런 활동은 스스로 늘 경계해야 하고 장상의 허락을 필요로 한다. 중요한 점은 수도자가 참여할 수 있는 노동 및 대외적인 활동은 수도생활의 본질을 훼손하지 말아야 한다는 것이다.

하지만 수도자들도 생계를 유지해야만 한다. 어떻게? 일찍이 수도자의 노동이 수작업(手作業)에 국한하여 허용되기도 했다. 그래서 과거 분도수도회와 카르투지오수도회는 수공업을 그들이 할 수 있는 노동으로 정했다. 또 다른 경우에 일정한 규칙은 없으나 포괄적인 의미에서 수작업과 관련된 노동을 원칙으로 삼았다. 다른 수도회의 경우, 예컨대 미국 웨스트버지니아 주에 있는 카르멜수도회는 자선(慈善)의 취지에서만 노동을 허락한다. 이때 자선을 남들에게 강요하는 형태의 활동은 허락하지 않는다. 왜냐하면 하느님께서 필요하신 만큼 충분히 선처하실 것을 철저히 믿기 때문이다. 그럼에도 어떤 수도회는 여전히 다른 사람들에게 구걸하면서 살아간다. 소위 '탁발(託鉢) 수도회'라 불리는 도미니코수도회와 프란체스코수도회가 그러하다.

그래서 몇몇 도미니코회 수도자나 프란체스코회 수도자 혹은 카르멜회 수도자가 굶어서 죽었던 사실은 이들의 수도생활이 가톨릭교회 신앙인의 (애긍의) 정신 속에 그 근거지를 마련하고 있음을 어느 정도 암시한다고 볼 수 있다. 당연히 구걸의 목적이 수도자로서 노동을 하지 않고 게으른 삶을 보장하는 데에 있지 않다. 분명히 교회의 가르침 안에서 자선의 도움을 받는 의미에서 구걸은 정당하다. 모든 신앙인들이 함께 나누는 일이 정당하기 때문에, 수도자는 수도자의 입장에서 신앙공동체 전체의 유익한 삶에 종사하는 것이다. 그래서 수도자는 (성소에 따라) 관상생활에 몰두하거나 그들에게 맡겨진 것들을 꾸준히 가난한 이들에게 나누어 주는 일에 헌신함으로써 신앙공동체의 일원으로 살아간다. 그에 반해 게으르거나 탐욕을 부리는 의도에서 구걸을 하는 경우 그가 수도복을 입거나 입지 않았거나 상관없이 죄악을 저지르는 행위다. 자선을 목적으로 하는 (구걸)활동은 그러므로 겸손해야 하고 필요 이상을 원하지 말아야 하며 보속이나 공동체가 하나가 되는 취지에서 벗어나지 않도록 주의해야 한다. 구걸에 도미니코수도회만의 특수한 목적이 있다면, 그것은 형제수도자들의 노동(수작업)을 덜어주어 연구와 가르침 나아가 설교와 관련된 소임을 보다 더 성실하게 채우려는 데에 있다.

수도복이 현대의 음악밴드 더 뷰 브러멜스(The Beau Brummels)가 새롭게 내놓은 감미로운 선율처럼 어떤 유행을 따라 마련된 것이 아님을 의식한다면, 그 모양의 특이함에 그리 놀랄 일은 아니다. 수도복은 다만 주님께서 십자가 위에서 세상 사람들이 볼 때 참 '어리석은' 죽음을 맞이하신 것처럼 주님을 위해 기꺼이 어리석게 살기 위해 가장 적합한 모양으로 재단된 것이다. 토마스 성인은 살아생전에 수도자가 자신의 낡아빠진 옷을 규정에 의거하여 소유할 수 있는지 하는 문제를 다루면서 실질적으로 당연히 입는 옷가지 외에 아무것도 소유하지 않는다면 가능하다고 답한다. 그 답변은 당장 자신에게 적용된 원칙이라고 보아도 좋을 것이다. 그리하여 그는 세상에 속하는 물건들을 소유하는 행위는 수도자가 경멸해야 할 것들을 수도원으로 끌어들이는 것처럼 잘못된 것이라고 지적하기도 했다. 그밖에도 참회의 의미나 겸손하게 살아야 하는 이유에서도 그러한 무소유의 원칙을 강조했다. 물론 수도복이 과시욕 내지 남들로부터 대접받기 위한 수단이 되거나 자신이 게으른 탓으로 닳고 냄새나는 복장으로 둔갑한다면 덕에도 어긋나는 일이다.

7. 수도자의 활동 영역

(1) 다양성의 토대

수도생활은 수도자들이 같은 수도회 안에서 공동의 서약을 따라 하느님께 헌신하며 살아가는 단일한 공동체 생활이다. 단일한 공동체라는 점에서 거기에도 다양한 활동이 존재한다는 것이 일반인들의 눈에는 띄지 않을 수 있다. 예컨대 대학 하계수련회를 통해 수도원을 방문하여 실신할 정도로 무겁고 투박한 수도복을 처음 목격한 학생들의 눈에는 드러날 리 없다. 그러나 수도생활은 그러한 복장보다는 수도회 규칙을 보다 더 합리적으로 해석하고 따르는 데에 더 관심을 기울인다. 수도회 규칙의 규정은 그로써 도달할 수 있는 수도회의 고유한 목적을 최대한 고려하여 상세하게 정한다는 원칙에 입각하여 마련된다. 그래서 예를 들어 도미니코회의 경우 고유한 목적은 크게 두 가지 활동을 통해 성취된다. 곧 수도회의 전통에 따른 '관상'과 그렇게 관상을 통해 얻은 결실을 '설교 및 가르침'을 통해, 특히 대학 등의 교육기관을 통해 세상에 뿌리는 데에 주력한다. 수도회 고유의 목적을 이루기 위해서 도미니코회는 특별한 세부 활동도 규정한다. 수도회 규칙의 완전한 준수, 합창단의 운영, 봉쇄 수도원 생활, 침묵과 엄격한 학업과정을 제안한다. 그와는 달리 예수회의 고유 목적은 젊은이의 교육이다. 예수회 수도자들은 일상적으로 해결해야 할 더 많은 과제들로 인해 상대적으로 자유로운 분위기에서 생활하는데, 일부 수도자들에게는 그들의 특수소임을 고려하여 수도생활 규칙에서 조금은 더 자유로운 생활도 허용된다.

(2) 활동에 관한 규칙들

이러한 시각에서 보면, 여러 수도회 규칙들이 획일적이지 않고, 오히려 사람의 내면을 두루 아우르고 있다는 생각을 하게 된다. 그러니까 하느님의 사랑을 의식하고 그분께 우리 자신을 봉헌하는 방식이 매우 다양하다는 것이다. 우리는 생사를 가르는 전투에 임하는 군인들에게 엄격한 규정이 마련되어 있다고 능히 추정할 수 있듯이, 하느님께 대한 신앙을 옹호하고 나아가 신앙공동체를 세상으로부터 지켜내기로 작정한 수도자들에게도 그에 못지않은 엄격한 규정을 상상할 수 있다. 토마스 성인도 이 세상에서 가난하고 억압받는 자들을 보호해야 하는 이들에게 십자군의 기사들처럼 강인한 정신력과 엄격한 생활의 필요성을 강조한다.

그밖에 대외적으로 그리 엄격할 필요가 없는 활동들과 관련된 규칙들도 있다. 다시 말해 극빈자, 노약자, 노숙자, 병자, 고아, 교육받지 못한 아이들은 물론 당장 다른 사람의 도움의 손길을 필요로 하는 이들을 도와주는 활동들과 관련된 규칙들이 있다. 어떤 사람은 이와 같은 소임을 맡은 수도자의 활동과 관련하여 굳이 규칙이 필요 없다고 생각한다. 이미 설교를 통해 봉사하거나 본당에 파견되어 사목을 하거나 멀리 해외에 나가 선교하는 등 다양하게 활동하는 수도자들이 많이 있다. 그들은 곳곳에서 저마다 이웃에 필요한 영적인 도움을 주기 위해 힘쓰고 있다. 또 어떤 수도자들은 연구에 매진한다. 토마스 성인 시대에도 수도자가 연구에 매진할 수 있는지 그래서는 안 되는지 열띤 토론이 있었다. 이에 대해서 물론 토마스 성인은 자신이 속한 도미니코회의 규정을 따라 답변한다. 그가 강조한 점은 자신이 근래에 절실히 경험한 바에 의하면 연구 활동은 자신의 몸을 계속 수련하는 것이며 세상의 욕망에 재갈을 물리는 행위의 일종이라는 것이다. 나아가 옛 문헌들을 연구하면서 겪은 바에 따르면, 연구 활동은 무엇보다도 두 가지 측면에서 관상적인 삶에 기여한다고 한다. 예컨대 직접적으로는 하느님의 진리를 탐구하는 측면에서, 간접적으로는 관상에 장애가 되는 지적인 오류들을 제거하는 측면에서 말이다.

(3) 관상에 관한 규칙들

　순수하게 혹은 오롯이 하느님께 가까이 다가가는 데에 몰두하는 관상에 관한 규칙들이 있다. 수도자의 축성된 삶의 진가가 하느님께 얼마나 가까이 다가갔느냐는 데에 있다면, 관상에 관한 규칙들은 다른 활동에 관한 규칙들보다 준수하는 데에 훨씬 더 많은 정성이 필요함을 짐작할 수 있을 것이다. 왜냐하면 관상은 그만큼 다른 활동에 비해 더 고상한 목적을 직접적으로 추구하는 것인 만큼 더 많은 노력과 집중력이 요구될 것이기 때문이다.

(4) 축성된 삶의 형식 – 관상과 활동의 일치

　활동에 관한 규칙과 관상에 관한 규칙 그 사이를 오가는 중에 수도생활의 가장 의미심장한 모습이 드러난다. 달리 말해 활동을 동반한 관상이 수도생활을 완성한다. 그래서 이 두 가지는 수도생활에 가장 고유하고 필수적인 원칙이라고 말할 수 있다. 도미니코회가 수도생활의 중심으로 삼은 원칙이 바로 그것이다. 이 원칙의 탁월성에 대해서 토마스 성인은 (물론 같은 수도회를 옹호하는 입장에서) 이렇게 설명한다. 우리가 (하느님께 다가가기 위해) 빛을 갖는 것이 훨씬 더 유익할 뿐만 아니라 나아가 단순히 빛을 갖는 것보다는 (다른 이들과 공유하기 위해) 나눠 갖는 것이 더 좋기 때문이라고 말이다. 관상에 드는 것은 상당히 훌륭한 일이요, 나아가 단지 관상에 드는 것을 넘어서 다른 사람을 그리로 이끌어줄 수 있는 것도 매우 훌륭한 일이라는 것이다. 그래서 연구와 설교 그리고 교육은 도미니코회 수도생활의 그런 측면, 곧 관상의 결실을 다른 이들에게 나누어주는 것을 대변한다. 그러므로 수도원 안팎으로 관상과 활동은 꾸준히 함께 이뤄져야 한다.

　토마스 성인은 당대에 제기된 의문에 대해 답변하는 방식으로 수도 공동체가 재화를 소유하는 것이 수도생활에 장애가 되는 것은 아니라고 설명한다. 그래서 공동소유의 재화를 관리하는 것은 개인의 이기적인 욕구를 위한 것이 아니라 자선 및 사랑을 베풀기 위한 것이다. 수도회에 속한 모든 수도자가 추구해야 할 것은 개인 소유의 어떤 것이 아니라 공동체에 속하는 것이어야 한다. 너무 자주 홀로 머물거나 너무 많이 세상의 재물이나 재화에 종사함으로써 그와 같은 공동소유의 정신이 무뎌질 수 있다. 당연히 이 세상의 재화가 나쁜 것은 아니다. 역사의 진행과정을 되돌아보면, 사람이 열심히 수확한 그것을 잘못 사용하는 데에 문제가 있는 것이다.

  토마스 성인은 다른 한편 공동으로 수도생활을 하는 것보다 고독하게 수도생활을 하는 것이 논리적으로는 보다 더 완전하다고 설명하고 있지만, 우리 눈에는 매우 이상하게 비칠지도 모른다. 설령 고독한 수도생활이 완전한 상태라고 하는 점 외에 다른 모든 면에서 위험요소가 자리할 수 있다고 생각하는 점에서 말이다. 나는 그래서 성인의 입장이 논리적으로 그렇다는 것이라고 이해한다. 왜냐하면 공동체 생활도 궁극적으로 보자면 그렇듯 하느님과 [홀로] 인격적으로 마주하는 완전한 상태를 위한 하나의 방편에 불과하기 때문이다. 완전한 상태에 이미 이르렀다면, 그 밖에 공동체적인 삶을 추구하는 방편들은 불필요하고 말할 수 있다. 고독한 수도생활 혹은 은수자로서의 삶은 완전한 수준의 덕행을 실천할 수 있는 이들을 위한 방식이다. 그렇지 않은 이들에게는 지극히 위험한 방식이다. 왜냐하면 공동체 생활 중에 받게 되는 다른 형제들의 도움을 철저히 차단하는 삶이 될 수 있기 때문이다. 다른 이들로부터 교육을 통하여 지적인 성숙 및 고양을 도움 받을 수 있다. 혹은 바람직한 의미의 질책과 교정을 통하여 보다 더 향상된 자신을 위해 고무될 수 있다. 공동의 수도생활은 자신이 나태해지거나 퇴보할 수 있는 위기를 극복하는 데에 유리하다. 이런 생각들은 진실일 수도 그렇지 않을 수도 있다. 하지만 확실히 공동생활은 나태해지거나 퇴보할 수 있는 자신에 대해 훨씬 더 빨리 또 더 많이 살필 수 있는 기회를 갖는다는 것은 진실이다. 실제 공동생활 중에는 수도회의 정신에서 벗어나 삐뚤어지게 발전하는 기회가 훨씬 적다. 그것은 흔히 대가족이나 형제가 많은 가정에서 자라는 아이가 핵가족이나 형제가 없는 가정에서 자라는 경우에 비해 훨씬 더 빨리 교정되고 원만한 삶을 살 수 있는 것과 같다고 하겠다.

8. 수도회 입회

수도생활에 관한 통시적인 고찰이든 공시적인 고찰이든 모두 오늘날 이 시대에 그리 큰 공감을 불러일으키지 않는 공통된 두 가지 실천적인 사항을 확인시켜 준다. 하나는 수도회 입회를 위해 어떤 서약을 거쳐야 한다는 사실과 어린 나이의 지원자도 입회를 허락하였다는 사실이다. 이런 사실은 얼른 납득하기 어려운 만큼 자못 오해의 소지를 안고 있다. 그러나 우리는 그와 같은 입회서약이 덕에 기초한 예식, 곧 종교적 덕을 갖추기 위한 각오라는 점을 잊지 말아야 한다. 처음부터 악에 기울어 있는 의지 및 동기로 저질러진 악행은 죄질이 더 나쁘다고 말하듯이 반대로 애초부터 선에 고정된 의지 및 동기에서 비롯된 선행은 훨씬 더 선하다고 말할 수 있다면, 서약은 그런 차원에서 요구된다. 나아가 수도회 입회와 관련하여 우리가 쉽게 오해하게 되는 중요한 부분이 있는데, 그것은 수도원에 한번 입회하면 더 이상 철회할 수 없을 정도로 절대적인 결정이라고 생각하는 것이다. 마치 영구치아를 잃어버리면 영영 새로운 치아를 기대할 수 없는 경우처럼 말이다. 서원을 그런 식으로 생각함으로써 사람들은 계속해서 수도생활을 해야 하며, 그렇지 않을 경우 죄를 저지른다는 상념에 젖기 쉽다. 그러나 서원을 통해 지원자가 절대적으로 거기에 머물러야 함을 뜻하지는 않는다. 더욱이 당사자가 계속해서 거기에 머무르고 싶다고 해도 그렇게 되지 않는 경우도 있다. 그러므로 서원은 수도생활을 지원하는 자가 자신을 스스로 축성된 삶에 봉헌하기 전에 그러한 삶이 어떠한 삶인지 충분히 숙지할 수 있는 시간을 갖지 않고 서둘러 결정해야만 하는 그런 전제조건이 아니다.

어린아이들의 경우 그와 같은 조건을 훨씬 더 분명하게 숙지할 수 있도록 기회를 주어야 할 것이다. 과거에는 어린 나이에, 그것도 유아기에 이미 수도원에 이끌려 왔던 것이 사실이다. 하지만 분명한 사실은 그렇게 시작하였다고 하더라도 그들이 스스로 자신을 봉헌할 수 있는 나이에 이르러서도 억지로 수도생활을 하게 하였던 적은 없다. 토마스 성인에게 그러한 기준은 사춘기를 시작하면서 자신의 이성으로 분별할 수 있는 나이를 가리킨다. 오늘날은 훨씬 더 분명하고 또 항상 그렇게 진행하듯이 수도회 입회는 지원자의 자유로운 판단을 충분히 보장하도록 되어 있다. 왜냐하면 오직 하느님에 대한 사랑으로 그러한 삶을 선택한다는 결심만이 중요하고 또 필요하기 때문이다. 사랑은 강요될 수 있는 것이 아니다.

우리는 수도생활 및 수도회 입회와 관련하여 재고할 때 오늘날 세상 사람들을 너무 의식하는지도 모른다. 우리는 너무 어린 나이에 수도원에 입회하는 이들이 정작 생각하지 못했거나 잘못 생각한 것들이 있는 것은 아닌지 의아하게 생각할 수 있다. 하지만 그들이 추구하는 그것을 찾기 전까지는 결코 멈추지 않으려는 그들의 의지를 우리가 나이를 기준으로 정확히 알아보기는 어렵다. 그래서 그들이 아직 헷갈려 하면서 마지못해 그 길을 걸어가는 듯 보이기도 하지만, 그런 와중에 그들이 포기하지 않으려 하는 것이 무엇인지 주목할 필요가 있다. 우리는 다른 사람을 수도원에 끌어들이는 어떤 사람을 곱지 않은 생각을 갖고서 경계한다. 마치 [세상을 상대로] 변심한 사람을 대하듯 혐오스럽게 생각한다. 아마도 그 때문에 토마스 성인은 그러한 사람에게 주어지는 보상은 아주 크다고 한다. 그것은 다른 사람들을 주님에게 이끄는 자에게 주어지는 상이다. 의심의 여지없이 하느님께서는 무한한 인내와 변덕스러운 인간마저 능히 납득시킬 수 있는 충만한 지혜로 그런 상황을 이해하실 것이다. 하지만 가톨릭신자들 가운데 자신의 자녀들이 주님께 더 가까이 가려고 뛰어드는 것을 한사코 말리는 부모들을 보게 되는 것은 천사들조차 이해하기 어려운 상황이라고 하겠다. 주님께서 이에 친히 한 말씀을 남기셨다.37) 당신과 그렇게 다가오려는 어린아이를 가로막는 사람들을 향해서 말이다. 여기 수도생활과 관련하여서도 오늘날 기성세대에 의해 하느님께 나아가는 것을 저지당하는 이들은 바로 어린아이들이다.

어쩌면 오늘날 수도생활에 대한 거부감은 부분적으로나마 수도회 입회 결정과 결부된 이러한 모습에도 탓이 있는 것 같다. 최종적인 결정은 그리 내키지 않는 모양새다. 그것은 그러나 인생의 막바지에 이르러서 누구에게나 있을 법한 일인데도 말이다. 그러므로 그렇듯 거북한 시선은 세상 사람들의 입장에서 다져진 것이다. 실제로 수도회 입회의 결정은 보통 여러 사람들의 많은 조언이나 오랫동안의 심사숙고를 거치지 않는다. 입회의 결정을 두고 심사숙고하는 까닭은 지원자의 마음이 확고한지 확인하는 데 있는 것이지, 그 같은 결정이 최종적이기 때문이 아니다. 수도회 입회는 분명히 좋은 선택이다. 지원자는 수도생활을 유지할 수 있으리라고 기대하되 자신의 능력으로가 아니라 하느님의 도우심으로 그럴 수 있다고 기대한다. 대부분의 경우 수도회 입회 지원자는 노비씨아(novicia)로 불리는데, 그는 자신이 원하는 결혼을 앞둔 약혼자와 같이 쾌활하고 들떠있다. 물론 그는 계속해서 어떤 과정을 밟아야 하는지, 어떻게 해야 입회를 보장받을 수 있는지 혹은 자신의 수도 성소(聖召)에 어울리는 수도회는 무엇이며, 자신의 길을 가로막는 장애물로는 어떤 것들이 있는지 조언을 구할 수도 있다. 하지만 수도회 입회를 결심하는 것 자체는 마치 사랑에 빠지는 것과도 같다. 그래서 성소(聖召)는 모두 그렇듯 하느님 앞에서 한 개인이 인격적으로 내리는 결단을 요구한다.

---

37) 원문에는 소개하지 않지만, 아마도 다음과 같은 주님의 말씀을 상기시킨다. "어린이들을 그냥 놓아두어라. 나에게 오는 것을 막지 마라. 사실 하늘나라는 이 어린이들과 같은 사람들의 것이다."(마태 19,14).

[결론] '충만한 삶'을 위하여

1. 공동의 목표 : '충만한 삶' 혹은 '행복'

(1) 활동의 끝(완성)

이제 우리는 토마스 성인의 「신학대전」에서 소위 '윤리적인 주제들을 다루는 부분'을 최종적으로 마무리하는 시점에 와있다. 이 부분을 요약하려면 당연히 이 주제들과 관련하여 시작한 제4권 제1장[38]으로 되돌아가야 할 것이다. 우리는 거기서 인생의 목표에 대한 논의부터 시작했다. 그러나 당장 오래전 이야기를 회상하기가 어렵다고 한다면, 많은 것들은 차치하고서라도 제1장에서 주목했던 인생 및 사람의 활동을 이해하는 열쇠에 집중해보자. 그 열쇠는 곧 인생 및 사람의 뭇 활동이 궁극적으로 추구하는 목적 혹은 목표("행복")라고 했다. 그러니까 사람의 활동은 그 어떤 목표를 향해 움직이는 것을 뜻한다. 그래서 그 목표가 우리의 인생 및 활동 하나하나에 의미 혹은 가치를 부여한다. 신앙인으로서 결정한 최종목표는 주저할 것도 없이 하느님에 대한 지복직관(visio Dei 혹은 beneficia), 곧 하느님과의 일치다. 속된 말로 바꾸어 승승장구하는 인생이나 최대한의 자아실현 혹은 행복이라고도 말할 수 있겠다. 다만 더 이상의 퇴보나 추락이 없이 그 기쁨에만 머무를 수 있다면 말이다. 그렇게 지복직관은 인생의 목표다. 그것은 그야말로 삶이 마침내 충만하게 채워지는 순간이다.

---

[38] 한국어 번역본을 8권으로 나누어 편찬했을 경우를 가리킨다. 따라서 월터 페렐의 영어본(원본) 총 4권 중 두 번째 권의 제1장("행복"[Ia-IIae, q. 1-5])을 뜻한다.

(2) 최대한의 성취

우리는 「신학대전」 제2부 제1편에 소개된 나머지 모든 부분에서도 그러하지만 바로 이 제1장에서 철저하게 저 목표에 이를 수 있는 갖가지 방법과 매개체들에 대해 생각해보았다. 지성과 의지와 정념이 우리가 활용할 수 있는 매개체들이다. 그 외에 우리의 습성이나 행동원칙들을 저 목표에 효과적으로 이르는 방법으로 활용할 수 있다. 이때 좋은 습성은 덕행으로, 나쁜 습성은 악행으로 우리를 이끌 것이다. 전자는 틀림없이 우리를 최종목표에 이르는 데에 유익할 것이나 후자는 우리를 더디게 가거나 혹은 주저앉히거나 혹은 도중에 헤매도록 만들 것이다. 이로써 우리는 분명한 사실 하나를 이야기할 수 있다. 곧 오직 목표를 향해 전진하도록 해주는 행동만이 가치가 있는 행동이라고 말할 수 있다는 것이다. 과연 목표에 가까이 다가감으로써만 달성 혹은 성취라는 말이 가능하고 의미가 있기 때문이다. 바로 그렇게 우리는 시작했고 이제까지 그에 발맞추어 실천의 문제를 두고 이런저런 측면에 대해 살펴왔다. 최대한의 성취를 이루기 위해 반드시 실천해야 할 것들이 무엇인지 꼼꼼히 살피려고 했다.

2. 관상과 현대인의 삶

이 단원(제20장)에서도 우리는 최대한의 성취를 이루기 위해 어떠한 과정이 필수적인지 살폈다. 다만 그것을 '관상'이란 개념으로 바꾸어 이해함으로써 말이다. 다시 말해 관상은 인생의 가장 풍요로운 상태, 곧 완전한 상태에 이르는 방식 가운데 하나로 이해한다. 수도자의 '축성된 삶'이 그러한 관상을 추구하는 삶이다. 우리의 신학적 윤리적 연구를 최종적으로 마무리하는 이 시점에서 오늘날 세상 사람들이 즐겨 사용하는 용어로 바꾸어 다음과 같이 요약할 수도 있을 것이다. 예컨대 '활동의 완성' 혹은 성공적인 삶은 먼저 그에 대해 꿈꾸는 자에게 주어질 수 있다. 최대한의 성취는 거기에 이르는 데에 요구되는 조건들이 철저하게 채워질 때뿐이다. 그리스도교는 그에 가장 적절한 조건을 수도생활이라고 가르쳐왔다. 이런 가르침은 매우 부당하거나 불편하게 느껴질 수도 있을 것이다. 왜냐하면 관상생활은 곧 단순하게 말해, 무위(無爲)의 삶을 가리키기 때문이다. 하지만 이때 우리의 관점을 달리 해야만 한다. 그러니까 현대사회가 우리의 활동에 대해 초점을 맞추고 있는 의미와는 대조적인 의미를 파악할 수 있어야 한다는 것이다. 정확히 말해서 현대사회가 소위 활동을 통해 추구하는 온갖 목표 내지 목적을 마치 거부하는 것처럼 여겨지는 이 '단순한 활동 내지 삶'은 되레 그 밖의 모든 활동 및 활동적인 삶과 아주 긴밀하게 연결되어 있다.

우리는 이제 '지성의 온전한 솔직함'이란 용어로 결론을 맺어도 좋을 것 같다. 우리는 그동안 한발 한발 신중하게 걸어왔다. 단지 이런저런 사실만을 살펴본 것이 아니라 그 모든 사실들을 검토한 후 그 진가를 음미하려고 했다. 이와 같은 방식으로 우리는 인간성과 도덕적 덕이 꾸준히 함께 걸어왔다는 사실을 확인할 수 있었다. 우리가 도덕적인 덕을 최대한 발휘하는 것은 결국 인간성 자체를 보존하고 선양(宣揚)하는 것과 같기 때문이다.

3. 활동과 현대인의 삶

그러므로 우리가 살아가면서 인생에 관한 진지한 통찰 내지 관상을 중단하거나 외면할 경우 그로써 얻게 되는 상처가 얼마나 큰지 짐작하는 일은 어렵지 않다. 아무 생각 없이 그저 산다는 것은 어이가 없는 삶이기 때문이다. 그것은 마치 사람이 달리기를 하려고 하면서도 제 머리와 발을 잘라버리고 달리려는 것과 같다. 달리기 위해서 필요한 발도 없이 달리려는 것처럼 혹은 제대로 잘 달리기 위해서 필요한 머리도 없이 달린다는 것은 목적지(목표)나 길(방식 및 원칙)을 분명히 알아보지 않고 무조건 달리겠다는 것처럼 불합리하다. 우리의 인생은 종종 달리기에 비유된다. 오늘날 활동에 몰두하는 사람들이 점점 늘어난다. 현대인들은 대개 활동에 사활을 걸며 살아가지만, 그 활동을 통해 추구하던 자신들의 이상(idol)은 사라지거나 결국 신기루에 묻혀버리는 사실을 깨닫는 순간 더 이상 재기할 수 없을 만큼 크게 좌절하고 만다. 어찌 보면 그들은 활동에 기대를 걸고 나름대로 열심히(?) 살아가지만 거기서 인간적인 요소들을 제거해버림으로써 (본래적인 의미의) 활동을 스스로 파괴한 셈이다. 분명히 통찰 혹은 사유는 인간의 행위에서 떼어놓을 수 없으니, 항상 우리 곁에 '인간의 것'으로 머물러 있어야 한다. 물론 '사유하는 행위'가 그 자체로서만 의미심장할 수는 없다. 인간의 사유는 그 자신을 넘어서 궁극적인 목표에 대한 사유까지 나아가야 한다.

4. 한 시대의 행복한 삶을 예시하는 수도생활

(1) 수도생활의 본보기

우리는 이로써 수도생활과 관련된 모든 통찰을 다음과 같이 마무리할 수 있을 것 같다. 그러니까 수도자의 삶은 오히려 우리 인생의 가장 실천적인 목표(행복)를 실현한다는 것이다. 왜냐하면 수도생활은 사람이 살아가면서 종사하는 모든 활동의 최종목적이자 그 모든 활동의 유일한 근거를 가장 본래적으로 드러내는 삶이기 때문이다. 또한 그것은 사람이 살아가면서 활동을 통해 실제로 최대한 성취할 수 있는 삶이기 때문이다. 수도생활은 세상의 그 모든 활동이 궁극적으로 추구하는 그것과 일치한다.

(2) 시대의 평가

한편 이와 같은 관점은 가톨릭교회가 이 세상에서 사람들이 그처럼 다양한 활동을 통해 추구하는 결실 내지 결과가 성공을 거둘 수 있고 또 풍요로울 수 있다는 점을 진지하게 받아들이고 있음을 고스란히 웅변한다. 사실 우리는 어느 시대에나 목표로 삼는 충만한 삶이란 수도생활을 통해 기대하는 그것과 정확히 일치한다고 말해도 좋을 것이다. 물론 이때 수도생활은 우리가 피상적으로 상상하듯 세상과 차단된 혹은 세상을 기피한 삶이 아니라 소위 '축성된 삶'이라 일컫는 그 진면목을 내포한다. 여느 시대에는 수도생활이 허무주의적이고 비활동적이며 거기에 유익한 것이 하나도 없다고 하여 경멸의 대상이 되기도 하고 세상살이와는 무관하게 비치는 만큼 실천적인 의미나 진지한 삶으로 평가받지 못하였다. 하지만 그와는 정반대로 수도생활은 사람이 노력하여 얻을 수 있는 결실 가운데 가장 고귀한 가치를 추구한다는 생각에 이르게 될 경우, 수도자들이 저마다 자신의 소명에 따라 소임의 목표를 겨냥하고 성실하게 노력하여 이룬 것을 서로 나누는 모습을 제대로 목격하게 될 것이다. 그리하여 한 시대는 그렇듯 수도자들이 추구하고 성취한 것을 공유함으로써 모든 활동의 고유한 가치를 다시 확인하고 마침내 궁극적으로 도달해야 할 최종목표(완전성)를 향해 흔들림 없이 계속 나아갈 수 있을 것이다. 달리 말해서 한 시대를 살아가는 사람들은 그때마다 그 시대가 의도하여 정한 다양한 활동 및 직업에 최선을 다하는 것이 무엇이고, 그로써 가치 있는 활동이 된다는 것이 무엇인지 수도자의 삶을 통해 재고할 수 있다. 그러니까 세상의 다양한 활동 및 직업이 제각각 일궈낸 성취들은 결국 합목적적으로 하나의 목표, 인생의 궁극적인 가치 혹은 가장 완전한 성취로 수렴할 것이고, 그러한 완전한 성취가 곧 행복이라는 사실을 이해할 수 있을 것이다. 그렇게 가톨릭교회 및 수도생활이 궁극적으로 추구하면서 단적으로 보여주려는 삶의 목표, 곧 행복은 바로 지복직관 혹은 하느님과의 일치다.

용어 색인

(ㄱ)

가정생활(家庭生活, vita familiaris)　　82, 187, 332

갈망(渴望, desiderium)　　111, 118–119, 154, 175, 187, 412, 514, 582, 601, 620, 629

결투(決鬪, duelium)　　206–207

결혼/혼인(結婚, matrimonium)　　102, 209, 224, 256, 292, 338, 412, 425, 532, 599, 616, 618–619, 621, 686, 734

경건(敬虔, pietas)　　330, 424, 478, 479, 480, 481, 486, 489, 662

경죄(輕罪, peccatum venialis)　　143, 173

계명(誡命, praeceptum)　　151, 202, 210, 211, 256, 408, 428, 481, 482, 483, 719, 720

고리/고리대금(高利貸金, usuria)　　327, 328, 417, 629

고해 비밀(告解 祕密, secretum sacramentale)　　301

공경(恭敬, dulia)　　114, 155, 370–371, 426, 478–479, 530

공동선(共同善, bonum commune)　　201, 202, 204–205, 235–236, 258–259, 263, 281, 284, 287, 296, 298–299, 300, 302, 327, 417, 421, 429, 431, 433, 446, 484, 501–502, 545, 705

공동체(共同體, communitas)　　36, 63, 84, 99, 182, 185, 200, 202, 235, 257, 258, 262, 283, 292–293, 301, 313, 334, 365, 390, 427, 469, 579, 689, 728, 730–731

공로(功勞, meritum)　　77, 139, 165, 262, 377

공산주의(共産主義, communismus)　　259, 271, 289, 290, 427, 557

공의회(公議會, concilium)　　9, 101, 200, 206

광기(狂氣, insania)　　117, 136, 194, 206, 276–279, 287, 290, 295–296

교만(驕慢, superbia)　　92, 115, 118, 195–196, 215, 232, 312, 314, 316, 476, 655–656, 658–659, 663

교회(敎會, ecclesia)
    가톨릭교회(~ 敎會, ecclesia catholica)   9, 10, 15, 16, 18, 60, 93, 103, 253, 361, 370–371, 384, 386, 402, 479, 500–501, 514, 516, 519, 529, 562, 564, 565–566, 582, 593, 615–616, 621, 624, 628–629, 709–710, 712, 726, 739

    보편 교회(普遍 敎會, ecclesia universale)   197, 198

권리(權利, ius)
    객관적 권리(客觀的 權利, ius objectivum)   250, 251
    도덕적 권리(道德的 權利, ius morales)   250, 251
    자연적 권리(自然的 權利, ius naturale)   104, 252–253, 271–272, 290, 306
    주관적 권리(主觀的 權利, ius subjectivum)   250

그리스도(Christus)   16, 56–57, 62–63, 72, 77, 82, 93, 98, 103, 107, 145, 148, 176–177, 179, 202, 207–208, 210–213, 241, 276, 265, 314, 320, 356, 364, 373–374, 379, 399, 407, 437, 538, 580, 617–619, 621, 691, 693, 723

기도(祈禱, oratio)
    개인기도(個人祈禱, oratio individualis)   365, 367
    공동체 기도(共同體 祈禱, oratio communitatis)   365, 367
    주님의 기도(~ 祈禱, pater noster)   363, 634, 707

기쁨(gaudium)   84, 106, 125, 127–129, 131, 136, 142, 148, 155, 169–174, 176, 178–181, 187, 188–189, 260, 330, 356–357, 369, 380, 433, 435–436, 464, 472, 504–506, 534, 536, 556, 563, 567, 575–577, 580, 583, 598–599, 605–606, 621–623, 649, 655, 659, 669, 684, 690, 701–702, 707–708, 710, 712–713, 723, 735

토대(土臺, fundamentum)   343

(ㄴ)

나약함(懦弱~, debilitas)	106, 127, 178, 180-199, 282, 412, 528, 543, 550, 567, 642
나태(懶怠, acedia)	117
낙태(落胎, abortio)	252, 264, 278, 284, 302, 305, 332, 483, 516

(ㄷ)

단종법(斷種法)	305
단죄된 이(斷罪~, damnatus)	70
덕(德, virtus)	
대신덕(對神德, virtus theologalis)	52, 68, 109, 225, 83, 110, 136, 226, 258
믿음(fides)	51-84, 90-98, 100, 102-103, 107-113, 118, 120-121, 127, 132-133, 167, 348, 361, 375, 402, 411, 497, 508, 510, 657
참사랑(caritas)	67-68, 73, 83, 93, 109-110, 129-147, 149-150, 156, 164, 170-171, 174, 177, 179-180, 184-185, 195, 197, 208, 211-214, 226, 236, 253, 258, 314, 321
희망(希望, spes)	36, 68, 70, 73, 83, 88-91, 94, 98, 100, 102, 104-105, 107-112, 115, 118-121, 134, 155, 161-163, 187, 204, 225, 229, 242, 267, 356, 359-360, 396, 402, 422, 440, 471, 494, 504, 510, 512, 520, 540, 564-565, 574, 589, 592-593, 635, 641, 662, 694, 720, 722
도덕적 덕(道德的 德, virtus moralis)	68, 105, 116, 132, 181-182, 225-227, 261-262, 624-265, 496, 736
사회적 덕(社會的 德, virtus socialis)	254, 485
지성적 덕(知性的 德, virtus intellectualis)	66-67, 225-226, 258, 653
독성(瀆聖, blasphemia)	104-106, 321

두려움(timor)　　　　　　　　　　　　18, 55 68, 71–73, 88, 92, 105, 112–115, 169, 174, 186, 239–241, 283, 339, 348, 389, 398–399, 409, 431–432, 462, 480, 494–496, 498–499, 502–503, 508, 510, 516–518, 520–521, 533, 543, 550, 552–553, 574, 578, 585, 634, 641–643

(ㄹ)

레오나르도 다빈치(Leonardo da Vinci)　　276

(ㅁ)

만민법/국제법(萬民法/國際法, ius gentium)　　252, 291–292, 294

맏물(primitiae)　　384, 375

명령(命令, imperium)　　145, 198, 228–229, 251, 256, 287, 291, 293, 343, 378, 384, 392, 403, 429, 442, 482–484, 501, 534, 584, 608, 644, 682

명예훼손(名譽毀損, detractio)　　316–317

모욕(侮辱, iniuria)　　55, 62, 82, 96, 105–106, 168, 174, 183, 236, 251, 268, 283, 312, 314–316, 318–320, 338, 349, 624

무고(誣告, calumnia)　　300, 304, 316–319, 519–520, 534

무신론(無神論, atheismus)　　9, 104, 198, 403–406, 408–409, 411–412, 487

무지(無知, ignorantia)　　67, 81, 95, 106, 107, 212, 235, 240, 293, 298, 371, 396, 409, 439, 497, 637, 655, 667, 671, 688–689, 694, 704

무질서/무정부상태(無秩序/無政府狀態, anarchia)　　107, 143, 167, 193, 194, 210, 213, 216, 224, 276, 280, 310, 313, 333–334, 352, 396, 398, 421, 439, 441, 584, 634, 636, 656, 724

미신(迷信, superstitio)　　396–403, 482, 672, 690

미움/증오(憎惡, odium)　　105–106, 116, 119, 156–157, 166–169, 172, 176, 174, 177, 188–189, 196, 207, 209, 213, 217, 352

용어 색인　743

(ㅂ)

배상(賠償, restitutio)	200, 270, 304, 318, 322
범죄(犯罪, crimen)	200, 203-204, 261, 281-284, 286, 290, 298-300, 303, 305, 334, 407, 418, 427, 443-446, 448, 464, 516, 527, 534, 540, 653, 679, 683
법정(法庭, tribunal)	246, 254, 296, 448, 685, 687
벗/친구(親舊, amicus)	
신적인 벗/친구(神的~ 親舊, amicus divinus)	155, 163, 169-170
변호사(辯護士, advocatus)	129, 257, 296, 301-303, 527
본향(本鄕, patria)	161, 609
봉헌(奉獻, oblatio)	18, 84, 114, 202, 211, 344, 351-352, 358-359, 371, 373-375, 388, 407, 478, 558, 568, 583, 617, 626, 669, 720, 722, 724-725, 729, 733
부모(父母, parens)	68, 73, 101-104, 151-153, 161, 215, 251, 287-289, 320-321, 362, 416-417, 421-430, 454, 477-480, 482-483, 543, 575, 584, 648, 672, 733
불신앙(不信仰, infidelitas)	59, 67, 70, 91-92, 94-96, 102, 105, 197, 230, 241, 267, 338, 352, 390, 396
불의(不義, iniustitia)	166, 198, 253, 255, 259-264, 439, 644, 649, 687, 717
불평불만(不平不滿, murmuratio)	316, 318, 350, 569, 647
브루스 마샬(Bruce Marshall)	144
비방/저주(誹謗/咀呪, maledictio)	105, 283, 316-317, 319, 321-322, 582-583, 616-617, 654

(ㅅ)

사랑(amor)	
자연적 사랑(自然的 ~, amor naturale)	105
초자연적 사랑(超自然的 ~, amor supernaturale)	105, 147

사유재산(私有財産, peculium)	185, 290-292, 294, 306
사회생활(社會生活, vita socialis)	246-248, 254-255, 257, 259-260, 270-273, 290, 292-293, 306-307, 332, 448, 458-460, 474-478, 480-481, 485-486, 488-490, 582, 656
사제(司祭, sacerdos)	9, 17, 202-203, 209, 301, 329, 351, 373-375, 387, 513, 568, 609, 668, 671-672, 692, 717, 726
사죄(死罪, peccatum mortalis)	142-143, 168, 173, 194, 214, 264, 267
사형(死刑, poena mortis)	99-100, 200, 255, 281, 284, 302, 320
살인(殺人, homicidium)	91, 181, 195, 206, 269, 278-279, 281, 283-284, 299, 305, 318, 321, 334, 388-398, 463, 565
살해(殺害, occisio)	217, 235, 267, 278, 280, 284- 285, 297, 438, 516, 527
삼위일체(Trinitas)	11, 12, 19, 54, 58, 62-63, 184, 479
상경(上敬, hyperdulia)	371, 432
색욕(色慾, luxuria)	108, 215, 239
생명(生命, vita)	54, 66-68, 71, 73, 82, 93, 100-101, 108, 110, 120, 128, 130, 133-139, 141, 143-145, 153, 157, 160, 169, 193, 199, 203, 206, 214, 244, 252, 278-279, 280-282, 284-287, 290-291, 305, 318, 333, 349, 352, 403, 423-424, 426, 430, 452, 454, 458-459, 493, 499, 511-512, 514, 516, 521, 544, 561, 573, 618-620, 622, 655
서원(誓願, votum)	384-385, 386-389, 392, 617, 669, 723-724, 725, 732
가난(paupertas)	114-115, 155-156, 181, 185, 236, 269, 287, 374, 380, 428, 435, 546, 609, 691, 715, 720, 723, 729
순종(順從, oboedientia)	60, 113, 162, 181, 336-341, 344, 346-349, 353, 357-358, 365, 370-372, 374, 376, 377- 378, 383, 385, 388, 396, 412-414, 420, 423-424, 426, 439, 440-442, 451, 477-478, 480, 483-484, 486, 489, 541, 720, 723-724
정결(貞潔, castitas)	214, 264, 351, 408, 483, 501, 513, 588, 596-600, 602-603, 608, 612, 614, 165, 620-629, 636, 650, 674, 720, 723, 725

선(善, bonum)	
신적인 선(神的~ 善, bonum divinum)	132, 172, 173
최고선(最高善, Summum Bonum)	116, 140, 168, 170, 194
성령(聖靈, Spiritus Sanctus)	58, 63, 69, 77, 106, 108, 113–114, 172, 212, 214, 237, 397, 479, 486, 538, 554
성령의 선물(聖靈~ 膳物, donum)	18, 74–75, 78, 113, 237
성인(聖人, sanctus)	144, 169, 185, 361, 467, 535, 540, 564, 722
성직매매(聖職賣買, simonia)	408
세례(洗禮, baptismus)	58, 98, 101, 103, 234
숭배(崇拜, cultus)	14, 609, 244, 345, 370–371, 397–398, 406, 411, 482
스윈번(A.Ch. Swinburne)	147
습성(習性, habitus)	
도덕적 습성(道德的 習性, habitus morales)	133, 254
작용적 습성(作用的 習性, habitus operativus)	66, 162
지성적 습성(知性的 習性, habitus intellectivus)	133, 254
식견(識見, consilium)	237
신경(信經, symbolum)	56, 63
신법(神法, lex nova)	104, 251, 484–485
신성모독(神聖冒瀆, sacrilegium)	407–408, 648, 654
실정법(實定法, ius positivum)	249–250, 271, 295
심판(審判, iudicium)	106, 167, 223, 265, 297, 344, 692
십계명(十誡命, decalogus)	141, 481–484, 686, 720, 723

(ㅇ)

아량(雅量, liberalitas)	330, 393, 666, 682

아르피아(arpia)	255
아우구스티누스(Augustinus)	115, 168, 194, 213, 336, 686, 687
악마(惡魔, diabolum)	70, 105-106, 112, 149, 168-169, 194, 207-209, 215, 320-394, 397-404, 406, 450, 512, 560
악습(惡習, vitium)	147, 166, 174, 163-164, 329, 330-332, 476
악의(惡意, malitia)	81, 92-93, 95, 102, 106-107, 117, 168, 176, 209, 235, 265, 267, 318, 407, 502, 548-549, 581, 636
숙고된 악의(熟考~ 惡意, malitia deliberata)	106
안락사(安樂死, euthanasia)	252, 264, 278, 284, 305, 332
안젤리코(beatus Angelico), 복자	276
약탈(掠奪, rapina)	128, 259, 295, 635, 650
옹졸함(illiberalitas)	310, 312-314, 331-332
욕구(欲求, appetitus)	62, 110, 117, 143, 178, 183, 194, 196, 208, 211, 224, 227, 237, 277, 280, 474, 570, 571-574, 578, 584-585, 589-600, 602-603, 606-607, 626, 636-637, 653, 670-671, 685, 702, 724, 731
감각적 욕구(感覺的 欲求, appetitus sensitivus)	225, 254, 257, 262, 603
이성적 욕구(理性的 欲求, appetitus rationalis)	136, 257, 262
용기(勇氣, fortitudo)	64, 68, 71, 82-84, 103, 121, 131-134, 165, 181, 232, 259, 262, 264, 277, 282, 312, 315, 332, 380, 392, 426, 438, 467, 492-513, 515, 517, 519-523, 526, 528-532, 547, 553-554, 556-557, 571-573, 575, 579, 585, 621, 625, 640, 652, 663, 695
우정(友情, amiticia)	114, 124, 126, 128-131, 137-138, 140, 144, 146-147, 149-150, 153-157, 163-164, 170, 172, 195, 210, 214, 319, 330, 332, 369, 513, 550, 588
신적 우정(神的 友情, amicitia divina)	128-134, 140, 147, 150, 163, 165-166, 169-170, 172, 182, 214
인간적 우정(人間的 友情, amicitia humana)	126-127

웅지(雄志, magnanimitas)	230, 311
원죄(原罪, peccatum originale)	58, 364, 658
은총(恩寵, gratia)	19, 67, 70, 77, 104, 106–107, 117, 130, 133, 135, 137, 140, 143, 163, 169, 170–171, 184, 214, 233–234, 356, 361–362, 364, 366–369, 373, 375, 379–380, 387–388, 437, 445–455, 502, 514, 530, 539, 550, 552, 554, 568, 586–587, 619, 640–641, 654, 668–689, 691, 696, 707, 716, 719
의지(意志, voluntas)	54, 60, 66–80, 84, 88, 97, 100, 110, 118, 131, 136, 143, 151, 164, 177, 181, 195, 197, 223–224, 226, 229, 235–236, 247, 251, 254–255, 257, 260, 265, 292, 239, 348, 349–350, 355, 363–365, 387–388, 400, 405, 421, 423–424, 433, 435–436, 440, 449, 462, 468, 496, 505, 514–515, 542–543, 550–551, 556–557, 585, 588, 599–606, 622, 629, 637–639, 653, 656, 683, 690, 693, 708–709, 711, 724, 732–733, 736
이교(離敎, schisma)	197, 198
이단자(異端者, haereticus)	58, 70–71, 93–100, 102
인간(人間, homo)	15–16, 50–53, 55–63, 67–69, 71–72, 75, 77, 80–84, 88–93, 97, 99–104, 107–100, 112, 117, 120–150, 151–200, 201–250, 251–300, 301–350, 3510–440, 401–450, 451–500, 501–550, 551–600, 601–650, 651–700, 701–739
인정법(人定法, ius humanum)	251
일부다처(一夫多妻, poligamia)	143

(ㅈ)

자기 방어(自己 防禦, defensio personalis)	281, 286, 300, 316
자만(自慢, praesumptio)	111, 115–118, 317, 341, 417, 436, 438, 454, 503, 586, 656, 658, 661, 671, 675, 722

자비(慈悲, misericordia)

    하느님의 자비(~ 慈悲, misericordia Dei)   116, 369, 689

자살(自殺, suicidium)   282–283, 332

자선(慈善, elemosyna)   183–184, 354, 435, 606, 713, 726–727, 730

자연(自然, natura)   50, 57, 74, 91, 236, 252, 325, 327, 333, 343

자연법(自然法, lex naturale)   104, 250, 252–253, 270, 290, 292–295, 343, 442, 482, 483, 608

자유재량(自由裁量, liberum arbitrium)   60, 346, 364, 370, 384, 521, 562

재치권(裁治權, iurisdictio)   302

전쟁/싸움(戰爭, bellum)

    부당한 전쟁(不當~ 戰爭, bellum iniustum)   198

    정당한/정의로운 전쟁(正當~/正義~ 戰爭, bellum iustum)   196, 198, 200–203, 215, 258, 285, 287, 300, 305, 315, 321, 328, 390, 435, 444, 477, 536–537, 539, 553, 611, 622, 645–646, 648, 661, 670

절도(竊盜, furtum)   269, 283–294, 315, 318

절망(絕望, disperatio)   115–119, 154, 174, 204, 213

절제(節制, temperantia)   502, 510, 512, 535, 551, 569–582, 584, 586

점(占, divinatio)   398–399

정념(情念, passio)   106–107, 180, 207, 234–235, 254, 262, 264–265, 316, 497–498, 503, 506, 508, 519, 534, 548, 564, 573–575, 585, 588–600, 603–604, 623, 634, 636–641, 643, 645–646, 649, 702, 714, 736

정실주의(情實主義)   295–296, 306

정의(正義, iustitia)

    교환적 정의(交換的 正義, iustitia commutativa)   268, 270, 301

    법적 정의(法的 正義, iustitia legalis)   258, 259, 268, 301

    분배적 정의(分配的 正義, iustitia distributiva)   268, 270

일반적 정의(一般的 正義, iustitia generale)		258
특수한 정의(特殊~ 正義, iustitia speciale)		259-260, 262, 268-269
조롱(嘲弄, derisio)		319-321, 636
존엄사(尊嚴死, mors dignitatis)		305
존엄성(尊嚴性, dignitas)		305, 338, 562, 591
종교(宗敎, religio)		111
죄(罪, peccatum)		
죄인(罪人, peccator)		147-148, 156, 165, 171, 186, 194, 233, 239, 281, 299, 320, 369, 432, 435-437, 445, 451, 467, 468, 581, 586, 626, 644, 654, 716
죄종(罪宗, peccatum capitale)		173, 174
중개자(仲介者, mediator)		202
중용(中庸, medium)		57, 227, 232, 239, 261, 660
증인(證人, spectator)		297, 298, 300-301, 317, 389
지성(知性, intellectus)		
사변 지성(思辨 知性, intellectus specuativus)		224
실천 지성(實踐 知性, intellectus practicus)		224
지식(知識, scientia)		78, 213
지옥(地獄, infernus)		61, 67, 70, 72, 82, 97, 105, 106, 112
지혜(知慧, sapientia)		212, 213
진리(眞理, veritas)		14, 61-64, 66-73
질서(秩序, ordo)		192-194, 197-198, 202, 206, 210-213, 215, 222-223, 226-227, 231-232, 235, 240-241, 244, 246-247, 253, 256, 286, 293
질투(嫉妬, invidia)		174-176, 188-189, 195-196, 215, 265-7, 310, 312, 350, 496, 538

집(domus) 160

(ㅊ)

참행복(~幸福, beatitudo) 58, 77-78, 111, 114, 213, 238

천국(天國, paradisus) 34, 61, 70-72, 82, 106, 109, 112, 114, 126, 121, 136, 141, 170, 194, 365, 598, 720

천사(天使, angelus) 215, 238, 264, 285, 340, 350, 357, 365, 394, 450, 528, 548, 583, 615, 692, 703, 706, 734

체스터튼(G.K. Chersterton) 178, 215

체임벌린(A.N. Chamberlain) 148

초자연(超自然, supernatura) 51, 54, 57-62, 66-67, 72, 79, 81, 90, 92-95, 101-102, 105, 113, 120, 135, 137, 139, 144, 687-688, 690, 692, 696

최종목적(最終目的, ultimus finis) 238, 271, 360, 278, 394, 405, 413, 419-422, 477, 480, 712, 738

(ㅌ)

탐식(貪食, gula) 108

통찰(洞察, intellectus) 11, 58, 75-78, 107-108, 134, 160, 213, 225-226, 359, 379, 383, 468, 492, 529, 536, 576-577, 587, 632, 639, 654, 678, 684-685, 700, 703, 705, 711, 737, 738

(ㅍ)

판사(判事, iudex) 181, 200, 265, 263, 297, 298, 300-301, 302, 321, 444-445, 565, 593

패각추방(貝殼追放) 263

평등(平等, aequitas) 256, 439, 440

평화(平和, pax)	69, 141, 148, 161, 176–180, 182, 187–189, 192, 194, 196–197, 202, 210, 213, 215– 217, 236 ,257, 259, 271, 276, 285, 290–291, 294, 298, 320, 331, 333, 336, 338–340, 344, 347, 365, 380, 383, 395, 419, 440, 451, 455, 471, 568, 571, 578, 632–636, 643, 662–663, 669, 714.
폭동(暴動, seditio)	103, 204–205, 290
폭력(暴力, violentia)	119, 161–162, 198, 235–236, 247, 259, 266, 269, 276–277, 300, 304, 312, 332, 339, 343, 361, 393, 407–408, 439–441, 477, 483, 495, 504, 527, 530, 538, 547, 602, 646
공격적 폭력(攻擊的 暴力)	277
방어적 폭력(防禦的 暴力)	276
풍자(諷刺, satira)	320
피고인(被告人, accusatus)	267, 297, 299, 302–304, 321, 444
피조물(被造物, creatura)	61, 78–80, 114, 144–147, 149, 156, 164, 167, 169, 210, 213, 223, 280, 295, 311, 340, 346, 349, 373, 376–378, 399, 413, 419, 420–421, 424, 426–427, 434, 440, 561, 566, 593, 702, 725

(ㅎ)

하느님(Deus)	281, 286, 300, 316
하느님의 모상(~ 模像, imago Dei)	193, 222, 311, 315, 420
해리 로더(Sir Harry Lauder), 경(卿)	310
헌신(獻身, devotio)	353–358, 360, 365, 551, 586, 708, 720–722, 727–728
험담(險談, obtrectatio)	209, 263, 300, 319, 612, 228–229, 232–233
현명(賢明, sapientia)	69, 135, 164, 223–227, 230–231, 234–242, 264, 267, 498, 530, 572, 596, 614, 658, 667 711
혼(魂, anima)	423

각혼(覺魂, anima sensibilis)	423
생장혼(生長魂, anima vegetativa)	423
영혼/이성혼 (靈魂/理性魂, anima/anima rationale)	57, 70, 77–78, 83, 94–95, 100–101, 103, 105, 114–115, 117, 126, 128, 130, 135, 138, 144, 148, 163, 164, 169, 171, 173, 177, 195, 202–203, 208, 210, 224, 226, 228, 232, 234–235, 240, 282, 286, 301, 304, 306, 312, 321, 349, 332, 364, 368, 373, 376, 388, 409, 423, 428, 459, 472, 505–506, 521, 526, 531–535, 537–538, 541–542, 544–545, 457–549, 555, 564, 566, 578, 583–584, 586, 588–589, 592, 593, 598–603, 606, 614, 618–619, 621–622, 624, 626, 634, 644, 650, 652, 677–680, 690, 702–703, 705, 708, 710, 714, 721–724
흠숭(欽崇, adoratio/latria)	344–348, 350–351, 355, 372, 382, 386, 390, 396, 397, 406, 462, 430
희생(犧牲, sacrificium)	155, 121, 126–127, 140, 156, 370, 380, 384–385, 392, 398, 423–425, 436, 454, 473, 477, 512–514, 516, 532, 534, 566, 593, 604, 617, 622
희생자(犧牲者, victima)	104, 112, 178, 197, 264, 277, 279, 286, 288–289, 296, 298, 300, 310, 317, 320, 472, 473
히틀러(Adolf Hitler)	148, 643

Walter Farrell
A Companion to the Summa. Vol 3.

Translated by YOUN Joo-hyun and CHO Kyu-Hong
Korean Translation Copyright ⓒ 2021 Suwon Catholic University Press,
Hwaseong-si, Republic of Korea.

IMPRIMATUR
Suvon, die 10, Februarii 2021
+ Matthias I. H. RI
Episcopus Suvonensis

성 토마스 아퀴나스의
신학대전 해설서 Ⅲ

교회인가 : 2021년 02월 10일 수원교구
인　쇄 : 2021년 02월 22일
발　행 : 2021년 02월 25일

지 은 이 : 월터 패렐
옮 긴 이 : 윤주현, 조규홍
감　　수 : 윤주현
펴 낸 이 : 곽진상

펴 낸 곳 : ⓒ수원가톨릭대학교출판부
등　　록 : 1990년 1월 13일 제90-1호
주　　소 : 경기도 화성시 봉담읍 왕림1길 67
전　　화 : 031)290-8814

인　　쇄 : 쉐마북스
　　　　　주소 · 서울시 중구 을지로 148 중앙데코프라자
　　　　　등록 · 제 2-5005호
　　　　　전화 · 02)2274-6629 / 팩스 · 02)2274-6714

ISBN : 978-89-7396-071-2
　　　　978-89-7396-059-0(세트)

값 : 27,000원

※ 이 책의 판권은 수원가톨릭대학교출판부가 소유합니다.
※ 이 책은 저작권법에 의하여 한국 내에서 보호를 받는 저작물이므로 무단 전재와 복제를 금합니다.